# 和英語林集成の研究

木村 一

明治書院

函・表紙・扉の文字は、『和英語林集成』第3版(1886)中の文字をもとに作成した。

装丁　中西啓一(panix株式会社)

# 目　次

序章　日本語研究資料としての『和英語林集成』
　1節　『和英語林集成』の概要と特徴 …………………………………3
　2節　研究目的と意義 ……………………………………………………9
　3節　研究対象資料とその背景 …………………………………………18

1章　「手稿」―刊行に向けて
　1節　「手稿」の内容と位置付け ………………………………………73
　2節　「手稿」の漢字表記 ………………………………………………94
　3節　ヘボン式ローマ字の祖形 …………………………………………108
　4節　『日葡辞書』の影響 ………………………………………………132
　5節　ローマ字による活用語の表示方法 ………………………………158

2章　「手稿」から初版へ
　1節　収録語数の比較 ……………………………………………………175
　2節　「手稿」から初版への漢字表記 …………………………………191
　3節　英華辞典との関わり ………………………………………………204
　4節　初版の刊行とAPMP（美華書院） ………………………………222
　5節　二つの初版 …………………………………………………………233

3章　初版，再版そして3版へ
　1節　字音の交替 …………………………………………………………259
　2節　初版・再版・3版の漢字表記 ……………………………………282
　3節　漢語の見出し語の誤表記と同音異表記 …………………………295
　4節　見出し語の統合 ……………………………………………………320
　5節　削除された見出し語 ………………………………………………338

i

目　次

## 4章　『和英語林集成』の周辺資料
### 1節　近世中国語をめぐって
―『譯通類畧』を題材として― ……………………365
### 2節　漢字表記辞書について
―『雅俗幼学新書』，および『魁本大字類苑』との比較―………384
### 3節　漢字索引と康熙字典
―『平文氏著 語林集成 漢字索引』について―………………413

## 終章　日本ミッションにおける日本語研究
―ネットワーク形成と相互連携の一端― ……………………427


付

1　INTRODUCTION（「日本語序説」）の異同一覧 ……………457
2　改版における増補された見出し語の性格　……………………480
3　ローマ字分かち書きによる語の意識
―'Matai den fuku-in sho.' を資料として― ………………491

参考文献一覧………………………………………………………505
初出一覧……………………………………………………………519
あとがき……………………………………………………………521
索引（事項・語彙索引，書名索引，人名索引）…………………522

# 序章
# 日本語研究資料としての『和英語林集成』

# 1節　『和英語林集成』の概要と特徴

　『和英語林集成』は，J. C. ヘボン(1)（James Curtis Hepburn, 1815-1911）(2)によって著された和英・英和辞書である。幕末から明治期にかけての長きにわたり，各分野に多大な影響を与え，後続の辞書の規範ともなった。日本における19世紀を代表する辞書と言える。著者ヘボンは1859年に来日後，日常生活，伝道，施療，読書などを通して，また日本人の教師などの教示によって，幅広く日常語を中心に集め，『和英語林集成』に収録している。アルファベット順に見出し語が排列された日本語を知るための（和英・英和のかたちをとった）日本語辞書と言えよう。(3)多くの文献を参照していると考えられるが，PREFACEに記されるのは，イエズス会宣教師による *Vocabulario da lingoa de Iapam com adeclaração em Portugues*（以下，『日葡辞書』）(1603-1604)，W. H. メドハースト（Walter Henry Medhurst, 1796-1857）編 *English and Japanese and Japanese and English Vocabulary*（以下，『英和・和英語彙』）(1830) の2書である。

　近代言語学の成果にのっとり当時の日本語を中心に分析し，日本語を英語で解説し，英語に日本語を対応させた『和英語林集成』は，その日本語表記法に3版でいわゆるヘボン式ローマ字が使用されていることでも有名である。1867（慶応3）年の初版から1886（明治19）(4)年の3版まで3回にわたり編纂された。近代的な国語辞書が存在しなかった時代に，つぶさに日本語を拾い上げた集積の結晶である。その内容は日本が世界に開かれていく変革の時代の語彙・語法を記述したものである。幕末・明治期にあたる19世紀中葉以降，(5)諸分野で広く使用された語句が掲載され，当時の日本語を知り得る資料として，現代でも『日本国語大辞典』や『新潮現代国語辞典』をはじめとする辞書に参照されることが多い。頼るべき先行辞書および文献が限られた時代の中で，日本語の収集・解明，辞書の作成をはじめ，広く日本語研究を切り開いていった功績は大きい。

　『和英語林集成』刊行の本来の目的は，後続の来日宣教師をはじめとする外国人が，日本に滞在するにあたってすみやかにまた合理的に日本語を取得

するための手引きとして編纂されたものであるが、同時に、その内容は広く日本人にも資するものとなった。そのために日本の国内外にわたる役割、存在、意義はきわめて大きい。

　初版から再版、そして3版へと改版していく過程で、当初は外国人としての日本における伝道・施療・日常生活での利用を目的としているために、掲載語の選定にあたり、日常語に関心が向けられている[7]。その後、近代化する日本の様相をとらえるべく増補を繰り返し、日本語全体に意識を払った辞書として展開していった。それが「国語辞書」と称される所以でもある。また、初版、再版、3版のそれぞれの版で、幕藩体制が崩壊に向かう幕末期、新政府が樹立された明治初期、そして帝国議会開設目前の近代国家形成期の三つの時期における日本語の変容の様相を具体的に把握することができる。

　初版をもとに概要を記すと、英語書名が、A Japanese and English Dictionary; with an English and Japanese Index とあるように、その構成は大きく和英辞書と英和索引からなる。収録語数は、「和英の部」20,772語（558頁）、「英和の部」[8] 10,030語（132頁）[9] である。

　収録語の一例として、初版で「発明」[10]ということばを引いてみると次のようにある（1章1節）。

　　　HATSZ-MEI, ハツメイ, 發明, n. Intelligent, ingenious, clever; an invention. – *na mono,* an intelligent person. – *szru,* to invent, discover. *Shin* –, a new invention. Syn. KASH'KOI, RIKŌ.

まず、ローマ字、カタカナ[11]、漢字を用いて見出し語が記されている（カタカナ・漢字表記も横書きである）。さらに、品詞表示、語義、用例（日本語部分は斜体）などが、ローマ字表記による日本語や英語によって記されている。そして、「発明」ということばは、「新たに器具・機械・装置といったものを生み出す」という現代通用している意味のみならず、「賢い」や「発見」の意味が挙げられていることが分かる。「発明な者」を「賢い人」、「発明する」を「発明，発見」と説明する用例があり、類義語として主に江戸時代に用いられた「賢い, 利口」が示されている。また、3版では用例の最後に '– *nin,* inventor.' が追記され、「賢い」からいわゆる「発明」にシフトしていることがうかがえる。同様に「心」については次のようにある。

4

KOKORO, ココロ, 心, n. Heart, mind, will, thought, affection, reason, meaning, signification. – *ni kakaru*, to be anxious, concerned. – *ni kakeru*, to bear in mind, charge the mind with. – *wo tszkush'te*, with the whole heart. – *ni kanō*, to suit one's mind. – *no nai h'to*, one without natural affection; a careless, thoughtless person. *Ji no* –, the meaning of a character. *Nan no* – *de ikatta ka wakaranai*, I don't know why he became angry. – *ni makasz*, to suit one's pleasure.

'Heart, mind, will, thought, affection, reason, meaning, signification.'と八つの単語で表し，用例については「心にかかる」「心にかける」「心を尽くして」「心にかなう」「心のない人」「字の心」「なんの心で怒ったか分からない」「心に任す」といった八つを挙げている。つぶさに日本語を観察し，分類していることが分かる。その後にはKOKOROで始まる見出し語（「心細い」「心遣い」「心替り」「心惑い」など）を二十数例掲載している。

　他にも，口頭語の「あばよ」については次のように示され，

　　ABAYO, アハヨ, interj. Good bye (used only to children.)

子供に向けて用いられていたことが説明されている。また，「あぶない」は，

　　ABUNAI, -KI, -SHI, アブナイ, 浮雲. *a.* dangerous. *Abunai*, take care. *Abunai koto*, a dangerous thing. Syn. AYAUI, KENNON.

「あぶない」の意に「浮雲」という漢字表記を対応させる例は江戸時代の辞書に多く見受けられるものである（3版でKIKEN（「危険」）が載る）。そして，「浴びる」については，

　　ABI, -ru, -ta, アビル, 浴. *t.v.* To bathe by pouring water over one's self. *Midz wo* –. bathe with cold water. *Yu abi wo szru*, to bathe with warm water.

「ABI, -ru, -ta, アビル, 浴」は，「浴び，浴びる，浴びた」を表すものであり，「語根，現在形，過去形」（「連用形，連体（終止）形，連用形＋た」とも）の順に

挙げる（1章5節）。こうした構成は『日葡辞書』を彷彿させる（1章4節）。
「英和の部」における英語から日本語についての説明も，関心を引くものが多い。

  EDUCATE, Shitateru; oshiyeru; shikomu; kiyōkun szru; kiyōju; shitateru.

与えられた日本語からは，職人に仕込む，一人前に仕立てる，といったことが浮かび，人物の持つ素材を生かす意味でのとらえ方をしているようである。なお，初版，再版の「英和の部」に，現代語として一般的な意味の「教育」は見られず，その掲載には3版を待つことになる（ただし，再版の「和英の部」には見出し語として挙がる）。

  LIBERTY, Jiyū ni naru koto; kokoro no mama. $At$ -, hōdai.

上記の例文中に「自由」ということばが見える。「自由」の語は先行する他辞書類にもあるが，近代的な概念として普及していくLIBERTYと「自由」が結びついていることが分かる。一方，「放題」という伝統的な解釈も示されている。なお，「英和の部」においては，「和英の部」と転じて，英語が斜体で示されている。

 これらの特徴をはじめ，『和英語林集成』は，当時の日本語を知り得ることのできるきわめて有効な資料である。

---

※ 本書の『和英語林集成』の図版は明治学院大学図書館所蔵本を用いた。その他については該当箇所でその旨を記す。
※ 本書では，引用箇所の字体を極力反映するように努めたため，同一資料でも異なりが生じる場合がある。

  注
（1）原則として，各節に2回以上表れる場合には，ファミリーネームで示す。また，必要に応じて再掲する。ただし，ウィリアムズとブラウンについては，同時代の宣教師として，S. W. ウィリアムズとC. M. ウィリアムズ，S. R. ブラウンとN. ブラウンの区別を行うため，省略は行わない。
（2）本書との関連が深い当該人物については，英語名と生没年を記す。宣教師に関する人物情報は，荒井他（1986），中島他（2003）などをもとにした。必要に応じて再掲する。称号や職階などは省略した。

1節　『和英語林集成』の概要と特徴

〔図〕　『和英語林集成』各版

左から初版（横浜版）／初版（ロンドン版）／再版／3版／縮約ニューヨーク版／縮約丸善版。縮約上海版は縮約ニューヨーク版と装丁が同一であるために省略した。

（3）　諸版の装丁，また同一の版での装丁は様々ではあるが，初版（横浜版）の背表紙には 'JAPANESE DICTIONARY.' とある（〔図〕）。

（4）　以下，版次の示し方については，第1版を初版，第2版を再版，第3版を3版とする。

（5）　19世紀は，日本からの視点で考えれば，江戸時代から明治時代にまたがる。しかし，江戸時代と明治時代という国内政治史に基づく時代区分によることは，元号を示すことでかえって連綿とした流れが分断されてしまう危険性を伴うことがないとは言えない。また，日本の開国と明治維新は重要なことではあるが，日本の外に目を向けた場合，特に東アジアとの関わりを意識した際に，伝道活動，また南京条約（1842）や日米修好通商条約（1858）の影響といったことも本書には深く関わる。そうしたことに配慮して世紀と西暦を中心として示すことにする。あわせて，このような表示で統一すれば暦法の違いによる西暦と元号の対応にずれが生じない。

（6）　J. J. ホフマンの『日蘭辞書』（1881・1892）との比較の上で，古田（1977）に次のようにある（付-1）。

　　　ヘボンの辞書の方は，最初は実用的な意図が強いと判断されるものであったが，再版，第三版と次第にそれに増補を加え，より十分なものへと改める努力が重ねられた。ヘボンがホフマンをどこまで意識したかの方は必ずしも明らかではないが，しかし，結果としてはホフマンの意図していたような辞書に近づいているのである。

（7）　「明六雑誌」創刊第1号（1874）の巻頭に掲載された西周による「洋字ヲ以

序章　日本語研究資料としての『和英語林集成』

テ國語ヲ書スルノ論」には次のような評が載る。

　　　　近日ヘボンノ字書又佛人ロニノ日本語會アリ然ヿ直チニ今ノ俗用ヲ記シ未タ其肯綮ヲ得ス今此法（筆者注：「洋字ヲ以テ國語ヲ書ス」こと）一タヒ立タハ此等亦一致スヘシ其利六ナリ

（８）初版では INDEX のため，「英和索引」とすべきところであるが，再版，3版に合わせて「英和の部」と示す。

（９）本書で示す『和英語林集成』の各版の全見出し語数や各部の見出し語数は松村（1966）による。

（10）版内で若干の異同があるものもあるため，原則として，初版は北辰版（1966），再版は東洋文庫版（1970），3版は講談社版（1974）を用いた。

（11）ひらがなではなく，カタカナであることは，一文字一文字としての活字としてカタカナが適当であり，ひらがなは連綿が基本であり，一文字一文字活字として扱うこと自体の発想がなかったのである（小宮山（2009））。また，再版（3版も同様）の INTORODUCTION の JAPANESE SYLLABLES には次のようにある（試訳を付す）。

　　　　The first effort to do away with these cumbersome characters, and simplify their letters, gave rise to the *Kana*, a contraction of *Kari-na*（假名）, signifying borrowed names. The *Kata-kana*（片假字）, or side letters, are the oldest and most simple. They are said to have been invented by KIBI DAISHI, a man of high rank in the court of the Emperor KŌJIN, who died A.D. 776. They are derived from the Chinese characters, where, instead of the whole, only a part of the character is used; as, イ from 伊, ロ from 呂, ホ from 保. Sometimes the whole character is used; as, チ for 千. But <u>these characters being separated, and not admitting of being run into each other as a grass hand</u>, they have been little used, except in dictionaries, books intended for the learned, or to spell foreign names.

　　　　やっかいな文字を取り除き，単純な文字とした最初の成果として，名を借りてきたということを表す仮り名 *Kari-na* の短縮形である仮名を作り出したことである。片仮名 *Kata-kana*，または付け足しの文字は，最も古く，単純でもある。片仮名は776年に崩御した光仁天皇の時代の高僧，吉備大師によって作り出されたと言われている。片仮名は漢字に起源を持ち，文字全体の代わりに，一部分だけを使用する。例えば，「イ」は「伊」，「ロ」は「呂」，「ホ」は「保」というわけである。時に，例えば「チ」は「千」のように文字全体が使用される。しかし，<u>分割された文字である片仮名は，例えば草書体のように他のものに続けて書くことは認められず（筆者注：連綿体のように連続して書けないということ）</u>，また，辞書や学習のための書物や外国の名前を記す以外には，ほとんど使用されない。

（12）他にも B. H. チェンバレンの *A Handbook of Colloquial Japanese*（2nd ed.）(1889）にも幼児語として，「あんよ・べべ・わんわん」などともに挙がる。

## 2節　研究目的と意義

### 1　研究目的

　『和英語林集成』について以下の①『和英語林集成』改版の意図，②周辺資料の実態と援用，③神奈川・横浜，長崎，来日極初期における来日宣教師間のネットワーク形成と相互連携の事項に重点を置いて分析と考察を進める。

　　①　『和英語林集成』改版の意図
　開国へ向かう「時代」に，キリスト教が解禁される日本という「空間」において，プロテスタント系宣教師の「身分」の著者によって著された『和英語林集成』の「手稿」から3版までを扱う。
　特に，初版の原稿のさらに前段階の草稿と言える「手稿」については概要のみが報告されていたが，本書では調査対象の中心資料として認識し，それに対峙して，究明に努めた。その上で，ヘボンがどのように日本語を集め，またどのように辞書としての体裁を整え，さらに見出し語，品詞表示，語義，用例といった辞書として必要欠くことのできない情報を付与していったのかといったことについて検討を加える。
・開国当初の日本語の様相
・ヘボンがどのような辞書の作成を目指していたのか
・いかに日本語を理解し習得していったのか
・当時の日本語研究の到達状況
　日本語研究のための草稿（手控え・ノートとも言うべき資料）は，その後の刊行物や翻訳聖書など種々の基底をなすが，その全容は未調査・未確認のまま残されている。本書では，見出し語，漢字表記，ローマ字表記，文法などの面から，初版の祖である草稿段階の「手稿」の調査を出発点とし，3版に至るまでの改版過程とヘボンの編纂意図を探る。こうした作業を通して，来日極

初期の宣教師の日本語への取り組みや，明治期の日本語研究の基底となるものを見出すことに努めていきたい。

### ② 周辺資料の実態と援用

ヘボンは，辞書の作成にあたり諸種の資料を参看している。先行するキリシタンや江戸期の日本語研究資料，国内外の辞書，会話書，文法書，学習書などである。その実態を周辺資料を用いて明らかにし，あわせて印刷出版史の面からも検討を行う。

### ③ 神奈川・横浜，長崎，来日極初期における来日宣教師間のネットワーク形成と相互連携

「日本ミッションによる日本語研究資料」の一つである『和英語林集成』を中心に据えて，上記の継承と伝播の面から調査・研究を行う。

日本語学の観点から宣教師による日本語研究資料を調査することで，内部徴証が明らかにされる。さらにそれらの点については書簡などによる宣教師間の証言などによって裏付けられることが多い。[1]

個別的な人物，書物，書簡などを題材とした先行研究は豊富だが，来日極初期のきわめて不安定な状態の中で，互いの連絡，情報交換など，宣教師によって教派を超えた情報ネットワークを駆使して様々なことが行われていた。日本語研究も日本ミッションという大きな枠組みでとらえる必要がある。

なお，考察の際，次のことを留意点とする。当時，外国人宣教師が直接日本に向かうことは少ない。中国に一定期間滞在し，中国語を習得・研究した後，来日している（派清／入華宣教師でもあったということである）ことが多い。[2] S. R. ブラウン (Samuel Robbins Brown, 1810-1880)，J. C. ヘボン，C. M. ウィリアムズ (Channing Moore Williams, 1829-1910)，J. リギンズ (John Liggins, 1829-1912) は，来日前に中国語を扱うことができ，すでに漢字文化圏と接触する準備は整っていた。[3]

また，様々な日本の状況・把握については，来日した宣教師は国内在留の宣教師間をはじめ，本国や中国在留の宣教師との間で情報を共有するネットワークが存在していた。

例えば，来日極初期の1859年12月31日付のC. M. ウィリアムズからヘボンへの書簡，さらにその返信（1860年1月12日付）がある。また，S. R. ブラウンとも交信がある（大江（2000）pp.169–171）[4]。例えば，立教学院百二十五年史編纂委員会（2000）の「ウィリアムズ主教書簡集Ⅰ」'Nagasaki June 30th, 1860'の書簡にはヘボンから手紙を受け取った旨が記されている。

　また，現在披見できる書簡や個々の文献から日本語に関する問題・話題について交わされたことが確認できる。

　書簡からは，ヘボンとS. R. ブラウンの相互の関連について，一方が辞書（『和英語林集成』(1867)），もう一方が会話書（*Colloquial Japanese*（1863））[5]を共同歩調の中で，分担していることを知ることができる。このような連携は，刊行物が存在し，個別的な研究がなされているために相互の関連の確認・証明ができることでもある。同様に長崎の地においても，リギンズの会話書（*Familiar Phrases in English and Romanized Japanese*（1860））が刊行されている（1月26日に刊行（PREFACEによる）後，翌月の2月24日に離日している）。

　一方，G. H. F. フルベッキ（Guido Herman Fridolin Verbeck, 1830–1898）が文法書の翻訳を，C. M. ウィリアムズが辞書（終章）をそれぞれ作成していたことが次のようなフルベッキの書簡を通して知ることができる（高谷（1978））。

> わたしは日英文法を訳し，刊行の準備をしております。この年の暮れまでに，原稿を印刷に付するほどになりましょう。しかし，その出版については，はっきり申し上げられません。私自身にはそれを完成させる資金がありませんから。本部の委員に一任するか，当ミッションの友人に，その原稿の処置を一任するほかありません。こうした遠隔の地でこういう著作を刊行することは，誤謬や誤植なくしてできないことも承知しております。もしわたしが資金を持っておれば，上海か寧坡で出版した方が良いのです。多分，日本語の部分は（別刷にして）この地でわたしの監督の下にやり，英語のテキストは中国で印刷するのですが，しかし，もし有能な大学生か神学生が綿密に原稿をしらべ，印刷所から出る校正刷を訂正するならば，それらの仕事はニューヨークでできると思います。印刷を簡単にするためには英文のテキストを一まとめにし，八分冊で多分一五〇ページになりましょう。この外，漢字と日本字の部分はきわめ

て簡単で，この部分は活字か木版でできます。(書物がここで印刷されているように。) わたしはまた，日本語のつづり方のよい見本を作れますから，日本語の活字一そろえ用意し，印刷者には教えてあげられます。わたしがテキストとして用いている書物はすでに出版されている二冊の最上の著作です。それは，オランダ語で書かれ，ホフマンが改訂したドンケル・クルチウスのもの（筆者注：*Proeve eener Japansche spraakkunst*（『日本語文典例証』）(1857) と，フランス語で書いたレオン・ド・ロニーの著作です[6]。私の考えで少しつけ加えたり変更したりしましたが……。至急この件に関し，ご意見を聞かせて下さい。原稿を送る前にご返事を待っております[7]。(以下，略：書籍販売，S. R. ブラウンの来訪について触れる）

（1860年10月16日付・P. ペルツ師宛・長崎）

　ヘボン博士とC. M. ウィリアムズ師とは事(ママ)典の著作に従事しておりますから，まもなく日本語を学ぶには，なくてはならないものが得られることと存じます。　　　（1860年11月29日付・敬愛する兄弟宛・長崎）

　こうしたフルベッキやC. M. ウィリアムズの執筆活動については，原稿の状態であったためか，現在ではほとんど認識されていない。神奈川を拠点としたヘボンやS. R. ブラウンらの活動と同様に，長崎でもフルベッキやC. M. ウィリアムズらの宣教師間による分業が行われていたことが確認できる。
　また，資料という点からは，ヘボンも，S. R. ブラウンも，ともに『日葡辞書』を参照したことがそれぞれの著作の序文に挙げられている。ただし，現実には，イエズス会の宣教師による『日葡辞書』(1603-1604)であったのか，L. パジェス（Léon Pagès, 1814-1886）による *Dictionnaire japonais-français*（『日仏辞書』）(1862-1868)であったのかは不明である。S. R. ブラウンは日本語研究に役立つであろうポルトガル語，ラテン語，オランダ語，英語で書かれた書籍を多数S. W. ウィリアムズ（Samuel Wells Williams, 1812-1884）から借りたことを記している（1章4節）。
　これまで記したような書簡の検証によって明らかになる人的交流の跡づけの他に，個々の日本語研究資料との比較によって，相互の関係を見出すことができるものがある。例えば，日本語における「第4の表記」であるローマ字表記に視点を定めて，当時の様相を考えていくと，時間的な幅と空間的な

広がりの中で，影響関係をとらえることが可能になる。ヘボンのローマ字綴りは，極初期段階（『和英語林集成』「手稿」作成時）ではおおむねリギンズによる会話書の綴り方を援用している。さらに，リギンズのPREFACEにもあるように，根底にはペリー提督ひきいる艦隊の通訳官で来日歴のあるS. W. ウィリアムズによる綴り方に端を発していると考えられる（1章3節）。[8]

このように本書は，19世紀の日本で行われた，宣教師らの教派を超えた情報ネットワーク ─すなわち日本ミッション─ による日本語研究という枠組みを設定し，周辺の人物および資料を対象として，日本語学の視点から論じていくことにしたい。

## 2　本書の構成

以下，本書の構成を示す。

序章　日本語研究資料としての『和英語林集成』
　1節　『和英語林集成』の概要と特徴
　2節　研究目的と意義
　3節　研究対象資料とその背景

1章　「手稿」─刊行に向けて
　1節　「手稿」の内容と位置付け
　2節　「手稿」の漢字表記
　3節　ヘボン式ローマ字の祖形
　4節　『日葡辞書』の影響
　5節　ローマ字による活用語の表示方法

2章　「手稿」から初版へ
　1節　収録語数の比較
　2節　「手稿」から初版への漢字表記
　3節　英華辞典との関わり

4節　初版の刊行とAPMP（美華書院）
5節　二つの初版

3章　初版，再版そして3版へ
1節　字音の交替
2節　初版・再版・3版の漢字表記
3節　漢語の見出し語の誤表記と同音異表記
4節　見出し語の統合
5節　削除された見出し語

4章　『和英語林集成』の周辺資料
1節　近世中国語をめぐって
　　　　―『譯通類畧』を題材として―
2節　漢字表記辞書について
　　　　―『雅俗幼学新書』，および『魁本大字類苑』との比較―
3節　漢字索引と康煕字典
　　　　―『平文氏著　語林集成　漢字索引』について―

終章　日本ミッションにおける日本語研究
　　　―ネットワーク形成と相互連携の一端―

付
1　INTRODUCTION（「日本語序説」）の異同一覧
2　改版における増補された見出し語の性格
3　ローマ字分かち書きによる語の意識
　　　― 'Matai den fuku-in sho.' を資料として―


3　研究方法と考察視点

上記の1　研究目的　と2　本書の構成に沿って，研究方法について記す。

序章においては，日本語学的視点をもとに『和英語林集成』自体の，また周辺状況について整理する。
　1章では，『和英語林集成』の「手稿」の位置付けを確認した上で，音声・音韻，文字・表記，語彙，文法の各面から考察を行う。あわせて，依拠資料についても検討を加える。
　2章では，いかにしてノート形式の「手稿」から『和英語林集成』が刊行されるに至ったのかを書誌の面を交え，特に，表記，語彙の面から検討する。また，関連資料をはじめ類書との比較を行い，あわせて印刷出版史の面からも整理・考察する。
　3章では，初版，再版，3版と改版を進めていく過程で，具体的にどのような変更が行われて近代的な辞書としての形態を確固たるものとしていったのかを考察する。主に見出し語の扱いという観点に立ち実例を挙げながら，表記，語彙，文法の面から検討を加える。
　4章では，当時の宣教師の日本語研究資料を取り巻く環境の中で，周辺資料を整理することによって，どのような関連性が見出せるのか日本語学の面から分析する。
　終章では，ヘボンをはじめ，数名の来日宣教師による日本語研究資料を用いて，依拠資料の共通する特徴を指摘し整理する。さらに，日本ミッションにおける宣教師相互の連動といった面から，日本語研究活動の実態と成果を巨視的にとらえ，本書のまとめとする。
　付は，本書を成すに当たり，そのもととなった基礎的な調査結果を詳細に示すとともに，関連する資料データを挙げる。


## 4　本書の意義

　本書の意義は1　研究目的で触れた諸点を具体的な資料によって，考察・検討し，明らかにしたことにある。主要な点を箇条書きする。[9]
・『和英語林集成』の作成目的，その展開と意義
・『和英語林集成』の依拠資料
・周辺資料からとらえる『和英語林集成』

序章　日本語研究資料としての『和英語林集成』

・日本語のローマ字綴りの展開
・宣教師の日本語習得の過程と日本語研究の到達状況
・漢字文化圏としての中国と日本における漢字表記への宣教師の意識の同一性と相違性
・宣教師の参照資料の共通する特徴（刊行の近時性，内容の簡潔性，書体・表記の簡略性）
・開国直後に来日した宣教師の日本語研究資料作成上の役割分担（辞書，文法書，会話書）
・当時の印刷出版における日本語の扱い
・日本語研究資料に見る宣教師のネットワーク形成と相互連携

　日本ミッションの活動という大きな枠組みに留意しつつ，『和英語林集成』の生成・展開の実態，役割，意義について，分析と検討に努めた。また，全章を通して，ミクロ的な視点からどのようにマクロ的な視点へと導くことができるのかに留意した。なお，明治期の日本語の基底をなす面も持つ『和英語林集成』の調査・研究によって，先行研究の蓄積の上に，史実と未開拓の資料を交えながら立体的に新たな領域を開拓できると考える。

　また，日本語という観点だけではなく，辞書の大きさ，使用される文字，印刷技術，装丁といった点についても諸版の間で異なりがある（序章1節〔図〕）。それらを通して，世の中の流れ，人的・物的交流，情報の展開といったことを読み取ることができる。そして，読み取ったものをもとにして，当時の日本語の状況を理解する手立てとして還元することもできる。

　以上，具体的な結果を総合して，19世紀中葉における日本語に関する新たな領域の解明に近づくことを目指した。

注
（1）　本書では，書簡について高谷（1959）をはじめとした日本語の訳出がある場合には，原則としてそれらを優先する。英語による原文については必要に応じて用いる。
（2）　ヘボンの書簡（1860年10月18日付・W. ラウリー博士宛・神奈川）によると，教師を得た旨に加え，日本語が中国語よりはるかに難しいとしている。そして，漢字で印刷された書物を読むことができる割合は，500人中1人と見積もっている。また，ひらがなはすべて読めるとする。
　　　イギリス外交官（ここではE. M. サトウ）との異なりがあるが，サトウ・坂

田（1960）に「そのころ（筆者注：1861年頃となろう）日本でわれわれの指導にあたっていた人たちの間では，日本語の勉強をするにはまずシナ語を習得することが必要だという考えが強かった」とある。
（3） ヘボンの書簡（1860年5月5日付・スレーター宛・神奈川）には次のようにある。

> 日本語は中国語よりはるかに難しいと思います。発音するのに苦労する一つの音がある。ｄとｒとの中間の発音です。しかしわたしはできますがちょっと苦労します。この二つはお互いに変化します。ｒの音の方に近いようです。困難は語の構成にあります。ムード，テンス，ケースなどに適する語の変化に存するのです。それから上流階級の使う言葉があり，目上の者に話す流儀と目下の者に語りかける言葉遣いが異なっています。たとえば，「すわりなさい」という単純な言葉「かけ」がおえらがたには「おかけなさいませ」となる。日本語には非常に多くの中国語が使われているが，しかし，それが日本化しています。日本の書物は和漢まじりの文体です。平俗な文学には日本語だけしか用いられていない，わたしの知っているわずかばかりの知識から判断して，日本語は中国語より遥かにすぐれている。語数が多いこと，非常に融通がきく，複合的な語が多い等々。もっと日本語を知ったうえで，詳細に書き送りましょう。わたしは正規に日本語を研究しております。最初のシラブルの最初の語を説明し，順序正しくおくっていって四十七シラブルのうち十三シラブルまでできました。こうして辞典の編さんをしております。もしわたしが望んでいる通り生きている間に辞典を完成することが出来るならば，それは偉大な業績となるでしょう。この事をやっている間に自分自身でもたえず練習しています。ほとんど一語一語が会話のテキストになっており，それがまたあらゆる事物に関する知識をかなり多く，わたしの日本語教師に教えているわけです。とくにキリスト教の偉大な真理と事実を教えているのです。

（4） 以下，書籍については必要に応じて頁数を示し，論文においては省略する。
（5） S. R. ブラウンは会話書 *A Lexilogus of the English, Malay and Chinese Languages: Comprehending the Vernacular Idioms of the Last in the Hok-keen and Canton Dialects*（1841）（髙谷（1965）），リギンズは『南山俗語考』（1812頃）（常盤（2004）），C. M. ウィリアムズは W. A. P. マーティンによる漢字学習書である *The Analytical Reader: A Short Method for Learning to Read and Write Chinese*（『常字雙千認字新法』）（1863）（終章）を下敷きにしている。
（6） *Introduction à l'étude de la langue japonaise*（『日本語研究序説』）（1854）や *Premières notions de la langue japonaise parlée et écrite*（『口語文語日本語入門綱要』）（1854）などか，検討の余地がある。
（7） その後の書簡に，作成を放棄した旨が記されている。
（8） 来日極初期，長崎でリギンズと居をともにしている C. M. ウィリアムズの資料を調査することで，さらなる影響関係も読み取れると考える。
（9） 「手稿」に関する詳細な紹介，および見出し語索引については木村・鈴木（2013）。

## 3節　研究対象資料とその背景

### 1　はじめに

　ヘボンの人物像，およびヘボンをとりまく人間関係についての全体像を概観し，研究対象とする『和英語林集成』の資料的性格を支える周辺状況を確認する。

### 2　開国と日本ミッション

　日本の開国は，M. C. ペリー (Matthew Calbraith Perry, 1794-1858) による1854年の日米和親条約に始まる。その頃のアメリカの状況の一端に触れると，石油（電気・ガスといったことにも目を向ける必要がある）が生産されるのはしばらく先のことであり（世界石油産業誕生の年は1859年であるが，その一般化には時間を要する），アメリカ全土における鯨油の需要が増大していた。アメリカの西部開拓と相伴って，海洋技術の発展によりそれまで対象とし得なかった北太平洋における捕鯨が行われるようになった。それにより，遭難した際の乗員の保護，燃料・食料の補給，また中国貿易のため太平洋横断航路の寄港地としての役割が日本に要請された。

　それ以前にも，様々な接触が繰り返されているのであるが，1837年に日本人漂流民を乗せたアメリカのモリソン号に対して砲撃が行われた。同船には米国外国伝道局（美国公理会）から派遣されたS. W. ウィリアムズ（1853年と1854年に通訳官として来日，1857年にはミッションを離れ外交官となる），日本語での最初の翻訳聖書『約翰福音之伝』(1837) を著したK. F. A. ギュツラフ，米国外国伝道局から派遣された宣教医P. パーカーといった宣教師が乗船していた。

　1858年7月29日，米艦ポーハタン号の艦上にて日米修好通商条約が締結さ

れ，先行して開港していた箱館に続いて，神奈川，長崎，横浜，兵庫，新潟が開港された。箱館は1854年3月31日に締結された日米和親条約において開港され，同時期に開港した下田は1860年に閉鎖されている。条約の第8条は日本在住の米人の宗教の自由を認めるものであったため，キリスト教の伝道の足掛かりとなり，その後の伝道を推し進めることともなった。

1858年9月20日，長崎に停泊中のミネソタ号の艦上で，米国外国伝道局から派遣された同船の通訳であるS. W. ウィリアムズ (Samuel Wells Williams, 1812-1884) は，米国聖公会の清国派遣宣教師 E. W. サイル (Edward W. Syle, 1817-1890)，米国オランダ改革教会の米艦付牧師 H. ウッド (Henry Wood, ?-?) と相談し，米国の三つのミッション本部である長老教会，オランダ改革教会，聖公会の伝道部に日本への宣教師派遣を要請した。

その結果，米国長老教会のJ. C. ヘボン (James Curtis Hepburn, 1815-1911・<1859. 10.17来日-1892.10.22離日>)，米国オランダ改革教会のS. R. ブラウン (Samuel Robbins Brown, 1810-1880・<1859.11.1来日-1879離日>) とD. B. シモンズ (Danne B. Simmons, 1834-1889・<1859.11.1来日-1889.2.19日本にて没>) が神奈川に向かった。なお，ヘボンとの関わりを持つウォルシュ・ホール商会 (WALSH, HALL & Co.) があるが (後述)，上記の商会のF. ホール (Francis Hall, 1822-1902) もS. R. ブラウン，シモンズとともに来日している (旅行家・実業家であり，宣教師ではないために〔表1〕では省略した)。そして，米国オランダ改革教会のG. H. F. フルベッキ (Guido Herman Fridolin Verbeck, 1830-1898・<1859.11.7来日-1898.3.10日本にて没>)，米国聖公会のC. M. ウィリアムズ (Channing Moore Williams, 1829-1910・<1859.6.29？来日-1908.4.30離日>) とJ. リギンズ (John Liggins, 1829-1912・<1859.5.2来日-1860.2.24離日>) は長崎に到着した。このように，ほぼ半年の間に三つの教派が神奈川と長崎の2地点に居留することになったのである (B. D. タッカー (1999) p.32など)。ただし，教派という枠では，米国オランダ改革教会のみが2地点に居留することとなる (〔表1〕)。

このように相次いで来日を果たした宣教師たちが，日本ミッションを構築するに当たり，日常生活はもとより，宣教活動をはじめ，諸活動において，その礎となる日本語のさらなる習得と研究とは欠くことのできないものであった。

江戸期には，B. J. ベッテルハイム (Bernard Jean Bettelheim, 1811-1870) は1846

〔表1〕 1859年に来日した宣教師の生没年と在日期間(7)

| | 1800 | 1810 | 1820 | 1830 | 1840 | 1850 | 1860 | 1870 | 1880 | 1890 | 1900 | 1910 | 1920 |
|---|---|---|---|---|---|---|---|---|---|---|---|---|---|
| 老・横 ヘボン | | | ←――――――――――――――◆―――――――◆――――→ | | | | | | | | | | |
| 改・横 ブラウン | | ←――――――――――◆―――◆――――→ | | | | | | | | | | | |
| 改・横 シモンズ | | | ←―――――――――◆――◆――→ | | | | | | | | | | |
| 改・長 フルベッキ | | | | ←―――――◆――――――――◆――→ | | | | | | | | | |
| 聖・長 ウィリアムズ | | ←―――――――――◆―――――――◆―→ | | | | | | | | | | | |
| 聖・長 リギンズ | | ←――――――――――◆◆―――――――→ | | | | | | | | | | | |

※ 老:米国長老教会，改:米国オランダ改革教会，聖:米国聖公会
※ 「横」:神奈川・横浜，「長」:長崎
※ ←--→は生没年，◆――◆は在日期間を示す。

年以降，琉球に滞在し，聖書翻訳を行っている。1858年に来日した (1859年に函館に再来日) フランス人神父のM. カション (Mermet de Cachon, 1828-1889) については，*Dictionnaire français-anglais-japonais* (1866) を著している。日本語研究の助走段階ととらえることができるであろう。また，日本語研究とは離れるが，フランス人神父のB. T. プティジャン (Bernard Thadée Petitjean, 1829-1884) も1860年に琉球に上陸し，横浜，長崎に滞在している。

その後，日本の地において，教派は異なりながらも，江戸初期から途絶えていた (教派は異なり，アメリカを中心とした) 宣教師 (1章3節) による日本語研究が本格的滑走に至るため再開する。

上に挙げた宣教師によるものと，R. オールコック (Rutherford Alcock, 1809-1897)，E. M. サトウ (Ernest Mason Satow, 1843-1929)，W. G. アストン (William George Aston, 1841-1911) といったイギリスの外交官 (Kaiser (1995)) によるものが19世紀中葉の日本語研究の先駆けである。なお，来日当初の1862年，サトウは，S. R. ブラウンに日本語の教えを受けている (サトウ・坂田訳 (1960)・1章4節)。宣教師と外交官の日本語への対応は分断されたものではないことが分かる。また，宣教師による日本語研究資料は，1859年に来日した者に顕著で，それ以後は見受けられない。ミッション間，宣教師間で，前出のフルベッキの書簡にも見られるようにそれぞれの対応が把握されていたのではないだろうか。その後，日本語研究はB. H. チェンバレン (Basil Hall Chamberlain, 1850-1935) 等によって一層の展開を見せる。

なお，キリシタン資料から明治期にかけての外国人による日本語研究において，様々な分類や整理が，先学 (上田 (1897-1998), 安藤 (1904-1905), 亀田 (1931), 上田 (1984), 杉本 (1998-1999), Kaiser (1995) など) によってなされている。

海外での日本語研究は，19世紀目前から，オランダ (C. P. ツンベルク, P. F. B. von. シーボルト)，フランス (L. ロニー) などのものが挙げられる。マカオやマニラといったアジア (W. H. メドハースト) ではキリシタン以降，断続的に進められた。また，国内においては長崎の出島において，蘭学などが行われていた。そして，江戸末期の条約の締結により，宣教活動，外交，貿易，またそのための日本滞在の必要性などから日本語研究が活発化することとなる。

## 3　J. C. ヘボンについて

『和英語林集成』の編者であるヘボンは，同書の扉に見られるように漢語で「平文」とある。職業は医者である。(8)

33年間，滞在した日本でのヘボン業績を大きく分けると，伝道に根差した施療活動と医療の普及，辞書編纂，聖書翻訳，近代教育の確立からなる。その他にも，日本の商人と外国の商人の仲介をなすなど (終章)，その活躍は幅広いものである。

施療活動では，無償での治療が有名であるが，生麦事件で怪我人を手当てし，また歌舞伎役者３代目澤村田之助の脱疽の手術を行い，アメリカから取り寄せた義足を付けるといったことも行っている。聖書の翻訳では，S. R. ブラウンと奥野昌綱とともに，1872年に『新約聖書馬可傳』と『新約聖書約翰傳』，1873年に『新約聖書馬太傳』を横浜で発行している。1873年には縮約ニューヨーク版とともに，ローマ字聖書 SHIN-YAKU SEI-SHO: YOHANNE NO FUKU-IN (Gospel of St. John. Japanese and English) をニューヨークで発行し，翌年の1874年には『新約聖書路加傳』を発行する。また聖書翻訳委員社中が組織されると，その委員となり，1880年，『新約聖書』の全訳が完成する。聖書翻訳常置委員会 (1873年に組織された新約聖書翻訳委員会を改組した) の委員長として，1887年に『旧約聖書』を訳出し，聖書の全和訳を完成した。伝道と教育面ではヘボンの許から数多くの人材が輩出している。辞書の編纂

では，言語，社会，文化・文明におよび，また各国との交流と，多方面にわたって開国当初の日本に多大なる影響をもたらしたのである。

　ヘボンの生涯とその事績について，時系列に沿って，拠点となった活動場所を大きく**米国**，**中国**，**日本**に分けて示す（[　]内にヘボンの年齢を示す）。

### 米国　[0-26歳]

・1815年3月13日，父サムエルと母アンの二男六女の長男（第二子）として，ペンシルベニア州ミルトンに生まれる。祖先は17世紀ごろスコットランドから北アイルランドへ移住し，1773年に曽祖父がペンシルベニア州に入植した。

・1831年，プリンストン大学で神学を学ぶ。卒業後，1834年，長老教会の信徒となる。1836年，ペンシルベニア大学医学部を卒業。

・1838年，ノーリスタウンで医院を開業する。この頃，妻となるクララ(Clara Mary Leete, 1818-1906)と出会い，1840年に結婚。長老教会海外伝道局に宣教医の志願をする。

### 中国　[26-31歳]

・1841年[26歳]，夫妻でシンガポールに向かい，現地の英語学校で教えながら施療を行う。マカオのモリソン記念学校校長のS. R. ブラウンに会う。1842年，アヘン戦争終結後の南京条約締結，翌年マカオに立ち寄りアモイへ向かう。マカオではS. W. ウィリアムズ，W. M. ラウリー[9](Walter Macon Lowrie, 1819-1847) といった宣教師と居をともにする。その後アモイに滞在するが妻クララの体調不良のため，帰国を決意する。

### 米国　[31-41歳]

・1846年[31歳]，ニューヨークに到着。同地42番街で医院を開業し，成功を収める。1858年，日米修好通商条約締結，海外伝道局に渡日の志願をする。

### 日本　[44-77歳]

・1859年[44歳]，10月17日夜半，神奈川沖に到着。神奈川宿の浄土宗成仏

寺本堂にて日本語の習得に努めながら，同時に施療活動を始める。
- 1862年，幕府の役人の依頼により，大村益次郎 (1824-1869)，原田一道 (1830-1910) をはじめ委託生 9 名に幾何と化学などを教える。横浜居留地39番に転居。1863年，クララ夫人が英学塾 (ヘボン塾) を開き，林董 (1850-1913)，高橋是清 (1854-1936) 等が学ぶ。また，ヘボンの医学教育では，早矢仕有的 (1837-1901)，三宅秀 (1848-1938) 等に指導を行った。1864年，米国オランダ改革教会と協力し，英語学校を開く。施療活動と並行して，来日後から和英辞書の編纂，聖書翻訳を行う。
- 1873年には切支丹禁制の高札が撤廃され，翌年，後に指路教会となる横浜第一長老公会が創立される。1876年，ヘボンは山手に移り，聖書翻訳に専念する。1881年，スイスでの静養の後，山手245番に住む。1889年，渡米中にヘボン塾を源とする明治学院初代総理に推薦され，1891年まで務める。

### 米国　[77-96歳]

- 1892年[77歳]，10月22日夫妻で帰国。カリフォルニア州パサデナからニュージャージー州イーストオレンジに移る。1905年，日本政府から勲三等旭日章が贈られる。1906年，クララ没，1911年 9 月21日，ヘボン没 [96歳]。

中国と日本において海外伝道が勢いづくのは，南京条約 (1842)，日米修好通商条約 (1858) の締結によるものである。各条約と連動して，入華，来日している。


## 4　日本人の助力と協力

ヘボンの施療活動，辞書編纂，聖書翻訳は，日本人の助力と協力なしでは進み得ないものであった。塾での教え子などの影響も大きいと考えられるが，「教師」に対する認識は今日と異なるようである。その中にあって，ヘボンをサポートした主要な日本人の教師として，次の 5 名を挙げる。

23

序章　日本語研究資料としての『和英語林集成』

・ヤゴロウ（弥五郎）<sup>(11)</sup>

1860年に日記形式でヘボンが本国に送った書簡に次のようにある（2月29日の内容）。

> やっと日本人教師を得ました。三十二歳の医者で，なかなか学識のある日本人です。私は会ったばかりですが，本人は自国のことを良く知っているばかりではなく，外国の知識もかなりあるようです。英学を学び西洋の知識を得たいと望んでおり，わたしどものところへ来たのはそのためのようです。わたしが彼に英語を教えるとともに，彼からできるだけ日本語を集めています。彼は役人の疑惑を刺激しないよう最大の注意を払って，変装してきたのです。そして彼を傭人としてわたしの家に住まわせました。それが一番安全な処置だったからです。

同様の記述は書簡（1860年5月5日付・スレーター宛・神奈川）にも見られる（1章3節）。

・矢野隆山（元隆とも）

?-1865年，鍼灸師。S. R. ブラウンによる書簡（1860年3月12日付・I. フェリス宛・神奈川）に，S. R. ブラウンがT. ハリスを介して雇う（50歳前くらい）旨が載る。ヘボンも日本語の指導を受ける。日本で最初にプロテスタントの洗礼を受けた日本人である。

・岸田吟香

1833-1905年，美作出身。1863年4月に眼病を患い，箕作秋坪の紹介でヘボンの診察を受ける。新聞記者，目薬の販売（『精錡水功驗書』(1875)），実業家，教育者として活躍した。初版の編集を各方面から助ける。なお，初版と再版の「申す」の見出し語に「名を吟と申す」という用例が見られる（〔図1〕）。

〔図1〕「名を吟と申す」（先頭部分のみ掲載）

Mōshi,-sz,-sh'ta, マウス, 申, i. v. To speak, say, tell, call Rei wo mōsz, to salute. Na wo Gin to ―, his name is called Gin.

・奥野昌綱

　1823-1910年，江戸出身。1872年，宣教師 D. タムソンの日本語教師であった小川義綏からヘボンを紹介され，<u>再版</u>の編集に協力する。その後，S. R. ブラウンにも協力する。聖書や讃美歌の翻訳などを進めた。

・高橋五郎

　1856-1935年，越後出身。1875年横浜に行き植村正久の紹介で S. R. ブラウンに師事。その後，<u>3版</u>の編集に関わる。『漢英対照いろは辞典』(1888)や『和漢雅俗いろは辞典』(1888-1889) の辞書編纂と，聖書翻訳を行った。

　これらの主要な日本人が，ヘボンを支え，またそのもとで得た知識などをその後に応用していく姿が確認できるのである。

## 5　『和英語林集成』について

　次に，『和英語林集成』の編纂態度や資料的価値，および改版の意味などをとらえる上で必要な諸点をまとめておく。まず，5-1　序文を示した上で，5-2　特徴と内容，5-3　改版について，5-4　各版について，5-5　収録語数に分けて，前出した事項も含めて記す。

### 5-1　序文

　初版の PREFACE を以下に示し，ヘボンの編纂態度を確認しておく。なお，すでにこれを訳出したものには松村・飛田 (1966) があるが，試訳を付すことにする。

## PREFACE.

In introducing this Dictionary to the public the author feels no small degree of diffidence. Nothing but the great need of such a work, felt by all foreigners in Japan, and the constant demand upon those who were making the study of the language their special business to share their acquisitions with others, could have induced him to issue it at this stage of his acquaintance with the language. The conviction that it is a first step in the right direction, and that, with all its deficiencies, it will prove of some use, could alone have made him consent to its publication.

In compiling this work the author has labored under the very great difficulty of having had little to assist him from the works of predecessors in the same field. The only works of the kind within his reach were the small vocabulary of Dr. Medhurst published in Batavia in 1830; and the Japanese and Portuguese Dictionary published by the Jesuit missionaries in 1603. His principal dependence, however, has been upon the living teacher, so that he feels himself alone responsible for every thing in the work.

There are over 20,000 Japanese words defined in the dictionary. This number might have been considerably increased, if all the compound words of which the language is capable, and all the obsolete words had been inserted. Those here published have been collected, for the most part, in the course of his own reading, or heard in use among the people. A large number of the words are of Chinese origin, and used mainly in books and epistolary writings, and have a very limited range of meaning. The most common words, whether native or Chinese, he has endeavored to illustrate, as much as possible, with examples; some of them extracted from books, but generally with colloquial phrases.

He might have made it a less pretentious volume, confining himself to only such words as are in common use; but his desire has been to present the whole language to the eye of the scholar arranged in proper order; and though he may not have exhausted the meaning of the words, he has endeavored to make as near an approximation to it as possible.

To reader the work more complete he has added the Japanese Kana, and Chinese characters. The spelling with the Kana is according to the best native authority. The Chinese characters attached to the native words are those commonly used as their equivalents.

It has also been attempted to designate the part of speech to which each word belongs. This with the native words is not a matter of much difficulty, but with the Chinese is impossible in most cases, as the same word may be viewed as a noun, verb, or adjective, according to it various relations.

The introduction of the synonymous words will also be found useful. This branch has been more fully carried out in the second part, or Index.

In Romanizing the words, the effort has been in every case to express the sound as pronounced by the most cultivated natives; and the system of orthography, with a few variations, is that generally adopted by the students of the language in Japan.

The printing has been accomplished under many difficulties, especially from the want of accented vowels and a proper supply of capital letters which could not be procured in Shanghai, and had to be manufactured under many disadvantages. This will account for the want of uniformity and irregularity observable.

Notwithstanding every care, not a few typographical errors are observed; but as most of them are unimportant a little attention will enable the reader to rectify them for himself, it is not thought necessary to publish a list of errata.

With these apologies and explanations, the author commits this work, the fruit of nearly eight years of unremitting labor, to the kind indulgence of those who are making the language their study, and if he can in this way, lend them a helping hand out of some of the difficulties which he had so often to encounter alone, he will feel that his labor has not been in vain.

J. C. H.

Shanghai, May, 1867.

序文

　この辞書を公刊するに当たり，いささかもためらいの思いはない。日本に住む外国人は皆こうした辞書の必要性を強く感じていて，また日本語を研究して自分たちが習得したものを他の人々と分かち合うことを特別な任務としている人々の要求が多いため，著者の日本語の知識はこの段階なのだが辞書を刊行しようと思い立ったのである。これが正しい方向への第一歩だという確信，そしていろいろと欠点はあってもこれが何らかの役に立つであろうという確信があったからこそ，刊行を決意した。

　この辞書を編纂するにあたっては，この分野の先人たちの著作からはほとんど助けが得られなかった。そのような非常に困難な状況の中で作業を進めてきた。唯一の先行辞書は，1830年にバタヴィアで発行されたメドハースト博士の小型の語彙集（『英和・和英語彙』）と，1603年にイエズス会により発行された『日葡辞書』だけであった。本辞書は書物ではなく生身の教師を頼りにして作成したものである。そのために，この辞書に記載されているすべてに対する責任は自分だけが負うものであると感じている。

　この辞書には20,000語以上の日本語が含まれている。日本語において可能な合成語や廃語をすべて掲載していたとしたら，この数字はかなり大きなものになったことであろう。ここに掲載されているものはほとんど，著者が書物で目にしたもの，また人々の間で使われているところを

耳にしたものである。その多くは中国語を起源とするもので，主に書籍や書簡で使われており，意味も非常に限られている。日本固有のことば（和語）であれ，中国語（漢語）であれ，最も一般的なことばを可能な限り例を用いて解説することに努めた。挙例のいくつかは書籍から引用したものだが，ほとんどが口語的な表現である。

日常的に使われていることばのみに絞れば，もう少し量が少なくなったかもしれない。しかし，日本語を学習者の目から見ても正しく系列立てて紹介したいというのが著者の望みであった。掲載されていることばの意味を説明し尽くしていない部分もあるかもしれないが，可能な限り近づけようと努めた。

仮名と漢字を加えてあるので，利用者にとってはより完成度の高い辞書となっている。仮名の表記に関しては最も信頼のおける日本語の書物に従った。添えられている漢字については，そのことばに対して一般的に使われているものとなっている。

また，各語の品詞も記載されている。日本固有のことば（和語）に品詞をつけることはさほど困難なことではないが，中国語（漢語）の場合はたいてい不可能である。それは，同じことばが様々な関連性により，名詞，動詞，あるいは形容詞にもなるためである。

類義語を紹介している点も役に立つことと考える。この点については第2部の索引のほうがより充実している。

ことばをローマ字表記するにあたり，すべてのケースにおいて最も教養の高い日本人の発音を示すようにした。また正書法については多少の違いはあるが，日本で日本語を学ぶ者たちが通常使っているものである。

印刷には多くの困難が伴ったが，これもようやくできあがった。特に，アクセント符号の付いた母音（筆者注：長音を示すマクロンの付いた母音）の不足と，上海では調達できない大文字（筆者注：スモールキャピタルを指すか・2章4節）の安定した供給と，多くの障害が重なる中，自分たちで作り出さざるを得なかった。この辞書に統一性の欠如や不規則性が見られるのはこのためである。

最善の注意を払ったにも関わらず，誤植も少なからず見受けられる。しかし，そのほとんどが重要なものではなく，少し注意すれば読者自身

で訂正できると考え,正誤表を発行する必要はないと判断した。

　こうした弁解と説明をもって,8年近くの年月を費やした労力の結晶であるこの辞書を,日本語を学習している読者の手に委ねることとする。この辞書を通して,著者がしばしばたった一人で遭遇してきた困難から読者を救い出せるのであれば,この労力も無駄ではなかったと思えるだろう。

　J. C. H.

　1867年5月　上海

編集と刊行の意図,使命感とも言える強い信念,日本語に対する見解,また参考文献や当時の辞書出版の置かれた状況などを確認することができる内容となっている。

## 5-2　特徴と内容

　ことばの収集は,主に日常生活の場で,また医師であることから施療の過程で,ということが基本になろう。ヘボンはそのような場を通じて様々な層の日本人から直接ことばを集めていると考えられるが,一般庶民からのものと思われるようなことばが「手稿」には見受けられる。あわせて『万葉集』,『源氏物語』,『東海道中膝栗毛』をはじめとする文学作品に目を通していたと考えられる。初版の用例と『東海道中膝栗毛』と『南総里見八犬伝』との関わりについては,江崎 (1991・1994) にあるが,すでに「手稿」の時点での用例としての引用が確認できる (1章1節)。

　上記のPREFACEにあるように,参照資料 (1章1節,4章2節) として,イエズス会宣教師による『日葡辞書』(1603-1604),W. H. メドハースト[12]による『英和・和英語彙』(1830) などを挙げている。これらの影響を十分考慮しなければならない (1章4節)。

　表記については,ローマ字,カタカナ,漢字を用いている。[13]カタカナ・漢字表記についても現在と同様の左横書きが採用されている ([図2])。特に,カタカナはメドハースト,S. R. ブラウンの著作をはじめとして用いている。

これは活字作成の技術とも関連し，直線的なカタカナの使用はその活字作成が簡便であったからだと考えられる(そもそも，ひらがなは連綿で用いるという意識が根底にある・序章1節注)。なお，PREFACEの後に載せる'TABLE of KANA.'のひらがなは，岸田吟香によるものである。また，辞書に用いているカタカナ活字についても，版下は吟香の手によるものである。

　見出し語はアルファベット順で並んでいるため，日本語に明るくない外国人にとっても，当時の仮名遣いの揺れを考慮することなく，耳で聞いたことばを直接に検索ができるという利点がある。また，ローマ字表記が用いられていることで，漢字や仮名表記では読み取りがたい，清濁，拗音，撥音，促音，長音といった実際の発音が明確に伝わる。

　『和英語林集成』は詳細にことばの情報をあわせ持った和英・英和辞書であることが確認できる。

〔図２〕『和英語林集成』初版（1867）「和英の部」

# JAPANESE AND ENGLISH DICTIONARY.

### ABA

Ā, アア, 嗚呼. An exclamation or sigh expressive of grief, concern, pity, contempt, or admiration.=Ah! alas! oh! Ā dō itashimashō. Ah! what shall I do. Ā kanashii kana, alas! how sad. Ā nasake nai, oh! how unkind. Syn. SATEMO-SATEMO.

Ā, アア, 彼, adv. In that way, so, that. Ā szru to do in that way. A shite iru to h'to ni togamerareru, if you do so you will be blamed.

ABAI,–au,–atta, アハフ, t.v. To shield or screen from danger, to protect or defend. Syn. KABAU.

ABAKE,–ru,–ta, アハケル, 發, i.v. To break open of itself. fig. divulged, made public.

ABAKI,–ku,–ita, アハク, 發, t.v. To break or dig open that which confines or covers something else. fig. to expose or divulge a secret. Tszka wo abaku, to dig open a grave. Hara wo —, to cut open the belly. Kōdzi ga dote wo abaita, the inundation has broken open the dike. Inji wo —, to divulge a secret. Syn. HIRAKU.

ABARA, アハラ, 肋, n. The side of the chest.

ABARA-BONE, アハラボ子, 肋骨, n. A rib.

ABARA-YA, アハラヤ, 敗宅, n. A dilapidated house.

ABARE,–ru,–ta, アハレル, 暴亂, i.v. To act in a wild, violent, turbulent or destructive manner; to be mischievous, riotous. Sake ni yotte abareru, to be drunk and violent. Syn. RAMBŌ SZRU.

ABARE-MONO, アハレノ, n. A riotous mischievous fellow.

ABARI, アハリ, 網針, n. A bamboo needle used for making nets.

ABATA, アハタ, 痘斑, n. Pock-marks. Syn. JANKO, MITCHA.

A

### ABU

ABATA-DZRA, アハタヅラ, 麻臉, n. Pockmarked face.

ABAYO, アハヨ, interj. Good bye (used only to children.)

ABEKOBE-NI, アベコベニ, adv. In a contrary or reversed manner, inside out, upside down. Hashi wo — motsz, to hold the chopsticks upside down, Kimono wo — kiru, to wear the coat inside out. Syn. ACHI-KOCHI, SAKA-SAMA.

ABI,–ru,–ta, アビル, 浴, t.v. To bathe by pouring water over one's self. midz wo —, to bathe with cold water. Yu abi wo szru, to bathe with warm water.

ABI-JIGOKU, アビヂゴク, 阿鼻地獄, n. The lowest of the eight hells of the Buddhists.

ABIKO, アビコ, 石龍, n. A kind of lizard.

ABISE,–ru,–ta, アビセル, 澆, t.v. To pour water over or bathe another. H'to ni midz wo abiseru, to pour water over a person.

ABU, アブ, 蛇, n. A horse-fly.

ABUKU, アブク, 泡, n. Bubbles, froth, foam, coll. for Awa.

ABUMI, アブミ, 鐙, n. A stirrup. — wo fumbaru, to stand on the stirrups, (in the manner of the Japanese.)

ABUMI-SHI, アブミシ, 鐙工, n. A stirrup-maker.

ABUNAGARI,–ru,–ta, アブナガル, i.v. Timid, fearful, apprehensive of danger. Syn. AYABUMU.

ABUNAI,-KI,-SHI, アブナイ, 浮雲. a. Dangerous. Abunai, take care. Abunai koto, a dangerous thing. Syn. AYAUI, KENNON.

ABUNAKU, or ABUNŌ, アブナク, 浮雲, adv. idem. Abunaku nai, no danger.

ABUNASA, アブナサ, 浮雲, n. The dangerousness.

次に,『和英語林集成』について,「当時の辞書との違い」,「音声・表記」,「語彙」,「文法」の項目のもとに,その概要を図版を用いて整理したい。

・当時の辞書との違い

　『和英語林集成』は,それ以前の日本の辞書と比べると,見出し語（ローマ字・カタカナ・漢字表記）,品詞表示,語義,用例,類義語について明確に示している（〔図3〕）ことが構成上の特徴だと言える。意味を知るという面と書き方を知るという面の両面の機能を持つことで,同時代の日本で刊行された辞書,例えば節用集などとは性格を異にしている。それらの多くは語彙集の性格が強い（〔図4〕）。『和英語林集成』の性格の一端を示す一例として「発明」の項を引く。なお,以下,原則として『和英語林集成』については初版のものを挙げる。

〔図3〕「発明」（初版）

Hatsz-mei, ハツメイ, 發明, n. Intelligent, ingenious, clever ; an invention. — na mono, an intelligent person. — szru, to invent, discover. Shin —, a new invention. Syn. kashi'koi, rikō.

〔図4〕「発明」（『早引万代節用集』(1850) 89ウ）

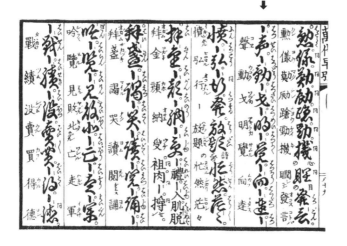

・音声・表記…ローマ字綴りの違いとその変遷

　ローマ字綴りは，SHIMBASHI，TSUCHIURA，FUJISAWA といった駅名表示などでもよく知られるヘボン式のもととなるものである。ローマ字表記は日本語の第4の表記と言えるものであり，ローマ字で記されていることで当時の発音を現代でも確認することができる。例えば，SHIMBASHI は M であるが，SHINJUKU は N を用いている。これは M［m］の後に B, M, P が続く際には両唇音で発音をしていることを M によって表したものである（［図5］）。また，SHI（子音［ɕ］），CHI（子音［tɕ］），TSU（子音［ts］），FU（子音［ɸ］）と綴るのは，他のサ行（［s］），タ行（［t］），ハ行（［h］）の子音の発音と異なること（ただし，hi は［ç］，ni は［ɲ］）を示している。他にも「G'WAN-RAI，元來，グワンライ」，「K'WAI-SEI，クワイセイ，快晴」と記す。合拗音で発音していたことを反映している。

　なお，3版で羅馬字会によるローマ字綴りを取り入れることとなる。

〔図5〕　SHIM-BUN, CHIMMARI, FUM-PATSZ（初版）

SHIM-BUN, シンブン, 新聞, (*atarashiku kiku*), *n*. News. — *wo noberu*, to tell the news. Syn. CHINDAN.

CHIMMARI, チンマリ, 約, *adv*. Abridged, condensed, reduced in size, in miniature. — *to sh'ta yoi iye da*, a small and neat house.

†FUM-PATSZ,-*szru*, フンパツ, 奮發, To become ardent, eager, zealous; to be excited, or roused to action from idleness, or inactivity. — *sh'te gakumon szru*, roused up to the pursuit of learning. Syn. FUNGEKI.

・語彙…収録語の性格

　現代語との意味の違い，語形の違い，また位相差といったことを知り得る手立てとなる。例えば，〔図6〕については，「勉強」を「勤勉」の意で用いていることが確認できる。また，〔図7〕では現代と字音の異なりによって

語形の違うものがある（3章1節）。〔図8〕からは，「交易」は初版から収録されているが，「貿易」は再版から加わる。

〔図6〕 意味の違い（初版）
BENKIYŌ, ベンキャウ, 勉強, (*tsztome*.) Industrious, diligent.

〔図7〕 語形の違い（初版）
TOKU-SHO,-*szru*, トクショ, 讀書, ( *hon wo yomu* ). To read books. — *jin*, a learned man.

RAKK'WASHŌ, ラククワシャウ, 落花生, *n.* A groundnut

〔図8〕 位相差（再版）
KŌ-YEKI, カウエキ, 交易, *n.* Barter, exchange of commodities, trade, commerce.

BŌYEKI, ボウエキ, 貿易, *n.* Commerce, trade. Syn. KOYEKI, AKENAI.

・文法…見出し語の活用

それぞれの活用を示し（〔図9・10〕），頻度の高い語根（連用形）を挙げ，いわゆる現在形（連体（終止）形）を示し，また音便などの生じやすい過去形（連用形+た）について挙げる（1章5節，3章4節）。連用形をローマ字で見出しとする理由の一つとして，その出現率に起因していることが考えられる（〔表2〕）。

〔図9〕「読み，読む，読んだ」（初版）
YOMI,-*mu*,-*nda*, ヨム, 讀, *t.v.* To read. *Hon wo* —; to read a book. *Uta wo* —, to compose poetry, *Kadz wo* —, to count.

35

〔図10〕「見, 見る, 見た」（初版）

Mɪ,-ru,-ta, ミル, 見, t.v. To see, look at, perceive. *Me de miru,* to see with the eyes. *Miyo,* or *minasare,* imp. look, see. *Tabete mite kudasare,* taste and see what it is like. *Isha ni mite morau,* let a doctor see it. *Miyaku wo miru,* to feel the pulse. *Aru ka nai ka kite miru,* inquire whether there are any or not.

〔表2〕 活用形の比率（林監修（1982）の数値をもとにした）

|  | 未然形 | 連用形 | 終止・連体形 | 仮定形 | 命令形 |
|---|---|---|---|---|---|
| 読む | 読まない<br>読もう | 読みます<br>読んだ | 読む。・読むとき | 読めば | 読め！ |
| 見る | 見ない<br>見よう | 見ます<br>見た | 見る。・見るとき | 見れば | 見ろ！ |
| 現代語 | 12.0% | 55.7% | 30.0% | 1.5% | 0.8% |

　以上のような特徴と内容を兼ね備えていたことは，後続の和英・英和辞書のみならず，『和漢雅俗いろは辞典』，『言海』（1889-1891）など国語辞書への影響力を持つこととなった(17)。また，偽版も売り出されたが，その影響力を示すことの一つとも言えよう。

## 5-3　改版について

　1867年の初版から，1910年の9版まで版を重ねた。「手稿」をもとに，初版，再版，3版と増補改訂を加えつつ刊行された。3版の時点で丸善商社に版権が移り，その後も数年の間隔を置いて刊行されている。ただし，4版以降は大幅には手を加えられていない(後述)。そのために，「版」とは称しているが性格としては増刷と言えよう。『和英語林集成』の諸版および縮約版，また偽版の刊行年を〔表3〕にまとめて示す。

〔表3〕『和英語林集成』の刊行年

| 西暦 | ヘボン | 『和英語林集成』関連 | 偽版 |
|---|---|---|---|
| 1860 | 45歳 | 1860年代前半 手稿<br><br>1867 初版（横浜版）<br>　　　初版（ロンドン版） | |
| 1870 | 55歳 | 1872 再版<br>1873 ⟨縮約NY版⟩（再版の縮約） | 1871　浅解英和辞林（初版）<br><br>1870年代　A Pocket Edition |
| 1880 | 65歳 | 1881 ⟨縮約上海版⟩（再版の縮約）<br><br>1886 3版<br>1887 ⟨縮約丸善版⟩（3版の縮約）<br>1888 4版　漢字索引（4版対応） | 1887　日盛館版（初版） |
| 1890 | 75歳 | 1894 5版 | 1891　東洋堂版（縮約NY版） |
| 1900 | 85歳 | 1900 6版<br>1903 7版<br>1906 8版 | |
| 1910 | 95歳 | 1910 9版 | |

※ 『和英語林集成』については□，縮約版は○，索引は波線を付した。

当初，初版を日本で印刷・刊行することを企てていたが，最大の難関となったのは印刷技術の問題であった（2章4節）。そこで，上海に渡り，現地のAmerican Presbyterian Mission Press（APMP（美華書院））でその準備を進めた。その直前の様子が次の書簡に記されている（2章3節，2章4節，2章5節）。

> 7年間，単語を蒐集し，それらを分類定義し，日本語の文法上の原則や慣用句になれるように努めることのほか，ほとんど何もいたしませんでした。それは極めて遅い，骨の折れる方法でありました。けれども，それをやり通して，初めて辞書の形でこれを出版するに至る曙光をみたのです。これが不完全なのはやむを得ませんが，しかしこれはわれわれすべてのものに欠くべからざるものであり，この国民の利益のために尽くすべきわたしどもの将来の努力にとっても，必要であったのであります。辞書編纂こそ正しい出発点と申せましょう。これなくしてまた日本語の十分な知識なくしては，聖書を翻訳する十分な資格に欠けるところが多いのです。 　　　（1866年9月4日付・J. ホルドリッチ博士宛・横浜）

組版と印刷は上海であるが，発行は横浜（扉には「梓行」とある）のため，本書では横浜版として扱う。初版のうちでもロンドンで印刷されたものを（存在自体あまり認識されていないが）慣例でロンドン版（2章5節）と表しているため，ロンドン版とする（厳密には組版は上海（横浜版同様），印刷・発行はロンドンである）。なお，本書で初版とのみある場合には横浜版を指す。

・初版から再版，そして再版から3版について

初版の英文の扉に[18] 'A JAPANESE AND ENGLISH DICTIONARY; WITH AN ENGLISH AND JAPANESE INDEX.'（下線は筆者）とあるが，再版では'A JAPANESE-ENGLISH AND ENGLISH-JAPANESE DICTIONARY.'と変更されている。さらに，3版の和文の扉で「改正増補 和英英和語林集成」とするように，大幅な増補と削除とが行われた（後述）。

1867年の初版から5年後の1872年に再版を刊行したのは，第一に需要が多かったことによると考えられる。また，先にも記したが，「和英の部」に関しては再版から1886年の3版へは大幅な増補が行われている。それは，再版から14年後，明治という時代の動向が落ち着きを見せ，中国語からの借用語

(例，電気，銀行)，中国古典語からの再生語 (例，文明，革命)，日本人による創出語 (例，哲学，郵便)，といった新漢語が確定していったことを反映していると考えられる。なお，この14年間は聖書翻訳に従事している時期と重なる。[19]

改版の一例として，「和英の部」の「共に」を挙げ，その一端を確認する（〔図11・12・13〕）。

〔図11〕 初版

TOMO-NI, トモニ, 共, adv. Together, in company with, along with. *Watakushi to — Yedo ye yuku*, to go with me to Yedo. Syn. ISSHO-NI.

〔図12〕 再版

TOMO-NI, トモニ, 共, adv. Together, in company with, along with; both. *Watakushi to — Yedo ye yuku*, to go with me to Yedo. *Hikkiyō — mono no midzukara tori-ukuru koto nari*, both good luck or bad luck things get for themselves. *Uye shita —*, both high and low.
　　Syn. ISSHO-NI.

〔図13〕 3版

TOMO NI トモニ 共 adv. Together, in company with, along with; both: *watakushi to — Tōkyō ye yuku*, to go with me to Tōkyō; *hikkyō yoshi ashi tomo ni mizukara maneku mono nari*, after all, both good or bad luck men get for themselves; *ue shita —*, both high and low.
　　Syn. ISSHO NI.

再版で，語義に 'both' を加え，用例として「畢竟ともに ものの みずから とりうくることなり」と「うえしたともに」が追加される。3版では，初版と再版で「わたくしと江戸へゆく」から「わたくしと東京へゆく」に変化する。「東京」は「トウキョウ」と読んでいたことも確認できる。

また，「英和の部」の一例として，CLASS を挙げる（〔図14・15・16〕）。

〔図14〕 初版
CLASS, Rui; shu-rui; tagui; tōri; kurai.

〔図15〕 再版
CLASS, n. Bu-rui, rui. *The four classes of people*, shi-min, yotsu no tami.
CLASS, t. v. Bu-wake wo suru.

〔図16〕 3版
CLASS, n. Burui, rui. *The four classes of people*, shi-min, yotsu no tami. First — on the railway, jōtō. Second —, chūtō. Third —, katō.
CLASS, t.v. Buwake wo suru.

初版の「類，種類，たぐい，とおり，くらい。」から，再版では品詞ごとに分けられる「＜名詞＞　部類，類　*The four classes of people*，四民，よつのたみ。＜動詞＞ぶわけをする。」，さらに3版では「＜名詞＞　*First - on the railway*，上等。*Second -*，中等。*Third -*，下等。」と鉄道事情を示している。他にも図版は略すが，ARTは，初版「術（ジュツ）。」，再版「術，芸術；巧（タクミ），能（ノウ），功（コウ），徳（トク）。」，3版「術，芸術；巧（タクミ），能（ノウ），功（コウ），徳（トク）．*Fine -*，美術．*Master of arts*，学士。」とあり，「芸術」，「美術」，そして「学士」と広範にわたる。

しかしながら，改版ごとに手が加わるものはそれほど多くなく，その変更は，初版→再版・3版，初版・再版→3版といったケースが多い。一方，まったく変わらないものも散見する。

それに対して，3版以降については，4版の広告が「今般更ニ誤字ヲ訂正シ」（〔図17〕）と示すように（3章3節），現代で言うところの「版」ではなく「刷」と同義である。細かな異同状況については確認の必要があるが，同じステロタイプを用いて刊行されたと考えられる（2章5節）。そのことは，6版の英文扉に 'FIFTH EDITION'（奥付には「第5版発行」の後に「第6版」発行日を記載・参考　『和英語林集成』の書誌）と，8版に 'SEVENTH EDITION' とあることからもうかがうことができる。

40

〔図17〕　4版予約広告の表裏（25.9cm×35.2cm）　※実際には縦二折

また，再版の見出し語の漢字とカタカナを無くし収録語数に調整を加えたポケット判サイズの縮約NY版 (1873) と縮約上海版 (1881) も刊行されている。縮約NY版はアメリカでの版権確保の役割を果たしていると考えられる (5-4 各版について)。3版をもとにした縮約丸善版 (1887) も刊行される。判型はおよそ初版の半分で，若干薄く，携帯にも適したハンディなサイズである。このような縮約版が刊行されたのは，様々な条約の締結を背景として，日本への関心の高まりと直接的な接触によって，日本語を英語で理解する必要性が高まったことによるのであろう。なお，上海版が，再版刊行から9年後，3版刊行の5年前にあたる1881年に刊行されたのは，同年ヘボンがスイスでの静養の往路もしくは帰路に，上海に立ち寄った際に進められたのではないかと推測される。ニューヨークから上海へステロタイプを運んで印刷されたのか，ニューヨークで扉だけ変えて印刷されたのかは不明である。

　他にも，3版での協力者でもあるW.N.ホイットニー (Willis Norton Whitney, 1855-1918) によって『和英語林集成』の漢字索引が1888年に刊行されている。これによって『和英語林集成』は漢字・漢語 (漢字表記) 辞書としての機能を持つことにもなる (4章3節)。


・発行部数と影響について

　初版の1,200部は売り切れる予測のもとに出された数値であったと考えられる。刊行に際してはミッション本部からの資金はかなわず，ウォルシュ・ホール商会のT.ウォルシュ (Thomas Walsh, 1827-1901) から必要な一切の資金援助を受けるが，実際はすぐに完売することになる。これを受けて，5年という短い期間で再版を3,000部刊行する訳であるが，この部数も売り切る見通しをもってのことであろう。さらには，1886年の3版は予約部数だけでも18,000部であり，その2年後には4版 (予約部数1,000部) が刊行されることとなる。5版以降もコンスタントに数年の間を置きながら刊行されている。

　このような需要の多さから明らかに偽版と言えるものが刊行されている。早くは1867年の初版をもととしたものでは，内田晋斎『浅解英和辞林』(1871) が挙げられる (惣郷 (1974) など)。

　刊行年の記載はないが1870年代 *A Pocket Edition of Japanese Equivalents for the Most Common English Words* と称する英和辞書がある。竹中 (1999)

によると，芝芝居町の松本孝助によるもので，扉にはTOKEI（「東京」のことである）とある。PREFACEには，増加する学習者のために英和辞書を刊行した。『和英語林集成』から集めた単語に，500語を追加し，ヘボンの了解を得ての出版である旨が英文で記されている。『和英語林集成』に掲載されている訳語は同様であるが，収録されていないものもあり何らかの辞書からの援用であろうと考えられる。

また，日盛館版が1887年に刊行されるのであるが（〔図18〕），この時点では1886年に3版が刊行されながらも初版によっている。同様に縮約版においても，1891年の東洋堂版は直近の縮約丸善版（1887）を基にせず，その前のニューヨーク版（1873）を下敷きにしている。ヘボンの初版，再版などにおける著作権の問題（幕府の布令が瓦解によって効力をなくし，その後の明治政府の外国人の著作権への不備など・明治学院歴史資料館（2006）・明治学院大学『和英語林集成』デジタルアーカイブス），また同時期の3版や縮約丸善版が丸善商社による刊行といった版権との関わりがあると考えられる。特に専売特許条例が太政官布告として1885年4月18日に公布され，ヘボン塾の出身でもある高橋是清が初代所長の任にあたることとなった。その翌年に3版が刊行されたことと無縁ではないであろう。新聞広告にもその旨が挙げられている（〔図19〕）。

〔図18〕 偽版広告（朝日新聞　大阪　1887年10月14日）

〔図19〕　偽版購入への忠告（朝日新聞　大阪　1886年９月８日）

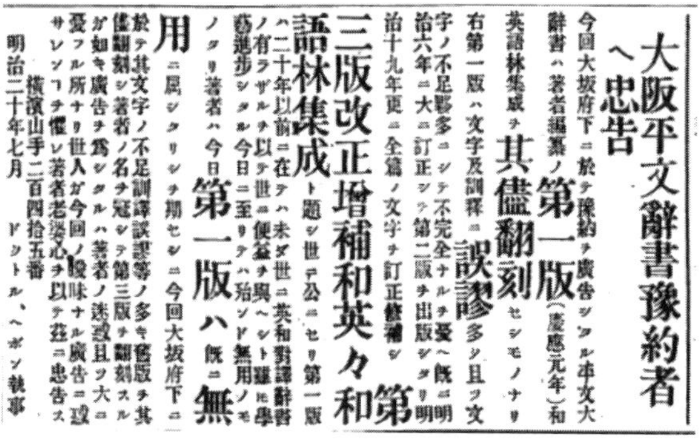
大阪平文辭書豫約者へ忠告

今回大坂府下ニ於テ豫約ヲ廣告シタル平文大辭書ハ著者編纂ノ第一版(慶應元年)和英語林集成ヲ其儘翻刻セシモノナリ右第一版ハ文字及訓釋ニ誤謬多ク且ツ文字ノ不足夥多ニシテ不完全ナルヲ憂ヘ既ニ明治六年ニ大ニ訂正シテ第二版ヲ出版シタリ明治十九年更ニ全篇ノ文字ヲ訂正修補シ第三版改正增補和英々和語林集成ト題シ世ニ公ニセリ第一版ハ二十年以前ニ在テハ未ダ世ニ英和對譯辭書ノ有ラザルヲ以テ世ニ便益ヲ與ヘシト雖モ學藝進歩シタル今日ニ至リテハ殆ンド無用ノモノタリ著者ハ今日第一版ハ既ニ無用ニ属シタリシヲ期セシニ今回大坂府下ニ於テ其文字ノ不足訓譯誤謬等ノ多キ舊版ヲ其儘翻刻シ著者ノ名ヲ冠シテ第三版ヲ翻刻スルガ如キ廣告ヲ爲シタルハ著者ノ迷惑且ツ大ニ憂フル所ナリ世人ガ今回ノ曖昧ナル廣告ニ致サレンコトヲ懼レ著者老婆心ヲ以テ茲ニ忠告ス

明治二十年七月

横濱山手二百四拾五番　ドクトル、ヘボン執事

他にも，島田胤則・頴川泰清纂輯『和英通語捷径』(1872) は『和英語林集成』を参照した内容を持ち，APMP で印刷されている（２章４節)。また，再版を底本とした和独辞書『和獨對譯字林』(1877) がある（橋本 (1996)）[(25)]。先述したように，『和英語林集成』がその後に与えた影響ははかり知れない。

広告という観点から，国文学研究資料館の「明治期出版広告データベース」によると次のような記事が検索できる。それぞれ何版の記載であるのかを記し，関連の深い箇所には下線を付した。

「万国新聞紙」(1867年６月中旬)　　初版

亜国「ヘッボン」の英和対訳辞書成就せり簡便確実にして且鮮明なり英学に志ある諸君は坐右に置かざらんはあるべからずす(ママ)然れとも多分にあらざれは速に買はずんは及はさるへし横浜三十八番にて売り出せり

「東京日日新聞」(1873年４月16日)　再版

一平文〈ヘボン〉字書

右は来る五月一日より金十二円に直上げ仕候御入用の御方様は金子添御書状にて御住所姓名委しく御申越候へば早速御届け申上候以上

東京本町三丁目　瑞穂屋卯三郎

「東京日日新聞」(1873年12月２日)　再版

アメリカの名医ヘボン氏昨年帰国せしが去ル三十日横浜へ帰港せし由此人は実に賢人又は君子ともいふべき徳ある人なり其行状の正しき心術の

明なる事とても我輩の及ぶべきにあらず蓋し漢土宋代の先生方も其おこなひは多分此位のものなるべし日本へ来りし後諸人の病気を療治して死者を救ひ廃人を趣したる事千人なるをしらず而して謝儀を受る事なし其著したる和英語林集成は我邦初学生徒多くの益を蒙れりト云云

「東京日日新聞」(1876年5月11日) 再版

　美国平文氏著
　和英語林集成　俗ニ平文氏字書ト云フ
　右ハ部数大ニ減少致候間近日ノ内直上ケ仕候夫迄ハ代価十一円請取次第陸運并郵船会社在ル処迄無賃逓送仕候
　東京本町三丁目　瑞穂屋卯三郎

「東京日日新聞」(1887年8月4日) 偽版　日盛館版

　●ヘボン大辞書予約出版賛成諸君ヱ注意●
　和英語林集成／平文大辞書　大形西洋綴極上美製本
　竪八寸五分巾六寸五分
　紙数七百ページ余
　●定価金七円五十銭
　此度限リ大奮発
　特別廉価金二円五十銭ヲ以テ大日本学生有志諸君ニ頒ツ
　近頃二三ノ新聞紙ニ於テ平文辞書予約者ヱ忠告ト題シ暗ニ該書出版者ノ事業ヲ妨害セント欲スル如キノ告ヲナス者アリ出版者等ニ於テ兼テ各新聞紙上ニ広告セシ主意ヲ守リ決シテ私利ヲ計ル者ニアラズ又予約諸君ヲ欺罔スル者ニアラズ又不完全ナル辞書ヲ出版スル者ニアラザル也若シ出版者ニ於テ右等ノ不都合アル時ハ予約諸君ニ対シ出版者其責ニ任ズベシ諺ニ謂フ論ヨリ証拠出版者ハ該書ノ完全無欠ニシテ且有用有益ノモノタルヲ証セン為メ郵券二銭ヲ投ゼラレ、諸君ニハ直チニ見本ヲ呈送スベシ予約諸君請フ御懸念ナク続々御申込アランコトヲ
　予約申込所　大坂東区唐物町四丁目十番地　岡本仙助　大坂同区安土町四丁目三十八番地　鹿田静七
　大坂南区安堂寺橋通リ四丁目六十二番地　田中太右衛門　大坂東区本町四丁目十二番地　赤志忠七
　東京取次所　東京日本橋区横山町三丁目二番地　金松堂　辻岡文助

「出版月評」(1887年11月25日)　3版
　　平文著　和英語林集成　大一冊　反刻　定価七,五〇　大坂　鹿田静七
　　外一人　東区安土町四丁目

### 5-4　各版について

　初版,再版,3版の要点を示す(もととなった「手稿」に関しては1章で扱う)。『和英語林集成』は以下のように3版7種(初版(横浜版),初版(ロンドン版),再版,3版,縮約NY版,縮約上海版,縮約丸善版)に分けることができる([図20])。関連する刊行物(縮約版,索引,偽版)の書誌の詳細については,本章末の**参考　『和英語林集成』の書誌**に示す(漢字索引については4章3節)。

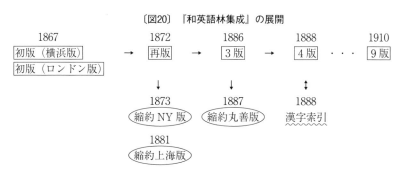

〔図20〕『和英語林集成』の展開

|初版(横浜版)|

・『和英語林集成』(横浜版)(1867)　[ヘボン:52歳]
　発行部数(価格):1,200部(18両)[26]
　収録語数:「和英の部」20,772語[27]　「英和の部」10,030語
　英語書名:*A Japanese and English Dictionary; with an English and Japa-
　　　　　nese Index.*
　　　　　　Shanghai: American Presbyterian Mission Press.
　組版・印刷・発行:上海のAPMPで組版・印刷,横浜で発行
　協力者:岸田吟香
　※　当初は『和英詞林集成』であったため,「詞林」から「語林」へ1厘値を上げたと岸
　　　田吟香の『呉淞日記』にある。
　※　きわめて画期的な内容であるため,諸藩が買い求めた(幕府:300冊は確実とされる)。

## 3節　研究対象資料とその背景

|初版（ロンドン版）|

・『和英語林集成』(ロンドン版)（1867）

　発行部数(価格)：不明（5ポンド5シリング）

　組版・印刷・発行：上海で組版，ロンドンで印刷・発行

　※　横浜版と内容は同じ。


|再版|

・『和英語林集成』(再版)（1872）　［ヘボン：57歳］

　発行部数(価格)：3,000部（値上げ後の価格12円）[28]

　　　　　　　　ロンドン TRÜBNER & Co. では8ポンド8シリング

　収録語数：「和英の部」22,949語　「英和の部」14,266語

　英語書名：*A Japanese-English and English-Japanese Dictionary.*
　　　　　Shanghai: American Presbyterian Mission Press.

　組版・印刷・発行：上海の APMP で組版・印刷，横浜で発行

　協力者：奥野昌綱

　※　PREFACE に J. J. ホフマン（Johann Joseph Hoffmann, 1805-1878），S. R. ブラウン，W. G. アストンの著作が挙がる。
　※　明治維新に伴ない「會社，傳信機，貿易」などといった西洋の科学，文化文明に関わることばを増補（付-2）。
　※　サトウによると，通訳官の資格審査（英文和訳と和文英訳など）に再版と『真艸字引大成』（1707刊，1820再版）の使用が許されていた（前後の記述から1874年4月のことであろう・萩原（1998-2001））。


|縮約NY版|

・縮約ニューヨーク版（1873）

　収録語数：和英17,354語，英和14,258語

　※　再版をもとにしたポケットサイズの縮約版。
　※　漢字表記とカタカナ表記を掲載せず，古語や廃語などの見出し語も一部削除している。また，類義語の表示がない。
　※　英文の扉裏に次のようにあり，米国での版権を確定している。
　　　Enterd accordin to Act of Congress, in the year 1873, by
　　　　　　　　J. C. HEPBURN,
　　　In the Office of the Librarian of Congress, at Washington, D. C.

### 縮約上海版

・縮約上海版（1881）

　※　再版をもとにしたポケットサイズの縮約版。
　※　縮約ニューヨーク版と内容は同じ。
　※　時間は空くが，縮約版がニューヨークと上海で発行地を変えるのは，初版（横浜版）と初版（ロンドン版）と同じ方法である。
　※　ロンドン TRÜBNER & Co. では18シリング。

### 3版（1886）

・『改正増補 和英英和語林集成』（3版）　［ヘボン：71歳］

発行部数（価格）：予約部数18,000部（7円50銭（予約5円50銭））

　　　　　　　　ロンドン TRÜBNER & Co. では1ポンド10シリング

収録語数：「和英の部」35,618語　「英和の部」15,697語

英語書名：*A Japanese-English and English-Japanese Dictionary.*

　　　Tōkyō: Z. P. Maruya & Co., Limited.

協力者：高橋五郎

　※　丸善商社に版権譲渡，版権収入（2,000ドル）を全額明治学院に寄付したということが通説であるが，グリフィス著・佐々木訳（1991）では指路教会にも寄付したとする。
　※　これ以後の改版が事実上行われないのは当時の日本語が安定してきたととらえることができるかもしれないが，年齢的なことも考慮する必要がある。[29]
　※　日本語の平易化を唱えて1885年に結成された「羅馬字会」の提案によって，いわゆるヘボン式ローマ字綴りを使用（その後，修正を施し現在につながる）。
　※　大幅な増補改訂のもと（〔表4・5・6・7〕），古語や，「汽車，教會，電話機，日曜日，宣教師」といった近代文明やキリスト教に関わることばも加わる（付-2）。
　※　INTORODUCTIONには，O. H. ギューリック，W. N. ホイットニーの協力の旨が記されている（4章3節）。また，サトウの1878年4月の日記（以下，萩原（1998-2001））によると，

　　　　「ヘボン博士を訪ね，彼の辞書（『和英語林集成』）第3版を作成するのを手伝ってくれないかという博士の提案を，目下のところ受け入れられない理由を説明した。公使館で午前十時から午後四時まで勤務しなければならず，そのため自分の勉強をするのがやっとであること，『万葉集』を読み，これに註釈をつける仕事が今年いっぱいかかること，などである。」

　　とある。それ以上に，名実ともに『和英語林集成』を超える辞書の作成を企図していることが背景にある。実際にサトウは石橋政方との *An English-Japanese Dictionary of the Spoken Language*（『英和口語辞典』）(1876) の刊行後，翌年にあたる1879年に再版を刊行している。[30]
　※　数年の間隔を置きながら9版（1910）まで発行。

### 縮約丸善版

・縮約丸善版（1887）（〔図21〕）
　発行部数(価格)：予約部数3,000部（2円）[31] [32]
　収録語数：和英33,449語，英和15,697語
　※　3版をもとにしたポケットサイズの縮約版（縮約ニューヨーク版と縮約上海版の再版にあたる）
　※　15版（1907）まで発行．

〔図21〕　縮約丸善版広告（朝日新聞　大阪　1887年8月17日）

5-5　収録語数

　「和英の部」は再版から3版にかけて収録語数が約1.55倍，「英和の部」は初版から再版にかけて約1.42倍の大幅な増加となっている（〔表4・5・6・7〕）。[33]「英和の部」は印刷のために向かった上海において急遽作成されたものであり，再版までの5年間は「英和の部」の増補に力をそそいだことがうかがわれる。また，再版から3版への14年間は「和英の部」に，段階的に手を加えたことが確認できる。このことは，「和英の部」が社会の変動を含め見出し

語の増補を要求されたのに対して,「英和の部」がすでに初版から5年後の再版の段階で,ある程度の安定性を持っていたことを示すと考えられる（付-3）。

また,〔表4・5・6・7〕<sup>(34)</sup>からは改版ごとに増補だけを行っているように映るが,改版に際して削除も行われている（3章4節,3章5節）。

〔表4〕 収録語数と増減数と比率（「和英の部」）

|  | 初版 | 再版 | 3版 |
|---|---|---|---|
| 収録語数 | 20,772 | 22,949 | 35,618 |
| 初版増減数 | 0 | 2,177 | 14,846 |
| 初版増減率 | 100.00% | 110.48% | 171.47% |
| 再版増減数 | −2,177 | 0 | 12,669 |
| 再版増減率 | 90.51% | 100.00% | 155.21% |
| 3版増減数 | −14,846 | −12,669 | 0 |
| 3版増減率 | 58.32% | 64.43% | 100.00% |

〔表5〕 収録語数と増減数と比率（「英和の部」）

|  | 初版 | 再版 | 3版 |
|---|---|---|---|
| 収録語数 | 10,030 | 14,266 | 15,697 |
| 初版増減数 | 0 | 4,236 | 5,667 |
| 初版増減率 | 100.00% | 142.23% | 156.50% |
| 再版増減数 | −4,236 | 0 | 1,431 |
| 再版増減率 | 70.31% | 100.00% | 110.03% |
| 3版増減数 | −5,667 | −1,431 | 0 |
| 3版増減率 | 63.90% | 90.88% | 100.00% |

3節　研究対象資料とその背景

[表6]　各部の収録語数と比率（「和英の部」）

| | 初版 | | 初版と再版の増減数 | 再版 | | 再版と3版の増減数 | 3版 | | 初版と3版の増減数 |
|---|---|---|---|---|---|---|---|---|---|
| | 収録語 | 比率 | | 収録語 | 比率 | | 収録語 | 比率 | |
| A | 802 | 3.86% | 153 | 955 | 4.16% | 581 | 1,536 | 4.31% | 734 |
| B | 525 | 2.53% | 98 | 623 | 2.71% | 205 | 828 | 2.32% | 303 |
| C | 358 | 1.72% | 83 | 441 | 1.92% | 284 | 725 | 2.04% | 367 |
| D | 451 | 2.17% | 103 | 554 | 2.41% | 132 | 686 | 1.93% | 235 |
| E | 0 | 0.00% | 0 | 0 | 0.00% | 328 | 328 | 0.92% | 328 |
| F | 431 | 2.07% | 63 | 494 | 2.15% | 333 | 827 | 2.32% | 396 |
| G | 391 | 1.88% | 113 | 504 | 2.20% | 249 | 753 | 2.11% | 362 |
| H | 1,700 | 8.18% | 229 | 1,929 | 8.41% | 989 | 2,918 | 8.19% | 1,218 |
| I | 859 | 4.14% | 79 | 938 | 4.09% | 502 | 1,440 | 4.04% | 581 |
| J | 403 | 1.94% | 71 | 474 | 2.07% | 330 | 804 | 2.26% | 401 |
| K | 3,211 | 15.46% | 334 | 3,545 | 15.45% | 2,676 | 6,221 | 17.47% | 3,010 |
| L | 0 | 0.00% | 0 | 0 | 0.00% | 0 | 0 | 0.00% | 0 |
| M | 1,770 | 8.52% | 109 | 1,879 | 8.19% | 811 | 2,690 | 7.55% | 920 |
| N | 1,227 | 5.91% | 118 | 1,345 | 5.86% | 614 | 1,959 | 5.50% | 732 |
| O | 800 | 3.85% | 81 | 881 | 3.84% | 369 | 1,250 | 3.51% | 450 |
| P | 25 | 0.12% | 7 | 32 | 0.14% | 25 | 57 | 0.16% | 32 |
| Q | 0 | 0.00% | 0 | 0 | 0.00% | 0 | 0 | 0.00% | 0 |
| R | 558 | 2.69% | 34 | 592 | 2.58% | 356 | 948 | 2.66% | 390 |
| S | 3,144 | 15.14% | 239 | 3,383 | 14.74% | 1,686 | 5,069 | 14.23% | 1,925 |
| T | 1,882 | 9.06% | 187 | 2,069 | 9.02% | 1,284 | 3,353 | 9.41% | 1,471 |
| U | 532 | 2.56% | 67 | 599 | 2.61% | 320 | 919 | 2.58% | 387 |
| V | 0 | 0.00% | 0 | 0 | 0.00% | 0 | 0 | 0.00% | 0 |
| W | 237 | 1.14% | −4 | 233 | 1.02% | 105 | 338 | 0.95% | 101 |
| X | 0 | 0.00% | 0 | 0 | 0.00% | 0 | 0 | 0.00% | 0 |
| Y | 1,124 | 5.41% | 98 | 1,222 | 5.32% | 261 | 1,483 | 4.16% | 359 |
| Z | 236 | 1.14% | 21 | 257 | 1.12% | 229 | 486 | 1.36% | 250 |

序章　日本語研究資料としての『和英語林集成』

| | | | | | | | | | |
|---|---|---|---|---|---|---|---|---|---|
| 追加 | 106 | 0.51% | -106 | 0 | 0.00% | 0 | 0 | 0.00% | -106 |
| 計 | 20,772 | 100.00% | 2,177 | 22,949 | 100.00% | 12,669 | 35,618 | 100.00% | 14,846 |

※　増減については，ローマ字綴りの変化（1章3節）と，削除と増補を考慮することが必要である（3章4節，3章5節）。

〔表7〕　各部の収録語数と比率（「英和の部」）

| | 初版 | | 初版と再版の増減数 | 再版 | | 初版と再版の増減数 | 3版 | | 初版と再版の増減数 |
|---|---|---|---|---|---|---|---|---|---|
| | 収録語 | 比率 | | 収録語 | 比率 | | 収録語 | 比率 | |
| A | 489 | 4.88% | 451 | 940 | 6.59% | 173 | 1,113 | 7.09% | 624 |
| B | 426 | 4.25% | 332 | 758 | 5.31% | 110 | 868 | 5.53% | 442 |
| C | 782 | 7.80% | 614 | 1,396 | 9.79% | 129 | 1,525 | 9.72% | 743 |
| D | 514 | 5.12% | 312 | 826 | 5.79% | 88 | 914 | 5.82% | 400 |
| E | 378 | 3.77% | 190 | 568 | 3.98% | 76 | 644 | 4.10% | 266 |
| F | 520 | 5.18% | 184 | 704 | 4.93% | 56 | 760 | 4.84% | 240 |
| G | 307 | 3.06% | 112 | 419 | 2.94% | 41 | 460 | 2.93% | 153 |
| H | 370 | 3.69% | 127 | 497 | 3.48% | 55 | 552 | 3.52% | 182 |
| I | 551 | 5.49% | 148 | 699 | 4.90% | 34 | 733 | 4.67% | 182 |
| J | 68 | 0.68% | 22 | 90 | 0.63% | 13 | 103 | 0.66% | 35 |
| K | 45 | 0.45% | 7 | 52 | 0.36% | 15 | 67 | 0.43% | 22 |
| L | 374 | 3.73% | 58 | 432 | 3.03% | 61 | 493 | 3.14% | 119 |
| M | 464 | 4.63% | 175 | 639 | 4.48% | 60 | 699 | 4.45% | 235 |
| N | 178 | 1.77% | 56 | 234 | 1.64% | 22 | 256 | 1.63% | 78 |
| O | 275 | 2.74% | 58 | 333 | 2.33% | 18 | 351 | 2.24% | 76 |
| P | 869 | 8.66% | 305 | 1,174 | 8.23% | 149 | 1,323 | 8.43% | 454 |
| Q | 49 | 0.49% | 22 | 71 | 0.50% | 4 | 75 | 0.48% | 26 |
| R | 575 | 5.73% | 188 | 763 | 5.35% | 51 | 814 | 5.19% | 239 |
| S | 1,292 | 12.88% | 452 | 1,744 | 12.22% | 158 | 1,902 | 12.12% | 610 |
| T | 601 | 5.99% | 151 | 752 | 5.27% | 74 | 826 | 5.26% | 225 |
| U | 334 | 3.33% | 113 | 447 | 3.13% | 11 | 458 | 2.92% | 124 |

| V | 198 | 1.97% | 72 | 270 | 1.89% | 12 | 282 | 1.80% | 84 |
| W | 344 | 3.43% | 81 | 425 | 2.98% | 20 | 445 | 2.83% | 101 |
| X | 0 | 0.00% | 0 | 0 | 0.00% | 0 | 0 | 0.00% | 0 |
| Y | 24 | 0.24% | 4 | 28 | 0.20% | 0 | 28 | 0.18% | 4 |
| Z | 3 | 0.03% | 2 | 5 | 0.04% | 1 | 6 | 0.04% | 3 |
| 計 | 10,030 | 100.00% | 4,236 | 14,266 | 100.00% | 1,431 | 15,697 | 100.00% | 5,667 |

※ 増減については，ローマ字綴りの変化（1章3節）と，削除と増補を考慮することが必要である（3章4節，3章5節）。

## 6 『和英語林集成』における訳出

　一般に英和辞書は英語学習・英語習得を目指したものであり，和英辞書はどちらかと言えばその補完的な役割を持ち，日本語から英語への逆引きといった役割を持つとされる。しかし，日本語を英語で表現・説明することを目指した『和英語林集成』にはこの見解はあてはまらない。このことは『和英語林集成』という書名が端的に示し（3版では『和英英和』とはなるが），また構成からもうかがい知ることができる。それは『和英語林集成』であり，『英和語林集成』ではないことからも明らかである。

　『和英語林集成』が刊行されたのは，時代の要請に応じる必要性が生じたからである。時代の必要性とは「条約の締結」であり，それに伴う「開国」である。

　そのような背景により，日本語をローマ字で表記し英語とともに説明を行った「日本語辞書」が刊行されたと考えるべきある。結果的なことではあるが，このことは日本語学の研究に資するという最も重要な特徴である。

　『和英語林集成』に対して，英語学習のための辞書といった見解も目にするが，それは日本人に受け入れられたということに注視しすぎたものであり，実際には第二義なものであると言えよう（〔表8〕）。

〔表8〕 一般の英和辞書・和英辞書と『和英語林集成』

|  | 第一義 | 第二義(補完的) | 主たる目的・用途(編集意図) |
|---|---|---|---|
| 一般の英和辞書<br>一般の和英辞書 | 英和 | 和英 | 英語 → 日本語<br>(外国語) |
| 『和英語林集成』 | 和英 | 英和 | 日本語 → 英語<br>　　　　(外国語) |

　したがって，同じ対訳辞書というカテゴリーながら，日本人が日本語を通して外国語を眺めた同時代の『和蘭字彙』(1855-1858)やその影響を受けている『英和対訳袖珍辞書』(1862)とはベクトルの向きが正反対である。例に挙げた2書については，確かに日本語資料という側面も持つが，どのように外国語を摂取するかといったことを第一義としている。日本人によって著されたことで，日本的な印象を濃くしているが，明らかに逆を向いた発想であり，実際には外国語資料として認識し，扱う必要がある。

　このことは，「英和の部」の訳語の説明からもうかがえる。森岡 (1969/1991) による『薩摩辞書』(筆者注：『改正増補 英和対訳袖珍辞書』(1866)をもとに作成された)を基準にした無作為の460語と，それぞれの英和辞書の共通する見出し語の訳語を対象とした研究がある。そして，対象とした訳語を和語，漢語，重箱，外来語，句の5種類に分けた表が載る。そこで，本論では和語，漢語，句のみを挙げた同書内のグラフに別表の『和英語林集成』の数値を組み込み，パーセントのみを示す(〔表9〕)。

　同書には，「第一に薩摩辞書 (筆者注：『改正増補 和訳英辞書』) には句が著しく多く，ヘボン (筆者注：『和英語林集成』) には和語が多いこと」(p.7)，「堀達之助等 (筆者注：『英和対訳袖珍辞書』) は，日本にない概念を，むりに日本的な概念に同化させようとしない。説明することによって概念として理解させようとするのである。」(p.9) と考察を加えている。

　上記の見解に加え，それぞれの辞書がいかなる利用者を対象として想定し作成されたのかが大きな問題になる。ともに英和辞書 (『和英語林集成』は「英和の部」において) ではあるが，『英和対訳袖珍辞書』は日本人の利用を想定し，もう一方の『和英語林集成』は英語話者の外国人の使用を第一に考慮したものである。このことは，日本の地にいながら，英語という異なるものを理解

3節　研究対象資料とその背景

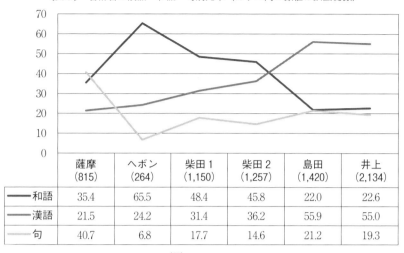

[表9]　各辞書の漢語・和語・句別比率（カッコ内の数値は訳語総数）

| | 薩摩<br>(815) | ヘボン<br>(264) | 柴田1<br>(1,150) | 柴田2<br>(1,257) | 島田<br>(1,420) | 井上<br>(2,134) |
|---|---|---|---|---|---|---|
| 和語 | 35.4 | 65.5 | 48.4 | 45.8 | 22.0 | 22.6 |
| 漢語 | 21.5 | 24.2 | 31.4 | 36.2 | 55.9 | 55.0 |
| 句 | 40.7 | 6.8 | 17.7 | 14.6 | 21.2 | 19.3 |

薩摩　　『改正増補 和訳英辞書』(35)(1869)
ヘボン　『和英語林集成』初版 (1867)
柴田1　『附音挿図 英和字彙』初版 (1873)
柴田2　『増補改正 英和字彙』再版 (1882)
島田　　『増補改正 和訳英字彙』再版 (1890)
井上　　『井上英和大辞典』(1915)

するための［英語学習用］なのか，一方，来日して（もしくは来日以前に），英語に対応する日本語として理解するための［日本語学習用］なのかといった方向性の異なりがある。先にも触れたが，これは日本語で英語を説明・理解するということと，英語に対応する日本語を把握するといった視点の相違ということでもある。

　一例を挙げると，Ketchupは『英和対訳袖珍辞書』には欠くことのできない見出し語であろうが，『和英語林集成』には収録されていない（上記のことから収録する必要性がない）。このことは相互の英和辞書の特性を示している。

　あわせて，当時の日本人が日本語で英語を説明・理解する際には，完全に近い一致はきわめて困難であったり，特定できないもしくはイメージすらわかなかったりするもの（『英和対訳袖珍辞書』は前出のKetchupを「カケ汁」とするなど）が多いため，強引であってもイメージを形成しやすくするようなヒントを与えなければならなかったとも考えられる。

完全に一致しない例（〔図22・23〕）としてHairpinがある。日本においては外国でのHairpinの具体性が認識しがたく，さらに「ヘアピン」とカタカナを用いて説明することができない以上は，『和英語林集成』で「かんざし，びんさし」を挙げることは適切である。しかし，『英和対訳袖珍辞書』では「髪ヲ結ブ時用ユル大針」と説明を行うことで，いわゆる「かんざし，びんさし」をイメージとして固定させないようにする必要が生じたのである。

〔図22〕 初版（「英和の部」）

BALCONY, Yen; yengawa; k'wairō.

バルコニー　　縁，縁側，回廊

HAIRPIN, Kanzashi; binsashi.

ヘアピン　　かんざし，びんさし

LIBRARY, Shosai.

ライブラリー　書斎

RAIL-ROAD, Jōk'sha-michi; tetszdō.

レイルロード　蒸気道，鉄道

〔図23〕『英和対訳袖珍辞書』（1862）

Balcony, *s.*　窓ノ前ノ張リ出シ

バルコニー　　窓の前の張り出し

Hair-pin, *s.*　髪ヲ結ブ時用ユル大針

ヘアピン　　髪を結ぶ時用ゆる大針

Library, *s.*　書物ヲ集メ置ク所

ラブラリー　　書物を集め置く所

Railroad, Railway, *s.*　火輪車ノ道

レイルロード　火輪車の道

新しい事物や概念に対して，さらにはそのものの様相や内容が明らかではない（分からない）場合，そのことばの説明には句（多くのことばを用いて説明的である）によることがある。句によることで，語による誤った限定（1対1対応）を避けることもできる。あわせて，句で説明する（時には文）ということと，語で対応するということについては，どれほどまでに当該見出し語の理解が浸透し，熟しているのかといったことが深く関わることにもなる。

　また，特定を避けて幅を持たせようとすれば冗長ではあるが句になり，常用性を考慮すれば語になるという一面もあろう。よって『英和対訳袖珍辞書』は日本語の句を介して英語における理解を導くことができる性格のものと言えよう。

　したがって，同じ英和辞書でも

　　日本語を通して英語を理解　　（『英和対訳袖珍辞書』など）

　　英語を通して日本語を理解　　（『和英語林集成』）

といった，編集方針のいずれに軸足をとるのかということになる。<sup>(36)</sup>

　対句訳辞書としての性格を持つ『英和対訳袖珍辞書』と，英和の部の語義（訳語）を語で進めた対語訳辞書としての実用的な性格を持つ『和英語林集成』の決定的な違いでもある（2章3節）。


注
（1）　以下に日米修好通商条約 第8条の全文を引用する（外務省『締盟各国条約彙纂』（1884）による）。
　　　日本に在る亞墨利加人自ら其國の宗法を念し禮拜堂を居留場の内に置も障りなし並に其建物を破壊し亞墨利加人宗法を自ら念するを妨る事なし亞墨利加人日本人堂宮を毀傷する事なく又決して日本神佛の禮拜を妨け神体佛像を毀る事あるへからす
　　　雙方の人民互に宗旨に付ての争論あるへからす日本長崎役所に於て踏繪の仕来は既に廢せり
（2）　横浜指路教会編（1974）p.20に宣教師派遣について，次のようにある。
　　　　ハリス（筆者注：T. ハリス）は上海にいた友人の聖公会宣教師に書を送り，
　　　「日本宣教の将来の成功は派遣される初代宣教師の性行，態度，人格によるものである。……。宣教師が日本語を習得すれば容易に日本人に近づくことができるし，また学校を興し，英語を教え，貧民に施療することなど有益である。従って日米通商条約は貿易の開始ばかりでなく，キリスト教の開教第一歩でもある。」

と伝えている。
　また，宣教師派遣の要請については海老沢・大内（1970）p.151に記されている。その原文はS. W. ウィリアムズの事績を記したWilliams（1889）p.284, 285である。関連部分を引用する（その後，S. R. ブラウンへの記述がある）。下線は筆者。
　　…Some years after this trip Mr. Williams relates:
　　"… There were also then at Nagasaki [on the *Minnesota*], Rev. Mr. Syle and Chaplain Henry Wood, and we three agreed to write to the directors of the Episcopal, Reformed, and Presbyterian Mission Boards, urging them to appoint missionaries for Japan who could teach the people what true Christianity was. Within the coming year we all had the pleasure of meeting the agents of these three societies in Shanghai."
　また，フルベッキの書簡（1860年1月14日付・神学博士I. フェリス宛・長崎）から，上海到着3日目の1859年10月20日にE. C. ブリッジマン宅で3名に会っていることが確認できる。そして相談の結果，日本語と冬の気候から長崎を選択している。また，同書簡にはヘボンから神奈川の情報を得ていることが記されている。

（3）　Williams（1889）p.325の書簡で，S. W. ウィリアムズが，S. R. ブラウン，ヘボン，リギンスに対する見解を述べた箇所を引用する。
　　　　To REV. W. F. Williams.　　　　　　　Macao, December 28, 1859.
　　…Last year I wrote three letters to the directors of three mission societies in New York, urging them to establish missions in Japan, and now each society has a mission there, and the prospects are good for continuance. I don't know that better men could be found to begin missionary efforts than Brown, Hepburn, and Liggins.

（4）　生没年とともに，来日と離日の時期を示す。その際，一時帰国・再来日，他国への渡航などは考慮せず，初来日から最終離日の期間を示す。日本で没した場合にはその旨を記した。

（5）　1860年に宣教師を辞した。

（6）　江戸，神奈川，長崎について宣教師がどのようにとらえていたのかについて，大江満（2000）p.168から引用する。
　　　このような開市予定の首都として機能する江戸に最も近いという好条件から，来日プロテスタント各派から注目されていた神奈川は，駐日米国総領事ハリスが推薦し，彼の膝元でもあった。他方，もう一つの拠点地の長崎は，S. W. ウィリアムズが通商貿易港として推薦しており，サイルも現地視察の結果，長崎奉行による英語教官の求人という幕領地長崎の歓迎ムードを伝え，鎖国時代から唯一の開港地としての外国人への親近感とともに，江戸や長崎を敬遠する理由には，外国人船員の悪影響と，出島に長年逗留して特権を享受するオランダ人の宣教師への敵視などが挙げられている。これらを総合的に判断して，神奈川に上陸したのが米国長老教会のヘボンである。米国オランダ改革教会のS. R. ブラウンも神奈川には入るが，同派のフルベッキは長崎を選び，二伝道地体制で進めるのか，どちらかにミッション地を確定する

のかを決定するまでの過渡的措置として，米国オランダ改革教会は両地に宣教師を派遣する。そして，近い将来に神奈川伝道を見据えながらも長崎に入ったのがウィリアムズとリギンスを派遣した米国聖公会である。このように，プロテスタント宣教師の来日元年に当たる五九年日本へ来航した最初のプロテスタント三派は，神奈川，長崎，その両地という三極に分かれる。けれども来日直後は，将来的には神奈川でのミッション拠点の構想はどの派も維持していたのである。

(7) 1860年以降については小澤（1964）に詳しい。また，C. エイドリアンスが所属ミッションから独立して，婦人宣教師として1863年まで滞在している。

(8) その他にも「協文」「郝文」「平凡」「平本」とあることが村上（2003）に記されている。また，交流のあった商人の文書には「協文」とある（上野（1992・1994））。

(9) 長老教会宣教師で，ヘボンとの書簡を往来する海外伝道局主事 W. ラウリー博士（Walter Lowrie, 1784-1868）の三男（Wylie（1867）・中島他（2003））。

(10) サトウ・坂田（1960）には次のようにある。
「教師」と言っても「教える」ことのできる人をさすのではない。日本でも，北京でも，当時私たちは一語も英語を知らぬその国の人間を相手にして勉強したのだ。文章の意味を知る方法は，小説家のポーが「黄金虫」の中で暗号文の判読について述べているのとほとんど同様のものであった。

(11) 本多貞次郎との関わりについては，村上（2003）に詳しい。

(12) 沖森編（陳力衛氏執筆）（2008）には「ヘボンの『和英語林集成』における英和・和英の二部立ては明らかに本書に倣ったものであり，訳語にもその影響を反映するところが多い。」とある（4章4節）。

(13) 「手稿」では，ヘボンはローマ字と漢字を使用している（1章1節）。また，C. M. ウィリアムズの原稿はローマ字とカタカナである（終章）。

(14) 高谷（1954）p.191には，岸田吟香の「新聞実歴談」を挙げ，ひらがなとカタカナの細字（5号）の版下を書き，柘植に刻み字母を作り，活字を鋳造したことが引用されている。

(15) 小宮山（2009）p.73には「その版下をもとに種字を彫り母型をつくったと思われますが，平仮名は作っておりません。」とある。これを5号片仮名と称している。また，6号片仮名はAPMP（美華書院）で薩摩学生によって印刷された『改訂増補 和訳英辞書』（1869）の英語の読み仮名として使われている旨が記されている。

小宮山・府川（2009）では，印刷出版において，連綿体で記されているひらがなを個々独立させて活字として運用するにはしばらくの時間を要したと指摘している。

(16) 「手稿」においては，M（[m]）と N（[n]・[ŋ]・[N]）など，サ・タ・ハ行，「エ」，「ズ・ヅ」の異なりをはじめ，その表記は定まっていない（1章3節）。

(17) 竹村（1898），古田（1969），佐野（1991），湯浅（2002）など。

(18) 初版の「英和の部」のはじめには 'AN INDEX; OR, JAPANESE EQUIVA-LENTS FOR THE MOST COMMON ENGLISH WORDS.'，再版と3版では「英和の部」の扉として 'PART SECOND. ENGLISH AND JAPANESE DICTION-

ARY, CONTEINING THE MOST IMPORTANT ENGLISH WORDS WITH NUMEROUS EXAMPLES.' とある。
(19) 初版の刊行以後は聖書翻訳に全力を尽くしたいと書簡(1866年9月4日付・J. ホルドリッチ博士宛・横浜)に記している。
(20) 松村・飛田(1966) p.39に「第三版とは，AISOMUKU, -KU アイソムク　背面……が，第四版で SOMUKI, -KU となっている例や，DAKYŪ チキウ(第一種本)チキウ(第二種本)が第四版でダキウとなるなど若干の異同がある。」とある。
(21) ニューヨークでの組版を考えて漢字とカタカナをなくしたのであろう('Syn.'(synonymous words「類義語」)の表示もない)。その副次的効果として活字も小型化し，判型の小型化が可能となった。なお，松村(1970) pp.385-387によると，縮約NY版では，「和英の部」17,354語であり，もとになった再版に比べ5,595語減少している。主に古語や廃語，文章用語の類が省かれるが，「英和の部」については8語の減少である。また，カナ表と日本語序説も省略されている。縮約丸善版についてももとの3版に比して，「和英の部」は2,169語減少している。「英和の部」には変動はない。
(22) 宮澤(1997)は，ウォルシュではなくホールが印刷代を肩代わりしたと記している。この点に関して，同書が挙げる参考文献の一つであるホールの在日時のジャーナル(Notehelfer (1992))を確認したのであるが，その根拠を見出せていない。あわせて，二つの書簡(1866年9月4日付・ラウリー博士宛・横浜と，1867年1月25日付・ラウリー博士宛・上海)にはW氏と記す(2章5節，3章5節)。
(23) その経緯について，詳しくは次のとおりである。
　　アメリカの友人の一人で，ウォルシ・ホール商会のウォルシ氏から，親切にも辞書の印刷出版上に必要な一切の資金を立て替えてくれました。そしてもし収支つぐなえない場合に，あらゆる金銭上の損失を負担してもよいとの申し出がありました。　　　　(1866年9月4日付・ラウリー博士宛・横浜)
また，別の書簡(1864年2月10日付・親愛なる友宛・横浜)には「当地の友人の一人」が必要資金の立て替えを申し出ている旨が記されている。
(24) 以下，PREFACE を引用する。
　　Owing to the increasing number of English Japanese students and also the want of a practical pocket dictionary of the English & Japanese language it has been decided upon to publish this book.
　　It ows(ママ owns) its composition to the valuable and useful dictionary of Dr Hepburn; and contains in addition 500 new words and some other alterations as regards the equivalent value of the words as given by Dr Hepburn. There is no doubt that this edition by his useful size and cheep price will be gladly received, and contribute to the facilities now existing for the Japanese students to learn the English language. This book, is published by the consent of Dr. Hepburn.
(25) 以下，引用する。
　　本書は当時英語学習者の間で好評を博していたヘボンの書『和英語林集成』(主として再版，明治5年刊)を底本として，これを忠実に翻訳したもの，

つまりヘボン辞書のドイツ語版である。これを明治初年の独和辞典と比べると，この和独が格段にすぐれていることは一目瞭然である。本書のドイツ語のタイトルページにドイツ語で＜第一部　日本語—ドイツ語＞とあるのは，ヘボン辞書の「英和の部」にあたる第二部が予定されていたのだが，何らかの事情で実現しなかったことを示すのであろう。

なお，参考文献をはじめ『国語学研究事典』(1977)・『日本語学研究事典』(2007)に詳しい。

(26)　望月(1987)による。岩堀(1995)では，類書との比較部分の引用から，20両とする。

また，ヘボンの書簡(1871年2月16日付・スレーター宛・横浜)には次のようにある(試訳を付す)。

> My dictionary has been out of print for some two years. Copies have been sold by second hands, as high as ＄42!! It is very common to ask ＄30.
> わたしの編纂した辞書が絶版になってから2年ほどになります。古本屋では42ドルという高値で取引されているものさえあります。30ドル要求されるのはよくある話です。

(27)　語として扱えないものも含まれているが，便宜上，本書では「見出し語」とする。

(28)　「東京日日新聞」(1873年4月16日)より(川澄(1998)(1下)による)。また，出版費などについては書簡(1872年4月11日付・ラウリー博士宛・上海)に「紙だけはイギリスで2,100ドルかかり，従って書物ができあがった時，出版費はかなり高額なものになります。多分12,000ドルぐらいです。」とある。

(29)　ラックストン(2003)によると，サトウの1881年の記述に次のようにある。

> 　三月二十九日，サトウは横浜へ，ヘボン博士に別れを告げにいったが，老人は病気が重く面会できなかった。彼はリューマチ性痛風に罹っており，サトウは六十六歳という年齢からみて危険ではないかと感じた。同日，チェンバレンがヨーロッパから帰ってきた。

11年後になるが夫妻の体調がかんばしくないことについては，ヘボンの書簡(1892年5月27日付・ギレスピー博士宛・横浜)にある。

(30)　アストンによって(*Japan Weekly Mail*，1876年6月24日号)，和英は『和英語林集成』，英和は『英和口語辞典』との評を得ていた(萩原(1998-2001))。

(31)　望月(1987) p.162では3版の予約部数・価格としている。

(32)　向井(1995)では，4版(1888)と縮約丸善版(1889)を挙げ，それぞれ7.50ドル，2.00ドルとする。

(33)　松村(1966)，松村(1980)による。

(34)　収録語数における他辞書との比較については2章1節。

(35)　『英和対訳袖珍辞書』(1862)をもとにするため初版の前に挙げる。

(36)　『英和対訳袖珍辞書』に用いられるような専門性の高い漢語はどれほどの理解が得られたのかということから利用者層の幅が想定できよう。あわせて句や和語についても考えるべきである。専門性が高いものは漢語に置き換え，漢語で示せない(表し得ない)ものを句や和語で説明した。また，当時の漢語については，

近世中国語は日常的な部分を多くカバーし,借用語,再生語,創出語などは新漢語として専門語に使用されている。そのために,現代において蘭学系統などのことばが生き残り,近世中国語については一過性のブームで終わる傾向がある(1章2節,2章2節,3章2節,4章1節)。

3節　研究対象資料とその背景

### 参考　『和英語林集成』の書誌

「明治学院大学『和英語林集成』デジタルアーカイブス」(http://www.meiji-gakuin.ac.jp/mgda/)が公開されている。松村・飛田 (1966（飛田解説による）) をもとに，明治学院大学図書館が，書誌情報を追加し作成したものである。さらにアーカイブスの資料制作協力者として関わっている筆者が，明治学院大学図書館所蔵本をもとに追加削除を行い，〔表10・11・12・13〕に整理した。なお，同一種類であっても製本に差があり，大きさが若干異なる。また，丸善商社刊行については司 (1951) にもよる。

〔表10〕　初版から9版の書誌

| 版数・発行年 | 題の表示 | | 体裁(発行部数)/発行者/印刷 | | 備考 | 収録語数頁数 |
|---|---|---|---|---|---|---|
| 初版（横浜版）1867年 | 和文の扉 | 慶応丁卯新鐫／美國平文先生編譯／和英語林集成／一千八百六十七年　日本横濱梓行 | 体裁 | 背皮装 26.5×17.5 (1,200部) | 装丁には複数の種類があり，背表紙についても異なりがある。 | 「和英の部」 20,722語 (558頁) 「英和の部」 10,030語 (132頁) |
| | 英文の扉 | A ／ JAPANESE AND ENGLISH ／ DICTIONARY; ／ WITH AN ／ ENGLISH AND JAPANESE ／ INDEX. | 発行者 | J. C. Hepburn | | |
| | 背表紙 | JAPANESE ／ DICTIONARY. ／ HEPBURN. | 印刷 | SHANGHAI: ／ AMERICAN PRESBYTERIAN MISSION PRESS. | | |
| 初版（ロンドン版）1867年 | 和文の扉 | 慶応丁卯新鐫／美國平文先生編譯／和英語林集成／一千八百六十七年　日本横濱梓行 | 体裁 | 茶色布装，型押しあり 29.0×19.0 | 上海で組版されたステロタイプを使い英国で印刷。用紙・印刷イ | 「和英の部」 20,722語 (558頁) 「英和の部」 10,030語 (132頁) |
| | 英文の扉 | A ／ JAPANESE AND ENGLISH ／ DICTIONARY; ／ | 発行者 | J. C. Hepburn | | |

序章　日本語研究資料としての『和英語林集成』

| | | | | | | |
|---|---|---|---|---|---|---|
| | | WITH AN / ENGLISH AND JAPANESE / INDEX. | | | ンクとも横浜版より良い。装丁はそれぞれに異なる（2章5節）。 | |
| | 背表紙 | C. HEPBURN / JAPANESE / AND ENGLISH / DICTIONARY | 印刷 | LONDON: / TRÜBNER & CO., 60, PATERNOSTER ROW. | | |
| 再版 1872年 | 和文の扉 | 明治五壬申新鐫 / 美國平文先生編譯 / 和英語林集成 / 一千八百七十二年　日本横濱梓行 | 体裁 | 背皮装 26.0×17.5 (3,000部) | 装丁には種類がある。 | 「和英の部」 22,949語 (632頁) 「英和の部」 14,266語 (201頁) |
| | 英文の扉 | A / JAPANESE-ENGLISH / AND / ENGLISH-JAPANESE / DICTIONARY. / SECOND EDITION. | 発行者 | J. C. Hepburn | | |
| | 背表紙 | JAPANES-ENGLISH / AND / ENGLISH-JAPANESE / DICTIONARY. / HEPBURN. | 印刷 | SHANGHAI: / AMERICAN PRESBYTERIAN MISSION PRESS. | | |
| 3版 1886年 | 和文の扉 | 米國　平文先生著 / 改正増補　和英英和語林集成 / 日本東京丸善商社藏版 | 体裁 | 背皮装 22.0×14.5 (予約部数：18,000部) | AKARASAMA NI「赤地」と「白地」/ AMANOHARA「天京」と「天原」/ AMASYOJI「雨障」と「雨障子」などの第1種本と第2種本がある（飛田・李(2000-2001)・3章3節）。 | 「和英の部」 35,618語 (770頁) 「英和の部」 15,697語 (190頁) |
| | 英文の扉 | A / JAPANESE-ENGLISH / AND / ENGLISH-JAPANESE / DICTIONARY. / THIRD EDITION. | 発行者 | TŌKYŌ: / Z. P. MARUYA & Co., LIMITED. / YOKOHAMA: KELLY & WALSH, LIMITED. / NEW YORK: STEIGER & Co. / LONDON: TRÜBNER & Co. | | |
| | 背表紙 | JAPANES-ENGLISH / AND / ENGLISH-JAPANESE / | 印刷 | R. MEIKLEJOHN & Co., PRINTRES & | 明治十九年 | |

3節　研究対象資料とその背景

| | | | | | |
|---|---|---|---|---|---|
| | | DICTIONARY. /<br>HEPBURN. /<br>THIRD EDITION. | | STEROTYPERS, /<br>No. 26 Water Street, /<br>Yokohama, JAPAN. | 十月出版 |
| 4版<br>1888年 | 和文の扉 | 米國　平文先生著 /<br>改正増補　和英英和<br>語林集成 / 日本東京<br>丸善商社藏版 | 体裁 | 背皮装<br>24.5×16.0<br>（予約部数：1,000<br>部（〔図19〕)) | |
| | 英文の扉 | A / JAPANESE-<br>ENGLISH / AND /<br>ENGLISH-JAPANESE /<br>DICTIONARY. /<br>FOURTH EDITION. | 発行者 | TÔKYÔ: / Z. P.<br>MARUYA & Co.,<br>LIMITED. /<br>YOKOHAMA,<br>SHANGHAI,<br>HONGKONG &<br>SINGAPORE, /<br>KELLY & WALSH,<br>LIMITED. /<br>LONDON:<br>TRÜBNER & Co. | 海外の発行元<br>が変更。<br><br>明治廿一年<br>五月一日出版 |
| | 背表紙 | 〈背の部分改装により<br>無表記〉 | 印刷 | SEISHI BUNSHA,<br>/ PRINTERS,<br>TOKYO. | |
| 5版<br>1894年 | 和文の扉 | 米國　平文先生著 /<br>改正増補　和英英和<br>語林集成 / 日本東京<br>丸善株式會社藏版 | 体裁 | 背皮装<br>24.5×17.0 | |
| | 英文の扉 | A / JAPANESE-<br>ENGLISH / AND /<br>ENGLISH-JAPANESE /<br>DICTIONARY. /<br>FIFTH EDITION. | 発行者 | TÔKYÔ: / Z. P.<br>MARUYA & Co.,<br>LIMITED. /<br>YOKOHAMA,<br>SHANGHAI,<br>HONGKONG &<br>SINGAPORE, /<br>KELLY & WALSH,<br>LIMITED. /<br>LONDON:<br>TRÜBNER & Co. | 丸善が，商会<br>から株式会社<br>へ変更。<br><br>平成廿七年<br>二月十三日出<br>版 |
| | 背表 | 〈背の部分改装により<br>無表記〉 | 印刷 | SEISHI BUNSHA,<br>/ PRINTERS, | |

序章　日本語研究資料としての『和英語林集成』

| | | | | | | |
|---|---|---|---|---|---|---|
| | | 紙 | | TOKYO. | | |
| 6版 1900年 | 和文の扉 | 米國　平文先生著 / 改正増補　和英英和語林集成 / 日本東京丸善株式會社藏版 | 体裁 | 背皮装 24.5×17.0 | 英文の扉は'FIFTH EDITION.'とあるが，奥付は「第五版發行」に続いて「明治卅三年一月三十日發行第六版」と記載。確認したものには，刊行年と版数にペンによって「六」を「五」とする書き込みがある。 | |
| | 英文の扉 | A / JAPANESE-ENGLISH / AND / ENGLISH-JAPANESE / DICTIONARY. / FIFTH EDITION. | 発行者 | TÔKYÔ: / Z. P. MARUYA & Co., LIMITED. / YOKOHAMA, SHANGHAI, HONGKONG & SINGAPORE, / KELLY & WALSH, LIMITED. / LONDON: TRÜBNER & Co. | | |
| | 背表紙 | JAPANESE-ENGLISH / AND / ENGLISH-JAPANESE / DICTIONARY. / HEPBURN. / FIFTH EDITION. | 印刷 | SEISHI BUNSHA, / PRINTERS, TOKYO. | | |
| 7版 1903年 | 和文の扉 | 米國　平文先生著 / 改正増補　和英英和語林集成 / 日本東京丸善株式會社藏版 | 体裁 | | <未確認> | |
| | 英文の扉 | A / JAPANESE-ENGLISH / AND / ENGLISH-JAPANESE / DICTIONARY. / SEVENTH EDITION. | 発行者 | | | |
| | 背表紙 | | 印刷 | | | |
| 8版 1906年 | 和文の扉 | 米國　平文先生著 / 改正増補　和英英和語林集成 / 日本東京丸善株式會社藏版 | 体裁 | 所蔵本は布再装丁 24.0×16.5 | 英文の扉には'SEVENTH EDITION.'とあるが，奥付には「八版」 | |
| | | | | TÔKYÔ: / Z. P. | | |

3節　研究対象資料とその背景

| | | | | | | |
|---|---|---|---|---|---|---|
| | 英文の扉 | A / JAPANESE-ENGLISH / AND / ENGLISH-JAPANESE / DICTIONARY. / SEVENTH EDITION. | 発行者 | MARUYA & Co., LIMITED. / YOKOHAMA, SHANGHAI, HONGKONG & SINGAPORE, KELLY & WALSH, LIMITED. / LONDON: TRÜBNER & Co. | とある。明治卅九年八月三十日出版 | |
| | 背表紙 | 原装未確認 | 印刷 | SEISHI BUNSHA, / PRINTERS, TOKYO. | | |
| 9版 1910年 | 和文の扉 | 米國　平文先生著 / 改正増補　和英英和語林集成 / 日本東京丸善株式會社藏版 | 体裁 | | <未確認> | |
| | 英文の扉 | A / JAPANESE-ENGLISH / AND / ENGLISH-JAPANESE / DICTIONARY. / SEVENTH EDITION. | 発行者 | | | |
| | 背表紙 | | 印刷 | | | |

〔表11〕　縮約版

| 版数・発行年 | 題の表示 | | 体裁/発行者/印刷 | | 諸本 | 収録語数頁数 |
|---|---|---|---|---|---|---|
| 縮約NY版（再版　縮約） 1873年 | 和文の扉 | | 体裁 | 栗皮色布装 15.5×11.5 | | 「和英の部」 17,354語 （330頁） 「英和の部」 14,258語 （204頁） |
| | 英文の扉 | JAPANESE-ENGLISH / AND / ENGLISH-JAPANESE / DICTIONARY. / ABRIDGED BY THE AUTHOR. | 発行者 | NEW YORK: / A. D. F. RANDOLPH & COMPANY, / 770 Broadway. LONDON: | | |

序章　日本語研究資料としての『和英語林集成』

| | | | | | | |
|---|---|---|---|---|---|---|
| | | | | TRÜBNER & CO., 57 & 59 LUDGATE HILL. 1873. | | |
| | | 背表紙 | JAPANESE- / ENGLISH / AND / ENGLISH- / JAPANESE / DICTIONARY. / HEPBURN. | 印刷 | EDWARD O. JENKINS, / PRINTER AND STEREOTYPER, / 90 N. WILLIAM ST., N. Y. ROBERT RUTTER, / BINDER, / 84 BEEKMAN STREET, N. Y. | | |
| 縮約上海版（再版縮約）1881年 | 和文の扉 | | | 体裁 | 栗皮色布装 15.5×11.5 | | |
| | | 英文の扉 | JAPANESE-ENGLISH / AND / ENGLISH-JAPANESE / DICTIONARY. / ABRIDGED BY THE AUTHOR. | 発行者 | SHANHAI & HONG-KONG: KELLY & WALSH. / YOKOHAMA: KELLY & CO. LONDON: TRÜBNER & CO. / NEW YORK: M. D. F. RANDOLPH & CO. | | 「和英の部」17,354語（330頁）「英和の部」14,258語（204頁） |
| | | 背表紙 | JAPANESE- / ENGLISH / AND / ENGLISH- / JAPANESE / DICTIONARY. / HEPBURN. | 印刷 | | | |
| 縮約丸善版（3版縮約） | 和文の扉 | | | 体裁 | 海老茶色布 14.5×11.0 （予約部数：3,000部） | 明治二十年九月出版 15版まで発行 (1907)。 | 「和英の部」33,449語（759頁）「英和の部」 |
| | | | A / JAPANESE- | | TŌKYŌ: / Z. P. | | |

3節 研究対象資料とその背景

| 1887年 | 英文の扉 | ENGLISH / AND / ENGLISH-JAPANESE / DICTIONARY. / ABRIDGED BY THE AUTHOR. / Second Edition / REVISED AND ENLARGED. | 発行者 | MARUYA & Co., LIMITED. / YOKOHAMA: KELLY & WALSH, LIMITED. / LONDON: TRÜBNER & Co. | | 15,697語 (271頁) |
|---|---|---|---|---|---|---|
| | 背表紙 | JAPANESE-ENGLISH / AND / ENGLISH-JAPANESE / DICTIONARY. / HEPBURN. / Z. P. MARUYA & Co. | 印刷 | R. MEIKLEJOHN & Co., / STEREOTYPERS, / No.26, WATER STREET, / YOKOHAMA, JAPAN. PRINTED AT "SEISHI BUNSHA", / KABUTO-CHŌ, TOKIO, / JAPAN. | | |

〔表12〕 漢字索引

| | 和文の扉 | 平文氏著 / 語林集成 / 漢字索引 | 体裁 | 黒布装 24.0×16.5 | | |
|---|---|---|---|---|---|---|
| 4版漢字索引 1888年 | 英文の扉 | INDEX OF CHINESE CHARACTERS / IN / HEPBURN'S DICTIONARY / BY / ARRANGED ACCORDING TO THEIR RADICALS / W. NORTON WHITNEY. M. D. / Interpreter to the U. S. Legation, Tōkyō. | 発行者 | TŌKYŌ: Z. P. MARUYA & Co., / NIHONBASHI 3 CHOME NO.14 | 明治廿一年 十一月十五日 出版 | |
| | 背表紙 | 語林集成漢字索引 | 印刷 | 廣瀬安七 | | |

〔表13〕 偽版（一部を挙げる）

| | | | | | | |
|---|---|---|---|---|---|---|
| 偽版「日盛館版」 1887年 | 和文の扉 | 米國平文先生編譯 / 和英語林集成 / 明治廿年八月印刷　日盛館 | 体裁 | 背皮装赤色布装 25.0×17.5 | 初版の偽版。2版（刷）まで発行。 | |
| | 英文の扉 | A / JAPANESE AND ENGLISH / DICTIONARY: WITH AN / ENGLISH AND JAPANESE INDEX. | 発行者 | OSAKA. NITSUSEI-KWAN. | | |
| | 背表紙 | JAPANESE-ENGLISH / AND / ENGLISH-JAPANESE / DICTIONARY. / HEPRURN | 印刷 | | | |
| 偽版「東洋堂版」 1891年発行 | 和文の扉 | 米国博士ヘボン氏著 / 和英小字典 / 第一板 / 翻刻　東洋堂發兌 | 体裁 | 柳茶色紙略装/ 21.5×15.5 | ニューヨーク版の和英の部の偽版。 | |
| | 英文の扉 | JAPANESE-ENGLISH / AND / ENGLISH-JAPANESE / DICTIONARY | 発行者 | OSAKA JAPAN: / TOYOKWAN & COMPANY, / No. 15 Street. / Higashiku Koraibashisuji. / 2545. 京都府平民山内善平 | | |
| | 背表紙 | | 印刷 | 京都府平民/伊勢嘉一郎 | | |

# 1章
# 「手稿」― 刊行に向けて

# 1節　「手稿」の内容と位置付け

## 1　はじめに

　ヘボンは，『和英語林集成』初版（以下．初版）(1867)の編纂・入稿原稿の前段階にあたる「手稿」(〔図1〕)を作成していた。
　その「手稿」作成の際に，ヘボンが見出し語の採録や漢字表記などの面で，依拠した可能性の高い書物の一つが『雅俗幼学新書』（以下．『幼学新書』）(1855)であったと推測される。最初に，「手稿」と『幼学新書』の概略に触れ，次に，ヘボンが『幼学新書』を参看・活用したと考える根拠を下記の3点から示すこととする。
・引き写しの誤り
・見出し語・語義など
・漢字表記
　あわせて，『幼学新書』から「手稿」に採り入れられた見出し語や漢字表記などが，初版にどのように引き継がれていったかの一端についても触れる。
　なお，初版に関しては，ヘボンが参照した書物に関して，飛田(1965)と飛田・李(2001)が『大日本永代節用無尽蔵』(1849再刻)（以下．『永代節用』）を中心とした数種の節用集の利用を指摘し，鈴木(2002)が「八宗」の用例（「手稿」にはその用例はない）の掲載順などから節用集を特定する論考がある。諸節用集が資料として活用されたものと思われるが，本論では初版に先立つ「手稿」と『幼学新書』との関わりを中心に触れる。また，「手稿」の構成，語義，用例などについては，木村・鈴木(2013)，鈴木(2014)にある。

1章 「手稿」—刊行に向けて

〔図1〕 『和英語林集成』「手稿」

## 2 「手稿」について

　『和英語林集成』「手稿」の後半には 'Matai den fuku-in sho.' として,「マタイ伝福音書」(以下,「マタイ伝」) のローマ字による日本語訳が掲載されている (付-3)。これら「手稿」と「マタイ伝」を収録するものを「ヘボン自筆ノート」と称し, ヘボンが初代総理を務めた明治学院大学図書館に所蔵されている(1)。その体裁は, 縦32.8cm×横19.8cmの皮装丁のノート1冊本で, 全体は321葉からなり(2), その内訳は, 250葉を辞書, 36葉を「マタイ伝」(3), あいだに1葉の白紙, 1葉の教会見積書, 33葉の白紙からなる。前後にそれぞれ2葉の見返し紙が入る (計4葉) が, 321葉とは紙質が異なる。
　先学の報告・研究として, 高谷(1959), 渡辺(1968)がある(4)。また, 松村(1966)がAの部を中心として解説を加えた上で, 全体の構成などについて概略を

述べている。ただし，収録語数などについては触れられていない。成立年は，「手稿」に記載がなく不明である(5)。250葉499頁分に，AaからKane, ru, ta(6)までの6,736語を収録し，それに対する語義などを記している([図1])。見出し語はローマ字で記され，見出し部分に漢字が用いられるが，「Iuyo szuru 猶豫」に「ユウ」とある以外は，ひらがな・カタカナは用いられていない。見開きの右面を主に使用し，左面の多くは，右面の語の補足やその後に収録した見出し語の記載に用いられている。一貫して漢字表記も左から右へと書き進めるいわゆる左横書きである。英語との混在が可能であるためであろう。このことは先行して中国国内で刊行された英語に中国語が混在した書籍類からの影響であると考えられる(終章)。

漢字表記には不安定な部分が多く見受けられ，例えば「Ii. 能：宣」は「宜」，「Homerare, ru, ta. 彼譽」は「被譽」，「Horashime, ru. 掘便」は「掘使」とあるべきところである(以下，下線は筆者)。また，「Jook'shen. ||般」は「蒸気船(8)」である(9)。偏や旁が同一で字形が類似しているためにこのようなことが生じたのであろう(このことは日本人による表記への助力がなかったことの現れとも言えよう)。あわせて，「失礼」をHitsreiとし，地域性によるかと思われる。このような誤りや現代との異なりといったものへの評価，位置付けを行うことで，手稿がどの段階のものなのかを知る手掛かりとなる(10)。

また，英語に関しても文法やスペリングにおいても，現代と異なったり，誤りと言えたりするものが散見する。

[表1]に，「手稿」と初版の見出し語数を示す。「左」「右」は，「手稿」の左面と右面のことである。見出し語数は，「手稿」が6,736語であり，初版の該当する部分(ĀからKANE, -ru, -ta)は6,686語で，50語の差しかない。ところが，「手稿」と初版の(11)

[表1]「手稿」収録語数

|   | 原稿 | 左 | 右 | 初版 |
|---|---|---|---|---|
| A | 927 | 187 | 740 | 801 |
| B | 592 | 185 | 407 | 525 |
| C | 407 | 99 | 308 | 358 |
| D | 522 | 57 | 465 | 451 |
| F | 447 | 61 | 386 | 431 |
| G | 429 | 63 | 366 | 391 |
| H | 1,620 | 453 | 1,167 | 1,700 |
| I | 790 | 201 | 589 | 907 |
| J | 408 | 133 | 275 | 486 |
| K | 594 | 168 | 426 | 635 |
| 計 | 6,736 | 1,607 | 5,129 | 6,686 |

間で，共通している見出し語は約4分の3にあたる5,157語である[12]。初版では「手稿」の約4分の1にあたる見出し語が削除され，代わりに新たな約4分の1の見出し語が増補されている訳である。

　清濁のゆれや，ローマ字綴りの異なりなどから，頁を隔て重複して収録される同一の見出し語もある。また，ごく一部であるが，語義がなく見出し語のみのもの，見出し語や語義が棒線や取り消し線また上書きやインクの乾く前にぬぐうことで削除されているもの，見出し語の先頭に疑問符（?）が付されるもの，品詞を示す略号が記されているものなどがある。

　全体を通してペンで記されているが[13]，その他に鉛筆書きと，漢字表記には細い墨書きが混在する[14]。

　現在のところ，Kane, ru, ta に続く見出し語を収録した「手稿」の存在は不明である。そのために，全体の7割弱を収録していることになる Kane, ru, ta 以降の存在は分からない。だだし，250葉499頁というきりの良さから，後続するものが存在した可能性が考えられそうである。

　具体的な根拠はないが，「手稿」に前後する内容を持つものがあったはずである。例えば，先行するものは各ことばをカード化したようなもので，後行するものはより精密さを増しカタカナも付されている入稿段階のものといったことが想像できる[15]。

　そして，ヘボンは書簡（1862年1月27日付・W. ラウリー博士宛・神奈川）に，ミッション本部の辞書の刊行をうかがいながら，自身では行いがたい旨を記す。さらに，それを引き受ける個人，団体（国，スミソニアン・インスティテュート，オリエンタル・ソサエティーなど）の可能性の検討を要望している。続けて，すでにこの時点で次のようなきわめて具体的な案を示している。

　　これは十分理由のある，必要な仕事です。日本語の大部分はそうなのですが，中国語に起源をもつ言葉には漢字を当て，解説や引用や参照を挙げて，可能な限り完全で十分な辞書となるようにすることをお約束いたします。形よく整えて，国から送られた用紙に上海で印刷するのがよいと思います。一頁に二列で，八ツ折版（ママ 判）の四分の一の大きさ（ママ）（筆者注：2章4節に記すが，「8折判または4折判の大きさ」となる）で八〇〇頁ほどの本になると思います。

それでは、なぜ「手稿」の前半部が存在しているのかについては、後部に載せられたローマ字書き日本語訳「マタイ伝」(付-3)によるためではないかとも考えられる。それは、『初版』刊行以後にノートの後部をローマ字書き日本語訳「マタイ伝」の記載に用いたことで、ノートの役割が「手稿」からローマ字書き日本語訳「マタイ伝」にシフトしながらも、ノートとしての必要性が継続したためと考えられる(一方、ローマ字書き日本語訳「マタイ伝」の第13章以後についての存在も問題になるところである)。

　いずれにせよ、このような草稿段階のものが現存していること自体が奇跡であり、見出しのAからKane, ru, taまでしか存在しないのは事実であるが、それしかないのではなく、それが残っているととらえるべきである。

## 3　『雅俗幼学新書』について

〔図2〕　『雅俗幼学新書』

　『幼学新書』は森楓齋(源愿)によって編纂されたイロハ引きの辞書で、1827(文政10)年成稿、1855(安政2)年刊行された(4章2節)。ヘボンの来日した1859年にわずかに先立つ時期のものである。2巻2冊、計240丁、14門からなり、約38,105語を収録している(〔図2〕・4章2節)。序文に「爾後補ニ其闕略ニ拾ニ其遺漏ィ者。日月以出焉。可レ謂レ盡矣。」、「在レ欲レ使下所知一二童蒙識中正字上焉爾。」とあり、言語門の凡例に「常ニ言扱フ雅言俗談平話又日用文通ノ文字恐ク此門ニ遺漏スルコナシ」と記す。

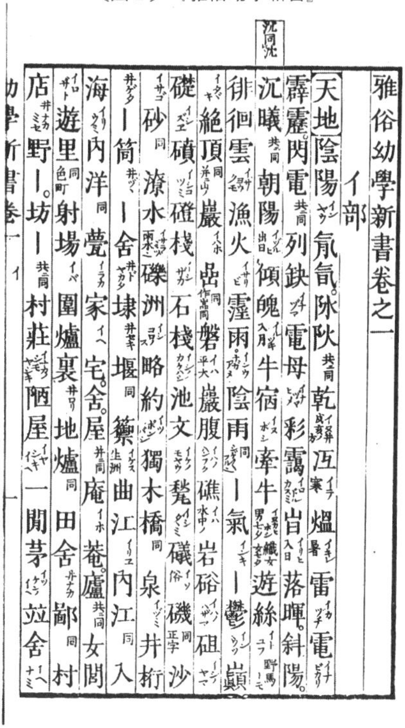

『国語学研究事典』(1977)と『日本語学研究事典』(2007)の『幼学新書』の項には,「節用集と漢和辞書とを合わせたような形のものである」,「『雑字類編』(筆者注:1764序・1786刊)と同類のものであるが,俗語は『雑字類編』よりやや多く採用されているように思われる」とある。近世中国語を含み,節用集と漢字表記辞書を組み合わせたような性格と言えるようである。平易なことばで説明を加えるもの,和字・正字・俗字などであることを示す箇所もある。多くの人に受け入れられたと思われ,以後,版を重ね,明治年間後印のものもある。

ヘボン来日当時,『幼学新書』は広く流布しており,刊行年が近いことからしても入手しやすいものであったと思われる。また,近世中国語を含んでいるため,中国での生活を経験していたヘボンにとっては格好の資料であったはずである。なお,日本学者のJ. J. ホフマンも『幼学新書』を活用していたと言われる。

収録語に関しては,江戸後期の節用集と類似している。例えば,「手稿」のBu-とFu-で始まる見出し語(「フの部」にあたる)の漢字表記を有する見出し語(それぞれ最初の100語)のうち,『幼学新書』は147語,刊行年がやや先立つ大冊の『永代節用』は143語を収録し,拮抗している。ところが,『永代節用』の143語はすべて『幼学新書』の147語の中に含まれているのである。全体にわたって子細に検討すると,「手稿」は『幼学新書』に依拠したと考えることが妥当である点が見出される。以下,その根拠を明示したい。

## 4 『幼学新書』を活用したと考える根拠

ヘボンが「手稿」作成時に『幼学新書』を参看・活用したと考える根拠を,**引き写しの誤り**(誤記・誤写),**見出し語・語義**など,**漢字表記の性格**の3点から具体的に指摘することとする。

### 4-1 引き写しの誤り

「手稿」を『幼学新書』と照合したところ,「手稿」が漢字表記などを誤っ

1節 「手稿」の内容と位置付け

て引き写したと思われる部分が，4箇所見出される。それぞれの該当箇所を矢印で示す。

　これらの引き写しの誤りは，次のように**目移り**と**書き漏らし**に起因するものである。

　　目移り
・『幼学新書』における前行の語形と次行の漢字表記とが別語であるにも関わらず，一つにまとめてしまったもの。—「Hatahata　螇蚸」（〔図3a〕）は，『幼学新書』に「蜈蚹ハタ〰〰」[20]（〔図3b〕）とあり，次行のほぼ同じ高さに「螇蚸ハサミムシ」とある。漢字表記とカタカナ表記については漢和辞書や他の節用集類から推測して『幼学新書』が正しく，ヘボンが意図的に修正したものではない。

　　書き漏らし
・前行の最下の漢字を書き漏らして，次行の漢字のみを引いたもの。
「Harakake　當衫」（〔図4a〕）は，『幼学新書』に「兩當衫ハラカケ」（〔図4b〕）とあり，「兩」の字が最下に，次行の先頭に「當衫ハラカケ」がある。そのため，「兩」を書き漏らしたと推測される。
・「Hijiki　角菜」（〔図5a〕）は，『幼学新書』に「鹿角菜ヒジキ」（〔図5b〕）とあり，「鹿」の字が最下に，次行の先頭に「角菜ヒジキ」がある。
・前丁の最下の漢字を書き漏らして，次丁の漢字のみを引いたもの。
「Herusha　爾西亞」（〔図6a〕）は，『幼学新書』に「百爾西亞ヘルシヤ」（〔図6b〕）とあり，「百」と「爾西亞ヘルシヤ」とが，丁をまたいでいる。

〔図3a〕

〔図4a〕

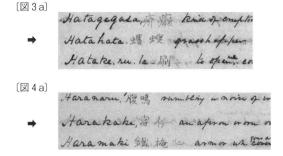

1章 「手稿」―刊行に向けて

〔図5a〕

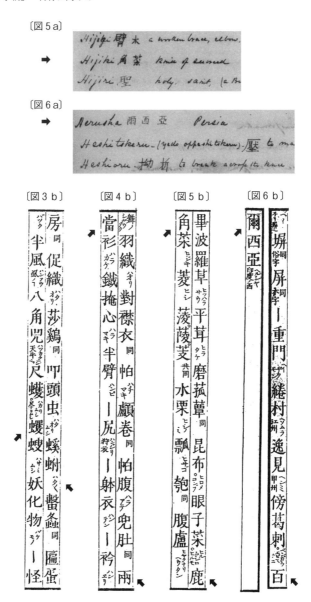

〔図6a〕

　これらは，ヘボンが「手稿」を作成する際，『幼学新書』を参看したことの客観的な証左と言えよう。なお，以上の箇所について，中・近世の節用集を中心に諸辞書を可能な限り調査したが，『幼学新書』と同一の収録形態（文

字の位置）と一致するものを見出し得ていない（そもそも上記に示した該当語の全てを収録していないものもある）。

　その他，誤記・誤写の踏襲と考えられるものとして，「フタナリ二形人」→「Futanari 二形人」（初版では「FUTA-NARI フタナリ二形」と「人」を外す）が挙げられる。また，「手稿」に「Guniya guniya 弱離」とあるが，『幼学新書』は同一漢字表記から始まる見出し語を複数収録する際に一文字目の漢字を「一」で代用している。「愚（グ）」から始まる見出し語の一つとして「一弱離グニヤリ」があり，「手稿」は「愚」の字を書き漏らしたものと考えられる。

## 4-2　見出し語・語義などの「手稿」と先行書との関わり

　ヘボンが『幼学新書』を活用したと考えられる諸点について，**見出し語の掲載順，語義・用例**の面から，実例を列挙する（以下，『幼学新書』→「手稿」）。
　　**見出し語の掲載順**
・「駕長ボウガシラ」「梶手ボウツカヒ」「草家ホンザウカ」「水火夫ボウジ」「賣菜傭ボテイフリ」が連続→「Boogashira 駕長」「Booji 水火夫」「Bootskai 梶手」「Botefuri 賣菜傭」が近接。
試みに，『唐話辞書類集』(1969-1976) 所収の刊本について調査したが，類する箇所を見出し得ていない。また，『永代節用』も該当語を収録していない。
　　**語義・用例**[22]
・「霏々ヒラ〜・ヒラメク　花雪ノチルカタチ」「片々　同　雪フル」→「Hirahira 霏　片々　(like the falling of snow or a flower)」とある。
・「挑立カキタテル　燈」「調和　同　粉菜ナド湯水ニ」と連続し，「手稿」ではKakitate, ru に「書立 to make out a list. to write up」「挑立 to pick up the wick of a light」「調和 to mix up or stir up in water. *koguszri wo 〃-*」とある。*'tomoshibi wo 〃-* to pick up the wick of a lamp.' と用例も載せる。加えて，'to carry on the shoulder as a *kago*. to rake up.' とあり，「舁立」などの意味も載せる。初版では「書立，搔立，攪和」と表記が変わるものの，語義の分類は同一である。
なお，**語義・用例**で挙げた上記の2例に関しては，『永代節用』にもほぼ同一の記載がある。

・「水圍戯ブク〰ヲスル」「怎地ドウジヤ・イカンゾヤ」「狹邪遊ダウラクアソビ」「怎生ダウゾシテ」「剗切ズツカリキル」「酣睡グツタリ子ル」「遷延却退ジリ〰トアトスサル・アトジサリ」→「Bukubuku 水圍戯 _wo szru_」「Dooja 怎地 (_ikan soya_)」「Dooraku 狹邪 〃 _mono_ 〃 _asobi_」「Doozo 怎生 〃 _sh'te_」「Dzkkari to 剗切 〃 _kiru_」「Guttari to 酣睡 _guttari neru_」「Jirijiri to 遷延 〃 _ato szzaru_」とある（英語の説明のあるものは略した）。

「手稿」では『幼学新書』の句などを見出し語と用例とに分けたものと推測される。

### 4-3 「手稿」の変則的表記

〔表2〕 漢字表記の分類

| | 二字以上 | | | 単字 | 計 |
|---|---|---|---|---|---|
| | 正則表記 | 一部分が正音・正訓 | 変則的表記 | | |
| A | 161 | 64 | 57 | 210 | 492 |
| B | 265 | 24 | 32 | 61 | 382 |
| C | 185 | 21 | 10 | 62 | 278 |
| D | 206 | 24 | 33 | 51 | 314 |
| F | 139 | 16 | 3 | 61 | 219 |
| G | 255 | 20 | 15 | 62 | 352 |
| H | 518 | 167 | 115 | 447 | 1,247 |
| I | 274 | 89 | 61 | 191 | 615 |
| J | 261 | 16 | 15 | 58 | 350 |
| K | 125 | 49 | 46 | 149 | 369 |
| 計 | 2,389 | 490 | 387 | 1,352 | 4,618 |
| | 3,266 | | | | |

「手稿」の見出し語（6,736語）には，漢字表記の有るものと無いものとがある。漢字表記の有る見出し語は4,618語で全体の68.6％にあたる。(23) その内訳は，二字以上が3,266語，単字が1,352語となる。

二字以上の漢字表記を有する見出し語にしぼり，ローマ字表記による語形と漢字表記との関係から次の三つに分類してみる。

・「正音・正訓によるもの」（以下，「正則表記」・「正訓」は漢字本来の意味に基づく固定したものの意で用いる）

（例，「Aburadaru 油樽」）

・「一部分が正音・正訓によるもの」

（例，「Aburamushi 滑蟲」）

・「全体が正音・正訓によらないもの」（以下，このような漢字表記を「変則的表記」）

(例，「Amemboo 條糖」)

それぞれの該当語数は〔表2〕のように整理される。なお，「一部分が正音・正訓によるもの」と「全体が正音・正訓によらないもの」(「変則的表記」)の中には，実際にはあて字あるいは熟字訓的な性格のものとして慣用される表記も含まれよう。便宜上の分類である。以下，3つ目の「変則的表記」の387語（その一部は4-3-2 「手稿」と『和英語林集成』初版に挙げ，詳細は1章2節，2章2節で考察を行う）に限定して，『幼学新書』と「手稿」とを対照し，さらに，実例を挙げながら「手稿」から初版への扱いに触れる。「変則的表記」に限定したのは，他に比べて影響関係が顕著に現れると考えたからである。

### 4-3-1 『雅俗幼学新書』と「手稿」

「変則的表記」387語のうち，『幼学新書』と同一のものは，348語で89.9%にあたる（〔表3〕）。『幼学新書』が多数の語を包括するとしても，この一致率はきわめて高いものであると言えよう。また，先に4-2 見出し語・語義などの「手稿」と先行書との関わりで述べたように，『幼学新書』に連続する語を採録したり，さらに，『幼学新書』の見出し語に対する注記を語義・用例などに用いたりしている。ヘボンは「手稿」作成の際，『幼学新書』を漢字表記のよりどころとして活用した結果の現れと想定される。

なお，〔表3〕に見るように，「Ⅰの部」は『幼学新書』との一致率が他の部に比べて低い（「Fの部」は全体の収録語数が少なく，比較対象として十分ではない）。「Ⅰの部」は，イロハ順で排列される節用集などで「イの部」は最初の部にあたる。ヘボンはカードなどで進めていたと考えられるきわめて初期の段階で「Ⅰ（イ）の部」から着手し，当初は漢字表記を他の資料などにも求めたが，

〔表3〕 一致率

| | 『幼学新書』と同一のもの | 『幼学新書』と異なるもの | 『幼学新書』との一致率 |
|---|---|---|---|
| A | 49 | 8 | 86.0% |
| B | 30 | 2 | 93.8% |
| C | 10 | 0 | 100.0% |
| D | 33 | 0 | 100.0% |
| F | 2 | 1 | 66.7% |
| G | 14 | 1 | 93.3% |
| H | 110 | 5 | 95.7% |
| I | 46 | 15 | 75.4% |
| J | 13 | 2 | 86.7% |
| K | 41 | 5 | 89.1% |
| 計 | 348 | 39 | 89.9% |

次第に『幼学新書』を主要な資料としてしぼっていったのではないかといった推測が成り立ちそうである。

「手稿」の Bo-と Ho-で始まる見出し語（「ホの部」にあたる）を例にとると，39語のうち，漢字表記と語形の組み合わせが一致するものは，『幼学新書』が37語 (94.9%) であるのに対して，『永代節用』は28語 (71.8%) である。全体を通しても，「変則的表記」の収録状況は，『永代節用』は『幼学新書』の一致率には及ばないと考えられる。

『幼学新書』と収録語の類似している江戸後期の節用集においても上記のような結果が得られた。伝統的な表記を主体とする古辞書と，近世中国語を中心に収める唐話辞書とでは更に低い結果となるはずである。

そこで，「変則的表記」387語のうち，『日本国語大辞典』第 2 版の「見出し語の漢字表記」と，「［表記］欄に記された諸辞書の漢字表記」との一方，もしくは両方に収録されている組み合わせとを確認したところ，同じものは151語である。つまり，残りの236語は，漢字表記と語形の組み合わせとして「手稿」に収録されているが，14種の辞書には収録されていないのである。

また，唐話と関係があるとされる，伊藤東涯著『名物六帖』(1727・1755・1777)，柴野栗山著『雑字類編』では，『幼学新書』と一致するものがそれぞれ32語と117語である。参考までに，『唐話纂要』(1716/1718)，『小説字彙』(1791) なども調査したが，一致するものは多くは存しない（1 章 2 節）。

### 4-3-2 「手稿」と『和英語林集成』初版

詳細については 2 章 2 節で触れるが，〔表 2〕の「変則的表記」を持つ見出し語（387語）のうち，語形が「手稿」と初版と同一のものは339語である。つまり，見出し語は87.6％引き継がれたことになる。ところが，「手稿」と同じ「変則的表記」で示されるものは，初版で43.4％（339語中147語・初版で新たに収録されたものは含めない）に低下する。

では，初版において「変則的表記」はどのように扱われたのであろうか。いくつかの実例を分類して記す（2 章 2 節）。

・「手稿」と同じ漢字表記のもの（初版で複数の漢字表記が一つに集約されるものも含む・2 章 2 節 ①）

「Aikuchi 匕 首」，「Bancha 山 茗」，「Batta 區 蛋」，「Botefuri 賣菜傭」，

「Botteri 豐艷」、「Deshi・hoobai 同門」、「Dobu 街渠」、「Doomaki 纒袋」、「Geppu 曖氣」、「Girigiri 旋毛」、「Hashibashi 四陣」、「Hinatabok 負暄」、「Isooroo 寄食兒」など。

・初版で複数の漢字表記が一つに集約されるもの（以下、「手稿」→初版・2章2節 ③）

「Annai 案内・郷導」→「案内」、「Dangi 俗講・談義」→「談義」、「Hatagoya 客店・旅籠屋」→「旅籠屋」、「Kakoi, oo, oota 圍・占怃」→「圍」など。

・正音・正訓になるもの（2章2節 ④）

「Aburana 雲薹」→「油菜」、「Boogashira 駕長」→「棒頭」、「Hachininge 象聲」→「八人藝」、「Haibuki 銀餅」→「灰吹」、「Haramaki 鐵掩心」→「腹巻」、「Hikitske, ru, ta 瘞瘀」→「引著」、「Ijiharu, Ijippari 挣任」→「意地張」、「Inadzma 列趺」→「稲妻」、「Itonami 産業」→「營」、「Jooshoojin 長齋」→「常精進」（『幼学新書』は割注で「常精進」も掲載）、「Kaku 銃的」→「角」、「Kamiyui 待詔」→「髪結」など。

・漢字表記が削除されるもの（2章2節 ⑤）

「Aragai, goo, goota 諍逆」、「Battari to 唘都一响」、「Beta, beta 溚滑」、「Bikutsku 搗搦」、「Dara・dara 慢々地」、「Dobuts 甦子」、「Dzkkari to 刻切」、「Gorogoro 殷雷」、「Gutto 一發」、「Hirihiri 辛痛」、「Hiyoi to 倜然」、「Hiyowai, shi 細 鹽」、「Ireboguro 箚 青」、「Izakoza 爲 口 舌」、「Jaratsku 歡謔」など。

・見出し語自体が削除されるもの（2章2節 ⑥）

「Amemboo 絛糖」、「Bukubuku 水圜戯」、「Butsbuts to 疙癢」、「Daratsku 慢 縁」、「Doode 終 是」、「Dookemono 滑 稽 子」、「Guttari to 酣 睡」、「Haramanukuszri 斷産方」、「Honeudzki 結毒」、「Ijime 揺籃」、「Irozato 女閭」、「Jeritsku 呀呷」、「Kabocha 柬蒲塞」、「Kamenokoo 輶輻」など。

以上の実例からうかがえるとおり、「手稿」における「変則的表記」は、そのまま初版に踏襲される一方で、「正則表記」に変更されたり、漢字表記が削除されたりしている。削除された漢字表記にはオノマトペや、「－と」とする形が多い。これらの「手稿」の漢字表記が日本語として正音・正訓によらない特異なものであると認識したための改変と考えられる（5　まとめ）。

1章 「手稿」―刊行に向けて

　しかし，上記のように「手稿」で「変則的表記」が修正・削除されながらも，初版で「手稿」に存在しない「変則的表記」が用いられている（『さらに異なる漢字表記になるもの』・2章2節 ②）。例えば，「Heppirimushi 臭椿象」→「氣鐅」(『幼学新書』「臭椿象」「行夜」「氣鐅」の順で掲載），「Demaru 出丸」→「別堡」(『幼学新書』「出丸」「別堡」の順で掲載），「Atoszzari（漢字表記ナシ）」→「ATO-SHIZARI 却退」(『幼学新書』「却退アトスサリ」），「Inugo（漢字表記ナシ）」→「路岐痛」(『幼学新書』「路岐痛イヌゴ」）などである。また，初版で新たに収録された見出し語の中には，『幼学新書』と同じ「変則的表記」が用いられるものがある。例えば，「ABATA-DZRA 麻臉」(『手稿』に用例として収録・漢字表記ナシ），「KUI-SOME 百祿兒」，「MAMBIKI 扒手」，「TERI-TERI-BŌDZ 掃晴娘」(『幼学新書』「掃晴婦テル〜ボフシ」）など（Kane, ru, ta に続く「手稿」の存在は不明であるが）が挙げられる（2章2節，3章2節）。ヘボンは初版の編纂過程においても，引き続き『幼学新書』を利用したものと推測される。なお，飛田（1965・2001）には，「匕首アヒクチ」と「却退アトシザリ」が，調査対象とした9種類の節用集のうち，7種類に見出し語として載るものの，漢字表記が一致するのは『永代節用』であるとしている。この2語も『幼学新書』に収録されている。


## 5　まとめ

　ヘボンは，5年間にわたる中国周辺滞在の後，アメリカに帰国し，1859年に来日した。日本語の学習を重ねるとともに，施療活動などを通して日本人に接する中で，生活に根ざす日常語彙を採集し，また獲得していったと思われる。それは，ヘボンが後続の宣教師にとっても有益な「和英辞書」の編纂を企図していたためでもあった。[27]

　「変則的表記」を持つ見出し語自体は，日常的なことばが多く，ローマ字表記による語形から漢字表記をあてることが必ずしも困難なものばかりではない。諸古辞書に見受けられる漢字表記と語形の組み合わせを採用しながらも，4-3-2　「手稿」と『和英語林集成』初版に一部の実例を挙げた漢字表記も用いている。「手稿」の作成段階では，ヘボンは，日本と中国との漢字表記の相違，さらには，日本で古来用いられている漢字表記と，近世中国

語由来の漢字表記といった層の異なりに対する意識が希薄であったのではないかと考えられる。江戸後期の漢語使用の一端と，ヘボン独自の漢語の選別との双方が，融合したものであるととらえることができよう。そのために「手稿」には様々な漢字表記が混在する結果となったのではなかろうか（1章2節，終章）。

そうした辞書編纂における語彙の採取などに関連して，初版のPREFACEに次のようにある（試訳を付す）。

> The only works of the kind within his reach were the small vocabulary of Dr. Medhurst published in Batavia in 1830; and the Japanese and Portuguese Dictionary published by the Jesuit missionaries in 1603.
> 唯一の先行辞書は，1830年にバタヴィアで発行されたメドハースト博士の小型の語彙集（『英和・和英語彙』）と，1603年にイエズス会により発行された『日葡辞書』(28)だけでした。

見出し語とともに，辞書としての記述方法についても『日葡辞書』を参考にしたのであろうが（1章4節），それは漢字表記の面では利用できない。

> His principal dependence, however, has been upon the living teacher, so that he feels himself alone responsible for every thing in the work.
> 本辞書は書物ではなく生身の教師を頼りにして作成したものである。そのために，この辞書に記載されているすべてに対する責任は自分だけが負うものであると感じている。

例えば，前出の「手稿」から初版への編纂過程における漢字表記などの改変については，日本人の教師，とりわけ編纂時期などから岸田吟香(29)（序章3節）の助言・指導を受けた可能性が高い。さらに次のように記す。

> Those here published have been collected, for the most part, in the course of his own reading, or heard in use among the people.
> ここに掲載されているものはほとんど，著者が書物で目にしたもの，ま

1章 「手稿」―刊行に向けて

た人々の間で使われているところを耳にしたものである。

「聞いて集めたもの」にも漢字表記は伴わない（1章3節）。その漢字表記自体についても，次のようにとらえている。

The Chinese characters attached to the native words are those commonly used as their equivalents.
添えられている漢字については，そのことばに対して一般的に使われているものとなっている。

使用した漢字表記に対する認識と意図が理解できる。

「手稿」の段階において，耳から得た，和語を中心とする日常語彙を漢字で表記し，また，新たな語の採録に加えて，語義・用例などを整理・確認する（4-2 見出し語・語義などの「手稿」と先行書との関わり）ためにはよるべき資料が必要である。来日数年前に刊行された『幼学新書』は，入手の便に加え，そうした条件を満たすものであった。『幼学新書』は大量の語を幅広く集めており（3 『雅俗幼学新書』について），活用の上でも，端正な楷書による漢字と語形を示すカタカナは外国人にとっても判読しやすく(30)，検索も容易である。さらに，中国周辺滞在時に関わったとも考えられる近世中国語に端を発する(31)と思われる漢字表記を収録している（それらは江戸後期の節用集などに散見するが，定着しなかったものを含む）。

以上のような点から，編纂に際して，『雅俗幼学新書』はヘボンの意向と合致した資料であったと推測される。耳から得たことばと漢字表記とが『雅俗幼学新書』を介して結びつき，「手稿」に採り入れられたのである。さらに，見出し語，語義・用例，特に漢字表記は，修正・加除を施されながら『和英語林集成』初版に引き継がれ，基底をなしたのである。

注
（1）『明治學院五十年史』（1927）p.93の記述が，「手稿」の存在について触れた最初のものである（図版あり）。以下に，その記述を引用する。
　　　ヘボン辭書　氏が成佛寺に幽居してゐる時に先づ着手したのは和英辭書の編纂であつた。参考書もなく通譯者もなく全くの暗中模索の様な日本語研究から，漸次と組織的な研究に入り，遂に日本語の文法を發見して動詞の語尾の變化などを組織的に分類するに至つたが，その事業は何と云つてもヘボン

氏一生の異彩でなければならない。之は成佛寺に同居したブラウン博士にもその勞の一端を歸すべきであらうが，その文法を基礎として日本語四萬語を蒐集してアルファベットの順に並べ，一々適當な英語を配置したといふ功績は，全くヘボン氏の絶大な根氣と後來の人々に對する奉仕の念に立脚して出來たものである。それは日本來航の安政六年から滿五年の歲月を毎日々々丹念に編纂を續けて，元治元年の秋までに大成したものである。全く之は奇跡的な出來榮えで，單に我々日本人が驚歎感謝すべきものと云ふよりも寧ろ世界的文獻として萬人が何時までも尊重すべきものでなければなるまい。折角辭書は脱稿したがおしむらくはそれを日本で印刷する用意はなかつた。それで慶應三年五月まで保留しておき，之を携へて其の校正の爲め岸田吟香氏を同行して上海に赴いて上梓する事になつた。今學院にはその第一版及びヘボン氏の手記になる原稿が昔のまゝに殘されて居るが，何れも永遠に保存尊重すべきものである。

その内容はいわば「草稿」と言うべきものでもあるが，明治学院大学図書館では『和英語林集成』「手稿」という名のもとに所蔵している。

　また，高谷・太田 (1982)，高谷 (1992) によると，第二次世界大戦中に戦火を逃れるため，仙台の東北学院にヘボンの手紙と「手稿」を高谷道男先生と杉本民三郎総主事とによって移送している。

　翻字・索引・解題，および図版については木村・鈴木 (2013) に詳しい。
( 2 )　縦32.0cm×横16.0cm で，フールスキャップ判の紙をもとにしていると考えられる（終章）。また，ヘボンの書簡（1865年8月10日付・敬愛する兄弟宛・横浜）には最後の原稿をフールスキャップ判に記している旨が載る。
( 3 )　右面のみ使用し，36頁分にあたる。その後，右面1頁分を使用して，'Mr. Sarda's Estimates for building the in Ōnoechō-rokuchōme' とある予算書が載る（横浜指路教会創立百周年記念事業実行委員会編 (1974)，横浜指路教会百二十五年史編纂委員会編 (2004)）。
( 4 )　1864年11月28日の注に「「和英語林集成」のこと，明治学院大学図書館にはこの頃かいたヘボンの原稿の一部が保存されてある。」とある。
( 5 )　松村 (1966) には，「いつごろどの段階での草稿であろうか。高谷道男氏は，これをいちおう1864年（元治元年）ごろのものとされているのであるが，あるいは，それよりややさかのぼった時期のものかとも考えられる。」とある。1864年の根拠は高谷 (1959) に挙がるヘボンの書簡（1864年11月28日付・W. ラウリー博士宛・横浜）への注（「(前略) 明治学院大学図書館にはこの頃かいたヘボンの原稿の一部が保存されてある。」）によったものであろう（一方，高谷 (1962) には「成仏寺時代のものと思われる。」とある)。

　また，その後の高谷 (1981) では「ヘボンが成仏寺で書いていた原稿の一部を，桐の箱に入れて，明治学院では大事にしていました。」と記す。成仏寺にヘボンが滞在したのは，来日直後の1859年10月22日から，1862年12月29日に横浜居留地39番地に転居するまでである。
( 6 )　ノンブルがないため，便宜的に付した。
( 7 )　判読不能の見出し語，一箇所に複数の見出し語が記されているもの，用例との区別が判然としないものなどがある。それらの扱いによって，若干の増減の可

能性がある。
　なお，木村（2005）に次の3語を追加する（鉛筆？によって記載された箇所である）。マイクロフィルムをもとにしていたが，原資料との確認によって判明したことによる。また，Akugareru については，Akogare-ru-ta に含め，1語を削除する。計6,736語とする（追加：p.256 Hakunai, p.256 Hakushiki, p.274 Hateshi /削除：p.25 Akugareru）。
　また，次の8語については，一見，別見出しでもあるようにも見える。しかし，前部の見出し語の活用形であるため，前部にまとめて進めた（p.191 Furuki-shi, p.199 Futoki, shi, p.253 Hakanashi, p.303 Hikuki, p.347 Hoshiki, p.447 Jiushi, p.463 Kaeru, p.499 Kono hoochoo）。なお，木村（2010）においては，上記の4語（Fの部の2語，Jの部の1語，Kの部の2語）を独立した見出しとして扱ったが，以上の事由により，収録語数には含めないこととする。

（8）　見出し語の親字が熟語などで繰り返される場合には代行記号として，縦棒「｜」を用いている（例，「天」「｜地」，「美聲」「｜色」「｜食」など・横棒「―」も用いられる）。現代の表記では横書きの場合「―」が普通であるが，縦書きの漢字表記を意識してのものかもしれない。塩山（2003）ではS. W. ウィリアムズの『漢英韻府』（1874）での使用に対して「見出し語中の親字については，モリソンを踏襲して省略記号「｜」を採用している」とある。また，沈（2011）にも同様の指摘の中，「卫三畏的这种复合词的收录方法以及使用记号 "|" 表示重复汉字做法（以便节省金属活字）都取法于马礼逊的辞典」と同一漢字の活字を複数使用しないで済むことが記されている。

（9）　「Dooshen.｜船」は，「般」と記したのち，「般」の「又」に「口」を上書きしている。

（10）　鈴木（2014）から，「河豚」を例に「手稿」，初版，再版，3版の例を示す。
　　「手稿」　Fugu. A kind fish - with a large round body.
　　初版　　FUGU, フグ, 河豚, *n.* The porpoise.
　　再版　　FUGU, フグ, 河豚, *n.* A kind of poisonous fish.
　　　　　　*Fugu wa kui-tashi inochi wa oshishi,* (prov.).
　　　3版　　FUGU, フグ, 河豚, n. A kind of poisonous fish, Tetrodon hyxtris:
　　　　　　*fugu wa kui-tashi inochi wa oshishi,* (prov).
「手稿」では名称は示されず形態を示す。また，初版の語義はネズミイルカを指し（豚に似た形の魚の総称か），再版では毒性を記し，3版で学術名が表される。

（11）　ローマ字綴りが変化しているため，「手稿」の収録状況にあわせ，Yū-の48語，Ze-の83語，Kaye-の19語，Kaze-の3語，K'wa-の63語を該当する初版の各部の収録語数に加えた。なお，6,686語は，初版の「和英の部」全体の32.2%にあたる。

（12）　削除された見出し語は，重複して収録されていたもの，初版で用例に差し替えられたもの，漢語などである。増補されたものは，主として基本的な和語やその活用形，複合語などである。

（13）　文字はブルーブラックインクで書かれたが，歳月により青色染料は消え，インク本来の鉄錆色の発色となり，さらに裏写りが生じている（明治学院大学図書館元次長の松岡良樹氏による）。

（14）　筆記具の相違による内容上の特質（例えば，墨書きの漢字表記が，特定の辞

1節 「手稿」の内容と位置付け

書からの援用といった可能性など）は見受けられないように思われる（松村(1966))。ただし，局所的に見出し語の漢字表記に連続して墨書きが現れる傾向がある（一例として，「Fushe 布施」から「Futskiai 不附合」)。全体にわたり，見出し語と語義の間に漢字表記のためのスペースを確保している。また，筆を用いたのは漢字の線の太細を忠実に再現するためであろうか。全体的に見出し語と語義の間に漢字表記のためのスペースを確保している。なお，鉛筆書きについても，一部の右面の見出し語の記述の後部に集中するものがある。

(15) すでにアルファベット順に排列されていることからも推測が成り立つと考える。例えば，E. M. サトウは，書簡（1877年7月11日付・F. V. ディキンズ宛)で，辞書編纂のためにことばを拾う際，小紙片を用いることを勧めている。

(16) 節用集を指す。

(17) 杉本(1998-1999)，沖森・倉島・加藤・牧野(1996)などに詳しい。山田(1959)にも載る。

(18) 杉本（1999）p.389には，ホフマンの参考文献に触れながら，「漢字漢語の学習には以上の二部（筆者注：『雑字類編』と『幼学新書』を指す）の漢語辞典は有効だったようである」とある。

(19) 見出し語の中には漢字表記を有せずローマ字表記のみで，語義がなかったり，不明瞭であったりするものもあることによる（4-3 「手稿」の変則的表記)。

(20) 踊り字については，横書きであるがそのままとする。

(21) 調査した辞書には，『永代節用』，『江戸大節用海内蔵』(1863)，『雑字類編』をはじめ，佐藤（1998）の指摘する『永代節用』の前身と考えられる『倭節用集悉改嚢』(1818)，『倭節用集悉改大全』(1826) も対象とした。

(22) Ayedz の用例として，'Yoshisane wa kiki ayedz kuratsbo ni kōbe wo sage Yoshisane on hearing immediately bowed his head on the pummel of the saddle.' とあり，『南総里見八犬伝』第1回の「義実は聞きあへず，鞍坪に頭を低，」からの引用であることが確認できる。Imijiku にも義実の名が挙がる。

(23) 初版は91.1％である。「手稿」は，ヘボンが施療活動などを含む日常生活を通して，見出し語を採集していた時点のものであり，出版に向けて，漢語の見出し語や，採録した見出し語に漢字表記を加えていったのであろう。

(24) 「英和の部」の場合，見出し語は，初版から再版への改版過程で，大幅に増補される中，削除されていったもの（239語）がある。これらは，前方のAからFの六つの部におよそ8割（192語）が集中している。部が進むにつれ，編纂方針が安定するようである（3章5節)。

(25) 平安時代から明治中期までの辞書（『新撰字鏡』，『和名類聚抄』，『色葉字類抄』，『類聚名義抄』，『下学集』，『和玉篇』，『文明本節用集』，『伊京集』，『明応五年本節用集』，『天正十八年本節用集』，『饅頭屋本節用集』，『黒本本節用集』，『易林本節用集』，『和漢音釈書言字考合類大節用集』，『和英語林集成（再版)』，『言海』）の漢字表記が記されているが，成立年を考慮して，『和漢音釈書言字考合類大節用集』までの14種の辞書の［表記］を参照した。

(26) ヘボンが伝道・施療などで中国周辺（シンガポール・マカオ・アモイ）に滞在した期間は，1841-1845年である。

(27) ヘボンの書簡（1864年11月28日付・ラウリー博士宛・横浜）には，「将来，

宣教師たちの助けとなり，その労力を軽くしたいのです。少なくとも，この辞書なしに言語を学ぶより四分の三の労力を軽減したいのです。」とある。別の書簡（1860年5月5日付・スレーター宛・神奈川や，1860年12月26日付・ラウリー博士宛・神奈川）には辞書の編纂をはじめ日本語にも関連する内容が記されている。また，その他の書簡（1861年4月17日付・ラウリー博士宛・神奈川）には「わたしどもは日本語の辞書を調べ，単語や熟語をたくさん集め，これを訂正したり，これに付け加えたりしました。また，日本語をもっと知りたいために，日本人の書いた本を幾冊も読んでいます。」とある。さらに3年後の書簡（1864年5月9日付・スレーター宛・横浜）には，「この秋，わたしの和英辞書を出版刊行のため，目下全力をつくしております。それを出版するために一年ばかりかかります。」とある。

(28) 『日葡辞書』であることについては，『日仏辞書』との関わりから，福島（1973），海老澤（1989）をはじめ指摘がある。

(29) 杉浦（1996）の年表に基づき，岸田吟香に関する部分を要する。1863年5月末ヘボンの治療を受ける。その後8月まで横浜に滞在。翌年1864年5月から8月まで横浜に滞在。1865年4月末江戸から横浜に転居（8月から定住）し，6月ヘボン邸に移り住む。本格的に『和英語林集成』の編纂を開始したのは，1865年6月以降。1866年9月ヘボン夫妻に伴って上海へ出発。1867年5月帰国。

(30) サトウ・坂田訳（1960）には「私はかねてから片仮名（カタカナ）という日本字のふってある漢字の日本語辞書を一冊欲しいと思っていた。」（原文は'I had at an early date wanted one of the native dictionaries of Chinese characters with the Japanese equivalents in Katakana.'）とあり，給仕が一分半の価格を一分にまけさせていることにもふれている。このときの「日本語辞書」が『幼学新書』を指す決定的な根拠には乏しいものの，その可能性は大いに残されている。そして，購入のなかだちになったのは日本人であることが分かる。また，前後の記述から来日間もない1862年と考えられる。ヘボンの『幼学新書』も日本人の教師によってもたらされた可能性がある。さらに言えば，当時の外国人において知られた辞書であったのかもしれない。また，入手面からも検討を加えることができよう（終章）。

(31) 高谷（1954）に，ヘボンの『和英語林集成』編纂の苦心談の引用部分として，「外國語の文典や辞書を著述したのはあれ（筆者注：『和英語林集成』を指す）が二回目です。支那厦門に居ったころ，厦門の俗語を學び文典を著し辞書を編述したのですが，故ありて出版しませなんだ。」とある。

## 参考　手稿と初版

「手稿」における「Hatsmei na 發明」（〔図7〕）と，序章で扱った初版の「發明」（〔図8〕）の図版を示す（それぞれの縮尺率は異なる）。また，その他（「鐙（あぶみ）」「浴びる」「危ない」「あべこべに」）の「手稿」と初版の図版による比較については，木村・鈴木（2013）。

〔図7〕　手稿

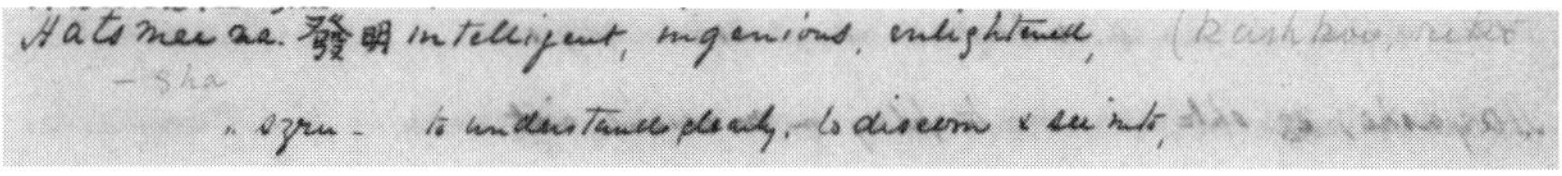

Hatsmei na 發明 intelligent, ingenious, enlightened, (kashkoi, rikō
- sha
〃 szru - to understand clearly, to discern & see into,

〔図8〕　初版

HATSZ-MEI, ハツメイ, 發明, n. Intelligent, ingenious, clever; an invention. — na mono, an intelligent person. — szru, to invent, discover. Shin —, a new invention. Syn. KASH'KOI, RIKŌ.

序章1節と3節に重複するが，初版では，'an invention' と現代語として用いられる「発明」が加えられ，「新発明」といった用例が見られる。'discover' といった語義もあり，現代の「発見」の意味としても用いられている。また，'Syn.' によって，類義語が示されるが，「手稿」の段階では，'Syn.' の略号はないものの，すでに鉛筆書きで記されてもいる（あわせて用例に '- sha' とある）。なお，初版には「HATSZMEIRASHI, -I, -KI, 發明敷, ハツメイラシイ」も載る。

## 2節 「手稿」の漢字表記

### 1 はじめに

「手稿」には，ヘボンの漢字表記に対する選択意識を反映していると考えられる箇所が見られる。例えば，見出し語 Jendana (ゼンダナ) に「膳棚」の「膳」一文字だけを書き，それを書き消し，下段に「疢格」と記している(1)。ヘボンが参看した『幼学新書』に「ゼンダナ」は，「膳棚，疢格」の順で収録されている。他にも，Dangi は『幼学新書』に「俗講，説經」の順で載るが，「手稿」では「俗講」を採り，「談義」も載せる。また，Darui-ki-shi では，『幼学新書』に「重，倦怠，酸痛」とある中で，「手稿」は「倦怠」を収める。Gohen は「御邊」と記した上で Gohen のもとに「足下」も書き加える。この点に関しても『幼学新書』では「御邊，足下」とあがる。

実は，これらの漢字表記は，『幼学新書』のみならず，それに先行する江戸後期の節用集に多数含まれているものである (1章1節)。ただ，漢字表記が，その時代に収録されていたことが判明しても，「手稿」に用いられた漢字表記がヘボンにとってどのように意識されたものであったのか，さらには，その性格，また一般性の度合いや需要の程度については，解決の糸口にはなりそうにもない。

まず，来日以前に滞在した中国でのヘボンの中国語ないし，漢字に対する知識や意識がいかなるものであったのかに関して触れておきたい。1845年1月31日にアモイからヘボンの妻クララがヘボンの弟スレーター (Slator C. Hepburn, ?-?) にあてた書簡の要約 (佐々木 (1999)) の一部には，「ヘボンと一緒に読んでいる「四書」の内容についての感想等も書かれている(2)」とある。また，P. パーカー(3) (Peter Parker, 1804-1888), E. C. ブリッジマン(4) (Elijah Coleman Bridgman, 1801-1861)等の呼びかけによって設立された中国医療伝道会(The Medical Missionary Society in Chine) の趣意書には次のようにある (佐々木訳 (1998))。

> 当会は会員に中国語の方言を最低一つ習得する事を強く勧める。通訳を介して患者を診療する事は手間がかかるばかりでなく、治療の過程で誤りを生じ勝ちである。

同会に所属していたヘボンも福建方言を習得している旨が記されている(佐々木訳(1998))が、ただちにこの趣意書の影響を認めることは困難である。ただし、中国語に関して、ヘボンにどのような要求がなされ、ヘボンがそれに応えようとしていたのかということはうかがい知ることができる。また、来日後については、日本語に対して次のような印象・感想を持っていたようである(グリフィス著・佐々木訳(1991))。

> 道徳に関する言葉、貴金属、宝石類、パレスチナ地方の動植物を表す適当な日本語がないことであった。こういった場合、中国語の書き言葉は言葉の宝庫だということに気づいた。

「書き言葉」については原書にあたる Griffis(1913)には、'the Chinese written language' とある。来日前の中国語の知識に加え、来日後、施療や読書の過程で習得したものも多分に含まれるであろう。日本人の教師や塾生をはじめとした周辺のインフォーマントの存在も忘れることはできない。ただし、「手稿」での影響の大小は考慮しがたく、見出し語全部の漢字表記にどのように関わっているのかを推測し、判断することは難しい。

そこで、種々雑多な漢字表がどのような性格のものか、次のような問題意識から検討を加えたい。
・複数の漢字表記からの選択をはじめ、初版での漢字表記の変更・削除など(2章2節)、ヘボンは漢字表記に対して何らかの判断をしているのではないか。
・来日極初期は中日間における漢字表記の相違に対する意識が希薄であり、そのために中国滞在時の知識や意識に依存していた面が強かったのではないか。

## 2　漢字表記の調査範囲

　1章1節ですでに触れたように「手稿」の漢字表記は，刊行された初版とは異なるものが散見する。
　「正則表記」…ローマ字表記された見出し語に対応する漢字表記には，漢字文字列を単字に分けても，それぞれの字音や字訓に一致するものがある(例,「Aijaku 愛著」,「Aikagi 相鍵」)。
　「変則的表記」…字音・字訓で書き表せない類義の漢字表記がなされたと考えられるものもある (例,「Abunai 浮雲」)。(5) その中には，多く (ローマ字表記による) 語形と漢字表記の対応関係が安定しておらず，臨時的結合と思われるものもある (例,「Abata 痘斑」)。つまり，日本語と漢字表記との対応が，時間の経過を経て慣用として定着していないものを含んでいるということである (1章1節)。
　陳 (2005) には次のようにある。

　　唐話によって日本語に取り入れられた漢語の定着過程を見ると，少なくとも三つの段階を経ていると考えられる。
　　①唐話 (読み・字形) としての使用。
　　②和語と唐話字形との結合。
　　③音読み語としての使用。

ある漢字表記された語をそれぞれの単漢字の字音で読むことは，その漢字表記自体が安定していたと判断する目安となりそうである。このことは，次のような段階を経るものと考えられる。

　　　新来の中国語
　→カタカナなどで表記された中国語音との併記
　→語形としての類義の日本語との臨時的結合 (臨時的熟字)
　　　※　「変則的表記」の一部が該当する
　　　例,「埠頭」は唐話辞書に「ワタシハ」や「フナツキ」などといった類義の日本語で収録される (4章1節)
　→表記の定着
　→字音語としての使用

例，「埠頭」は「フトウ」と音読される。

そこで，1章1節で示した「手稿」の二字以上の漢字表記3,266語のうち，字音・字訓に拠らない「変則的表記」がされた387語の漢字表記について検討したい。[6]

## 3　比較資料と結果

対象とする漢字表記には，字音で読むことなく，語形と漢字表記との組み合わせが古くから日常的に固定化したもの（慣用的熟字）と，漢字表記自体が新しく，語形に臨時的結合したもの（臨時的熟字），に大きく分けることができると考えられる。そこで，漢字表記（漢語）自体の時代的な囲い込みをはかるために，『佩文韻府』(1711)を用いて，漢字表記の収録の有無を確認する。[7] 同書は1700年代初頭に編纂されたため判定の際に一つの尺度として使用できる。出典の下限については，詳細不明ではあるが，『宋史』(1345)などの例が見られ，ある程度の時代的な範囲を限定できる。個々の子細な検討を要するが，文言を中心とした漢字表記（漢語）と言えるであろう。

例えば，S. W. ウィリアムズによる『漢英韻府』(1874)のPREFACEには『康熙字典』や『駢字類編』などの書名とあわせて『佩文韻府』が載る。[8][9] 来華宣教師にとって重要な書物の一つであったと思われる（4章3節）。

さらに，比較的新しい漢字表記を確認するため，『唐話辞書類集』(1969-1976)所収の諸辞書を用いて，可能な範囲で収録状況を確認することにした。個々の辞書の編纂目的・特質・性格を考慮しなければならないが，近世中国語としての一つの目安となり得るのではないかと考えたためである。

### 3-1　『佩文韻府』に関連して

比較調査にあたっては，漢字表記を基にして「正則表記」と「変則的表記」について判断したため，語義の同定に関しては問題が残る。例えば，「象聲」は，『漢書』「藝文志」に収録されるが，その意味は「六書の一（形声に同じ）」である。しかし，「手稿」には「Hachiningei 象聲」に'ventriloquism'とあ

り,「色々なものまねをすること」,「口真似の一つ」に類する意味になる。『漢語大詞典』によると清代の『觚賸続編』の例を待たねばならない。また,「脱空」は本来「偶像」の意であり,「手稿」の「Hanaakashi, sz, sh'ta 脱空」という意味ではない。「市虎」も「市井の虎」であるが,「手稿」の「Isami 市虎」に類する例は清代の『夜譚随録』や『福恵全書』に見られる。同表記でありながら,「手稿」で用いられる語形や語義を確認すると,『佩文韻府』が挙げる文献の用例の意味には該当しないものもある。

しかし,逐一の語について詳細な検討を加えることは困難であり,またそれは本論の直接の目的とは異なる面を持つ。全体の大きな流れをとらえるために,ここでは同一の漢字文字列が『佩文韻府』に収録されているかどうかを確認するにとどめることとする。

### 3-2 『唐話辞書類集』に関連して

『唐話辞書類集』のうち,使用した14種の辞書の性格は様々である。収録語の排列の仕方一つをとっても,字数引き,いろは引き,画引きなど多種多様である(他に,意味分野分類,抜き書き式など)。全てを網羅することは,困難である上に,今回の調査方法に適さない辞書も含まれる。そこで,ある程度の収録語が見込まれるもの,先学の研究で取り扱われているものをできる限り含めるように配慮した。先行研究を参考にしながら,成稿年・刊行年などをもとに年代順に並べる。さらに『唐話辞書類集』所収のものではないが,『名物六帖』(1727・1755・1777)と,特に『雑字類編』(1786)には,該当語が多数収録されるため調査対象に含めることとした(以下,本論で対象としたものを総称して「唐話辞書類」とする。以下の□の数字は『唐話辞書類集』の巻数を示す)。

・『應氏六帖』(1705前後?) 伊藤東涯 写本 [12]
・『譯通類畧』(1713-1714頃) 岡〔井〕孝祖 写本 [18]
・『唐話纂要』(1716/1718) 岡島冠山 刊本 [6]
・『漢字和訓』(1718) 井澤長秀 刊本 [16]
・『唐話類纂』(1725) 岡島冠山等撰 写本 [1]
・『字海便覽』(1725) 岡島冠山 刊本 [14]
・『授幼難字訓』(1727) 井澤長秀 刊本 [16]

- 『俗語解』（長澤本）(1757以後？)　写本　⑩・⑪
- 『忠義水滸傳鈔譯』(『忠義水滸解』1757の続稿)　陶山晁　写本　③
- 『學語編』(1772)　釋顯常（大典禪師）　刊本　⑯
- 『名物六帖』(1727・1755・1777)
  ※　刊本の部を用いた
- 『怯里馬赤』(1780前後？)　編者不明　写本　①
- 『中夏俗語藪』(1783)　岡崎元軌（鵠亭）撰　刊本　⑯
- 『雑字類編』(1786)　柴野栗山原著　刊本
- 『小説字彙』(1791)　秋水園主人　刊本　⑮
- 『徒杠字彙』(1860)　金内格三　刊本＋写本　⑨

　写本も含まれ，成稿年だけでなく，書写された年代も明確ではない資料も含まれている。また，これら以外にも含めるべきものも存在するであろうが，収録状況のある程度の傾向は見出せるのではないかと考える。ただし，調査は行ったものの，一致する語が少ないものや，全体について確認していないものについては，適宜，例を挙げる。

　なお，**3-3　調査結果**で収録される漢字表記の実例を挙げるが，前出の『佩文韻府』との関わりから，漢字表記が同一（大同・含有）のものを「唐話辞書類」に含まれるものとした(12)。また，漢字表記が類似しているものは，注などに示しながら，必要に応じて扱っていく。

### 3-3　調査結果

　対象とした387語のうち，異なる語形があてられながらも，同じ漢字表記が用いられているものは一語としてまとめた(13)。また，ヘボンの誤記ととらえるべきものを除いたため，375語が実際の対象となる。

　上記のような点を考慮しつつ調査した結果，『佩文韻府』を軸として整理すると，『佩文韻府』に含まれるものが200語，含まれないものが175語である。一方，「唐話辞書類」に含まれるものが205語，含まれないものが170語となる。『佩文韻府』における収録の有無を軸として「唐話辞書類」の収録状況をまとめると，次のような語群に大別できる（○は収録，×は収録されない・〔図〕）。

1章 「手稿」―刊行に向けて

　　Ⅰ　『佩文韻府』…○　　計200語
　　　　① 「唐話辞書類」…×　　　87語　（以下，Ⅰ①）
　　　　② 「唐話辞書類」…○　　113語　（以下，Ⅰ②）
　　Ⅱ　『佩文韻府』…×　　計175語
　　　　① 「唐話辞書類」…○　　　92語　（以下，Ⅱ①）
　　　　② 「唐話辞書類」…×　　　83語　（以下，Ⅱ②）

〔図〕　Ⅰ①からⅡ②の状況

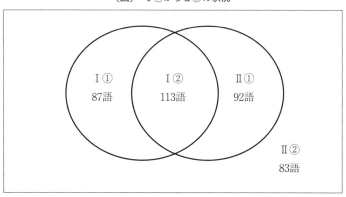

　『佩文韻府』，「唐話辞書類」のいずれか，または双方に収録される漢字表記が292語（77.9%）となる。ただし，双方のそれぞれが当時の全ての様相を示す訳ではない。Ⅰ①については古典籍の例ということになる。Ⅰ②は出自をにわかに近世中国語とすることはできない。Ⅱ①は近世中国語として扱えると思われるものを多分に含んでいると考えられる。また，Ⅱ②には，判断がきわめて困難であるものもあり，Ⅰ①，Ⅰ②，Ⅱ①に含めるべき背景を持つ語もあるであろう。次にⅠ①からⅡ②の実例を挙げる（Ⅰ②とⅡ①を示すにあたり，「唐話辞書類」のうちで，『雑字類編』にのみ収録されるものは下線を付し，その他の「唐話辞書類」にのみ含まれるものは波線を付した）。

　　　Ⅰ①　（『佩文韻府』…○・「唐話辞書類」…×，87語）
嗚呼，浮雲，總角，安坐，家鴨，奇怪，灰汁，所有，求食，跬歩，可惜，綽約，善惡，山茗，豐艷，一寸，蓑爾，瀾劔，鹿茸，小奴，封彊，誰何，鞁

2節 「手稿」の漢字表記

掌, 浮浮, 噯氣, 足下, 殷雷, 遲鈍, 酣睡, 蔓延, 象聲, 果敢, 餞別, 矮紙, (雨) 當衫, 上古, 流行, 缺陷, 雲雀, 顚倒, 片々, 混々, 憑虛, 折足, 行器, 勞力, 天明, 晼晩, 髣髴, 昧莫, 閃屍, 書棚, 丁々, 紕繆, 安忍, 悒憤, 方金, 促裝, 磨折, 若固, 如何, 不畏, 發憤, 末期, 釋服, 微妙, 列缺, 坐列, 女閭, 市虎, 無寧, 產業, 何時, 所謂, 惡忌, 去來, 爲口舌(15), 寒人, 歡謔, 狗脊, 呀呷, 徒跣, 陽燄, 憔悴, 固滯, 輼輬, 窮奇

I② (『佩文韻府』…○・「唐話辭書類」…○, 113語)

狡猾, 燈盞, 射垜, 小豆, 監倉, 箕踞, 匕首, 妯娌, 紫陽花, 白地(16), 靑盲, 浮石, 女僧, 水黽, 篼輿, 鄕導, 蕪菁, 多謝, 牽牛花, 天窻, 周章, 咄嗟, 祖母, 退縮, 窮鬼, 木瓜, 雪洞, 子子, 賣菜傭, 相識, 倦怠, 暴富, 同門, 溫泉, 油桃, 逡巡, 佛室, 犢鼻, 蜒蚰, 旋毛, 金剛石, 流塵, 茱萸, 一發, 徒跣, 皸發, 佩刀, 尺蠖, 脫空(17), 拮楎, 異母, 鐵掩心, 公服, 剪刀, 四陲, 客店, 暴風, 絲瓜, 下手, 龍頭, 空腹, (鹿) 角菜, 紹介, 牽牛, 終日, 負暄, 壁錢, 皷子花, 一向, 黑痣, 麻繩, 杜鵑, 女戲弄(18), 溫泉, 缺骨, 許嫁, 烏賊, 紙鳶, 煩悶, 氣調, 田舍, 鸚哥, 篘靑, 地爐, 口角, 寄食兒, 侏儒(19), 撫恤, 從兄, 徘徊, 磽礫, 拘背, 頓々足(20), 祖父, 慣悶, 遷延, 長齋, 句引(21), 蜉蝣, 雙鉤, 怠墮, 棧閣, 棧道, 債主, 牡蠣, 花押, 調和, 占恊, 蟷螂, 天生, 剃刀, 待詔, 鉸刀

II① (『佩文韻府』…×・「唐話辭書類」…○, 92語)

痘斑, 薹薹, 婚姻, 戽斗, 姑息, 條糖, 被中爐, 笒簹, 明後日, 貧忙, 明日, 刷牙, 糢糊, 硝子, 搯搦, 砲頭丁, 天鵞絨, 駕長, 棍手, 南瓜, 界牌, 紐扣子, 沈重, 筆規, 點心, 噴吶, 酒注, 身柱(22), 俗講, 慢々地, 慢緣, 蝸牛, 瘍腫, 街渠, 愍子, 那里, 怎地, 滑稽子, 終是, 纏袋, 怎生, 悶漢・蕩子, (誚々)(23), 訥々, 咬牙, 銀餠, 鐵漿, 沙魚, 泄瀉, 麻疹, 蠮螉, 丹毒, 私房銀, 血漕, 高祖母, 高祖父, 曾祖父, 曾祖母, 晒乾, 銕機, 鐶鈕, 祖叔姑, 祖伯父, 棚杖, 倜然, 頤門, 浪々蹌(々), 藥池, 畫眉鳥, 沙鍋, 佛狼機, 無花果, 幻術, 幻術者, 挣任, 搖籃, 撥尾魚(24), 大發炮, 羊躑躅, 咬嚙, 囮戶, 皮格, 噴壺, 束蒲塞, 番南瓜, 首途, 鐵工, 抑槌, 抄寫, 攪拌, 改寫, 銃的, 火鉗

101

1章 「手稿」―刊行に向けて

　　　　Ⅱ②　（『佩文韻府』…×・「唐話辞書類」…×，83語）

石龍，漁人，諍逆，粋粗，被靡，會釋，彼許，擬作，煨衣，和諭，區蛋，唱都一响，溏滑，口琴，筲々，鬼節，水火夫，水圍戯，拷打，疙瘩，油脂，斷離，艶書，哄惑，樂車，殿方，温袍，狹邪，芋荄，剡切，石伏魚，却含，蔓蔂，憖殺，生姜，繋蔞，躰衣，斷産方，疥癩，廿歳，艕縄，粘牢，百部根，臭椿象，足組，隔室，熇尾虵，刀服，准除，癋瘷，繽繙，辛痛，正午，寂莫，撩拏，細鹽，禿倉，零餘，結毒，風誘，灰礆，挑戯，老海鼠，未審，隆巫，心嵩，存命，苛々，合楷，絡板，遥々，賞衣，抒竭，轎匠，口郎，量耗，匹偶，曲所，兼帯，鶴夜，水主，金絲雀，泥鏟

Ⅰ①　すでに定着した漢字表記でもあるために「唐話辞書類」に出現しないということもありえよう。

　また，先にも触れたが (3-1 『佩文韻府』に関連して)，「Hachiningei 象聲」，「Isami 市虎」のように漢字表記として存在しても，新たな意味としての時代が大幅に下るものがある。

Ⅰ②　『佩文韻府』で確認できたが，「唐話辞書類」に収録される背景を有している。日本においての漢字表記の一般性という面も考慮しなければならない。また，語の消長という点も問題となる。

　「唐話辞書類」の中で，『雜字類編』が多数の語を収録している (後述)。その他の辞書では (援引関係を考慮しない)，『應氏六帖』，『譯通類畧』，『唐話纂要』，『俗語解』，『學語編』，『徒杠字彙』に比較的見られる (例，「Aki-mekura 青盲」，「Bimboo gami 窮鬼」，「Dekibugen 暴富」，「Hasami 剪刀」など)。一方，18世紀後半以降の『忠義水滸傳鈔譯』，『恠里馬赤』，『中夏俗語藪』，『小説字彙』には収められる語は少ないのである。

　先の表記は同一ながら『佩文韻府』と意味の異なる語 (例，「脱空」) の他に，「Gutto 一發」(『譯通類畧』) も異なる。また，「Botefuri 賣菜庸」の漢字表記については，『應氏六帖』(「菜傭ホウリ」)，『漢字和訓』(「賣菜傭兒ナウリノヤトイド」)，『雜字類編』(「賣菜傭ナウリ」)，『徒杠字彙』(「菜傭ナウリ」) として収録される。

Ⅱ①　「Aiyake 婚姻」，「Amayakashi-sz-shta 姑息」，「Kadode 首途」，「Kajiya

鐵工」などは表記として，本来Ⅰ群に含まれるべきものであろう。「姑息」については，『應氏六帖』に「アマヤカス」，『怯里馬赤』に「吟味モナクツイカリソメニ賞ヲ行ツミヲ行フカコトシシハラクノ意ヨリ用ルカ」，『小説字彙』にも「吟味ヲロクニセズ賞行ヲ云フシバラクノ意ヨリ轉用スルカ」とあり，本来の意味との異なりを見せる。

「Ijime 揺籃」については，W. H. メドハーストや W. ロブシャイドによる『英華辞典』(1847-1848)・(1866-1869)，さらに『西国立志編』(1870-1871)に漢字表記が見られる。「揺籃（ヨウラン）」は『日本国語大辞典』第 2 版では，国木田独歩の『帰去来』(1901) を挙げ，清代の『通俗編』を引く。「いじめ」から「ヨウラン」と字音で読むことへスライドしていったことになろうか。

『雑字類編』に見出せない漢字表記として，「Atafuta 貧忙」，「Bettari to 糢糊」，「Dara・dara 慢々地」，「Daratsku 慢緣」，「Dobuts 怼子」，「Doko 那里」，「Doo 怎地」，「Doode 終是」，「Doomaki 繼袋」，「Doozo 怎生」，「Doramono 蕩子」，「Gudogudo（謂々）訥々」，「Haibuki 銀餅」，「Hesokurigane 私房銀」，「Hikarabiru, ta 晒乾」，「Hiyoi to 倘然」，「Hiyoro hiyoro to 浪々蹌（々）」などがある。その中には，「貧忙，糢糊，慢々地，怎地，終是，怎生，（謂々）訥々，倘然，浪々蹌（々）」など副詞の類も含まれる。これらはその他の「唐話辞書類」を通してみると，あまり時代的な変動はなく収録されているようであるが，18 世紀後半以降の辞書類にも多く見受けられる。先学の研究で言われるように，唐話辞書の性格が，物名の和解を中心としたものから，その後白話小説類を読み解くために用言・副詞の類を収録したものへ移行していった様相がうかがえる

にわかに判断を下すことの難しい語もあるが，やはり近世中国語としての性格を持つものが多いようである。収録状況や時代というものをある程度，確認することができたのではなかろうか。援引されてそれ以後の辞書にも収録されたのであろう。なお，先にも記したが，近世中国語と同定するものではないことを付記しておく。

Ⅱ②　Ⅰ①，Ⅰ②，Ⅱ①に含まれるものもあると考えられ，更なる精査が必要である。特に，Ⅱ①の「唐話辞書類」には索引のないものがほとんどであり，調査段階での筆者の遺漏も考慮しなければならない。

また，Ⅰ群に含まれるべき性格の漢字表記は，「Hirudoki 正午」，「Hissori 寂寞」，「Ikinagarae, ru, ta 存命」，「Kakemukai 匹偶」など常用的なものとともに，文言的な語が挙げられる。
　一方，『漢語大詞典』によると用例の出典年代が明・清代といった新しい語も含んでいるようである。例えば，「Booji 水火夫」，「Buchi･tataku 拷打」，「Dooraku 狹邪」，「Hatagegasa 疥癩」などである。「Battari to 嗗都一响」も「嗗嘟」（『漢語大詞典』）に「指物体上突出来的小球状物。」とある。また，一部の語については，和製漢語からの視点も必要であると考える。

## 4　まとめ

　8割弱の語が，『佩文韻府』，「唐話辞書類」のいずれか，または双方に収録される結果となる。漢字表記（漢語と言うべきか）は，『佩文韻府』に収録され文言ととらえることができそうなものから，宋代から明・清代に至る語が含まれている。そのうちⅠ①のように「唐話辞書類」には収録されていない歴史的背景を持つ漢字表記としては定着をみているものの，字音として読まれることなく和語と結合し，熟字として，扱われたものを含むようである。
　Ⅰ②・Ⅱ①の「唐話辞書類」に含まれる語には，『雑字類編』に見出されるものが多数ある。Ⅰ②の113語のうち，『雑字類編』に含まれるものが84語あるが，そのうち31語が『雑字類編』にのみ収録される。『雑字類編』を除いた「唐話辞書類」に含まれるものは29語である。そもそもⅠ②は『佩文韻府』に見出される語であるだけに，出自という面では安定感がある。したがって，Ⅰ②の語を多分に含む『雑字類編』は，その他の「唐話辞書類」に比べて，古層の漢字表記（漢語）を比較的多く含んでいるととらえることができそうである(27)（荒尾（1979））。
　一方，Ⅱ①の92語のうち，『雑字類編』に含まれるものが65語あるが，うち17語が『雑字類編』のみに現れる。また，その他の「唐話辞書類」にのみ含まれるものが27語となる。特に『雑字類編』に収録されないものは，先にも触れたが，日本語にとって特に新しい漢字表記として扱えそうなものが少なからず見える。

『唐話辞書類集』所収の辞書類の個々の特質を考慮しなければならないが，ヘボンの目にどのように映り，活用したのかも考えなければならない。翻訳小説『通俗赤縄奇縁』(1761) を資料とする荒尾 (1993) には「近代中国語が外国語としてではなく，借用語となって日本語の枠内に入り込もうとしている姿が認められるのではないか」とある。このような状況が，中国語を用いていたヘボンにとって，漢字表記の選択意識を後押しすることにもなったと考えられる (終章)。

　また，Ⅱ②の「Bokiboki 簕々」，「Jitajita 揺々」などの和語のオノマトペに漢語をあてたと思われるものに対して，数は少ないものの，字義から理解できない世話字などに見られる「Guniya guniya（愚）弱離」，「Jarajara 邪乱々々」など，和語のオノマトペに対するあて字や，形容詞の活用語尾として「－敷」を用いる例も見られる。特に漢語でその意を表記しがたいオノマトペには打つ手がなく，あて字を用いたのであろう。

　Ⅰ①からⅡ②には，漢語として定着するものや，熟字として安定し，一般性を獲得しているもの (慣用的熟字) がある一方で，字音で読むこともされず，適切な日本語 (和語など) が (長期にわたり) 付随することもなく，独立することなく消滅していったものがある (臨時的熟字)。その要因として，

・(構成要素の) 漢字そのものの一般性の低さから字音が想起し難い。
・字義が理解し難い。
・字音で読んだ際，異表記同音異義語が存在する。
・漢語全体の字音が日本語の音韻として馴染まない。
・同表記ながら既存の日本語の意味と異なる (しかし，取って代わるまでにはいかない)。

といったことが挙げられる (ただし，これらのことが中国に在留したヘボンにとって，必ずしも該当するとは考えられない面がある)。

　特に字音で読むことができるか，または読まれるかというのは定着への一つのハードルとなるのであろう。現代語と比較することは適切ではない面があるが，Ⅰ①からⅡ②に含まれる漢字表記は，常用漢字表外の漢字 (岩淵(1975)) が散見する。日本語に馴染みがたい漢字表記として，森岡 (1991) p.401に，明治期の英和辞書における「ルビと表記の対応」という点から，(用いられた漢字表記に対して) 次のような記述がある。

音読するのも難しいが，たとえ音読し得たとしてもルビの示す概念に到達することは更にむずかしい。漢文の学力があったといわれる明治人でも，この種の白話的な漢語に対しては，やはり我々と条件は同じであったろうと思われる。

結局，日本語の漢語は古代中国語の漢字の意味・用法に基づいており，近世中国語の漢字表記は日本語としては不適格であったろうと思われる。

初版の刊行にあたり，「手稿」で用いられた漢字表記には削除や変更されたものも多く，その役割を終えることとなる。既存の日本語にあてられたそれらの漢字表記の漢字には一般に馴染みがたいものが含まれていたため，語形から想起できる字音・字訓に基づいた漢字表記を用いるといった揺り戻しが起こるものが多いようである（例えば，1 はじめにで触れた「庋格」は初版では「膳棚」となる・2章2節，3章2節，4章1節）。これは，来日後，日本語の表記に接することで，ヘボンの漢字表記への意識が変化していったものととらえることができよう。先に挙げた要因を含め，明治期に受け継がれるものと，受け継がれないものとに分かれていったようである。資料間での異なりがあるが，日常的（俗）なものに近世中国語が用いられていた傾向があると考えられる（一方，学術的な専門語は新漢語などが請け負った）。

今後，「唐話辞書類」と「手稿」の間を種々の資料を用いて埋める必要もある。本論ではその一歩前の段階にあたり，範囲を限った中にどのように収録されるのかを確認した。

注
（1） 例えば，『和漢音釈書言字考節用集』（1717）に「庋格　ゼンダナ　字彙　板爲之所以藏食物　膳棚　同　俗字。遠出」とある（送り仮名・返り点は略）。ただし，『大漢和辞典』，『漢語大詞典』には「庋閣」とある。
（2） 原文を確認したところ，'I am just reading the works of Confucius called the 四書, and after am I led to exclaim poor Chinese!' とあり，「四書」は漢字表記されている。
（3） 最初の本格的な米国外国伝道局から派遣された派清宣教医。モリソン号に乗船し，日本へ航海もした（序章3節）。
（4） R. モリソン（Robert Morrison, 1782-1834）のもとで中国語を学習し，The Chinese Repository を創刊。『聯邦志略』（1846）を著す。
（5） 成立の過程としては，日本語として一般的な語形に，漢字表記が結合したと

2節 「手稿」の漢字表記

　　　考えるべきであろうか。
（6）　「Chashaku 茶匙」，「Debeso 臍突」など「一部分が正音・正訓によるもの」
　　　などもある（1章1節，2章2節，3章2節）。これらは，本論で対象とした漢
　　　字表記の1.3倍ある。
（7）　語形と漢字表記の結合過程を考えることも重要であるが，その漢字表記がい
　　　かなる資料に見出されるのかを確認する。
（8）　早くは来華宣教師のモリソンの『華英字典』（1815-1823）が『康熙字典』に
　　　基づく。
（9）　「韻府」が共通していることからも意識してのことであろう。
（10）　小野（1998）。
（11）　鳥居（1951・1954・1955・1957・1962），『唐話辞書類集』解題，藁科（1981），
　　　『漢字百科大事典』（1996），岡田（2006）を参照した。
（12）　「温泉イデユ」，「赤小豆　アヅキ」，「舊相識フルキチカツキ」，「血漕カタナノ
　　　ヒ」など。
（13）　例えば，Abaremono, Aburemono にはともに「狡猾」とある。
（14）　「綽約盧」として確認。
（15）　「口舌」として確認。
（16）　検討を要する。
（17）　「桔槔」として確認。
（18）　「戯弄」として確認。
（19）　「寄食」として確認。
（20）　『佩文韻府』には「頓足」として収録。
（21）　「勾引」として収録。
（22）　小田切（2004）では，「浪浪蹌蹌」，「慢慢（的）」，「那里」，「喃喃咄咄」，「倘」，
　　　「戯弄」，「一発」，「怎地・怎生」について，本論で対象としない文献の収録箇所
　　　を示す。
（23）　『忠義水滸抄譯』（1784）（鳥山輔昌　刊本　③）に「纏袋　小ヅカイ銀ノ袋
　　　也」とある。
（24）　「挣住」として確認。「－住」として結果補語の用法がそのまま漢字表記とし
　　　て扱われている例であろう。例えば，『西国立志編』（1870-1871）に「拿住」（5
　　　編20），また「－着」としては「拿着」（5編21）といった使用例がある。
（25）　『文藻行潦』（1782）も同様。
（26）　器用「戒菴漫筆曰，今眠小児竹籃，名揺籃」（返り点は略）。
（27）　『雑字類編』のその後の影響力ということは考慮しなければならないが，『雑
　　　字類編』に収録される語には，それ以前の辞書にも見受けられる語もあり，特別
　　　なものばかりであるという訳ではない（4章1節）。
（28）　「Iraira 苛々」は和製の面から一考を要する。
（29）　「漢字音の枠」から見た唐音系字音として，肥爪（2005）。

## 3節　ヘボン式ローマ字の祖形

### 1　はじめに

　いわゆるヘボン式ローマ字の綴りの体系が成立する過程におけるヘボンの考えを再版刊行後と3版刊行直前の書簡から垣間見ることができる。

> 遺憾ながらローマ字のヨハネ伝は思ったほど成功しませんでした。わたしはできるだけ多く開港場に配布しました。あらゆるキリスト教学校で用いられています。子供たちは，大変早くローマ字を読むことを学び，自国の国語よりもかえってローマ字を好むようです。でもなお比較的その数は少ないのです。
> 　　　　　　　　（1874年8月13日付・アメリカ聖書協会　E. W. ギルマン博士宛・横浜）

　また，日本が近隣諸国に目を向けず，欧米に追いつこうとしている姿に触れる中で，次のように記している。

> 進歩を追及するこのような努力の最近の結果の一つとして，「ローマ字会」と呼ばれる会の組織があります。その目的は，書くのに漢字の使用を止めて，ローマ字をそれに取って代えようということです。この会は東京大学の幾人かの指導的な教授たちによって結成され，この国の影響力のある多くの人々の支持を得ています。それは日ごとに力を増しています。ローマ字を使うことによって，少年は読むのに，漢字を使って一〇年かかっていたのに，数ヵ月でより良くできました。時間や労力を省くばかりではなく，漢字では近代的な科学知識を表現するのが不可能なのです。そこで国の賢明な進歩的な人々は，書く文字を変えることを提唱しています。そして一流新聞の一つはそのコラムのある部分をローマ字に当てています。それは疑いもなく，多くの生涯，すなわち保守的な人々

から多くの反対に遭うでしょう。しかしわたしは、最終的にその勝利を期待しています。わたしはこの目的のため長いこと働いてきております。わたしが日本語の新約聖書全部をローマ字で記述して、五年ほど以前にアメリカ聖書協会に出版させたのは、主としてこのためだったのです。

(1885年5月8日付・エレンウッド博士宛・横浜)

　そこで、本論では、初版、再版、3版と版を重ねていく前段階の「手稿」の黎明期にあたるローマ字綴りを検討することにしたい。[(1)]

　それは「手稿」に収録する見出し語、語義、用例をはじめ、様々な点で刊本とは異なる。中でも用いられたローマ字綴り[(2)]はその後の『和英語林集成』で用いられる綴りの祖型とも言えるもので、初版以降に大きな影響を与えていく。

　そこで、「手稿」のローマ字綴りを整理し、実例を交えながら、前後する関連資料と比較し、考察を行う。あわせて散見するアクセント符号と考えられるものにも触れる。ローマ字綴りを解明することによって「手稿」の作成時期などをはじめとした位置付けを明らかにする傍証となると考える。


## 2　「手稿」のローマ字綴り

　「手稿」のAからKane, ru, taまでの見出し語に用いられたローマ字綴りを中心に扱う。[(3)]

　まず、ヘボンの用いたローマ字綴りを考える上で、初版のPREFACEに挙げられ、参考としたと思われる書物は次のようである。

・イエズス会の宣教師による *Vocabulario da lingoa de Iapam com adeclaração em Portugues*（『日葡辞書』）(1603-1604)
・W. H. メドハーストによる *English Japanese and Japanese and English Vocaburary*（『英和・和英語彙』）(1830)

　また、ヘボンは日本を目指し、米国から上海へ向かう船中で、「日本語文法書」を読んでいることを書簡（W. ラウリー博士宛・1859年7月19日付・ジャワ付近）に記している（1章4節）。

　ヘボンと様々な点で行動をともにするS. R. ブラウンによる *Colloquial*

1章 「手稿」―刊行に向けて

*Japanese*（『会話日本語』・以下,『ブラウン』）(1863) の PREFACE には次のような書名が見られる。
・『日葡辞書』(1603–1604)
・D. コリャードによる『日本語文典』(1632)
・I. ロドリゲスによる『日本語文典』(1825)（4）
・D. クルティウスによる『日本語文典例証』(1857)

　個々の関連性については1章4節で触れるが，ローマ字綴りという点では，いずれの書物からの影響，また類似性も見出しがたいのである。そこで，本論では「手稿」のローマ字綴りを五十音順に示すにあたり，推定される「手稿」の作成時期の前後に刊行されたJ. リギンズの *Familiar Phrases in English and Romanized Japanese*（『英日日常語句集』・以下,『リギンズ』）(1860)，『ブラウン』，初版のものをあわせて載せる（〔表1〕・〔表2〕）。(5) 表の作成には，杉本(1989)を中心に，『リギンズ』は金子(1999)，『ブラウン』は加藤・倉島(1998)も用い，一部追加をおこなった。先行研究によるところが大きいが，4書の状況をまとめて示すことを意図した。

　出現した綴りを**清音・濁音・拗音・撥音・促音・長音**(6)のそれぞれに分類し，特に複数の綴りがなされているもの，問題があるものなどを中心に確認を行う。見出し語は，ローマ字と漢字で併記されているもの，ローマ字だけのものがあるが，見出し語であることを示すため「　」で表す。また，漢字表記がないものには，必要に応じて想定される漢字表記を（　）に示した。

### 清音
・ア行
　「エ」は，ye を用いる見出し語（以下，下線は筆者）が「Hikika<u>ye</u>sz 引返」，「Ikidz<u>ye</u> 息杖」，「I<u>ye</u>tsto 家土産」など120語ある。ア・ハ・ワ行の別は意識されていないようである。一方，e については，-ae-が43語（「Ikika<u>e</u>ri, ru, <u>e</u>ta 甦」など），-ie-が8語（「I<u>ye</u> 家」，「I<u>ye</u>bato 鴿」，「I<u>ye</u>domo 雖」については，取り消し線によってyが削除されている），-oe-が3語（「Kaizo<u>e</u>nin 介副」など）であり，仮名遣いがハ行のものに集中している。収載箇所についても偏りの見られるものもある。なお，「家」，「帰る」などは両様の表記がなされている。E. M.

サトウがW. G. アストンに送った書簡（1876年9月3日付・ロンドン）ではYEとEの使い分けに一貫性がないことに対して次のように記している（萩原(1998-2001)）。

> わたしがYを残して置いた日本語の場合，それが聞こえるように思ったからです。しかし，それがきこえると断言する自信はなく，そして，これをききとるのは非常にむずかしいことです。そんなわけで，辞書の印刷をすすめている段階になっても，わたしは無意識のうちに自分の意見を変えている場合があったかもしれません。

サトウの場合は耳で聞くことで綴りを変えていたことが分かる(8)。
「オ」は，oが用いられながらも，「Agura wo kaku」，「Amájiwo 甘鹽」，「Hikishiwo 干汐」，「Hishiwo 干汐」，「Hishiwo 醤」，「Hitoshiwo 一入」，「Hiuwo 乾魚」，「Hoowoo 鳳凰」，「Hoowoo 法皇」，「Iwoo 硫黄」の10語があり，（ア・）ハ・ワ行が混在している。また，「iwo *」（以下，*は判読不能字を示す），「iwori 庵」とwを取り消し線で削除しているものもある。助詞の「を」についてはwoが用いられ，指標としての役をなしているのであろう。

・サ行

「シ」は，shiがほとんどであるが，shは-shtaとして多く用いられ，-sh'taの例もある。「ス」は，szがほとんどを占めることが注目される。「セ」は，sheが122語に対して，seが22語あるが，後半部などの一部に集中するような偏りはない。

・タ行

「ツ」は，tsがほとんどを占める中，ts'が6語（「Bunts'u szru 文通」，「Dzts'u 頭痛」，「F'kots'so」，「Fukuts'u」，「Hits'gi 棺」，「Hits'ji 羊」），tzが3語（「Baibutz」，「Dentatz」，「Hosotz 歩卒」），初版と同じtszは13語（「Futszriai」など）で，一部は追記などに用いられる左面に集中している。また，sz, dzの母音には，すでにzを用いている(9)，tszが中心となるのは『ブラウン』を待つこととなる。「手稿」のものはその萌芽とも考えられる。もしくは追記という可能性を考慮するとS. R. ブラウンの影響も視野に入れる必要があろう(10)。

・ハ行

「ヒ」はhiが，「フ」はfuが用いられる。「ヒ」についてはiを記さない

「H'tome 他眼」,「Htojichi 人質」といった例がわずかある。助詞の「は」と「ヘ」については wa, ye とある。また，1章1節に挙げたが，「失礼」を Hitsrei とするものもある。

・ヤ行
　iu で「ユウ」に用いる。ただし「イウ」とにあたるものもある。

　同一の音節に対して複数の綴りを持つものの多くは，サ・タ・ハ行のイ・ウ段であり，'（アポストロフィ）で代用する，母音を略す（一例として「Ari-mas 有」）など，母音の無声化と思われる例がある（例外として「H'yak'shoo（百姓）」）。しかし，例えば Hito, H'to, Hto の異なりは見出しがたい。また，「uma」の他に，「Jajam'ma 跳々馬」といった例があり，『リギンズ』に m'ma,『ブラウン』にも m'-ma など諸例が収録されている。そして，初版では「UMA ウマ 馬」に対して「M'MA ムマ 馬」，参照項目として「M'MARE ムマレル 生」,「M'MARETSZKI ムマレツキ 性質」,「M'ME ムメ 梅」を収録する。「ユウ」について，「手稿」では iu, 初版では iu と yū が両用される。初版は前接・後接での異なりといったことも考慮する必要がある。

　また，手稿と初版で SZ, TSZ, DZ には母音に Z を用いている。これらの子音は摩擦音か破擦音かという調音法の違いはあるものの，いずれも調音位置が歯茎であることで共通している。

　なお，初版の綴りは，使用頻度の差はあるものの，すでに「手稿」に見られる。

### 濁音
・四つ仮名
　「ジ・ヂ」は，ji が使用され，di は「Fundin（分厘）[11]」,[12]「Hagimari 始」「Kabeshitagi（壁）骨[13]」があるのみである。j も「Jg'wa 自（我）」(Jig'wa ではない）の1語にすぎない。「ズ・ヅ」は，dz が用いられる。1語だけであるが「Aizzi[14]」と zz とある。『リギンズ』のように「ズ」zu と「ヅ」dzu についての別（「ジ，ズ・ヅ」の三つ仮名（金子 (1999)））はない。このことは先の sz の綴りを含め，『リギンズ』と「手稿」で最も大きく異なる点である。

・ザ行

「ゼ」には je が用いられる。1 語だけ「Kagezen」が左面にあり，追記されたようである。

・ガ行鼻音

　ガ行音については，鼻音との区別はなされていない。参考までに『リギンズ』と『ブラウン』に加え，J. F. ラウダー (John Fredric Lowder, 1843–1902)[15]による Conversations in Japanese & English (以下，『ラウダー』)(1867) で確認を行った (諸例を挙げる)。横浜で刊行された 2 書 (『ブラウン』・『ラウダー』)(常盤(2009)) には区別がなされているが，長崎の『リギンズ』のものでは区別がない。[16]

　『リギンズ』(長崎)　※ 区別なし。

　　語頭　Go doo chiu go buji de gozarimashta ka. (p.42)
　　　　「御道中御無事でござりましたか。」

　　語中・尾　Hirusugi ni maire. (p.9)
　　　　「昼すぎに参れ。」


　『ブラウン』(横浜)　※ 区別あり。江戸の発音の反映。会話書としての役割。

　　語頭・語中・尾　Go ze-n o a-nga-ri ni o yu-ki na-sa-re. (会話番号：173)
　　　　ゴ　ゼン　オ　アガリ　ニ　オ　ユキ　ナサレ
　　　　（御膳おあがりにお行きなされ。）

　　語中・尾　Ko-re wo o-ma-i no da-n-na ni a-nge na-sa-i. (会話番号：172)
　　　　コレ　ヲ　オマイ　ノ　ダンナ　ニ　アゲ　ナサイ
　　　　（これをお前の旦那にあげなさい。）


　『ラウダー』(横浜)　※ 区別あり。

　　語頭　Daiku to goza-ya mo tsurete sanjimash'ta. (p.19)
　　　　（大工と茣蓙屋も連れて参じました。）

　　語中・尾　Tamango wo motte mairimasho ka. (p.6)
　　　　（タマゴを持って参りましょうか。）


初版の INTRODUCTION の THE ORTHOGRAPHY に次のように記す (試訳を付す)。

g, in the Yedo dialect has the soft sound of ng; but in Nagasaki, Kiyoto, and the southern departments it is pronounced; as in hard go, gain.

　g　江戸のことばでは，ng のような軟音であるが，長崎，京都，そして南の地域では，go や gain のような硬音で発音される。

また，再版でも INTRODUCTION の DIALECT にある[(17)]。

The hard g sound is softened into ng; as, kago is pronounced ka-ngo; megane, me-ngane; sugiru, su-ngiru; ne ga takai, ne nga takai, &c.

硬音 g は，軟音 ng に変化する。例えば，「かご」kago は「かんご」ka-ngo,「めがね（眼鏡）」megane は「めんがね」me-ngane,「す（過）ぎる」sugiru は「すんぎる」su-ngiru,「ね（値）がたか（高）い」ne ga takai は「ね（値）んがたか（高）い」ne nga takai などである。

　ヘボンは，また横浜に滞在していたこともあり，ガ行音に鼻音もあることは認識しながらも綴りとしては区別していない。ガ行の子音のローマ字表記に一貫性を持たせることで辞書としての検索の便を優先したものであると考えられる。このことは「手稿」についても同様のことが言えよう。

### 拗音

　hiya などの-iya/u/o のものは実際には直音か拗音か綴りだけでは区別がつかないため，3版のように hya と表記するのは利便性がある。特に，複数の綴りが存在する「シャ」などは（shiya→）sh'ya→shya→sh'a→sha と[(18)]，i と y の省略の過程がうかがえ，書き記す際の労力の軽減（初版での印刷時の使用活字の減少とも）ととらえることもできそうである。一方,「シャ」（[ɕa]）行内に「シ」（[ɕi]）があることからの帰結とも言える。したがって，イ段音に子音を同一とするもの（shi, chi, ji）があれば，sha, cha, ja としている（ただし chiu など拗長音は異なる）。なければそのイ段音の綴りに ya を後接させ, kiya, niya など，または y を省略して ria, bia などと対応し，ゆれが生じている。ただし，3版のように i を完全に略すのは gyo のみで,'（アポストロフィ）を用い

た k'ya，g'ya となる。口蓋化を示したものとは言い難いようである。

「Aijyaku 愛著」では，jya と綴った後に y を取り消し線で削除し，ja としている。見出し語の排列からも，「Aijirushi 合印」と「Aikagi 相鍵」の間にあるので，ヘボンは「ジャ」を jya と考えていた時期があるのであろう（「Fujyoo 不定」の例もある）。また，「Ijyuts (Ijiyuts) 醫術」，「Jyooroo (jiyau rau) 上臈」の例もわずかながらある。

『リギンズ』では，'Kya-ku'（客），'ya-ku jo-o'（約定），'Cha'（茶）などと拍にもとづいた単位と考えられる綴りをしながらも，'Chi-u'（中），'Mi-o ji'（名字）などもあり，拗長音の際には異なる。

### 撥音

主として n が用いられるが，両唇音が後接する場合は -mb-, -mm-, -mp- となる傾向が見られる。しかしながら，-nb-, -nm-, -np- も数語から十数語ではあるが存在する。また，「Anmpi 安否」と n に横線を付して取り消すものもある。

『リギンズ』では，'nam-bo'（なんぼ），'im-mo-tsu'（引物），'Shim pai'（心配）などとする一方，'Kan bun'（漢文），'kon ban'（今晩），'gin-mi'（吟味），'ten-mon'（天文），'Bun-p'o'（文法），'Yen-po'（遠方）などもある。なお，『ブラウン』は n と m の別をもって対応している。

参考までに，ロドリゲス『日本大文典』(1604-1608) の「その他の音節及び文字に関する第四則」p.637 においてもその区別が指摘されている。

> ○B，M，P の前では，常に M と書いて，唇を打って M と発音されるのであって，N ではない。例へば，Membocu（面目），memmen（面々），Mempai（面拝），ximbiô nari（神妙なり）。Bambut（万物），bammot（万物），quempu（絹布），mamman（漫々）など。

### 促音

原則的には「Hissori 寂莫」などと子音を繰りかえしたり，「Butchoodzra 佛頂面」としたりするが，「Ich-chi (its chi) 一致」「Ishshin 一心」「Jechchoo 絶頂」（「Jetchoo (絶) 頂」もあり）といった例もある（初版ではそれぞれ「IT-CHI」「ISSHIN」

1章 「手稿」—刊行に向けて

「ZETCHŌ」とある)。

### 長音

- ğoo（1語）[23]

  「Funağoori」

- ö（1語）

  「Iwaö（iwaho）（巌）」

- oö（8語）

  「Ahoö 啞方」,「Ahoöna」,「Akai-ki-ku-shi-oö 赤」,「Akoö」,「Arigatoö 多謝」,「Buchoöhoö＊調法」,「Dampoö」,「Guhoö 弘法」

- ō（25語）

  「Dzsō 頭」,「Fukuzō nashi」,「Fusōka」,「Girō 蟻 娘」,「Haimō 廢 忘」,「Hikk'yō」,「Hiyō」,「Hiyōzan」,「Hiyō szru 評」,「Hiyōgeru」,「Hiyōsats」,「Hiyō shi, szru, shta 表・評」,「Hōin」,「Hōō」,「Hōsenku」,「Hoppō」,「Iboi, ō, otta」,「Jōai 性合・情合」,「Jōmaye」,「Jurō」,「Kanbō」,「Kanchōmono」,「Kandaichō」,「Kandō」,「Kandō」

- ȯ（2語）

  「Bukiȯȯna 不器用」,「Desȯ」

- ōo（2語）

  「Hanjōo」,「Jōokoo 常香」

- oō（2語）

  「Hakujoō 薄情」,「Hakujoō szru 白狀」

- uü（1語）

  「Bufuügajin 無風雅人」

- ū（2語）

  「Fūjikomu」,「Iūfuku 有福」

おおむね ō は仮名表記だと「オー」に等しく，ö は長音符号「ー」に対応しているととらえることができると思われる。また，ōo と oō の別はアクセントに基づくという理由ではないようである。初版と同じ ō の用例は25語しかなく，多くは見出し語の追記のために用いられた左面に集中する。ū につい

ては,「Fūjikomu」のūが,úか判じ難い面もある。いずれにしても,全体における長音はooとuuとするものが占める。統一には程遠く,oö(→ōo / oō)→ōといった流れを読み取ることのできるほどの語数はない。また,『リギンズ』はo-o, u-uなどとしている。なお,「Īye」(語義は'no')とする例のように長音を示したものが若干ある。「Gai 我意」の用例に,'〃wo hoshīmama ni nasz'と示すものもある。

このようなダイアクリティカルマーク(アクセントについては次項で扱う)で長音を示すものとして『ブラウン』のVowel Combinations(母音の結合)に次のようにある(以下,加藤・倉島(1998) p.338の訳出を用いる)。

> ai, oi, ei, uiは正規の二重母音で,両方の母音は明瞭に発音される。しかし,au, ou, euはしばしばoöという発音になる。そこで,チガフタはchigoöta, omou(ヲモフ)はomoöに,meuはmioö, shi-yauはsh'oö, seuはsh'oö, wauはwoöと発音される。

ただし,会話例の中ではo-oなども用いられる。なお,『リギンズ』でのöの使用は見られない。

また,長音の記載のないものが散見する。これは長音の表示に揺れがあったこととともに,聞き取りがたいものであったためかもしれない。なお,一部例外については〔表2〕の※に示した。


## 3 「手稿」のアクセント符号

アクセントについては『日本大文典』にも記されているが,「手稿」にはアクセント符号と思われるものが少なからず見える。全例を以下に掲げる。

・á(40語)
「Akámi」,「Akámidasz」,「Akáne 茜」,「Akárui-ki-ku 明」,「Akáshi-su-sh'ta 明」,「Akiráka na 明」,「Akiráka ni 明」,「Amájiwo 甘鹽」,「Amáma (雨) 間」,「Amáooi (雨) 覆」,「Anágo」,「Anáji 牝痔」,「Anáta anokata 彼方」,「Arákoma 荒馬」,「Asáji」,「Asuráoo」,「Átsi-ki 厚」,「Bará・bara」,「Dángo

117

團子」,「Funába」,「Funábashi」,「Funádzshi」,「Funáyado」,「Furáfura to」,「Furári to」,「Fuwáfuwa to 浮浮」,「Gotáni 雜煮」,「Hahágo 母公」,「Hakáma 袴」,「Hakamági 著袴」,「Hanábi 花炮」,「Hanáge」,「Hánki 半季」,「Hiáburi 火罪」,「Kamá 釜」,「Kamábiszshi 嚚」,「Kamáchi 框」,「Kanáguri, ru, tta 搜」,「Kanáme 要」,「Jiudái 入内」

- ā（2語）

「Hatā 機」,「Hatā 旗」

- à（3語）

「Hatà 畑」,「Hirà」,「Kàma 鎌」

- ì（1語）

「Hashì 箸」

- s̄（2語）

「Hashi 橋」,「Hoshi 星・醫」

- ú（3語）

「Chiburúi」,「Furúi, Furuki-shi 古」,「Hanagúri」

- ś（1語）

「Atśi 暑 熱」

- ź（2語）

「Adźchi 射垜」,「Fudźkuye」

- é（11語）

「Agéchi」,「Agédai」,「Agédoofu」,「Agédzme」,「Agégosh'」,「Agégotats」,「Agékuni」,「Ashébo 瘡」,「Chooséki」,「Fudédzsami」,「Idéyu 温泉」

- ē（1語）

「Gojēn 御前」

- è（1語）

「Gojèn 御飯」

- ó（14語）

「Akógi 阿漕」,「Chanóko 點心」,「Gotóku 五德」,「Hinóbe 日延」,「Hinóki 檜」,「Hinóko 火星」,「Hinóshi 火熨斗」,「Hiyóhiyo」,「Hokóra 禿倉」,「Hónji 本寺」,「Hónjin (本) 陣」,「Hónke (本) 家」,「Joógo 上戸」,「Kamóme 鷗」

á, ú, ź, é, óについては，一部例外や判然としないものもあるが，アクセントの高くなるポイントを示しているように推測される。また，à, ìはそれぞれ3語と1語しかないが低くなることを示し，一方ā, s̄は高くなることを示しているようである。ただ，ā, s̄はá, ú, ź, é, óに比べるほど高くならないとも考えられそうである。このことは，同音異義語の「Hatā 機」「Hatā 旗」と「Hatà 畑」，「Has̄hi 橋」と「Hashi 箸」，「Kamá 釜」と「Kàma 鎌」(他にならうならば「Kamà」が適切であろう) からもうかがえる (éの11語に対して「Gojèn 御前」と「Gojèn 御飯」それぞれある)。それに対して，「Átsi-ki 厚」と「Atśi 暑 熱」といった例もある。いずれにしろ，全収録語数に比して総数はきわめて少ない。また，「Agéchi」から「Agékuni」にかけて，連続して7語に用いられているといった偏りがあり，このことは他見出し語にも該当する。なお，これらの符号の中には母音の発音を示す可能性も含まれているかもしれない。

関連して『ブラウン』p.339の Accentuation (アクセント) には次のようにある。

　語尾から二音節の母音がつまって，語尾から三音節目にアクセントが来る場合以外は，多音節語では語尾から二音節目に第一アクセントが来る。第二アクセントは第一アクセントのある音節から二音節繰り上げられる。例：Shiránu, Wàkaránu, Wakàrimásh'ta. 最後の例では語尾から二番目の音節の母音が省略されているので，アクセントは語尾から三音節目に来る。

　同一の音節から成るも意味の異なる単語は，混同される恐れがあるので，アクセントの差で区別する。

また，再版の INTORODUCTION の ACCENT には次のようにある (試訳を付す)。

The accent in Japanese words is made by a slight elevation of the tone upon the accented syllable; as a general rule, in words of two syllables it falls on the first; in words of three syllables on the penult; and in words of four syllables on the anti-penult. But the accent always falls upon the syllable that has a double or prolonged vowel sound; as, *ikō, yosasō, ii-kakeru, ii-tsukeru, yū-meshi.*

In words of two and like syllables, the accent varies; thus *hána*, a flower, has the accent on the first syllable; and in *Haná*, the nose, it falls upon the last. In *Hashí*, a bridge, the accent is on the final syllable, and in *háshi*, chop-sticks, it falls upon the first.

　日本語の単語のアクセントは，アクセントのある音節の調子がわずかに高くなる。一般的な規則として，2音節の単語には，はじめにアクセントが来る。3音節の単語には語尾から2番目の音節にアクセントが来る。4音節の単語には語尾から3番目の音節にアクセントが来る。しかし，アクセントは，常に連母音や長音に置く。例えば，「行こう」*ikō*，「良さそう」*yosasō*，「言い－かける」*ii-kakeru*，「言い－つける」*ii-tsukeru*，「夕飯」*yūmeshi*という訳である。2音節や，同程度の音節の単語では，アクセントの位置が変わる。例えば，「花」*hána*は1音節目にアクセントを置き，「鼻」*Haná*は最終音節にアクセントを置く。「橋」*Hashí*は最後の音節にアクセントを置き，「箸」*háshi*は1音節目にアクセントを置く。

　アクセントの位置については，『ブラウン』の見解に当てはまる（松村（1970）p.479）。また，「橋」と「箸」については，「手稿」のアクセント符号と一致する。
　符号の用法には「手稿」とは異なるところがある(30)が，それ以降に「語尾から二音節目にアクセントがある」例と「最後の音節にアクセントがある」例がある。「Jíshin 自身」と「Jishín 地震」など，同音異義語の例を7組挙げている。また，「Hashi（橋）は終りのiが省略される háshi（箸）とは区別がつく。従って hash' は箸を意味する。」と，母音の無声化によるアクセント符号の不備についても触れる。このようなアクセントに関わる符号は，『ブラウン』のⅡ. SYSTEN OF NOTATIONの関連項目に見られるものであり，実際の会話例をはじめその他には見受けられないようである。
　このように，アクセント符号に関してはヘボン式と称することができるまでの安定感はなく，使用例もきわめて少ない。符号自体は基本的であるが日本語のローマ字綴りの用法として何をもとにしているのかということを考慮していく必要がある(31)。また，活字としてはあらためての準備が必要になり(32)，初版以降採用されなかったのであろう。

## 4　同時代のローマ字資料との比較

「手稿」のローマ字綴りは『リギンズ』と一致する点が数多く見られる。まず，渡辺 (1968) には「手稿」の 'Je (ゼ)' の部の一部を用いて，

> 初版流のセ se・ゼ ze・ツ tsz を草稿 (筆者注：本論で言う「手稿」) で she・je・ts に綴るのは，一種の初期錯誤と見るのが正当ではあるまいか。she・je は幕末関東語にはいかにも不似合いで，
> 
> > Se in Kyoto, Nagasaki and the southern departments is pronounced, *she;* and *ze,* like *je.* (初版凡例)
> > JE, ゼ Of Nagasaki dialect, see *Ze.* (初版本文)

とヘボンと長崎方言との関連は考えがたいことを示す。そして，『日葡辞書』の xe と je との関連性を示唆する (1章4節)。続いて，「はっきり言えば，両者 (筆者注：「手稿」と初版) の中間に，ブラウンのロマナイズを置くべきではないか，と思うのである。」として，ヘボンと S. R. ブラウンの共同研究の可能性を指摘する。整理すると次のようなことになろう。

　『日葡辞書』→「手稿」→『ブラウン』→初版

杉本 (1985) p.197には「ウィリアムズ，リギンズ，ブラウン，ヘボンなどは相互に影響しあっていると考えるべきであろう。」とある。リギンズが PREFACE に記す S. W. ウィリアムズとは，ヘボンと W. M. ラウリーが1843年[33]にマカオ滞在時に居をともにしており，S. W. ウィリアムズの綴りを基底[34]とした『リギンズ』のローマ字綴りは，来日間もないヘボンにとって頼りになるものであったはずである。そのために一部の異なりはあるものの，ひとまず『リギンズ』のローマ字綴りを援用した可能性は大きいと考えられる。なお，S. W. ウィリアムズ，リギンズ，S. R. ブラウン，ヘボンは英語圏の出身でもある (中国と日本に在留経験のあるプロテスタントをはじめとした宣教師とも言えようか)。さらには C. R. レプシウスの綴りの検討が必要になる。[35]

また，杉本 (1989) p.236に，

1章 「手稿」—刊行に向けて

　　　右の (筆者注:『リギンズ』,『ブラウン』,初版のローマ字綴りの対照表) を比較して
　　みると，あきらかにリギンズにヘボン式ローマ字の原型があるといって
　　よく，リギンズ→ブラウンへと受け継がれ，ヘボンへと流れて，定着し
　　ている点も了承できるであろう。

とあり，刊行年から明確なことでもあるが，次のような順となろう。

　　　『リギンズ』→『ブラウン』→初版

『リギンズ』は，〔表1〕と〔表2〕に示したように『ブラウン』よりも「手稿」のものが一層の類似性を見出すことができる。そこで，渡辺 (1968) と杉本 (1985) の考えに加えて，本論における「手稿」の調査を総合すると (『日葡辞書』との関わりは置くとして)，次のようなさらになめらかなつながりとなる。

　　　『リギンズ』→「手稿」→『ブラウン』→初版


## 5　まとめ

　「手稿」にはローマ字綴りにも方針の定まらない面があり，整然とした一貫性に欠ける。方針の模索や認識の推移のようなものに加え，緊張感の不足，無意識の表れといったことも混在していることは確かであろう。しかし，試行錯誤の段階に位置する「手稿」という性格から見れば，それらの不備は当然であるとも言える。むしろ，使用頻度を考慮しなければ「手稿」には初版の綴りがほぼ内包されていることが重要だと考えられる。
　長崎に在留したリギンズによる PREFACE には she と je の綴りについて記されているにも関わらず，江戸語 (神奈川方言) を基軸とするヘボンは，それをくむことなく she と je を用いている。それに対して，『ブラウン』では se と ze を採用している (脱『リギンズ』・長崎とも言えるかもしれない)。撥音の扱いについても「手稿」は『リギンズ』と同様にゆれがある。
　一方，脱『リギンズ』という点で，sz と，「ズ」と「ヅ」の別がない dz など (加えて追記のようであるが tsz の少数ながらの使用)，後の初版の表記を感じさせ

る部分でもあり，すでにこの時期にヘボンらしさ，同時にS. R. ブラウンらしさ（ガ行鼻音を示す子音がngも）とも言えるものが表れている（辞書と会話書といった方向性の違いが大きいところでもあるが）。また，わずかではあるが長音の扱いなどにヘボンの特徴と思われる部分もある。

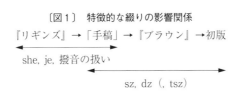

〔図1〕 特徴的な綴りの影響関係

『リギンズ』→「手稿」→『ブラウン』→初版

she, je, 撥音の扱い

sz, dz（, tsz）

『リギンズ』から「手稿」への継承面，また「手稿」と『ブラウン』・初版との共通点を考慮すると（〔図1〕），「手稿」が『ブラウン』よりも先行していると考えられないであろうか（-（ハイフン）の多用は会話書である『リギンズ』と『ブラウン』に共通する）。[37]

『リギンズ』以前のローマ字綴りのヘボンへの影響の可能性を整理する。ヘボンの来日時の航路は上海（1859年10月1日出帆）から長崎を経由して神奈川（1859年10月17日着）へ向かっている。その際，長崎に在留するリギンズとC. M. ウィリアムズとの交流は史実の面から確認できていない。仮に交流がなされたとしても，この時点でのローマ字綴りに関する情報交換があったとするのは現実的ではないであろう。また，『リギンズ』を経由せずに直接S. W. ウィリアムズからヘボンという流れはローマ字綴りの面から考えがたい。[38]

いずれにせよ，『リギンズ』を参照し，「手稿」でほぼそれに準じたようなローマ字綴りをなしていたにも関わらず，後の初版で触れていない点は不審である。このことは，会話書という構成面をはじめ依拠していると思われるS. R. ブラウンも同様であり，著作内で一切の謝辞・賛辞を記していない。

「手稿」の作成時期を検討すると，上限はリギンズの著作が刊行された1860年1月26日以降（PREFACEに記された年月日のため，実際の刊行，さらにはヘボンの入手の時期は，もう少し下るかもしれない），下限は『ブラウン』刊行の1863年以前である。1章4節で詳しく触れるが，『ブラウン』については1860年12月31日付のS. R. ブラウンの書簡で改訂中である旨が記され，1861年の5月13日付では横浜か上海のどちらかでの印刷の許可を願い，8月16日付には上海の印刷

所に原稿を送りつつあり（11月にはS. R. ブラウン自身が上海に渡っている），1862年2月18日付には上海へ主な部分を送ったことが記されている（いずれもP. ベルツ師宛・神奈川）。「手稿」は，ヘボンとS. R. ブラウンの様々な事柄の連動を考慮すると，1861年前後にかけて作成されたものではないかと考えられる。(39)(40)また，書簡の記述とも一致するようでもある。そして，綴りの面からは先の点に加え，例えば「手稿」の後部にseが集中することがないなど，様々な点において，前部と後部とに偏りが生じていないのである。ただし，一部ではあるが，ō・tsz・zeの使用，jyaのyの取り消し線など，しばらく後に追記されたであろうものも存する。(41)

「手稿」における実際の個々の音声転写の試行や一部のアクセントの提示から，ヘボンは，初版以降に見られるような辞書としての検索に耐え得る整合性のある体系（ガ行鼻音を示さないことや長音符号による処理なども含む）(42)(43)を築きあげることに努めたのであろう。これは相手に伝えるということを主眼とした会話書としての『ブラウン』との大きな違いでもある。

また，前出のラ行（「リ」）とダ行（「ヂ」）に加え，「シ」と「ヒ」（例．Hitszi（「失意（シツイ）」か），Hitskoi, ki, ku（「しつこい」か））の混同，半母音をIsagioshi（「いさぎよし」か）と，「手稿」の時点では耳で聴いた日本語を活写している。

〔図2〕のように，S. W. ウィリアムズからリギンズへ受け継がれたローマ字綴りは，S. R. ブラウンとヘボンによって基底として援用される。その後，初版では，「手稿」のszとdzに加え，長音の扱い，『ブラウン』が積極的に用いたseとzeそしてtszの使用など，ヘボンの考えるローマ字綴りが一貫性を持って，確立されていくこととなる。このことは辞書としての検索を容易にするために欠くことができない条件である。(44)

〔図2〕 ローマ字綴りの影響関係

注
（1） 初版から再版，また再版から3版への変化は扱わないが，例えば再版のPREF-ACEには初版からのローマ字表記の変更箇所が記されている。
（2） 「明治学院大学『和英語林集成』デジタルアーカイブス」には，各版のローマ字綴り対照表が掲載されている。「手稿」部分は筆者が調査・作成した結果を組み入れて各版との対照ができるようにしている。
（3） 必要に応じて語義，用例のものも用いる。
（4） 1825年とあることからM. C. ランドレスによる仏訳になろう（池上（1993））。
（5） 昭和女子大学近代文学研究室（1959）『近代文学研究叢書』12に，『リギンズ』と初版のローマ字綴りの対照表が載る。
（6） 個々の発音（例えばdとrの中間の発音であるがrの音に近いなど）についての感想が，ヘボンの書簡（1860年5月5日付・スレーター宛・神奈川）にある。この点については，音の聞き違いの一つとして，伊川（2005）に挙げられている。あわせて，関連事項は注11に記した。
「手稿」の「Jiryou szru 請領」の用例に '*shiroo tokimasa sarami no kami to jiriyo sz*' とあり，*sarami* は *sagami*（相模）を指すものであろう。
（7） 取り消し線の形式は，横線，斜線など様々である。
（8） 常盤（2006）に詳しい。
（9） 見開き右面が主として記述のために利用され，左面は見出し語をはじめとした追記や補足の際に用いられている（そのために左面は空白の場合もある）。また，右面の見出し語などの上下間の空白が追記などに用いられることもある（1章1節）。
（10） 初版のINTRODUCTIONに次のようにある。
The vowel sound in *sz, tsz,* and *dz,* is the same. It has no equivalent in English, but as near as possible to the sound expressed by the letters.
*sz・tsz・dz* の母音の音は同じである。英語には相当するものがないが，文字によって表した音として極力近いものである。
（11） 「リ」と「ジ・ヂ」について，「ジ・ヂ」を「ディ」ととらえれば，弾き音と破裂音といった近接した異なりとなる（調音位置は同様，かつともに有声音）。
初版のINTRODUCTIONには次のようにある。
*r,* in *ra, re, ro, ru,* has the sound of the English, *r;* but in *ri,* it is pronounced more like *d*. But this is not invariable as many give natives it the common *r* sound.
ra・re・ro・ruのrは，英語のrの音であるが，riは，よりdのように発音される。しかし，このことは，いつもという訳ではなく，多くの日本人が普通のrの音で発音する。
また，『リギンズ』において，「リ」と「リョ」を 'dri' と 'dri-o' と綴ることに符合するかもしれない。関連事項は注6に記した。
（12） 『日葡辞書』を連想させるものである。また，'Matai den fuku-in sho.' にも chiri-giri（「ちり〲」）とある（付-1）。
（13） 「壁下地」を指す。
（14） 「藍摺」のこと。

(15) イギリス人。1861年来日。箱館領事館，横浜税関顧問などを歴任。R. オールコックは未亡人であったラウダーの母と再婚（神奈川県百科事典刊行会編 (1983), 岩下編 (2011)）。また，S. R. ブラウンの書簡（1870年12月21日付・J. M. フェリス宛・横浜）には「いちばん下の娘，ハテーは，姉夫婦〔訳者注　ラウダー夫妻〕といっしょに学業のためイギリスに行きました。」とある。当初は，通訳生であり，サトウの先任者でもある（萩原 (1998-2001)・終章）。

(16) 『日本大文典』「アクセント及び発音上の誤謬」p.619（p.637にもあり）には次のようにある。

  〇又，後に発音法の章で述べるやうに，ある語は一種半分の鼻音或いはソンソネーテ（皮肉な言ひ方などに於ける鼻にかかるやうな抑揚のある発音）をとるのであるが，それをN又は明白な鼻音に変へてはならない。例へば，Tòga（科），Vareràga（われらが），Nàgasaqui（長崎）の代りに，Tonga（とんが），Vareranga（われらんが），Nangasaqui（なんがさき）といふなど。

(17) J. J. ホフマン *A Japanese Grammar*（『日本語文典』）(1868) に同様の指摘がある。

(18) 用例中には，*baku shyu*（「Baku麦」），*shyoogi no ban*（「Ban」）といったものがある。

(19) リギンズはヘボンに比べると，iを記さないケースが多い。

(20) 当時の仮名遣いをローマ字で記したとも言い難い。'Mi-gu-ru shi-u'（見苦しう）としながらも，'ka a-i ra shu-u'（かあいらしう）ともある。

(21) ヘボンの書簡（1860年5月5日付・スレーター宛・神奈川）には日本人教師（ヤゴロウ）の発音について次のようにある。

  彼は学力においてはにぶく，わたしどもの言葉を発音することが驚くほど難しいようで，ある発音などできないのです。L（エル）の発音はいまだにできません。語のおわりの字，mやn，それからth，hの発音に少なからず苦しめられていますが，いまでは簡単な語は読めます。

(22) 松村 (1966) に撥音に関する指摘がある。

(23) gの上部にウムラウト。

(24) 基本的な符号であるため，その有無よりも日本語のローマ字綴りにおける使用実態を考慮すべきである。参考までに，N. ウェブスター (Noah Webster, 1758-1843) の *The Elementary Spelling Book* (1829)（ここではThe Last Revised Editionを用いた）の Long Vowels の中に 'Ā, ā - Ē, ē - Ī, ī - Ō, ō, - Ū, ū - Y, y.', 'Ö, ö, as in möve. [French ou; Eng. oo.]' をはじめ諸例があり，アクセント符号（ ´ ）についての説明もある。同書について，原 (2003) では教科書として横浜英学所で使用していたことを推定する（あわせて M. ウィルソンの *Reader* も挙げる）。ヘボンの書簡（1862年12月9日付・親愛なる友宛・神奈川）にも綴り字書（原文には 'spelling books' とある）を用いている旨が記されている（2章3節）。

(25) 英和辞典における英語部分へのウェブスター式の区分的発音符号の採用は『大正増補 和訳英辞林』(1871) が日本初である（大阪女子大学付属図書館編 (1991) p.147, 148）。

(26) この記載への指摘の早い例としては，松村 (1970) がある。

(27) sの上部にマクロン。

(28) 城生（2012）p.124には，高・低による二段表記に対して，高・中・低の三段表記を説明している。
(29) 例えば，「Kami」にあたる「神」，「髪」，「紙」，「上」は区別がなされていない。
(30) 再版と3版のINTRODUCTIONに『ブラウン』と類するものがある。さらにさかのぼるならば，大塚光信・小島幸枝編（1985）の「解説」p.274, 275にあるようにスペイン語のアクセントとの関わりも出てくるのであろうか。
(31) S. R. ブラウンの序に挙げられるコリャード，ランドレス，クルティウスの著作との関わりの可能性があるが，特にコリャードの『日本語文典』はラテン語で著されているために使用しやすかったのではないかと考える（ラテン語とヘボンの関わりについてはGriffis（1913），ラテン語と19世紀の研究者との関わりについては杉本（1989）p.77）。例えば，コリャードの『日本語文典』（以下，大塚訳（1957）を用いる）では ˋ がアクセントを示し ˊ と ˆ が「口を開けてooの二字母であるかのように発音される」ことを示している（˜についても触れる）。また，クルティウスのものについては（アクセントに関してE. ケンペルの名が挙げられてもいる），S. R. ブラウンの書簡（1860年4月16日付・I. フェリス宛・神奈川）にはクルティウスによる著作が最も良いために，オランダ語を解せる者には好条件であると記されている。
(32) 初版のPREFACEには次のようにある（試訳を付す）。

　　The printing has been accomplished under many difficulties, especially from the want of accented vowels and a proper supply of capital letters which could not be procured in Shanghai, and had to be manufactured under many disadvantages. This will account for the want of uniformity and irregularity observable.

　　印刷には多くの困難が伴ったが，これもようやくできあがった。特に，アクセント符号の付いた母音の不足と，上海では調達できない大文字の安定した供給と，多くの不利な状況が重なるなかでの印刷を強いられた。この辞書に統一性の欠如や不規則性が見られるのはこのためである。

また，再版にはINTRODUCTIONにAccent.の項目がある（松村（1970））。
(33) S. R. ブラウンの書簡（1860年12月31日付・P. ペルツ師宛・神奈川）には，S. W. ウィリアムズが聖書の翻訳原稿とともに，ポルトガル語，ラテン語，オランダ語，英語で書かれた他の書籍多数を貸し与えてくれた旨が記されている（1章4節）。
(34) 『リギンズ』のPREFACEに次のようにある。

　　The mode of Romanizing these syllables adopted here, is that recommended by Dr. S. Wells Williams; with the exception that *ji* is used instead of *zhi*, and generally *je*, instead of *zhe*.

zhiをji, zheをjeと綴る他は，S. W. ウィリアムズの推奨する綴りに沿っている。

　　また，重久（1941）p.291の該当箇所を引用する。

　　彼（筆者注：リギンズのこと）の採用した羅馬字綴りは英語式であり，所謂ヘボン式羅馬字綴法の先驅をなすものであるが，このLigginsが日本語を轉寫するに方つて用ゐた羅馬字綴法はほゞDr. S. Wells Williamsの推薦した方式によつたと記してをることに注意しなければならない。

(35) 例えば，ホフマンの *Winkelgesprekken in het Hollandish, Engrerisch en Japansch*（*Shopping-Dialogues in Dutch, English and Japanese*）(1861) には，ドイツの言語学者でありエジプト学者である C. R. レプシウス（Carl Richard Lepsius, 1810-1884）によるアルファベットによる綴りを用いている旨が記されている（試訳を付す）。

THE UNIVERSAL OR STANDARD ALPHABET OF R. LEPSIUS
WITH REFERENCE TO THE JAPANESE LANGUAGE.

This pronunciation or reading of the Japanese in the following pages has been based upon the Universal or Standard-alphabet of R. LEPSIUS.

This alphabet enables every nation to transfer words of foreign origin to its own particular mode of writing and to represent them systematically, uniformly and intelligibly to every reader. This system not only having been adopted by the principal philologists of every country, but also by the most influential missionary-societies, for the purpose of representing the words of languages unendowed with a fixed mode of writing in European character, it has been thought fit to apply it in this instance also to Japanese.

日本語に関するレプシウスの共通的もしくは標準的な文字体系

以下のページの日本語の発音と読み方はレプシウスの文字体系に基づいたものである。

レプシウスの文字体系により，外国語の単語を独自の文字に書き換え，体系的・統一的かつ読み手の誰にも理解できる表記をすることがあらゆる国において可能となる。定着した西洋文字では書き表せないことばを表記するため，各国の主な言語学者はもちろん，非常に影響力のある伝道協会もこのシステムを取り入れてきており，この場合日本語においても同システムを適用するのが適切だと考えられてきた。

上記のレプシウスによる *Standard Alphabet for Reducing Unwritten Languages and Foreign Graphic Systems to a Uniform Orthography in European Letters* (1855)（1863の 2$^{nd}$ を用いた）の賛同団体には，伝道協会の一つとして米国外国伝道局（American Board of Commissioners for Foreign Missions）も挙がる。そのために同局から派遣されている S. W. ウィリアムズが推奨する綴り（注34）の検討が必要であろう。

(36) 前注に続き，『リギンズ』の PREFACE に次のようにある。

The mode of pronouncing the forty-seven syllables of the Japanese Syllabary, is the same at Yedo as at Nagasaki; with the exception, that *she* is at Yedo *se*, and *je, ze*. At Miaco there is the still further difference that *shi* is *si*, and *ji, zi*. It is the ancient difference of Shibboleth and Shibboleth; and by it a foreigner can tell at once whether a man is from Yedo, Miaco, or Nagasaki.

江戸では se セ ([se]) と ze ゼ ([ze])，長崎では she シェ ([ɕe]) と je ジェ ([ze])，さらに都では shi シ ([ɕi]) を si スィ ([si])，ji ジ ([zi]) を zi ズィ ([zi]) としているために，外国人は話者がどこの出身であるのかが分かるとする。

3節　ヘボン式ローマ字の祖形

(37)　使用時の利便性など辞書と異なる対応が必要なのかもしれない。また,『リギンズ』では,'（アポストロフィ）は会話例の中に用いられていない。

(38)　上海（1859年8月31日付）と長崎（1859年10月13日付）からの,ヘボンが弟スレーターに宛てた2通の書簡には'two Episcopal missionaries'（リギンズとC. M. ウィリアムズを指す）などと記され,具体的な名前は挙がっていない。1859年12月31日付でC. M. ウィリアムズからヘボンへ,さらにその返信（1860年1月12日付）がなされていることから書簡による交信はあったことがわかる（大江(2000))pp.169-171）が,リギンズは1860年2月24日に離日している。その後,C. M. ウィリアムズはS. R. ブラウンとも書簡を交わしている。

(39)　1章1節に挙げたが,松村（1966）では1864年をさかのぼると推定し,関連する内容の書簡の当該箇所（1861年4月17日付,1862年2月24日付,1864年11月28日付）を挙げる。渡辺（1968）では1863年以前と推定する。なお,「手稿」作成時に,『日仏辞書』ではなく『日葡辞書』の使用ということが明らかになれば,作成時期の位置付けは確実なものとなる（1章4節）。

　　また,書簡(1864年2月10日付・親愛なる友宛・横浜)には次のようにあり,1865年に向けて,刊行に耐えるレベルまで進められていたのであろうか。
　　　わたしは他のことをほとんど止めてしまうほどに,辞書の編纂に没頭しております。もしできることなら,来秋,辞書の印刷を始めたいと思っております。そのことでわたしはガンブル氏と文通をしております。そして上海に行き,印刷が終わるまで滞在しなければならないでしょう。
その後,費用の扱いなどに話題（ウォルシュ・ホール商会のT. ウォルシュなど）が及ぶ（序章）。

(40)　木村・鈴木（2013）では次のように記したが,中心となる時期を1861年に設定したい。ただし,あまり時期を後ろに設定すると,「手稿」から初版刊行の時期がなくなり,現実的ではなくなる。
　　　1859年10月のヘボン来日後から1861年頃にかけて,きわめて短期間に連続して作成されたものではないかと考えられる

(41)　ヘボンによる1860年5月5日付,1860年12月26日付など。

(42)　アクセント符号については,すべてにわたって個別の異なりを示さなければならず,また活字の作成,さらには実際的な確認の問題などがあり,採用できなかったのであろう。

(43)　特定の活字の高頻度使用による不足（ステロタイプとの関わりもある（2章5節））やそれに伴なう種類増加による煩雑さの回避をはかることは,使用活字数の減少につながるなどといった視点も必要であろう。

(44)　初版のPREFACEに次のようにある（試訳を付す）。
　　　In Romanizing the words, the effort has been in every case to express the sound as pronounced by the most cultivated natives; and the system of orthography, with a few variations, is that generally adopted by the students of the language in Japan.
　　　ことばをローマ字表記する際,すべてのケースにおいて最も教養の高い日本人の発音を示すようにした。また正書法については多少の違いはあるが,日本で日本語を学ぶ者たちが通常使っているものである。

1章 「手稿」—刊行に向けて

[表1] 直音

| | リギンス | 手稿 | ブラウン | 初版 | | リギンス | 手稿 | ブラウン | 初版 | | リギンス | 手稿 | ブラウン | 初版 | | リギンス | 手稿 | ブラウン | 初版 | | リギンス | 手稿 | ブラウン | 初版 |
|---|---|---|---|---|---|---|---|---|---|---|---|---|---|---|---|---|---|---|---|---|---|---|---|---|
| ア | a | a | a | a | イ | i, yi | i | i | i | ウ | u | u | u | u | エ | ye | ye, e | ye, e | ye | オ | o | o, wo | o | o |
| カ | ka | ka | ka | ka | キ | ki, k | ki | ki, k' | ki | ク | ku | ku, k' | ku, k' | ku | ケ | ke | ke | ke | ke | コ | ko | ko | ko | ko |
| サ | sa | sa | sa | sa | シ | shi, sh | shi, sh' sh | shi, sh' sh' | shi, sh' | ス | su, s | sz, s', s | sz, s', ' | sz | セ | she, se | she, se | se | se | ソ | so | so | so | so |
| タ | ta | ta | ta | ta | チ | chi, ch | chi, ch' | chi | chi | ツ | tsu, ts | tsz, ts', ts, tz | tsz, ts' | tsz | テ | te | te | te | te | ト | to | to | to | to |
| ナ | na | na | na | na | ニ | ni | ni | ni | ni | ヌ | nu | nu | nu | nu | ネ | ne | ne | ne | ne | ノ | no | no | no | no |
| ハ | ha | ha | ha | ha | ヒ | hi, h | hi, h' h | hi, h' | hi, h' | フ | fu, f | fu, f | fu, f | fu | ヘ | he | he | he | he | ホ | ho | ho | ho | ho |
| マ | ma | ma | ma | ma | ミ | mi | mi | mi | mi | ム | mu, m | mu | mu | mu | メ | me | me | me | me | モ | mo | mo | mo | mo |
| ヤ | ya | ya | ya | ya | | | | | | ユ | yu | yu | yu | yu | | | | | | ヨ | yo | yo | yo | yo |
| ラ | ra | ra | ra | ra | リ | dri, ri, r | ri | ri | ri | ル | ru, r | ru | ru, r' | ru | レ | re | re | re | re | ロ | ro | ro | ro | ro |
| ワ | wa | wa | wa | wa | | | | | | | | | | | | | | | | ヲ | wo | wo, o | wo, o | wo |
| 撥音 | n, m (b, m, p混在) | n, m (b, m, p混在) | n, ng, m (b, m, p後接) | n, m (b, m, p後接) | | | | | | | | | | | | | | | | | | | | |
| ガ | ga | ga | ga, nga | ga | ギ | gi | gi | gi, ngi | gi | グ | gu | gu | gu, ngu | gu | ゲ | ge | ge | ge, nge | ge | ゴ | go | go | go, ngo | go |
| ザ | za | za | dza, za | za | ジ | ji, zhi | ji, j | ji | ji | ズ | zu | dz, zz | dz | dz | ゼ | je, zhe | je, ze | ze | ze | ゾ | dzo, zo | zo | dzo, zo | zo |
| ダ | da | da | da | da | ヂ | ji, zhi | di, gi, ji | ji | ji | ヅ | dzu | dz | dz | dz | デ | de | de | de | de | ド | do | do | do | do |
| バ | ba | ba | ba | ba | ビ | bi | bi | bi | bi | ブ | bu | bu | bu | bu | ベ | be | be | be | be | ボ | bo | bo | bo | bo |
| パ | pa | pa | pa | pa | ピ | pi | pi | pi | pi | プ | pu | pu | pu | pu | ペ | pe | pe | pe | pe | ポ | po | po | po | po |

3節 ヘボン式ローマ字の祖形

**[表2] 拗音**

| | リギンズ | 手稿 | ブラウン | 初版 | | リギンズ | 手稿 | ブラウン | 初版 | | リギンズ | 手稿 | ブラウン | 初版 |
|---|---|---|---|---|---|---|---|---|---|---|---|---|---|---|
| キャ | kya | kiya, **kya** | ki-ya, ki-a | kiya | キュ | kiu | kiu | ki-u | kiu (キュウ併用) | キョ | kyo, ki-yo | **kiyo**, kyo, | ki-yo, ki-o, ki-o-o | kiyo |
| シャ | sha | sh'ya, shya, shi-a, **sha** | sh'-ya, shi-a | sha | シュ | shi-u, shu | shiu, **shu** | sh'-yu, shi-u | shu | ショ | sho | sh'yo, s'ho, **sho** | sh'-yo, sh'-o (ショウ併用), sh-o-o, sh-o-o. | sho |
| チャ | cha | ch'ya, **cha** | ch'-a | cha | チュ | chi-u | chiu | chi-u | chiu | チョ | cho | cho | cho-o, ch'-o | cho |
| ニャ | | niya | | niya, n'ya | ニュ | ni-u, nyu | niu | ni-u | niu | ニョ | | niyo, nyo, nio | n'yo | n'yo |
| ヒャ | | hiya, hya | h'-ya, h-a | hiya | ヒュ | | | | | ヒョ | | hiyo, hio | hi-yo | hiyo, h'yo |
| ミャ | | miya, mia | mi-a | miya | ミュ | | | | | ミョ | mi-o | miyo, m'yo, mio | mi-o-o, mi-o | miyo |
| リャ | | riya, ria | | riya | リュ | riu | riu | ri-u | riu | リョ | dri-o | riyo | ri-o (リョ併用), ri-o-o | riyo |
| ギャ | | giya, g'ya | | giya | ギュ | gyo | giyu, giu | | giu | ギョ | gyo | giyo, g'yo, gyo | ngi-yo-o, ngi-o-o | giyo |
| ジャ | ja | jya, ja | ja, j'-a | ja | ジュ | jiu | jyu, ju, jiu (ジュウ併用) | j'-yu, ji-u | ju | ジョ | jo | jiyo, jyo, jo | j'-o, ji-o-o, j'-o-o | jo |
| ヂャ | ja | ja | | ja | ヂュ | | jiiu (チュウ併用) | ji-u | ju | ヂョ | jo | jiyo, jyo, jo | j'-o, j-i-o-o | jo |
| ビャ | | biya, bia | bi-a | biya | ビュ | | | | | ビョ | | biyo, **bio** | bi-o-o | biyo |
| ピャ | | | | | ピュ | | | | | ピョ | | piyo | pi-o | piyo |
| クヮ | kwa | k'wa, kwa | k'-wa, k'-a | k'wa | | | | | | | | | | |
| グヮ | gwa | g'wa | | g'wa | | | | | | | | | | |

※ [表1]・[表2] ともに、[手稿] で複数の綴りが用いられている場合には網掛けで示した。
※ 複数の綴りが用いられているもので、特に使用頻度の高いものについては、書体を変えて(かつ太字で) 示した。
※ [手稿] と同一軸上を同じのもの、類似のものの ng はローマ字対照表には見られないようである。
※ [ブラウン] の撥音の ng はローマ字対照表には見られないようである。
※ [リギンズ] と [手稿] の撥音を [n] とは、全会話例の中には見られないようである。ただし4書にわたって同一のものは対象としない。撥音符には下線を付した (数例。 hiyo・hio [ミョウ]、hiyo・hio [ヒョウ]、riyo・rio [リョウ]、riyo [リュウ]、giyo・gyo [ギョウ]、jiyu [ジュウ]、jiyo [ジョウ]、biyo [ビョウ])。p が後接する場合、m のみならず p も用いていることを示す。
※ [初版] の [ギュウ giu] は COWPOX の語義にある。
※ [初版] の [ニャ n'ya] は [ゲニャリ] など数例。

131

# 4節　『日葡辞書』の影響

## 1　はじめに

　序章 3 節にも記したことであるが，初版の PREFACE には次のような記述がある (以下，下線は筆者)。

> In compiling this work the author has labored under the very great difficulty of having had little to assist him from the works of predecessors in the same field. The only works of the kind within his reach were <u>the small vocabulary of Dr. Medhurst published in Batavia in 1830</u>; and <u>the Japanese and Portuguese Dictionary published by the Jesuit missionaries in 1603</u>. His principal dependence, however, has been upon <u>the living teacher</u>, so that he feels himself alone responsible for every thing in the work.

ヘボンは初版を編纂する段階では，これといった資料を持たず，イエズス会宣教師による *Vocabulario da lingoa de Iapam com adeclaração em Portugues*（『日葡辞書』・以下，『日葡』）(1603–1604)，W. H. メドハースト編 *English Japanese and Japanese and English Vocabulary*（以下，『英和・和英語彙』）(1830) を挙げるのみで，本辞書は生身の教師(日本人の教師)を手本にして作成したとする。

　『英和・和英語彙』については，ヘボンのサインと鉛筆での書き込みのあるものが明治学院大学図書館に所蔵されている。そこで，問題となるのは『日葡』の存在である。『日葡』は稀覯本であり，現在 5 本が確認されるだけである。そのために，中国に滞在経験のあるヘボンが 200 年以上の時を隔てた『日葡』を実際に参看した可能性については先学によって研究が多数なされている(3　先行研究について)。

　しかし，実際に上記の 2 書だけを用いた訳ではない。西洋人による書物に

ついて,ヘボンは来日する船中での様子を書簡(高谷(1959))に次のように記している。

> 読書をする時間はあまりありませんでしたが,「日本語文法書」と「約翰福音之伝」とは長い航海中,非常に有益でありました。
>
> (1859年7月19日付・W. ラウリー博士宛・ジャワ付近)

原文には 'the Japanese grammar and the gospel of John' とあり,具体的な書名は不明であるが,寄航先で入手したものかもしれない。当時のヘボンの日本語の習得状況を考えると,西洋の言語によるものと考えられる。杉本(1989)には,「「日本語文法書」とはどのようなものかはっきりしないが,おそらく吉利支丹の語学書でロドリゲス(仏訳版)のものか,コリャードのものであろうかと思う。」とある。また,飛田・李(2001)の解説では,「『日本語文法書』については明らかでないが,おそらく,コリヤードの『日本語文典』か,ロドリゲスの『日本語文典』か,J. J. ホフマンによって校訂された,D. クルチユースの『日本語文典』のいずれかであろう。これらは,ヘボンとともに成仏寺で日本語の研究にたずさわったS. R. ブラウンの "Colloquial Japanese" の参考書となっているからである。」とする。松村(1966)では,上記に加えM. オヤングレンの『日本文典』も挙げる。筆者は,明治学院大学図書館に所蔵されるI. ロドリゲスの仏訳であるM. C. ランドレスによる *Éléments de la grammaire japonaise* (1825) と考えている(5 まとめ)。なお,S. R. ブラウンによる *Colloquial Japanese* (以下,『会話日本語』)(1863)のPREFACE では,'Rodriguez' Grammaire Japonaise, 1825' と,ロドリゲスの1620年のものではなく,ランドレスの翻訳を挙げている(後述)。

また,「約翰福音之伝」についてはK. F. A. ギュツラフ(Karl Friedrich August Gützlaff, 1803-1851)のものをアメリカから持参したことが記されている[6]。

また,ヘボンに2週間ほど遅れて来日するS. R. ブラウンが,日本へ向かうジャワ付近を航行中のサープライズ号内で記した通信(1859年7月27日の日付が挙がる)にも次のようにある。

> 船酔いもおさまったので,かなり綿密な日課のプランをたて,これを励行することにしました。午前九時,日本語の勉強をすることにして,わ

1章 「手稿」―刊行に向けて

> たしが指導者となって，クラスを編成しました。たまたま，手もとにあった<u>日本語の単語集と植物の本</u>を手びきにして，みんなは，ほぼ二五〇語を暗記し，かたかなで，日本字がかけるようになりました。フルベッキ氏はオランダ語を教えたので，みんなも，少しばかり，オランダ語で，話したり読んだりすることができるようになりました。

「日本語の単語集と植物の本」は原文に 'a vocabulary and a Japanese book on Botany'(7)とあり，'a vocabulary' は『英和・和英語彙』を指すものと思われ，将来したのであろう。

次に，*Dictionnaire japonais-français*（『日仏辞書』・以下，『日仏』）(1862-1868) と考えられる書物やフランス語に関するヘボンによる記述がある。

> 毎月のお手紙はいつも手にしております。いずれもうれしく拝読しております。<u>日本文法書</u>(8)と<u>和仏辞書の上巻</u>(9)を受け取ったことを申し上げていなかったのではないかと懸念いたしております。<u>以上の二書は無事入手</u>(10)しました。珍重しておりますから，どうぞよろしく。
>
> （1863年3月26日付・ラウリー博士宛・横浜）

> わたしは辞書の編集を着々とつづけております。(中略) 辞書または資料的な助けなくしては，日本語を学ぶことがどんなにむずかしいか，わたしはもちろん，当地の宣教師ども一同もよく知っているのです。これは非常に骨の折れる仕事で，<u>フランス語の勉強</u>などはそれに比べると一種の気晴らしみたいです。　　　（1864年11月28日付・ラウリー博士宛・横浜）

それぞれ「日本文法書」と「和仏辞書」は，原文に 'the Japanese grammar'，'the 1st of the Japanese & French Dictionary' とあり，書名が記されている訳ではない。しかし，後者については，ヘボンが初代総理を務めた明治学院大学図書館に『日仏』が蔵されており，他にもヘボンのサインの入った書籍が明治学院大学図書館に所蔵される(11)。しかし，このことからただちにフランス語の素養があったということにはならないであろう。例えば，先の書簡 (1864年11月28日付・ラウリー博士宛・横浜) から来日後に習得した可能性もあろう。また，上記の書簡 (1863年3月26日付・ラウリー博士宛・横浜) に「日本文法書」とあるのは，D. クルティウス (Jan Hendrik Donker Curtius, 1813-1879) の *Proeve eener*

134

*Japansche spraakkunst*（以下,『日本語文典例証』）(1857) を L. パジェスがフランス語訳した *Essai de grammaire japonaise* (1861) であったのかもしれない。『日仏』と相まって,刊行後日も浅く,双方とも同訳者でフランス語による日本語に関する書籍といった仮説も成り立ちそうである。

そこで,先行研究を整理・確認しつつ,次の3点から検証・考察を行う。
・明治学院大学図書館蔵『日仏辞書』
・『日葡』と『日仏』の参看の可能性
・ヘボンが参看したと考えられる西洋人による書物


## 2　明治学院大学図書館蔵『日仏辞書』について

明治学院大学図書館に蔵される『日仏』をにわかにヘボンが『和英語林集成』編纂に用いたものであると判断することはできない。そこで,明治学院大学図書館に蔵される『日仏』について整理・検討を加えたい。

フランスの東洋学者であるパジェスは『日葡』のフランス語訳を行い,1862年から1868年にかけて4分冊をパリで刊行した。さらに1868年には合冊訂正本を刊行した。[12]

　　1862年3月25日　　『日仏』第1分冊（1-200頁）
　　1865年11月1日　　『日仏』第2分冊（201-400頁）
　　1866年11月1日　　『日仏』第3分冊（401-600頁）
　　1868年2月1日　　『日仏』第4分冊（601-933頁）
　　1868年　　　　　　『日仏』合冊訂正本

参照した資料として,『日葡』ではなく,『日仏』と考えるのならば,1867年の初版刊行時には第3分冊までしか用いることはできない。ただし,ヘボンは1866年10月に上海へ向かい,翌年1867年5月には横浜へ戻っている。上海の APMP（美華書院）で『日仏』を使用したことも想定できなくはないが,「英和の部」の作成と,全体の校正刷りの訂正などに奔走していた時期であるだけにその可能性は低いと考えられる。

まず,明治学院大学図書館の『日仏』が4分冊を合綴した上で製本したものなのか,合冊訂正本なのかを土井（1953）をはじめまとめられた福島（1974）

によると次の3点に大きな異同がある。以下にその要点を引用する。

- 日仏辞書では日葡辞書の補遺にあることばには astréisque すなわち星印がつけられている。(中略) ★印は，はじめは＊印であったが，433ページから★印にかわっている。(中略) 合訂本でははじめから★印になっている。
- 「はじめの注意」が，合訂本は分冊本にくらべて，数か条加えられてくわしくなっていることである。ただし，根本的には大きな違いは認められない。
- もっとも問題となることばの異同，すなわち訂正は，第一分冊の100ページまでにかぎられ，第二分冊以下には及んでいないのである。(中略) ただ，第一分冊の片仮名には相当手を入れたあとがある (筆者注：Aの部の異同箇所を20語程度挙げる)。

これらの観点をもとに確認した結果，4分冊であったものを合綴製本したものであることが判明した。さらに，詳細に小口や天・地を確認すると四つの束からなっている。なお，折丁も分冊本と合冊訂正本では異なる。(13)

加えて，明治学院成立ごろと思われるきわめて古い学院の所蔵印が押されていて，この時期はヘボンが学院の初代総理であった時期であるとのことである。ヘボンの蔵書が学院に寄贈されていたことを示すものでもあろう。また，各頁に単語を検討したと見られる鉛筆によるチェックが入っている。ただし，数十か所と多くはなく，そこに何らかの意図は読み取れない。

## 3　先行研究について

初版における『日葡』，『日仏』の利用という観点からは，飛田 (1964)，渡辺 (1968)，岡本 (1973・1974)，大島 (1996) の詳細な研究がある。それぞれの概略を記す。

- ＜飛田 (1964)＞…様々な視点から，詳細な研究がなされ，「初版は「メドハースト博士の小字彙」と「日葡辞書」とを参照しているので，両書との影響関係を考察しよう。」とした上で，初版のAの部のはじめから100語目までをそれぞれ比較し，『日葡』においては55語が一致するとしている。

## 4節 『日葡辞書』の影響

- ＜渡辺 (1968)＞…『日葡』の xe と je が，手稿の「セ」と「ゼ」のローマ字綴りと，さらに初版の INTRODUCTION の記述につながかも知れないとする。また，『日葡』については，初版や S. R. ブラウンの『会話日本語』の PREFACE に記述があることを挙げ，「神奈川あたりで本当に二人が日葡を見たことを信ずべきであろう」とする。
- ＜岡本 (1973・1974)＞…詳細に用例を中心として調査した上で，「ヘボンは『和英語林集成』初版本を編輯するに當り，日葡を一つの龜鑑として用例を其儘又は當代に相應しいやうに改めて自己のものとして行つた。而して其際，パジェスは第一より第三分冊迄確に參看活用したが，其れヘボンにとつての意義は寧ろ副次的でさへあつた。(以下略)」としている。
- ＜大島 (1996)＞…「語頭部分のハの日本語の単語を，『日葡辞書』の fa の部分の1112語と『和英語林集成』初版の ha の部分の604語の内容を参照しながら比較」し，「両者の単純な比較はできません。(中略) 共通単語が『和英語林集成』で46.2％，『日葡辞書』で25.1％ある事は，前者が後者を取捨選択したことと思わせます。」とする。(14)

先学の調査・研究から，『日葡』の影響が大きいことがうかがえる(15)。また，ヘボンと『日葡』との関連性などについては，福島 (1973)，海老澤 (1981)，Kaiser (1995)(16) の報告があり，特に，海老澤 (1981) では，初版の PREFACE の訳を挙げた上で，次のような見解を述べている。

　　メドハーストの辞彙については，(中略) ヘボン手沢本が明治学院に蔵されているから問題はない。が，従来のヘボン研究家が1603年刊『日葡辞書』をヘボンが参考にしたことに言及しながらも，それについて考をくわえていないことは，キリシタン史を特に研究している私にとって，見逃しにできないところである。

　　(中略) ヘボンがみずからが序文に書いているのであるから疑うわけにはゆくまいが，はたしてヘボンがほんとうにこの辞書を入手，参考にしたかどうか，逐語的に「和英語林集成」と対比して調査してみたいと考えている。

　　(中略) こうした書をヘボンがいつ，どこで参考にすることができたのか，若干の疑念をもたざるをえない。ヘボンはそれまでに英仏を訪れた

ことはなく，来日以前南洋または華南で別本を見たという可能性も資料上からは考えられない。

しかしながら，PREFACEの記載をはじめ，その痕跡を見出すことができると考える。


## 4　『和英語林集成』「手稿」との比較

『日葡』と「手稿」の用例を確認すると，「手稿」の見出し語Aaには'aa kanashii kana - ~~what a sad affair!~~'（横線は取り消し線）と，『日葡』には'canaxij cana.'とあり，また，Abake-ru-taに'haremonoga abaketa - ~~the abscess has broken.~~'と，『日葡』の'Faremonoga abaquru.'と符合する。

Age-ru-taも（以下，漢字仮名交じりにあらためる）「帆をあげる」「声をあげて呼ぶ」「色をあげる」「名をあげる」「位をあげる」「数をあげ」「あげて数え難し」「あげて数を（ママ ふ）べからず」「あげて用ゆるにたらず」「あげておく」に対して，『日葡』は「帆を上ぐる」「声を上ぐる」「色を上ぐる」「名を上ぐる」「位に上ぐる」がある。

使用資料の結論を下すことは大変困難であるが，いくつかの方法をもって，初版の前段階にあたる「手稿」との比較を試みる。まず，「手稿」について，1章1節と重複するところがあるが，若干の説明を加える。

初版の刊行に先行して作成された「手稿」が「ヘボン自筆ノート」に収められ明治学院大学図書館に存在する。成立年については，ヘボン来日の1859年以降，初版刊行の1867年の前年1866年の間が想定できるが，その内容から，松村（1966）では「高谷道男氏は，これをいちおう1864年ごろのものとされているのであるが，あるいは，それよりややさかのぼった時期のものかとも考えられる。」とする。同様に使用した資料の面から考察を加えた（1章1節）が，初版との間に四分の一程度の出入があり，全体の内容はまだ刊本には程遠い見出し語も多く，内容面から見ても，やはり，来日1859年から日の浅いうちのもと考えられる。[17]ローマ字綴りの面から1861年前後にかけて作成され

## 4節　『日葡辞書』の影響

たものと位置付けるのが適当である (1章3節)。

　また，ヘボンの書簡には，

> わたしは正規に日本語を研究しております。最初のシラブルの最初の語を説明し，順序正しくおくっていって四十七シラブルのうち十三シラブルまでできました。こうして辞典の編さんをしております。
>
> （1860年5月5日付・スレーター宛・神奈川）

とあり，「最初のシラブルの最初の語」は書簡の原文に，'the first word of the first syllable' と，「四十七シラブルのうち十三シラブルまで」は，'13 of the 47 syllables' とある。来日半年程度でのこの記述との関わりなども考慮すべきである。47音節ということは，濁音・半濁音・拗音などは考慮せず，清音による1字目の音節となろう。イロハ順なのか，アルファベット順 (A, Ba, Be, Bi…) によるものなのかは不明であるが，47音節ということから清音でとらえたイロハ順と考えられそうである。[18]

　先行研究は比較・検証に初版と『日葡』や『日仏』を対象としている。そこで，初版ではなく，その前段階にあたる「手稿」で，『日葡』や『日仏』の利用についての可能性を想定すると①から④が考えられる。

　①　×『日葡』　×『日仏』
　②　×『日葡』　○『日仏』(第1分冊)
　③　○『日葡』　×『日仏』
　④　○『日葡』　○『日仏』(第1分冊)

　見出し語，用例，語義の面など様々な比較が可能である。そこで，「手稿」において，『日仏』の各分冊内に収録され，基本的なことばである「足」(『日仏』第1分冊・〔表1〕)・「鼻・花」(『日仏』第2分冊・〔表2a・2b〕)・「色」(『日仏』第3分冊・〔表3〕)・「茶」(『日仏』第4分冊・〔表4〕)を対象とする（〔表3〕と〔表4〕では『日仏』参考」とする）。これらのことばは，多くの用例を持ち，合成語の前項部分とする見出し語も多いためでもある。

　岡本 (1973・1974) では，初版に対応する『日仏』の用例を詳細に比較している。本論もそれにならい，「手稿」と初版を軸として『日葡』[19]と『日仏』[20]のそれぞれの用例と対応させ，確認する。

1章 「手稿」─刊行に向けて

・算用数字は各辞書内で用例としての収録順を示す。
・（　）内は同音同表記の見出しが意味の異なりによって複数の見出しに分割された際の順を示す。
・※は同一見出し内に用例として収録されず，単独の別見出しとして収録されることを示す（『日葡』の「補遺」は，「補遺」とする）。
・ローマ字表記は初版や『邦訳日葡辞書』を参照し，該当する漢字・仮名にあらためる。各辞書にわたって類似するものについては網掛け（「手稿」との関連があるものは濃く，初版との関連があるものは薄い）をした。

〔表1〕 「足（Ashi）」 第1分冊

| 「手稿」 | 初版 | 『日葡』 | 『日仏』 |
|---|---|---|---|
| 足の指　1 | 足の指　1 | | |
| 足の甲　2 | 足の甲　2 | ※足の甲 | 足の甲　10 |
| 足の裏　3 | 足の裏　3 | ※足の裏 | 足の裏　11 |
| 日の足　4 | 日の足　4 | 日足　7 | 日足　7 |
| 足のかが(ママ)と　5 | | | |
| | 雨の足　5 | | |
| ※*ashiiri no fune*（Ashi の見出しが4語収録され，3語目の後に用例のように載る） | 船の足　6 <sup>(21)</sup> | ※脚入り：この船は脚入りぢゃ ※脚：船の脚が入った「補遺」 | ※脚入り：この船は脚入りぢゃ |
| 足にまかせてゆく　6 | 足にまかせてゆく　7 | 足にまかせてゆく　3 | 足にまかせてゆく　3 |
| 足をつまだって歩く　7 | | | |
| ※足跡 | 足の跡　8 | ※足跡 | ※足跡 |

〔表2a〕 「鼻（Hana）」 第2分冊

| 「手稿」 | 初版 | 『日葡』 | 『日仏』 |
|---|---|---|---|
| 鼻のみぞ　1 | 鼻のみぞ　14 | | |
| 鼻の穴　2 | 鼻の穴　1 | | |

4節 『日葡辞書』の影響

| | | | |
|---|---|---|---|
| 鼻の先　3 | 鼻の先　2 | | |
| 鼻を削ぐ　4 | 鼻を削ぐ　9 | | |
| | 鼻すじ　3 | | |
| 鼻をかむ　5 | 鼻をかむ　4 | 鼻をかむ　1 | 鼻をかむ　1 |
| 鼻をくじる　6 | 鼻をくじる　6 | | |
| 鼻をねじる　7 | 鼻をねじる　7 | | |
| 鼻をつまむ　8 | 鼻をつまむ　8 | | |
| 鼻を突く　9 | 鼻を突く　10 | 鼻を突く　6 | 鼻を突く　6 |
| 鼻をすする　10 | 鼻をすする　5 | 鼻をすする　2 | 鼻をすする　2 |
| | 鼻にかける　11 | | |
| | 鼻がたれる　12 | 鼻がたる　7 | 鼻がたる　7 |
| | 鼻が高い人　13 | 鼻を高うする　5 | 鼻を高うする　5 |
| | 鼻しる　15 | | |
| | 鼻がふさがる　16 | | |
| | 山の鼻　17 | | |

〔表2b〕「花（Hana）」　第2分冊

| 「手稿」 | 初版 | 『日葡』 | 『日仏』 |
|---|---|---|---|
| 花を摘む　1 | 花を摘む　5 | | |
| 花をやる　2 | | | |
| 花のうてな　3 | 花のうてな　1 | | |
| 花のつぼみ　4 | 花のつぼみ　2 | | |
| 花の茎　5 | 花の茎　3 | | |
| 花のじく　6 | 花のじく　4 | | |
| 花を持つ　7 | | | |
| 花を飾る　8 | 花を飾る　6 | | |
| | 花をいける　8 | | |
| | 花の　adj.　9 | | |
| 花の姿　adj.　9 | 花の姿　10 | | |
| 花のかんばせ　10 | 花のかんばせ　11 | | |

| 「手稿」 | 初版 | 『日葡』 | 『日仏』参考 |
|---|---|---|---|
| 花のふ 11 | 花のふ 7 | | |

〔表3〕「色（Iro）」 第3分冊

| 「手稿」 | 初版 | 『日葡』 | 『日仏』参考 |
|---|---|---|---|
| | 色に五色あり 1(1) | | |
| 色が変わる 1 | 色が変わる 2(1) | | |
| | 濃い色 3(1) | | |
| 何の色に染めた 2 | | | |
| 顔の色 3 | 顔の色 11(1) | | |
| 眼の色 4 | 眼の色 12(1) | | |
| | 色を失う 13(1) | 色を失う 1(1) | 色を失う 1(1) |
| 声色 5 | 人の声色を使う 18(1) | | |
| 薄い色 6 | 薄い色 4(1) | | |
| おそるる色なく 7 | おそるる色なく 14(1) | | |
| | 敵は負け色になった 15(1) | | |
| 色ごと 8 | ※色ごと | | |
| よろこびの色目にあらわず 9 | | | |
| 色をつける 10 | 色をつける 5(1) | | |
| 色を落とす 11 | 色を落とす 6(1) | | |
| 色ぬく 12 | 色をぬく 7(1) | | |
| 色の道 13 | | | |
| 色を正しく 14 | 色を正しく 16(1) | | |
| 色に耽る 15 | 色に耽る 21(2) | 色に耽る 7(3) | 色に耽る 7(3) |
| | 色を好む 22(2) | 色を好む 9(3) | 色を好む 9(3) |
| | 色にもつ 23(2) | | |
| | 色がある 24(2) | | |
| 色をする 16 | 色をする 19(2) | | |

4節 『日葡辞書』の影響

| | | | |
|---|---|---|---|
| | 色になる　20(2) | | |
| 色を好むほど学を好む者いまだ見ず　17 | | | |
| 声の色　18 | | | |
| 鐘の音色　19 | 鐘の音色　17(1) | | |
| 色気づく　20 | | | |
| ※色褪め，る，た | 色が褪める　8(1) | | |
| | 色をあげる　9(1) | | |
| | 赤い色に染めた　10(1) | | |

〔表4〕「茶（Cha）」第4分冊

| 「手稿」 | 初版 | 『日葡』 | 『日仏』参考 |
|---|---|---|---|
| 茶を飲む　1 | | | |
| 茶をいれる　2 | 茶をいれてくれ　1 | | |
| 茶を煮る　3 | 茶を煮る　2 | | |
| 茶を煎じる　4 | 茶を煎じる　3 | | |
| 茶を点てる　5 | 茶を点てる　4 | 茶を点つる　2 | 茶を点つる　2 |
| 茶を煎る　6 | 茶を煎る　5 | | |
| 茶をひく　7 | 茶をひく　6 | 茶をひく　1 | 茶をひく　1 |
| 茶を摘む　8 | 茶を摘む　7 | 茶を摘む　3 | 茶を摘む　3 |
| 茶を製する　9 | 茶を製する　8 | | |
| 茶を詰める　10 | 茶を詰める　9 | | |
| 茶を振舞う　11 | 茶を振舞う　10 | | |
| 茶を嗜む　12 | | | |
| 茶を供える　13 | 茶を供える　11 | | |
| ※茶の会 | 茶の会　12 | | |

見出し語の用例からは，「手稿」と初版間での異なりや変更などは見出すことができるが，『日葡』ないしは『日仏』いずれかからの明確な援引関係は見出しがたく（前出の①から④の検証），『日仏』の分冊間での積極的な差異も

143

1章 「手稿」―刊行に向けて

見られない。また,『日葡』か『日仏』かについて,異同箇所などによって,その影響を判別することは容易なことではない。先の書簡から,ヘボンの『日仏』第1分冊の入手は1862年3月25日の刊行から1863年3月26日の間となる。

そこで,「手稿」の作成時点で,参看不可能な1868年2月1日刊行の『日仏』第4分冊と類似性を持つのならば,実際には『日葡』との類似性を示すこととなる。したがって,「手稿」段階で,『日葡』を用いたということが立証できるであろう(③と④の検証)。

そこで,AaからKane, ru, taまでしか見出し語が存在しない「手稿」の1拍目が『日仏』の第何分冊で現れるのかをまとめると((表5)),第4分冊に該当する1拍目(2拍のもを含む)は「チ・チャ・チュウ・チョ」となる。

〔表5〕(「ギュ・ヒュ・ビュ」で始まる見出し語は収録されない)

| 「手稿」 | カナ | 『日仏』 | 分冊 | 「手稿」 | カナ | 『日仏』 | 分冊 | 「手稿」 | カナ | 『日仏』 | 分冊 |
|---|---|---|---|---|---|---|---|---|---|---|---|
| A | ア | A | 1 | Da | ダ | Da | 2 | Ha | ハ | Fa | 2 |
| Ba | バ | Ba | 1 | De | デ | De | 2 | He | ヘ | Fe | 2 |
| Be | ベ | Be | 1 | Do | ド | Do | 2 | Hi | ヒ | Fi | 2 |
| Bi | ビ | Bi | 1 | Dz | ズ・ヅ | Zou・Dzou/Zou | 2 | Hiya | ヒャ | Fia | 2 |
| Bia | ビャ | Bia | 1 | Fu | フ | Fou | 2 | Hiyo | ヒョ | Fio | 2 |
| Bio | ビョ | Bio | 1 | Ga | ガ | Ga | 2 | Ho | ホ | Fo | 2 |
| Bo | ボ | Bo | 1 | Ge | ゲ | Ghe | 2 | I | イ | I | 3 |
| Bu | ブ | Bou | 1 | Gi | ギ | Ghi | 2 | Ja | ジャ | Ja | 3 |
| Cha | チャ | Tcha | 4 | Giya | ギャ | Ghia | 2 | Je | ゼ | Je | 3 |
| Chi | チ | Tchi | 4 | Giyo | ギョ | Ghio | 2 | Ji | ジ・ヂ | Dgi・Ji | 2・3 |
| Chiu | チュウ | Tchou | 4 | Go | ゴ | Go | 2・3 | Jo | ジョ | Jo | 3 |
| Cho | チョ | Tcho | 4 | Gu | グ | Gou | 3 | Ju | ジュ | Jou | 3 |
| | | | | | | | | Ka | カ | Ca | 1 |

144

4節 『日葡辞書』の影響

「手稿」には,「チ・チャ・チュウ・チョ」で始まる見出し語が405語収録される。先のCha（茶）に加え,試みに,基本的なことばであるChikara（力）と,そのChikaraを前項とする見出し語（単独の見出し語）にも範囲を広げ,調査した結果,次のようである（〔表6〕）。

〔表6〕「力・力＊（Chikara）」 第4分冊

| 「手稿」 | 初版 | 『日葡』 | 『日仏』参考 |
|---|---|---|---|
| 力を争う　1 | 力を争う　1 | | |
| 力とする　2 | | | |
| | 金を力にする　2 | | |
| 力をあわする　3 | 力をあわする　3 | 力を添ゆるor合わする　2 | 力を添ゆるor合わする　5 |
| 力を落とす　4 | 力を落とす　5 | 力を落とす　3 | 力を落とす　2 |
| 力が落ちる　5 | 力が落ちる　4 | 力が落つる　1 | 力が落つる　1 |
| | 力をつける　6 | | 力をつける　10 |
| ※力竹（ちからだけ） | ※力竹（ちからだけ） | | |
| ※靳（ちからがわ） | ※靳（ちからがわ） | ※力靳(ちからがわ)「補遺」 | ※力靳(ちからがわ) |
| ※力金（ちからがね） | ※力金（ちからがね） | ※力金（ちからがね） | ※力金（ちからがね） |
| ※力木（ちからぎ） | ※力木（ちからぎ） | | |
| ※臕（ちからこぶ） | ※力瘤（ちからこぶ） | | |
| ※力持ち | ※力持（ちからもち） | ※力持ち　「補遺」 | ※力持ち |
| ※力落ち | | | |
| ※力落とし,す | | 力落としでござる　3 | 力落としでござる　3 |

・「力・力＊」からは,『日葡』との類似性が見出せそうである。[23]
・用例としては「力をあわせる（合はする）」,「力を落とす」,「力が落ちる」が一致する。
・「力」を前項とする見出し語として,「靳」,「力金」,「力持ち」が一致する。「靳」,「力持ち」については『日葡』では「補遺」に収録される。したがって,仮に『日葡』からの援引ということになれば「補遺」を有し

たものを参照していたことになる。さらに「補遺」に収録される見出し語を「手稿」ではアルファベット順で適切な位置に配置していることから，「手稿」の前段階の資料（カードなど・1章1節）が存在したのであろう。

・基本的なことばではあるが，「力持ち」(「力落ち」「力落とし，す」)のようなものは，(ヘボンが参照した資料との比較は後述するが) 日本側の辞書には見出しがたい。

・「力落とし，す」は，『日葡』(『日仏』も同様) の用例「力落としでござる」の一部分を抜き出したものか。初版と『日仏』で「力をつける」が一致している。

前出の「茶」についても，それぞれを前項とする多数の別見出しと比較を行うと，「手稿」に収められる「茶」を前項とする見出し語は次のようなものである。4頁にわたるため頁ごとに分けて記す (便宜的に次の1・3は見開き左，2・4は見開き右を示す)。

1. 茶帯，茶袋，茶具，茶廚，茶漬，茶釜，茶果，茶人，茶器，茶巾，茶漉，茶飯，<u>茶の譜，茶の会，茶の手前</u>
2. 茶匣，茶番，茶畑，茶行廚，茶瓶，茶柄杓，茶盆，茶臺，茶注，茶滓，茶焙，茶入，茶煎，茶色，茶滓，茶店，茶匙
3. 茶筅，茶亭，茶商，茶染
4. 茶席，茶室，茶師，茶澁，茶壺，茶湯，茶磨，茶碗，茶碗薬，茶屋，茶園

なお，『日葡』に収録されるものは次のようである。

茶弁当(「補遺」)，茶柄杓，茶盆，茶袋，茶篩，茶講，茶飯，茶入，茶所，<u>茶の子，茶の息，茶の湯，茶の湯(「補遺」)，茶の湯所，茶の湯の間，茶の湯者</u>，茶巾，茶立，茶壺，茶湯，茶碗，茶碗鉢，茶碗皿，茶桶，茶売，茶臼・磨，茶筅・筌，茶筅髪(「補遺」)，茶屋，茶屋(「補遺」)，茶園，茶染

「手稿」，『日葡』ともにほとんどが複合語であり，「茶の＊」といったものも含まれる (下線を付した)。しかし，江戸後期の節用集などの辞書類では，1字目を軸に関連する語を挙げるものがきわめて多く，連続して拾い挙げること

## 4節 『日葡辞書』の影響

ができる。

　ヘボンが漢字表記などの面で参看し（1章1節），見出し語38,105語を収録する『雅俗幼学新書』（以下，『幼学新書』・4章2節）で確認すると，「茶」を見出しとするものは次のようなものである（「チ」の部に収録されたものだけを挙げ，その他の「ヲ・カ・ク・サ・ス」の部の計11語は略）。ルビはカタカナで記す。

天地門：茶園，茶室，茶亭，茶樓，茶屋，茶坊，茶酒棚
時候門：茶～天，茶口切
人物門：茶人，茶仙，茶師，茶商，茶社，茶調女
衣服門：茶色袍，茶宇縞，茶染
飲食門：茶，茶湯，茶漬
器財門：茶譜，茶磨，茶入，茶盒，茶巾，茶壺，茶盆，茶匙，茶柄杓，茶碗，茶甌，茶器，茶具，茶瓶，茶臺，茶釜，茶鑵，茶鍋，茶鐺，茶袋，茶漉，茶帚，茶筅，茶廚，茶匣，茶行廚，茶鐐擔子，茶注
植物門：茶
言語門：茶摘，茶湯，茶會，茶醮，茶話，茶談，茶儀，茶祀

「チ」の部に多数収録される語は，門を分けるのみでそれぞれの門の中では集中して収録される。なお，句形式のものは「茶ノ＊」が占め，後項部分に動詞を有するものは波線を付した2語（「茶～天」と「茶摘」）しかない。

　その結果，「手稿」に収録されることばは，『幼学新書』でほとんどがまかなえてしまう (特に『幼学新書』は，「茶飯（『日葡』では「ちゃはん」とある）」以外について，「手稿」と『日葡』に共通する語を包括している)。『日葡』と『幼学新書』に収録されず「手稿」にのみ見出されるのは，「茶果，茶番，茶畑，茶滓，茶焙，茶煎，茶滓，茶澁，茶碗薬」である。

　それに比して，「力」を『幼学新書』の「チ」の部で確認すると，「力」（「身体門」）があるのみで，それ以外でも「力」で始まるものは「力者」（「リ」の部「人物門」），「力量」（「リ」の部「言語門」），「力病」（「ヤ」の部「身體門」）しかない。また，「チカラ」で始まることばは「主税寮，力，努力，多力，強力，毅力，知風草，臚，斬」がある（下線を付したものは「手稿」にも収録されている）。「力」に関しては『幼学新書』との関係が見出しがたく，きわめて日

常的な語も含むのではあるが，(にわかに『日葡』とするのも問題はあるものの) 一部のものは『日葡』との関連が指摘できそうでもある。

　以上のことを踏まえると①から④のうち，「手稿」段階では『日葡』を参照した③ないしは④ということが考えられそうである。『日仏』の利用に関しては，第3分冊，第2分冊，第1分冊と上限を押し上げていくことで，関連が見出せるかもしれないが，先にも記したように『日葡』と『日仏』の異同という問題を克服しなければならず，きわめて困難である。仮に，「手稿」で『日仏』第1分冊 (1862年3月25日刊) の影響が見出されると，「手稿」の成立は，先の書簡 (1863年3月26日付・ラウリー博士宛・横浜) 前後のものとなる。ただし，「手稿」のローマ字綴りの面からはこの推測は成立しがたい (1章3節)。

　岡本 (1973) では初版を対象として，『日葡』「補遺」に収録されるが，『日仏』にないもの (採り落とし) について触れている。今泉 (1969) には採り落としのリストが挙げられているため，若干の比較を試みたところ，採り落としたことばは，そもそも「手稿」に収録されていないものが多い (特に収録されがたいような語も散見する)。収録されていても，「垢付く，秋津島，穴痔，阿修羅 (王)，万民，別意」といったもので，決定的ではない。

## 5　まとめ

　明治学院大学図書館蔵『日仏』についての概要と，一部の見出し語について「手稿」との比較によって，ヘボンの実際の使用についての可能性の調査を試みた。辞書の援引関係については，一部分だけを対象として，判断を下すことは編纂上のムラなどもあり危険性が伴う (3章5節)。そのために，「手稿」段階での使用については，さらに多くの見出し語・語義・用例を用いて，広範に調査を行うことが必要である。

　決定的な影響関係は見出しがたく，基本的なことばの収録，それらのことばに対する語義，用例は必然的に一致・類似する可能性が高い。また，参看したことを証することもきわめて困難であるが，参看していないことを明らかにすることは，さらに不可能であり，現実的ではない。

　ヘボンは同時代のことばを日本で収集しているといった利点があり，『日

4 節 『日葡辞書』の影響

葡』なり『日仏』といったものを軸にすえて積極的に利用したとは言い難いのではないかと思われる。収録語はヘボンが耳にしたり，読書の過程などで，一つ一つ集めたりしたものであるため，二百数十年の時を隔てた『日葡』およびその翻訳である『日仏』の収録語の内容はそれほどまでには役に立たなかったのではなかろうか。

したがって，見出し語をはじめとした実際的な援用はもちろんではあるが，それよりも『日葡』は辞書としての形態 (見出し語，活用語の掲示（「語根，現在形，過去形」（「連用形，連体（終止）形，連用形＋た」とも）），語義，用例，類義語など) とも言うべき骨格を確立するにあたり，有用であり，基底をなしたのではないかと推測される。特に，用例については句形式のものが散見し，これらは当時の日本側の辞書類では抜き出しがたい。

一方，それぞれの辞書の特性を活用して，漢字表記については『幼学新書』をはじめとした日本側の資料を用いたのであろう。仮に，『日仏』を用いたのならば，『日仏』にならって「手稿」段階でカタカナを見出しに用いたのではなかろうか。実際そうしたことはなされていない。その後『日仏』を参照するなどして，初版に至ってカタカナを用いたと考えられそうである。なお，初版でのAPPENDIX (補遺) は，『日葡』の「補遺」にヒントを得たものかもしれない。

以上に加え，先に挙げた初版を対象とした岡本 (1973・1974) にもあるように，「手稿」の後，初版刊行までの段階で『日葡』から『日仏』へシフトしていったととらえるべきであろう (先の「鼻がたれる」や「鼻が高い人」などにその影響が見受けられるとも考えられそうである)。したがって，当初は『日葡』に依拠する面もあったと思われるが，改稿を繰り返すうちに様々な『日葡』の痕跡が薄められていったと考える。一方，ヘボンの二百数十年前のポルトガル語の運用力 (1843年と1845年のそれぞれ数か月間，マカオに滞在している)，『日葡』自体の状態といった検討すべき問題もある。

また，初版のPREFACEに'the Japanese and Portuguese Dictionary published by the Jesuit missionaries in 1603'とあることについて，『日仏』を用いながらも『日葡』を尊重したといったことも考慮したのではあるが，「手稿」段階での『日葡』の影響を完全に否定し得ない。メドハーストによる『英和・和英語彙』も，PREFACEに記載されていることとあわせて考

える必要がある (先行する西洋人の日本語研究に対する賛辞など)。

　そして，中国滞在時にも交流があったS. R. ブラウンについても考慮する必要がある。S. R. ブラウンはヘボンのおよそ2週間後に来日し，成仏寺でともに過ごしている。その後も聖書翻訳で協力しているため，渡辺 (1968) にもあるように，双方の資料が共有されていたと考えるのが適切であろう。S. R. ブラウンの『会話日本語』のPREFACEには，参照資料について1章3節に挙げたが，次のようにある。

> The author has not hesitated to avail himself of all possible aid from the works of others within his reach. Collado's Ars Grammaticæ Japonicæ 1632. Rodriguez' Grammaire Japonaise, 1825. The Japanse-Portuguese Dictionary, 1603; and the work by M. J. R. Donker Curtius, edited by M. L. J. Hoffman, Leipsic, 1857; have been his most valuable aids, more especially the two last named.

上記の『日葡』以外の書籍について補足すると，'Rodriguez' Grammaire Japonaise, 1825.' はM. C. ランドレスによる仏訳になろう (池上 (1993))。また，クルティウスの著作はホフマンによって編集・出版された『日本語文典例証』である (明治学院大学図書館に所蔵されている)。S. R. ブラウンがPREFACEで挙げる日本語の文法書はヘボンが日本を目指す船内で読んだものである可能性も否定し得ない。他にも，S. R. ブラウンの書簡には興味深い記述が散見するので，参考までにいくつかに触れる。

> 本日長崎から手紙を受け取りました。フルベッキ氏はわたしたちよりも，ある点ではもっと好条件で，日本語の勉強をしています。氏の生まれ故郷の言葉が氏の学習に役だっています。というのは，最もよい日本語文法書はオランダ語で書かれているからです。アムステルダムのホフマン教授，ならびにドンケル・クルチュスの最近の著作(32)です。
>
> (1860年4月16日付・神学博士I. フェリス宛・神奈川)

わたしは『日英会話篇』を二度訂正し，なお完璧を期するために，今三度目の改訂をしています。文の頭の語をアルファベット順に並べて，文章をそろえ，全体の索引をつけるようにしましたからでき上がったら，

4節 『日葡辞書』の影響

ふつう用いられている文章を集めたものばかりではなく，その書物の中に出てくる英語と日本語の単語集ともなるでしょう。(中略)(33)
漢文の聖書と，それから幾年か前に和訳された聖書の一つ二つの書――マカオのS・W・ウィリアムズの訳したもの(これは原稿ですが，ウィリアムズは親切にも，わたしの日本語研究に役立つかもしれないといって，ポルトガル語，ラテン語，オランダ語，英語で書かれた他の書籍多数を添えて貸してくれました)(34)――によって日本人教師たちが，キリスト教を学べるように導くことができました。

(1860年12月31日付・P. ペルツ師宛・神奈川)

S. R. ブラウンによる『会話日本語』については，上掲の1860年12月31日付の書簡には3度目の改訂(訂正)を行っている旨があり，1861年8月16日付，1862年2月18日付の書簡には進捗状況が記されている。(35)

『日英会話篇』のおもな部分を，上海の印刷所に送りました。上海の長老ミッションのガンブル氏が印刷しています。もっとも，日本字の活字は，そろっていないので，仕事が遅れています。印刷の仕事を始める目的で，10月(筆者注：1861年)上海に行き，印刷の監督として，ほぼ三週間過ごしました。(36)

(1862年2月18日付・P. ペルツ師宛・神奈川)

そして，1863年8月25日付の書簡では，すでに『会話日本語』を授業に用いて役立てていることが記されている。ヘボンに先んじて(前出の書簡(1863年3月26日付・ラウリー博士宛・横浜))，S. R. ブラウンが1862年3月25日に刊行された『日仏』第1分冊を入手していたようでもある。(37)仮に先行して入手していたとしても，『日仏』第1分冊が，すでに印刷所に送られていた『会話日本語』の役には立っていないであろう。

そのために，『会話日本語』のPREFACEに挙がる『日葡』はやはり『日葡』とするのが適切であると考える。(38)キリシタンによる研究への賛辞とも取れなくはないが，'Rodriguez' Grammaire Japonaise, 1825' については，1620年に刊行されたI. ロドリゲスによる『日本小文典』を翻訳した1825年のランドレスによるものであることを示している。(39)このような手当てを行っているため，『日葡』の翻訳である『日仏』を用いたのならば，同様に 'The Japanese-Portuguese Dictionary, 1862' などと刊行年でそのことを示す配慮

151

をしたのではないか (しかし，この時点では『日仏』は第1分冊しか刊行されていないが)。

では，どのように『日葡』を入手し得たのかという問題は先学の指摘するとおりである。ヘボンが伝道・施療などで中国周辺 (シンガポール，マカオ，アモイ)[40] に滞在した期間は，1841年から1845年であり，アジュダ文庫蔵の写本 (1747年マカオで写された) のもととなった刊本が後にどのようになったのかも検討課題である。ヘボンは，一旦帰米し，その後来日 (1859年) しているのであるが，キリシタンにとってアジアの要所であり日本への窓口でもあったマカオでの滞在や，来日時の上海・香港での寄港なども視野に入れる必要性がある (先の海老澤 (1981) ではその可能性を否定している)。上述のS. R. ブラウンの書簡に見えるS. W. ウィリアムズから借りた多数の書籍 (諸言語の中でもポルトガル語のもの) とは何を指すのかということも残された課題である。

また，「本編」と「補遺」全体で順序が正されているドミニコ会士によってマニラで改編された『日西辞書』(1630) の使用も指摘し得る (岡本 (1973)，海老澤 (1981))。しかし，先のS. R. ブラウンの書簡 (1860年12月31日付・P. ペルツ師宛・神奈川) ではスペイン語の書籍について触れられていない。

現段階では，一部見出し語などに『日葡』の影響が指摘できそうであるが，「手稿」では内容よりも形態面において『日葡』を積極的に参看し，判読のしやすい『日仏』に「手稿」作成以降シフトしていったのではないかと考える (換言すれば初版は『日仏』色が強められることになる)。

### 主要事項

| | |
|---|---|
| 1860年12月31日付 | S. R. ブラウン，諸言語の書籍を多数借りる |
| 1861年11月12日付 | 『会話日本語』が一部上海で印刷される |
| 1862年2月18日付 | S. R. ブラウン，『会話日本語』の主な部分を上海へ送る |
| 1862年3月25日 | 『日仏』第1分冊刊行 |
| 1862年9月8日以降 | E. M. サトウ，パジェスの日仏の存在に触れる |
| 1863年3月26日付 | ヘボン，『日仏』と文法書を受け取る |
| 1863年8月25日付 | S. R. ブラウン，授業で『会話日本語』を使用 |

4節　『日葡辞書』の影響

注
（1）　再版（1872）のPREFACEでは，J. J. ホフマン，S. R. ブラウン，W. G. アストンの名が挙がる。
（2）　日本人の教師の位置付けは序章3節。
（3）　大島（1996）によると，ヘボンの筆跡で意味の誤りを正したり，発音にカナ書きを加えたり，漢字をあてた書き込みがあったりとある。
　　　筆者が確認したところ，鉛筆によるもので，全体344頁のうちはじめの28頁で書き込みが終わっている。今後の検証が必要である（例えば，「ハタゴヤ」に 'honjing' とするものもある）。来日前後のものと考えられる。
（4）　版本としては，オックスフォード大学ボドレイ文庫蔵本，エヴォラ公立図書館蔵本（ポルトガル），サント・ドミンゴ修道院蔵本（マニラ，ドミニコ会），パリ国立図書館蔵本がある。アジュダ文庫蔵本（リスボン）は，1747年マカオで長崎版から書写された写本である。
（5）　長期にわたり日本に滞在したヘボンが，多くの日本語の資料を実見しているのは当然のことであり，その参看資料についても様々な研究がなされている。一例として1章1節。
（6）　高谷（1959）の注では，その一部をシンガポールで1842年に入手したとある。「約翰福音之伝」は1863年澳門（マカオ）にてカール・ギュツラフ博士が日本漂流民から日本語を学んで和訳した最初のヨハネ伝である。片仮名で書かれ，シンガポールで1837年5月に印刷された。ヘボンは1842年頃その一部をシンガポール滞在中発見して，これをアメリカの本部に送ったものである。原本は現在，東京神学大学図書館にある。
　　　また，秋山（2000）は聖書和訳完成の感謝記念日に述べたヘボンの演説を挙げ，入手時期を1841年とする。その言及した部分を引用する。
　　　「一八四一年シンガポールに滞在中ある日偶然ノース氏の管理せし印刷所に行った時に，非常に変わった文字で印刷してある書物を認めたのであった。それは日本語の約翰福音之伝であるということを聞いた。私も大変珍しいものだと思って，他の多くの珍しい物を容れた箱にてニューヨークの伝道協会所属の博物館に送ったのであった。一八五九年私が日本に来ることとなった時，本部の博物館にこの書物があったので，必要になるかもわからぬと思ったから日本に持って来たのである。」
（7）　原著は確認できていない。P. F. B. von. シーボルトによるものであろうか。
（8）　前出の書簡（1859年7月19日付・ラウリー博士宛・ジャワ付近）の書簡の「日本語文法書」との関連を考慮する必要があろう。
（9）　杉本（1989）p.254では「『和仏辞書』（『三語便覧』か？）」とある。
（10）　前便は，前年の12月9日となっているが，ラウリー博士の名は見られない。ミッション本部に送ったもののようである。
（11）　明治学院大学図書館にはヘボンから貸与や寄贈を受けた旨が記された書籍がある。例えば，明治学院の前身の東京一致神学校に寄贈したシャルルボアの『日本誌』（1736）9巻のうち3冊と『日本の儀式（結婚と葬式）』である（日本語に訳出した書名を記した）。両書はフランス語による出版物であり，その他にも明治学院大学図書館にはヘボンから貸与や寄贈を受けたフランス語の書籍が蔵され

153

ている。ヘボンはフランス語による出版物から日本についての情報をはじめ収集していた面があると考えられる。「明治学院大学『和英語林集成』デジタルアーカイブス」によると次のようにある。

> ヘボン邸の位置は1862年12月29日より横浜居留地39番であり，フランス波止場（氷川丸付近）の奥となり，フランス人との交流も多かったと思われる。

また，ヘボンの寄贈ということでは，『本朝辞源』(1871) が，アメリカのミッション本部にかつて所蔵されていた（現在は明治学院大学図書館所蔵）。

(12) フランスで日本語研究書が刊行される背景としては，1858年に結ばれた日仏修好通商条約が原動力であろう。1867年のパリ万博はそれを受けてのものととらえるべきものである。M. カションの *Dictionnaire français-anglais-japonais* (1866) もその一つと考えられる。

(13) 土井 (1953) にあるが，第1，第2分冊では，1頁から393頁にかけて，8頁ごとに1から50の折丁を示す数字が付されている。第3分冊にあたる401頁には折丁を示す26の数字があり，その後，16頁ごとに記され，第4分冊の929頁の59を最後とする。一方，第1，第2分冊の折丁は，それぞれ合冊訂正本では1-13，14-25となり，その後の第3分冊の26へつながるようにあらためられている。このことから，第3分冊の段階で合冊訂正本の準備が進められていたことが分かる。したがって，4折8頁から8折16頁に変更（全紙のサイズが2倍）があったと考えられる。

(14) 「八宗」の説明に関しては，鈴木 (2002) に節用集類との関わりからの見解がある。また，江戸後期の類書との比較を行わなければならず，一様に『日葡』との関わりを指摘できないと考える。

(15) ヘボンの書簡（1862年12月9日付・親愛なる友宛・神奈川）に蘭学の日本における浸透について記されている。また，キリシタン資料の残存については福島解説 (1977) にある。

(16) 以下に，S. Kaiser (1995) から引用する。

> The mention of the 'Japanese and Portuguese Dictionary' (i. e. the 1603 *Vocabulario*), is problematic; as Ebisawa (1981: 221f) points out, it is unlikely that Hepburn could have seen a work that ever 20 years later, by the time of Satow (1888), was only known to exist in libraries in Oxford and Paris. However, Hepburn did have access to the first part of the French translation, which he was given in 1863 according to one of his letters (Fukushima 1973: 43). Brown (1863), who also mentions the work in his preface, may have had access to it in the same way.

上の引用部分に筆者が補足すると，Satow (1888) とあるのは *The Jesuit Mission Press in Japan. 1591-1610* を指す。これを用いて，海老澤 (1981) では，1888年の時点ではボドレイ文庫蔵本とパリ国立図書館蔵本の二本の存在しか知られていなかったことを指摘している。

(17) S. R. ブラウンが「英語の慣用句の書物（筆者注：J. レッグによる *A Lexilogus of the English, Malay and Chinese Languages: Comprehending the Vernacular Idioms of the Last in the Hok-keen and Canton Dialects* (1841)・終章）

4節 『日葡辞書』の影響

を会話体の日本語に訳」（高谷（1965））したとしても，『会話日本語』を来日から4年たらずの1863年に刊行している。
(18) 「手稿」で使用した『幼学新書』（1855）（1章1節）や，S. W. ウィリアムズが用いた『早引万代節用集』（1850）（終章）などはイロハ順である。また，飛田・菊地（1996）ではイロハ順を支持する。
(19) 初期の形態を有するパリ本には補遺篇がないため，改変・改版がなされているがボドレイ文庫本蔵本（復刻版）を用いた。
(20) 分冊本（復刻版）を用いた。
(21) 再版と後続辞書との関わりは古田（1969）。
(22) 「手稿」のローマ字綴りついては1章3節。
(23) 他にも，『日仏』に「チカラヲツクル」とあるものの，『日葡』の該当箇所には 'Chicarauo tçuqusu.（「力をつくす」）' とある。植字の際，カタカナの「ス」を「ル」と誤ったものと考えられる。
(24) 「チャノコ」は「手稿」で「點心」の漢字表記を持つため含めない。
(25) 『幼学新書』との比較が全体に及ぼすとはにわかに言い得ないのであるが，一つに江戸後期の辞書の収録状況との比較ということが指摘できる。
(26) 『日仏』を参照したと仮定してみても，「手稿」でローマ字表記する際に，『日仏』のカタカナ表記の誤りの踏襲といったことは日本に滞在するヘボンが行いがたいことである。
(27) 土井（1953）にも指摘があり，その背景については森田（1993）が詳しい。
(28) 今泉（1969）は合冊訂正本の復刻であるが，ここではそれを問題とはしない。
(29) 飛田（1964）。また，再版のINTRODUCTIONでは，動詞，形容詞ともに，活用表では 'Root, and Indef.'（連用形にあたる），'Adjective form.'（現在形（終止・連体形であるが，本書では連体（終止）形とする）にあたる），'Indicative past.'（過去形にあたる）の順で挙げている（その後も他の分類が十数例程度続く）。ニューヨーク版のPREFACEの記述は1章5節。
(30) なぜ，ひらがなではなかったのかについては，外国人にとって，（中国滞在などによる漢字の習得とは別に）ローマ字の次にひらがな（特に当時の状況を考えると草書体であろう）よりも馴染みやすいといったことが大きいと考えられる。活字作成において，ひらがな自体が一文字一文字切り離されて記されることはなかったことも関わるであろう。また，INTORODUCTIONに用いられたひらがなの版下を岸田吟香が記し，W. ガンブルが母型を作成したといった，APMPの活字の問題があろう（序章3節）。
(31) メドハーストの『英華辞典』（1847-1848）と「英和の部」との関わりについては，塩澤（1981），2章3節。
(32) 各評の一つとして，G. H. F. フルベッキの書簡（1861年6月28日付・親愛なる兄弟宛・長崎）に載る（高谷（1978））。オランダ語に関する内容は1860年1月14日付，10月16日付の書簡にもある。
(33) その後，日本語の構文，日本語と中国語の相違点などが記されている。
(34) 原文は以下のとおりである。
　　—— by S. W. Williams, L. L. D., at Macao (Manuscript copies of which he kindly loaned to me together with a number of other books in Por-

tuguese, Latin, Dutch & English, that might be useful to me in my studies of the Japanese.)

(35) フルベッキの書簡(1861年9月12日付・長崎)に「追白，9月30日，本月12日の手紙を上海に送る機会がなくて，今日まで延びました。その間にブラウン氏より手紙を受けとりました。同氏の家族は一同無事です。同氏の新しい『日英会話編』が，一部上海で印刷されました。」とある。また，ヘボンの書簡(1861年11月12日付・親愛なる友に・神奈川)にも，S. R. ブラウンが上海で印刷にあたる旨が記される。

(36) 1861年5月13日付・F. ペルツ宛・神奈川の書簡。

(37) サトウ・坂田訳(1960)には次のようにある。

当時は，日本語を学習する手引きがほとんどなかった。J・リッギンス師の書いた，長崎の方言のわずかな語句しかない薄いパンフレットや，ウィリアム・メダースト(兄の方)の編纂で何年も前にバタヴィアで刊行された単語集，ランドレス編のロドリゲス日本文典，オランダ語で書かれたドンケル・クルチュスとホフマン共著の文法，レオン・パジェスによる同著のフランス語訳，同氏による一六〇三年の日葡辞典の一部訳，ホフマンの日葡英会話書(筆者注：*Shopping-Dialogues in Dutch, English and Japanese* (1861))，ロニイの日本語入門など，そんなものがあるに過ぎなかった。しかも，これらの書物はほとんど日本では手に入らなかった。私はロンドンを立つとき，日本語に関する書物は何も持って来なかった。幸いにも，当時S・R・ブラウン博士が「会話体日本語」を印刷に付していて，上海の印刷所から時々刷ったのを送って来るたびに，寛大にも数枚ずつ私にまっ先に見せてくれた。メダースト単語集の日本版(村上英俊等による1857年の『英語箋』を指すか)は，弁天通りと本町一丁目の交叉点にある和本の書店で買うことができたが，すぐにそれは役に立たないことがわかった。しかし，私はほんのわずかながらも漢字を知っていたし，また運よくメダーストの支英辞典(筆者注：『康煕字典』をもとに中国語の見出し語に英訳語を付した1842-1843年にバタビアで刊行された *Chinese and English Dictionary: Containing All the Words in the Chinese Imperial Dictionary, Arranged according to the Radicals* を指すのであろうか)を持っていたので，日本語は書いてもらいさえすれば，どうにかその意味を理解することができた。しかし，最初は大いに骨が折れた。私には先生もなかったし，また球戯場に接したホテルの一室に寝起きしていたので，実に騒々しかったからである。

原著のSatow (1921) も挙げる。

In those days the helps to the acquisition of the Japanese language were very few. A thin pamphlet by the Rev. J. Liggins, containing a few phrases in the Nagasaki dialect, a vocabulary compiled by Wm. Medhurst, senior, and published at Batavia many years before; Rodriguez' *Japanese Grammar*, by Landresse; a grammar by MM. Donker Curtius and Hoffmann in Dutch, and a French translation of it by Léon Pagès; a translation by the latter of part of the Japanese-Portuguese Dictionary of 1603; Hoffmann's dialogues in Japanese, Dutch and English; Rosny's *Introduction à la langue Japonaise*, were about all. And but few of these were, procurable in Japan. I had left London without any books on the language. Luckily for me, Dr S. R. Brown was just then printing his *Colloquial Japanese*, and generously allowed me to have the first few sheets as they came over at intervals from the printing office in Shanghai. A Japanese reprint of Medhurst's vocabulary, which could be bought in a Japanese bookshop that stood at the corner of Benten-Dôri and Honchô Itchôme, speedily proved useless. But I had a slight acquaintance with the Chinese written characters and was the fortunate possessor of Medhurst's Chinese-English Dictionary, by whose help I could manage to come at the meaning of a Japanese word if I got it written down. It was very uphill work at first, for I had no teacher, and living in a single room at the hotel, abutting too on the bowling alley, could not secure quiet.

サトウの来日は1862年9月8日であり，S. R. ブラウンから日本語の教授をR. ロバートソンとともに受けている（ただし，翌年の2, 3月ごろにはやめている）。この教授はS. R. ブラウンからの申し出であり，謝礼を官費で支払っている（萩原（2007））。その際に上海から届いた*Colloquial Japanese*の校正刷りと思われるものを見ている訳であるが（上海で印刷されたので，校正刷りを確認できず，また印刷業者が原稿をもとに校正した旨が記されるS. R. ブラウンによるPREFACEには校正がかなわなかった旨が記され齟齬がある），『日仏』第1分冊（1862年3月25日刊）が存在していることが分かる（ヘボンの書簡（1863年3月26日付・ラウリー博士宛・横浜）とはずれがある）。ただし，サトウの記述がそれぞれにどの時点を指しているのか厳密には分からない。

(38) 一方，S. R. ブラウンのレッグの著作（注17），ヘボンの『幼学新書』，さらにはメドハーストの『蘭語訳撰』(1810)（杉本（1989））, J. リギンズの『南山俗語考』(1812頃)（常盤（2004））といった実際の日本側の書籍名やその使用は表に出さない場合が多く（未完ではあるがC. M. ウィリアムズの『早引万代節用集』もある・終章），海外で通用する権威的なものを前に出す傾向があるのかもしれない。

(39) このような手当は，事情はまったく変わるが, *Trübner's Catalogue of Dictionaries and Grammars of the Principal Languages and Dialects of the World. 2nd ed., Considerably Enlarged and Revised, with an Alphabetical Index: A Guide for Students and Booksellers* (1882) pp.84-86では，縮約上海版は1881年の発行でありながら，同内容の縮約ニューヨーク版の発行年である1873年と記されている（2章5節）。

(40) 1842年8月の南京条約締結以後となる。

## 5節　ローマ字による活用語の表示方法

### 1　はじめに

　刊行に向けての過渡的な状態の「手稿」は，見出し語，品詞表示，語義，[1]
用例などに関し，様々な点で模索している。時には取り消し線で削除することもある。例えば次のようなものである（以下，句読法，誤りなどは修正せずに収録されるままに示し，頁数は便宜的に付したものである）。

　(p.316)
　Hisome, ru, ta. 顰 to hide, conceal
　　　*koye wo* 〃- to lower the voice, whisper
　　　*mayu wo* 〃-

　(p.317)
　Hisohiso. 密々 ~~privately~~ in a low voice, secretly, in a whisper, softly.
　　　〃 *hanasz* - to ~~speak~~ tell secretly.
　Hisokana. 窃. 密 secret, clandestine, private, concealed,
　　　私
　Hisokani（adv）. 私. secretly, privately,
　Hisomeki, ku, ita. to concealed, keep, secret, private,
　　　~~*hisomete iu* to tell secretly~~, *hisomeki banashi* - secret talk.
　Hisomi, mu, nda 嚬 to lie close, lie hid, lie still, lurk, hide,. concealed.
　　　潜　　　　　 to cover up
　　　*hisomi kakuru* - to lie concealed,
　　　*mayu wo hisomu* - to contract the brow,（as in deep thought）in anger）

上の例にも一部見受けられるが，自動詞と他動詞の別(Hisomi, mu, nda と Hisome, ru, ta.)，副詞 (Hisokani)，また連用形の転成名詞 (例えば，Itskushimi, mu に対して Itskushimi, Kanashii, Kanashiki sa と Kanashimi, mu, nda に対して Kanashimi と示す) については名詞といった品詞表示を示したり，Hisokani の-ni のように個別に-ni, -to, -szru としたりしている。

また，Hisome, ru, ta. といった表示について，時代は下るが再版を縮約した『和英語林集成』縮約ニューヨーク版 (1873) の PREFACE は 'the root of the verb' (語根)，'the adjective form' (形容詞の形態・連体 (終止) 形)，'the preterite tense' (過去) としている。以下，関連部分を挙げる (1881年の『和英語林集成』縮約上海版も同様)。

In order that the dictionary may be more easily understood, it may be well to explain that, in the Japanese and English Part, <u>the root of the verb only is printed in small capitals, that which follows in italics, separated by a dash, are the adjective form, and the preterite tense, as, ABAKI, *-ku, -ita,* should be read *Abaki, abaku, abaita;* AGE, *-ru, -ta,* should be *Age, ageru, ageta,* and Mi, *-ru, -ta,* should be read, *Mi, miru, mita.*</u> Also, in the case of the adjectives, when printed OMOI, *-ki, -ku, -shi,* it should be read, *Omoi, omoki, omoku, omoshi,* the first and second being the attributive, the third the adverbial, and the fourth the predicative forms of the adjective.

このような表示方法について，初版の PREFACE に『日葡辞書』(1603-1604) を参照したことが記されているため，活用語の表示方法についても同様であると考えられる (1章4節)。

ここで『日葡辞書』の動詞の表示方法について確認すると，『邦訳日葡辞書』(1980) の「凡例　4．音注」に次のようにある。

b. 原本の動詞の見出し語は，語根 (連用形) に添えて現在形 (終止形)，過去形 (連用形・音便形+た) を示すに当たって，その現在・過去の二形は，語根と共通する部分を省いているが，その省き方は必ずしも統一されていない。

本論でも「語根，現在形，過去形」(「連用形，連体 (終止) 形，連用形+た」とも) と

して示す。あわせて，統一されていないものとして『邦訳日葡辞書索引』(1989)では次の例を挙げる。

   Tçudoi, dô.（集ひ，ふ）  Soi, sô.（添ひ，ふ）
   Qiricudaqi, qu.（切り砕き，く） Vchi, vtçu.（打ち，つ）

のように，原則からすれば不要な文字 (d, s, q, v) が添っているものや，

   Ague, ru.（上げ，ぐる）  Qi, ru.（着，きる）
   Toqe, ru.（解・溶け，くる）

のように必要な母音字を脱したものもある。

 本論では，見出し語内に複数の活用形を示している活用語を抽出し，その分類基準，表示方法などについて，品詞ごと（動詞，形容詞，形容動詞，助動詞）に整理・分類し，考察を行う。あわせて活用語尾をどのように示しているのかといった点についても扱う。


## 2 動詞

 複数の活用形を示すものは，Fuyashi, sz, shta のようにカンマによって示すものが最も多いが，その他にも（特に「手稿」の前部では）ハイフン，またスペースなどで区切っている。そして「語根，現在形，過去形」による表示がなされるものが多い。森田 (1993) では，このような表示方法を「3形標出方式」(2)とする。本論でもこれに準じる。

 また，語幹と活用語尾の関わりについては，原則的には先の Fuyashi, sz, shta のように，それぞれが「Fuya-shi ふやし，Fuya-sz ふやす，Fuya-shta ふやした」と Fuya- を語幹として表示している（ローマ字表記であることを含めれば，母音が四段ないしは五段にわたる強変化動詞であるため Fuyas- と子音語幹動詞となる・宮田 (1948)）。そのために現在形の sz や過去形の shita を後接させるためには，語根 Fuyashi を直接前接させることはできず，Fuya- を前接させるという調整が必要になる（サ行のローマ字綴りが日本式のように子音を s と一貫できない面があり，サ行変格活用も同様である）。その理由として，子音語幹動詞の過去形が，Hagi, gu, ida, Hagokumi, mu, nda, Hai, au, atta（厳密には Hai, u, tta となるところである）と音便

形になるものが多いためであると考えられる。

しかし，下一段活用と四/五段活用をそれぞれに分けて示している「ちぎる」ということばを例にとると，(3)

> Chigire, ru, ta 断離. (pass, or pat. of Chigiru). can tear off.
> Chigiri, ru, itta. 拗切 to pluck off. tear off (as fruit)
> *chigiri szru*
> Chigiri, ru, itta. 契 ~~intrigue, sexual intercourse, illicit commerce,~~
> marriage alliance - union, agreement, compact,
> chigiri wo muszbu - to carry on ~~intrigue,~~ or ~~secret intercourse between male~~ & female

上記のChigire, ru, taが「Chigi-re ちぎれ，Chigi-ru ちぎる，Chigi-reta ちぎれた」と語幹と活用語尾に分けた下二段活用であるのか，「Chigire ちぎれ，Chigire-ru ちぎれる，Chigire-ta ちぎれた」とする下一段活用であるのか，同時代的に考えれば下一段活用と思われるが，語幹部分が不定で判然としない。

そこで，例を変えてみると，下一段活用は，Ake-ru-ta→「Ake あけ，Ake-ru あける，Ake-ta あけた」，Akirame-ru-ta→「Akirame あきらめ，Akirame-ru あきらめる，Akirame-ta あきらめた」となる。それにあわせてAkogare-ru-ta「Akogare あこがれ，Akogare-ru あこがれる，Akogare-ta あこがれた」ととらえることができる。一方，Akoga-を語幹とし「Akoga-re あこがれ，Akoga-ru あこがる，Akoga-ta あこがた」は成立し得ない。上一段活用や下一段活用といった一段で対応する弱変化動詞（母音語幹動詞）において，あくまでも語根が主であり，現在形はruを後接させ，過去形は語根にtaを付すという表示方法をとることになり，強変化動詞とは異なる。原則的には，〔表1〕のように整理できる。

〔表1〕　強変化動詞と弱変化動詞のローマ字に表記による語幹

|  | ＜強変化動詞＞ | ＜弱変化動詞＞ | |
|---|---|---|---|
|  | Fuyashi, sz, shta | Abi, ru, ta | Hiroge, ru, ta |
| 語根 | Fuya-shi | Abi | Hiroge |
| 現在形 | -sz | -ru | -ru |
| 過去形 | -shita | -ta | -ta |

### 四/五段活用

　複数の活用形を持つ見出し語は491語あり、「語根、現在形、過去形」が多くを占めるのであるが、「語根、現在形」といったものも散見する。また、Gozari, ru, mashta のような例も存在する。

　中でも Agumi-mu-mita は原則にかなう例ではあるが、多くは音便形（Abaki-ku-ita）、連母音の長音化（Kakoi-oo-oota）といった例が多くを占める。中には Ai-au（oo）-oota atta や Ategai-au-oo-atta-oota のように、音便形と長音化が混在しているために、変化が複雑で全部を示す必要があったと考えられるものもある。他にも Kachi, kats, katta や、Fumi, mu, funda と過去形を語幹を含めた全体として示すものもあり、やはり同様の理由であろう。

　子音を＊で示すと、原則的には '*i, *u, *ita' と表すことができる。ただし、このケースは Dashi, sz, sh'ta のように、非音便形のサ行の活用語尾を持つものに偏っている。また、Hikkurikaye, ru, ta（語根の活用語尾 ri が抜けている）と、過去形について rita または tta などとするべきところを ta とのみ示している。'*i, *u, ta' といった例も多い。

### 上一段活用

　24語のうち、サ行変格活用の上一段活用化の例として、Chooji-ru jita,[4] Danji, ru, ta, Dooji, ru, ta, Fuuji, ru, ta, Hooji, ru, ta　Hoodzru（報）, Hooji, ru, ta　Hoodzru（焙）がある（サ行変格活用をあわせて載せているものもある）。また、Hotobi, bu, ta Hotoburu と上二段活用を載せるものもある。示し方を整理すると、Abi-ru-ta といった '*i, ru, ta' の形式を基本としながら、Deki-ru-kita と '*i, ru, *ita' と、過去形について *i が重複するものも若干ある。

### 下一段活用

221語からなり，Hiroge, ru, ta と '-*e, ru, ta' が多数を占めるが，過去形において語幹の一部が重複するものは Ate-ru-eta, Amaye-ru-yeta, Azare-ru-reta と '-*e, ru, (y)eta' か '-*e, ru, reta' に限られる。

なお，De, deru, deta と全部を示すもの，Fukuroberu or buru, Hiide, ru, ta Hiidzru, Hiye, ru, ta Hiyuru と下二段活用を併記するものも若干存する。

### サ行変格活用

19語中，Gasshi, szru, sh'ta のように '-shi, szru, sh'ta'（濁音化したものもある）と，活用語尾を示しているものがほとんどである。Anji-andzru-ru-ta とあり，「案じ，案ずる，案じる，案じた」となり，一字漢語が動詞となる時，－ズルと－ジルといったサ行変格活用と上一段活用とのゆれのあるものである。

### その他

4語ほどであるが，上記のいずれにも含めがたい。Futoi, ru, otta と形容詞と混同を起こしている，もしくは Fotori の r の誤脱ともとらえられる。また Inuri, ru, Ini-inu, inan とナ行変格活用の痕跡を残しているものなどである。初版では，修正されながら Inuri, ru Ini-inu, inan 以外の3語が収録される。

| | |
|---|---|
| Dena, Denasai, Denasare(5) | Futoi, ru, otta |
| Ikake, ki | Inuri, ru Ini-inu, inan |

以上，見出し語内に複数の活用形を示している活用語は759語である。なお，カ行変格活用については，「手稿」自体が見出し語 Kane, ru, ta で終っているため，収録されていない。

S. R. ブラウンによる *Colloqual Japanese*（以下，『会話日本語』）(1863) の Sec. I. VERBS REGULAR AND IRREGULAR（第1節 規則・不規則動詞）に次のようにある（加藤・倉島 (1998) p.341訳による）。

日本語の動詞を活用させるにはまずその語根形を明らかにする必要がある。というのは，それが他の全ての語形が形成される原形だからである。

そこで，少数の変則的な例を除けば，全ての動詞の語根形は母音 I（英語のbeeのeeの音）かE（nameのa）で終るが，また便宜上，動詞は規則・不規則に分類しうる。

とあり，強変化動詞を「不規則動詞」として扱っている。『会話日本語』を参照しているJ. J. ホフマンによる *A Japanese Grammar*（『日本語文典』）(1868) の「第7章　動詞」には次のようにある（三澤(1971) p.269の訳による）。

§68. 動詞根。総ての動詞根（動詞の本質部分，または動詞の語根。）は *e* または *i* で終る。（中略）

日本で編纂された辞書は，この語根形を指示しない。しかし，一つの動詞を活用させ得るだけの知識そのものは，辞書に対する知識として必要欠くべからざるものである。著者は，本書において，われわれの辞書のように，語根形を最前面に位置せしめた。（以下，略）

この方針は「手稿」と同様のとらえ方である。3版のINTORODUCTIONにおいても，'FIRST CONJUGATION (*Yo-dan no hataraki.*)', 'SECOND CONJUGATION (*Shimo-ni-dan no hataraki.*)', 'THIRD CONJUGATION (*Kami-ni-dan no hataraki.*)' と整理している（再版から載るが，3版において 'SECOND' と 'THIRD' は入れ替わる（付-1））。

## 3　形容詞と形容動詞

形容詞は63語あり，活用語尾の示し方については種類が多い。示し方で最も多いものは，Atarashii-ki のように '-i, ki' とするもので14語ある。次に Hisashii, ki, ku と '-i, ki, ku' が9語，'-i, ki, shi' または '-i, shi, ki' をあわせて9語，'-ki, shi' が6語，'-shi, ki, ku' が4語と一つに定まった表示方法はない。その他については，Futoi, Futoki, shi Futoki, shi といった「イ，キ，シ　キ，シ」が2語ある（Itai-ki-ku-sa itoo「イ，キ，ク，サ，オー」と細かに挙げたものもある）以外は単独例である。その中には，Chiisai. Chiisaki と Chiisaku Chiisoo, Chikai, Chikaki と Chikaku（2度収録），Hoshii Hoshiki と Hoshisa の

ように分けて収録されるものもある。

　また，Chigai, ki と Chigai, oo, ota があり，前者は「違う」を形容詞としてとらえている（初版にはない）。ただし，Irichgai, oo, atta, Irichgai, oo, oota は動詞としている。

　形容動詞について '-na, naru' とするものが Bakana or naru（馬鹿），Boona-boonaru（暴）の2語あるのみである。

　『会話日本語』p.391 の Sec. XXV ADJECTIVES（第25節　形容詞）には次のようにある。

> 日本語起源の形容詞は限定的即ち名詞の前に用いられる場合には，二つの形の一つを有する。ki（キ）で終わるか，na（ナ）で終わるかである。
> （中略）
> Na は naru=to be の最初の音節で，ホフマン氏によれば ki の基音 i は to be に当たる動詞である。類推からしてこの結論は支持されよう。というのは，na と ki は同じ機能を果たし同じ作用をするのであるから，両者は同じ意味を備えているはずである。

ただし，挙げられる例は「長き，柔らかな」など和語である。再版の INTRODUCTION には（試訳を付す），

> 形容詞は，後置詞「の」，または存在動詞「なる」やその短縮である「な」を使用することで，名詞から形成される。例えば，「誠 の 心」a sincere heart，「嘘 の 話」a false story，「石 の 仏」a stone idol，「明らかなる 月」a clear moon，「貧窮 な 人」a poor man，「正直 なる 人」an honest man というわけである。

ともある。2語の語幹は漢語であるが，初版ではそれぞれ「BAKA-NA，バカナ」「BŌ-NA，バウナ，暴」とし，品詞表示は a.（形容詞）とする。その他にも「手稿」には Buaishirai na, Gasats na shoobai といったものがある。

## 4　助動詞

助動詞に関するものは20語である。1語を除き動詞に後接するかたちで収録される。

### 態の助動詞

「す」

Horashi, szru.（caust of *Horu*）to make another dig, order to dig.

「しむ」

Arashime, meru. 在 cause to be.

Hashirashime, ru, ta. 走 to make another go, run etc

Horashime, ru. 掘便(ﾏﾏ 使) 〃（筆者注：語義は Horashi, szru に同じ）

Itamashime, muru.（v.t）痛 to pain, afflict, hurt,

Iwashime, ru.（from *Iu* to say). cause to say.

「せる／させる」

Arashe-ru-te.（caust of *aru*). to cause to be.

Haratatesashe, ru, ta. to make another angry,

Hayarashe, ru to set a going, to make common,

Ikarasheru, ta 仕怒 to make another angry.

Kamashe, ru.（caust of *kamu*). to make bite.

「れる／られる(6)」

Arasherare-ru. -（honorific). to be

　*go buji ni arasherare* - may you be free from trouble.

Asobasare-ru-ta. 詖遊 to do, to make. spoken only of honorable persons.

Homerare, ru, ta. 彼(ﾏﾏ 被)譽 to be praised

Irare, ru, ta. 被居 to be（pass spoken of another). to live,

　*shenkoku aszko no uchi ni iraremashta* - he was in yonder house a few minutes ago

Kamare, ru, ta.（pass of *kamu*). to be bitten.

Kamaware, ru.

### 比況の助動詞

Goto・ki-shi, ku. 如　like, as,
　*kono gotoku* - therefore, thus,
　*moshi moosz tokoro no gotokumba* - if it is as you have said,

### 願望の助動詞

Ītai, ki, ku wish to say,
　*on iro・－ koto ga aru*

### 丁寧の助動詞

Ai-mas-mashta. 遇　逢（colloq. polit）. also as a suffix. for together.
　*nori ai -　hanashi ai.*
　*atte ikeba ii* - it is better to go & meet him.
　*ki ni au* - to suit,　*hidoi me ni atta* - to meet with a calamity.
　*tochiu de ame ni atta* - to meet with rain on the road.

pass（passive from of the verb.）［受動］, neg（negative from of the verb.）［否定］, caust（causative form of the verb.）［使役］, colloq（colloquial.）［口語］, polit（polite）［丁寧］, honorific［尊敬］といった略号などによって文法上の意味が示されている。動詞と助動詞といった認識ではなく，一語という意識のもとひとまとめに示されたものであると考えられる。それは動詞の直下に接続する態の助動詞が多く，格に変化をおよぼすことを意識してのものであろう（付-3）。また，助動詞「しむ」については「しめる」と「しむる」の両用がある。一方，活用を示さずに Itarashimu とするものもある。

初版における扱いを確認すると，「ARASERARE, *-ru, -ta,* アラセラレル」「GOTOKI, *-ku, -shi,* ゴトク, 如」などと収録されている。また，「HASHIRASHI, *-sz, -sh'ta,* ハシラス, 令走」「HORASE, *-ru, ta,* ホラセル, 令掘」「ASOBASE, *-ru, -ta,* アソハセル, 令遊」と多少の変化がある。20語のうち，「手稿」の16語が引き続き収録されているのである。収録されていないのは，Ai-mas-mashta・Hashirashime, ru, ta・Horashime, ru・Haratatesashe, ru, ta の4語にすぎない。また，初版には「KORAYERARE,

*-ru, -ta,* コラエラレル」(8)といった例がある。

　一方，次の「べし」については，詳細な分類がなされているのは語としての独立性の高さによるのであろう (付-3)。

(p.77)
Bekaradz. neg. of *Beku*. must not. cannot. (imper).
　*hairu bekardz* - must not enter. *yomu bekarazaru* - ought not to read
Beki. a particle suffixed to verbs. answering to. would, should, shall, will
Beku.
Beshi. *itasz beki koto* - a thing that should be done. ought to do. 可
　*naru bekuba oite kudasare*, if possible let it be as it is.
　*itaszbeku soro* - (imper). do so. (same as *itashe*).
(p.79)
Beshi (see *Beki*)

初版には，「BEI，ベイ」「BEKARADZ, or BEKARAZARU，ベカラズ，不可」「BEKI, -KU, -SHI，ベキ，可」が載る。


## 5　まとめ

　各品詞の対象例数と標出方式をまとめると〔表2〕のようになる。動詞について「語根，現在形，過去形」からなるものを3形標出方式とし，「語根，現在形」を2形標出方式とした。なお，3形，2形であっても異なる組み合わせ (例，「現在形，過去形」など) については「他」に含めた。

　動詞に関しては，「その他」4語を差し引いた755語のうち，3形標出方式のものは581語 (77.0%)，2形標出方式は148語 (19.6%) と，3形標出方式が圧倒している。音便・長音化による過去形の扱いとの関わりがあろう。「語根，現在形」の2形標出方式について，『邦訳日葡辞書』には「(前略) ラテ

5節　ローマ字による活用語の表示方法

〔表2〕　各品詞の対象語数と標出方式

| | | | | 3形標出形式 | 2形標出形式 | 他 |
|---|---|---|---|---|---|---|
| 動詞 | 四/五段活用 | 491 | 759 | 373 | 105 | 13 |
| | 上一段活用 | 24 | | 20 | 2 | 2 |
| | 下一段活用 | 221 | | 174 | 40 | 7 |
| | サ行変格活用 | 19 | | 14 | 1 | 4 |
| | その他 | 4 | | | | |

| | | イ,キ | イ,キ,ク | イ,キ,シ | イ,シ | シ,キ,ク | 他 |
|---|---|---|---|---|---|---|---|
| 形容詞 | 63 | 14 | 9 | 7 | 6 | 4 | 23 |

| | | ナ,ナル |
|---|---|---|
| 形容動詞 | 2 | 2 |

| | | 3形標出形式 | 2形標出形式 | 他 |
|---|---|---|---|---|
| 助動詞 | 20 | 8 | 8 | 4 |
| 計 | *844* | | | |

ン文法で動詞の活用を分類するのには語根と現在形が主体で，過去形が副次的なので，日葡辞書でも，過去形は往々省略されていることがある。形容詞と形容動詞は，ラテン語と同様に名詞の一種として取扱い，終止形で標出するのが通則である。」[9]（「解題　Ⅱ日葡辞書　1．載録語　a．見出し語」）とし，関わりがあるかと考えられる。

　形容詞の表示方法については様々であるが，いずれにしろ「イ，キ」「イ，キ，ク」「イ，キ，シ」「シ，キ，ク」と「キ」がほとんどの示し方に含まれている。先に挙げたホフマンの『日本語文典』の「第3章　形容詞」「アルファベット順に排列した語根一覧」にも，

　　注意。語尾 *ki* は，形容詞のこの分類を区別する特徴として，一番目立つ場所に置かるべきである。ところが日本人の編纂した辞書では，これらの形容詞を，語尾 *si* を持つ形容詞的動詞として挙げている。(以下，略)

とある。ただし，「イ，シ」の他，Araku-Aroo-Arasa, Arai-shi と用例数は少ないながらも「キ」を含めないものもある。

　助動詞は活用の形態が異なり，動詞型活用については3形標出方式と2形標出形式がそれぞれ8語を占める。「他」は現在形・過去形によるものが2語，形容詞型活用が2語である。さらに動詞型活用を動詞に，形容詞型活用を形容詞に加えての検討の要があろう。

　先にも記したが，現在形などで単独に示した1形標出方式とも言うべき例がある。例えば De, deru, deta. (出) に対して Derareru・Dero・Deru がそれぞれの見出し語として収めれれる。また，次のように詳細なものもある。

　　Iranu. 不入 (neg. of *Iru*). don't want.
　　　　ira nai.
　　　*iranu mono* - things wh. one does not want, useless things
　　　*iranu kotoba* - language not used. useless words

見出し語の活用表示方法という面からは離れているために，本論では除外した。しかし，このような単独で成立する見出し語については，初版にも多く見られるが，再版，3版と改版過程において，助動詞を除いた動詞部分について3形標出方式，さらには3版で2形標出形式に整理統合され，集約されていく（3章4節）。

　なお，動詞は初版と再版で斜体を用いている（3版は用いない）。また，過去形の扱い（*sh'ta* →*ta*・例，「Hanashi, -*sz*, -*sh'ta*, ハナシ, 談」→「Hanashi, -*su*, -*ta*, ハナス, 談」）など異なる部分がある。形容詞については，初版と3版では活用語尾に斜体を用いない（再版は用いる）。また，活用語尾にあたる大文字の別や，動詞の2形標出方式への転換（音便・長音化が生じる過去形の記載の回避）も指摘できる。各版の表示方式を〔表3〕に示す。

〔表3〕　各版の動詞・形容詞のローマ字表記の異なり

|   | 浴びる | 危ない |
|---|---|---|
| 初版 | ABI, *-ru*, *-ta*, | ABUNAI, -KI, -SHI, |
| 再版 | ABI, *-ru*, *-ta*, | ABUNAI, *-ki*, *-shi*, |
| 3版 | ABI, -RU | ABUNAKI, -KU, -SHI |

ヘボンの日本語の文法に関する意識や知識といったものをこのような方法で分類することは，意図を十分には把握しきれない。しかしながら，一旦，整理し，分類することで，方向性が見出せるものと考える。

注
（1）　初版以降の品詞表示に松井（1973）が触れている。
（2）　「3形並示の標出方式」と「3形並示方式」もあわせて用いられているが，内容は同じである。
（3）　未然形にあたる表示がないため確認できない。
（4）　他にも，Hikitsure-ru, te のように，カンマではなく，ハイフンを用いることで，「ひきつれ」「ひきつれる」と示したと考えられるものも若干ある。
（5）　「なさる」を補助動詞として扱う。
（6）　古田（1974）では再版のINTORODUCTIONや見出し語の表示を挙げ，「ヘボンはhumble（筆者注：「謙譲」）とhonor（筆者注：「尊敬」）を，動詞まで及ぼして考えることはなかったと考えられる。」とある。
（7）　現在形として扱うには問題があるが，1語のため含めた。
（8）　Pass. or poten. mood of *Koraye*. Can bear. *Korayerarenu*, neg. cannot be borne.
（9）　前半部には2形標出方式が『羅葡日対訳辞書』（1595）の様式に準じていることが記されている。

# 2章
# 「手稿」から初版へ

## 1節　収録語数の比較

### 1　はじめに

　辞書はある一定の基準によって選ばれたことばや文字を整理して，イロハ順，五十音順，アルファベット順，また部首などによって排列している。特に，近代辞書としての形態・内容を獲得するにあたり，編纂上の大きな傾向として，単一の編者によるものから，複数の執筆者による組織的な方法に変化を果たしてきたことが挙げられる。この変化は，見出し語，語義，用例のみならず，検索方式や付録などでも，広く深く確認することができる。

　どのようなことばをどれだけ収録するのかといったことも重要な問題である。例えば，収録された見出し語をはじめ，語義記述の内容などを確認することで，文化史の記録として辞書を扱うこともできよう。日本語学における側面に限定しても様々な用途が考えられる。そのうちの一つとして，日本語のことばはどのような音から始まるのかといった疑問がわく。このことに対して，辞書の見出し語の最初の文字を確認すること(以下，語頭文字別分布とする)で，ある程度の予測が立ちそうである。

　国語辞書を用いた調査結果として，1889年から1891年にかけて刊行された大槻文彦による『言海』と，1972年から1976年にかけて刊行された『日本国語大辞典』初版(以下，『日国』初版)における語頭文字別分布を扱った林(1982)(その一部は松井(1979)による)によるものがある。本論ではその分類にあわせて，1855年に出版された『雅俗幼学新書』(以下，『幼学新書』)の数値(4章2節)を挙げ，『幼学新書』を漢字表記の面で一部依拠した1860年代にヘボンによって著された『和英語林集成』の「手稿」と初版のものを示す。

　4種の辞書(『手稿』は参考とする)との比較・考察を行うことで，連綿と節用集から続く幕末期の語頭文字別分布の特性の有無が確認でき，また，単一編者による偏りが生じているのかということも明らかにすることができると考

える。
　以下，4種の辞書における語頭文字別分布を五十音順で表によって示す。したがって，音韻単位ではなく，文字単位を対象として進めることになる。


## 2　『雅俗幼学新書』の語頭文字別分布

　『幼学新書』は，1827（文政10）年成稿，1855（安政2）年に刊行されたイロハ引きの辞書で，著者は森楓齋（源恩）である。辞書としての構成を若干記すと，2巻2冊，計240丁，14門（天地・時候・神佛・官位・名字・人物・身體・衣服・飲食・器財・動物・植物・數量・言語）からなり，38,105語（上巻17,819語・下巻20,286語）を収録している。以後，1865年，1876年と版を重ねる。
　見出し語は江戸後期の節用集に類似している。収録語は，一見，雑多な様相を見せるが，当時の言語使用の状況を反映していると考えられる。ただし，類書を機械的に援引している部分には留意しなければならない。詳細は1章1節，4章2節にゆずる。
　五十音順にあらためて数値を示す（〔表1〕）が，語頭文字別分布の調査であるために，仮名遣いの異なりについては言及しない。そのために，歴史的仮名遣いと表音的仮名遣いの混同については，数値を厳密に精査しなければならない面がある。
　以下，五十音順に各部の語数と，全体に占める割合を％で示す。また，4％以上には濃い網掛け，1％未満は薄い網掛けをした。

〔表1〕『幼学新書』の語頭文字別分布

| ア | 1,757 | 4.61% | タ | 1,542 | 4.05% | マ | 965 | 2.53% |
|---|---|---|---|---|---|---|---|---|
| イ | 1,083 | 2.84% | チ | 746 | 1.96% | ミ | 794 | 2.08% |
| ウ | 1,225 | 3.21% | ツ | 979 | 2.57% | ム | 464 | 1.22% |
| エ | 485 | 1.27% | テ | 823 | 2.16% | メ | 435 | 1.14% |
| オ | 1,459 | 3.83% | ト | 1,105 | 2.90% | モ | 507 | 1.33% |
| カ | 2,554 | 6.70% | ナ | 819 | 2.15% | ヤ | 827 | 2.17% |

| | | | | | | | | |
|---|---|---|---|---|---|---|---|---|
| キ | 1,314 | 3.45% | ニ | 368 | 0.97% | ユ | 368 | 0.97% |
| ク | 1,533 | 4.02% | ヌ | 206 | 0.54% | ヨ | 535 | 1.40% |
| ケ | 790 | 2.07% | ネ | 345 | 0.91% | ラ | 227 | 0.60% |
| コ | 1,603 | 4.21% | ノ | 362 | 0.95% | リ | 313 | 0.82% |
| サ | 1,549 | 4.07% | ハ | 1,226 | 3.22% | ル | 51 | 0.13% |
| シ | 2,330 | 6.11% | ヒ | 1,198 | 3.14% | レ | 258 | 0.68% |
| ス | 689 | 1.81% | フ | 1,252 | 3.29% | ロ | 130 | 0.34% |
| セ | 705 | 1.85% | ヘ | 385 | 1.01% | ワ | 563 | 1.48% |
| ソ | 572 | 1.50% | ホ | 664 | 1.74% | ヰ | | |
| | | | | | | ヱ | | |
| | | | | | | ヲ・ン | | |
| | | | | | | 五十音 | | |
| | | | | | | 計 | 38,105 | 100.00% |

※ 「を」のみで「お」はないため，「を」は「お」として扱う

　上位は，カ (6.70%)，シ (6.11%)，ア (4.61%)，コ (4.21%)，サ (4.07%)，タ (4.05%)，ク (4.02%) となり，以下は3％台となる。また，下位については，ル (0.13%)，ロ (0.34%)，ヌ (0.54%)，ラ (0.60%)，レ (0.68%)，リ (0.82%)，ネ (0.91%)，ノ (0.95%)，ニ (0.97%)，ユ (0.97%) と，ラ行とナ行がほとんどを占め，順当な結果とも言えそうである。以降は1％台となる。『幼学新書』が上巻と下巻に分けられることの影響も含めねばならない面があるかもしれない。

## 3　『和英語林集成』「手稿」と初版の語頭文字別分布

　「手稿」と初版ともに，アルファベット順でローマ字による見出し語である。しかし，「手稿」は原稿のさらに前段階とも言うべき手書きによる作成途中の和英辞書であるため，Aa から Kane, ru, ta までしか存在していない。1章1節に重なるが，収録語数は6,736語からなる。該当する箇所の初版の収録語数は6,686語である。なお，6,686語は，初版の「和英の部」全体の32.2％にあたる。しかしながら，「手稿」と初版に共通する見出し語[2]は約4分の3である。

## 2章 「手稿」から初版へ

1867年の初版刊行時は，近代的な国語辞書が整備される以前のことである（日本語によって英語を理解する辞書ではなく，日本語を理解するための辞書であることについては序章）。なお，「和英の部」の収録語数は20,772語である（APPENDIX含）。

また，初版に関しては，アルファベット順による語数調査のデータは示されている（松村(1966)）が，五十音順にあらためたものはないために，本論で精査し，収録状況について分類を行った[3]。

「手稿」を〔表2〕に，初版を〔表3〕に示す。

〔表2〕「手稿」の語頭文字別分布
（完全ではない部は□で示し，全体に占める割合は省略）

| | | | | | |
|---|---|---|---|---|---|
| ア | 927 | タ | 155 | マ | |
| イ | 775 | チ | 407 | ミ | |
| ウ | | ツ | | ム | |
| エ | | テ | 99 | メ | |
| オ | | ト | 214 | モ | |
| カ | 676 | ナ | | ヤ | |
| キ | 68 | ニ | | ユ | 15 |
| ク | 55 | ヌ | | ヨ | |
| ケ | 85 | ネ | | ラ | |
| コ | 139 | ノ | | リ | |
| サ | | ハ | 750 | ル | |
| シ | 355 | ヒ | 664 | レ | |
| ス | 54 | フ | 606 | ロ | |
| セ | 53 | ヘ | 178 | ワ | |
| ソ | | ホ | 461 | ヰ | |
| | | | | ヱ | |
| | | | | ヲ・ン | |
| | | | | 五十音 | |
| | | | | 計 | 6,736 |

※ カ（Kane, ru, taまで）（カ594・ガ82）
※ ギ，グ，ゲ，ゴ，ジ，ズ，ゼ，ダ，デ，ドのみ

1節　収録語数の比較

※　ハ（ハ618・バ132），ヒ（ヒ553・ビ111），フ（フ447・ブ159），ヘ（ヘ116・ベ62），ホ（ホ333・ボ128）
※　四つ仮名はほぼ区別がないため，ジとズにまとめた（1章3節）

　ローマ字で見出しが分類されているために，ア，イ，カ，キ，ク，ケ，コ，シ，ス，セ，タ，チ，テ，ト，ハ，ヒ，フ，ヘ，ホ，ユにわたっているが，完全な状態として扱えるものは，ア，イ，チにすぎず（ユの綴りは不定），カ，サ，タ行は濁音のみで清音がなく（カについては一部ある），ハ行は半濁音を含んでいない。「手稿」において，イロハ順と，五十音順のいずれで進めたのかといったことは重要であるが，語頭文字別分布からは判断できない。

〔表3〕　初版（APPENDIX 含）の語頭文字別分布

| | | | | | | | | |
|---|---|---|---|---|---|---|---|---|
| ア | 807 | 3.89% | タ | 756 | 3.64% | マ | 495 | 2.38% |
| イ | 863 | 4.15% | チ | 359 | 1.73% | ミ | 452 | 2.18% |
| ウ | 546 | 2.63% | ツ | 456 | 2.20% | ム | 261 | 1.26% |
| エ | 195 | 0.94% | テ | 356 | 1.71% | メ | 229 | 1.10% |
| オ | 801 | 3.86% | ト | 725 | 3.49% | モ | 336 | 1.62% |
| カ | 1,160 | 5.58% | ナ | 482 | 2.32% | ヤ | 330 | 1.59% |
| キ | 697 | 3.36% | ニ | 248 | 1.19% | ユ | 217 | 1.04% |
| ク | 610 | 2.94% | ヌ | 118 | 0.57% | ヨ | 382 | 1.84% |
| ケ | 323 | 1.55% | ネ | 198 | 0.95% | ラ | 103 | 0.50% |
| コ | 846 | 4.07% | ノ | 181 | 0.87% | リ | 203 | 0.98% |
| サ | 826 | 3.98% | ハ | 749 | 3.61% | ル | 37 | 0.18% |
| シ | 1,621 | 7.80% | ヒ | 751 | 3.62% | レ | 100 | 0.48% |
| ス | 452 | 2.18% | フ | 596 | 2.87% | ロ | 116 | 0.56% |
| セ | 532 | 2.56% | ヘ | 192 | 0.92% | ワ | 221 | 1.06% |
| ソ | 414 | 1.99% | ホ | 428 | 2.06% | ヰ | | |
| | | | | | | ヱ | | |
| | | | | | | ヲ・ン | 2 | 0.01% |
| | | | | | | 五十音 | | |
| | | | | | | 計 | 20,772 | 100.00% |

※　ウ（U　532・WI　14）
※　カ（カ1,084・ガ76），キ（キ637・ギ60），ク（ク552・グ58），ケ（ケ243・ゲ80），コ（コ721・ゴ125）
※　サ（サ741・ザ85），シ（シ1,213・ジ408），ス（ス399・ズ53），セ（セ449・ゼ83），ソ（ソ346・ゾ68）
※　タ（タ605・ダ151），テ（テ266・デ90），ト（ト557・ド168）
※　ハ（ハ606・バ132・パ11），ヒ（ヒ671・ビ75・ピ5），フ（フ439・ブ157・プ0），ヘ（ヘ134・ベ56・ペ2），ホ（ホ310・ボ110・ポ8）

シ（7.80%），カ（5.58%），イ（4.15%），コ（4.07%）が上位に挙がり，3％台後半としてサ，ア，オと続く。また，下位は，ヲ・ン（0.01%），ル（0.18%），レ（0.48%），ラ（0.50%）となり，以後，ロ，ヌ，ノ，ヘ，エ，ネ，リと1％に満たないものが続く。

## 4　『言海』と『日本国語大辞典』初版の語頭文字別分布

『言海』は，近代国語辞書を目指してN. ウェブスターの辞書を範として編纂された。語義に加え，発音，品詞表示，動詞の自他，語源などを掲出している。また，漢字・漢語の新旧や雅俗などについての情報も加えられている。収録語数は39,103語である。

『日国』初版は，最大規模の国語辞書である。見出し語は古語から現代語にわたり，外来語，方言，専門用語を含み，それぞれの見出し語について様々な情報が記述されている。見出し語は438,357語である。

以下，林（1982）の「語彙」「語形と意味－1」の数値を引用する。『言海』を〔表4〕に，『日国』初版を〔表5〕に示す。

〔表4〕『言海』の語頭文字別分布

| ア | 1,696 | 4.34% | タ | 1,695 | 4.33% | マ | 803 | 2.05% |
| イ | 1,800 | 4.60% | チ | 997 | 2.55% | ミ | 723 | 1.85% |
| ウ | 1,244 | 3.18% | ツ | 822 | 2.10% | ム | 340 | 0.87% |
| エ | 318 | 0.81% | テ | 768 | 1.96% | メ | 334 | 0.85% |

1節　収録語数の比較

| オ | 1,119 | 2.86% | ト | 1,088 | 2.78% | モ | 412 | 1.05% |
|---|---|---|---|---|---|---|---|---|
| カ | 2,576 | 6.59% | ナ | 731 | 1.87% | ヤ | 503 | 1.29% |
| キ | 1,256 | 3.21% | ニ | 480 | 1.23% | ユ | 298 | 0.76% |
| ク | 1,404 | 3.59% | ヌ | 183 | 0.47% | ヨ | 423 | 1.08% |
| ケ | 869 | 2.22% | ネ | 330 | 0.84% | ラ | 266 | 0.68% |
| コ | 1,248 | 3.19% | ノ | 270 | 0.69% | リ | 324 | 0.83% |
| サ | 1,784 | 4.56% | ハ | 1,713 | 4.38% | ル | 34 | 0.09% |
| シ | 3,412 | 8.73% | ヒ | 1,127 | 2.88% | レ | 189 | 0.48% |
| ス | 768 | 1.96% | フ | 995 | 2.54% | ロ | 115 | 0.29% |
| セ | 1,004 | 2.57% | ヘ | 339 | 0.87% | ワ | 396 | 1.01% |
| ソ | 732 | 1.87% | ホ | 543 | 1.39% | ヰ | 165 | 0.42% |
| | | | | | | ヱ | 146 | 0.37% |
| | | | | | | ヲ・ン | 321 | 0.82% |
| | | | | | | 五十音 | | |
| | | | | | | 計 | 39,103 | 100.00% |

　シ (8.73%), カ (6.59%), イ (4.60%), サ (4.56%), ハ (4.38%), ア (4.34%), タ (4.33%) が上位に挙がり，以下は3％台となる。下位は，ル (0.09%), ロ (0.29%), ヱ (0.37%), ヰ (0.42%), ヌ (0.47%), レ (0.48%) となり，ラ，ノ，ユ，エ，ヲ・ン，リ，ネ，メ，ヘ，ムが1％に満たない。ワ行を除くと，やはりラ行とナ行に集中している。

〔表5〕『日国』初版の語頭文字別分布

| ア | 17,690 | 4.04% | タ | 15,360 | 3.50% | マ | 7,486 | 1.71% |
|---|---|---|---|---|---|---|---|---|
| イ | 18,309 | 4.18% | チ | 9,483 | 2.16% | ミ | 7,441 | 1.70% |
| ウ | 10,307 | 2.35% | ツ | 6,677 | 1.52% | ム | 4,091 | 0.93% |
| エ | 6,031 | 1.38% | テ | 8,273 | 1.89% | メ | 3,454 | 0.79% |
| オ | 17,647 | 4.03% | ト | 13,877 | 3.17% | モ | 5,271 | 1.20% |
| カ | 29,742 | 6.78% | ナ | 8,413 | 1.92% | ヤ | 6,335 | 1.45% |
| キ | 18,334 | 4.18% | ニ | 5,120 | 1.17% | ユ | 4,221 | 0.96% |

| | | | | | | | | |
|---|---|---|---|---|---|---|---|---|
| ク | 11,040 | 2.52% | ヌ | 1,301 | 0.30% | ヨ | 6,342 | 1.45% |
| ケ | 9,371 | 2.14% | ネ | 2,852 | 0.65% | ラ | 1,961 | 0.45% |
| コ | 25,228 | 5.76% | ノ | 3,415 | 0.78% | リ | 4,674 | 1.07% |
| サ | 14,530 | 3.31% | ハ | 16,857 | 3.85% | ル | 603 | 0.14% |
| シ | 40,053 | 9.14% | ヒ | 13,437 | 3.07% | レ | 1,941 | 0.44% |
| ス | 8,049 | 1.84% | フ | 12,375 | 2.82% | ロ | 2,653 | 0.61% |
| セ | 11,623 | 2.65% | ヘ | 4,715 | 1.08% | ワ | 3,575 | 0.82% |
| ソ | 8,105 | 1.85% | ホ | 10,009 | 2.28% | ヰ | | |
| | | | | | | ヱ | | |
| | | | | | | ヲ・ン | 38 | 0.01% |
| | | | | | | 五十音 | 48 | 0.01% |
| | | | | | | 計 | 438,357 | 100.00% |

上位は，シ (9.14%)，カ (6.78%)，コ (5.76%)，キ (4.18%)，イ (4.18%)，ア (4.04%)，オ (4.03%) となり，以下，3％台となる。下位は，ヲ・ン (0.01%)，五十音 (0.01%)，ル (0.14%)，ヌ (0.30%)，レ (0.44%)，ラ (0.45%)，となり，ロ，ネ，ノ，メ，ワ，ム，ユが続く。

## 5 まとめ

仮名遣いの異なり，開・合拗音の扱いの有無といった違いがあり，厳密な比較を行うためにはすべてを現代仮名遣いにあらためるなどの対応が必要である。しかし，きわめて語数が多く，対応がかなわない。そのために，些少ながらの誤差が生じていることは否めない。ただし，その差異は，ある程度全量に吸収されるのではないかと考える。

さらに拗音までも視野に入れた拍（モーラ）の単位や，清濁の分類といったことも一つの方法である。しかし，現代仮名遣いで表記されたもの，ないしはローマ字表記によるものでなければ細かな分類は困難である。

まず，4書の上位と下位，それぞれ5位までをまとめる。

1節　収録語数の比較

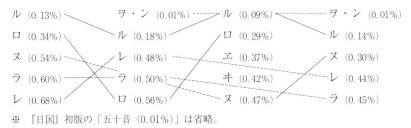

<上位5位>

| 『幼学新書』 | 初版 | 『言海』 | 『日国』初版 |
|---|---|---|---|
| カ (6.70%) | シ (7.80%) | シ (8.73%) | シ (9.14%) |
| シ (6.11%) | カ (5.58%) | カ (6.59%) | カ (6.78%) |
| ア (4.61%) | イ (4.15%) | イ (4.60%) | コ (5.76%) |
| コ (4.21%) | コ (4.07%) | サ (4.56%) | キ (4.18%) |
| サ (4.07%) | サ (3.98%) | ハ (4.38%) | イ (4.18%) |

<下位5位>

| 『幼学新書』 | 初版 | 『言海』 | 『日国』初版 |
|---|---|---|---|
| ル (0.13%) | ヲ・ン (0.01%) | ル (0.09%) | ヲ・ン (0.01%) |
| ロ (0.34%) | ル (0.18%) | ロ (0.29%) | ル (0.14%) |
| ヌ (0.54%) | レ (0.48%) | エ (0.37%) | ヌ (0.30%) |
| ラ (0.60%) | ラ (0.50%) | キ (0.42%) | レ (0.44%) |
| レ (0.68%) | ロ (0.56%) | ヌ (0.47%) | ラ (0.45%) |

※　『日国』初版の「五十音（0.01%）」は省略。

　いずれの辞書においても，上位5位のうち，1位と2位をシとカが占める結果となった。また，単一編者であるのならば，前部が重くなる傾向が想定される(4)が，唯一，イロハ順である『幼学新書』において，イが上位5位に入っていないことは興味深い。一方，『言海』では，3位のイのみならずハも5位に入っている。

　下位5位では，ラ行が主であり，ルのみが4書を通して表れている。

　以上の上位，下位について，各辞書間での大幅な変動はない。それは，歴史的に類書をベースにしながら，援引し加除修正を行っている面があるために，極端な異なりが生じていないと考えられそうである。

　しかし，各辞書の収録語数は大きく違いがある。『幼学新書』の収録語数を1とすると，初版が0.55，『言海』が1.03，『日国』初版が11.50となる。収録されていることばの性質も異なるのであるが，日本語におけることばの語頭文字別分布としては，一つの傾向が示されていると言えよう。

　次に，それぞれ行別にまとめてみると，〔表6〕のようになる。

〔表6〕 行別による語頭文字別分布

| 『幼学新書』 | | | 初版 | | | 『言海』 | | | 『日国』初版 | | |
|---|---|---|---|---|---|---|---|---|---|---|---|
| ア行 | 6,009 | 15.77% | ア行 | 3,212 | 15.46% | ア行 | 6,177 | 15.80% | ア行 | 69,984 | 15.97% |
| カ行 | 7,794 | 20.45% | カ行 | 3,636 | 17.50% | カ行 | 7,353 | 18.80% | カ行 | 93,715 | 21.38% |
| サ行 | 5,845 | 15.34% | サ行 | 3,845 | 18.51% | サ行 | 7,700 | 19.69% | サ行 | 82,360 | 18.79% |
| タ行 | 5,195 | 13.63% | タ行 | 2,652 | 12.77% | タ行 | 5,370 | 13.73% | タ行 | 53,670 | 12.24% |
| ナ行 | 2,100 | 5.51% | ナ行 | 1,227 | 5.91% | ナ行 | 1,994 | 5.10% | ナ行 | 21,101 | 4.81% |
| ハ行 | 4,725 | 12.40% | ハ行 | 2,716 | 13.08% | ハ行 | 4,717 | 12.06% | ハ行 | 57,393 | 13.09% |
| マ行 | 3,165 | 8.31% | マ行 | 1,773 | 8.54% | マ行 | 2,612 | 6.68% | マ行 | 27,743 | 6.33% |
| ヤ行 | 1,730 | 4.54% | ヤ行 | 929 | 4.47% | ヤ行 | 1,224 | 3.13% | ヤ行 | 16,898 | 3.85% |
| ラ行 | 979 | 2.57% | ラ行 | 559 | 2.69% | ラ行 | 928 | 2.37% | ラ行 | 11,832 | 2.70% |
| ワ行・ン | 563 | 1.48% | ワ行・ン | 223 | 1.07% | ワ行・ン | 1,028 | 2.63% | ワ行・ン | 3,661 | 0.84% |
| 計 | 38,105 | 100.00% | 計 | 20,772 | 100.00% | 計 | 39,103 | 100.00% | 計 | 438,357 | 100.00% |

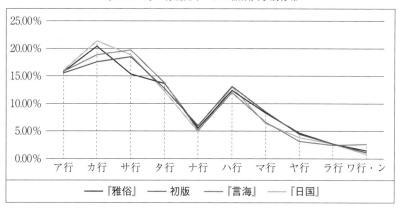

〔グラフ1〕 行別比率による語頭文字別分布

※ 『日国』初版の「五十音」は「ワ行・ン」に含めた。

1節　収録語数の比較

　4書を通じて，上位3位（ア行，カ行，サ行）までがおおむね10％台後半（20％台も含む），4位と5位（タ行，ハ行）が10％前半，そして1ケタであるマ行，ナ行，ヤ行，ラ行，ワ行・ンが続いている。共通して3層に分かれていることが確認できる〔グラフ1〕。

<行別>

| 『幼学新書』 | 初版 | 『言海』 | 『日国』初版 |
|---|---|---|---|
| カ行 | サ行 | サ行 | カ行 |
| ア行 | カ行 | カ行 | サ行 |
| サ行 | ア行 | ア行 | ア行 |
| タ行 | ハ行 | タ行 | ハ行 |
| ハ行 | タ行 | ハ行 | タ行 |
| マ行 | マ行 | マ行 | マ行 |
| ナ行 | ナ行 | ナ行 | ナ行 |
| ヤ行 | ヤ行 | ヤ行 | ヤ行 |
| ラ行 | ラ行 | ワ行・ン | ラ行 |
| ワ行・ン | ワ行・ン | ラ行 | ワ行・ン |

　初版，『言海』，『日国』初版において，サ行は1位ないしは2位に位置するのであるが，『幼学新書』で，サ行が3位であるのは，イロハ順において，ソを除き，サ，シ，ス，セが「ア　サ　キ　ユ　メ　ミ　シ　□　ヒ　モ　セ　ス」と最後半部に位置することによるのかもしれない。

　また，各辞書の中間は，『幼学新書』がセまで(50.06％)，初版がセまで(49.48％)，『言海』がスまで(49.85％)，『日国』初版がシまで(49.80％)となる。いずれの辞書もサ行の中後半にあたる。

　続いて，それぞれ段別にまとめてみると，〔表7〕のようになる。

2章 「手稿」から初版へ

〔表7〕 段別による語頭文字別分布

| 『幼学新書』 | | | 初版 | | | 『言海』 | | | 『日国』初版 | | |
|---|---|---|---|---|---|---|---|---|---|---|---|
| ア段 | 12,029 | 31.57% | ア段 | 5,929 | 28.54% | ア段 | 12,163 | 31.11% | ア段 | 121,949 | 27.82% |
| イ段 | 8,146 | 21.38% | イ段 | 5,194 | 25.00% | イ段 | 10,284 | 26.30% | イ段 | 116,851 | 26.66% |
| ウ段 | 6,767 | 17.76% | ウ段 | 3,293 | 15.85% | ウ段 | 6,088 | 15.57% | ウ段 | 58,664 | 13.38% |
| エ段 | 4,226 | 11.09% | エ段 | 2,125 | 10.23% | エ段 | 4,297 | 10.99% | エ段 | 48,260 | 11.01% |
| オ段 | 6,937 | 18.20% | オ段 | 4,231 | 20.37% | オ段 | 6,271 | 16.04% | オ段 | 92,585 | 21.12% |
| 五十音 | | | 五十音 | | | 五十音 | | | 五十音 | 48 | 0.01% |
| 計 | 38,105 | 100.00% | 計 | 20,772 | 100.00% | 計 | 39,103 | 100.00% | 計 | 438,357 | 100.00% |

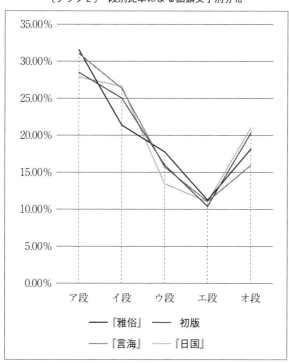

〔グラフ2〕 段別比率による語頭文字別分布

段別については，4書すべてが，ア段，イ段，オ段，ウ段，エ段の順である（〔グラフ2〕）。表音的な現代仮名遣いにおいては，イ段音は拗音も含むために数が増えると考えられる。

段については，大野(1980)が『万葉集』における「音韻表・音節別使用度数」の中で，詳細な分類を行い，最古の母音がa・i・u・öであり，ï・e・ë・oを加えた八母音体系を経て，五母音体系に収斂していったことを説明している。その分類数値をもとに本論に沿ったかたちに示すと次のとおりである。[5]

 ア段 12,120

 イ段 3,530 (i 3,160・ï 370)

 ウ段 6,415

 エ段 3,838 (e 2,985・ë 853)

 オ段 6,310 (o 1,030・ö 5,280)

本論とは様々な基準の異なりがあり，一様な比較はなし得ないが，順としては，ア段，ウ・オ段，エ・イ段と，イ段の位置が大きく異なる。その後の漢語，外来語の増加による影響，さらには行の問題ではあるがラ行音の増大といったことも考慮しなければならない。

以上，4書を通して，語頭文字別分布は，イロハ順，アルファベット順，五十音順と異なるもののマクロな視点からは大幅な相違はなく，ある一定の範囲内での変動に終始していることが確認できる。

ただ，個々の辞書の相違については，ミクロな視点で考察を行う必要がある。例えば，『和英語林集成』については，見出し語がローマ字表記によるため先述したように，さらに詳細な分類が可能である。収録語数の近い現代の小型国語辞書との比較を行うことでその実態がより明確になると考える。

## 注

（1） 新聞・週刊誌・月刊誌から採取，分類したものとして，今栄（1960）がある。
（2） ただし，漢字表記（有無も含），語義，用例は大きく異なるものも多い。
（3） 「手稿」も同様であるが，ローマ字で記されているため，清音，濁音，半濁音，また開・合拗音からの分類を行っているが，他辞書との比較を行うために仮名にあらためた語頭の文字によって示す。
（4） 3章5節で触れる。
（5） 表にしたがい甲類乙類の別のないものは甲類に含めている。
（6） 小見出しが一字下げで記されている。しかしながら，一字下げしていない小見出しや判然としない見出しもある。そこで，本論では機械的に，一字下げしているものを小見出しとして扱い，一字下げしていないものを見出しとした。ここでの数値は見出しのみを示す。なお，早川（2001）p.55では32,785語とする。
（7） 村山（2011a）では *An English Dictionary of the Spoken Language*（以下，『英和口語辞典』）初版（1876）と2版（1879）のアルファベット順の収録語数が挙げられている。本論では初版のものを用いた。なお，『英和口語辞典』初版から2版へは697語の増補がなされ，109語の削除がなされている。また，『和英語林集成』との比較をはじめ詳細な調査と考察がなされている。
（8） 項目数を数えた。

## 参考　英和・英華辞書の収録語数と比率

「英和の部」の語頭文字別分布を他の英語辞書などを用いて調べることで依拠資料の傾向の一端がつかめると考える。

そこで，次の辞書の収録語数と比率を表に示す（〔表8〕）。

・『和英語林集成』初版 (1867)，再版 (1872)，3版 (1886)
・『英和対訳袖珍辞書』(以下，『袖珍辞書』) (1862)
・*English and Chinese Dictionary, with the Punti and Mandarin Pronunciation*（以下，『ロブシャイド』）(1866-1869)
　　W. ロブシャイド
・『英和口語辞典』初版 (1876)
　　E. M. サトウ・石橋政方
・『ウィズダム英和辞典』再版（以下，『ウィズダム英和』）(2006)
　　井上永幸・赤野一郎編　三省堂

初版から再版への約1.4倍にのぼる収録語数の増加によって，他辞書との比率構成により近いものとなっている。ヘボンが何らかの辞書を範としてその比率を整えたのか現段階では知り得ることができていない。また，上海滞在の短期間で作成された初版においても，各部の比率によって援用した辞書の解明へのヒントになるとも考えられる（2章3節）。当時新刊に近いポケット版の辞書を上海で入手し，下敷きにした可能性が高いと考えている。

2章 「手稿」から初版へ

[表8] 英和・英華辞書の収録語数と比率

| | 初版 (1867) | | 再版 (1872) | | 3版 (1886) | | 『袖珍辞書』 (1862) | | 『ロブシャイド』 (1866-1869) | | 『英和口語辞典』 (1876) | | 『ウィズダム英和』 (2006) ※項目数 | |
|---|---|---|---|---|---|---|---|---|---|---|---|---|---|---|
| | 収録語 | 比率 | 収録語 | 比率 | 収録語 | 比率 | 収録語 | 比率 | 収録語 | 比率 | 収録語 | 比率 | 収録語 | 比率 |
| A | 489 | 4.88% | 940 | 6.59% | 1,113 | 7.09% | 1,933 | 5.89% | 2,665 | 5.74% | 864 | 6.03% | 2,411 | 5.94% |
| B | 426 | 4.25% | 758 | 5.31% | 868 | 5.53% | 1,588 | 4.84% | 3,349 | 7.21% | 793 | 5.54% | 2,444 | 6.02% |
| C | 782 | 7.80% | 1,396 | 9.79% | 1,525 | 9.72% | 3,072 | 9.37% | 5,720 | 12.31% | 1,273 | 8.89% | 3,730 | 9.18% |
| D | 514 | 5.12% | 826 | 5.79% | 914 | 5.82% | 1,994 | 6.08% | 2,895 | 6.23% | 839 | 5.86% | 2,330 | 5.74% |
| E | 378 | 3.77% | 568 | 3.98% | 644 | 4.10% | 1,312 | 4.00% | 1,954 | 4.21% | 568 | 3.96% | 1,526 | 3.76% |
| F | 520 | 5.18% | 704 | 4.93% | 760 | 4.84% | 1,502 | 4.58% | 2,197 | 4.73% | 733 | 5.12% | 1,769 | 4.35% |
| G | 307 | 3.06% | 419 | 2.94% | 460 | 2.93% | 921 | 2.81% | 1,224 | 2.63% | 408 | 2.85% | 1,259 | 3.10% |
| H | 370 | 3.69% | 497 | 3.48% | 552 | 3.52% | 1,059 | 3.23% | 1,299 | 2.80% | 522 | 3.64% | 1,600 | 3.94% |
| I | 551 | 5.49% | 699 | 4.90% | 733 | 4.67% | 1,701 | 5.19% | 1,969 | 4.24% | 652 | 4.55% | 1,627 | 4.01% |
| J | 68 | 0.68% | 90 | 0.63% | 103 | 0.66% | 259 | 0.79% | 321 | 0.69% | 82 | 0.57% | 387 | 0.95% |
| K | 45 | 0.45% | 52 | 0.36% | 67 | 0.43% | 177 | 0.54% | 225 | 0.48% | 65 | 0.45% | 342 | 0.84% |
| L | 374 | 3.73% | 432 | 3.03% | 493 | 3.14% | 1,026 | 3.13% | 1,256 | 2.70% | 449 | 3.13% | 1,371 | 3.37% |
| M | 464 | 4.63% | 639 | 4.48% | 699 | 4.45% | 1,713 | 5.22% | 1,905 | 4.10% | 638 | 4.45% | 2,300 | 5.66% |
| N | 178 | 1.77% | 234 | 1.64% | 256 | 1.63% | 565 | 1.72% | 563 | 1.21% | 232 | 1.62% | 943 | 2.32% |
| O | 275 | 2.74% | 333 | 2.33% | 351 | 2.24% | 850 | 2.59% | 777 | 1.67% | 336 | 2.35% | 1,127 | 2.77% |
| P | 869 | 8.66% | 1,174 | 8.23% | 1,323 | 8.43% | 2,810 | 8.57% | 3,407 | 7.33% | 1,184 | 8.26% | 3,339 | 8.22% |
| Q | 49 | 0.49% | 71 | 0.50% | 75 | 0.48% | 190 | 0.58% | 227 | 0.49% | 63 | 0.44% | 193 | 0.48% |
| R | 575 | 5.73% | 763 | 5.35% | 814 | 5.19% | 1,676 | 5.11% | 2,241 | 4.82% | 842 | 5.88% | 2,020 | 4.97% |
| S | 1,292 | 12.88% | 1,744 | 12.22% | 1,902 | 12.12% | 3,574 | 10.90% | 5,049 | 10.87% | 1,911 | 13.34% | 4,695 | 11.56% |
| T | 601 | 5.99% | 752 | 5.27% | 826 | 5.26% | 1,590 | 4.85% | 2,725 | 5.87% | 762 | 5.32% | 2,126 | 5.23% |
| U | 334 | 3.33% | 447 | 3.13% | 458 | 2.92% | 1,674 | 5.10% | 2,007 | 4.32% | 381 | 2.66% | 1,074 | 2.64% |
| V | 198 | 1.97% | 270 | 1.89% | 282 | 1.80% | 534 | 1.63% | 900 | 1.94% | 214 | 1.49% | 543 | 1.34% |
| W | 344 | 3.43% | 425 | 2.98% | 445 | 2.83% | 958 | 2.92% | 1,424 | 3.07% | 472 | 3.29% | 1,226 | 3.02% |
| X | 0 | 0.00% | 0 | 0.00% | 0 | 0.00% | 7 | 0.02% | 16 | 0.03% | 1 | 0.01% | 31 | 0.08% |
| Y | 24 | 0.24% | 28 | 0.20% | 28 | 0.18% | 81 | 0.25% | 88 | 0.19% | 36 | 0.25% | 142 | 0.35% |
| Z | 3 | 0.03% | 5 | 0.04% | 6 | 0.04% | 30 | 0.09% | 55 | 0.12% | 6 | 0.04% | 68 | 0.17% |
| 計 | 10,030 | 100.00% | 14,266 | 100.00% | 15,697 | 100.00% | 32,796 | 100.00% | 46,458 | 100.00% | 14,326 | 100.00% | 40,623 | 100.00% |

## 2節 「手稿」から初版への漢字表記

### 1 はじめに

1章2節の諸辞書類における収録状況から離れ，本論では，主に「手稿」と初版の漢字表記について触れる。まず，「手稿」全体と，それに対応する初版の見出し語の漢字表記率（2　漢字表記率）を示す。そして，見出し語の語形に対して，1章1節での分類方法に沿って，「変則的表記」（3　変則的表記（全体が正音・正訓によらない漢字表記））が「手稿」から初版へどのように改変されていったのかに焦点をしぼり，実例を挙げる。まとめとして「変則的表記」の特徴から分類・整理し，考察を加えたい。

### 2 漢字表記率

「手稿」と初版の見出し語には，漢字表記のあるものとないものとがある。「手稿」の漢字表記のある見出し語は4,618語（二字以上：3,266語，単字：1,352語）で全体6,736語の68.6％にあたる。それに対して，初版の該当する部分は6,090語（二字以上：4,573語，単字：1,517語）で全体6,686語の91.1％と，ほとんどの見出し語に何らかの漢字表記が付されているのである（対象は一部異なるが3章2節）。「手稿」は，ヘボンが施療活動などを含む日常生活を通して，見出し語を採集していた時点のものであり，初版の刊行に向けて，漢語の見出し語や，採録した見出し語に漢字表記を加えていったものと考えられる。

## 3　変則的表記

　「手稿」から初版へ漢字表記がどのように改変されていったかを考察するため，1章1節と1章2節で扱った「変則的表記」387語を取り挙げる。なお，次の**3-1　分類方法**に示す「一部分が正音・正訓によるもの」も「変則的表記」と同様に検討を進めることが適切ではあると思われる。しかし，本節で「変則的表記」に限定したのは，「手稿」と初版，また諸文献との援引・影響関係が顕著に現れると考えたためである。

### 3-1　分類方法

　「手稿」から初版への同一の見出し語における漢字表記は，「手稿」の漢字表記を基にすると，**初版で変化のないもの**，**初版で変化のあるもの**の二つに分けることができる。また，初版の漢字表記を基にして「手稿」と対照した**参考：初版で「変則的表記」が付されるもの**を設定する。<sup>(1)</sup>
　次に，ローマ字表記（初版ではカタカナ表記も）による語形と漢字表記の組み合わせが，「手稿」と初版で異なるものがあるために，

|   |   |
|---|---|
| 「正則表記」（正音・正訓によるもの） | ○ |
| 「一部分が正音・正訓によるもの」 | △ |
| 「変則的表記」（全体が正音・正訓によらない漢字表記） | × |
| 「単字」 | 単 |
| 「漢字表記がない」 | □ |
| 「見出し語として収録されない」 | － |

とする。次のように整理される（以下，「手稿」→初版）。

　　**初版で変化のないもの**
　　　①「手稿」と同じ漢字表記のもの　　　　　×→×
　　**初版で変化のあるもの**
　　　②さらに異なる漢字表記になるもの　　　×→<u>×</u>・×→△・×→単
　　　③複数の漢字表記が一つに集約されるもの

×→○・×→△・×→単
④正音・正訓になるもの　　　　　×→○・×→単
⑤漢字表記が削除されるもの　　　×→□
⑥見出し語自体が削除されるもの　×→−

**参考：初版で「変則的表記」が付されるもの**
⑦「変則的表記」になるもの　　　○→×・△→×・単→×
⑧漢字表記が付されるもの　　　　□→×
⑨見出し語自体が増補されるもの　−→×

### 3-2　「手稿」と初版の実例

　「手稿」の「変則的表記」は初版においてどのように扱われたのだろうか。「手稿」の「変則的表記」387語の語形と漢字表記の組み合わせに関して、1章1節に記したが、『日本国語大辞典』第2版 (以下、『日国』2版) の「見出し語の漢字表記」と「［表記］欄に記された諸辞書の漢字表記」の両方、もしくはいずれか一方に収録されているものは、151語である。387語を差し引いた236語は、語形と漢字表記の組み合わせとして、『日国』2版の「見出し語の漢字表記」と先に挙げた14種の辞書には収録されていない。そのために、236語の漢字表記は、江戸後期の節用集に散見するものもあるが、「手稿」の表記上の一つの特質を表していると考えることができそうである。そこで、3-1　分類方法に基づき、『日国』2版には収録されない、236語についての全例を挙げる。(2)

**初版で変化のないもの**
　①「手稿」と同じ漢字表記のもの
　　　×→×　(67語)
「Abata 痘斑」、「Abiko 石龍」、「Agari・ya 監倉」、「Agura 箕踞」、「Aikuchi 匕首」、「Ajina koto 奇怪」、「Aki-mekura 青盲」、「Ashidori 趾歩」、「Ashirai-au (oo) (oota) -atta 會釋」、「Aszko 彼許」、「Bancha 山茗」、「Baren 刷牙」、「Batta 匾蛋」、「Bon 鬼節」、「Boobura 南瓜」、「Boofurimushi 孑子」、「Boogui 界牌」、「Bootskai 棍手」、「Botan 紐扣子」、「Botefuri 賣菜傭」、「Botteri 豊

2章 「手稿」から初版へ

艶」、「Chan 油脂」、「Chanóko 點心」、「Chikadzki 相識」、「Chirori 酒注」、「Chiwa bumi 艶書」、「Dashi 樂車」、「Dekibugen 暴富」、「Dekimono 瘍腫」、「Deshi・hoobai 同門」、「Detchi 小奴」、「Deyu 温泉」、「Dobu 街渠」、「Doomaki 纏袋」、「Dooraku 狹邪」、「Dzuiki 芋萪」、「Geppu 噯氣」、「Girigiri 旋毛」、「Hakarimushi 尺蠖」、「Harakudari 泄瀉」、「Hashibashi 四陲」、「Hatahata 蠳蜥(ママ 蜓蚪)」、「Hayakusa 丹毒」、「Hesokurigane 私房銀」、「Hi 血漕」、「Hadarui, ki, shi(ママ ヒダルイ)空腹」、「Hiibaba 高祖母」、「Hiijiji 高祖父」、「Hiratagumo 壁錢」、「Hirudoki 正午」、「Hissori 寂莫」、「Honeori 勞力」、「Honomekashi, sz, shta 風誘」、「Hooroku 沙鍋」、「Ikidzkai 氣調」、「Ikinagarae, ru, ta 存命」、「Imawa 末期」、「Irori 地爐」、「Isooroo 寄食兒」、「Issznboshi 侏儒」、「Joro 噴壺」、「Kabocha 番南瓜」、「Kagoji 雙鉤」、「Kakehashi 棧道」、「Kakemochi 兼帶」、「Kakihan 花押」、「Kanabasami 鉸刀」

### 初版で変化のあるもの
②さらに異なる漢字表記になるもの (以下、「手稿」→初版)
×→×・×→△・×→単 (42語)

「Bibiri, ru, ta 退縮」→「縮」、「Booji 水火夫」→「炊夫」、「Buchi・tataku 拷打」→「打拷」、「Bunmawashi 筆規(3)」→「筆硯」、「Damashikomu 哄惑」→「欺籠」、「Danbira 濶釼」→「快刀」、「Doko 那里」→「何處」、「Donata 殿方」→「阿誰」、「Fudoshi 犢鼻」→「犢鼻子」、「Giyaman 金剛石」→「玻璃」、「Hanten 躰衣」→「半體衣」、「Haragawari 異母」→「異腹」、「Hebari・tsku 粘牢」→「粘著」、「Hekomi, mu, nda 缺陷」→「陷」、「Heppirimushi 臭椿象」→「氣鱉」、「Hijiki 角菜(ママ 鹿角菜)」→「鹿角菜」、「Hikarabiru, ta 晒乾」→「枯乾」、「Hikkurikaye, ru, ta 顛倒」→「翻顛」、「Hioba 祖叔姑」→「祖叔母」、「Hiyorohiyoro to 浪々蹌(4)(ママ 浪々蹌々)」→「踉蹌」、「Hodashi 絆・折足」→「羈」、「Honya 書棚」→「書肆」、「Hotaye, ru, ta 挑戲」→「挑」、「Ichatsku 女戲弄」→「狎戲」、「Idzna 幻術」→「飯繩」、「Idznatszkai 幻術者」→「役鬼者」、「Ina 撥魚尾」→「撥尾魚」、「Isami 市虎」→「俠者」、「Ishibiya (大發炮)」→「銅發熕」、「Isso 無寧」→「寧」、「Itamegami 合楮」→「合紙」、「Itomaki 絡板」→「絲絡」、「Izari 蹇人」→「蹇」、「Jagatara 咳歃」→「咳歃吧」、「Jari 磧礫」→「沙磧」、「Jemmai 抅背(5)」→「狗脊」、「Jidanda

194

頓々足」→「頓足」,「Kajiya 鐵工」→「鍛冶」,「Kakeberi szru 量耗」→「量減」,「Kakinuku 抄寫」→「鈔書」,「Kakitate, ru 書立・挑意・調和」→「書立・搔立・攪和」,「Kako 水主」→「水手」

③複数の漢字表記が一つに集約されるもの
　　　×→○・×→△・×→単 (9語)
「Annai 案内・郷導」→「案内」,「Atskai-koo-koota 和論・扱」→「扱」,「Dangi 俗講・談義」→「談議」,「Gohen 御邉・足下」→「御邉」,「Hatagoya 客店・旅籠屋」→「旅籠屋」,「Hosobiki 細引・麻縄」→「細引」,「Ichibu 一分・方金」→「一分」,「Itawari, ru, tta 撫恤・勞」→「勞」,「Kakoi, oo, oota 圍・占恢」→「圍」

④正音・正訓になるもの
　　　×→○・×→単 (37語)
「Aburana 蕓薹」→「油菜」,「Ama 女僧」→「尼」,「Aragome 粗粗」→「荒米」,「Arigatoö 多謝」→「有難」,「Ayame 善惡」→「文目」,「Boogashira 駕長」→「棒頭」,「Dzshi 佛室」→「厨子」,「Hachiningei 象聲」→「八人藝」,「Haibuki 銀餅」→「灰吹」,「Hajishime, ru, ta 慙殺」→「辱」,「Hankiri 矮紙」→「半切」,「Harakake 當衫(ママ 雨當衫)」→「掛腹」,「Haramaki 鐵掩心」→「腹卷」,「Hayao 艢縄」→「早緒」,「Hikiawashe, ru 紹介」→「引合」,「Hikigane 銱機」→「引金」,「Hikihada 刀服」→「引肌」,「Hikiotoshi-sz 准除」→「引落,准除」,「Hikitske, ru, ta 癃瘀」→「引著」,「Iburi, ru, utta 安忍」→「燻」,「Ijiharu Ijippari 挣任」→「意地張」,「Ijiri, ru 磨折・湌」→「弄」,「Imigomen 釋服」→「忌御免」,「Inadzma 列欤」→「稻妻」,「Itonami 産業」→「營」,「Jooshoojin 長齋」→「常精進」,「Kadzkemono 賞衣」→「被物」,「Kagoya 轎匠」→「駕籠屋」,「Kakemakumo 曲所」→「懸卷茂」,「Kaketori 債主」→「掛取」,「Kakeya 捫槌」→「懸屋」,「Kakikumori, ru 鶴夜」→「搔陰」,「Kakimawasz 攪拌」→「搔廻」,「Kakinaosz 改寫」→「書直」,「Kaku 銃的」→「角」,「Kamaitachi 窮奇」→「鎌鼬」,「Kamiyui 待詔」→「髪結」

## 2章 「手稿」から初版へ

### ⑤漢字表記が削除されるもの

×→□ （46語・「手稿」の見出し語を使用）

「Akogare-ru-ta 浮石」,「Amayakashi-sz-shta 姑息」,「Aragai-goo-goota 諍逆」,「Atafuta 貧忙」,「Ateyakana 綽約・貴」,「Awaya 咄嗟」,「Battari to 唔都一响」,「Beta, beta 溏滑」,「Bettari to 模糊」,「Bikutsku 搐搦」,「Bokiboki 筯々」,「Bottori szru 落雪・沈重」,「Dara・dara 慢々地」,「Darui -ki -shi 倦怠・重」,「Dobuts 愍子」,「Doo 怎地」,「Dore 誰何」,「Dzkkari to 剡切」,「Dzrikomu 逡巡」,「Fuwáfuwa to 浮浮」,「Gorogoro 殷雷」,「Gudogudo 訥々」,「Gudzgudz 遅鈍」,「Guniya guniya 弱離（ママ 愚弱離）」,「Gudztski, ku, ita 遅鈍」,「Gutto 一發」,「Hajike, ru, ta 蘖發」,「Hakadori ru, otta 果敢」,「Hirihiri 辛 痛」,「Hittakuri, ru 撩挙」,「Hiyoi to 倘 然」,「Hiyowai, shi 細 鹽」,「Honoguraishi 晩晩」,「Hotsre, ru, ta 紕繆」,「Imijiku-ki, jiu 粲敷・微妙」,「Ireboguro 筯青」,「Iyagari, ru 惡忌」,「Izakoza 爲口舌」,「Jaratsku 歡謔」,「Jegen 囷戸」,「Jemmai 狗脊」,「Jireru, ta 憒悶」,「Jirijiri to 遷延」,「Jitajita 滔々」,「Kaidarushi 怠堕」,「Kanaariya 金絲雀」

### ⑥見出し語自体が削除されるもの

×→－（35語）

「Agurakumu 安坐」,「Amemboo 條糖」,「Anka 被中爐」,「Arake ru -ta 被靡」,「Atsbai 煻衣」,「Bukubuku 水圍戲」,「Butsbuts to 疙癢」,「Daratsku 慢縁」,「Donza 温袍」,「Doode 終是」,「Dookemono 滑稽子」,「Doozo 怎生」,「Doramono 閧漢・蕩子」,「Gori 石伏魚」,「Guttari to 醋睡」,「Hai matowari, ru, atta 蔓纍」,「Hanaakashi, sz, shta 脱空」,「Haramanukuszri 斷産方」,「Harukamukashi 上古」,「Herusha 爾西亞（ママ 白爾西亞）」,「Hioji 祖伯父」,「Hoguro 黒痣」,「Honeudzki 結 毒」,「Hoorokubiya 灰礟」,「Ijime 搖籃」,「Irozato 女閭・(or 遊里)」,「Isakoo 口角」,「Izayoo 徘徊」,「Jeritsku 呀呷」,「Kabocha 束蒲塞」,「Kachiwatashi 徒跣」,「Kaehosz 抒竭」,「Kagotagamashi 口郞」,「Kakomari, ru 固滯」,「Kamenokoo 轒輼」

196

2節 「手稿」から初版への漢字表記

**参考：初版で「変則的表記」が付されるもの**

⑦「変則的表記」になるもの

○→×・△→×・単→× (23語)

「廠・荒家」→「ABARA-YA 敗宅」,「油注子」→「ABURA-SASHI 注子」,「磑」→「ARATO 礪石」,「檳油」→「BINTSUKE 髪油」,「點」→「CHOBO-CHOBO 點點」,「出丸」→「DE-MARU 別堡」,「峪」→「GAKE 絶壁」,「針金」→「HARI-GANE 銅線」,「屌」→「HENOKO 陰莖」,「蛾」→「HIRU 蠱蛾」,「鰭」→「HIRE 魚翅」,「燠」→「HOKO-HOKO 燠燠」,「鼾」→「IBIKI 睡息」,「居噤」→「IDZKUMARI, -ru, -tta 坐縮」,「息無」→「IKIMI, -mu, -nda 裏急」,「假目」→「IRE-ME 假瞳」,「鼬」→「ITACHI 田鼠」,「繰」→「ITO-KURI 絡梔」,「蹇」→「IZARI, -ru, -atta 臀行」,「十王」→「JŪ-NŌ 火斗」,「鳰」→「KAI-TSZBURI 鷿鷉」,「扮」→「KAKI-MAZE, -ru, -ta 攪和」,「裏」→「KAMASZ 裏子」

⑧漢字表記が付されるもの

□→× (35語・初版の見出し語を使用)

「ANE-MUSUME 長女」,「AOSA 陟鼇」,「ARA 嗚呼」,「ATO-SHIZARI 却退」,「ATSZKAI 和論」,「CHAKASHI, sz, -sh'ta 嘲弄」,「CHIN 佛林狗」,「CHIWA-GURUI 姪戯」,「DADAKKO 驕兒」,「DAI-KOKU 梵嫂」,「DOZAYEMON 溺死人」,「DZ-BŌTO 甘草」,「FUIGO 槖籥」,「FURARI-TO 偶然」,「FUZAKE, -ru, ta 狎戯」[10],「GOMOKU 塵 芥」,「HARA-GONASHI 消 食」,「HATOBA 埠頭」,「HAYA 鱌魚」,「HONE-GARAMI 結毒」[11],「IBOI, -ō, -otta 火傷」,「IKIMI 裏 急」,「INUGO 路 岐 痛」,「IRASSHARI, -ru, -tta 被 爲 入」,「ITARAGAI 海扇」,「ITSZKUSHII, -KI, -KU, -Ū, -SA 儼然」,「IWO-TSZRI 漁 人」,「JANKO 痘 痕」,「KAGEMA 男 娼」,「KAKARI-BITO 食 客」,「KAKUTE 然而」,「KAMASZ 梭魚」,「KAM-BAN 記號」,「KANA 紺絲」,「KANA-GAI 銅匕」

⑨見出し語自体が増補されるもの

－→× (41語)

「ABATA-DZRA麻臉」,「ARATANA奇驗」,「BONYARI漠然」,「BURUBURU

戰戰」、「CHAPPO 女裼」、「CHIGIRE-CHIGIRE 斷斷」、「CHIKAME 短視」、「CHITTO 些小」、「CHOITO 一寸」、「DOCHIRA 何地」、「DOKI-DOKI 悸悸」、「DON-DON 鼕鼕」、「DORO-DORO 殷殷」、「DZN-DZN 駸駸」、「FUMBATAKARU 跋扈」、「FUTANO 脚布」、「FUYE 管氣」、「GIYŌ-GIYŌSHI鷸鷸」、「GIYŌ-GIYOSHI, -KI 囂囂」、「HAI-MATOI, -ō, -otta 蔓絡」、「HAKE, -ru, -ta 消售」、「HAME 板壁」、「HANA 纏頭」、「HESHI, -sz, -sh'ta 著壓」、「HINE-KURI-MAWASHI, -sz, -sh'ta 把玩」、「HIRARI-KURURI-TO 旋轉」、「HOGAMI 肚腹」、「HONE-ORI 勞力」、「HOTA 枙械」、「HOYE-DZURA 哭顔」、「H'YOKKURI-TO 僄然」、「IBUSEKU 鬱悒」、「IKAMESHIKU, or IKAMESHŪ 稜威」、「ISASAME 假初」、「ITSZ-KARA 從何時」、「ITSZ-TOTEMO 雖何時」、「KAKOI-ME 外妾」、「KANA-KUSO 鐵屑」、「K'WARARI-TO 豁然」、「YŪGE 晩飯」、「YŪ-YAKE 晩霞」

## 4 「変則的表記」の特徴

　〔表〕は全語数387語である。『日国』2版（見出し語と〔表記〕欄の両方，もしくはいずれか一方）に収録されない語形と漢字表記の組み合わせ（3-2 「手稿」と初版の実例で示した「『日国』2版ナシ」236語）と，さらに，『日国』2版に収録されているもの（3-2 「手稿」と初版の実例で挙げなかった151語）も含めて，整理したものである。「手稿」の「変則的表記」を持つ見出し語，387語のうち，初版でも立項されている見出し語は339語（387語から「⑥見出し語字体が削除されるもの」の48語を差し引いたもの）である。つまり，初版には見出し語として87.6％が引き継がれたことになる。ところが，「手稿」と同じ「変則的表記」をそのまま受け継ぐ見出し語は，**初版で変化のないものの「①「手稿」と同じ漢字表記のもの」**の147語（339語中）になり，43.4％に減少する。それ以外の見出し語の漢字表記は何らかの変更がなされているのである。

[表] 変則的表記

| | | 『日国』2版ナシ | 全語数 | |
|---|---|---|---|---|
| 初版で変化のないもの | ①「手稿」と同じ漢字表記のもの<br>×→× | 67 | 147 | 38.0% |
| 初版で変化のあるもの | ②さらに異なる漢字表記になるもの<br>×→<u>×</u>・×→△・×→単 | 42 | 60 | 15.5% |
| | ③複数の漢字表記が一つに集約されるもの<br>×→○・×→△・×→単 | 9 | 20 | 5.2% |
| | ④正音・正訓になるもの<br>×→○・×→単 | 37 | 55 | 14.2% |
| | ⑤漢字表記が削除されるもの<br>×→□ | 46 | 57 | 14.7% |
| | ⑥見出し語自体が削除されるもの<br>×→― | 35 | 48 | 12.4% |
| 計 | | *236* | *387* | *100.0%* |

| | | 『日国』2版ナシ | 全語数 | |
|---|---|---|---|---|
| 参考：初版で「変則的表記」が付されるもの | ⑦「変則的表記」になるもの<br>○→×・△→×・単→× | 23 | 32 | 21.8% |
| | ⑧漢字表記が付されるもの<br>□→× | 35 | 58 | 39.5% |
| | ⑨見出し語自体が増補されるもの<br>―→× | 41 | 57 | 38.8% |
| 計 | | *99* | *147* | *100.0%* |

　初版で変化のあるものの，②「さらに異なる漢字表記になるもの」，③「複数の漢字表記が一つに集約されるもの」，④「正音・正訓になるもの」は，漢字表記を改変・整理する傾向にある。また，⑤「漢字表記が削除されるもの」や，⑥「見出し語自体が削除されるもの」は，それぞれ事情が異なるが，初版に継続して収録されない「手稿」特有の漢字表記や，見出し語自体とその漢字表記である。中でも，⑤は，初版でほとんどの見出し語に漢字表記を付している状況（2　漢字表記率）に逆行してもいる。

　その一方で，参考：初版で「変則的表記」が付されるものとして，⑦「「変

則的表記」になるもの」，⑧「漢字表記が付されるもの」，⑨「見出し語自体が増補されるもの」の計147語が収録されている。数は少ないながらも，編纂過程において，一方的に正音・正訓による漢字表記へ向かわず，双方向の改変があることが分かる。しかし，ほとんどの見出し語に漢字表記が付されていることから考えると，ローマ字・カタカナ表記による語形に対して正音・正訓による漢字表記を用いる傾向にあると言えよう(新山(1973)・3章2節)。

『日国』2版に収録されている語形と漢字表記の組み合わせが最も多いのは，①の(「全語数」147語から「『日国』2版ナシ」の67語を差し引いた) 80語である。「『日国』2版ナシ」の67語も含めて，これらは慣用的な組み合わせであったために継続して収録されたのであろう。同様のことは⑧にもあてはまると考えられる。それに反して，⑤，⑥は，それぞれ (57語から46語を差し引いた) 11語と (48語から35語を差し引いた) 13語であり，ともに『日国』2版に収録されている組み合わせが少ない。これらの語については，各語を精査しなければならないが，既存の日本語に対する比較的新しい漢字表記との組み合わせと考えられそうである。そのために漢字表記，また見出し語自体とその漢字表記が，当時において一般性に欠けると認識され，削除されたのであろう。

『日国』2版のフィルターを通したことに起因しているのであるが，実例で挙げた「変則的表記」は熟字として通用していないようである (例えば，「雪崩」は「なだれ」と読まれるが，字音で「セッポウ」とはならない)。また，その「変則的表記」自体を字音で読むことによって，日本における新たな漢語として定着していったもの (意味上の相違を考慮しなければならないが，例えば「Amayakashi-sz-shta 姑息」→「コソク」など) も少ないようである (杉本(1999)・陳(2005)・4章1節)。

このことは，「手稿」から初版への過程で，④のように，正音や，特に正訓の漢字表記をあてがったり (「Aburana 蕓薹」→「油菜」，「Aragome 粏粗」→「荒米」など和語に沿った漢字表記をあてた方向に立ち戻っていくものが多い)，⑤のように「手稿」での漢字表記を初版で不要としたりする見出し語があることからも理解できよう。

## 5　まとめ

　以上に挙げた見出し語は全体に占める割合は少ない。ただし，江戸後期から明治期にかけての漢字表記の一斑を示していると考えられるが，その後の改変の意図は当時の通行の漢字表記という問題からも見逃せないものと考えている。なお，3章2節で触れるが，再版でも増補された見出し語の中に，数は多くはないが初版に引き続き先の『日国』2版（見出し語と［表記］欄の両方，もしくはいずれか一方）に収録されない語形と漢字表記の組み合わせが見える。明治期には，先の14種の辞書を含む諸辞書に収録されたような語形と漢字表記の組み合わせからの脱却という意図も考えられるが，江戸中・後期ごろの辞書などには見られるものも含まれる。[12]

　「変則的表記」は，江戸後期の漢語使用の一端とヘボンの漢語に対する意識の双方が融合したものを示していると考えられる。そして，「変則的表記」には，日本で作られたと考えられるものに比べて，（近世）中国語を起源とするものが目立つようである（いずれも発生場所・発生時期・使用分野・使用時期などが問題になろう）。また，全体を通して，和語と「変則的表記」との結合は盛んである。語形と漢字表記の組み合わせとして，江戸後期に隆盛した臨時的結合のため，漢字表記は改変されていったのであろう。さらには，依拠した資料からの影響が大きいと考えられるが，語形を軸とした場合の節用集および唐話辞書や対訳辞書などにおける18世紀と19世紀の漢字表記の層の移り変わり（盛衰）も検討していかねばならない。

　ルビと表記の不一致に関して，森岡(1991) p.395では『附音挿図英和字彙』(1873)を使用して，『和英語林集成』(1867)の「英和のAの部から名詞一八三語を拾い」，「このうち一一六語は『英和字彙』初版でも同じ訳を見出すことができる」とし，さらに次のように述べている。

> 　一一六語の約半数の五七語にルビと表記の不一致があり，さらにその中の三三語が中国からの借用（筆者注：「ロブシャイド『英華辞典』の中国語訳と一致し，恐らくはその借用と思われる」とある）というのは現代の常識にそぐわないものがあるが，実は，これこそ江戸期の伝統を受け継ぐ訳語作製の典型

的な方法であったと考えられる。というのは，江戸から明治の初期にかけて翻訳者たちは概念（語の意味）の理解とそれを字に書き表すこととは別の次元の問題で，どちらかというと概念の理解より文字表記の方に苦心した節があるからである。

　ルビと表記の不一致を「語形と表記の乖離の問題」として取り上げている。対象とする辞書の異なりも考慮しなければならないが，初版に収録される漢語の見出し語全体からみれば，ローマ字・カタカナ表記による語形と漢字表記の乖離した見出し語（本論の「変則的表記」）は決して多くはない（「手稿」では「一部分が正音・正訓によるもの」を加えると3割弱になると考えられる）。加えて，本論で挙げた見出し語は，日常的なことばが多く，ローマ字などの語形から漢字表記をあてることが必ずしも困難なものばかりではない。

　来日初期のヘボンは日本語における漢字表記の層というものに対する意識がなく，『雅俗幼学新書』(1855) をはじめとする辞書などに収録される漢字表記はすべて均一に通行していると考えたのではなかろうか（終章）。そのような意識のもとにより，近世中国語と思われる表記（3章2節）を用いたと考えられる。ヘボンは中国滞在時に，(『和英語林集成』に多く見出せる訳ではないのであるが)[13] 英華辞典類に収録されるようなことばや，現地のことばに触れていた[14]ので，来日当初は，中国で目にした漢字表記と日本で再会したような印象を抱いていたのではないか。その後，ヘボンは初版で漢字表記の完備された辞書を目指すと同時に，「手稿」よりも当時の日本語として一般性の高い漢字表記を取り入れようとして，改変を行ったのであろう。

　最後に，近世中国語の多くは江戸期の一過性のブームで終わる。その終焉は明治期である。一方，学術的な新漢語（借用語，再生語，創出語など）は展開する。俗と雅の構図を検討する必要があると考える。一つには，日本人には字義の解しがたい難解な漢字表記を用いがちな近世中国語と，馴染みのある漢字を構成要素とする古代漢語や和製漢語といった異なりが根底にあろう[15]（4章1節）。

## 注

（1）「手稿」の収録状況にあわせ，Aa から Kane, ru, ta までを対象とする。「手稿」に沿って，初版の見出し語はローマ字表記と漢字表記のみを記す。

（2）「手稿」のものを挙げる。なお，列挙した見出し語に付されたアクセント符号，カンマ，ハイフンなどは「手稿」の収録状況のままにした。目移り・書き漏らしの例もここに含めた。

（3）旁によった表記である。

（4）『小説字彙』（1791）にも同様の誤りがあり，誤記の継承も問題となる（4章2節）。無論，援引関係において，間接的・直接的といったことも重要であるため，間接的な可能性を検討するためには，さらに江戸後期の節用集の収録状況も確認する必要があると考える。

（5）「手稿」には 'a kind of plant. eaten.' とある。注8。

（6）「手稿」には Atskai (n) も収録され，初版で「和諭」が付される。

（7）「手稿」には 'to be smoky. can not endure, dislike, disagreeable' と二つの語義を載せる。

（8）「手稿」には 'machinery, mechanism' とある。注5。

（9）初版には「GUTARI TO グタリ」（漢字表記なし）が残る（「手稿」にも収録される）。

（10）「②さらに異なる漢字表記になるもの」に「Ichatsku 女戯弄」→「狎戯」がある。

（11）「⑥見出し語自体が削除されるもの」に「Honeudzki 結毒」がある。

（12）江戸後期の節用集との関わりについては，佐藤（2005）や1章1節など。今後は，江戸後期の節用集が収録語を増大させるために援引したソースの一つとして，刊本である「唐話辞書類」（例えば，『學語編』（1772），『中夏俗語藪』（1783），『小説字彙』など）とのかかわりを検討する必要があると考える。無論，通俗小説や読本とのかかわりも重要であるが，誤りの継承の面（注4）からも類書の援引が優先されるであろう。さらには，様々な資料に散見する近世中国語の出自について説明が付くと考える。また，それらの近世中国語を『雅俗幼学新書』（1855）が引き受け，直接・間接の問題はあるが，明治中期の『魁本大字類苑』（1888）などへ引き渡していった流れを見出すことができそうである（4章2節）。

（13）『雅俗幼学新書』の各門の最後部に近世中国語と思われる語が集中し，そこから援引されることが多い。これらの語は，『雅俗幼学新書』と影響関係のある江戸後期の節用集では各門の後部（二行割で追加された部分も含む）に見られる。

（14）R. モリソン，W. H. メドハースト，S. W. ウィリアムズ，W. ロブシャイドなどによる辞書類を指す。これらのうち，ロブシャイドの『英華辞典』（1866-1869）は成立事情を考慮すると，巻によってはヘボンが使用することは不可能であり，上海での大幅な修正は考えがたい（2章3節）。

（15）中国に渡った和製漢語のうち，その構成要素となる漢字が，逆に中国において馴染みがないために消滅していったものがあるのではなかろうか。

## 3節　英華辞典との関わり

### 1　はじめに

　初版の「英和の部[(1)]」は，扉に 'AN INDEX; OR, JAPANESE EQUIVALENTS FOR THE MOST COMMON ENGLISH WORDS.' とある。その名称から，収録語数10,030語を有する「索引または同義語集」(以下,「英和の部」とする)としての役割を担っていたことになる。何を以て 'The Most Common' とするのかも問題となる。

　宮田（2010）p.69, 70では，英華と華英の関係を注（p.80）に挙げた『華英字典』(1842) の PREFACE をもとに，次のように記している。

> 英華辞典の作成にはきわめて高度の中国語力を必要とするので，メドハーストはまず『華英字典』をつくり，つぎに英と華を逆転させて『英華辞典』を作るという方法をとった。

さらに，『英華辞典』に句形式の見出し語が出現する理由を『華英字典』をベースにしたことに求めている。

　また，『日本語学研究事典』(2007) の「メドハースト　英華辞典」の項（倉島節尚氏執筆）では次のようにまとめている。

> 『康熙字典』をベースにして中国語の見出し語に英訳語を添え，漢字の部首順に配列した字書である。『英華字典』を作るには，華英字典を作るより中国語についてのいっそう高度な知識が必要であったので，まず『華英字典』を作り，それを裏返すような形で『英華字典』の編纂を行ったものと思われる。

『華英字典』とさらには『英華辞典』が『康熙字典』をベースにしていることは（『英華辞典』の PREFACE や，宮田（2010）などに記されている），『和英語林集成』

とは背景が異なる。しかし,「和英の部」を先行させた上で,「英和の部」を作成した流れは,中国語,日本語の別はあるものの,英語を基に眺めると華英・和英→英華・英和と同様である。

また,菊地(1991)をはじめ,「英和の部」と「和英の部」の日本語の対応関係についての研究がある。

本論では,『和英語林集成』のニュース・ソースを探る試みの一環として,英語の見出し語が何をベースにしたのか,比較的近い時期に刊行された下記の『英華辞典』(2)と比較し,「英和の部」のみに収録される(『英華辞典』には収録されない)見出し語を挙げる。次の2書との比較を中心に試みた。

・*English and Chinese Vocabulary. In Two Volumes.*
　　Shanghae: The Mission Press, 1847-1848.
　　W. H. メドハースト(Walter Henry Medhurst, 1796-1857)
　　(以下,『メドハースト』)

・*English and Chinese Dictionary, with the Punti and Mandarin Pronunciation.*　　漢名:『英華辞典』
　　Hongkong: The Daily Press Office, 1866-1869.
　　W. ロブシャイド(Wilhelm Lobscheid, 1822-1893)
　　(以下,『ロブシャイド』)

塩澤(1981)では,「英和の部」と『メドハースト』との関係について,Aの部の見出し語に限り,先行辞書の中で一致率の最も高い(92.6%)辞書としている。また,『ロブシャイド』との関わりについては,主に訳語(日本語)からの観点として,森岡(1969/1991)p.81に次のようにある。

> ヘボンの辞書も慶応三年(筆者注:1867年)が初版,オランダ・中国のいずれにも属さない独特のもので,ただ聖書用語に関する限り,中国語との交渉がうかがわれるとはいえ,時期からみても,内容から考えても,ロブシャイドから直接影響を受けたものとは考えられない。

そのために,「英和の部」の特有な見出し語を抽出することでその性格を確認できると考える。あわせて,「和英の部」との関わりなどにも触れながら考察を加えたい。

## 2 抽出方法

　上記2書の『英華辞典』[(3)]の見出し語をすべて調査し、「英和の部」[(4)]のみに収録される見出し語を確認する必要がある。しかし、最も大部な『ロブシャイド』は、『和英語林集成』の印刷の完了した1867年5月の段階ではAからCの部を含むPartⅠまでしか刊行されていない可能性が高い。

　ヘボン夫妻（夫人は先に日本へ戻る）と岸田吟香が、横浜から上海へ出発したのは1866年10月18日である。そして、書簡（1867年1月25日付・W. ラウリー博士宛・上海）（3章5節）からは、「英和の部」の作成を上海滞在中に企図したことが分かる。また、同行した岸田吟香が上海滞在中に記した『呉淞日記』の同年3月6日（旧暦のため4月10日）からは、この日にはじめて「英和の部」が版になってきたとある。ヘボンが、印刷を終え、日本に戻ったのは、およそ7ヶ月後の1867年5月17日であるから、数ヶ月間で「英和の部」は作成・印刷されたことになる。

　また、那須 (1995) p.8, 9によると、『ロブシャイド』PartⅠは1866年10月、PartⅡは1867年、PartⅢは1868年4月にそれぞれ刊行され、PartⅣは1869年2月に脱稿したとある。PartⅡについての月日は触れられていない。PartⅠの刊行からⅣの脱稿まで、およそ2年4ヶ月の歳月を要している。このことから、各Partは最低9ヶ月程度の間隔があると考えられる。ヘボンが、作成時点においてPartⅡを実見した可能性はきわめて低いのではなかろうか。

　そこで、当時、刊行されていたAからCの部と、1867年から1869年にかけて各年に刊行された巻の『ロブシャイド』の各先頭にあるD (PartⅡ)、I (PartⅢ)、R (PartⅣ) の部を対象とする。『メドハースト』もそれに準ずる。

　ただし、熟語の見出し語の収録や同形異義語・異形同義語の扱いなど、「英和の部」を対象とした『英華辞典』は、それぞれ異なる。参考までに、調査した部の収録語数（収録語数の調査には十分留意したが、若干の変動の可能性があるかもしれない）を示し、「英和の部」を100%とした各部の見出し語の収録率を挙げる（〔表1〕）。A、B、C、D、I、Rの各部の平均は、『メドハースト』が約199%、『ロブシャイド』では約565%という結果が得られた。六つの部だけである

が，2書の『英華辞典』のA，B，C，Dの各部の収録率が，「英和の部」に比して高い（『ロブシャイド』の全体の収録語数などについては2章1節）。なお，「英和の部」と比べた場合，『メドハースト』と『ロブシャイド』ともにA，B，Cの部が，I，Rの部に比べて比率が高い（2章1節）。

〔表1〕 収録語数と増減率

|   | 「英和の部」 | 『メドハースト』 | 増減率 | 『ロブシャイド』 | 増減率 |
|---|---|---|---|---|---|
| A | 489 | 1,088 | 222.5% | 2,665 | 545.0% |
| B | 426 | 977 | 229.3% | 3,349 | 786.2% |
| C | 782 | 1,968 | 251.7% | 5,720 | 731.5% |
| D | 514 | 1,259 | 244.9% | 2,895 | 563.2% |
| I | 551 | 649 | 117.8% | 1,969 | 357.4% |
| R | 575 | 690 | 120.0% | 2,241 | 389.7% |
| 平均 | 556 | 1,105 | 198.7% | 3,140 | 564.5% |

A，B，C，D，I，Rの六つの部を用いて，「英和の部」のみに収録され，比較対象とした『英華辞典』には収録されない見出し語（以下，＜収録＞とする）を抽出し，掲出する。

その際，2書の『英華辞典』と「英和の部」では一部異なる見出し語が散見する。以下のように分類し，その出現数を示す（必要に応じて実例を挙げる）。

・用例として収録されているものが，一方では見出し語として収録されている場合。

　　　＜用例＞　　例，CUSTOM（用例に‐houseとある）
　　　　　　　　　　　　　　→CUSTOM-HOUSE
　　　　　　　　　CHILDREN（用例にCHILDとある）
　　　　　　　　　　　　　　→CHILD

・一方では熟語の見出し語として収録されている場合。

　　　＜熟語＞　　例，RAIN　　　→RAIN-COAT

・関連する見出し語が収録されている場合。

　　　＜品詞・同形異義＞（同表記で品詞や意味の異なる複数の語が一つの見出し語としてまとめられたり，一方の品詞や意味の異なる語を収録していなかったりする場合。

これらは見出し語の増減にも関わる。)

　　　　　　　例．ANGLE *n.*(「角度」)，ANGLE *v.*(「釣る」)
　　　　　　　　　　　　→ANGLE
　　＜派生＞（一部一致も含む。)
　　　　　　　例．DO　　　　→DID
　　　　　　　　　COMIC　　→COMICAL
　　　　　　　　　CRITICAL TIME
　　　　　　　　　　　　→CRITICAL SITUATION
　　＜単複＞　　例．CASTANET→CASTANETS
・綴りが異なる場合やハイフンの有無。
　　＜綴り＞　　例．RUMOR　　→RUMOUR
　　　　　　　　　ENDORSE　→INDORSE
　　＜ハイフン＞例．RAINBOW　→RAIN-BOW


## 3　「英和の部」のみに収録される見出し語

　以下に，「英和の部」のみに収録されている見出し語と，その訳語を挙げる。訳語はローマ字で記されているが，「和英の部」や飛田・菊地 (1996) などを参照して，漢字仮名交じりにした。

　「英和の部」の訳語（日本語）が「和英の部」の見出し語（日本語）として収録されているか否かについて調べた。また，その「和英の部」の見出し語の語義や用例（ともに英語）の中に，該当する「英和の部」の見出し語（英語）が収録されているかについても確かめた。該当する見出し語の語義や用例を対象としたため，それ以外の部分（他の見出し語の用例や語義など）については確認していない。

　3-1 メドハースト『英華辞典』に収録されない見出し語，および 3-2 ロブシャイド『英華辞典』に収録されない見出し語の表示方法は次のとおりである。
・「訳語」の波線は「和英の部」に見出し語として収録されていることを示す。ただし，見出し語と訳語の関係が「和英の部」において対応関係にな

い。

  例，「英和の部」 ABUDUCT→「かどわかす」

    「和英の部」 「かどわかす」→To kidnap.

・「見出し語」と「訳語」の<u>下線</u>のものは，「和英の部」に「英和の部」の逆の関係で収録されている（訳語の一部として収録されているものも含む）ことを示す。したがって，見出し語と訳語の関係が「和英の部」おいて対応関係にある。

  例，「英和の部」 ACNE→「にきび」

    「和英の部」 「ニキビ」→ACNE

・斜字は，「見出し語」と「訳語」の両方が「和英の部」の見出し語に見出されないことを示す。

・［用例］（2　抽出方法の＜用例＞とは異なる）は，「和英の部」の該当する見出し語に用例の一部として収録されることを示す。

  例，「英和の部」 CONNOISEUR→「鑑定者」

    「和英の部」 「鑑定」→「－者」

## 3-1　メドハースト『英華辞典』に収録されない見出し語

「英和の部」に収録されるが，『メドハースト』にない見出し語を挙げる。必要に応じて，筆者の補足を［　］内に示す。

### Aの部

| 見出し語 | 訳語 | 見出し語 | 訳語 |
|---|---|---|---|
| ABDUCT | かどわかす | ACNE | にきび |
| ACROSTIC | 折句 | ADJECTIVE | 形容詞 |
| *ADVERB* | 副詞 | ALBINO | 白子（しろこ） |
| *AMENORRHOEA* | 経閉 | ANACONDA | 蛟（みつち） |
| ANFRACTIONS | うねる | ANODYNE | 止痛剤；緩め薬 |
| ASKEW | 捩れている；曲がる；歪（ひづ）む；歪む | ATROPHY | 虚労 |
| ATTRITION | 摩り破る | | |

## Bの部

| | | | |
|---|---|---|---|
| BALLOT | 入れ札；入札 | BELLADONNA | 莨菪 |
| BISMUTH | 蛇含石 | BONZE | 坊主；和尚；住持 |
| BRIGAND | 泥棒；盗賊 | BRITISH | イギリスの；英 |
| BUMBLE BEE | 熊蜂 | | |

## Cの部

| | | | |
|---|---|---|---|
| CAMERA OBSCURA | 覗き | CANTER | 走る |
| CARBONIC-ACID | 炭酸 | CAYENNE PEPPER | 唐辛子 |
| CIGAR | 巻タバコ | CLEAT | 桟 |
| COCCYX | 亀の尾 | COITION | 交合；目合（まくわい） |
| CONGENITAL *disease* | 胎毒 | CONNOISEUR | 鑑定者［「鑑定」の用例］ |
| CORNEA | 角膜 | CORROSIVE SUBLIMATE | 孟汞 |
| COSTUME | いでたち；着物；衣服；衣装 | | |

## Dの部

| | | | |
|---|---|---|---|
| DEMORALIZE | 崩す；汚す；乱す；落とす；衰える | DIATHESIS | 症 |
| DISCEPRANCY（ママ） | 相違；違い；間違い | DISCONNECT | 分ける；離す；外す |
| DISORGANIZE | 崩す | DITTO | 同じく；同然 |

## Ｉの部

| | | | |
|---|---|---|---|
| IBIS | 鴇（とき） | ILLUSIVE | 偽る；騙す；まやかす |
| IMBROWN | 焦がす；焦げる | IMPENDING | かかっている；望んでいる；なんなんとする［「なんなん」の用例］ |
| IMPERMEABLE | 通らぬ | IMPINGE | あたる；突きあたる |

3節　英華辞典との関わり

| | | | |
|---|---|---|---|
| IMPONDERABLE | はかれぬ；重みなき；目方なき | IMPROMPTU | 出放題；でたらめ |
| IMPUDENT | 恥知らぬ；無遠慮；無作法な | INAPPROPRIATE | 不似合い；合わぬ |
| INASMUCH | から；故に［「故」の用例］ | INCASE | 包む；着せる |
| INCRUST | 上皮が張った；塗（まぶ）れ付いた | INCUBUS | 魘される；襲われる |
| INELIGIBLE | 取るに足らぬ［「取る」の用例］ | INFAMY | 名折れ；かじん(ママ 瑕瑾)；恥 |
| INFLUENZA | 風邪（フウジャ）；邪気 | INFREQUENT | 稀；たまたま；滅多にない［「滅多に」の用例］；珍しい |
| INMOST［用例］ | 奥 | INSANITY | 狂気；乱心 |
| INSPIRIT | 励ます；力をつける［「力」の用例］；気をひきたてる | INSURANCE | 請け合い |
| INSURGENT | 謀叛人 | INTERLACE | 組む；かがる |
| INTERLEAVE | 白紙（しらかみ）をはさむ；はさみ入れる | IPECACUANHA | 吐根 |

## Rの部

| | | | |
|---|---|---|---|
| RAILLERY | 冗談 | RAPESEED | 菜種 |
| RATIO | ほど；くらい | RATSBANE | ねずみ殺し |
| RAZE | 滅ぼす；打ち崩す | REACT | こたえる；ひびく |
| REACTION | 弾み；響き | REANIMATE | 蘇らせる；励ます；生き返る；生け返す |
| REASSEMBLE | 再会する；再び集める | RECAPTURE | 取り返す |
| RECONNOITRE | 窺う | RECONQUER | 取り返す |
| RECONSIDER | また考える；繰り返して思う；思い返す；思い直す | RECONSTRUCT | 再建する；また建てる；再興する |
| RECONVEY | 持ち返す；運び返す；返す | RECURRENT | 再感なる |
| REDEMPTION［用例］ | 買い戻し；贖い；身請け | REDUCTION | 省き；減少 |
| REEF | 岩 | REEF［用例］ | 帆をつめる |

| | | | |
|---|---|---|---|
| REGURGITATE | 吐く；戻す | REIMBURSE | 償う |
| <u>RELIABLE</u> | 頼もしい；取り留める | REMARRY | 再縁する；再び娶る |
| <u>REPARATION</u> | 償い；補い；直し | <u>REPUBLISH</u>［用例］ | 再板する［「再板」の用例］ |
| RESCIND | 止（や）める；廃する | RESHIP | 積み返す；送り返す |
| <u>RESIDUUM</u> | 滓；垂れ糟 | RESONANCE | 響き |
| <u>RESTAURANT</u> | 料理屋 | RESUSSITATE（ママ） | 生け返す；生かす |
| <u>RETALIATE</u> | 返す；報ゆる | RETICULE | 袂落とし |
| RETRACE | 返る；戻る | RETRIEVE | 再興する；回復する；立て直す |
| RETROGRADE | 後退（しざ）りをする；後戻りをする | RETROSPECT | 省みる |
| <u>REVERY</u>［用例］ | うっとりと | REVISIT | また返る |
| RIBBON | 紐 | RICK | 稲叢 |
| RICOCHET | 跳べる | <u>ROMP</u> | 戯れる；ふざける；じゃれる；おどける |
| <u>ROSIN</u>［綴り異なる］ | チャン[松脂のこと] | ROSTRUM | 高座 |
| ROVE | 遊歴する | | |

〔表2〕『メドハースト』との比較

| | <収録> | <用例> | <熟語> | <品詞> | <派生> | <単複> | <綴り> | <ハイフン> | 計 |
|---|---|---|---|---|---|---|---|---|---|
| A | 13 | 8 | 8 | 1 | 11 | 3 | 8 | 0 | 52 |
| B | 7 | 19 | 14 | 4 | 16 | 7 | 5 | 0 | 72 |
| C | 13 | 15 | 15 | 3 | 29 | 7 | 10 | 1 | 93 |
| D | 6 | 2 | 2 | 3 | 23 | 2 | 5 | 1 | 44 |
| I | 26 | 8 | 7 | 4 | 81 | 4 | 8 | 0 | 138 |
| R | 47 | 5 | 16 | 21 | 59 | 9 | 4 | 1 | 162 |
| 計 | 112 | 57 | 62 | 36 | 219 | 32 | 40 | 3 | 561 |

　『メドハースト』と比較した結果（〔表2〕），「英和の部」にのみ収録される見出し語は，＜収録＞の112語である。ANODYNE「止痛剤；緩め薬」，ATROPHY「虚労」，BELLADONNA「莨菪」，BISMUTH「蛇含石」，COCYX

3節 英華辞典との関わり

「亀の尾［尾骨］」，CONGENITAL *disease*「胎毒」，CORNEA「角膜」，CORROSIVE SUBLIMATE「盂汞」，DIATHESIS「症」，INFLUENZA「風邪；邪気」，IPECACUANHA「吐根」などの身体部位，薬草，薬用品，医療に関する語が散見する。ヘボンが医師であることと関係していると考えられる。ANACONDA「蛟（みっち）」，BUMBLE BEE「熊蜂」，CAYENNE PAPPER「唐辛子」，IBIS「鴇（とき）」，RAPSEED「菜種」などの動植物などに関連する語も見られる。また，NOUN「体の詞」，VERB「働き詞」はともに収録されるが，『メドハースト』にはADJECTIVE「形容詞」，ADVERB「副詞」は収録されていない。『メドハースト』に採録されていなものは全体的に，BRIGAND「泥棒；盗賊」，IMPUDENT「恥知らぬ；無遠慮：無作法な」，INSURGENT「謀反人」，RAZE「滅ぼす：打ち崩す」をはじめとして，マイナスイメージを伴う見出し語が多い。

　訳語はほぼ「和英の部」に見出し語として収録されていることが分かる（「訳語」に下線または波線を付したものがそれにあたる）。見出し語と訳語がともに，和英の部に逆の関係で収録されているものは，完全に一致する語だけでも112例中約半数にのぼる。日本語と英語ともに「和英の部」に見受けられないものは，ADVERB「副詞」，AMENORRHOEA「経閉」の2語にすぎない。また，「英和の部」に収録されるRE-から始まるいくつかの見出し語は，『メドハースト』に，それぞれCAPTURE, CONQUER, CONSIDER, CONSTRUCT, CONVEY, CURRENT, MARRY, PUBLISH, SHIP, TRACE, VISITとして収録される。

　次に，「英和の部」と「和英の部」の関わりに目を向けてみたい。本論で挙げたIMPROMPTUの訳語である「出放題」と「でたらめ」は，「和英の部」の見出し語としてそれぞれ収録されるが，ともに訳語としてIMPROMPTUは見受けられない。しかし，「出放題」と「でたらめ」の双方の見出し語が，それぞれ'Syn.'（synonymous words「類義語」）で結ばれている（〔図〕）。このような例は，「魘される」と「襲われる（INCUBUS）」のそれぞれが，同様に'Syn.'で結ばれていたり，「名折れ（INFAMY）」の'Syn.'に「瑕瑾；恥」とあったりするものがある。一部の例を挙げたが，ヘボンは，'Syn.'で関連付けられたことばを「英和の部」の訳語として用いたことが確認できる。

213

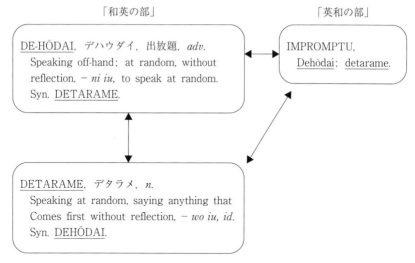

〔図〕「出放題」と「でたらめ」（下線は筆者）

　「和英の部」の見出し語に付された 'Syn.' は，「英和の部」の訳語（日本語）の類義語を選定する際の助けとなったことが分かる。しかし，ヘボンが「和英の部」の印刷のために上海を訪れた時点では，'Syn.' のこのような用い方は想定していなかったと思われる。短期間での作成のために取った手段・方法なのであろう。

　「英和の部」で複数の訳語が挙げられる場合，その掲出順は，比較的「和英の部」に 'Syn.' を持ち，「和英の部」の他の見出し語を指示することの可能な語が先頭に来ていることがままある。しかし，中には，アルファベット順，イロハ順などによらず，規則性を持たないものも多い。

　また，112語の見出し語の中で，その後の再版の「英和の部」で収録されなかったものとして（3章5節），AMENORRHOEA「経閉」，ANFRACTIONS「うねる」，BRITISH「イギリスの；英」が挙げられる。ただし，AMENORRHOEA と BRITISH は3版で再録される。

　全実例を挙げ得ないが，その他の項目（2　抽出方法）に着目すると，＜用例＞57語，＜熟語＞62語のほとんどが，「英和の部」に熟語の見出し語（＜用例＞を含む）として収録されている。『メドハースト』に熟語の見出し語として収録されているものは，そのうちの＜用例＞8語，＜熟語＞1語にすぎな

い。「英和の部」からの一面的な調査であるが，ヘボンは積極的に熟語の見出し語を採録していたと言えよう。このことは先の宮田 (2010) にあるように，「和英の部」を下敷きにしたことによる。小見出しとして扱わなかったということになる。＜品詞・同形異義＞ (表中では＜品詞＞とする) は，同表記で品詞または意味が異なる場合，「英和の部」では積極的に二つ立項している。そして『メドハースト』の36語すべてが，一方の品詞または意味を収録する。なお，Rの部に21語が集中していることについては検討を要する。

＜派生＞は，比較的「英和の部」が派生形を採録している。例えば，ヘボンが，BECAME「なった；した」，BECOMING「似合う；合う；適う；相当」，BEGAN「始まる」，BEGONE「行け；のけ」，BEING「して；にて；あって」などをはじめとして，その数は多い。派生形の見出しを立てたのは，訳語 (日本語) との関わりがありそうである (「和英の部」においてもこのような配慮がなされている (3章4節))。＜単複＞については，『メドハースト』が複数形を21語と多く採用している。＜綴り＞は，40語が該当する。双方誤植と思われるものも含まれるが，メドハーストがイギリス人であることを反映してか，ARMOUR，CRITICIZE などイギリス系の綴りを採用している。＜ハイフン＞は，3語すべてが『メドハースト』に収録される。

### 3-2　ロブシャイド『英華辞典』に収録されない見出し語

「英和の部」に収録されるが，『ロブシャイド』にない見出し語を挙げる。これら9語以外は『ロブシャイド』に収録される。

Aの部

| 見出し語 | 訳語 | 見出し語 | 訳語 |
| --- | --- | --- | --- |
| ACNE | にきび | ANACONDA | 蛟（みつち） |

Bの部

| 見出し語 | 訳語 |
| --- | --- |
| BANDY-LEGGED | えごまた |

Cの部

| | | | |
|---|---|---|---|
| COCCYX | 亀の尾 | COLLUSION | 馴れ合い |
| CONUNDRUM | 謎 | COUNTY | 郡（こおり）；郡（ぐん） |

Iの部

| | | | |
|---|---|---|---|
| IMBROWN | 焦がす；焦げる | INDUE | あらせる；持たせる |

〔表3〕『ロブシャイド』との比較

| | ＜収録＞ | ＜用例＞ | ＜熟語＞ | ＜品詞＞ | ＜派生＞ | ＜単複＞ | ＜綴り＞ | ＜ハイフン＞ | 計 |
|---|---|---|---|---|---|---|---|---|---|
| A | 2 | 1 | 6 | 2 | 8 | 4 | 1 | 0 | 24 |
| B | 1 | 8 | 8 | 1 | 6 | 1 | 0 | 1 | 26 |
| C | 4 | 14 | 11 | 1 | 5 | 4 | 3 | 0 | 42 |
| D | 0 | 1 | 4 | 2 | 7 | 1 | 1 | 2 | 18 |
| I | 2 | 2 | 6 | 2 | 8 | 1 | 3 | 0 | 24 |
| R | 0 | 1 | 9 | 3 | 2 | 3 | 4 | 0 | 22 |
| 計 | 9 | 27 | 44 | 11 | 36 | 14 | 12 | 3 | 156 |

　対象となる見出し語は，A，B，C，Ｉの部の9語にすぎず，D，Rの部には見られない〔(表3)〕。9語を除いて「英和の部」の見出し語が『ロブシャイド』に収録されているのは，見出し語の収録語数の違いからすると，当然の結果かもしれない。また，訳語はすべて「和英の部」に立項されている。

　その他の項目に着目すると，＜用例＞27語と＜熟語＞44語であるが，そのうちの＜熟語＞1語を除き，すべて「英和の部」に熟語が見出し語として収録されている。やはり，**3-1　メドハースト『英華辞典』に収録されない見出し語**同様，ヘボンは積極的に熟語を見出し語として採録していたと言えよう。

　＜品詞・同形異義＞も『ロブシャイド』では，一方の品詞を欠いていたり，両方の品詞や意味を一つにまとめたりして収録している。なお，*n.*（名詞）と*v.*（動詞）の表示を持つ語の掲出順は『ロブシャイド』とは逆である。＜派生＞は，『ロブシャイド』に原形が収録されることが多い。また，＜単複＞につ

いては，ほぼ半分の割合（「英和の部」6例）でそれぞれに複数形が収録される。＜ハイフン＞は3語中1語が「英和の部」である。

　＜綴り＞に関しては，ヘボンは見出し語CAULKに 'see calk.'（calkを参照）と空見出しとし，CALKに訳語を記す配慮のあとが見られる。また，『ロブシャイド』では「英和の部」に比して，DIARRHEA，INSTILLなど現代の辞書で積極的な見出し語とされる綴りを採用している。見出し語CENTER/CENTRE（p.346）には，二様の綴りを記載し，後方のCENTREの注記として，興味深い次のような記述がある（試訳を付す）。

> Though Webstar's orthography is the most correct one, we have followed the mode of spelling this word as is generally adopted in England and America.
> ウェブスターの綴りは最も正確な綴りであるが，私たちはイギリスとアメリカで一般に採用される，この単語を綴る方法に従った。

Webstarとは *The Elementary Spelling Book*（青表紙『スペリング・ブック』，その前身のスペリング・ブックは1783刊）(1829) や *An American Dictionary of the English Language*（『大辞典』）(1828) などで著名な N. ウェブスターである（1章3節）。[5]

　ドイツで生まれ，イギリスとの深い関わりを持つロブシャイドが[6]，ウェブスターの綴りを認識することのできる何らかの著作を実見していたことになる。[7]ウェブスターの提唱する綴りと異なる綴りを2番目に挙げ，注記を与えていることから確認できる。このことは，ウェブスターの綴りの一般性と規範性の表れでもあり，ウェブスターの綴り方が広がっていく一端を示しているとも言えよう。見出し語の排列には綴りは欠くことができないものである。また，アメリカ生まれのヘボンにとっては幼少の頃，『スペリング・ブック』を使用したことは十分に考えられる。加えて，ウェブスターの著作を資料として，辞書編纂過程で用いた可能性もある。『メドハースト』の綴りに比して，ロブシャイドとウェブスターによる2書間の綴りに大きな異なりがないのはこのためであろう。

## 4　まとめ

　『メドハースト』と『ロブシャイド』双方に収録されない見出し語は，ACNE「にきび」，ANACONDA「蛟(みつち)」[8]，COCCYX「亀の尾[尾骨]」，IMBROWN「焦がす；焦げる」の4語である。これらの見出し語は，「英和の部」の特異性を有していると考えられる。ところが，これらの訳語は，すべて「和英の部」の見出し語として収録されるため，日本固有のものを示すような日本語としては特徴的な語ではない。『メドハースト』からの直接的な援引関係は見出しがたいように思う。

　『ロブシャイド』のPartⅠのAからCの部には，非収録の見出し語は7語にすぎない（〔表3〕）。『和英語林集成』(初版)印刷時には，まだ刊行されていないⅠの部の2語を除くと，(D, I, Rの部といったきわめて限られた三つの見出し語の調査にすぎないが) PartⅡからⅣに非収録見出し語が見受けられない。既刊行と未刊行との間に差が見られないために，『和英語林集成』への影響はないと考えるのが適当であろう。

　本論は，『英華辞典』と比較した上で，「英和の部」のみに収録される見出し語についての調査であるが，上記に実例を掲げた中にも，それだけでは説明のつかない見出し語が存在していることも事実である。

　『ロブシャイド』は，おおむね「和英の部」より詳細な訳語を与えている。しかし，『ロブシャイド』にはBISMUTH「金類」とあるが，「英和の部」には「蛇含石［ビスマス，ビヅマス，蒼鉛］」とヘボンが具体的な訳語を与えているものもある。また，ACRE, BUSHEL, CATTY, DRAM, PINTなど単位に関する見出し語について，『ロブシャイド』では，メドハーストやS. W. ウィリアムズの著作に範を求めたり (例えば，ACREの記述)，あくまでも西欧の単位を基準として説明したりしている。それに対して，「英和の部」では，ACRE「1,210坪」，BUSHEL「約2斗2合」，CATTY「斤」，DRAM「盃」，PINT「約2合3勺」をはじめ，日本人が日用いる単位に換算して訳語を与えている。

　また，「英和の部」に収録されるが，「和英の部」に収録されないもののうち，COCHIN-CHINA「安南国」は，対象とした2書にも収録されており，

## 3節　英華辞典との関わり

上海滞在中における何らかの影響関係は否定できないのではないかと考えられる。他にも「英和の部」、『メドハースト』、『ロブシャイド』に収録されている BONZE「坊主；和尚；住持」(『メドハースト』未収録)，BUDHA「阿弥陀；仏」，CONVENT「尼寺」(以上，3語の訳語は「英和の部」による) など仏教に由来する見出し語の収録が一つの目印になる。

　ヘボンは「和英の部」の原稿を携えて，上海の APMP (美華書院) へ赴いている。そこで，「索引または同義語集」としての「英和の部」を作成するにあたり，最も身近な資料として考えられるのは他でもない「和英の部」であったのであろう。「和英の部」を下書きに，見出し語の日本語を英語に戻したり，訳語 (英語) などを見出し語として流用したりしたのではないか。加えて，「和英の部」の 'Syn.' を「英和の部」の訳語とすることも指摘できる。

　「英和の部」が，派生的，かつ規則性を欠いた，雑多な見出し語を収録している側面を持つのは，様々な日本語の多様性を示すためのヘボンの苦心のあとと考えられよう。一部「和英の部」の見出し語 (日本語そのもの) を基にしたことによって，それに適合する英語の見出し語を派生形や熟語などで表さざるを得なかった証とも言える。ヘボンが常に日本語を念頭に置き，編纂した結果，2書の『英華辞典』に収録されない性格の見出し語 (英語) に付された訳語 (日本語) の多くが，「和英の部」の見出し語 (句としてではない) として存在する。また，「英和の部」であるにも関わらず日本語を英語に戻すといった流れを重視したもの (先の BEGONE「行け；のけ」など) が含まれる (多くは英語から日本語に戻したと考えられる・序章3節)。このように訳語に関しては，「和英の部」から流用している部分が見られる。

　しかし，見出し語という点では，「和英の部」と「英和の部」の間において個々には影響が見受けられるが，全体として，「和英の部」が，10,030語をアルファベット順に立項した「英和の部」の作成のために中心的な役割を果たしたとは言い難いのではなかろうか。そこで，短期間に作成された「英和の部」の見出し語のリストアップには，各部間の収録率も含めて考えると，何らかの雛形があったと考えるのが適当であろう (収録語数についての比較は2章1節)。全部の見出し語を見通した上で，本論で対象とした『メドハースト』や『ロブシャイド』のような英華辞典類よりも，同時代の英語辞書 (例えばウェブスター，J. オウグルビー，P. A. ナットール等の著作)[9] との関わりなどを考慮する必

要がある。また「英和の部」の扉の 'The Most Common' についても，見出し語の立項の意識の表出としてとらえていく必要がある。

　菊地 (1991) によると，「英和の部」の訳語 (日本語) の中には，「和英の部」の見出し語 (日本語) として収録されていないものが相当数あるという[10]。「和英の部」と「英和の部」とでは異なるが，「英和の部」の見出し語 (英語) と「和英の部」の訳語 (英語) の関係についても検討の要がある (付-2)。

**注**
（1）　松村 (1966) の「解説」p.14, 15には次のようにある。
　　　AN INDEX; OR, JAPANESE EQUIVALENTS FOR THE MOST COMMON ENGLISH WORDS（索引，または，最も普通の英単語に対する日本語の同義語）という題になっている。これは，序文に，「同義語的な単語の採用もまた有益なものとして見られるであろう。この部門は第二部または索引においてより十分に実行されている」とあるとおり，和英の部において同義語的な語（Synonymous words）の掲出を試みていることへの補足的な役割を果たすものとして編せられたもののようである。
　　飛田・菊地 (1996) p.515には，「英和の部」の性格について，PREFACEをもとに記している。以下，関連部分を引用する。
　　　同義語の採用もまた有用と認められるだろう。この部分は第二部，すなわち索引において十分実現されている。(中略)
　　「英和の部」すなわち「索引」の影印（筆者注：当該書に収録）は，「和英の部」の同義語の補足として執筆されたことが明らかである。
　　「英和の部」の訳語の特徴としては，森岡 (1969/1991) をはじめ，和語の比率が，他の調査対象とした英和辞書における訳語に比して高いことが示されている（序章3節）。
（2）　『和英語林集成』「英和の部」が上海での組版・印刷のための滞在というきわめて短期間で作成されたことから，その比較対象として，英語を見出し語とし，アルファベット順の排列のものとした。
（3）　S. W. ウィリアムズによる *An English and Chinese Vocabulary, in the Court Dialect*（漢名：『英華韻府歴階』, Macao: Office of the Chinese Repository）(1844) についても，同様の調査を行った。Aの部に限っても，「英和の部」に含まれる130例前後の見出し語が含まれていない。その他，対象としたB, C, D, I, Rの各部においても，同程度の比率で収録されない見出し語が散見される。「英和の部」に対して収録率が低いため調査対象から外した。
　　なお，1843年6月9日，ヘボン夫妻が2年間滞留したシンガポールからマカオに到着した際，W. M. ラウリーも交えて，S. W. ウィリアムズの家で数ヶ月生活した。ヘボンにとって中国伝道の実情を学ぶ絶好の機会であったと推測される。
（4）　3章5節では，初版から3版にかけて，「増補された見出し語」とともに，

何らかの理由で「削除された見出し語」に重点をおき，分類した。その結果，初版から再版への改版時に，「削除された見出し語」はAからFの部にかけて集中している。様々な理由が推察できるであろうが，すべての部においての調査を行わなければ，実態を把握しがたいことの例証となり得るであろう。
（5） S. R. ブラウンの書簡（1870年12月21日付・J. M. フェリス宛・横浜）には「スペリング・ブックによって彼ら（筆者注：修文館の生徒）に手ほどきをしてやらなければなりません。ウェブスターの書物は，日本ではなかなか売れゆきが良いのです。……」とある。
（6） ロブシャイドの履歴については那須（1995）に詳しい。一部抜粋し，要約する。
　　　　ロブシャイドは1822年3月19日にドイツのグンマースバッハ西北部の村に生まれる。その後，1847年に医療伝道奉仕活動のため中国へ向けて出発。病気療養のため1851年ドイツへ帰還。その後，結婚。R. M. G. に脱会届を提出し，イギリスで組織されたメディコ伝道会へ移籍する旨を通知。中国へ訪れるためロンドンへ向かい，ギュツラフの提唱によりイギリスで創始された福漢會などとの交流を深めていく。
（7） 日本で1880年に翻刻された *The Elementary Spelling Book* には，CENTERとある。
（8） 参考までに，「英和の部」と「和英の部」との関係では，「英和の部」の見出し語の中に「和英の部」の訳語（英語）として収録されていないものがある。例えば，ANACONDA（訳語「蛟（みつち）」）として収録されていながらも，「和英の部」の「蛟（みつち）」の訳語には 'A boa-constrictor.'（「南米の大蛇」のこと）とある。また，BUMBLE BEE（訳語「熊蜂」）とあるが，「和英の部」の「熊蜂」には 'A large kind of bee.' とある。「英和の部」は対象を類似する内容で示したり，限定した訳語を用いたりしている（序章3節）。
（9） 森岡（1969/1991）P.67とP.91注4にある。
（10） 上海に同行した岸田吟香によるものと考えられる。

## 4節　初版の刊行と APMP（美華書院）

### 1　はじめに

　1867年に上海の APMP（美華書院）[1]で印刷された初版には，頁によって，左下隅にアルファベット1文字と，さらに多くの場合アラビア数字の1文字ないし2文字が連続して記されている。

　〔図〕には，p.377を挙げたが，左下隅のV22（矢印）とある。書物の印刷・製本上の処理に用いた折丁記号である。折丁記号は，他の印刷物，また他の印刷所による印刷物にも異なりはありながらも多く見受けられるものであるが，初版の折丁記号を出現順に整理してみると〔表〕のようになり，二つの規則性が読みとれる。

・1頁から，8頁おき（つまり8n+1）の奇数頁（左下隅）に，アルファベットと途中からアラビア数字が出現する。
・Aから始まり，A, B, C～Zと26のアルファベットを一巡すると，Aに戻り，加えてアラビア数字と組み合わせて，A1, B2, C3～Z26となる。再び一巡すると，アルファベットはAに戻るが，アラビア数字はそのまま継続することで，A27, B28, C29～と循環する。

〔図〕 初版の折丁記号

SAS　　　　　　　　　SAS　　　377

obstruction, impediment, interruption, stoppage. — *ga dekita.*
Syn. JAMA, KOSHŌ, SAMATAGE, SAWARI, SASHIAI.

SASAYAKA, ササヤカ, 瑣小, *a.* Small, little, fine, few, trivial. — *naru,* id.
Syn. CHISAI, KOMAKA, WADZKA.

SASAYAKI,-*ku,-ita,* ササヤク, 密語, *t. v.* To whisper, to talk in a low voice. *F'tari de nani ka sasayaite otta,* what are they whispering about? Syn. SASAMEKI.

SASAYE,-*ru,-ta,* ササヘル, 支, *t. v.* To obstruct, block-up, hinder, impede, interrupt; to stop, check, prevent, restrain, intercept. *Michi wo* —, to obstruct a road. *H'to sasaye mo sasayedz,* did not once check (the enemy).
Syn. SAYEGIRU, SAMATAGERU.

SASAYE, ササエ, 小竹筒, *n.* A vessel for carrying *sake,* made of a section of bamboo.

SASE,-*ru,-ta,* サセル, 令為, *t. v.* The caust. form of *szru.* To make or let do, to cause, to give, to induce, bring. *Ji-shin de szru yori wa h'to ni saseru ga yoi,* it would be better to let others do it, than do it yourself. *Fukō na ko wa oya ni nangi wo saseru,* a disobedient child brings sorrow to his parents. *Watakushi ni mo sase-nasare,* let me also do it.

SASEMOGUSA, サセモグサ, 艾草, *n.* The artemisia, or mugwort, of which moxa is made. Syn. YOMOGI.

†SASEN, サセン, 左遷, Degraded and banished from the court or captial, (spoken of the Kuge). — *szru.* Syn. RUZAI.

SASHI, サシ, 尺, *n.* A foot measure. *Naga-zashi,* a cloth measure. — *de sasz,* to measure with a foot measure.

SASHI, サシ, 索子, *n.* The string used for stringing cash.

SASHI, サシ, 探筒, *n.* A stick of bamboo shaved off obliquely at the end, for pushing into a bag of grain and drawing out a muster.

SASHI, サシ, *n.* The bag or case of a tobacco pipe.

SASHI,-*sz,-sh'ta,* サス, 刺, 差, 指, 螫, *t. v.* To stick, pierce, stab, thrust, prick; to sting, to point, to measure. *Katana wo* —, to stick the sword in the belt. *Katana de*—, to stab with a sword. *Hachi ga* —, the bee stings. *Sakadzki wo* —, to pass the wine cup to another. *Kuszri wo me ni* —, to drop medicine into the eye. *Ki wo* —, to plant a branch of a tree by sticking it into the ground. *Hako wo* —, to join or make a box. *Tori wo* —, to catch a bird with bird-lime. *To wo* —, to bolt a door. *Ishi wo* —, to lift a heavy stone on the hand above the head. *Shiwo ga* —, the tide rises. *Nuno wo* —, to quilt muslin. *Tatami wo* —, to sew a mat. *Momen wo* —, to measure cloth. *Hi ga mado ni* —, the sun shines into the window. *Tszki ga midz ni* —, the moon shines into the water. *Sake wo midz ni* —, to pour a little *sake* into water. *Shōyu wo* —, to season with soy. *Nishi wo* —, to point to the west. *Nishi wo sash'te yuku,* to go towards the west. *Yubi wo* —, to point the finger. *Kasa wo* —, to hold up an umbrella. *Todome wo* —, to give the coup de grace. *Zeni wo* —, to string cash. *Na wo sashite wa imasen,* would not mention him by name. *Nani wo sash'te iu,* what do you allude to? *Yedo ye sash'te yuku h'to,* a man bound for Yedo. *Doko ye sash'te yuku,* where are you bound for?

SASHI,-*sz,-sh'ta,* or -*ita,* サス, 残, *t.v.* To leave anything unfinished or partly done, used only as second of a comp. word, as, *Shigoto wo shi-sash'te asobi ni yuku,* to leave one's work undone and go to play. *Sake wo nomi-sashi ni sh'te deru,* to go out leaving his wine unfinished. *Meshi no kuisashi,* the rice one has left without eating.

SASHI-AGE,-*ru,-ta,* サシアゲル, 差上, *t.v.* Same as *Ageru.*

SASHI-AI,-*au,-atta,* サシアフ, 差合, *i.v.* To be prevented, obstructed, hindered.

SASHI-AI, サシアイ, 差合, *n.* Something that acts as a hindrance, obstruction, or embarrassment. *Kon-nichi — ga atte yukimasen,* I am so engaged to-day I cannot go.

SASHI-ASHI, サシアシ, 刺足, *n.* Soft, or stealthy steps. — *de aruku.*

SASHI-ATARI,-*ru,-tta,* サシアタル, 差當, *i.v.* To be of pressing, or urgent necessity, happening unexpectedly and requiring instant attention. *Sashi-atatta nangi,* a calamity happening unexpectedly and calling for immediate action. *Sashi-atatte komaru. Sashi-atatte yōji mo nai,* no business requiring immediate attention.

SASHI-ATARI, サシアタリ, 差當, *n.* An emergency, exigence, a matter of pressing necessity.

SASHI-DASHI,-*sz,-sh'ta,* サシダス, 差出, *t.v.* To hand up, to give.

SASHIDE, サシデ, *adv.* Spoken of two persons doing anything together, as, — *sake wo nomu,* to drink wine together. — *ni wo katszgu,* to carry a burden together.

SASHI-DE,-*ru,-ta,* サシデル, 差出, *i. v.*

[表]

「和英の部」

| 頁 | 見出し | | 折丁記号 | | 頁 | 見出し | | 折丁記号 | | 頁 | 見出し | | 折丁記号 | |
|---|---|---|---|---|---|---|---|---|---|---|---|---|---|---|
| (1) | ABA | | A | | 193 | KAZ | カ | Y | | 377 | SAS | サ | V | 22 |
| 9 | AMA | | B | | 201 | KID | キ | Z | | 385 | SEI | セ | W | 23 |
| 17 | ASH | | C | | 209 | KIR | キ | A | 1 | 393 | SET | セ | X | 24 |
| 25 | BAN | | D | | 217 | KOC | コ | B | 2 | 401 | SHI | シ | Y | 25 |
| 33 | BUC | ブ | E | | (1) 225 | KON | ゴ | C | 3 | 409 | SHI | シ | Z | 26 |
| 41 | CHI | チ | F | | 233 | KOY | コ | D | 4 | 417 | SHI | シ | A | 27 |
| 49 | DAR | ダ | G | | 241 | KUR | ク | E | 5 | 425 | SHU | シ | B | 28 |
| 57 | DOZ | ド | H | | 249 | MAB | マ | F | 6 | 433 | SOR | ソ | C | 29 |
| 65 | FUR | フ | I | | 257 | MAN | マ | G | 7 | 441 | SZK | ス | D | 30 |
| 73 | GEK | ゲ | J | | (2) 265 | MEI | メ | H | 8 | 449 | TAG | タ | E | 31 |
| 81 | HAC | ハ | K | | 273 | MIG | ミ | I | 9 | 457 | TAN | タ | F | 32 |
| 89 | HAN | ハ | L | | 281 | MOC | モ | J | 10 | 465 | TEG | テ | G | 33 |
| 97 | HAY | ハ | M | | 289 | MUC | ム | K | 11 | 473 | TOB | ト | H | 34 |
| 105 | HIK | ヒ | N | | 297 | NAG | ナ | L | 12 | 481 | TOR | ト | I | 35 |
| 113 | HIR | ヒ | O | | 305 | NAO | ナ | M | 13 | 489 | TSZ | ツ | J | 36 |
| 121 | HOG | ホ | P | | (3) 313 | NEU | 子 | L | 12 | (4) 497 | TSZ | ヅ | K | 37 |
| 129 | ICH | イ | Q | | 321 | NOM | ノ | O | 15 | 505 | UME | ウ | L | 38 |
| 137 | IMB | イ | R | | 329 | ODA | オ | P | 16 | 513 | UWA | ウ | M | 39 |
| 145 | ISO | イ | S | | 337 | OMO | オ | Q | 17 | 521 | YAB | ヤ | N | 40 |
| 153 | JID | ジ | T | | 345 | OSO | オ | R | 18 | 529 | YE | エ | O | 41 |
| 161 | JUG | ジ | U | | 353 | REN | レ | S | 19 | 537 | YOK | ヨ | P | 42 |
| 169 | KAI | カ | V | | 361 | ROS | ロ | T | 20 | 545 | YUI | ユ | Q | 43 |
| 177 | KAM | カ | W | | 369 | SAK | サ | U | 21 | 553 | ZEN | ゼ | R | 44 |
| 185 | KAS | カ | X | | | | | | | | | | | |

「英和の部」

| 頁 | 見出し | 折丁記号 | | 頁 | 見出し | 折丁記号 | | 頁 | 見出し | 折丁記号 | |
|---|---|---|---|---|---|---|---|---|---|---|---|
| (1) | ABO | A | 1 | 49 | IMM | G | 7 | 97 | SED | M | 13 |
| 9 | BLA | B | 2 | 57 | LAN | H | 8 | 105 | SPR | N | 14 |
| 17 | COM | C | 3 | 65 | MIG | I | 9 | 113 | TEM | O | 15 |
| (5) 25 | DIS | | | 73 | OVE | J | 10 | 121 | UND | P | 16 |
| 33 | EXU | E | 5 | 81 | PRA | K | 11 | 129 | WHE | Q | 17 |
| 41 | GLI | F | 6 | 89 | REF | L | 12 | | | | |

## 4節　初版の刊行とAPMP（美華書院）

- ・「頁」　　　─アルファベットとアラビア数字が出現した頁
- ・「見出し」　─アルファベットによる頁ごとに付してある上部 (左右にあるため左側を示す) の簡易見出し (柱にあたる・〔図〕の例では最上部の「SAS　サ」を指す)
- ・「折丁記号」─出現したアルファベットとアラビア数字

（１）　225頁の見出し「KON　ゴ」は,「KON　コ」であろう。

（２）　265頁の折丁記号は, 'H 8' とあるが, 復刻版 (北辰版のもの) では 'H' のみである。ただし, 確認し得た初版には 'H 8' とあり, 復刻時に削除があったと考えられる。もしくは異なるステロタイプによるものかもしれない (明治学院・雄松堂の復刻版には 'H 8' とある)。

（３）　313頁の折丁記号は, 'L12' ではなく, 順序から見て 'N14' と考えられる。

（４）　497頁の見出し「TSZ　ヅ」は,「TSZ　ツ」であろう。

（５）　25頁の折丁記号は記されていないが, 復刻版には 'D 4' とある。確認し得た初版にも記されているものと記されていないものがある (2章5節)。

　8頁おきに現れるのは1枚の大きな紙を2回折りたたむことで, 両面8頁 (4枚) からなる折丁が作られたためである。いわゆる4折判である。規則性のある記号は, 個々の折丁をまとめるための目印として有効であることが分かる。1章1節に挙げたが, ヘボンの書簡 (1862年1月27日付・W. ラウリー博士宛・神奈川) では, 次のようにきわめて具体的に記している。

　　形よく整えて, 国から送られた用紙に上海で印刷するのがよいと思います。一頁に二列で, 八ツ折版 (ママ 判) の四分の一の大きさ (ママ) (筆者注：原文では 'royal octavo or quarto size' とあり「8折判または4折判の大きさ」となる) で八〇〇頁ほどの本になると思います。

　また,「和英の部」と「英和の部」の間では規則性が中断し, 同様の折丁記号が重複している。「英和の部」では, A～ではなく, A 1～となっている。しかし, PREFACEには折丁記号は見あたらない。このことから,「和

英の部」と「英和の部」とは,別々に丁合を整えた後に,組み合わされたのではないかと考えられる。

へボンは,上海のAPMPで初版の印刷に漕ぎ着く数年前の書簡(1862年2月24日・ラウリー博士宛・神奈川)(3)の中で,8折判(Octavo)を4頁印刷できる小型印刷機(a small printing press)(4)の必要性を訴えている。(5)ヘボンが小型印刷機(6)を要求していたことは他の書簡からも確かなことである。ただし,この要求は,経済的な理由等から実現することはなかった。

ヘボンは当初,日本で印刷・刊行することを企てていたが,最大の難関となったのは印刷技術の問題であった。当時の日本の印刷は,木版を中心としたものである。その状況について,望月(1987) p.128には「朝野新聞」の岸田吟香の回想部分を挙げる。

> へぼん氏ハ日本ニテ之(筆者注:初版を指す)ヲ出版セント試ミ,開成所ノ役人,堀達之助・大鳥圭介等ノ人々ニ協議シタレドモ,到底木版ヲ以テ其ノ目的ヲ達スベカラザルコトヲ知リ,遂ニ清国ニ赴クノ決意ヲナシタルナリ

引用文中の「開成所」の呼称は時代から考えると「洋書調所」(7)の可能性も考えられる。そこからは1862年に『英和対訳袖珍辞書』(8)が刊行されている。その実績に鑑みて,ヘボンは洋書調所で初版の刊行を企図したのである。しかし,活字の不備と用紙の調達の両面からその刊行は不可能であった。その後,英字新聞社等にも相談するが,やはり印刷機と活字の問題から断念するしかなかったようである。

日本国内の活版印刷の現状を把握したヘボンは,S. R. ブラウンの *Colloquial Japanese* (以下,『会話日本語』) (1863)(9)のような出版物がAPMPの印刷によるものであったこともあり,1866年10月,夫人と岸田吟香とを伴って,上海へ向かう。当時,APMPの状況について,川田(1949) p.84に次のようにある。

> アメリカン・プレスビテリアン・ミッションに属する美華書院は,初め寧波に開業したのであるが,その後たぶん西暦一八六一年頃(文久元年頃)(10)から上海に移ったのである。そして洋式活版の十分な工場を持たなかっ

4節　初版の刊行とAPMP（美華書院）

たわが邦から，語学の辞書類の印刷が，美華書院の手に委託されるようになったのも，もちろん同書院が上海へ移転してから以後のことであった。


## 2　その他のAPMPの刊行物

ここでは，初版の折丁記号を比較するために，初版に前後するAPMPで刊行された実見可能である日本語に関する辞書類の折丁記号について整理したい。

① 1863年　『会話日本語』　　S. R. ブラウン

6章からなっているが，そのおよそ半分の頁数を占めるV SENTENCES IN ENGLISH AND JAPANESE COLLOQUIALにのみ折丁記号が見られる。8頁おきに折丁記号が現れることから，初版と同じく4折判であることが分かる。加藤・倉島(1998) p.331には，「厚手の用紙（筆者注：「1頁」のということになろう）のサイズはヨコ130mm×タテ210mmでA5版に当る」とある。

1頁の折丁記号はBから始まり，169頁のVで終わる。始まりがAではないこと，途中Eが重複していること，さらに，折丁記号の予測される17頁には，そこにあるべき折丁記号のDがないことが挙げられる。[11]

② 1867年　『和英語林集成』(初版)　　J. C. ヘボン
〔表〕参照。

③ 1869年　『改正増補 和訳英辞書』[12]（『薩摩辞書』）
　　　　　　高橋新吉，前田献吉，前田正名編

宮沢(1997) p.19には次のようにある。

　ブラウンの日本語会話本にしても，『薩摩辞書』自体も，上海の米国長老教会派教会所属の印刷所「美華書院」の世話になっているように，ヘボンの『和英語林集成』にしてもこのとき同じ活字を使うことになった。

227

特に日本語の活字の製作にはW. ガンブル (William Gamble, ?-1886)[13]の高度な技術によるところが大きいとされている。

日本語の序と英語のPREFACEからなる2頁を除く辞書部分に，8頁おきに折丁記号が現れることから，やはり4折判であることが分かる。

A～Zまで一巡すると，A1，B1，C1～Z1となり，さらにA2，B2，C2～Z2から，A3，B3，C3～I3と循環する。初版がアルファベットを循環させながら，アラビア数字を順次増加させていくのとは異なる。また，1T，1V，1X，1Zの数字と記号は順序が逆で，T1，V1，X1，Z1とあるべきである。

④　1871年　　『仏和辞典』　　　好樹堂訳

辞書の本体部分に8頁おきに折丁記号が現れる。4折判である。

Aから始まりZまで一巡すると，A1，B1，C1～Z1となり，A2，B2，C2と循環する。また，57頁の折丁記号のHは他の記号が左端に配置されているのに対して，右端に配置されている。

⑤　1871年　　『大正増補 和訳英辞林』（『改正増補 和訳英辞書』の増補再版）
　　　　　　　　日本薩摩学生　前田正穀，高橋良昭編

辞書の本体部分に8頁おきに折丁記号が現れる。4折判である。

Aから始まりZまで一巡すると，A1，B1，C1～Z1となり，さらにA2，B2，C2～Z2，A3，B3，C3～R3まで循環する。

折丁記号で用いられるアラビア数字はアルファベットに比べて一回り大きい。また，I1が重複している代わりにK1がない。305頁のM1となるべきところが1Mとなっている。15，35，55，400，420頁に一回り大きな活字D（400，420頁では，さらに左側に45度傾いている）が右端に記されている。印刷機（あるいは印刷者）番号であろうか。

⑥　1872年　　『和英語林集成』（再版）　　J. C. ヘボン

折丁記号はない。

⑦　1872年　　『和英通語捷径』　　島田胤則・頴川泰清纂輯

折丁記号はない。縦18cm，横12cmと，初版・再版の半分程度の大きさである。序文にあたる部分に，「美国平文先生所著ノ英和語林及ヒ他ノ諸書ニ就テ其日用ニ缺ヘカラサル通語ヲ抜萃シ」「国字ヲ施シ」たものとある(序章3節)。

⑧　1873年　『独和字典』　　　松田為常，瀬之口隆敬，村松経春編
　辞書の本体部分に8頁おきに折丁記号が現れる。4折判である。アラビア数字のみでアルファベットは用いられていない。1から始まり，705頁の89で終わる。

参考　1874年　『漢英韻府』　　　S. W. ウィリアムズ
　日本語に関する辞書ではないが参考までに挙げる。本文内に，8頁おきに1から144までの数字を用いている(一部抜けている部分もある)。4折判である。

　以上，①から⑧にかけて書物の折丁記号の有無や表示方法について記した。時代が経過するにつれて折丁記号が変化していったことが分かる。


### 3　まとめ

　折丁記号は，初版をはじめ前記の書物では紙面の中に混入している。ところが，**2　その他のAPMPの刊行物**で触れたように，1872年に刊行された再版と『和英通語捷径』に折丁記号はない。もっとも後者は，判の大きさが異なる。
　しかし，再版および『和英通語捷径』刊行の前年の1871年に，APMPで刊行された『大正増補 和訳英辞林』には折丁記号があり，上記の2書をはさんで翌々年1873年刊行の『独和字典』，その翌年1874年の『漢英韻府』にも折丁記号が用いられている。印刷機の異なりなどに関する疑問がわくが，その理由は明らかではない。
　折丁記号自体にしても，年を追うごとに，アルファベット(やアラビア数字)の欠落や重複が改善されていく。1869年『改正増補 和訳英辞書』ではアル

ファベットとアラビア数字を規則正しく用いており，さらに，1873年の『独和字典』では，アルファベットを用いずアラビア数字だけの折丁記号に統一されている。対象とした1863年から1874年にかけてAPMPで刊行された辞書の折丁記号は，次第に連続性を高め単純になっていくことが理解される。

そして，折丁記号の見られない再版<sup>(14)</sup>と『和英通語捷径』<sup>(15)</sup>については不明であるが，この時期にAPMPで刊行されたその他の辞書は全て4折判であった。

**注**

（1） 英語名はAmerican Presbyterian Mission Pressである。また，「美華書院」と「美華書館」の双方の記述があるが，本書では「書院」を採った。なお，岸田吟香の『呉淞日記』では「美華書館」とする。一方，やはり岸田吟香による『精錡水功験書』（1875）と，S. W. ウィリアムズの『漢英韻府』（1874）（2章5節，4章3節）では，「美華書院」としている。

（2） 詳細は3章5節に挙げるが，ヘボンの書簡（1866年12月7日付・ラウリー博士宛・上海）には，「英和の部」の印刷に際して，「二日に八頁の印刷をしあげ」，「やっと四十頁おわり」とあり，8の倍数で展開している。また，同じくヘボンの書簡（1867年1月25日付・ラウリー博士宛・上海）には，「目下，一日六頁の割で印刷中」とあるが，こちらは平均値を示したものであろうか。

（3） 原文を確認したところ独特の癖のある判読しづらい文字で綴られているが，できる限り忠実に活字にあらためた。

　　Can't you send me a small printing press that will print <u>4 pages octavo</u> at once, with all the outfit of types etc. - complete - Independent of my Dictionary, I may make it very useful.（中略）So, send me a press - soon and a good supply of such type as you may think best for publishing a Dictionary small capitals - for the Japanese words and common type for the meaning etc.

高谷（1959）p.103を基に，試訳を付す。

　　一度に<u>8折判（Octavo）を4頁印刷</u>できる小型印刷機と，活字の備品を一揃い送付していただくわけには参りませんでしょうか。私の辞書（の印刷）とは別に私は有効に使うつもりです。（中略）是非とも，すぐに印刷機と，辞書出版に最適であると思われる活字のそれ相当の備品，日本語を示すための小型の大文字（スモールキャピタル）と語義に用いるための一般的な活字を送って下さい。

初版のPREFACEにも活字に関する記述がある（序章3節）。

（4） さらに，同じくヘボンの書簡（1862年3月12日付・ランキン氏宛・神奈川）では次のようにある。

　　その他に入用なものがございます。それは，あなたに早速お送りいただきたいのですが，同一の型の活字の一揃いの整った小型の印刷機一台です。それ

はとても有用で，一台が一〇〇－一五〇ドルするものが良いと思います。中国語と日本語の活字はガンブル氏から手に入れることが出来ます。妻と息子はわたしのために残金を多く残さないだろうと思いますので，自分のお金でこれを買うことが出来ません。

(5) 同じくヘボンの書簡（1862年5月27日付・ラウリー博士宛・神奈川）でも記している。

印刷機に関するわたしのお願いをご検討願いたいのです。印刷機が高い利用価値を表す時が遠くないことは疑う余地がありません。私の辞書を完成させるためには，上海の印刷機を利用せねばなりませんが，大変不便です。ミッションに対して好意的な人が小さな物でも送ってくださるといいのですが。

他にも書簡（1862年7月8日付・親愛なる友宛・神奈川）で次のように記し，上海での印刷に移行している。

勉強を続けるために辞書の発行の準備をしています。横浜の商人（筆者注：T. ウォルシュを指すか）がその発行を手伝ってくれるかあたってみようと思っています。それは，英語と日本語のどちらかといえば基礎的な著述ですが，わたしどもはこの種の本をとても必要としています。商人たちが手伝ってくれるものと信じています。上海のわたしどもの印刷所で印刷しようと思っております。

数ヶ月の間でありながら，印刷に関わる書簡を4度にわたり送り届けている。

(6) 2章5節の〔図9〕に挙げた *Trübner's American and Oriental Literary Record: A Monthly Register*, No. 31（Jan. 1, 1868）p.132には 'imperial 8vo'（オクタボ判・8折）とある。APMPでは '4to'（クォート・4折）で印刷されているわけであるが，外形を示しているのであろう。あわせて，上海版に対してロンドン版の体裁（序章）が一回り大きいことも考慮に入れる必要があるかもしれない。検討の必要なところである（他にも2章5節の〔図12〕では3版をdemy 8voと示す）。類似した事例として，古田（1978）に，J. J. ホフマンの著作へのブリル書店の英語の出版物広告で，広義でのオクタボ判（8折）とあるべきところが大クォート判（4折）と誤った表示をしているとある。

(7) 1863年8月に林大学頭の意見書にもとづいて，「洋書調所」から「開成所」とあらためられた。

(8) 通称『洋書調所辞書』。英語はオランダ製の鉛活字を用い，日本語は木活字で判を組み，スタンホープ型の手引印刷機によって印刷された（川田（1949）p. 65）。

(9) R. オールコックによる1861年刊行の *Elements of Japanese Grammar, for the Use of Beginners* は上海で印刷されている。しかし印刷所は記されていない。

(10) 1860年12月に寧波から上海に移転。

(11) E. M. サトウ・石橋政方による *An English Dictionary of the Spoken Language*（『英和口語辞典』）初版（1876）では，一部あるべき位置に記されていない折丁記号もある。また，折丁記号J，V，Wは根本的に飛ばされて用いられていない。このことは，カーター（1994）p.350に次のようにある。

普通はAからZの順に使い，昔は大文字で書くとIとVになってしまったJとU，そしてWは慣例上抜いている。（中略）〔注意：上記に一般化して述

べたことは，イギリスの本にのみ通用することだ。アメリカの印刷所は，アルファベット二六文字をすべて使うのが慣例である。しかし，ジェイコブ・ブランク氏〈Mr. Jacob Blank〉が，「一九世紀のアメリカの本には，ひとつだけでなく，二組かそれ以上の折丁記号が付いていることが珍しくない。折り込み部分には使用されないことも時々ある」と述べている（以下略）]

　　　J, V, W と J, U, W と異なりはあるものの，上記の初版には 'Printed by Ballantyne, Hanson and Co. Edinburgh and London'（下線は筆者）とあり，見解と一致する。なお，2版（1879）の折丁記号は1から始まる数字が用いられている。印刷については，'R. Meiklejohn and Co., Printers, Yokohama, Japan.' とある。

　　　なお，*Colloquial Japanese* の折丁記号については，加藤・倉島（1998）p.332に指摘がある。

(12)　APMPでの刊行は，S. R. ブラウン，D. B. シモンズとともに日本に同船してきたG. H. F. フルベッキの協力によるものであろう。

(13)　ヘボンの書簡（1864年2月10日付・親愛なる友宛・横浜）には次のようにある。

　　　わたしは他のことをほとんど止めてしまうほどに，辞書の編纂に没頭しております。もしできることなら，来秋，辞書の印刷を始めたいと思っております。そのことで，わたしはガンブル氏と文通しております。そして上海に行き，印刷が終わるまで滞在しなければならないでしょう。この著作が印刷されたら，本部に一切費用をかけずに印刷しても，本部の財産とすべきであると，あなたはお考えになるでしょうか。この件についてあなたのお考えをお聞きしたいと存じます。当地の友人の一人が，辞書の売上から返済するということで必要な資金のすべてを立て替えようと申し出てくれております。このことについては，わたしの好むように自由にさせていただきたいと思います。

(14)　1868年の丸善商社による3版には，8頁毎に英文の扉とPREFACEとINTRODUCTIONには連続したローマ字で，「和英の部」と「英和の部」は連続した数字で，折丁記号がある。

(15)　この頃，日本で出版・刊行された書物の一つに，1872年の『孛和袖珍字書』（學半社）がある。辞書部分とその後に続く不規則動詞表・正誤表に折丁記号が16頁おきに現れる。8折判である。

　　　また，川田（1941）p.82, 83に次のようにある。

　　　当時の上海へは単に印刷が委託されたばかりでなく，印刷機や鋳造機，欧文及び漢字の活字や，活版工具の類などが美華書院の手を経て日本に輸入されている。（中略）

　　　また後になってそれが本木昌造の手に渡って，活版印刷の実地研究に役立ったというワシントン・プレス（米国製の手引印刷機）や，欧文及び和文活字若干を，薩摩藩の重野厚之丞（後の安繹）が上海から買いこんでいたのも，全く辞書印刷の上海行の機会をとらえての仕事であった。

## 5節　二つの初版

### 1　はじめに

初版には同一の内容のものが2種類存在する。一つは上海で組版からステロタイプ刷版(1)を作って印刷しヘボンが横浜で発行したもの，もう一つはロンドンで TRÜBNER & Co. が印刷・発行したものである（〔表1〕）。明治学院大学図書館では，前者を「横浜版」，後者を「ロンドン版」と称している。

〔表1〕　横浜版とロンドン版

|  | 組版 | 印刷 | 発行 |
| --- | --- | --- | --- |
| 横浜版 | 上海 | 上海 | 横浜 |
| ロンドン版 | 上海 | ロンドン | ロンドン |

印刷が本国アメリカではなく，イギリスであるのは，著作権保護の問題や TRÜBNER & Co.(2) などとの関わりもあろう。アメリカの著作権の問題については，平川（2006）p.151，152に次のようにある。

> 発明に関するパテントは英国では十七世紀から認められた。米国では一七八七年，憲法が議会に専売特許条例を立法化する権限を付与している。アメリカの特許庁（パテント・オフィス）は一八三六年に創立された。だがアメリカでは当時から認められていたはずの著作権は，実際には一向に尊重されなかった。その例としてほかならぬスマイルズの英文著書の海賊版出版のことが挙げられる。十九世紀後半，世界的なベストセラーであった *Self-help* や *Thift* は，著者の許しを乞うでもなく，著者に印税を支払うでもなく，北米で売りに売れた。たまりかねたスマイルズは訴訟を起した。英国の司法権の及ぶカナダでは海賊版を合衆国に売り込ん

でいたベルフォードなる出版業者から一八七五年に印税取立てに成功しましたが，合衆国では生前ついに取立てることができなかった。(中略)アメリカ合衆国が十九世紀の末年に至るまで著作権保護のベルヌ条約に加わろうとしなかった背景には，新大陸のアメリカが旧大陸のヨーロッパに文化的に遅れていると感じていた当時の米国人の間に，その種の無断出版は大目に見てもよいではないか，という気持ちもあってのことではあるまいか。

初版発行の1867年が母国アメリカではなくイギリスであること，1873年に版権を確定した縮約ニューヨーク版が発行されたことなどの説明になりそうな背景である(序章3節)。

また，当時のイギリスの影響力を考えると，イギリスでの販売は欧州をおさえることにもつながったはずである。TRÜBNER & Co. の目録によると各言語による書籍を幅広く扱っていることも確認できる。また，ロンドンでの発行は，莫大な印刷費を要した初版への手当てとなったと考えられる。

縮約ニューヨーク版(1873)については，ニューヨークのA. D. F. RANDOLPH & Co. と，イギリスにおいては引き続きロンドンのTRÜBNER & Co. が発行元となっている。さらに，TRÜBNER & Co. は，縮約上海版(1881)，縮約丸善版(1887)の発行元の一つとしても名を連ねている。

## 2　横浜版とロンドン版

和文の扉([図1]・[図2]の左面)は，罫線枠(高野(1995))で囲まれているが，右下の罫線にずれが生じている。このずれは，横浜版とロンドン版ともに同じである。その他の部分における，約物，飾り活字についても異なりはない。

一方，英文の扉に関しては次に示すようにまったく別のものである。新たにロンドンで組まれたものと思われる。

5節 二つの初版

〔図1〕 横浜版　和文の扉と英文の扉

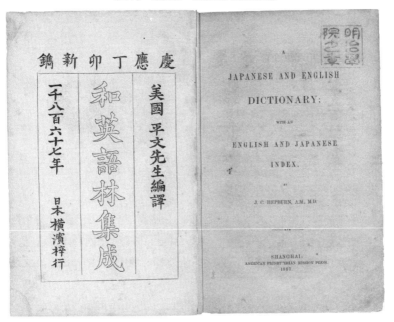

〔図2〕 ロンドン版　和文の扉と英文の扉

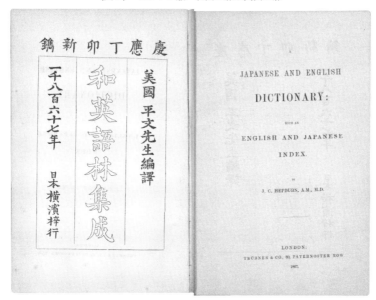

明治学院大学図書館には２本のロンドン版が所蔵されているがその装丁は大きく異なる。1本は革装丁のしっかりしたものであるが，もう１本は簡素な装丁に 'Foreign Office' と焼印が押されている。イギリス外務省で用いられていたものであろう。
　上記の２種のロンドン版ともに，使用した用紙，インク(油分)の異なり(3)，また印刷技術によるものと考えられるが，APMP(美華書院)で印刷された横浜版のようなインクの油焼けによるにじみは見られない(後述)(4)。

　初版の異同ということに関しては，松村・飛田(1966)に次のようにある(飛田「和英語林集成の諸版について」p.36)。

　　　この初版は諸本によって異同がある。序説の９頁15行目に，東北大学
　　狩野文庫蔵本二冊 (洋130860甲) (洋130861甲)，東京大学国語研究室蔵本，
　　東洋文庫蔵本，明治学院大学蔵本 (A)，松村明氏蔵本，山田忠雄氏蔵本，
　　飛田良文蔵本は，
　　　　a, when followed by a syllable commencing with y, …
　　とあり，東北大学狩野文庫蔵本二冊 (洋130859甲)，国立国語研究所蔵本，
　　明治学院大学蔵本 (B)，森岡健二氏蔵本，山田忠雄氏蔵本 (改装本) には，
　　　　, when followed by a syllable commencing with y, …
　　とある。ただし，森岡健二氏蔵本にはペンで a と書入れがある。a のある諸本も，a の活字は a (筆者注：斜体ということ) とあるべきところで，a の位置も諸本によって多少のずれがある。

以下，ロンドン版についての書誌があり，国立国会図書館，慶應義塾図書館，山田忠雄氏の所蔵が示される。
　上記の 'a' に関わる該当箇所を〔図３〕に示す。ただし，その他の異同箇所と考えられるものについては確認し得ていない。しかし，「英和の部」p.25には折丁記号 'D４' が記さているが(〔図４〕)，一部記されていないものが確認できている (2章4節)。

〔図3〕 上段が 'a' 無,下段が 'a' 有

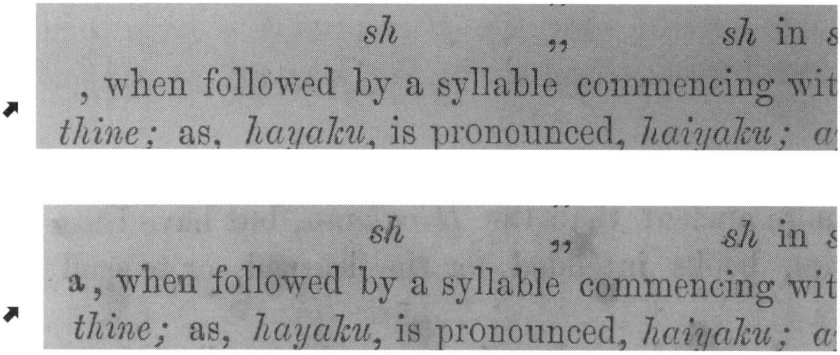

〔図4〕 折丁記号 'D 4'

　そこで,上記の「'a' の有無」と「折丁記号 'D 4' の有無」について,明治学院大学図書館で所蔵している横浜版4本とロンドン版2本,国立国会図書館の横浜版とロンドン版,さらに日本大学文理学部史学科と慶應義塾大学図書館と島根大学学術情報機構附属図書館医学図書館に所蔵されるロンドン版,国立国語研究所研究図書室と横浜開港資料館と長崎大学附属図書館経済学部分館に所蔵される横浜版それぞれ1本,計14本（横浜版8本とロンドン版6本）を対象に,確認作業を行った（〔表2〕）。
　装丁や函架番号などの書誌情報は次のとおりである。

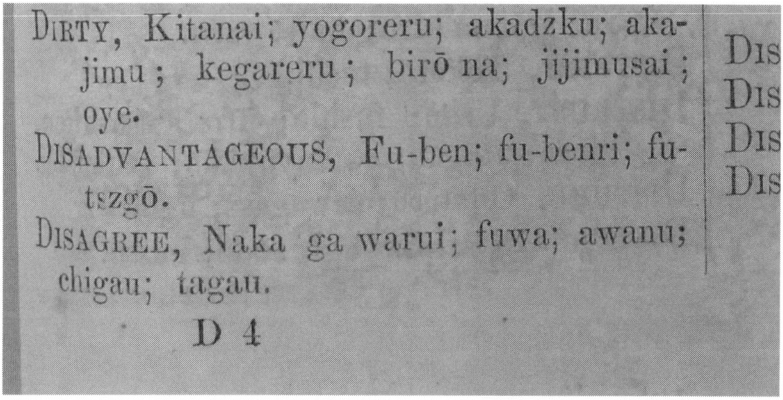

〔明治学院大学〕
　　横浜版　赤・半革装本
　　　　833/H52
　　横浜版　茶・半革装本
　　　　833/H52
　　横浜版　黒・半革装本
　　　　833/H52
　　横浜版　布装本　　　　　　　　※　再装丁
　　　　833/H52
　　ロンドン版　革装本
　　　　833/H52
　　ロンドン版　布装本　　　　　　※　イギリス外務省使用
　　　　833/H52
〔国会図書館〕
　　横浜版　黒・半革装本
　　　　495.63/H41
　　ロンドン版　薄茶・半革装本　　※　再装丁のようである[6]
　　　　833/ch52j2
〔慶應義塾大学〕
　　ロンドン版　黒・半革装本　　　※　再装丁のようである[7]
　　　　D24/43/1
〔日本大学文理学部〕
　　ロンドン版　黒・半革装本
　　　　833/H52
〔島根大学〕
　　ロンドン版　薄茶・半革装本　　※　原装丁をいかしながらの再装丁[8]
　　　　813/HEP
〔国立国語研究所〕
　　横浜版　布装本　　　　　　　　※　再装丁
　　　　413＝N＝20　H52

〔横浜開港資料館〕
　　横浜版　緑・半革装本　　※　原装丁をいかしながらの再装丁(背文字なし)
　　　　BLUM D. Ⅷ 7
〔長崎大学〕
　　横浜版　赤・半革装本　　※　明治学院大学の「赤・半革装本」に酷似
　　　　706/M58


　上記のそれぞれの初版を装丁の面から次のように整理し，略称で示す。
　　　　＜横浜版＞
・明学　赤・半革装本　　→横赤
・明学　茶・半革装本　　→横茶
・明学　黒・半革装本　　→横黒
・明学　布装本　　　　　→横布
・国会図書館　　　　　　→横国
・国立国語研究所　　　　→横研
・横浜開港資料館　　　　→横資
・長崎大学　　　　　　　→横長
　　　　＜ロンドン版＞
・明学　革装本　　　　　→ロ革
・明学　外務省使用　　　→ロ外
・国会図書館　　　　　　→ロ国
・慶應義塾大学　　　　　→ロ慶
・日本大学文理学部　　　→ロ日
・島根大学　　　　　　　→ロ島


　'a' の有無，また 'a' の位置には諸本による多少のずれがあることが分かる。「横赤」，「横茶」，「横黒」については，「横茶」がずれながらも，印刷後，印刷用インクを塗布した同様の活字を押している。「横国」も同様であろう。また，「ロ国」の活字もきわめて類似している (全体にわたり油焼けが激しい)。
　一方，「横布」はブルーブラックのインク (変色については1章1節) などによって手書きされている。H. S. パークスへの献辞が記された「横資」も酷示し

〔表2〕 'a' の有無と 'D4' の有無（上段 横浜版，下段，ロンドン版）

|  | 横赤 | 横茶 | 横黒 | 横布 | 横国 | 横研 | 横資 | 横長 |
|---|---|---|---|---|---|---|---|---|
| aの有無 | 活字 a, | 活字（下にずれる） | 活字 | 手書き  a, | 活字（左に傾く） | × | 手書き  a, | 活字 |
| D4の有無 | ○ | ○ | ○ | × | ○ | ○ | × | ○ |

|  | 口革 | 口外 | 口国 | 口慶 | 口日 | 口島 |
|---|---|---|---|---|---|---|
| aの有無 | × | 活字  a, | 活字（横浜版に類似） | × | × | × |
| D4の有無 | ○ | × | ○ | × | × | × |

ている。この2冊は上質紙を使用しているようで油焼けもない（注3）。また，「口外」では横浜版とは異なる活字によって印刷用インクを用いて対応が図られている。したがって，'a' の有無についての情報がロンドンにも伝えられていたと考えられる。

しかし，'a' の有無については，印刷における異同といったものではなく，後から個々に対応したと考えられそうである。一方，折丁記号の有無については本文内ということではないが，異同状況を示している。

いずれにせよ，この2点については，横浜版とロンドン版での異なりではなく，規則性が見られないことが確認できる。

他にも，例えばINTRODUCTIONの3行目 'a has the sound of a in father.' の 'father' の 'h' の欠損などによる印字の欠けが見受けられる（〔図5〕）が，この点に関して14本同様である。

〔図5〕 'father' の 'h' の欠損

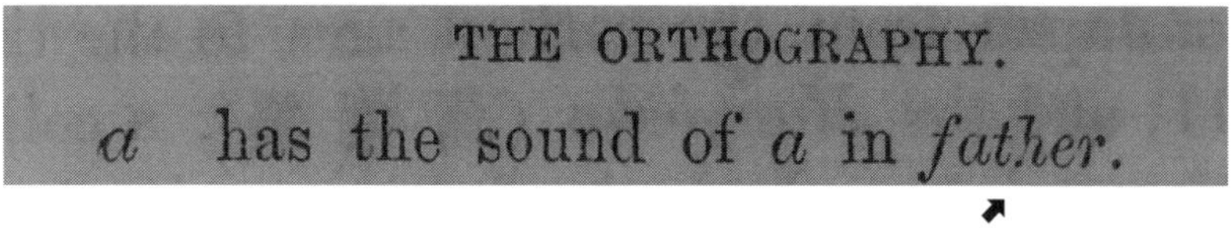

THE ORTHOGRAPHY.
a has the sound of a in father.

## 3　ステロタイプについて

　距離を隔てた上海とロンドンでの印刷が可能となったのはステロタイプによるものと考えられる。ステロタイプとは，活字を組んだ組版から母型（雌型）をとり，そこに活字金属を流しこんで作成した鉛版法とも呼ばれる技法である。ステロタイプは，アメリカでは1812年に用いられ始め，1814年には聖書が刊行されている。ステロタイプにより，活字の不足が補われ，また同じ組版から複数回の刷版作成，および保管が可能となり，新聞や聖書の大量印刷が印刷機の発展とともに推し進められた。

　先にも記したが，二つの初版の差異は，ロンドン版の英文の扉が新たに作成されていることだけである。他は，和文の扉の罫線枠などのずれも一致し，元になった組版は同じものであると判断できる。おそらくは，APMPで石膏版（Plaster stereotype・後述）により型取りしたものが船便で上海からロンドンへ輸送されたものと考えられる。なお，一部に折丁記号の記載の有無の異なりがあるのは，欠損を考慮して複数のセットが海を渡ったのであろう。

　あわせて，束製本の状態で刷り見本として，またロンドンでの印刷が軌道に乗るまでのつなぎとして，上海で印刷したものを送ったであろう。そのために英文の扉だけを差し替えた横浜版が，初期のロンドン版の一部を形成していると考えられる。

　当時，APMP（2章4節）では，McIntosh（1895）p.15, 16によると（以下，下線は筆者），

> During 1849 the printing operations seem to have gone on without interruption. A new font of type was ordered from Berlin, new type was added to the Dyer font, and a complete set of <u>stereotyping</u> apparatus was procured.

と見えるように，ステロタイプの使用が可能であったことが分かる。また，印刷機については，上記p.23の1862年の記述に 'A cylinder press was established, …' とあり，「シリンダー印刷機」が用いられていたようである[9]。

241

## 2章 「手稿」から初版へ

さらに，Reed（2004）p.28は中国における印刷方法と印刷機導入について整理している。ステロタイプに関する部分を挙げると〔表3〕のようになる。

〔表3〕 ステロタイプの変遷

| Media name | First recorded use for Chinese language printing | First recorded user |
|---|---|---|
| Clay stereotype (Ch. *niban*) | 1845 | Richard Cole, APMP, Ninbo |
| Plaster stereotype (Ch. *shigao*) | c. 1860s | J. M. W. Faranham, Qinxin Hall School, Shanghai |
| Papier-mâché stereotype (Ch. *zixing*) | c. 1885-95 | Xiuwen yinshuju, Shanghai |

この表から，1845年の寧波（Richard Cole, APMP, Ninbo）においては粘土による「泥版」（Clay stereotype（Ch. *niban*）），1860年代の上海清心堂（J. M. W. Faranham, Qinxin Hall School, Shanghai）では「石膏版」（Plaster stereotype（Ch. *shigao*）），そして1885年から1895年にかけては上海修文印書局（Xiuwen yinshuju, Shanghai）において，いわゆる「紙型」（Papier-mâché stereotype（Ch. *zixing*）・湿式であろう）によるものへと変遷していったことが分かる。

宋（2004）p.151によると，それ以前の印刷技術に関する状況が確認できる。

美国国外传道会会长理事会书馆

(A. B. C. F. M. Press)

由美国伝道会理事会1831年運来的一台印刷机，干1832年初在广州投入应用。该书馆稗治文（Bridgman）主管，同年开始出版《中国丛报》（The Chinese Repository）。第二年卫三畏（S. Wells, Williams）博士由美来华接管。

从一开业，为了印得快，好看又经济，就必需有金属活字，这是很明显的。因为没有，只能用木制印板。1833年稗治文博士把"山上布道"（Sermon on the Mount）的木刻板送到波士顿去翻成铅版，开在美国用铅版印出。后来过了一段时期又使用经戴尔（Dyer）先生不懈努力所冲制出的一副活字，但是木刻印刷直到1854年还是常被应用的。

242

1833年にE. C. ブリッジマンによる『山上布道』の木刻版が，ボストンで鉛版によって印刷がされたことが記されている。また，元 (2011) p.99には次のようにある。

> <u>在印版方面，泥版，纸型，照相铜锌版，石膏版，黄杨版等传入中国。泥版的方法是：将泥覆盖在活版上，压成阳文，在其上面熔烧金属活字，即成阳文<u>铅版</u>，可以印刷。最早采用泥版的是华花圣经书房，但是泥版经过烧铅，容易散碎，使用不便。1829年，法国人谢罗发明了纸型，弥补了泥版的缺陷，只要保存纸型，即可使用，较为方便。日本人所为的修文书局首先使用纸型。黄杨版，照相铜锌版，石膏版等也获得了不同程度的使用。

それぞれ異なりはありながらも，すでに張 (1953) p.258-268「凸版印刷術」に関連する記述が見られる。

以上により，初版が刊行された1867年のAPMPではステロタイプとシリンダー印刷機が用いられていたのである。そして，本論でのステロタイプは，石膏版によるものと見られるので，ロンドンへ送ったのは石膏版であったのではないかと推測している。

## 4　目録に見るロンドン版

TRÜBNER & Co. の目録に，『和英語林集成』に関する記述が多く見られる。そのうちのいくつかを挙げると，まず，*Trübner's American and Oriental Literary Record: A Monthly Register,* No. 1 (Mar. 15, 1865) が発行されている。そして, No. 7 (Sep. 21, 1865) のCONTENTSに 'Chinese and Japanese Literature' p.117がはじめて見える (それ以前の中国に関するものは 'Oriental' に含まれている)。そこには，R. オールコック，S. R. ブラウンの日本語の著作が挙げられている。中国側の書籍には，W. ロブシャイド，W. A. P. マーティンといった人物名も載り，このような書物を介して東アジアの情報が広まっていったと考えられる。なお，'PRINTED IN CHINA' p.133とあり，この時点では日本語の辞書は掲載されていない ([図6])。

〔図6〕 No. 7 (Sep. 21, 1865)

Sept. 21, 1865.] TRÜBNER'S AMERICAN AND ORIENTAL LITERARY RECORD. 133

## English Books relating to the Language and Literature of China and Japan,
### PRINTED IN CHINA.*

ALCOCK.—ELEMENTS OF JAPANESE GRAMMAR, for the use of Beginners. By Sir RUTHERFORD ALCOCK, H. M.'s Envoy Extraordinary and Minister Plenipotentiary in Japan, now in China. 4to. pp. 68. *Shanghai*, 1861. 18s.

ALCOCK.—FAMILIAR DIALOGUES IN JAPANESE, with English and French Translations, for the use of Students. By Sir RUTHERFORD ALCOCK. Royal 8vo. pp. viii. and 40. 1863. 5s.

BROWN.—COLLOQUIAL JAPANESE, or Conversational Sentences and Dialogues in English and Japanese, together with an English and Japanese Index to serve as a Vocabulary; and an Introduction on the Grammatical Structure of the Language. By Rev. S. R. BROWN, A.M. 8vo. pp. 306, half-bound. *Shanghai*, 1863. 35s.

CHINA DIRECTORY FOR 1865.—Sixth Annual Publication. 8vo. pp. xii. and 152; xlvi. cloth. *Hongkong*, 1865. 18s.

CHINESE CLASSICS (THE). With a Translation, Critical and Exegetical Notes, Prolegomena and Copious Indexes. By JAMES LEGGE, D.D., of the London Missionary Society. In Seven Vols. *Hongkong*. Vol. I., cont. Confucian Analects, the Great Learning, and the Doctrine of the Mean. 8vo. pp. 526, cloth, 42s. Vol. II., cont. the Works of Mencius. pp. 634, cloth, 42s. Vols. III. to VII. in the press.

CHINESE MISCELLANY, designed to illustrate the Government, Philosophy, Religion, Arts, Manufactures, Trade, Manners, Customs, History, and Statistics of China.
No. I.—A Glance at the Interior of China, obtained during a Journey through the Silk and Green Tea Districts. 8vo. pp. 192. *Shanghae*, 1849. 7s. 6d.
No. II.—The Chinaman Abroad; or a desultory Account of the Malayan Archipelago, particularly of Java. By ONG-TAR-HAE. Translated from the Original. 8vo. pp. xvi. 80. *Shanghae*, 1849. 5s.
No. III.—Dissertation on the Silk Manufacture and the Cultivation of the Mulberry, translated from the Works of TSEW-KWANG-K'HE, called also a Calao, or Minister of State in China. 8vo. pp. 124. *Shanghae*, 1849. 5s.
No. IV.—General Description of Shanghae and its Environs, from Native Authorities. 8vo. pp. 168. *Shanghae*, 1850. 7s. 6d.

EDKINS.—A GRAMMAR OF THE CHINESE COLLOQUIAL LANGUAGE, commonly called the Mandarin Dialect. By JOSEPH EDKINS, B.A., London, of the London Missionary Society. Tientsin. *Second Edition*, revised. 4to. pp. viii. and 280, half-bound. *Shanghai*, 1863. 30s.

EDKINS.—PROGRESSIVE LESSONS IN THE CHINESE SPOKEN LANGUAGE, with Lists of Common Words and Phrases, and an Appendix, containing the Laws of Tones in the Peking Dialect. By JOSEPH EDKINS. 8vo. pp. vi. and 104, sewed. *Shanghai*, 1862. 12s.

JOURNAL OF THE NORTH-CHINA BRANCH OF THE ROYAL ASIATIC SOCIETY. New Series. No. 1. (December, 1864.) 8vo. pp. 129–174; 1–148, sewed. *Shanghai*, 1865. 10s.
CONTENTS.—Notes on the City of Yedo.—Notes on some of the Physical Causes which Modify Climate.—Narrative of an Overland Trip from Canton to Hankow.—The Overland Journey from St. Petersbury to Pekin.—The Medicine and Medical Practice of the Chinese.—The Sea-board of Russian Manchuria.—Retrospect of Events.—Miscellaneous.—Summary of Proceedings.

LOBSCHEID.—CHINESE-ENGLISH GRAMMAR. By the Rev. WILLIAM LOBSCHEID. Two parts. 8vo. pp. viii. and 46; iv. and 80, sewed. *Hongkong*, 1864. 7s. 6d.

LOBSCHEID.—GRAMMAR OF THE CHINESE LANGUAGE. By the Rev. W. LOBSCHEID. In two parts. 8vo. pp. xl. and 114; viii. and 179, half-bound. *Hongkong*, 1864. 24s.

LOBSCHEID.—SELECT PHRASES AND READING LESSONS IN THE CANTON DIALECT, prepared for the press by the Rev. W. LOBSCHEID. 8vo. pp. vi. and 72, sewed. *Hongkong*, 1864. 6s.

MACGOWAN.—A COLLECTION OF PHRASES IN THE SHANGHAI DIALECT, systematically arranged. By Rev. JOHN MACGOWAN, of the London Missionary Society. 8vo. pp. viii. and 194, sewed. *Shanghai*, 1862. 22s. 6d.

MARTIN.—THE ANALYTICAL READER. A Shor. Method for Learning to Read and Write Chinese. By the Rev. W. A. P. MARTIN, D.D. And a Vocabulary of Two Thousand frequent Characters, with their most common significations, and the sounds of the Pekin dialect. 4to. pp. iv., 142 and 56, half-bound. *Shanghai*, 1863. 25s.

MEDHURST.—CHINESE DIALOGUES, QUESTIONS, AND FAMILIAR SENTENCES, literally rendered into English, with a view to promote commercial intercourse, and to assist beginners in the language. By the late Rev. Dr. MEDHURST. Revised by his Son. 8vo. pp. 226, sewed. *Shanghai*, 1863. 15s.

REPORT FOR THE YEARS 1863 AND 1864 OF THE CHINESE VERNACULAR SCHOOLS, established in the Sinon, Kiushen, Fayuen, and Chonglok districts of the Quangtung province. Superintended by the Rev. AUG. HANSPACH. 8vo. pp. 16, sewed. *Hongkong*, 1865.

SACHAROFF.—THE NUMERICAL RELATIONS OF THE POPULATION OF CHINA, during the 4000 years of its historical existence; or, the Rise and Fall of the Chinese population. By T. SACHAROFF, Translated into English by the Rev. W. LOBSCHEID. Also, the Chronology of the Chinese, from the mythological times up to the present rules. 8vo. pp. vi. and 40, sewed. *Hongkong*, 1865. 8s.

TOPOGRAPHY OF CHINA AND NEIGHBOURING STATES, with degrees of longitude and latitude. 8vo. pp. 102, sewed. *Hongkong*, 1864. 6s.

TOURISTS' GUIDE (THE) AND MERCHANTS' MANUAL; being an English-Chinese Vocabulary of Articles of Commerce and of Domestic Use; also, all the known Names connected with the Sciences of Natural History, Chemistry, Pharmacy, etc. In the Court and Punti dialects. Compiled from all available sources for the Publisher. pp. iv. and 148, cloth. *Hongkong*, 1864. 21s.

WELLS WILLIAMS.—THE CHINESE COMMERCIAL GUIDE, containing Treatise, Tariffs, Regulations, Tables, etc., useful in the Trade to China and Eastern Asia; with an Appendix of Sailing Directions for those Seas and Coasts. By S. WELLS WILLIAMS, LL.D. *Fifth Edition*. 8vo. pp. xvi., 388 and 266, cloth. *Hongkong*, 1863. £2 5s.

そして,その後の目録のCONTENTSには'Chinese and Japanese Literature'自体も設定されない。そして,No.22 (Jan. 31, 1867) ではCONTENTSとして'Japanese Literature' p.391が独立することとなる (〔図7〕)。

[図7] No.22（Jan. 31, 1867）

JAN. 31, 1867.]　TRÜBNER'S AMERICAN AND ORIENTAL LITERARY RECORD.　391

NIENGNIYERI PALORI I PITGHE. Spring and Autumn Annals. In Manchu and Chinese. In 64 books, or 48 vols. 4to. In 6 book cases. £6 6s.

NIKAN GHERGEN I UPALIYAMPUHA MANCHU GISUN I PULEKU PITGHE. Mirror of Manchu Literature, with Chinese explanations. A Manchu-Chinese Dictionary, arranged according to subjects. First published in 1735. 10s. 6d.

POEMS OF LI TAI-PIH, the most celebrated Chinese Poet, who flourished under the Tang dynasty about A.D. 600-700. Scarce edition. 12 vols. 8vo.

SANSKRIT-TIBETAN AND CHINESE SYLLABARY. In 4 vols. 4to. sewed. 30s.

SHANGHAE TALL YIN TSZ' SIE FAH. Rules for writing the character of the Shanghae dialect. 8vo. *Shanghae.* 2s.

WHEATON'S INTERNATIONAL LAW. Translated into Chinese, by order of the U.S. Minister, by the Rev. A. P. Martin. 4 vols. *Pekin,* 1866. 21s.

YING YU KWAN HWA HO CHIANG. Tones of the Mandarin Dialect given in English and Chinese. By San Mang Yian. 8vo. 140 sheets, sewed. *Canton,* 1865. 12s.
"This book is not only intended to aid those foreigners who may wish to learn the Mandarin dialect; but the Chinese are also provided with an easy method of learning the English language, so as to be able to translate the Pekin dialect into English. The pronunciation of the Mandarin dialect is likewise given in English."

## JAPANESE LITERATURE.*

BANSIO-SHA SINDS. Natural history for children. With numerous natural history illustrations, carefully executed and coloured. 2 vols. 8vo. 8s.

CINATO-NO KOZE. Some remarks on the Japanese historical language. 8 vols. 4to. 24s.

GEN-HEI SEISUIKI. History of the relative position of Gendi and Hei-ke, and of the war between them. With numerous illustrations. 12 vols. 4to. £3.

GOHAU-TSGEN. A collection of useful words in Japanese, with their translation into French, English, Dutch and Latin. 3 vols, 4to. 18s.

HEI-KE MONOGATARI. The History of Hei-ke, from its rise to its fall. Hei-ke is the name of a man very powerful at one time. With numerous illustrations. 6 vols, 4to. 24s.

HIYAKU NINISHE. One hundred poems by a hundred poets, with their portraits. This is the first book put into the hands of Japanese girls. 1 vol. 8vo. 5s.

HIYAKU NINISHE HISTOSEKIWA. A hundred poems (one from each) of a hundred poets, among whom are Nikodas and other men of note in literature, with the history of their poems. With illustrations. 9 vols. 4to. 42s.

HOKUSAI MONGA. Pictures of fun by Hokusai. A work of Japanese Comicalities. With numerous funny designs in red and black. 14 vols. 4to. 42s.

HOKUSAI ZOTSGA. Illustration of all the towns and villages along the Toukaidon (main road) between Miaco and Yeddo. 1 vol. oblong 8vo. 3s. 6d.

KANNONGUE. BUDDHIST PRAYER BOOK, arranged like a folding screen. 5s.

KAN-YEI ZATSWA. Vocabulary and short conversations in Chinese and English. 2 vols. 4to. 10s. 6d.

We reprint the preface as it stands at the beginning of the book; it would appear from it that the book is a Japanese reprint of a work printed by the well known English printer, Thom, at Canton, in 1843.
PREFACE: "As this little book has been compiled chiefly with a view to facilitate intercourse at the Northern ports, we have thought it advisable to give the sounds of the English words in Chinese characters, as these would be pronounced in the Peking or Court dialect. Any native, therefore, who pronounces them with a provincial accent, must mis-pronounce the English words, and a Canton or a Fokien man will—multo magis—make nonsense of it altogether. The Chinese block-cutters having never before been employed to cut English letters, we are sorry to observe, on getting to the close of our labours, that many of the blocks are badly cut, as to be absolutely illegible; for this we crave pardon of the gentle reader; the want of having better means at command has compelled us once more to fall back upon the same materials first made use of in the earliest state of the art of printing."

KEI-TEN YOSI (DAIGOKU). Translation of a work on moral philosophy, written by some of Confucius' disciples into the earliest style of the Japanese language. 10 vols. 4to. 30s.

KEI-TEN YOSI (KINSIROKU). Discussions on mental philosophy. Translated from the Chinese into Japanese. 10 vols. in 4to. 30s.

KEI-TEN YOSI (LIKI). A work of Auguries. Translated from the Chinese into Japanese. 7 vols. 4to. 21s.

KEI-TEN YOSI (SHIO-KIOU). Chinese literature. Translated from the Chinese into Japanese. 6 vols. 4to. 18s.

KIN-GIN YEROKU. Description of the Coins of Japan under the different dynasties, with copious coloured illustrations of coins ancient and modern. 6 vols. 8vo. 21s.

KOKUGEN GEUDS. Geography and Atlas of Japan. With numerous Maps in black and blue. 2 vols. 4to. 15s.

KOKUGEN GEUDS. The possessions of the Daimios at different periods. With coloured Maps. 2 vols. folio. 12s.

KOKUSIRAKU. The History of Japan, chiefly relating to the Mikodos, whose family is supposed to have been in existence from the very formation of the Japanese Empire. 5 vols. 4to. 25s.

LONGOTSAN. Vocabulary of the Dutch and Japanese Languages. 1 vol, 4to. 7s. 6d.

NIHON GAISHE. The History of Japan. This work is written by San-You, an eminent Japanese historian, who died about 12 years ago. It contains a complete political history of Japan under different successive Sioguns (Tycoons). 10 vols. 8vo. £3 3s.

NIHON KOHURAN ITIRANDS. Map of Japan coloured. 5s.

NIHON SANSUI NO MEIBUTS. Illustration of the different trades and crafts existing in different parts of Japan. With numerous pictures. 5 vols. 4to. 21s.

ONNA-SIO-RAI AYANISIKI. Instructions on the chief duties of women. With numerous illustrations and a title page done in colours. 2 vols. 4to. 6s.

SANSUI KIGAN. Poems on historical scenes and on localities celebrated for their beauty. With numerous illustrations of natural scenery. In two parts, or 8 vols. 8vo. 24s.

SAUBAI-AURAI EDIBIKI. An illustrated Commercial Dictionary, carefully coloured. 1 vol. 12mo. 8s. 6d.

SHIN-CAN SEI KON-HON DSKON. Description of Chinese Copper and Bronze Coins during different periods. With illustrations. 1 vol. 8vo. 3s. 6d.

SIN-YEKI. The book of fate, presages, prophseying, etc. Translated from the Chinese. 1 vol. 8vo. 5s.

TAIZET-SIO MANREKI. Encyclopædia of Sciences. With numerous illustrations. A very stout volume, 4to. 12s.

TEGAMI AUBUN. Models of all kinds of letters needful in common life. 1 vol. 8vo. 7s. 6d.

YEDDO EDS. Map of Yeddo. One large sheet folded and coloured, 10s.

YEDDO MEI-SIYO DSKEI. Yeddo and Miaco with their environs. With numerous architectural and scenery pictures. 20 vols. 4to. £5 5s.

YE-HON TUESINGURA. A Japanese Sensation Drama, based upon an actual occurrence in the middle of the last century. With many illustrations. 10 vols. 4to. 30s.

YOKOHAMA EDS. Map of Yokohama. One large sheet folded and coloured. 5s.

YOKOHAMA GAIKOKUGIN SMAINODS, Map of the foreign settlements at Yokohama. 5s.

YOSI-IE YOROIGUI NO DEN. An extremely curious production. It shows in a gradation of 24 coloured pictures how a Japanese warrior, personified in an historical character of the name of Yosi-ie, puts on his accoutrements. 1 vol. 4to. 7s. 6d.

YOSITSNE KUNCANKI. The early life of Yositsne, an ancient general, and brother of Yoritomo. Yoritomo was the first General who received the title of Siogun (Tycoon), about the beginning of the 14th century. 5 vols. 4to. 24s.

YOSITSNE KUNCANKI. The later life of the same historical person. 5 vols. 4to. 24s.

*Supplied by Trübner & Co., 60, Paternoster Row, London.*

その後，号数不明であるが，日本語の書物は (Mar. 30, 1867) p.419のように 'Books in European Languages Printed in China' に見られる。続いて，やはり号数不明(Jan. 1, 1868)ではあるが，'Books for the Study of the Chinese & Japanese Languages.' p.134が設定される。No.32 (Feb. 25, 1868) では再度 'Japanese Literature' が設定される。同じく号数不明 (Jul. 31, 1868) にも下記のようにある（[図8]）。

〔図8〕 号数不明 (Jul. 31, 1868)

## JAPANESE LITERATURE.

Bun go sui Kin. Collection of phrases for Composition. 2 Vols. 4to.
Chiri zen si. Physical and Political Geography. 2 Vols. 4to. Yedo.
Gi tsu go Kiou. Book for the Instruction of Boys. In Japanese. 8vo. pp. 40.
Hichi Sho. Military Maxims and Tactics. 10 Vols. 4to. Osaka.
Jen Kassi raku. History of China. 7 Vols. 4to. Miako.
Kin co Ti dan. History and Anecdotes of distinguished Men. 4 Vols. 4to. Yedo.
Kouchou Siraku. A History of Japan. 15 Vols. 4to. Yedo.
Niphon Gai si. A Modern History of Japan. 6 Vols. in a Case. Small 4to. Osaka.

Oh dai ichi ran. History of the Imperial Dynasty. 7 Vols. 4to. Yedo.
Robinson Crusoe.—Beknopte Levensgeschiedenis, van Robinson Crusoe. Translated from the Dutch into Japanese. 12mo. pp. 44.
Seki doku Kaitei. A Letter Writer. 4 Vols. 4to. Yedo.
Sin saku tai fon. The Political and Military Constitution of Japan. 4to. Yedo.
Tsu gan ran you. A History of China. 15 Vols. 4to. Yedo.
Wa kan nen kei. Comparative Chronology of Japanese and Chinese Annals. 4to. Yedo.
Yedo oh tatsu yō. The Yedo Encyclopedia. With numerous Engravings, 21 of which are Coloured. 2 Vols. 4to. Printed at Yedo.
Zatsu gi rui hen. Dictionary of Words and Terms in Daily Use. 2 Vols. 12mo. Osaka.

『和英語林集成』がはじめて現れるのはNo.31 (Jan. 1, 1868) p.132である（[図9]）。ここではじめて日本語の辞書が取り上げられたようである。その後も，号数不明 (Mar. 31, 1868) p.177，号数不明 (Feb. 15, 1869) p.390，号数不明 (Mar. 15, 1869) p.415，No.33 (Mar. 31, 1869) p.132，No.44 (Apr. 15, 1869) p.444にも同様の記述が見られる。

〔図9〕 No.31 (Jan. 1, 1868)

132　TRÜBNER'S AMERICAN AND ORIENTAL LITERARY RECORD.

Now ready, 1 vol. imperial 8vo. pp. xii. 560, 132, price £5 5s.

## A JAPANESE AND ENGLISH DICTIONARY,

WITH AN ENGLISH AND JAPANESE INDEX.

By J. C. HEPBURN, A.M., M.D.

This volume has been printed with the greatest care, adding to the Romanized transcription of every Japanese word its reproduction in Japanese and Chinese characters. We need not mention how important this book is to every Japanese and Chinese Student; with the exception of Medhurst's small vocabulary published at Batavia in 1830, and the Japanese and Portuguese Dictionary printed by the Jesuit Missionaries in 1603, it is the first attempt to supply European Students with a really useful handbook, and an attempt which, according to some leading scholars, may be considered a complete success.

The greater part of the edition has been sold in China and Japan; and as but a limited number of copies are left, intending purchasers are requested to send their orders without delay.

TRÜBNER & Co., 60, PATERNOSTER ROW, LONDON.

〔図9〕には,『日葡辞書』やW. H. メドハーストの名が挙げられ,日本語学習に有用である旨が記されている。

また,*A Catalogue of Dictionaries and Grammars of the Principal Languages and Dialects of the World: With a List of the Leading Works in the Science of Language: A Guide for Students and Booksellers*(1872)p.32に次のようにある(〔図10〕)。

〔図10〕 *A Catalogue of Dictionaries and Grammars*

**JAPANESE.**
**Dictionaries.**
**Hepburn, J. C.,** A Japanese and English Dictionary. With an English and Japanese Index. Imp. 8vo, pp. xii., 560, and 132, half-bound, cloth. London and Shanghae, 1867. £5, 5s.
With the exception of Medhurst's small Vocabulary, published at Batavia in 1830, and the Japanese and Portuguese Dictionary printed by the Jesuit Missionaries in 1603, Hepburn's Dictionary is the first attempt to supply European students with a really useful Handbook.

**A Pocket** Dictionary of the English and Japanese Languages. Second and revised Edition. Oblong 8vo, pp. 998. Yedo, 1866. £1, 10s.

初版については,印刷地としてロンドンと上海が挙がり,価格は(すでに〔図9〕にあるが)5ポンド5シリングであったことが分かる。

なお,'Japanese' を 'Dictionaries' と 'Grammars and Phrase-Books' に二分し,後者にはR. オールコック,D. クルティウス,J. J. ホフマン,L. ロニーの名が挙げられ,7冊の紹介がなされている。しかし,S. R. ブラウンの会話書は記されていない。

また,*Trübner's Catalogue of Dictionaries and Grammars of the Principal Languages and Dialects of the World. 2$^{nd}$ ed., Considerably Enlarged and Revised, with an Alphabetical Index: A Guide for Students and Booksellers* (1882) pp.84-86では(〔図11〕),初版に加えて,再版,縮約上海版が並び,特に縮約上海版は1881年の発行でありながら,縮約ニューヨーク版の発行年である1873年と記されている。内容が同一であることを発行年で示しているのかもしれない(1章4節)。他にもE. M. サトウ,W. G. アストンの著作など当時の主要な日本語研究資料も載っている。初版のロンドンでの発行部数は不明であるが,再版刊行以後も目録に継続して挙がっている。

〔図11〕 Trübner's Catalogue of Dictionaries and Grammars

84    CATALOGUE OF DICTIONARIES AND GRAMMARS.

**HUZVARESH.** (See PEHLEWI.)

**JAGATAIC.** (See CAGATAIC.)

**JAPANESE.**

*DICTIONARIES.*

**Gotkewitsch, J.,** Russian and Japanese Dictionary (Russian-Japanese only). 8vo. pp. xvii. and 462. Petersburg, 1857. £1 16s.

**Hepburn, J. C.,** Japanese and English Dictionary. With an English and Japanese Index. Imp. 8vo. half bound, cloth, pp. xii. 560, and 132. London and Shanghae, 1867. £5 5s.

With the exception of Medhurst's small Vocabulary, published at Batavia in 1830, and the Japanese and Portuguese Dictionary printed by the Jesuit Missionaries in 1603, Hepburn's Dictionary is the first attempt to supply European students with a really useful Handbook.

———— Japanese and English Dictionary. With an English and Japanese Index. Second Edition. Imperial 8vo. cloth, pp. xxxii. 632 and 201. Shanghai, 1872. £8 8s.

———— Japanese-English and English-Japanese Dictionary. Abridged by the Author from his larger work. Small 4to. cloth, pp. vi. and 206. Shanghai, 1873. 18s.

**Hyan-go zi-syo,** Dictionnaire polyglotte militaire et naval : Français, Allemand, Anglais, Néerlandais et Japonais. (Par le bureau de traduction de l'Etat-major général du Japon, sous la direction du colonel Harada Kadamiti.) One vol. 8vo. pp. 977 and 35, avec atlas. Tokio, 1880. £2 10s.

**Lexicon** latino-japonicum, depromtum ex Dictionario lat.-lusit.-japon. Amacusae 1595. Nunc denuo emend. et auctum a Vicario Apostolico Japoniae (Bernard Petitjean). 4to. pp. 750. The Japanese romanized. Romae, 1870. £1 11s. 6d.

**Medhurst, W. H.,** An English and Japanese and Japanese and English Vocabulary. Compiled from native works. 8vo. pp. viii. and 344. Rare. Batavia, 1830. £1 1s.

**Pagès, L.,** Dictionnaire Japonais-Français. Small 4to. half bound. Paris, 1862. £2 10s.

**A Pocket** Dictionary of the English and Japanese Languages. Second and revised Edition. Oblong 8vo. pp. 998. Yedo, 1866. £1 10s.

**Satow, E. M., and Ishibashi Masarata,** An English-Japanese Dictionary of the Spoken Language. Second Edition. Imp. 32mo. cloth, pp. xvi. and 416. London, 1879. 12s. 6d.

**Shibata and Royas,** An English and Japanese Dictionary. New Edition. 4to. Yokohama. £6 6s.

*GRAMMARS, PHRASE-BOOKS, CHRESTOMATHIES.*

**Alcock, Sir R.,** Elements of Japanese Grammar, for the use of beginners. 4to. pp. 67, sewed. Scarce. Shanghae, 1861. £1 11s. 6d.

———— Familiar Dialogues in Japanese, with English and French Translations, for the use of Students. 8vo. pp. viii. and 40, sewed. Paris and London, 1863. 5s.

TRÜBNER & CO., 57 AND 59, LUDGATE HILL.

JAPANESE: GRAMMARS, ETC., *continued* :—

Aston, W. G., Short Grammar of the Japanese Spoken Language. Third Edition. 12mo. cloth, pp. 96. London, 1873. 12s.

────── Grammaire abrégée de la langue parlée Japonaise. Traduite par E. KRAETZER, suivie d'un Vocabulaire. 8vo. pp. 83. Yokohama, 1873. 14s.

────── A Grammar of the Japanese Written Language. Second edition, Enlarged and improved. Royal 8vo. pp. 306. London, 1877. £1 8s.

────── A Comparative Study of the Japanese and Korean Languages. (Forming pp. 317 to 364 of Journal R.A.S., New Series, xi. 3.) 8vo. London, 1879. 8s.

Baba Tatui, An Elementary Grammar (Romanized) of the Japanese Language, with exercises. Small 8vo. cloth. Out of print. London, 1873. 7s. 6d.

Donker-Curtius, J. H., Proeve einer Japansche Spraakkunst, toegelicht door Dr. J. HOFFMANN. Imp. 8vo. pp. xxii. and 230, cloth. Leyden, 1857. £1 10s.

────── Essai de grammaire japonaise, composé par DONKER CURTIUS, enrichie d'éclaircissements et d'additions nombreuses par le docteur J. HOFFMANN. Traduit du hollandais avec de nouvelles notes extraites des grammaires des PP. Rodriguez et Collado, par L. Pagès. 8vo. pp. xv. and 276. Paris, 1861. 16s.

Hoffmann, J. J., A Japanese Grammar. Second Edition. Large 8vo. cloth, pp. viii. and 368, with two plates. Leyden, 1877. £1 1s.

────── Japanische Sprachlehre (Nach der englischen Ausgabe). Royal 8vo. pp. xvi. and 372. With 2 plates. Leiden, 1877. £1 1s.

────── Japanesische Studien. Nachtrag zur japanesischen Sprachlehre. Royal 8vo. pp. iii. and 64. Leiden, 1878. 4s. 6d.

────── Shopping Dialogues, in Japanese, Dutch, and English. Oblong 8vo. pp. xiii. and 44, sewed. London, 1861. 5s.

Imbrie, W., Handbook of English-Japanese Etymology. 8vo. pp. viii. and 208 and xvi. cloth. Tōkiyō, 1880. £1 1s.

Liggins, L., One Thousand familiar Phrases in English and Romanized Japanese. New York, 1867. 10s. 6d.

Pagès. See Donker-Curtius.

Rosny, Léon de, Cours de Japonais, Publié a l'usage des élèves de l'Ecole spéciale des Langues Orientales. 20 volumes, dont les ouvrages suivants ont parus (in 8vo. if not otherwise stated).

Ire ANNÉE.—Ier SEMESTRE.—ENSEIGNEMENT ÉLÉMENTAIRE.

(*Langue vulgaire.*)

1. Résumé des principales connaissances nécessaires pour l'étude de la langue japonaise. Deuxième édition, revue et augmentée. Paris, 1872. 3s.

   Ce résumé est en quelque sorte l'introduction de tout le cours; il doit être lu avec attention par les personnes qui veulent commencer l'étude du Japonais, dont ce petit traité simplifie considérablement les premières difficultés.

2. Premiers éléments de la grammaire japonaise (langue vulgaire). Paris, 1873. 4s.

3. Guide de la conversation japonaise, précédé d'une introduction sur la prononciation en usage à Yedo. Seconde Edition, augmentée du texte original en écriture vulgaire. Paris, 1867. 4s.

6. Textes faciles et gradués en langue japonaise, accompagnés d'un vocabulaire japonais-français de tous les mots renfermés dans le recueil. Paris, 1873. 4s.

> 86　CATALOGUE OF DICTIONARIES AND GRAMMARS.
>
> JAPANESE: GRAMMARS, ETC., *continued* :—
>
> 7. Thèmes faciles et gradués pour l'étude de la langue japonaise, accompagnés d'un vocabulaire français-japonais de tous les mots renfermés dans le recueil. Paris, 1869. 4*s.*
>
> 2ᵉ SEMESTRE.—LANGUE ÉCRITE SINICO-JAPONAISE.
>
> 11. Dictionnaire des signes idéographiques de la Chine, avec leur prononciation usitée au Japon, accompagné de la liste des signes idéographiques particuliers aux Japonais, d'une tables des caractères cycliques et numériques, d'un index géographique et historique, d'un glossaire japonais-chinois des noms propres des personnes. Paris, 1867. 16*s.*
> 12. Recueil de textes japonaises à l'usage des personnes qui suivent le cours de japonais professé à l'Ecole des langues orientales. Paris, 1863. 8*s.*
>
> 2ᵉ ANNÉE.—1ᵉʳ SEMESTRE.—LANGUE ÉCRITE ET LITTÉRATURE.
>
> 13. Manuel de la lecture japonaise, avec une série d'exercices gradués, présentant toutes les particularités de l'écriture japonaise. Paris, 1859. 3*s.*
> 14. Grammaire japonaise, accompagnée d'une notice sur les différentes écritures japonaises, d'exercices de lectures, et d'un aperçu du style sinico-japonais. Second Edition. 4to. pp. li. et 96. Avec 7 planches lithographiées. Paris, 1865. 6*s.*
>
> 2ᵉ SEMESTRE.—STYLE ÉPISTOLAIRE DIPLOMATIQUE ET COMMERCIAL HAUTE LITTÉRATURE.
>
> 18. Manuel du style épistolaire et du style diplomatique. Paris, 1875. 5*s.*
> 19. Si Ka Zen-Yo. Anthologie japonaise ; poésies anciennes et modernes des insulaires du Nippon, traduites en français et publiées avec le texte original, avec une préface de E. LABOULAYE. 8vo. pp. 242 et 72, lith. Paris, 1870. £1 5*s.*
> 20. Le même livre. Texte japonais seul, accompagné d'un vocabulaire. Paris, 1871. 4*s.*
> ———— Introduction à l'Etude de la Langue Japonaise. 4to. pp. xx. and 96. Paris, 1857. 15*s.*
>
> Satow, E., Kuaiwa Hen. Twenty-five Exercises in the Yedo Colloquial, for the use of students, with notes. Three parts. (Exercises, Notes, Japanese Text.) 12mo. Out of print. London, 1877. £1 16*s.*

　価格は，初版の5ポンド5シリング，再版が8ポンド8シリング，縮約上海版が18シリングとなっている。他にもメドハーストの *An English and Japanese and Japanese and English Dictionary*（『英和・和英語彙』）(1830)，L. パジェスの *Dictionnaire japonais-français*（『日仏辞書』）(1862-1868)が挙げられ，『改正増補 英和対訳袖珍辞書』(1866)は，〔図10〕にも載る。1ポンド10シリングである。

　参考までに，その後，*Monthly List.* Vol. XI., No. 3 (Mar. 1887) p.23では，第3版を収め，1ポンド10シリングと見える（〔図12〕）。初版，再版と比べて廉価になったのは，当時の為替レートや，発行部数などとの関わりがあると考えられる。

〔図12〕 *Monthly List.* Vol. XI., No. 3

THIRD EDITION, demy 8vo, pp. xxxiv.—964, half-morocco, price £1 10s.
## A JAPANESE-ENGLISH
AND
## ENGLISH-JAPANESE DICTIONARY.
### By J. C. HEPBURN, M.D., LL.D.

*During the fourteen years which have elapsed since the publication of the last edition of this Dictionary, the author has kept it constantly before him, correcting errors, improving and enlarging the definitions, and adding new words and illustrations. There is an addition of more than ten thousand words to the Japanese and English part, which has also been carefully revised, corrected and considerably enlarged.*

## 5　まとめ

　横浜版，ロンドン版には，'a' の有無と折丁記号の有無の異なりがある。特に，折丁記号の有無については，おそらくは2セット以上の石膏版がロンドンに運ばれていたと考えることで説明がつくと考えられる。1セットでは1枚でも欠けてしまっては要をなさないための配慮であろう。「口革」に折丁記号が確認できるが，一方，見られないものもあるのはこのためではないだろうか。

　横浜版と同様に考えられる活字 'a' を使用したと思われるロンドン版の存在（「口国」）については，先にも記したが，上海で印刷したものをロンドンに送っていたとも考えられる（束製本のものを送り，英文の扉を加えたのであろう）。また，「横赤」「横茶」「横黒」同様，「口国」も折丁記号を有してもいる。刊行当初に，ロンドンでもそれ相応のサンプルとして，またステロタイプからの印刷が軌道に乗るまでのつなぎとして，実際のものも必要であったはずである。特に「口国」については印刷枠面に横浜版と同じような油焼けが見られる。

　ステロタイプを用いず，すべての印刷物を上海からロンドンへ輸送したことも考えられなくはないが，TRÜBNER & Co. の1882年の目録に継続して

初版が挙がっていることはステロタイプの使用によるものであろう。さらに，APMPにおいての技術的な問題であるが，S. W. ウィリアムズによる『漢英韻府』(1874)（2章4節，4章3節）の英文の扉裏に次のようにある(13)（以下，下線は筆者）。

STEREOTAYPED AT THE PRESBYTERIAN MISSION PRESS FOUNDRY.

初版発行1867年の7年後の状況ではあるが，同書はその後，増刷が繰り返され，改訂版に至る（塩山 (2003)）。

　APMPではないが，『和英語林集成』においては，縮約ニューヨーク版(1873)の扉裏に，版権確定の旨（序章3節）に加え，印刷・ステロタイプ，そして製本の業者名が載る。

EDWAD O. JENKINS,
PRINTER AND STEREOTYPER,
90 N. WILLIAM ST., N. Y.

ROBERT RUTTER,
BINDER,
84 BEEKMAN STREET, N. Y.

また，時代は下るが1886年のステロタイプについて3版の英文の扉裏には次のようにある。

R. MEIKLEJOHN & Co.,
*PRINTRES & STEROTYPERS*,
No. 26 Water Street,
Yokohama, JAPAN.

このことは，サトウの1886年7月13日の記述に（ラックストン (2003)），

　七月十三日，サトウは昼食をとりに横浜へ出かけたと記している。「そのあとヘボン家を訪ねた。彼は七十二歳で夫人は六十八歳。彼の辞書の第三版のステロ版印刷はほぼ完了。(14)（以下略）」

とあり，刊行直前の様相が分かる。

　ロンドン版の発行自体については，ヘボンがロンドンに渡ったという記録はなく，上海側の窓口となる機関を介してのことであろうか[15]。また，ヘボンの書簡に次のようにある。

　当地で資金がいる場合にはいつでも貸してくれる友人がいるのです。
(1864年4月13日・W. ラウリー博士宛・横浜)

序章3節に記したが，「友人」とはウォルシュ・ホール商会 (WALSH, HALL & Co.) の T. ウォルシュであると考えられる[16]。ヘボンは初版の刊行に一切の資金援助を受けている。上海で必要部数を印刷し，その使用を終えた石膏版が TRÜBNER & Co. に譲渡され，売却益が初版刊行の資金に充当されたと考えられないだろうか。

　以上，『和英語林集成』は，初版から同一内容のロンドン版，再版から縮約されたニューヨーク版と上海版，そして3版からやはり縮約版の形態をとった丸善版が生み出され，大きく3版7種に分けることができる(序章3節)。また，W. N. ホイットニーによって1888年に漢字索引(4章3節)が作成されている(これによって『和英語林集成』は漢字・漢語を検索できる漢字表記辞書の機能も有することになる)。個々形は異なるものの欧州に加え，北米，そしてアジアからも順次刊行されたロンドン版，縮約ニューヨーク版，縮約上海版は，日本語の関心と需要に応え，日本語を海外に広げるに至った。日本語が一部の専門家の研究対象から，来日などを目指す一般の人々へと使用者が拡大していったことを物語っている。換言すれば，開国へ向かった日本の存在が，ことばの面からも海外で認識されることとなった証しでもある。「ロンドン版」はその先駆として「日本を世界に開いた辞書」と言える。

　　　注
　(1) ステロ版，ステレオタイプとも称するが，「版」と示すことで，横浜版，ロンドン版との混同が生じると考え，ステロタイプを用いる。また，ステレオタイプについては社会学的な印象を与えがちである。「鉛版」が該当する。
　(2) 例えば，『和英商賈対話集』(1859) を底本として編纂されたJ. J. ホフマン

による *Winkelgesprekken in het Hollandish, Engrerisch en Japansch*（*Shopping-Dialogues in Dutch, English and Japanese*）（1861）も同社と，オランダのマルテイヌス・ニーホッフ（Martinus Nijhoff）によって刊行されている。主導権はマルテイヌス・ニーホッフにあったようである（小野澤（2005））。
（3） ヘボンの書簡（1867年5月23日付・ラウリー博士宛・横浜）には次のようにある。

> ミッション図書館に寄贈として拙著「和英語林集成」一部，ハッパー博士に託しお送りいたします。上海からわたしが持ち帰った僅か二部のうち，一冊でまだ製本してないままのものです。

さらに，同様にヘボンの書簡（1867年8月付（日付不明）・ラウリー博士宛・横浜）に興味深い記述がある。

> わたしの辞書は，日本人に非常に受け入れられています。発行部数の半数をすでに売りましたが，その四分の三は日本人に売ったものです。政府だけでも三〇〇冊を買い上げました。
>
> ハッパー博士がお送りした一冊をお受け取りになったと存じます。上質の紙を使ったものをお送りできず申し訳ございません。もし，上質紙の方を好まれるなら，ニューヨークで販売するためと，プリンストンとラファイエット大学へ配布するものを八冊ほど，この便で送りますので，ランドルフ氏のところで交換することがおできになります。

上質紙（原文では 'the best paper'）とあり，横浜版に用いられた紙質は2種類あるようである。一つは現在油焼けを起こしているもの，もう一つは「横布」，「横資」の油焼けの生じていないものである。そのために，ハッパー博士に送付したものは前者であったのであろう。一方，英文の扉だけを横浜版に差し替えたロンドン版と考えるのには上質紙といってもまた紙質が異なるようである。そもそも上海版出来から数ヶ月後という短期間であり，現実的ではない。また，「ランドルフ氏」とは縮約ニューヨーク版，縮約上海版の発行元であるニューヨークのRANDOLPH & Co. を指すのではなかろうか。

宮坂（1999）にAPMPについて次のようにある。

> 一八七六年に我々は，質の悪いものがあったり印刷には不向きな点の多かったりする中国製の紙に代わるものとして，ノルウェー，スウェーデン，アメリカ製の紙での印刷実験を開始した。時がたつほどに我々の調査実験の範囲は拡大したが，ノルウェーとスウェーデンから輸入した紙が一番良いことが分かった。

（4） ただし，印刷後，どこの地域で用いられ，またどのように使用されたのかといった問題はある。
（5） アメリカのミッション本部をはじめ所蔵されているが実見し得ていない。大英図書館には所蔵されていない模様である。その他，欧米を中心に所蔵され，継続した調査が必要である。
（6） 和文の扉がない。
（7） 和文の扉がない。改装については判断しがたい。
（8） 例えば，花布が交換されている。
（9） 宮坂（1999）には次のようにもある。

> 一八六四－一八九四　斬新的発展期
> （中略）
> 新しいシリンダータイプの印刷機には用紙が適していたが，薄い中国産の紙を使用し，大きな水牛がのろのろ回す踏み車から機械の動力を得るやり方は，印刷工たちの度肝を抜いた。

注には詳細な記述があり，原文である伯熙による『老上海』（1919）については，張（1953）に引用されたものを示している。本論では原文について確認したものを示す（中冊・「工商」・「鉛印發軔小志」より）。

> 滬之有鉛印書籍，始於同治初年（筆者注：1862年）西人創設之墨海書局，用鐵製印書車牀，長一丈數尺，廣三尺，旁製有齒重輪二，以兩人司理印事，用一牛旋転機軸，其書版或爲活字，或爲泥胎繞（筆者注：張(1953)と宮坂(1999)は「繞」を「澆」とする）成之鉛板，墨汁膠棍大致與今式相同，當時人士引爲大奇，曾記某名士詠雜詩云，『車翻墨海轉輪圜，百種奇編字内傳，忙殺老牛渾未解，不耕禾隴耕書田。』（以下略）

(10) 張（1953）では，同治９年（西暦1870年）とする。
(11) セルロイド版については記載がない。
(12) Reed（2004）p.40にもある。
(13) 中国語の扉には「滬邑美華書院銅版梓行」とある。
(14) 原文は次の通りである。
　　 On 13 July Satow noted that he went to Yokohama for lunch.
　　 "Called afterwards on the Hepburns. He is 72 and she 68. Has nearly finished <u>stereotyping</u> 3rd edition of his dictionary. …"
(15) 東アジアにおいては，KELLY & WALSH, LIMITED. との関わりについても考慮しなければならない。
(16) ヘボンの書簡（1866年９月４日付・ラウリー博士宛・横浜）による。また，KELLY & WALSHについては，例えば，丸善と横浜・上海・香港のKELLY & WALSHの合同でA. D. グリングによる『対訳漢和英辞彙』（1884）が出版されている（司編(1951)）。３版から４版への改版において，NEW YORK: STEIGER & Co. の発行がなくなり，横浜，上海，香港，シンガポールにおいてはKELLY & WALSH, LIMITED. となる。

## 参考　イラストの比較

イラスト部分を比べることでも，初版，再版，3版の違いが確認できる。次第に精密になる様が見て取れる(それぞれの縮尺率は異なる)。TOMOYE を例に挙げる (〔図13・14・15〕)。

〔図13〕　初版

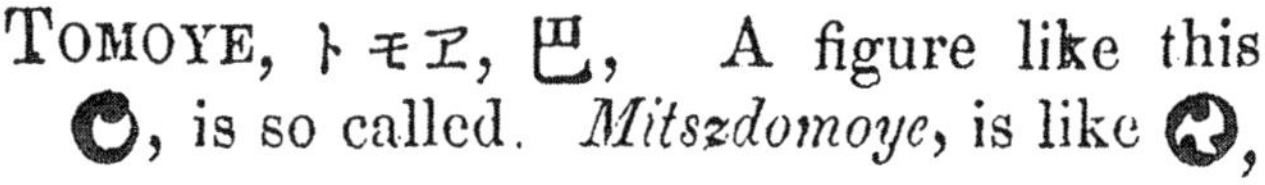

TOMOYE, トモヱ, 巴,　A figure like this ◐, is so called. *Mitszdomoye*, is like ◉,

〔図14〕　再版

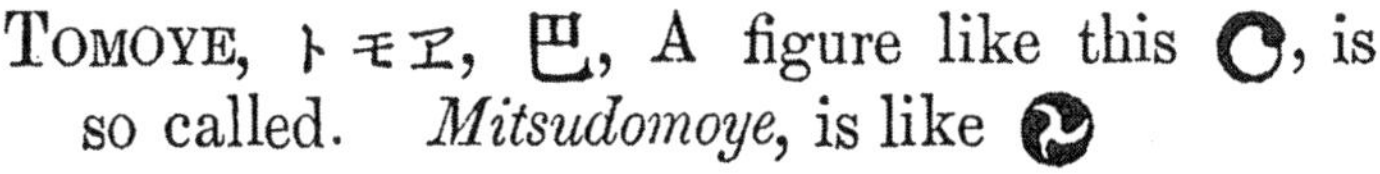

TOMOYE, トモヱ, 巴, A figure like this ◐, is so called. *Mitsudomoye*, is like ◉

〔図15〕　3版

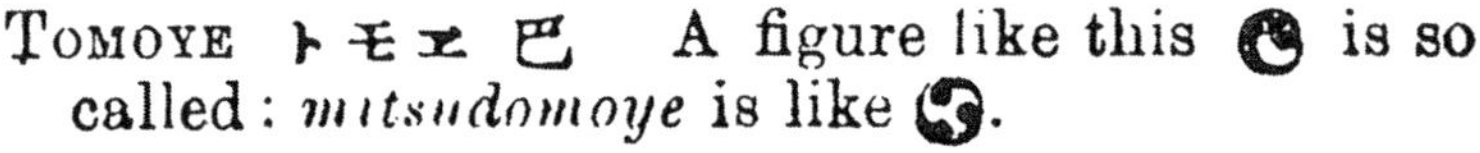

TOMOYE トモヱ 巴　A figure like this ◐ is so called : *mitsudomoye* is like ◉.

また，「手稿」にもヘボン手書きのイラストが二つある。その一例として Hanetsrube を挙げる (〔図16〕)。他にも「手稿」の右面に記載された Jiku (軸) の左面にも車輪のようなイラストがある (木村・鈴木 (2013))。

〔図16〕　手稿

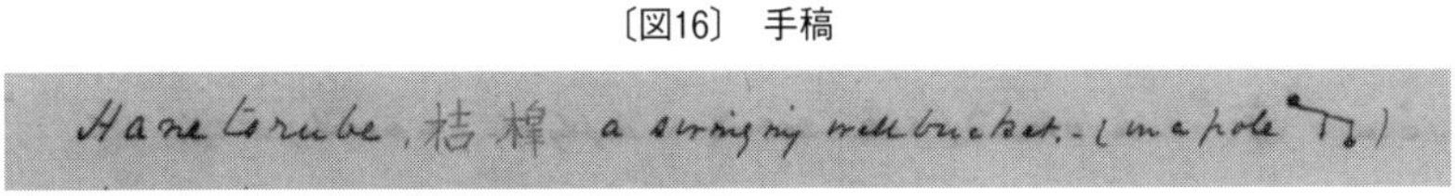

*Hanetsrube*, 桔槔 a swinging well bucket. (ma pole ドウ)

# 3章
## 初版,再版そして3版へ

# 1節　字音の交替

## 1　はじめに

　現在，漢字表記がどのように読まれているかは，各種の国語辞書や漢和辞書などで確認することができる。また，歴史的にさかのぼって該当することばの読み方（以下，語形）を調べるには，日本古来の諸辞書がある。その一つとしては，16世紀後半のキリシタン資料をはじめとする在外の外国人による日本語研究資料が挙げられる。これらは日本語をローマ字で表記しているため，当時の発音の実態が把握できる。例えば，清濁の別として，和語では「輝く」を「かかやく」，「注ぐ」を「そそく」と清音で，漢語では「兵士」を「ヘイジ（ヒョウジとも）」，「孟子」を「モウジ」と濁音で読んでいたことが分かる。

　そこで，多数収録される現代と語形を異にする漢語（字音語），中でも「和英の部」の漢語の見出し語を対象として，現代にかけて「呉音から漢音への交替」した語と「漢音から呉音への交替」した語の状況について整理する。

## 2　字音に関する説明

　ローマ字資料として，様々なものに目を配る必要があるが，キリシタン資料に呉音と漢音に関する記述が見られる（I. ロドリゲス『日本大文典』(1604-1608)など）。さらに，参考までに，幕末・明治期の外国人によるローマ字資料から関連する記述を示す。

　S. R. ブラウンによる *Colloquial Japanese*（『会話日本語』）(1863) の INTRODUCTION には次のようにある（〔図1〕・加藤・倉島（1998）p.400, 401の訳による・S. R. ブラウンの記した「日」の字音の解釈については誤解が生じている・以下，下線は筆者）。

[図1]

NOTATION OF TIME.

There are four terms which signify a day, *viz.* Ka, Hi, Jitsz and Nichi. Ka and Hi are purely Japanese. The other two are of Chinese origin, being different pronunciations of the same Chinese character 日.*These all originally denote the natural day, or the time from sunrise to sunset. But nichi has been appropriated to the designation of the civil day, and is so used in Japanese Almanacs [Koyomi]. In common parlance, the term Chiu ya (晝夜) or Hiru-yoru expresses the whole astronomical day.

*Jitsz is the pronounciation brought from China, about the commencement of the Western Tsin dynasty, or A. D. 284, according to the Japanese Chronologists, and Nichi is a pronounciation of 日 imported when Buddhism was introduced from China, at the close of the Chin dynasty, three centuries latter.

時間の表示

一日を表す四つの言い方がある。即ち Ka, Hi, Jitsz 及び Nichi である。Ka と Hi は純粋に日本語である。残りの二つは中国語起源で，同じ中国語の文字「日」の異なった発音である＊。これらは全てもともと「自然日」即ち，日の出から日没までの時間を表す。しかし，Nichi は「常用日」を表すのにも充当されて来ていて，日本の暦[Koyomi]で使われる。一般の用語法では，Chiu ya（昼夜）又は Hiru-yoru という云い方は天文日の一日分を意味する。

＊　日本の年代学者によれば，Jitsz は西晋の初期即ち A. D. 284年頃中国から伝わった発音であり，Nichi は更に3世紀後の晋朝の末期に，中国から佛教が伝来した折りに伝わった「日」の発音である。

また，再版の INTRODUCTION には呉音の説明に続き，次のような記述がある（[図2]・3版も同内容，試訳を付す）。

〔図2〕
KAN-ON.

If the Japanese had confined themselves to one system of phonetics for the Chinese characters, the study of the language would have been much simplified, at least to the foreigner. But, besides the *Go-on* mentioned above, and after it had been current some 320 years, another system called the *Kan-on* (漢音) was introduced, in the 15th year of the reign of the Emperor DZUIKO, about A.D. 605, by some five Japanese students who had spent a year at *Chō-an* (長安), then the seat of Government of the Dzui dynasty; now Singan, the capital of the province of Shensi. The *Kan-on* has gradually supplanted the *Go-on*, being now, for the most part, used by the literary and official classes The *Go-on* is still used by the Buddhist, and is the most current pronunciation of Chinese words in the common colloquial. Neither system, however, has been exclusively used to the rejection of the other; long custom and usage seems to have settled and restricted their use to particular words. In the formation of new words and scientific terminology, the *Kan-on* is now exclusively used. There is still another and more recent system of sounds for the Chinese characters, called the *Tō-on* (唐音), which resembles the present Mandarin sounds; but this is little used.

漢音

もし，日本語が，漢字 (の音読み) を一つの音声体系に限定していたなら，少なくとも外国人にとって，日本語を学習することはより簡単なことになったであろう。しかし，上記で説明した呉音が約320年ばかり使用された後，漢音と呼ばれる他の体系が，推古天皇の第15年 (605年) に，隋王朝の首都に位置する長安 (現在は，陝西省の首都である西安) で1年間生活した約5人の学生によって紹介された。現在，文学や役人階級によって多くの分野で使われている漢音は，徐々に呉音から取って替わっていったものである。呉音は依然として仏教で使われていて，日常的な口語表現の中で最も通用している漢字の発音である。どちらの体系も，もう一方を排除するためにもっぱら使われたのではない。長い習慣と用法が特定のことばの使用 (読み方) を決定し制限しているようである。新しいことばと科学用語を構築する際に，現在，漢音がもっぱら使用されている。それとは別に，より新しい，現在の北京官話に似ている唐音と称される漢字音の体系がある。しかし，これはほとんど使用されない。

呉音・漢音・唐音に触れたものである。1868年に刊行されたJ. J. ホフマンによる *A Japanese Grammar* (『日本語文典』) にほぼ同様の記述があり，それ

を参照したものであると考えられるが，当時の字音に関する知識を知ることができる。

### 3　字音交替の見出し語の抽出と分類

#### 3-1　見出し語の抽出方法

　初版，再版，3版の「和英の部」に見られる漢語の見出し語を対象として，現代と語形を異にするものを全て抽出した。その際，『和英語林集成』の語義と現代の語義との異同については慎重に配慮した。そのために，例えば，「實体」が「ジッテイ」と「ジッタイ」，「地形」が「チケイ」と「ヂギョウ」，「飛行」が「ヒコウ」と「ヒギョウ」，「評定」が「ヒョウテイ」と「ヒョウジョウ」，「變化」が「ヘンカ」と「ヘンゲ」と語形が変わることで，使用場面の異なる語や意味の違いの生じる語は含めていない。
　ある版で現代と異なる語形がなされている場合には，他の版についても確認し，改版過程での状況が明らかになるように努めた。
　現代と語形が異なるかどうかの判定は，主として，『広辞苑』第5版 (以下，『広辞苑』) (1998) と『日本国語大辞典』初版 (以下,『日国』初版) (1972-1976) とによった。現代でも同語義で複数の語形が存在する際には，実例に W（4-1 実例の表示方法）を付して明示した。

#### 3-2　見出し語の分類方法

　例えば，「講説」が「コウゼチ」と「コウセツ」のように2字目が字音交替し，加えて濁音から清音に変化している際には，二つの現象に関わると判断し，ともに採録した。また，「發言」が「ホツゴン」と「ハツゲン」のように1字目と2字目のそれぞれが語形の変化の要素となっている語は，「發」と「言」それぞれ繰り返し採録することとした。その上で，考察に際しては同一の字音間での交替と考え，一語として整理する。
　そのような方針のもとに抽出した現代と語形を異にする漢語は，異なりで

計1,329語を数える。それらは，大きく「字音に関わる語形の変化」782語と「その他の語形の変化」547語とに分けられる。ただし前者には「字音認定不能の語」(1)も288語含まれるが本論の考察からは省いた。

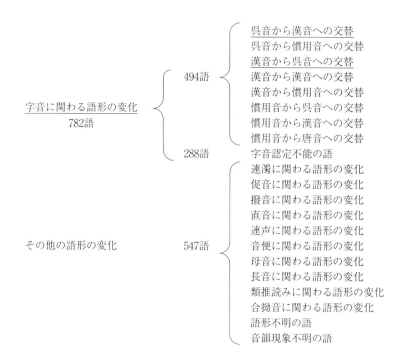

全実例を上記のように分類した中で，「字音に関わる語形の変化」494語のうち，「呉音から漢音への交替」が240語，次に「漢音から呉音への交替」が180語である。その他の字音の交替は全体で74語である。(2)

そこで本論では，実例数が多く，また19世紀の一つの特徴として指摘される「呉音と漢音の交替」について扱う。「字音に関わる語形の変化」の「呉音から漢音への交替」と「漢音から呉音への交替」との二つを指すものである。

### 3-3　字音の認定基準

字音の認定で大きな問題となるのは，どのような基準によるかということである。複雑にからみ合う字音の認定には，客観性が必要である。本論では

『現代漢語例解辞典』(1992)(字音に関しては林史典氏担当)を基にし，種々の辞書を参照して微調整を加えた。

## 4　呉音と漢音の交替

### 4-1　実例の表示方法

　呉音と漢音の交替の全実例は，下記の4-2　呉音から漢音への交替と4-3　漢音から呉音への交替に示す。その表示方法は次のようである。
　例えば，「先達」が「センダチ」と現代と語形を異にするが，語義は現代の「センダツ」と同じである見出し語が初版・再版・3版に収録されている。その場合，各版にわたって実例を挙げることは煩雑であるので，問題となる語形が出現した最初の版の実例を挙げることとする。

　　　「現代と語形を異にする」　　　　△
　　　「現代と語形が同一である」　　　○
　　　「見出し語として収録されていない」　－

上記のように表示すると，版ごとに語形が変化している見出し語もあり，次の10種(版ごとの変化の種類)の組み合わせが出現した。

　　**現代と語形を異にしたままの見出し語**
　　　　初版△，再版△，3版△
　　　　初版－，再版△，3版△
　　　　初版－，再版△，3版－
　　　　初版－，再版－，3版△
　　**現代と語形が異なる見出し語**
　　　　初版○，再版△，3版△
　　　　初版○，再版○，3版△
　　　　初版－，再版○，3版△
　　**現代と語形が同一になる見出し語**
　　　　初版△，再版△，3版○

1節　字音の交替

　　　初版△，再版〇，3版〇
　　　初版－，再版△，3版〇

　上記の「センダチ」は「字音に関わる語形の変化」の「呉音から漢音への交替」に該当し，初版から3版まで収録されている。そこで次のように示す。

　　　初版△，再版△，3版△ (以下，「△△△」とも示す)
　　　　C　SEN-DACHI　　センダチ　　先達 センダツ　　W 2 CK

・左端のローマ字表記の前に<u>B</u>から<u>J</u>の下線を付したアルファベットの略号と音が記されている場合は，下記の音韻現象も内包していることを示す。
　　<u>B</u>　字音のゆれに関わる語形の変化　　<u>C</u>　連濁に関わる語形の変化
　　<u>D</u>　促音に関わる語形の変化　　　　　<u>E</u>　撥音に関わる語形の変化
　　<u>F</u>　直音に関わる語形の変化　　　　　<u>G</u>　連声に関わる語形の変化
　　<u>H</u>　音便に関わる語形の変化　　　　　<u>I</u>　母音に関わる語形の変
　　<u>J</u>　長音に関わる語形の変化　　　　　音　音韻現象不明の語

・'SEN-DACHI'，「センダチ」，「先達」のローマ字・カタカナ・漢字表記は全て『和英語林集成』の見出し語に△として最初に収録された版に基づく。空欄や不完全な部分も『和英語林集成』の記載のままである。また，漢字表記の下線は問題としている箇所を指す。なお，「DŌ-SHŌ-SHU ドウジヤウシウ堂上衆」のようにローマ字表記とカタカナ表記に齟齬がある場合，より適切な表記を採用した。ただし，「RIKŪ リキウ離宮」のようにふたつの表記の異なりが字音の交替に関わる場合には異なることとして扱った。
・「センダチ」は，現代通常の語形を挙げている。(4)
・「センダチ」の後に，ローマ字・カタカナ・漢字表記がある場合は，見出し語が誤植などの問題を持っており，該当部分を訂正した語を記している。
・'W' は，『和英語林集成』に収録されている語形と同一の見出し語も『広辞苑』，『日国』初版 (両方，もしくはいずれか一方) に収録されていることを示す。二つの異なる語形が，同義として併存していることを示しており，いずれか一方に決定するものではない。
・1と2は指摘している現象が，漢字表記の何れの部分で起こっているかを

示したもので，1は1字目を，2は2字目であることを表す。なお，1，2ともに呉音と漢音に関わる同様の交替の際には，'1̲2' '2̲1' などと下線を付し，それぞれに掲載する。ただし，各表および考察では，同一の字音間での交替では一つとして数える。

・それぞれの記載については収録されている状態を再現するように努めた。また，小見出しや用例も，ローマ字表記と漢字表記の両方が確認できるものは対象とした。
・右端のアルファベットの略号については下記のとおりである（必要がなければ空欄）。

  CK…語義は同じであるが，現代通常の語形の見出し語も収録されている。
  EX…見出し語の漢字表記を構成する漢字の順が入れ替わっている（字音形態素が逆転，以下，字順転倒）。
  GY…ローマ字表記の直音に対して，カタカナ表記が合拗音であることを示す。
  OR…同一見出しに，二つの語形が記されている。
  OB…古語，または廃語を示す短剣印'✝'が付いている。
  MP…見出し語に誤植などの問題がある。ただし，「YAKU-BIYŌ ヤクビヤウ病疾」（「疫病」ではなく）と正音によらないものもここに含めた（1章2節，2章2節，3章3節で「一部分が正音・正訓によるもの」と「変則的表記」（全体が正音・正訓によらないもの）とする）。また，「REN-JU レンジユ錬脩」を「練脩」とするかについては，ここではMPを付したが誤りとは言い難く「変化」として3章3節で扱う。

## 4-2　呉音から漢音への交替

呉音から漢音への交替する語を前記の表示方法によって示す。[(5)]

### 4-2-1　現代と語形を異にしたままの見出し語

初版△，再版△，3版△（151語）

| | | | | | | | | |
|---|---|---|---|---|---|---|---|---|
| AI-MIN | アイミン | 哀愍 | アイビン | 2 | OB | AMMON | アンモン | 案文 アンブン | 2 |

# 1節　字音の交替

| | | | | | | | | | | |
|---|---|---|---|---|---|---|---|---|---|---|
| | I-GE | イゲ | 以下 | イカ | W 2 CK | | YUI-GAI | ユ井ガイ | 遺骸 | イガイ | W 1 |
| | YUI-KAI | ユ井カイ | 遺誡 | イカイ遺誡 | W 1 MP | | YUI-KOTSZ | ユ井コツ | 遺骨 | イコツ | W 1 |
| | YUI-SEKI | ユ井セキ | 遺跡 | イセキ | W 1 | | YUI-MOTSZ | ユ井モツ | 遺物 | イブツ | W <u>12</u> |
| | YUI-MOTSZ | ユ井モツ | 遺物 | イブツ | W <u>21</u> | | IM-MOTSZ | インモツ | 音物 | インブツ | W 2 |
| | YŌ-GŌ | ヤウガウ | 永劫 | エイゴウ | W 1 | | YAKU-BIYŌ | ヤクビヤウ | 病疾 | エキビョウ疫病 | W 12 MP |
| | Ō-GYŌ | ワウギヤウ | 横行 | オウコウ | W 2 | | OYE | ヲエ | 汚穢 | オワイ | W 2 |
| C | ON-JŌ | オンジヤウ | 音聲 | オンセイ | W 2 CKOB | | KE-I | ケイ | 怪異 | カイイ | W 1 CKOB |
| | KAI-HOTSZ | カイホツ | 開發 | カイハツ | W 2 | | KERAKU | ケラク | 快樂 | カイラク | W 1 |
| | GE-GEN | ゲゲン | 下弦 | カゲン | 1 | | K'WAN-NIN | クワンニン | 寛仁 | カンジン | W 2 |
| | K'WAM-MIYŌ | クワンミヤウ | 官名 | カンメイ | W 2 | | KI-NIN | キニン | 貴人 | キジン | W 1 |
| | | | | | | | KU-JŪ | クジウ | 九十 | キュウジュウ | 1 |
| | GŌ-teki | ガウ(テキ) | 強敵 | キョウテキ | W 1 | | KIYO-GON | キヨゴン | 虚言 | キョゲン | W 2 |
| | KOSAI-NI | コサイニ | 巨細 | キョサイ | W 1 | | Gusha | (八宗) | 倶舎 | クシャ | 1 |
| | KETSZ-JŌ | ケッヂヤウ | 決定 | ケッテイ決定 | W 21 | | KEM-MON | ケンモン | 見聞 | ケンブン | W 2 OB |
| | KOKU-YE | コクエ | 黒衣 | コクイ | W 2 | | GO-NICHI | ゴニチ | 後日 | ゴジツ | W 2 |
| | SAI-KON | サイコン | 再建 | サイケン | W 2 | | SAI-NICHI | サイニチ | 祭日 | サイジツ | 2 CK |
| | SAI-HOTSZ | サイホツ | 再發 | サイハツ | W 2 | | ZAI-MOTSZ | ザイモツ | 財物 | ザイブツ | W 2 |
| | SHA-KIN | シヤキン | 沙金 | サキン砂金 | W 1 OB | | SHA-KIN-SEKI | シヤキンセキ | 沙金石 | サキンセキ砂金石 | W 1 |
| | SHI-YUI | シユ井 | 思惟 | シイ | W 2 | | SHIGE | シゲ | 齒牙 | シガ | 2 OB |
| | SE-GIYŌ | セギヤウ | 施行 | シコウ | W 21 OB | | JI-NEN | ジネン | 自然 | ジゼン | W <u>12</u> CK |
| | JI-NEN | ジネン | 自然 | シゼン | W <u>21</u> CK | | JITSZ-MIYŌ | ジツミヤウ | 實名 | ジツメイ | 2 |
| | SHAKIYŌ | シヤキヤウ | 舎兄 | シャケイ | W 2 OB | | SHU-NŌ | シユナフ | 収納 | シュウノウ | W 1 |
| | SHU-FUKU | シユフク | 修復 | シュウフク | W 1 | | SHURI | シユリ | 修理 | シュウリ | W 1 |
| | SHUS-SHŌ | シユッシヤウ | 出生 | シュッセイ | W 2 | | JŌ-ME | ジョウメ | 乘馬 | ジョウバ | W 2 CKOB |
| | SHU-RŌ | シユロウ | 鐘樓 | ショウロウ | W 1 CK | | SOKU-SEN | ソクセン | 燭剪 | ショクセン | W 1 |
| | JO-GON | ジョゴン | 助言 | ジョゲン | W 2 | | N'YO-SHI | ニヨシ | 女子 | ジョシ | W 1 |
| | SHO-JAKU | ショジャク | 書籍 | ショセキ | W 2 | | N'YO-TEI | ニヨテイ | 女帝 | ジョテイ | W 1 |
| | SHO-HOTSZ | ショホツ | 初發 | ショハツ | W 2 | | JO-RIKI | ジョリキ | 助力 | ジョリョク | W 2 |
| | JIN-SAKU | ジンサク | 神策 | シンサク | 1 OB | | JIN-JI | ジンジ | 神事 | シンジ | 1 OB |
| | NIN-TAI | ニンタイ | 人體 | ジンタイ | 1 CK | | NIM-BA | ニンバ | 人馬 | ジンバ | W 1 |
| | JIMBEN | ジンベン | 神櫻 | シンペン | W 12 CKOB | | NIM-MEN | ニンメン | 人面 | ジンメン | W 1 OB |
| | JIN-RIKI | ジンリキ | 神力 | シンリキ | W 1 | | SHŌ-JŌ | シヤウジヤウ | 清浄 | セイジョウ | W 1 OB |
| | SAI-BO | サイボ | 歳暮 | セイボ | W 1 CK | | SAI-HŌ | サイハウ | 西方 | セイホウ | W 1 CK |
| | SHŌ-RAI | シヤウライ | 生來 | セイライ | W 1 | | SEI-RIKI | セイリキ | 勢力 | セイリョク | W 2 CK |
| | SHŌ-RIYŌ | シヤウリヤウ | 生靈 | セイレイ | <u>12</u> | | SHŌ-RIYŌ | シヤウリヤウ | 生靈 | セイレイ | <u>21</u> |
| | JAKU-MAKU | ジャクマク | 寂寞 | セキバク | W <u>12</u> CKOB | | JAKU-MAKU | ジャクマク | 寂寞 | セキバク | W <u>21</u> CKOB |
| | SEN-ICHI | センイチ | 專一 | センイツ | W 2 | | SEN-JA-MAN-BETS | センジヤマンベツ | 千差萬別 | センサバンベツ | 32 |
| C | SEN-DACHI | センダチ | 先達 | センダツ | W 2 CK | | ZŌ-MOTSZ | ザウモツ | 藏物 | ゾウブツ | W 2 |
| | ZOKU-NIN | ゾクニン | 俗人 | ゾクジン | 2 CK | | SO-JIKI | ソジキ | 粗食 | ソショク | W 1 |
| | SON-KIYŌ | ソンキヤウ | 尊敬 | ソンケイ | W 2 | | DAI-GA | ダイガ | 大河 | タイガ | 1 |
| | DAI-KAI | ダイカイ | 大海 | タイカイ | W 1 | | DAIJIN | ダイジン | 大人 | タイジン | 1 CKOB |
| | TAI-SHŌ | タイシヤウ | 胎生 | タイセイ | 2 | | TAI-MŌ | タイマウ | 大望 | タイボウ | W 2 |
| | TA-MON | タモン | 他聞 | タブン | 2 OB | | DAN-KE | ダンケ | 檀家 | ダンカ | 2 |
| | NAN-KON | ナンコン | 男根 | ダンコン | W 1 OB | | NAN-SHI | ナンシ | 男子 | ダンシ | W 1 |
| | NAN-NIYO | ナンニヨ | 男女 | ダンジョ | W <u>12</u> | | NAN-NIYO | ナンニヨ | 男女 | ダンジョ | W <u>21</u> |
| | NAN-SHOKU | ナンショク | 男色 | ダンショク | W 1 | | JI-JIN | ヂジン | 地神 | チジン | W 1 |

267

3章 初版，再版そして3版へ

| | | | | | | | | | | | |
|---|---|---|---|---|---|---|---|---|---|---|---|
| | JI-SEI | ヂセイ | 治世 | チセイ | W 1 | | CHIU-JIKI | チウジキ | 晝食 | チュウショク | 2 |
| | JI-RIYŌ | ヂレウ | 治療 | チリョウ | 1 | | DEN-JŌ | デンジャウ | 殿上 | テンジョウ | 1 |
| | DO-NIYO | ドウニヨ | 童女 | ドウジョ | W 2 | | NIKU-JIKI | ニクジキ | 肉食 | ニクショク | W 2 |
| | BIYAKURŌ | ビヤクラウ | 白勞/白蠟 | ハクロウ | 12 MP | | BIYAKURŌ | ビヤクラフ | 白蠟 | ハクロウ | 1 |
| BD | HOKKA | ホツカ | 發駕 | ハツガ(3版ホツガ) | 12 OB | | HOTSZ-GON | ホツゴン | 發言 | ハツゲン | W 12 OB |
| | HOTSZ-GON | ホツゴン | 發言 | ハツゲン | W <u>21</u> OB | | HOTSZGO, or –GON | ホツゴ | 發語 | ハツゴ | W 1 OB |
| | HOTSZ-NETSZ | ホツ子ツ | 發熱 | ハツネツ | W 1 OB | | BONZAI | ボンザイ | 犯罪 | ハンザイ | 1 OB |
| | MAMPUKU | マンプク | 萬福 | バンプク | 2 | | BAMMOTS | バンモツ | 萬物 | バンブツ | 2 |
| | BAN-RIYŌ | バンリョウ | 蟠龍 | ハンリョウ | 1 | | MI-SAI | ミサイ | 微細 | ビサイ | W 1 CK |
| | HI-N'YAKU | ヒニヤク | 悴弱 | ヒジャク | 2 | | MISHŌ | ミセウ | 微笑 | ビショウ | W 1 OB |
| | H'YŌ-JŌ | ヒヤウヂヤウ | 評定 | ヒョウテイ | W 2 | | HI-RIKI | ヒリキ | 非力 | ヒリョク | W 2 OB |
| | Bi-riki | ビ(リキ) | 微力 | ビリョク | W 2 | | HIN-NIYO | ヒンニョ | 貧女 | ヒンジョ | W 2 |
| | FU-JŌ | フヂヤウ | 不定 | フテイ | W 2 | | MON-SAI | モンサイ | 文才 | ブンサイ | W 1 |
| | FUMMIYŌ | フンミヤウ | 分明 | ブンメイ | <u>21</u> | | HIYŌRAN | ヒヤウラン | 兵亂 | ヘイラン | W 1 |
| | HŌ-YE | ハウエ | 胞衣 | ホウイ | W 2 OB | 音 | BU-NIYŌ | ブニヨウ | 豐饒 | ホウジョウ | <u>12</u> |
| 音 | BU-NIYŌ | ブニヨウ | 豐饒 | ホウジョウ | <u>21</u> | | MŌ-REI | マウレイ | 亡靈 | ボウレイ | W 1 OB |
| D | MOKKIYAKU | モツキヤク | 沒却 | ボッキャク | W 1 OB | D | MOSSHU | モツシユ | 沒收 | ボッシュウ | W <u>12</u> |
| | MOSSHU | モツシユ | 沒收 | ボッシュウ | W <u>21</u> | | BON-NIN | ボンニン | 凡人 | ボンジン | W 2 |
| | HOM-MON | ホンモン | 本文 | ホンブン | W 2 | | MU-YAKU | ムヤク | 無益 | ムエキ | 2 CK |
| | MYŌMON | ミヤウモン | 名聞 | メイブン | W 12 | | MYŌMON | ミヤウモン | 名聞 | メイブン | W 21 |
| | MIYŌ-MOKU | ミヤウモク | 名目 | メイモク | W 2 | | MIYŌ-K'WA | メウクワ | 猛火 | モウカ | |
| | MOKU-NEN | モク子ン | 黙然 | モクゼン | W 2 | | U-GIYŌ-TAI | ウギヤウタイ | 有形體 | ユウケイタイ | <u>12</u> |
| | U-GIYŌ-TAI | ウギヤウタイ | 有形體 | ユウケイタイ | <u>21</u> | | UZAI | ウザイ | 有罪 | ユウザイ | W 1 OB |
| | Ō-GO | オウゴ | 擁護 | ヨウゴ | 1 OB | | YUSHUTSZ | ユシュツ | 涌出 | ヨウシュツ | 1 |
| | YŌ-MIYŌ | エウミヤウ | 幼名 | ヨウメイ | W 2 | | RAKK'WA-SHŌ | ラククワシヤウ | 落花生 | ラッカセイ | 3 |
| | RAN-SHŌ | ランシヤウ | 卵生 | ランセイ | 2 OB | | RU-TS'U | ルツウ | 流通 | リュウツウ | 1 OB |
| | RIU-GAN | リウガン | 龍顏 | リョウガン | W 1 OB | | RAI-HAI | ライハイ | 禮拜 | レイハイ | W 1 OB |
| C | REN-JU | レンジユ | 鍊絛 | レンジュ(練絛) | <u>21</u> OB | | REM-MIN | レンミン | 憐愍 | レンビン | W 2 |
| | REM-MIYŌ | レンミヤウ | 連名 | レンメイ | 2 | | | | | | |

初版－，再版△，3版△（9語）

| | | | | | | | | | | | |
|---|---|---|---|---|---|---|---|---|---|---|---|
| KIYO-RU-CHI | キヨリウ(ル)チ | 居留置 | キョリュウチ | 2 OR | | GIYŌ-SEI | ギヤウセイ | 形勢 | ケイセイ | 1 CK |
| GŌ-SEI | ゴフセイ | 恒星 | コウセイ | 1 | | SUI-RIKI | スイリキ | 水力 | スイリョク | 2 |
| TAI-KIYAKU | タイキヤク | 對客 | タイカク | W 2 | | DAI-TŌ | ダイタウ | 大統 | タイトウ | 1 |
| DŌ-SHŌ-SHU | ドウジヤウシュウ | 堂上衆 | トウジョウシュ | W 1 MP | | MU-GIYŌ | ムギヤウ | 無形 | ムケイ/ムギヤウ | W 2 MP |
| REM-MIYŌ-GAKI | レンミヤウガキ | 連名書 | レンメイガキ | W 2 | | | | | | |

初版－，再版△，3版－ （1語）

| | | | | |
|---|---|---|---|---|
| ŌKIYO | オウキヨ | 皇居 | コウキョ | 1 |

1節　字音の交替

初版−，再版−，3版△　（64語）

| | | | | |
|---|---|---|---|---|
| I-NYŌ | イニョウ | 圍繞 | イジョウ | W 2 |
| GAIKE | ガイケ | 咳氣 | ガイキ | W 2 |
| GETŌ | ゲトウ | 下等 | カトウ | 1 CK |
| KYOMŌ | キヨモウ | 虚妄 | キョボウ | W 2 |
| D GWASSHOKU | グワッショヨク | 月蝕 | ゲッショク | 1 CK |
| C KŌZECHI | カウゼチ | 講説 | コウセツ | W 2 |
| ZAIBON | ザイボン | 罪犯 | ザイハン | 2 |
| SHAYOKU | シヤヨク | 砂浴 | サヨク | 1 |
| SHIME | シメ | 駟馬 | シバ | W 2 |
| SHUZEN | シュゼン | 修繕 | シュウゼン | 1 |
| SHUKUMYŌ | シユクミヤウ | 宿命 | シュクメイ | W 2 |
| JŌ-IN | ジヤウイン | 丞淫 | ショウイン | 1 |
| SHŌ-Ō | シヤウワウ | 上皇 | ジョウコウ | W 21 |
| NYO-Ō | ニョワウ | 女王 | ジョオウ | 1 |
| NYOSHŌ | ニョシヤウ | 女性 | ジョセイ | W 21 CK |
| NINCHŪ | ニンチウ | 人中 | ジンチュウ | W 1 |
| SHAKURI | シヤクリ | 赤痢 | セキリ | W 1 CK |
| SHŌGON | シヤウゴン | 荘嚴 | ソウゴン | W 1 |
| DAIKWAI | ダイクワイ | 大會 | タイカイ | 1 |
| DAISAINICHI | ダイサイニチ | 大祭日 | タイサイジツ | 31 |
| NANSEI | ナンセイ | 男姓 | ダンセイ | 1 CK |
| JIZEI | ヂゼイ | 地税 | チゼイ | 1 CK |
| ZUITAI | ズ井タイ | 墜體 | ツイタイ | 1 |
| TENKOCHI | テンコチ | 天骨 | テンコツ | W 2 |
| ZU-SHO-KWAN | ヅショクワン | 圖書舘 | トショカン | W 1 |
| NICHIMOTSU | ニチモツ | 日没 | ニチボツ | 2 |
| BANRYO | バンリョ | 伴侶 | ハンリョ | 1 |
| HYŌHŌ | ヒヤウハフ | 兵法 | ヘイホウ | W 1 |
| MUSHIKI | ムシキ | 無色 | ムショク | 2 OR |
| YUI-ICHI | ユ井イチ | 唯一 | ユイイツ | W 2 |
| UGEN | ウゲン | 有限 | ユウゲン | 1 |
| REIMYŌ | レイメウ（ビョウ） | 靈猫 | レイビョウ | 2 OR |

| | | | | |
|---|---|---|---|---|
| IKKE | イツケ | 一家 | イッカ | W 2 |
| GAKUSHŌ | ガクシヤウ | 学生 | ガクセイ | 2 OR |
| KYŌMŌ | キヤウマウ | 狂妄 | キョウボウ | W 2 |
| GUNIN | グニン | 愚人 | グジン | 2 |
| KUYE | クエ | 垢穢 | コウアイ | W 12 |
| KŌMAI | コウマイ | 公賣 | コウバイ | 2 |
| SHA-SEKI | シヤセキ | 沙石 | サセキ | W 1 |
| SHUGYŌ | シュギヤウ | 執行 | シッコウ | W 21 CK |
| SHUSEI | シユセイ | 修正 | シュウセイ | 1 |
| NYŪNAN | ニウナン | 柔軟 | ジュウナン | W 1 CK |
| SHIKUYA | シクヤ | 夙夜 | シュクヤ | 1 |
| SHŌ-ON | シヤウヲン | 莊園 | ショウエン | 2 |
| 音 CHŌSHŌ | テウシヤウ | 招請 | ショウセイ | 21 |
| NYOSHŌ | ニョシヤウ | 女性 | ジョセイ | W 12 CK |
| NINSEN | ニンセン | 人選 | ジンセン | W 1 |
| NIN-TŌ-ZEI | ニントウゼイ | 人頭税 | ジントウゼイ | W 1 OR |
| SEMBAI | センマイ | 專賣 | センバイ | 2 OR |
| SOJIKI | ソジキ | 素食 | ソショク | 2 CK |
| DAISAINICHI | ダイサイニチ | 大祭日 | タイサイジツ | 13 |
| DAISHA | ダイシヤ | 代謝 | タイシャ | 1 |
| JIGWAI-HŌKEN | ヂグワイハフケン | 治外法權 | チガイホウケン | 1 CK |
| JIMOKU | ヂモク | 地目 | チモク | 1 |
| TEISOKU | テイソク | 抵觸 | テイショク | 2 |
| ZUSHO | ヅショ | 圖書 | トショ | W 1 CK |
| NUREI | ヌレイ | 奴隷 | ドレイ | W 1 CK |
| BARU-GYAKU（GYAKU） | バクゲキ（ギヤク） | 莫逆 | バクゲキ | 2 ORMP |
| MURYŌ | ムレウ | 無聊 | ブリョウ | 1 OR |
| BETSUMYŌ | ベツミヤウ | 別名 | ベツメイ | W 2 |
| MEIGON | メイゴン | 名言 | メイゲン | 1 |
| UKEI | ウケイ | 有形 | ユウケイ | 1 |
| YŪRIKISHA | ユウリキシヤ | 有力者 | ユウリョクシャ | 2 |
| WANRIKI | ワンリョク（リキ） | 腕力 | ワンリョク | W 2 OR |

## 4-2-2　現代と語形が異なる見出し語

初版○，再版△，3版△　（3語）

| | | | | |
|---|---|---|---|---|
| JIM-PI | ジンビ | 神秘 | シンビ | 1 |
| SHIN-RA-BAN-ZŌ | シンラバンシヤウ | 森羅萬象 | シンラバンショウ / シンラバンザウ | 4 MP |

| | | | | |
|---|---|---|---|---|
| JIN-YO | ジンヨ | 神輿 | シンヨ | 1 CK |

269

3章 初版，再版そして3版へ

初版○，再版○，3版△ （7語）

| | | | | | | | | | | |
|---|---|---|---|---|---|---|---|---|---|---|
| ON-JIKI | オンジキ | 食飯 | インショク飲食 | W12 | CKEX | ON-JIKI | オンジキ | 食飯 | インショク飲食 | W21 CKEX |
| GÔKE | ガウケ | 豪家 | ゴウカ | 2 | CK | GYÔ-SEI | ギヤウセイ | 行星 | コウセイ | 1 CK |
| SANNAI | サンナイ | 參内 | サンダイ | 2 | OR | C SENSHÛ-BANZAI | センシウバンザイ | 千秋萬歳 | センシュウバンゼイ | 4 |
| RIKÛ | リキウ | 離宮 | リキュウ／リクウ | 2 | MP | | | | | |

初版一，再版○，3版△ （1語）

| | | | | | |
|---|---|---|---|---|---|
| KOMAN | コマン | 巨萬 | キョマン | 1 | CK |

## 4-2-3 現代と語形が同一になる見出し語

初版△，再版△，3版○ （1語）

| | | | | | |
|---|---|---|---|---|---|
| SAI-YÔ | サイヨウ | 西洋 | セイヨウ | 1 | CKOB |

初版△，再版○，3版○ （3語）

| | | | | | | | | | |
|---|---|---|---|---|---|---|---|---|---|
| JIM-MÔ | ジンマウ | 人望 | ジンボウ | 2 | | BAN-SE | バンセ | 萬世 バンセイ | 2 OB |
| ROSHITSZ | ロシツ | 漏失 | ロウシツ | 1 | | | | | |

以上，4-2-1 現代と語形を異にしたままの見出し語，4-2-2 現代と語形が異なる見出し語，4-2-3 現代と語形が同一になる見出し語の分類をもとに字音交替に際して出現回数が5回以上の漢語を挙げる。

| | | |
|---|---|---|
| 食 | ジキ→ショク | 粗食，晝食，肉食，飲食，素食 |
| 生 | ショウ→セイ | 出生，生來，生靈，胎生，落花生，卵生，学生 |
| 神 | ジン→シン | 神策，神事，神變，神力，神秘，神輿 |
| 大 | ダイ→タイ | 大河，大海，大人，大統，大會，大祭日 |
| 男 | ナン→ダン | 男根，男子，男女，男色，男姓 |
| 女 | ニョ→ジョ | 女子，女帝，男女，童女，貧女，女王，女性 |
| 人 | ニン→ジン | 貴人，人體，人馬，人面，俗人，凡人，愚人，人選，人中，人頭税 |
| 發 | ホツ→ハツ | 開發，再發，初發，發駕，發言，發語，發熱 |
| 名 | ミョウ→メイ | 官名，實名，名聞，名目，幼名，連名，連名書，別名 |

1節　字音の交替

```
遺　ユイ→イ　　　　遺骸，遺誡，遺骨，遺跡，遺物
力　リキ→リョク　　助力，精力，非力，微力，有力者，腕力
```

以上の漢字が呉音から漢音への交替に際して用いられている。

　版ごとの変化の種類（見出し語の異なり）をもとにまとめると，〔表1〕のようになる。

〔表1〕　呉音から漢音への交替

| | | | |
|---|---|---|---|
| 4-2-1 | 現代と語形を異にしたままの見出し語 | 初版△，再版△，3版△ | (6)<br>141 |
| | | 初版－，再版△，3版△ | 9 |
| | | 初版－，再版△，3版－ | 1 |
| | | 初版－，再版－，3版△ | (7)<br>63 |
| 4-2-2 | 現代と語形が異なる見出し語 | 初版○，再版△，3版△ | 3 |
| | | 初版○，再版○，3版△ | (8)<br>6 |
| | | 初版－，再版○，3版△ | 1 |
| 4-2-3 | 現代と語形が同一になる見出し語 | 初版△，再版△，3版○ | 1 |
| | | 初版△，再版○，3版○ | 3 |
| | | 初版－，再版△，3版○ | 0 |
| 計 | | | *228* |

※　228語中，異なり122語

・「字音に関わる語形の変化」（3-2　見出し語の分類方法）を八つに分類（「字音認定不能の語」を除く）したうちで最も多くの実例が出現した。
・初版から3版を通して，呉音で読まれていたものが△△△の141語である。
・3版だけ呉音読みで収録されたものが－－△の63語である。
・再版から3版への改版過程で変化した語が○○△と－○△の7語である。
・総数は228語で，単漢字の異なりは122語である。総数は単漢字の約2倍弱

にあたることになる。

また，上記の表を版ごとの出現回数（見出し語の延べ）でまとめると，〔表2〕のようになる（各版における△の合計）。

〔表2〕 版ごとの出現回数

|  | 初版 | 再版 | 3版 |
|---|---|---|---|
| 各版における△の合計<br>（前版からの増減） | 145 | 155<br>（+13, -3） | 223<br>（+70, -2） |

再版から3版にかけて，大幅に増加していることが分かる。これは，－－△の63語によるものである。

### 4-3 漢音から呉音への交替

漢音から呉音への交替する語を前記の表示方法によって示す。

#### 4-3-1 現代と語形を異にしたままの見出し語

初版△，再版△，3版△ （75語）

| | | | | | | | | | |
|---|---|---|---|---|---|---|---|---|---|
| I-TEI | イテイ | 異體 | イタイ | W2 | | IN-SHIN | インシン | 音信 | オンシン W1 |
| ON-K'WA | ヲンクワ | 温和 | オンワ | W2 | | KITSZ-MU | キツム | 吉夢 | キチム W1 |
| KIBI | キビ | 氣味 | キミ | W2 CK | | GEKI-RIN | ゲキラン | 逆亂 | ギャクラン W1 |
| KEI-TEI | ケイテイ | 兄弟 | キョウダイ | W12 CK | | KEI-TEI | ケイテイ | 兄弟 | キョウダイ W21 CK |
| KUN-JU | クンジユ | 群集 | グンシユ | W12 | | KEI-SHOKU | ケイシヨク | 景色 | ケシキ W21CKOB |
| KEN-NUN | ケンヌン | 眩暈 | ゲンウン<br>眩暈 | 12 MP | | KIYŌKŌ | キヤウコウ | 向後 | コウゴ W12 |
| KIYŌKŌ | キヤウコウ | 向後 | コウゴ | W21 | | KŌ-SEI | カウセイ | 厚情 | コウジョウ 2 |
| KŌ-MEI | カウメイ | 高名 | コウミョウ | W2 | | KŌ-RIYOKU | カフリヨク | 合力 | ゴウリョク W1 |
| KŌ-SAI | コウサイ | 後妻 | ゴサイ | W1 CK | | KOKU-BO | コクボ | 國母 | コクモ W1 |
| KIN-SHOKU | キンシヨク | 金色 | コンジキ | W12 CKOB | | KON-SEI | コンセイ | 懇情 | コンジョウ 2 OB |
| SHIKKI | シツキ | 濕氣 | シッケ | W2 CKOR | | SHUS-SEI | シユツセイ | 出世 | シュッセ 2 |
| SHŌ-KATSZ-BIYŌ | シヤウカツビヤウ | 消渇病 | ショウカチ病 | W2 | | SHŌ-ZA | シヤウザ | 上座 | ジョウザ W1 CKIT |
| SEI-CHOKU | セイチヨク | 正直 | ショウジキ | W12 CK | | SEI-CHOKU | セイチヨク | 正直 | ショウジキ W21 CK |
| SHŌ-SEKI | シヤウセキ | 上席 | ジョウセキ | 1 | | SHŌ-TATSZ | シヤウタツ | 上達 | ジョウタツ W1 |
| SHŌ-BŌ | セウバウ | 燒亡 | ショウモウ | W2 OB | | SHŌ-RAKU | シヤウラク | 上洛 | ジョウラク W1 CK |
| SHŌ-RAN | シヤウラン | 上覽 | ジョウラン | 1 OB | | SEI-RIYAKU | セイリヤク | 省略 | ショウリャク W1 OB |
| SHIN-TS'U | シンツウ | 神通 | ジンズウ | 12 CKOB | | SHIM-BIYŌ | シンビヤウ | 神妙 | シンミョウ W2 CK |

1節 字音の交替

| | | | | | | | | | | |
|---|---|---|---|---|---|---|---|---|---|---|
| | SZ-JIN | スジン | 數人 | スウニン | 21 | | SHUKU-SEI | シュクセイ | 宿世 | スクセ | W21 CKOB |
| | SEI-TAI | セイタイ | 世態 | セタイ | W 1 OB | | SEI-RO | セイロ | 世路 | セロ | W 1 OB |
| | SEN-ZEN | センゼン | 前前 | ゼンゼン | 1 CK | | SENDO | センド | 前途 | ゼント | 12 |
| | SEN-JO | センヂョ | 仙女 | センニョ | 2 OB | | SEM-BAN | センバン | 前晩 | ゼンバン | 1 |
| | SŌ-BOKU | サウボク | 草木 | ソウモク | 2 CKOB | | TAI-ZAI | タイザイ | 大罪 | ダイザイ | W 1 CK |
| | TAI-SHŌGUN | タイシヤウグン | 大將軍 | タイシヨウグン | W 1 | | TAI-FŪ-SHI | タイフウシ | 大風子 | ダイフウシ | 1 |
| | TA-JIN | タジン | 他人 | タニン | 2 CK | | TENJO | テンヂョ | 天女 | テンニョ | W 2 |
| | TOKU-SHO | トクショ | 讀書 | ドクショ | W 1 CK | | DOKŌ-JIN | ドコウジン | 土公神 | ドクジン | 2 |
| | TOSAN | トサン | 土産 | ドサン | W 1 | | TO-CHAKU | トチャク | 土著 | ドチャク | 1 |
| | DORIYŌ | ドリョウ | 土龍 | ドリュウ | 2 OB | | JŪ-JAKU | ジュウヤク | 柔弱 | ニュウジャク | W 1 CKOB |
| | JIN-KI | ジンキ | 人氣 | ニンキ | W 1 | | HOI | ホイ | 布衣 | フイ | 1 |
| | FUSEI | フセイ | 不精 | ブショウ | 21 CKIT | | BUN-TEI | ブンテイ | 文躰 | ブンタイ | 2 |
| | FUNDŌ | フンド | 憤怒 | フンヌ | W 2 OB | | FUMMIYŌ | フンミヤウ | 分明 | ブンメイ | 12 |
| | HŌI | ハフイ | 法衣 | ホウエ | W 2 CK | D | BATSZA | バッザ | 末座 | マツザ | 1 |
| D | BASSHI | バッシ | 末子 | マッシ | W 1 | D | BASSEKI | ハッセキ | 末席 | マッセキ/バッセキ | W 1 MP |
| D | BASSON | バッソン | 末孫 | マッソン | W 1 | D | BATSYŌ | バツエフ | 末葉 | マツヨウ | 1 |
| | BI-MEI | ビメイ | 未明 | ミメイ | 1 CK | | MEI-JITSZ | メイジツ | 明日 | ミョウニチ | 12 |
| | MEI-JITSZ | メイジツ | 明日 | ミョウニチ | 21 | | MEI-NEN | メイネン | 明年 | ミョウネン | 1 CK |
| | BU-YEN | ブエン | 無鹽 | ムエン | 1 | | BU-KEI | ブケイ | 無稽 | ムケイ | 1 OB |
| | BU-SŌ | ブサウ | 無雙 | ムソウ | 1 CK | | BU-NEN | ブネン | 無念 | ムネン | 1 CK |
| | YUI-GEN | ユイゲン | 遺言 | ユイゴン | W 2 OR | | | | | | |

初版－，再版△，3 版△ （7 語）

| | | | | | | | | | | |
|---|---|---|---|---|---|---|---|---|---|---|
| ICHI-GETSU-JI | イチゲツジ | 一月寺 | イチガツジ | 2 | | Giyō-i | ギャウ(イ) | 行衣 | ギョウエ | 2 |
| CHŌ-TEI | チヤウテイ | 重訂 | ジュウテイ | W 1 | | TO-ZAI | トザイ | 徒罪 | ズザイ | W 1 |
| NETSU-BUTSU | ネツブツ | 熱物 | ネツモツ | 2 | | BU-SEI | ブセイ | 不精 | ブショウ | 2 |
| HEI-KUWA | ヘイクワ | 平和 | ヘイワ | 2 CK | | | | | | |

初版－，再版－，3 版△ （70 語）

| | | | | | | | | | | |
|---|---|---|---|---|---|---|---|---|---|---|
| ITSUGŌ | イツガウ | 一毫 | イチゴウ | 1 | | ISSEI | イッセイ | 一世 | イッセ | 2 OR |
| YŪYOKU | ユウヨク | 右翼 | ウヨク | 1 | | KŌGYOKUSEKI | クウギョクセキ | 黃玉石 | オウギョクセキ | W 1 GYMP |
| GAKUSO | カクソ | 樂所 | ガクショ | W 2 MP | | KANYU | カンイウ | 肝油 | カンユ | 1 |
| KWANREI | クワンレイ | 管領 | カンリョウ | W 2 OR | | KIKYŌ | キキャウ | 歸向 | キコウ | 2 |
| GYAKUSHU | ギャクシウ | 逆修 | ギャクシュ | 2 | | GEKIRŌ | ゲキロウ | 逆浪 | ギャクロウ | W 1 |
| KEIGAI | ケイガイ | 驚駭 | キョウガイ | W 1 | | KEIGAKU | ケイガク | 驚愕 | キョウガク | W 1 |
| KYŌSEI | キヤウセイ | 匡濟 | キョウサイ | 2 | | KEIFU | ケイフ | 驚怖 | キョウフ | 1 |
| KŌSEI | カウセイ | 降生 | コウショウ | 2 | | KOBEI | コウベイ | 貢米 | コウマイ | 2 |
| KŌBUN | カウブン | 告文 | コウモン | W 2 | | KŌREI | カウレイ | 綱領 | コウリョウ | 2 |
| SAIJITSU | サイジツ | 齊日 | サイニチ | W 2 | | SAINŌ | ザ(サ)イノウ | 財嚢 | ザイノウ | 1 OR |
| SAIBUN | サイブン | 祭文 | サイモン | 2 CK | | SAIRI | サイリ | 財理 | ザイリ | 1 |
| JŪ-ITSU | ジフイツ | 什二 | ジュウイチ | 2 | | CHŌSHŌ | チョウシヤウ | 重傷 | ジュウショウ | 1 |
| CHŌRYOKU | チヤウリヨク | 重力 | ジュウリョク | 1 | | SHŌKYAKU | シヤウキャク | 上客 | ジョウキャク | W 1 |

## 3章 初版, 再版そして3版へ

| 見出し | カナ1 | 漢字 | カナ2 | 数 | 記号 | 見出し | カナ1 | 漢字 | カナ2 | 数 | 記号 |
|---|---|---|---|---|---|---|---|---|---|---|---|
| SHŌ-Ō | シヤウワウ | 上皇 | ジョウコウ | W 12 | | JŌTEI | ジヤウテイ | 上聽 | ジョウチョウ | 2 | |
| SHINKWA | シンクワ | 親和 | シンワ | 2 | | ZUIHEI | ズ井ヘイ | 隨兵 | ズイヒョウ | 2 | |
| SŌ-TSUI-HOSHI | ソウツイホシ | 惣追捕使 | ソウツイブシ | 3 | OB | ZOKUSEI | ゾクセイ | 俗姓 | ゾクショウ | W 2 | |
| ZOKUMEI | ゾクメイ | 續命 | ゾクミョウ | 2 | | TAISHININ | タイシニン | 大審院 | ダイシンイン | 1 | CK |
| TAINŌ | タイナウ | 大腦 | ダイノウ | 1 | | TANGAI | タンガイ | 彈劾 | ダンガイ | 1 | |
| TANGWAN | タングワン | 彈丸 | ダンガン | 1 | | TANKYŪ | タンキウ | 彈糾 | ダンキュウ | 1 | |
| TANSHI | タンシ | 彈指 | ダンシ | 1 | | TANSŌ | タンソウ | 彈奏 | ダンソウ | 1 | |
| TEIKYŌKI | テイキョウキ | 聽胸器 | (チョウキョウキ) | 1 | | TEIJŪ | テイジウ | 聽從 | チョウジュウ | | |
| TEISHINHŌ | テイシンハフ | 聽診法 | チョウシンホウ | | | TSUIHO | ツ井ホ | 追捕 | ツイブ | W 2 | |
| TSUI-HOSHI | ツ井ホシ | 追捕使 | ツイブシ | W 2 | OB | TŌIN | タウイン | 唐音 | トウオン | W 2 | |
| TŌSAN | トウサン | 銅盞 | ドウサン | 1 | OB | TOKŌ | トコウ | 土功 | ドコウ | 1 | |
| TOKŌ | トコウ | 土寇 | ドコウ | 1 | | TOKŌ | トコウ | 土侯 | ドコウ | 1 | |
| TŌGŌ | トガウ | 土豪 | ドゴウ | 1 | | TŌSŌ | トウサウ | 斗筲 | トソウ | 1 | |
| TOZOKU | トゾク | 土俗 | ドゾク | 1 | | TOHŌ-GAKAI | トホウガカイ | 土崩瓦解 | ドホウガカイ | 1 | |
| TOMŌ | トモウ | 土毛 | ドモウ | 1 | | TOREKISEI | トレキセイ | 土瀝青 | ドレキセイ | 1 | |
| JIKEI | ジケイ | 二頃 | ニケイ | 1 | | HICHŌ | ヒチヨウ | 比重 | ヒジュウ | 2 | |
| HANKOKU | ハンコク | 翻刻 | ホンコク | W 1 | | HANZEN | ハンゼン | 翻然 | ホンゼン | 1 | |
| BUKO | ム(ブ)コ | 無辜 | ムコ | 1 | OR | BUJŌ | ム(ブ)ジヤウ | 無狀 | ムジョウ | 1 | OR |
| I-BUTSU-RON | 井ブツロン | 唯物論 | ユイブツロン | 1 | | YŪKŌ | ユウクワウ | 雄黄 | ユウオウ | 2 | GY |
| YŪGYŌ | ユウギヤウ | 遊行 | ユギョウ | 1 | | ŌSHITU | アウシツ | 拗執 | ヨウシツ | 1 | |
| RAHATSU | ラハツ | 螺髪 | ラホツ | W 2 | | RANSEI | ランシヤウ(セイ) | 蘭省 | ランショウ | W 2 | OR |
| RYOKUYEKI | リョクエキ | 力役 | リキエキ | W 1 | | RYOKUSEN | リョクセン | 力戰 | リキセン | W 1 | |

## 4-3-2 現代と語形が異なる見出し語

初版○, 再版△, 3版△ (5語)

| 見出し | カナ1 | 漢字 | カナ2 | 数 | 記号 | 見出し | カナ1 | 漢字 | カナ2 | 数 | 記号 |
|---|---|---|---|---|---|---|---|---|---|---|---|
| ISSETSU | イッセツ | 一切 | イッサイ | W 2 | CK | SHŌYU | シャウユウ | 醤油 | ショウユ | 2 | |
| TAN-RIYOKU | タンリョク | 彈力 | ダンリョク | 1 | | BAI-KIYO | バイキョ | 枚擧 | マイキョ | 1 | CK |
| BAN-ZAI | バンザイ | 萬歳 | マンザイ | W 1 | CKOR | | | | | | |

初版○, 再版○, 3版△ (18語)

| 見出し | カナ1 | 漢字 | カナ2 | 数 | 記号 | 見出し | カナ1 | 漢字 | カナ2 | 数 | 記号 |
|---|---|---|---|---|---|---|---|---|---|---|---|
| AKUGYŌ | アクガフ(ギョウ) | 惡業 | アクゴウ | 2 | OR | i-kō dō-on | イ(コウド ウオン) | 異口同音 | イクドウオン | 2 | |
| UMBO | ウンボ | 雲母 | ウンモ | W 2 | CK | KEICHŌ | ケイチョウ | 輕重 | ケイジュウ | W 2 | CK |
| KAHIN | カヒン | 下品 | ゲヒン | W 1 | CK | ZANJIN | ザンジン | 殘忍 | ザンニン | 2 | CK |
| CHISHI | チシ | 地子 | ジシ | W 1 | CKOB | JŌI | ジャウイ | 淨衣 | ジョウエ | W 2 | CK |
| SOZOKU | サウゾク | 装束 | ショウゾク | W 1 | CKOB | SEIMYAKU | セイミヤク | 静脈 | ジョウミャク | 1 | CK |
| SEIBUN | セイブン | 誓文 | セイモン | W 2 | CK | HANSEI | ハンセイ | 繁盛・繁昌 | ハンジョウ | W 2 | |

1節 字音の交替

| | | | | | | | | | |
|---|---|---|---|---|---|---|---|---|---|
| HOKUTŌ | ホクトウ | 北斗 | ホクト | 2 | | BŌJUN | ボウジュン | 矛盾 ムジュン | 1 CK |
| BUNKU | ブンク | 文句 | モンク | 1 CK | | RAISEI | ライセイ | 來世 ライセ | 2 |
| RAIYŪ | ライユウ | 來由 | ライユ | W 2 | | RUISEI | ル井セイ | 累世 ルイセ | W 2 |

初版―,再版○,3版△ (2語)

| | | | | | | | | | |
|---|---|---|---|---|---|---|---|---|---|
| IKKI | イツキ | 一己 | イツコ | 2 CK | | MEIBATSU | メイバツ | 冥罰 ミョウバツ | 1 CK |

### 4-3-3 現代と語形が同一になる見出し語

初版△,再版△,3版○ (1語)

SHU-RO　　シユウロ　手爐　シュロ　　1

初版―,再版△,3版○ (2語)

KIYO-KA-SEIJI　キヨウカセイジ 共和政事 キョウワセイジ　　Sei-tei　　セイ(テイ) 政體　セイタイ　2
KIYO-KUWA 2 (3版：「キョウワ」の小見出し)

以上,4-3-1 現代と語形を異にしたままの見出し語,4-3-2 現代と語形が異なる見出し語,4-3-3 現代と語形が同一になる見出し語の分類をもとに字音交替に際して出現回数が5回以上の漢語を挙げる。

　　上　ショウ→ジョウ　　上座,上席,上達,上洛,上覽,上客,上皇
　　世　セイ→セ　　　　　出世,宿世,世態,世路,來世,累世,一世
　　大　タイ→ダイ　　　　大罪,大將軍,大風子,大審院,大腦
　　彈　タン→ダン　　　　彈力,彈劾,彈丸,彈糾,彈指,彈奏
　　重　チョウ→ジュウ　　軽重,重訂,重傷,重力,比重
　　土　ト→ド　　　　　　土産,土著,土功,土寇,土侯,土豪,土俗,
　　　　　　　　　　　　　土崩瓦解,土毛,土瀝青
　　末　バツ→マツ　　　　末座,末子,末席,末孫,末葉
　　無　ブ→ム　　　　　　無鹽,無稽,無雙,無念,無辜,無狀

以上の漢字が漢音から呉音への交替に際して用いられている。

　版ごとの変化の種類(見出し語の異なり)をもとにまとめると,〔表3〕のようになる。

3章 初版, 再版そして3版へ

[表3] 漢音から呉音への交替

| 4-2-1 | 現代と語形を異にしたままの見出し語 | 初版△, 再版△, 3版△ | (9)<br>71 |
|---|---|---|---|
| | | 初版－, 再版△, 3版△ | 7 |
| | | 初版－, 再版△, 3版－ | 0 |
| | | 初版－, 再版－, 3版△ | 70 |
| 4-2-2 | 現代と語形が異なる見出し語 | 初版○, 再版△, 3版△ | 5 |
| | | 初版○, 再版○, 3版△ | 18 |
| | | 初版－, 再版○, 3版△ | 2 |
| 4-2-3 | 現代と語形が同一になる見出し語 | 初版△, 再版△, 3版○ | 1 |
| | | 初版△, 再版○, 3版○ | 0 |
| | | 初版－, 再版△, 3版○ | 2 |
| 計 | | | *176* |

※ 176語中, 異なり97語

・初版から3版を通して, 漢音で読まれていたものが△△△の71語である。
・3版だけに漢音読みで収録されたものが－－△の70語である。
・再版から3版への改版過程で変化した語が○○△と－○△の計20語である。
・総数は176語で, 単漢字の異なりは97語である。総数は単漢字の約2倍弱にあたることになる。

また, 上記の表を版ごとの出現回数 (見出し語の延べ) でまとめると, [表4] のようになる (各版における△の合計)。

[表4] 版ごとの出現回数

| | 初版 | 再版 | 3版 |
|---|---|---|---|
| 各版における△の合計<br>(前版からの増減) | 72 | 86<br>(+14) | 173<br>(+90, -3) |

276

再版から3版にかけて，大幅に増加していることが分かる。これは，－－△の70語によるものである。

## 5　まとめ

以上の調査結果から考えられることを中心に，まず①から③に分けてまとめる。

① 　4-2　呉音から漢音への交替と4-3　漢音から呉音への交替の版ごとの変化の種類（見出し語の異なり）は，〔表5〕のようになる。

〔表5〕　呉音から漢音，漢音から呉音への交替

| | | 呉音から漢音 | CK | OR | OB | 漢音から呉音 | CK | OR | OB | 計 |
|---|---|---|---|---|---|---|---|---|---|---|
| 現代と語形を異にしままの見出し語 | 初版△，再版△，3版△ | 141 | 19 | | 38 | 71 | 24 | 2 | 16 | 212 |
| | 初版－，再版△，3版△ | 9 | 1 | 1 | | 7 | 1 | | | 16 |
| | 初版－，再版△，3版－ | 1 | | | | 0 | | | | 1 |
| | 初版－，再版－，3版△ | 63 | 13 | 8 | | 70 | 2 | 6 | 3 | 133 |
| 現代と語形が異なる見出し語 | 初版○，再版△，3版△ | 3 | 1 | | | 5 | 3 | 1 | | 8 |
| | 初版○，再版○，3版△ | 6 | 3 | 1 | | 18 | 11 | 1 | 2 | 24 |
| | 初版－，再版○，3版△ | 1 | 1 | | | 2 | 2 | | | 3 |
| 現代と語形が同一になる見出し語 | 初版△，再版△，3版○ | 1 | 1 | | 1 | 1 | | | | 2 |
| | 初版△，再版○，3版○ | 3 | | | 1 | 0 | | | | 3 |
| | 初版－，再版△，3版○ | 0 | | | | 2 | | | | 2 |
| 計 | | 228 | | | | 176 | | | | 404 |

※　呉音から漢音228語中，異なり122語
※　漢音から呉音176語中，異なり97語
※　CK，OR，OBについて，いくつかの見出し語にはCKとOBなどの組み合わせのものがあるが，それぞれの出現回数を示した。

△△△が212語，--△が133語であり，双方で，全体404語の85.4%を占めている。同時に，△△△と--△には，CK（語義は同じであるが，現代通常の語形の見出し語も収録されている），OR（同一見出しに，二つの語形が記されている），OB（古語，または廃語を示す短剣印†が付いている）に分類できるものも見られる。CKやORによって，異なる字音を示していることとなる。また，OBで示されるものもあり，すでに刊行時には使われることの稀なものを共存させていたことが確認できる。○○△，--△については，いずれもCKをはじめ多い，これらは現代では用いられることの稀な語形ということになるのであるが，このことはすでに3版の時点でも同様であり，あえて辞書における指標として旧来の語形を収録したと言えよう（ただし，3版で収録された旧来の語形のみならず現行の語形も，あわせて3版になって収録されたものが多くを占める）。顕著になりつつある字音交替（漢音化傾向・呉音化傾向）における旧来の語形への配慮と考えられる（特に，OBが示されたものはすでに主たる語形ではない可能性が高い）。また，数は少ないが，再版から3版の過程で○から△へ転じたもの（-○△，○○△）に見られる現象でもある。

② 版ごとの出現回数（見出し語の延べ）は，〔表6〕のようになる。

〔表6〕 版ごとの出現回数（呉音から漢音，漢音から呉音）

|  | 初版 | 再版 | 3版 |
|---|---|---|---|
| 各版における△の合計<br>＜呉音から漢音への交替＞<br>（前版からの増減） | 145 | 155<br>（+13, -3） | 223<br>（+70, -2） |
| 各版における△の合計<br>＜漢音から呉音への交替＞<br>（前版からの増減） | 72 | 86<br>（+14） | 173<br>（+90, -3） |
| ＜呉音から漢音への交替＞を100%とした際の＜漢音から呉音への交替＞の割合 | 49.7% | 55.5% | 77.6% |

版を重ねるに従って，「呉音から漢音への交替」と「漢音から呉音への交替」の出現回数の差は縮む。特に，再版から3版にかけて，「呉音から漢音への交替」では68語（3版223語から再版155語を差し引く（+70, -2））増加しているのに対して，「漢音から呉音への交替」でも87語（3版173語から再版86語を差し引く

(+90, −3))増加しているためである。再版から3版にかけて大幅に増補された語がこのような結果をもたらしたと推測される。

　③　先学によって，現代にかけて字音の交替が多く見られ，特に漢音化傾向を示すことが報告されている。[10]

例えば，磯貝(1964)は，次のように述べている。

　　明治初期から現代までの漢字の読み方の変化は，漢音から呉音，呉音から漢音，あるいは漢音・呉音と慣用音の交代など，あらゆるケースにわたっており数量的にも多い。漢音化傾向を示す語が過半数を占めているが，決定的とは言いきれないようである。

本調査の結果からも，字音間での交替は多く，中でも「呉音から漢音への交替」と「漢音から呉音への交替」が大部分を占めている。

また，『和英語林集成』の字音に関して飛田(1992) pp.329-340は，次のように述べている。

　　江戸末期の『和英語林集成』から，現代と字音の読み方が交替したもの，あるいは交替する可能性のある漢語を抜き出し，明治大正期の資料で調査した結果，交替は一四七語に認められた。呉音から漢音へ一一五語，漢音から呉音への交替が三二語にみられた。(中略)（Ⅰ）呉音から漢音へ，（Ⅱ）漢音から呉音への二つの傾向があり，前者が後者より圧倒的に多い。また，明治二〇年前後に交替する語が多い。

上掲の論文は，初版に収録された見出し語の中から交替しているもの，また，可能性のあるものに絞り，その変化を諸辞書で調査したものである。本論では，収録状況を基に，いずれともとらえがたい「ゆれ」の生じている語も1語と数え，初版，再版，3版の「和英の部」の漢語の見出し語を全て対象とするなど，調査の方法・基準・対象が異なり，直接，比較対照することは適切ではない面がある。

　今まで一般に広く，幕末・明治期から現代にかけて，字音の交替した語は「呉音から漢音への交替」が多くを占めることが指摘されている。しかし，3版において，新たに漢音で収録されたものが現代では漢音から呉音に転じて

いるものも多い(ただし、CKという条件付きも含まれる)。初版・再版・3版の「和英の部」を対象とした漢語の見出し語の全調査においては、〔表5〕から分かるように総数にしても単漢字の異なりにしても、現代において「呉音から漢音への交替」した語と「漢音から呉音への交替」した語は約5：4といった比率になっているのである。また、〔表6〕からも、現代において「呉音から漢音への交替」した語と「漢音から呉音への交替」した語は、初版で145語と72語で約2：1であるが、3版では223語と173語(前版から引き継ぐものも含める)で約5：4であり、両者の差は小さいものとなる。あらたに△が追加されたことに加えて、3版の段階でも、△から○に転じたものは数語にすぎず、字音の交替が行われていないことが確認できる。

　一方、CKやOR、またOBに分類できるものは、複数の語形を示したり、古語や廃語であったりすることを表し、それぞれの漢語における語形の位置づけを示している。このことは、辞書としての異音同表記同義語を保有する対応がはかられたと考えられる。また、現行の語形を示すCKやORは呉音から漢音、漢音から呉音へのゆるやかな交替への過渡的な状態であることを示していることにもなる。OBを除くとしても「呉音から漢音への交替」した語と「漢音から呉音への交替」した語の比率はほぼ変わらないため、初版の段階で複数の語形を示すものが散見し、字音の交替現象は、やや遡ってとらえることができるのではなかろうか。

　現代にかけて、やはり先学の研究のとおり、呉音から漢音への交替が多いのではあるが、それは一方的なものではなく、双方向の動きがあった(例えば、出現頻度がともに5以上の漢語は「大」であることからも確認できる)。近世まで日常用語として用いられた呉音が近代以後、漢音へ転じたかのような印象が一般にあるが、それぞれにすでに現行の語形を併存するものもあり、また呉音から漢音への交替現象とだけとは言い切れない結果となった。

注
（1）例えば、「漁船」は、初版・再版・3版で「リヤウセン」と慣用音で読まれているが、現在は通常「ギョセン」と読まれる。「漁」は呉音・漢音ともに「ギョ」であり、呉音・漢音のいずれであるか決定できない。このように呉音・漢音・唐音・慣用音などと認定できない語を「字音認定不能の語」とした。
（2）その他の字音の交替74語の内訳は、「呉音から慣用音への交替」16語、「漢音

から漢音への交替」8語,「漢音から慣用音への交替」31語,「慣用音から呉音への交替」8語,「慣用音から漢音への交替」10語,「慣用音から唐音への交替」1語である。なお,慣用音に関わる「獨立」と「雜談」については松井(1997)に詳しい。
(3) 語形と言うべき読み方についてはローマ字表記に基づいた。しかし,ローマ字表記が明らかに誤りと思われる場合についはカタカナ表記を参考にして処理した。それは再版以降のINTORODUCTIONに次のように記されている(試訳を付す)。

> In books these marks to designate the impure sounds are often omitted; it being taken for granted that the reader knows for himself when a syllable is to take this sound.

(筆者注:カタカナ表記に対して)この書物では,濁音を表すための記号はしばしば省略される。音節が濁音となる場合を読者自身が知っていると考えるためである。

したがって,ローマ字表記とカタカナ表記間の異なりは,誤り,歴史的仮名遣い,清濁の異なりなどであり,ローマ字表記が当時の語形をより正しく示していると考えられる。
(4) 現代でもいずれの語形もあり決定しづらい語があるが(語義には常に留意した),現代通常の語形に従った。
(5) 4-2 呉音から漢音への交替と4-3 漢音から呉音への交替では,ローマ字表記に基づいたアルファベット順に依らず,現代通常の語形をもとにして五十音順に並べる。
(6) 全151語であるが,「YUI-MOTSZ ユ井モツ遺物」→「イブツ」,「JI-NEN ジ子ン自然」→「シゼン」,「SHŌ-RIYŌ シヤウリヤウ生霊」→「セイレイ」,「JAKU-MAKU ジヤクマク寂莫」→「セキバク」,「NAN-NIYO ナンニヨ男女」→「ダンジョ」,「HOTSZ-GON ホツゴン發言」→「ハツゲン」,「FUMMIYŌ フンミヤウ分明」→「ブンメイ」,「BU-NIYŌ ブニヨウ豊饒」→「ホウジョウ」,「MOSSHU モッシユ没収」→「ボッシュウ」,「U-GIYŌ-TAI ウギヤウタイ有形體」→「ユウケイタイ」の重複して出現する10語を差し引いた。
ただし,「FUMMIYŌ フンミヤウ分明」→「ブンメイ」は呉音から漢音,漢音から呉音への交替にまたがるため,便宜的ではあるが,各表および考察では漢音から呉音に含めて進める。
(7) 全64語であるが,「NYOSHŌ ニヨシヤウ女性」→「ジョセイ」の重複して出現する1語を差し引いた。
(8) 全7語であるが,「ON-JIKI オンジキ食飯」→「インショク」の重複して出現する1語を差し引いた。
(9) 全75語であるが,「KEI-TEI ケイテイ兄弟」→「キョウダイ」,「KIYŌKŌ キヤウコウ向後」→「コウゴ」,「SEI-CHOKU セイチヨク正直」→「ショウジキ」,「MEI-JITSZ メイジツ明日」→「ミョウニチ」の重複して出現する4語を差し引いた。
(10) 佐藤喜代治(1971),佐藤亨(1980)は,近世から近代の辞書などを対象とした研究で,やはり「呉音から漢音への交替」が多いことを指摘している。

## 2節　初版・再版・3版の漢字表記

### 1　はじめに

「和英の部」における見出し語は，初版，再版，3版と改版される過程で，漢字表記の面でも前の版の表記がそのまま用いられるものと，変更されるものとがある。その変遷について，実例を交えながら考察する。

ただし，『和英語林集成』「手稿」を含めて，連続して考察することが適当ではあるが，「手稿」が刊行を目的としていないため，その内容は，漢字表記のみならず，見出し語自体，また語義・用例など，きわめて複雑な様相を呈している。そこで，それぞれ「手稿」(1章2節)，「手稿」から初版 (2章2節)，そして本論に分けることとした。

各版の「和英の部」の収録語数は，初版20,772語，再版22,949語，3版35,618語と増加していく。ほとんどの見出し語には，漢字表記が付されている。試みに初版の見出し語のうち，AからHまでの部で，何らかの漢字表記を持つ見出し語を調査したところ，漢字表記率（漢字表記を有する割合）の平均は89.9%（対象は一部異なるが2章2節）となる（〔表1〕）。

〔表1〕　漢字表記率

| | 初版 | 漢字表記アリ | 漢字表記ナシ | 漢字表記率 |
|---|---|---|---|---|
| A | 802 | 717 | 85 | 89.4% |
| B | 525 | 462 | 63 | 88.0% |
| C | 358 | 340 | 18 | 95.0% |
| D | 451 | 378 | 73 | 83.8% |
| F | 431 | 406 | 25 | 94.2% |
| G | 391 | 339 | 52 | 86.7% |
| H | 1,700 | 1,546 | 154 | 90.9% |
| 計 | 4,658 | 4,188 | 470 | 89.9% |

漢字表記については，単字のものと2字以上のものに分かれる。

単字に関しては，ローマ字・カタカナ表記で付された「語形」と漢字表記が正音・正訓によるものと，「ABURA

-KAWA アブラカハ膜」,「CHIBI, -ru, -ta チビル耗」のような訓の拡大と言うべきものもある。

　もう一方の2字以上の漢字表記は，1章1節，2章2節に準じて，次のように大きく三つに分類できる。
・「正則表記」（正音・正訓によるもの）
　　　例，「AN-G'WAI アングワイ案外」
・「一部分が正音・正訓によるもの(1)」
　　　例，「ABUMI-GAWARA アブミガワラ花瓦」
・「変則的表記(2)」（全体が正音・正訓によらない漢字表記）
　　　例，「ABUNAI, -KI, -SHI アブナイ 浮雲」

各版における「正則表記」,「一部分が正音・正訓によるもの」,「変則的表記」の漢字表記が改版時に継続して使用されるのか，それとも変更されるのか，さらに変更されるものはどのようなものであるのかといった問題がある。そこで，現代では語形から直接想起し難い（し得ない）「変則的表記」を持つ見出し語について，その変遷を確認することにしたい。

　なお，「変則的表記」という名称を用いたが，和語に複数の漢字表記をあてたもの，あるいは既成の漢語（近世中国語もある）をあてたものである。先にも述べたように，和語と漢語の結合は，慣用・固定していると判断されるものが多数を占める。「変則的表記」は分類上の便宜的な名称である。


## 2　グループの分類とその内容

　AからZまでの見出し語において，初版・再版・3版の漢字表記の変遷を把握するため，2章2節に準じて，ローマ字・カタカナ表記による語形と漢字表記の組み合わせを次のように整理する。

　　「正則表記」(3)（正音・正訓によるもの）　　　　　　　　　　　　　　○
　　「一部分が正音・正訓によるもの(4)」　　　　　　　　　　　　　　　△
　　「変則的表記」(5)（全体が正音・正訓によらない漢字表記）　　　　　×
　　「漢字表記がない」　　　　　　　　　　　　　　　　　　　　　　　□
　　「見出し語として収録されない」　　　　　　　　　　　　　　　　　−

## 3章 初版,再版そして3版へ

これらの記号で初版・再版・3版の状況を記すと,例えば次のようになる。
・初版×,再版×,3版×
　→初版・再版・3版を通じて語形と漢字表記とが「変則的表記」。
・初版×,再版×,3版〇
　→初版・再版いずれも語形と漢字表記とが「変則的表記」であるが,3版では「正則表記」。
・初版−,再版×,3版□
　→初版では見出し語として未収録,再版で語形と漢字表記とが「変則的表記」。3版では見出し語に漢字表記がない。

初版から3版までのいずれかに必ず×が一つ以上含まれ,そこに〇□−が関わるため,相互の関係は複雑である。対象となるのは1,366語(20種)である。できるだけ簡潔に特質を指摘するために,×〇□−で初版・再版・3版の組み合わせに応じて4分類すると次のようになる。

**変則的表記のままの見出し語** (1,278語・93.6%)
　　初版×,再版×,3版× (992語・72.6%)
　　初版×,再版×,3版− (2語・0.1%)
　　初版×,再版−,3版× (1語・0.1%)
　　初版×,再版−,3版− (11語・0.8%)
　　初版−,再版×,3版× (81語・5.9%)
　　初版−,再版×,3版− (2語・0.1%)
　　初版−,再版−,3版× (189語・13.8%)

**改版によって変則的表記になった見出し語** (32語・2.3%)
　　初版〇,再版×,3版× (7語・0.5%)
　　初版□,再版×,3版× (4語・0.3%)
　　初版〇,再版〇,3版× (17語・1.2%)
　　初版□,再版□,3版× (2語・0.1%)
　　初版−,再版〇,3版× (1語・0.1%)
　　初版−,再版□,3版× (1語・0.1%)

**正則表記にあらためられたり,削除されたりした見出し語** (55語・4.0%)
　　初版×,再版×,3版〇 (15語・1.1%)

初版×，再版×，3版□ （21語・1.5%）
　　　初版×，再版○，3版○ （2語・0.1%）
　　　初版×，再版□，3版□ （4語・0.3%）
　　　初版－，再版×，3版○ （6語・0.4%）
　　　初版－，再版×，3版□ （7語・0.5%）
　その他（1語・0.1%）
　　　初版○，再版×，3版□ （1語・0.1%）

　まず，変則的表記のままの見出し語は全体で1,278語（93.6%）となり，圧倒的に多数を占める。その内訳の上位は，×××が992語（72.6%），－××が81語（5.9%）である。最初に収録された漢字表記は改版時も継続して用いられることが分かる。また3版の時点で変則的表記の見出し語として収録される－－×が189語（13.8%）である。

　一方，改版によって変則的表記になった見出し語の32語（2.3%）に対して，正則表記にあらためられたり，削除されたりした見出し語の55語（4.0%）が存在する。その他は1語（0.1%）にすぎない。なお，語形の語種については，1,366語中，漢語77語，混種語20語（重箱読み7語，湯桶読み13語），それ以外は和語1,269語である。和語を「変則的表記」する傾向が強い。和語は語形に対する表記の自由度が高く，多様性を示す。それに対して，漢語は語形をそのまま字音によって記したものにほぼ固定していると考えられる。


## 3　初版・再版・3版の「変則的表記」の見出し語（Aの部）

　Aの部に収録されるものを中心に対象となった見出し語を以下に記す[6]。変則的表記のままの見出し語が，×××（34語），×－－（1語），－××（13語），－－×（7語）となる。やはり，最初に採用された見出し語の漢字表記は継続される傾向にある。改版によって変則的表記になった見出し語は，□××（1語），○○×（1語）と，きわめて少ない。正則表記にあらためられたり，削除されたりした見出し語が，××○（1語），××□（10語），×□□（1語），－×□（4語）となる。特に××□は，AからZまでの全体で21語あり，そ

のうち10語が A の部に集中している。最初の部において，3版で積極的に漢字表記を削除したことを示すものであろう。ヘボンの再版から3版での改版時のムラとも考えられそうである（3章5節）。

「変則的表記」の見出し語の語形と漢字表記との組み合わせの一般性を把握するために，1章1節，2章2節と同様に『日本国語大辞典』第2版 （以下，『日国』2版）を用いて調査した。『日国』2版には「見出し語としての漢字表記」に加えて，「［表記］欄に記された諸辞書の漢字表記」が記載されているが，それらにも収録されない語形と漢字表記との組み合わせは漢字表記に下線を付す。

### 3-1　変則的表記のままの見出し語

**初版×，再版×，3版×**　（34語）

「ABARA-YA アハラヤ 敗宅」，「ABATA アバタ 痘斑」，「ABIKO アビコ 石龍」，「AI-KUCHI アイクチ 匕首」，「AIYAKE アヒヤケ 婚姻」，「AIYOME アヒヨメ 姙娌」，「AJINA アヂナ 奇怪」，「AJISAI アヂサイ 紫陽花」，「AKIMEKURA アキメクラ 青盲」，「AKU アク 灰汁」，「AMA アマ 漁人」，「ANAGO アナゴ 海鰻」，「ANE-MUSUME アネムスメ 長女」，「AORI アフリ 障泥」，「AOSA アヲサ 陟鼇」，「AOUNABARA アヲウナハラ 滄溟」，「ARA アラ 嗚呼」，「ARATANA アラタナ 奇驗」，「ARATO アラト 礪石」，「ARAYURU アラユル 所有」，「ARINOTOWATARI アリノトワタリ 會陰」，「ASAGAO アサガホ 牽牛花」，「ASATTE アサッテ 明後日」，「ASHIDORI アシドリ 跙歩」，「ASHIKA アシカ 海驢」，「ASHIRAI, -au, -atta アシラフ 會釋」，「ASH'TA アシタ 明日」，「ASZ アス 翌日」，「ATARA アタラ 可惜」，「ATO-SHIZARI アトシザリ 却退」，「ATSZKAI アツカヒ 和論」，「AWATE, -ru, -ta アハテル 周章」，「AYAME アヤメ 菖蒲」，「AZARASHI アザラシ 水豹」

**初版×，再版−，3版−**　（1語）

「ABUNAKU, or ABUNŌ アブナク 浮雲」

初版—，再版×，3版× （13語）

「AI-DESHI アイデシ 同門」，「AI-GUMI アイグミ 同伍」，「AIYAKU アイヤク 同僚」，「AKE-GURE アケクレ 昧爽」，「ANDA アンダ 便輿(ママ 簎)」，「ANKUWA アンクハ 被中(ママ 被中炉)」，「AOJI アオヂ 草雀」，「ARASHIKO アラシコ 佃奴」，「ARI-BITO アリビト 見口」，「ARI-NOMI アリノミ 鹿梨」，「ASANA-ASANA アサナアサナ 旦旦」，「ASAYAKE アサヤケ 曉霞」，「ATSUME-JIRU アツメジル 骨董羹」

初版—，再版—，3版× （7語）

「AGUMI, -MU アグム 跏趺」，「AKEBI アケビ 通草」，「AOGAI アヲガイ 螺鈿」，「AOMUSHI アオムシ 螟蛉」，「ASE アセ 吾兄」，「ATARASHIKI アタラシキ 可惜」，「AYOBI アヨビ 脚絆」

### 3-2 改版によって変則的表記になった見出し語

初版□，再版×，3版× （1語）

「AKOGARE, -ru, -ta アコガレル (見出し語に漢字表記がない・以下．(漢無))→狂浮」

初版○，再版○，3版× （1語）

「ARAGANE アラガネ 荒金→生鑛」

### 3-3 正則表記にあらためられたり，削除されたりした見出し語

初版×，再版×，3版○ （1語）

「ABUNAI, -KI, -SHI アブナイ 浮雲→危」

初版×，再版×，3版□ （10語）

「Ā アア 嗚呼→(漢無)」，「ABATA-DZRA アハタヅラ(ママ バ) 麻臉→(漢無)」，「ABUNASA アブナサ 浮雲→(漢無)」，「ABURA-SASHI アブラサシ 注子→(漢無)」，「ABURA-ZARA アブラザラ 燈盞→(漢無)」，「ADZCHI アヅチ 射垜→(漢無)」，「ADZKI アヅキ 小豆→(漢無)」，「AGARI-YA アガリヤ 監倉→(漢無)」，

「AGURA アグラ箕踞→ (漢無)」,「AHIRU アヒル家鴨→ (漢無)」

　　　　　初版×, 再版□, 3版□　(1語)
「ASZKO アスコ彼許→ (漢無)」

　　　　　初版−, 再版×, 3版□　(4語)
「ADA-DAMA アダダマ虚鉄→ (漢無)」,「AGEGAKI アゲガキ跳出→ (漢無)」,「AGE-MAKI アゲマキ總角→ (漢無)」,「AGE-MOCHII, -yuru, -ta アゲモチユル登庸→ (漢無)」

　以上に挙げた見出し語のうち,『日国』2版に収録 (見出し語と [表記] 欄) されない語形と漢字表記との組み合わせを整理すると〔表2〕のようになる。73語であるが, 初版で収録されているものが47語である。そして, 再版で17語, 3版で7語が, 新たに「変則的表記」として収録されている。

〔表2〕　Aの部の変則的表記

| | | Aの部 | 日国× |
|---|---|---|---|
| 変則的表記のままの見出し語 | 初版×, 再版×, 3版× | 34 | 16 |
| | 初版×, 再版−, 3版− | 1 | 0 |
| | 初版−, 再版×, 3版× | 13 | 11 |
| | 初版−, 再版−, 3版× | 7 | 2 |
| 改版によって変則的表記になった見出し語 | 初版□, 再版×, 3版× | 1 | 0 |
| | 初版○, 再版○, 3版× | 1 | 1 |
| 正則表記にあらためられたり, 削除されたりした見出し語 | 初版×, 再版×, 3版○ | 1 | 0 |
| | 初版×, 再版×, 3版□ | 10 | 4 |
| | 初版×, 再版□, 3版□ | 1 | 0 |
| | 初版−, 再版×, 3版□ | 4 | 3 |
| 計 | | 73 | 37 |

　『日国』2版との比較では, 約半数の語が収録されていないが,「唐話辞書類」(1章2節) や江戸後期の節用集を参看することで,「AI-KUCHI アイクチ

匕首」,「AJINA アヂナ奇怪」,「AKIMEKURA アキメクラ青盲」,「AOSA アヲサ陟鼇」,「ASHIRAI, -au, -atta アシラフ會釋」,「ATO-SHIZARI アトシザリ却退」などをはじめ,いわゆる熟字訓と言うべき慣用的熟字であるものも多数含まれる。

初版が－や□でありながらも,改版時に×の漢字表記が付されるものもある。特に－××と－×□の漢字表記は『日国』2版での収録率が低い〔表2〕に網かけを施した)。□××は「AKOGARE, -ru, -ta アコガレル (漢無)→狂浮」,○○×は「ARAGANE アラガネ荒金→生鑛」になるものである。

一方で,再版,3版で○や□にあらためられた見出し語の漢字表記が,「ABATA-DZRA アハタヅラ麻臉」,「ABURA-SASHI アブラサシ注子」,「AGARI-YA アガリヤ監倉」,「AGURA アグラ箕踞」などである。これらはヘボンがその版の編纂時にふさわしくない表記と認識したためであろうか。

## 4　特徴的な漢字表記について

対象となった1,366語の中から主に比較的新しい時代の出典を持つもの,「唐話辞書類」や英華辞典などに見受けられもの,また句形式のものなどの諸例を挙げる。その際に関連する同時代の文献の表記や意味と比較しながら適宜記すこととする (アルファベット順に並べる)。また,『和英語林集成』所収の見出し語の×を含めない (○△からなる) 漢字表記も諸文献で見受けられるため必要に応じて扱う。なお,〔 〕内は語義などの日本語訳,意味,筆者の補足説明などを示す。また,下線は変則的表記の部分を示す。

「ABATA-DZRA アハタヅラ(ママ バ)<u>麻臉</u>」(××□) 'Pock-marked face.' とあり,岡島冠山等撰『唐話類纂』(1725) をはじめ「麻臉イモツラ」などとして収録されている。

「ARASHIKOアラシコ<u>個奴</u>」(－××) 'A farmer boy, a laborer on a firm.' とある。『雑字類編』(1764) にも見られる。

「CHA-BENTŌ チヤベンタウ茶<u>行厨</u> (3版:「茶辨當」)」(△△○) 'A portable chest with drawers and furnace for preparing tea when on a journey.' とあり,『漢語大詞典』の「行厨」に「②犹执炊,掌灶。」とある。『雑字類

編』に「水火炉」,「携爐(筆者注：左ルビ「ノブロ」)・提－・水火－・茶鐐擔子」とあり,「食具・行厨」,「行庖」などともある。『和漢音釈書言字考節用集』(1717)の「辨當」の註記に「本名ハ行厨」とも見られる。明治期にも様々な文献で目にするが, 久米邦武による『特命全権大使米欧回覧実記』(4巻)(以下,『米欧回覧実記』)(1878) にも［弁当］として「行厨」と見える。ただし,『和英語林集成』初版・再版・3版では［弁当］を「辨當」とする。

「GIYO-TŌ ギョトウ魚油」(△△△) 'Fish-oil.' は, ローマ字・カタカナ表記と漢字表記で省略が異なるものの「魚燈油」であろう。2書の『英華辞典』では,『メドハースト』のFISHの項に 'fish-oil'「魚油」,『ロブシャイド』には, 見出し語 Fish-oil に「魚油」とある。

「ICHATSZKI, -ku, -ita イチヤツク狎戯」(×××) 'To flirt, to sport with girls. Syn. TAWAMURERU.' とある(2章2節)。新しい例ではあるが, 石川啄木の日記 (1908. 3. 22) に見出される。『俗語辞海』(1909) にも載る。

「KIKONASHI, -sz, -sh'ta キコナス穿得好」(×□□) には, 'To dress with neatness, or taste.' とあり, 再版以降漢字表記はない。「一部分が正音・正訓によるもの」の例として,「URANAI, or URANU ウラヌ不要賣」(△△△)も同様の例であろう。'neg. of Uri.' とあり, 初版・再版では 'Will not sell.', 3版では 'Not to sell.' とある。これら漢語句と言うべきものも含まれている。

「KIRIYŌ キリヤウ容色」(×××)［容貌 (Syn. YŌBŌ, MIME.)］とともに,「器量 (キリヤウ)」(○○○)［能力 (Syn. CHIYE, SAI.)］と意味を分けて, それぞれ初版・再版・3版で立項している。そして,「BU-KIRIYŌ ブキリヤウ無容色」も「容色 (キリヤウ)」を反映して, '(coll.) Homely; ugly; not handsome.' (3版の語義)と初版・再版・3版に［醜い］で収録されている。しかし, 3版には「FU-KIRIYŌ フキリヤウ不器量」が増補され, 'Without ability; also, (coll.) ugly; homely.' と記し,［能力がない］と［醜い］の二つの意味を示している。意味による使い分けの意識が薄れ,「無容色 (ブキリヤウ)」［醜い］と併存しながらも, 語形をそのまま (字音によって忠実に) 漢字表記した「不器量 (フキリャウ)」へ移行していく様相をうかがい知ることができる。

「KON-JŌ コンゼウ洋靛」(－××) 'Prussian-blue.' は,『メドハースト』,『ロブシャイド』ともに, Blue の用例 'Prussian Blue' に「洋靛・洋青」とある。また,『メドハースト』には見出し語 PRUSSIN-BLUE に「靛藍・洋靛」と

ある。『ロブシャイド』は Prussian の用例 'Prussian Blue' に「洋靛」, Prussic acid に「洋靛醋・洋靛酸」ともある。子卿原著・福澤諭吉訳『増訂 華英通語』(1860) は, Prussianblue に「洋靛」と「洋靛」(コンゼウ)(ペレンス), Indigo に「洋藍」(コンギキヤウ)「紺桔梗」染色の一つ」と「土靛」がある。参考までに,『米欧回覧実記』にも「洋藍」(96巻)とあるが,「藍靛」(29巻など)と記されることが多い。なお,『増訂華英通語』には,「洋-」の構成の漢語に, Calico「洋布」, Umbrella「洋遮」,(13) Turkey red「洋紅」, Bombay onion「洋葱頭」(子ギ), Foreign copper「洋銅」, Foreign iron「洋鉄」, Chandelier「洋枝燭」がある。意味を示すと思われるルビが付されているか, 語形自体が全く記されていないか(字音で読まれたとは考えがたい)に分けられる。西洋のものに対して「洋-」とした中国語の表記に近い意味にあたる日本語を与えたのであろう。

「KUI-SOME クヒソメ百祿児」(×××) 'The first feeding of an infant.' とある。『漢語大詞典』に「出生満百日的小孩。」とあり, 清代の用例を載せる。『雑字類編』にも「百禄児モ, カ」とある。

「MAMBIKI マンビキ扚手(再版・3版:「萬引」)」(×○○) 'A shop lifter, thief.' とある。『漢語大詞典』に「亦称"扚兒手"。从別人身上摸取財物的小偸。」とあり, 清代の用例を載せる。『魁本大字類苑』(1888) にも載る。

「NEKO-NADEGOYE子コナデゴエ絮語」(×××) 'The coaxing sound made in fondling or talking to a cat, or in talking to children.' とある。『漢語大詞典』は「①連綿不断地低声説話。②唠叨的話。」と記す。「絶えず低い声で話す」と「ぺちゃくちゃしゃべる」の意味であり, 語形と漢字表記の示すものが異なるようである。『俗語辞海』にも載る。

「ROKU-SHŌ ロクシヤウ銅緑」(×××) 'Verdigris.' とある。『メドハースト』には VERDIGREASE に「銅錆・銅油緑・銅緑」,『ロブシャイド』にも Verdigris / Verdigrise に「銅緑・銅青」とある。『和英語林集成』の漢字表記と語義の組み合わせは, 2書の『英華辞典』の「漢語」による語義と「英語」の見出し語の組み合わせと同一である。『増訂 華英通語』にも 'Verdigrise'「銅緑」(ロクシヤウ)とある。

「TERI-TERI-BŌDZ テリテリボウズ掃晴娘」(×××) 'A piece of paper cut in the shape of a man, and hung on the door by children, to bring clear weather.' と載り,『漢語大詞典』は「旧俗指久雨求晴剪紙做成的持帚

291

女形。」と明代の用例を載せる。『魁本大字類苑』と『俗語辞海』にもある。

「YAKU-BIYŌ ヤクビヤウ病疾」（×△△）は，再版以降「疫疾」となる。初版は「病」と「疫」の誤りと考えられるが，再版以降「病」と「疾」の意味が通じていることを利用したものである（「疫疾」は漢籍に見られる）。

その他の挙例の語にも中国語出自の漢語が比較的多く見られる。動植物名の「牽牛花」，「海驢」，「通草」，「螺鈿」，「螟蛉」などの単語は，中国では現在も常用されている。各漢語の出自・性格と和語との結び付きなどは，更に諸方面から検討したい。

## 5　まとめ

本論で挙げた見出し語は，全体に占める割合は低いのであるが，対象となった1,366語のうち，初版・再版・3版を通じて漢字表記に変化がないもの（×××）は992語（72.6%）を占める。再版で新たに増補されたもの（-××）は81語である。

また，3版で「変則的表記」の見出し語が増補されているもの（--×）は189語となる。ただし，3版で新たに増補された見出し語（約13,000語）全体からすると，漢字表記のないものや先の「一部分が正音・正訓によるもの」も含まれはするが，「正則表記」が大勢を占めることを示している。

一方，再版や3版で字音・字訓に基づく表記にあらためられ収録されることで「正則表記」（××○，×○○，-×○）になる23語や，漢字表記自体を削除するもの（××□，×□□，-×□）32語が，数は少ないながら存在する[14]。これら，×から○□になった見出し語には，初版から3版刊行までの19年間，また再版から3版刊行までの14年間に，当時の社会一般の漢字表記にそぐわないことから，明治中期を乗り越えることができなかった漢字表記ともいえるようなものも含まれていると考えられる。

本論で挙げた見出し語は，現代から見ると語形から正音・正訓による漢字表記をあてることが困難なものばかりではないようである。しかし，このような語形と漢字表記が乖離した見出し語を立項した理由として，「燈盞（アブラザラ）」，「守人（バンニン）」，「茶行厨（チャベンタウ）」，「猿利根（サルリコウ）」，「情

死（シンヂゥ）」など，慣用的な用法や，当時通行していた漢字表記の使用とも考えられるものが多く含まれている。

　数は少ないながらも，同表記の見出し語を意味による表記で分けて記しているものがある。その例として先の「容色（キリヤゥ）」と「器量（キリヤゥ）」の他，「忘八（クツワ）」(15)（×××）［遊女屋］と「馬銜（クツワ）」（△△△）［馬具］，「麾幣（サイハイ）」（×××）［大将が指揮に用いる道具・指揮］と「差配（サイハイ）」（−−○）［はたき］などが挙げられる。また，複数の意味を持つ同じ漢字表記の見出し語の一方を同音の異なる漢字表記によって分けて記す方法としては，「無操（ムサゥ）」（○○○）［巧妙に組み合わせる］と「無雙（ムサゥ）」（○○○）［並ぶ物がない］などがある（3章3節）。「容色」と「器量」のように，意味による表記と字音による表記とで分けて記すことも，手段としては，同音の異なる漢字表記で分類することと同じなのであろう。

　また，日本語の意味を英語でとらえた上で，英華辞典などから取り入れたり中国で習得していたりした漢字表記をあてたと思われるものがある。その結果，「洋靛（コンゼゥ）」など，日本語でなじみある語形（『コンジョウ（「紺青」）』）を用いたため，示そうとする実態としての語義（'Prussian-blue.'）とのズレが生じ，そのズレを漢字表記が補正する結果となっている（相互補完とも言える・序章3節）。

　以上に挙げた語形と漢字表記との組み合わせは，一見，慣用的な表記と思われるものが多分に含まれるが，実際にどれほどまでに通行していたのかという問題が残される。また出自の面で近世中国語などとの関わりから考えるべきものも含まれる。

　さらには，本論で挙げたような「変則的表記」が近代の資料にも見受けられる。広く用いられた『和英語林集成』が，様々な漢字表記を近世から近代へ受け継いでいく橋渡しの役割も結果的に果たした一面があると考えられるのではないだろうか（4章2節）。

注
（1）「一部分が正音・正訓によるもの」の見出し語（例，「AMANOGAWA アマノガハ天漢」，「BUCHI-KOWASHI, -sz, -sh'ta ブチコワス打壊」，「DE-BESO デベソ突臍」，「DE-KASEGI デカセギ出稼」など）も，「変則的表記」と同様に扱うことも考慮すべきである。ただし，本論では，全体を正音・正訓で読まない漢字表

記に限定することで、より特質が明確になると考えるため、全体にわたる「変則的表記」について進める。
（2） 外来語・外国語の見出し語（松本（2001））については言及しない。また、受身を表す「被-」（例、「AKARE, -ru, -ta アカレル被厭」）、打消しを表す「不-」（例、「ATAWADZ アタハズ不能」）などは含めない。誤植と思われるものについても対象としない。
（3） 単字に関わるものはここに含めた。
（4） ×と△の両方に関わる例が 8 例あるが、本論では△に含め対象としない。
（5） 見出し語の抽出には飛田・李（2000）を用いた。
（6） 見出し語と語義は、最初に収録された版のものを使用する。
（7） ほぼ類似した内容で『魁本大字類苑』（1888）にある。
（8） 「弁当」という表記の定着や、容器と内容物との関わり、また、「面桶」［一人前ずつ飯を盛って配る曲物］としての関係もあるかもしれない。
（9） W. H. メドハーストの *English and Chinese Vocabulary. In Two Volumes*（1847-1848）とする。
（10） W. ロブシャイドの *English and Chinese Dictionary, with the Punti and Mandarin Pronunciation*（1866-1869）とする。
（11） 『漢字百科大事典』（1996）明治書院「中世漢語」p.107, 108。
（12） 「容色」と「器量」については、田島（1999）p.155以降に詳しい。
（13） 磯貝（1964）に指摘されているように「洋」の造語力によるものであろう。
（14） 新山（1973）では、「初版で施されていた漢字表記が、三版で削られる」見出し語とは、「表意性は認められるとしても表音性は認められ」ない見出し語（筆者注：「哆・口黙・学・虚飾・馴傍・緑豆」を指す）や、「表音性は認められるとしても表意性は認められない（または、希薄である）」見出し語（筆者注：「歩竢・雑返・目安・戻敷」を指す）であるとする。そして、「三版に招来される漢字表記は、表意性を具備し表音性を兼備することが、一つの条件として要請されることとなる」と結論付けている。
（15） ‖（colloquial word used little used, or no of the Yedo dialect.）の略号が付される。なお、『雑字類編』に「タイコモチ」の一例として「凸八官」とある。『唐話辞書類集』（1969-1976）所収の辞書にも散見する。

# 3節　漢語の見出し語の誤表記と同音異表記


## 1　はじめに

「和英の部」には，「甲冑」とあるべきところに「甲胄」とするような例が見受けられる。このような主に誤表記を事由とする漢語の見出し語や，同音異表記に関わる見出し語 (以下，あわせて「漢字表記の不適合の見出し語」) について，ローマ字表記とカタカナ表記，また語義・用例の面からも確認した上で，改版過程から整理し，その該当例を全て列挙して，整理・考察を行う。


## 2　漢字表記の不適合の見出し語の分類

### 2-1　漢字表記からの分類

　漢字表記と，ローマ字・カタカナ表記また語義・用例とが不適合の見出し語を以下のように分類する。なお，全体にわたり漢字表記を基に示す。

① 　字形類似の漢字の見出し語
　　例，「甲胄 (カッチュウ)」→「甲冑」，「仁怒 (ジンショ)」→「仁恕」
② 　同音異表記の漢字の見出し語
　　例，「豪盗 (ガウタウ)」→「強盗」，「同揺 (ドウヨウ)」→「動揺」
　　　※　「豪盗 (ガウタウ)」，「同揺 (ドウヨウ)」は，同音異表記異義語 (別語) として一般的に存在しない
　　　「隔膜 (カクマク)」→「角膜」，「迂論 (ウロン)」→「胡乱」
　　　※　「隔膜 (カクマク)」，「迂論 (ウロン)」は，同音異表記異義語 (別語) として一般的に存在する

③　その他の (字順転倒（3章1節）・省略・脱落などの①と②に含まれない) 見出し語
　　例，「味吟 (ギンミ)」→「吟味」
　　　　「是非非 (ゼヒゼヒ)」→「是非是非」

上記の①から③の他に，意味をとらえた漢字表記の見出し語 (例，「情死 (シンジウ)」→「心中」，「傾城 (タユウ)」→「太夫」) がある。しかし，これら見出し語 (①から③のいずれかにもまたがる見出し語も含む) は①から③の見出し語と性質を異にするため本論では扱わない (「変則的表記」として，1章1節，1章2節，2章2節，3章2節などで扱う)。

以上，①から③の誤植と思われる見出し語の中にはいずれに含めるべきか判断のつかないものもある。特に②に関わる見出し語は「誤用」か「慣用」かの別が困難なものが多く，明らかに誤りとも言えないものも含まれると考えられる。中でも，「同音異表記異義語 (別語) として一般的に存在する」[5]語も多く収録されているため，『和英語林集成』における語義・用例にも注意[6]を払った。

なお，「隠謀」と「陰謀」のような複数の表記を有する見出し語については，現代における一般的な漢字表記を把握するため『日本国語大辞典』初版 (以下，『日国』初版) (1972-1976) を用いた。したがって，複数の表記を有する語，[7]またその範囲内の改版過程での変化や追加・削除された見出し語は対象としない。正字・俗字などの字体の異なる見出し語も対象としない。

## 2-2　改版過程からの分類

見出し語の漢字表記と，ローマ字・カタカナ表記また語義・用例と，
　　　　「一致」　　　　　　　　　　○
　　　　「不適合」　　　　　　　　　×
　　　　「見出し語として収録されない」　−
として以下のように分類する。

　**不適合のままの見出し語** (改版過程でさらに異なる表記になる語も含む)
　　　　初版×，再版×，3版×

初版×，再版×，3版−
　　　初版−，再版×，3版×
　　　初版−，再版×，3版−
　　　初版−，再版−，3版×
**一致から不適合への見出し語**（「初版×，再版○，3版×」も含む）
　　　初版×，再版○，3版×
　　　初版○，再版×，3版×
　　　初版○，再版−，3版×
　　　初版−，再版○，3版×
**不適合から一致する見出し語**（「初版○，再版×，3版○」も含む）
　　　初版×，再版×，3版○
　　　初版×，再版○，3版○
　　　初版○，再版×，3版○
　　　初版−，再版×，3版○


### 3　見出し語の全例

　改版過程から分類した見出し語の該当例を整理して一覧としてまとめるにあたり，次のような方針をとった。

　まず，左端から順に，「漢字表記の不適合の見出し語」として最初に収録された版の「ローマ字・カタカナ・漢字表記（収録する版）」を挙げ，点線をはさんで右列に現在通用している代表的な語形を掲げる。その右列には，3−1　不適合のままの見出し語については該当する「漢字表記」を示し，3−2　一致から不適合への見出し語と3−3　不適合から一致への見出し語については，漢字表記がローマ字・カタカナ表記と一致している場合，その版の漢字表記を示すことにした。なお，排列は現在通用している語形をもとに五十音順とした。

　さらに，一部の見出し語の隣には，補足的な内容（主に見出し語の訓読み）がローマ字で記されているため，「備考」として斜字で示し，括弧でくくった。なお，断りのない限り「漢字表記の不適合の見出し語」として最初に収録さ

れたものを用いる。また，各表記から意味のとらえづらいものや別の意味にとらえられかねないものには，目的と意味を明確にするために，語義，用例，類義語 (Syn.) などを「備考」に記す（[ ]内は語義などの日本語訳，意味，筆者の補足説明など）。「分類」にある①から③の丸数字は **2-1　漢字表記からの分類** による（①「字形類似の漢字の見出し語」，②「同音異表記の漢字の見出し語」，③「その他の見出し語」を指す）。

見出し語が，改版過程でさらに異なる場合は，各欄に各版（1は初版，2は再版，3は3版を示す）の表記を列挙する。

## 3-1　不適合のままの見出し語

漢字表記がローマ字・カタカナ表記また語義・用例と不適合のままの漢語の見出し語を挙げる。

初版×，再版×，3版×　（43語）

| ローマ字表記 | カタカナ表記 | 初版,再版,3版 | 語形 | 漢字表記 | 備考 | 分類 |
| --- | --- | --- | --- | --- | --- | --- |
| IKIYAKU | 井キヤク | 畏却 | イキャク | 違却 | [難儀・困惑すること] | ② |
| UJŪKITSZ | ウジュキツ 1<br>ウンジュキツ 2, 3 | 雲州橘 | ウンシュウキツ | 温州橘 | | ② |
| UNSAI | ウンサイ | 雲紗 1, 2<br>雲絳 3 | ウンサイ | 雲斎 | [足袋底に用いる綿布] | ③ |
| YEYŌ | エエウ | 榮曜 1, 2<br>榮燿 3 | エイヨウ | 栄耀 | | ①② |
| ŌGI | ワウギ | 黄蓍 | オウギ | 黄耆 | [強壮剤] | ① |
| KA-BUN | カブン | 下問 | カブン | 下聞 | (shimo ni tō) | ① |
| KAN-SZ | カンス | 監司 | カンス | 監寺 | [監院] | ② |
| KIUSZ | キウス | 球子 1<br>吸水 2, 3 | キュウス | 急須 | A small teapot. Syn. KIBISHŌ. 2, 3 | ② |
| KIYŌKOTSZ | キヤウコツ | 鮫骨 | キョウコツ | 軽骨 | [粗忽・軽率] | ② |
| KEI-KŌ | ケイカウ | 經候 | ケイコウ | 経行 | Syn. MEGURI. | ② |
| KESOKUDAI | ケソクダイ | 花束臺 | ケソクダイ | 花足台 | A flower stand in temples. | ② |
| GENSO | ゲンソ | 素元 | ゲンソ | 元素 | | ③ |
| ZAI-MEI | ザイメイ | 在名 | ザイメイ | 在銘 | [刀剣の銘] | ② |
| SAGO-BEI | サゴベイ | 西國米 | サゴベイ | 沙穀米 | [サゴヤシから採取した澱粉] | ② |
| SHIGI | シギ | 仕義 1, 2<br>時義 3 | シギ | 仕儀 | Syn. SHIDAI, ARI-SAMA. | ①②・③ |
| JIKKIN | ジッキン | 昵近 | ジッキン | 昵近 | | ① |

3節　漢語の見出し語の誤表記と同音異表記

| | | | | | | |
|---|---|---|---|---|---|---|
| JŌ-DAN | ジヤウダン | 情斷 1, 2<br>笑談 3 | ジョウダン | 冗談 | Syn.<br>　TAWAMURE. | ② |
| SHINKO | シンコ | 眞粉 | シンコ | 糝粉 | [米の粉] | |
| SZI-HI | スイヒ | 水飛 | スイヒ | 水簸 | [水中で粒径を二種以上に分離する操作] | |
| SETSZ-GAI | セツガイ | 切害 | セツガイ | 殺害 | Syn.<br>　KIRI-KOROSZ. | ② |
| SEKKOKU | セキコク | 石齡 | セッコク | 石斛 | [蘭科の植物] | ①② |
| SENDO | センド | 專度 | センド | 先途 | [分け目・瀬戸際] | ② |
| TAI-KO | タイコ | 大古 | タイコ | 太古 | (ōmukashi) | ①② |
| TAIKO | タイコ | 大鼓 | タイコ | 太鼓 | | ①② |
| DAI-JŌ-DAI-JIN | ダイジヤウダイジン | 大政大臣 | ダイジョウダイジン | 太政大臣 | | ①② |
| TAI-FŪ | タイフウ | 大風 | タイフウ | 台風 | (ō kaze)<br>A typhoon, hurricane, tempest. | ② |
| TAI-YŌ | タイヤウ | 大陽 | タイヨウ | 太陽 | | ①② |
| TESSHŌ | テツシヤウ | 銕醬 | テッショウ | 鉄漿 | Syn. OHAGURO,<br>　KANE. | ①② |
| NAIRA | ナイラ | 内爛 | ナイラ | 内羅 | [馬の内臓の病気] | ③ |
| NAIRI | ナイリ | 奈利 | ナイリ | 泥梨・犁 | [地獄] | ③ |
| NONKI | ノンキ | 延氣 | ノンキ | 暖気 | | ③ |
| BUNSEKI | ブンセキ | 分拆 | ブンセキ | 分析 | | ① |
| BENNEI | ベン子イ | 辨佞 1, 2<br>辨侫 3 | ベンネイ | 便佞 | (hetszrai mono) | ② |
| MAN-KIYŌ-FU | マンキヤウフ | 漫鷲風 | マンキョウフ | 慢驚風 | [慢性脳膜炎の類] | ①② |
| MU-SHŌ-NI | ムシヤウニ | 無正 | ムショウ | 無性 | Syn. MUYAMI<br>　NI. 3 | ② |
| MU-SŌ | ムサウ | 無操 | ムソウ | 無双・夢想 | – makura,<br>– mado. | ② |
| MŌKŌ | モウコウ | 孟禾 | モウコウ | 猛禾 | [防腐剤の一種] | ①② |
| YABO | ヤボ | 野父 | ヤボ | 野暮 | Syn. BUKOTSZ,<br>　BUIKI. | ② |
| YŌSATSZ | エウサツ | 夭扎 1, 2<br>夭札 3 | ヨウサツ | 夭殺 | Syn.<br>　WAKAJINI,<br>　YŌ-SHI. 3 | ② |
| YOSEKI | ヨセキ | 奧石 | ヨセキ | 礜石 | [砒素] | ①② |
| RAI-BON | ライボン | 雷盆 | ライボン | 擂盆 | (szri bachi) | ①② |
| RI-HATSZ | リハツ | 理發 1, 2<br>倒發 3 | リハツ | 利発 | | ②・①② |
| RINKI | リンキ | 吝氣 | リンキ | 悋気 | | ①② |

①　「字形類似の漢字の見出し語」として「黃菁」,「下問」,「昵近」,「分拆」がある。「分拆」は『特命全米欧回覧実記』(以下,『米欧回覧実記』)(1878)にも見られるものである。

②　「同音異表記の漢字の見出し語」として,「畏却」,「雲州橘」,「監司」,

「球子1・吸水2,3」,「鮫骨」,「經候」,「花束臺」,「在名」,「西國米」,「情斷1,2,笑談3」,「眞粉」,「水飛」,「切害」,「專度」,「大風」,「辨佞1,2・辨佞3」,「無正」,「無操」,「野父」,「夭扎1,2・夭札3」がある。

　①「字形類似の漢字の見出し語」と②「同音異表記の漢字の見出し語」のどちらともとれる見出し語として（以下，①②とする），「榮曜1,2・榮燿3」,「石斛」,「大古」,「大鼓」,「大政大臣」,「大陽」,「銕醬」,「漫驚風」,「孟秌」,「輿石」,「雷盆」,「吝氣」が挙げられる。「榮曜・燿」は，字形類似，同音であるとともに，「曜・燿・耀」それぞれの字義もきわめて類似している。また，②の「無操 (ムサウ)」'Dovetailed, or interlaced. – *makura*, – *mado*.' とともに，初版から3版まで「無雙 (ムサウ)」'(*narabi nashi*). Without an equal, second to none.' と「夢想 (ムサウ)」'(*yume ni omo*). Revealed in a dream.' も並存している。特に，［巧妙に組み合わせる］の「無操」と［並ぶ物がない］の「無雙」とを同音の漢字表記を用いて分けることで，記したのであろう。(9)

　③「その他」の見出し語として，「素元 (ゲンソ)」は語形に対して字順転倒している。(10)

　①②以外の複数の要因を持つ見出し語には触れなかったが，各版を通して同じ漢字表記で収録される見出し語は35語，再版から3版で変化した見出し語は7語，初版から再版で変化した見出し語は1語で，計43語となる。以上の語に共通しているのは，初版から3版に至るまで表記が不適合の状態のままであるということである。

初版×，再版×，3版－　（1語）

| ローマ字表記 | カタカナ表記 | 初版,再版 | 語形 | 漢字表記 | 備考 | 分類 |
|---|---|---|---|---|---|---|
| BIYŌ-TEI | ビヤウテイ | 體病 | ビョウテイ | 病體 | | ③ |

　漢字表記のみ字順転倒している見出し語である。上記の1語しか見られない。

3節　漢語の見出し語の誤表記と同音異表記

初版―，再版×，3版×　（6語）

| ローマ字表記 | カタカナ表記 | 再版，3版 | 語形 | 漢字表記 | 備考 | 分類 |
|---|---|---|---|---|---|---|
| KEN-I | ケンイ | 權滅 2<br>横威 3 | ケンイ | 權威 | | ① |
| GEN-KUWAN | ゲンクワン | 立關 | ゲンカン | 玄関 | | ① |
| SEN-I | セン井 | 繊緯 | センイ | 繊維 | (tate yoko) | ①② |
| SOMPŪSHI | ソンブウシ | 尊夫子 | ソンブウシ | 村夫子 | [家庭教師] | ② |
| BANSEKI | バンセキ | 磐石 2<br>板石 3 | バンセキ | 盤石 | A slate.<br>Syn. SEKIBAN 3 | ①② ・ ② |
| RAKU-HAKU | ラクハク | 落薄 | ラクハク | 落魄 | (ochi-bureru) | ② |

　①「字形類似の漢字の見出し語」として「權滅 2・横威 3」，「立關」がある。中でも，「立關」は 'Same as *Genka*, the front entrance of a house.' とあり，初版から 3 版まで収録される「玄關 (GENKA ゲンクワ(ママ))」と同一であることが記されている。

　「夫子」は 'A teacher who resides in the house of his pupils; a tutor, or traveling instructor.' とあり，[田舎の学者] としての「村夫子」とは異なる。[尊い夫子] という意を持っているとも考えられる。また，「繊緯」は『米欧回覧実記』(90巻) にも使用例があり，「せんい」とルビが付されている。これらは，分類の判断に迷いが生じるものでもある。

初版―，再版×，3版―　（1語）

| ローマ字表記 | カタカナ表記 | 再版 | 語形 | 漢字表記 | 備考 | 分類 |
|---|---|---|---|---|---|---|
| CHŌSANDAIBU | チヤウサンダイブ | 朝散太夫 | チョウサンダイフ | 朝散大夫 | | ①② |

初版―，再版―，3版×　（35語）

| ローマ字表記 | カタカナ表記 | 3版 | 語形 | 漢字表記 | 備考 | 分類 |
|---|---|---|---|---|---|---|
| IKEI | イケイ | 異敬 | イケイ | 畏敬 | (osore uyamau) | ①② |
| IPPAN | イッパン | 一班 | イッパン | 一般 | General view. | ② |
| OKAJŌKI | オカジョウキ | 陸蒸蒸 | オカジョウキ | 陸蒸気 | | ③ |
| ON-JIKI | オンジキ | 食飯 | オンジキ | 飲食 | (kui nomi) | ③ |
| OMBŌ | オンバウ | 温袍 | オンボウ | 縕袍 | wata-iri. | ①② |
| KAISHIN | カイシン | 改慎 | カイシン | 戒慎 | (imashime tsutsushimu) | ② |
| GIKWAN | ギクワン | 宜議 | ギカン | 議官 | | ③ |
| KYŪ-SHIN-RYOKU | キフシンリョク | 吸心力 | キュウシンリョク | 求心力 | [中心に向かって働く力] | ② |
| KYOMŌ | キヨマウ | 虚忘 | キョモウ | 虚妄 | (uso munashiki) | ①② |
| KŌ-OKU | カフオク | 里臆 | ゴウオク | 剛臆 | [剛勇と臆病] | ② |
| SAIHAI | サイハイ | 差配 | サイハイ | 采配 | [ちりはたき] | ③ |

301

| | | | | | | |
|---|---|---|---|---|---|---|
| SAIHŌ | サイハウ | 細包 | サイボウ | 細胞 | | ①② |
| SHISHU | シシユ | 死宗 | シシュ | 死守 | (shinu made mamoru) | ① |
| SHASETSU | シヤセツ | 社話 | シャセツ | 社説 | | ① |
| SHINSHI | シンシ | 神士 | シンシ | 紳士 | | ② |
| SHIN-SHIN | シンシン | 紳縉 | シンシン | 縉紳 | (tattoki hito) | ③ |
| SHINNYŌ | シン子ウ | 乏之遶 | シンニョウ | 之繞 | | ③ |
| SHIMPŌ | シンパウ | 心包 | シンボウ | 心房 | [心膜] | ② |
| SUIBŌ | ス井バウ | 水泡 | スイホウ | 水疱 | [水疱疹] | ①② |
| ZŌ-MOTSZ | ザウモツ | 臓物 | ゾウブツ | 臓物 | (nusunda mono) | ①② |
| TAIYŌKEI | タイヤウケイ | 大陽系 | タイヨウケイ | 太陽系 | | ①② |
| TAIYŌREKI | タイヤウレキ | 大陽暦 | タイヨウレキ | 太陽暦 | | ①② |
| TEITŌ | テイタウ | 低當 | テイトウ | 抵当 | [担保] | ①② |
| TOKUSOKU | トクソク | 促晢 | トクソク | 督促 | (hataru) | ③ |
| TONKYO | トンキヨ | 頓連 | トンキョウ | 頓狂 | - na onna. | ③ |
| NISSOKU | ニツソク | 日仄 | ニッソク | 日蝕 | i.q. nisshoku. | ② |
| HI-EKI | ヒエキ | 脾裨 | ヒエキ | 裨益 | Syn. RI-EKI. | ③ |
| BICHŪ | ビチウ | 微哀 | ビチュウ | 微衷 | | ① |
| BUSSHA | ブツシヤ | 佛着 | ブッシャ | 佛者 | | ① |
| BŌKON | バウコン | 暴很 | ボウコン | 暴恨 | (fukaki urami) | ①② |
| MATSUGI | マツキ | 末枝 | マツギ | 末技 | (tsumaranu waza) | ① |
| YŪSHI | イウシ | 幽恣 | ユウシ | 幽姿 | (taoyaka na sugata) | ①② |
| YŪSHI | ユウシ | 猫子 | ユウシ | 猶子 | (oi) | ① |
| RASHI | ラシ | 颮次 | ラッシ | 臈次 | Moji no - tadashikarazu. | ② |
| ROKWAN | ロクワン | 遍管 | ロウカン | 瘻管 | Kōmon-rōkwan. | ② |

①「字形類似の漢字の見出し語」は「死宗」,「社話」,「微哀」,「佛着」,「末枝」,「猫子」がある。

②「同音異表記の漢字の見出し語」の「一班（イッパン）」は 'General view; not minute or particular: *rigaku no -; - ni,* generally.' とある。語義・用例から見て,「一般」であるにも関わらず, 3版で収録される際に, 同音異表記の「一班」に誤って表記されたと考えられる。'Whole, universal, general.' の「一般（イッパン）」は再版, 3版に収録されている。同様に,「虚恖（キョマウ）」'(*uso munashiki*). False, untrue.' に対して,「虚妄（キョマウ）」'False; untrue; erroneous; spurious, counterfeit.' も3版に収録されている。なぜ, このように二つに分けて記したのかは明らかではない。また,「颮次（ラシ）」'The order or arrangement of words in a sentence.' は3版で新たに収録されるが,「臈次（ラッシ）」'Order, arrangement.' は初版から3版まで収録されている。「颮次（ラシ）」に限定した意味を持たせて, 分けて記したと考えられる。

③「その他」は，「食飯（オンジキ）」'Food and drink.' に対して，「飲食（インショク）」'Drink and food.' は初版から3版まで収録されている。「辵之遶（シンチウ）」は，字義「辵」と漢字表記「之遶」との両方を連ねたものとしているのであろう。「脾裨（ヒエキ）」は第1種本（序章3節）で「脾益」とあり，1字目の「脾」ではなく2字目の「益」を誤まって修正したものと考えられる。また，「陸氣蒸（オカジヨウキ）」，「宜議（ギクワン）」，「紳縉（シンシン）」，「促督（トクソク）」が漢字表記の字順転倒している見出し語である。

### 3-2　一致から不適合への見出し語

改版過程において，漢字表記がローマ字・カタカナ表記との一致から，漢字表記とローマ字・カタカナ表記とが不適合となる見出し語を挙げる。

初版×，再版○，3版×　（1語）

| ローマ字表記 | カタカナ表記 | 1・3版 | 語形 | 再版 | 備考 | 分類 |
|---|---|---|---|---|---|---|
| GIMMI | ギンミ | 味吟 | ギンミ | 吟味 | | ③ |

漢字表記のみ字順転倒している見出し語である。

初版○，再版×，3版×　（7語）

| ローマ字表記 | カタカナ表記 | 再版, 3版 | 語形 | 初版 | 備考 | 分類 |
|---|---|---|---|---|---|---|
| UKUWATSU | ウクワツ | 迂活 | ウカツ | 迂闊 | | ①② |
| KAISŌ | カイソウ | 改葱 | カイソウ | 海葱 | ［ユリ科の多年草］ | ② |
| KETAI | ケタイ | 怪體 | ケタイ | 卦體 | – ga warui. | ② |
| KE-MAN | ケマン | 花鬘2 花蔓3 | ケマン | 花鬘 | | ③・①② |
| HIGI | ヒギ | 非議 | ヒギ | 非義 | (gi ni aradzu) | ①② |
| HŌ-CHŌ | ハウチヤウ | 炮丁 | ホウチョウ | 庖丁 | | ①② |
| RO-BAN | ロバン | 路盤 | ロバン | 露盤 | ［尖塔］ | ①② |

初版の「卦體」は 'Luck.' とあり，'– ga warui.' の用例がある。再版で「怪體」となることで，'– na hito.' の用例が加わり，3版では，語義・用例は記されず，'i.q. kitai.'（「稀代」'(yo ni mare na). Strange; rare; uncommon; wonderful.' を参照）と指示している。初版の［運］から再版の［まれな・奇妙な］へと

3章 初版,再版そして3版へ

変化し,3版では「稀代」を参照させるための見出し語となる。

①②に該当する見出し語として「迂活」,「非議」,「庖丁」,「露盤」が挙げられる。

初版○,再版○,3版× (18語)

| ローマ字表記 | カタカナ表記 | 3版 | 語形 | 初版,再版 | 備考 | 分類 |
|---|---|---|---|---|---|---|
| YUI-KAI | ユ井カイ | 遺誡 | イカイ | 遺誡 | (nokoseru imashime) | ① |
| URON | ウロン | 迂論 | ウロン | 胡亂 | Syn. USAN, UTAGA WASHII, GATEN-YUKADZ. | ② |
| KATCHŪ | カッチウ | 甲胃 | カッチュウ | 甲冑 | (yoroi kabuto) | ① |
| KIOKU | キオク | 記臆 | キオク | 記憶 |  | ①② |
| GYŌRETSU | ギヤウレツ | 行別 | ギョウレツ | 行列 |  | ① |
| SANGAKU | サンガク | 山壑 | サンガク | 山嶽 | (yama mine) | ① |
| JŌ-KAKU | ヂヤウカク | 上格 | ジョウカク | 定格 | [一定の決まり] | ② |
| ZUI-SHIN | ズ井シン | 隨臣 | ズイジン | 隨身 | [供・付添] | ② |
| SENSHAKU | センシヤク | 疝積 | センシャク | 疝癪 | [さしこみ] | ①② |
| NENKI | ネンキ | 年期 | ネンキ | 年季 | [奉公する期間] | ② |
| HITSU-ZEN | ヒツゼン | 然必 | ヒツゼン | 必然 | (kanarazu shikaru) | ③ |
| HININ | ヒニン | 人非 | ヒニン | 非人 | (hito ni arazu) | ③ |
| HI-MEI | ヒメイ | 命非 | ヒメイ | 非命 | (temme ni arazu) | ③ |
| HYŌSOKU | ヒヤウソク | 秉濁 | ヒョウソク | 秉燭 |  | ① |
| YŪREI | ユウレイ | 靈幽 | ユウレイ | 幽靈 |  | ③ |
| RANJATAI | ランジヤタイ | 蘭若待 | ランジャタイ | 蘭奢待 | [名香] | ② |
| REPPŪ | レツプウ | 列風 | レップウ | 烈風 | (hageshiki kaze) | ①② |
| RŌGETSZ | ロウゲツ | 蠟月 | ロウゲツ | 臘月 | (shiwasu) | ①② |

①「字形類似の漢字の見出し語」は「遺誡」,「甲胃」,「行別」,「秉濁」がある。

②「同音異表記の漢字の見出し語」の「迂論(ウロン)」は[まわりくどい論議]ではなく,[疑わしい・合点がゆかず]とあるために,初版,再版の「胡亂(ウロン)」の漢字表記の方がより近い。同様に「山壑(サンガク)」も[山と谷]ではなく[高い山・山頂]とあり「山嶽(サンガク)」と,「上格(ヂヤウカク)」は[高い格式]ではなく[一定の決まり]とあり「定格(ヂヤウカク)」と,「年期(ネンキ)」は[一年を単位とする期間]ではなく[奉公する期間]とあり「年季(ネンキ)」と,それぞれの漢字表記が意味の上からふさわしい。これらは,同音異表記間での混同がその時代に見られるものとも考えられる。

304

①②に該当する「記臆」は，当時も通用していた本来の表記である。

③「その他」は「<u>然必</u>（ヒツゼン）」，「<u>人非</u>（ヒニン）」，「<u>命非</u>（ヒメイ）」，「<u>霊幽</u>（ユウレイ）」は漢字表記の字順転倒している見出し語である。

同音異表記間や植字上での誤りが多い。

初版－，再版○，3版×（8語）

| ローマ字表記 | カタカナ表記 | 3版 | 語形 | 再版 | 備考 | 分類 |
|---|---|---|---|---|---|---|
| ANSATSU | アンサツ | 暗察 | アンサツ | 按察 | (*shiraberu*) | ② |
| UTOKU | ウトク | 有得 | ウトク | 有徳 | [徳行のあること・金持ち] | ①② |
| KYAKU-SEN | キヤクセン | 舩客 | キャクセン | 客船 |  | ③ |
| GYÔKETSU | ゲウケツ | 結凝 | ギョウケツ | 凝結 |  | ③ |
| JITEN | ジテン | 字曲 | ジテン | 字典 |  | ① |
| JINKÔ | ジンコウ | 入口 | ジンコウ | 人口 | (*hito no kuchi*) | ① |
| JINJO | ジンジョ | 仁怒 | ジンジョ | 仁恕 |  | ① |
| DOJI | ドヂ | 痴鈍 | ドヂ | 鈍痴 |  | ③ |

①「字形類似の漢字の見出し語」は「字<u>曲</u>」（3-3　初版－，再版×，3版○の「寛曲」も同じ誤りである），「<u>入口</u>」，「<u>仁怒</u>」がある。

①②の「有<u>徳</u>」'Respectable, honorable, genteel.' とあるが，3版で「有<u>得</u>」'Wealthy.' と変化している。

③「その他」の「<u>舩客</u>（キヤクセン）」，「<u>結凝</u>（ゲウケツ）」，「<u>痴鈍</u>（ドヂ）」[11] は漢字表記の字順転倒している見出し語である。

再版では該当しないものであり，そのために，ほとんどが植字の際の誤りと考えられる見出し語である。

### 3-3　不適合から一致への見出し語

改版過程において，漢字表記とローマ字・カタカナ表記との不適合から，漢字表記がローマ字・カタカナ表記と一致する見出し語を挙げる。

初版×，再版×，3版○（44語）

| ローマ字表記 | カタカナ表記 | 初版，再版 | 語形 | 3版 | 備考 | 分類 |
|---|---|---|---|---|---|---|
| YENGI | エンギ | 延喜 | エンギ | 縁起 | Syn. ZEMPYO. | ② |
| KAKU-MAKU | カクマク | 脳膜 | カクマク | 角膜 | The cornea. | ② |
| KAN-SHAKU | カンシヤク | 肝積 | カンシャク | 㿃癪 | Syn. TANKI | ② |

## 3章　初版，再版そして3版へ

| | | | | | | |
|---|---|---|---|---|---|---|
| KAMPAN | カンパン | 艦板 | カンパン | 甲板 | The deck of a ship. | ② |
| KEI-KO | ケイコ | 䅈古 | ケイコ | 稽古 | Syn. MANABI | ①② |
| KEN-NUN | ケンヌン | 眩暉 | ゲンウン | 眩暈 | Syn. KURUMEKU, MEMAI. | ① |
| KEN-ZEN | ケンゼン | 現然 | ケンゼン | 顯然 | Syn. AKIRAKA. 3 | ② |
| KŌ-SHAKU | コウシヤク | 講譯 | コウシャク | 講釋 | | ① |
| KŌSHAKU-SHI | コウシヤクシ | 講譯師 | コウシャクシ | 講釋師 | | ① |
| GŌ-TŌ | ガウタウ | 豪盗 | ゴウトウ | 強盗 | | ② |
| KŌ-ROKU | カウロク | 高錄 | コウロク | 髙祿 | | ①② |
| SHUS-SEI | シユツセイ | 出情 | シュッセイ | 出精 | (sei wo dasz) | ①② |
| SHŌ-SEKI | セウセキ | 消石 | ショウセキ | 硝石 | | ①② |
| SHŌ-SEKI-SAN | セウセキサン | 消石酸 | ショウセキサン | 硝石酸 | | ①② |
| JŌ-HARI-NO-KAGAMI | ジヤウハリノカガミ | 浄波梨鏡 | ジョウハリ | 浄玻璃鏡 | | ② |
| SHIN-SHA | シンシヤ | 眞砂 | シンシャ | 辰砂 | [水銀の硫化鉱物] | ② |
| SEN-GI | センギ | 僉議 | センギ | 詮議 | Syn. SENSAKU, ARATAMERU, GIMMI. 2, 3 | ② |
| SEN-JIN | センヂン | 先陳 | センジン | 先陣 | Syn. SAKITE, SEMBŌ. | ①② |
| SŌ-HATSZ | ソウハツ | 鬘髪 | ソウハツ | 惣髪 | Syn. SŌGAMI. | ② |
| SŌ-RON | サウロン | 論争 | ソウロン | 争論 | (arasoi rondzru) | ③ |
| ZON-I | ゾンイ | 雜意 | ゾンイ | 存意 | Syn. ZOMBUN. | ② |
| CHI-KIU | チキウ | 地毬 | チキュウ | 地球 | | ①② |
| CHIU-NA-GON | チウナゴン | 言納中 | チュウナゴン | 中納言 | | ③ |
| CHI-WA | チワ | 千話 | チワ | 癡話 | Syn. IRO-GURUI. | ② |
| TENGUJŌ | テングジヤウ | 天郡上 | テングジョウ | 典具帖 | [薄い和紙] | ② |
| TEMBIN | テンビン | 天枰 | テンビン | 天秤 | | ① |
| TŌ-KEN | タウケン | 搪犬 | トウケン | 唐犬 | [舶来犬] | ①② |
| BAI-SHIN | バイシン | 倍臣 | バイシン | 陪臣 | Syn. MATA-MONO. 1, 2 | ①② |
| HINAN | ヒナン | 誹難 | ヒナン | 非難 | | ①② |
| Bi-fuku | (ビフク) | 美服 | ビフク | 美服 | | ① |
| BIYAKURO | ビヤクラウ | 白劵 | ビャクロウ | 白鑞 | [しろめ] | ② |
| BŌI | バウイ | 暴意 | ボウイ | 暴威 | | ② |
| MOMPA | モンパ | 文派 | モンパ | 紋羽 | [綿布の一種] | ② |
| RANSŌ | ランソウ | 卵叢 | ランソウ | 卵巣 | The ovaries. | ② |
| RAMBŌ | ランバウ | 乱妨 | ランボウ | 乱暴 | Syn. ABARERU. | ② |
| RANYO | ランヨ | 籃輿 | ランヨ | 鸞輿 | [天子の乗る輿] | ② |
| RI-GIN | リギン | 理銀 | リギン | 利銀 | | ② |
| RIU-IN | リウイン | 留飲 | リュウイン | 溜飲 | [胸やけ] | ①② |
| RIU-GI | リウギ | 流義 | リュウギ | 流儀 | | ①② |
| REIYŌKAKU | レイヤウカク | 靈羊角 | レイヨウ | 羚羊 | [羚羊の角・漢方薬] | ② |

| | | | | | | |
|---|---|---|---|---|---|---|
| REKISZU | レキスウ | 歴數 | レキスウ | 暦數 | (toshi no kadz) | ①② |
| REN-JAKU | レンジヤク | 棟雀 | レンジャク | 連雀・練鵲 | [レンジャク科の鳥の総称・小型の極楽鳥] | ①② |
| RŌSHO | ラウシヤウ | 癆証 | ロウショウ | 癆症 | Syn. RŌGAI. | ①② |
| ROKU-SHAKU | ロクシヤク | 力者 | ロクシャク | 六尺 | (a corruption of *Riyoku sha*) | ③ |

　①「字形類似の漢字の見出し語」として「眩暉」、「講譯」、「講譯師」、「天枰」、「美眼」がある。

　②「同音異表記の漢字の見出し語」、および①②に該当する語はきわめて多く、中でも「肝積」、「消石酸」、「千話」、「誹難」、「流義」など、『日国』初版に用例があげられており、その他の文献にも見られる。

　②「同音異表記の漢字の見出し語」の「顯然(ケンゼン)」は、初版、再版では「現前(ケンゼン)」とあるが、初版から3版まで 'Manifestly, clearly.' とある。しかし、初版、再版には 'Syn. MA-NO-ATARI.' と類義語を示し、「現前」の意味も加味していたと考えられる。また、「暴意(バウイ)」 'Violent, cruel, fierce.' は、3版で「暴威」とあらためられることで 'Tyrannical, domineering, or arbitrary use of power.' と対応した語義に変わる。

　また、初版、再版の段階で本来表記されるべき見出し語の同音異表記異義語があてられることがある。「延喜」は 'Omen, sign, prognostic.' とあり、初版から3版まで「縁起」'The historical record of the origin of a Miya, or Tera.' と併存している。その結果、3版では意味を分けて記した見出し語「縁起」が二つ収録されている。また、[角膜]に対して初版、再版で「膈膜(カクマク)」と示されているが、3版で「角膜(カクマク)」にあらためられ、[隔壁]の「隔膜」'The diaphram.' も併記される。同様に、初版、再版の「僉議(センギ)」は[評議・衆議]ではなく、[詮索・吟味]であり、3版の「詮議(センギ)」が適当である。「亂妨」も[強奪する]ではなく[暴れる]であり、3版の「亂暴」の表記がふさわしい。初版、再版の「籃輿」も[山道で用いるやま駕籠]ではなく、[天子の乗る輿]であるために「鸞輿」とあるべきである。

　③「その他」に関しては、「論爭(ソウロン)」が漢字表記の字順転倒している見出し語である。「言納中(チウナゴン)」は誤植であろう。「力者(ロクシヤク)」は 'Riyoku sha' の転訛とある。

全体に3版で大幅な修正が行われたことが分かる。

初版×,再版○,3版○ (17語)

| ローマ字表記 | カタカナ表記 | 初版 | 語形 | 再版,3版 | 備考 | 分類 |
|---|---|---|---|---|---|---|
| KAKU-YA | カクヤ | 角夜 | カクヤ | 隔夜 | [一晩おき] | ② |
| KAN-KU | カンク | 難苦 | カンク | 艱苦 | Syn. KANNAN. 3 | ① |
| KI-SAN | キサン | 歸山 | キサン | 歸參 | [(奉公人が) 戻ること] | ② |
| GI-JO | ギジョ | 女妓 | ギジョ | 妓女 | | ③ |
| KIYŌDAN | キヤウダン | 郷談 | キョウダン | 郷談 | (inaka kotoba) | ①② |
| SAKATŌJI | サカトウジ | 酒刀自 | サカトウジ | 酒杜氏 | [酒を造る人] | ② |
| SAN-DAN | サンダン | 參談 | サンダン | 算段 | Syn. SAI-KAKU, KU-MEN. 1 Syn. SHUDAN, TEDATE. 2, 3 | ② |
| ZEHI-ZEHI | ゼヒゼヒ | 是非是 | ゼヒゼヒ | 是非是非 | Syn. KANARADZ. | ③ |
| TEN-YU | テンユ | 諂諭 | テンユ | 諂諛 | (omoneri hetszrau) | ①② |
| DŌ-YŌ | ドウヨウ | 同搖 | ドウヨウ | 動搖 | (ugoku) | ② |
| NAI-SON | ナイソン | 内捐 | ナイソン | 内損 | (uchi wo sokonai) | ① |
| HISSOKU | ヒソク | 逼促 | ヒッソク | 逼塞 | [刑罰の一つ] | ② |
| BUJI | ブジ | 事無 | ブジ | 無事 | (nani goto mo nai) | ③ |
| BETSZJŌ | ベッゼウ | 條別 | ベッジョウ | 別條 | | ③ |
| MI-RIN-SHU | ミリンシュ | 美輪酒 | ミリンシュ | 味醂酒 2 味淋酒 3 | | ② |
| YAKUMI | ヤクミ | 味藥 | ヤクミ | 藥味 | | ③ |
| RIYŌRI-YA | レウリヤ | 雨料理 | リョウリヤ | 料理屋 | | ③ |

① 「字形類似の漢字の見出し語」として「難苦」,「内捐」がある。

② 「同音異表記の漢字の見出し語」は,〔(奉公人が) 戻ること〕として「歸參 (キサン)」とあるべきであるが,初版では「歸山 (キサン)」と同音異表記があてられている。また,初版の「逼促 (ヒクソク)」〔困窮すること〕は,再版,3版で「逼塞 (ヒクソク)」となり,〔江戸時代の刑罰の一つ〕として意味変化している。

③ 「その他」の「女妓 (ギジョ)」,「事無 (ブジ)」,「條別 (ベッゼウ)」,「味藥 (ヤクミ)」は漢字表記の字順転倒である。

再版で修正が行われたことがうかがわれる見出し語は,植字の際の誤りと思われる見出し語が多い。

3節　漢語の見出し語の誤表記と同音異表記

初版○，再版×，3版○　（33語）

| ローマ字表記 | カタカナ表記 | 再版 | 語形 | 初版・3版 | 備考 | 分類 |
|---|---|---|---|---|---|---|
| KAI-SEI | カイセイ | 政正 | カイセイ | 改正 | (aratame tadasu) | ① |
| KAI-ZOKU | カイゾク | 海賦 | カイゾク | 海賊 |  | ① |
| KUWAI-CHIU | クワイチウ | 傀蟲 | カイチュウ | 蚘蟲1 | ［人体寄生虫］ | ② |
|  |  |  |  | 蛔蟲3 |  |  |
| KUWAI-RAISHI | クワイライシ | 蚘儡師 | カイライシ | 傀儡師 | ［人形つかい］ | ② |
| KUWAKU-YOKU | クワクヨク | 確翼 | カクヨク | 鶴翼 | ［陣立ての一つ］ | ①② |
| GUWAN-RAI | グワンライ | 願來 | ガンライ | 元來 | (moto yori) | ② |
| KUN-JU | クンジユ | 群隼 | グンシュウ | 群集 |  | ① |
| KEI-KUWANSŌ | ケイクワンサウ | 輕鷄藻 | ケイカンソウ | 鷄冠草 |  | ③ |
| SHIMMI | シンミ | 新身 | シンミ | 親身 | Syn. SHINRUI. | ①② |
| SEKI-SUN | セキスン | 寸尺 | セキスン | 尺寸 | (Foot or inch) | ③ |
| ZETTAI | ゼッタイ | 苔舌 | ゼッタイ | 舌苔 | (shita no koke) | ③ |
| ZETTAN | ゼッタン | 端舌 | ゼッタン | 舌端 | (shita no saki) | ③ |
| ZETTŌ | ゼットウ | 絶頭 | ゼットウ | 舌頭 | (shita no saki) 3 | ② |
| SO-CHA | ソチヤ | 組茶 | ソチャ | 粗茶 |  | ①② |
| TAKUSHIKI | タクシキ | 宣識 | タクシキ | 卓識 | ［優れた判断力］ | ① |
| JI-SEI | ヂセイ | 冶世 | チセイ | 治世 | (osamareru yo) | ① |
| CHŌ-SHI | チャウシ | 長子 | チョウシ | 調子 | ［口調・音調・気持ち］ | ② |
| TENSAKU | テンサク | 手削 | テンサク | 添削 | (soyeru kedzuru) | ③ |
| DŌ-IN | ドウイン | 道引 | ドウイン | 導引 | Syn. AMMA. | ①② |
| DŌ-CHIU | ドウチウ | 中道 | ドウチュウ | 道中 |  | ③ |
| DOKU-ZA | ドクザ | 燭座 | ドクザ | 獨座 | (hitori suwaru) | ① |
| DOKU-SHAKU | ドクシヤク | 燭酌 | ドクシャク | 獨酌 | (hitori kumi) | ① |
| DOKU-SHIN | ドクシン | 燭身 | ドクシン | 獨身 | (hitori mi) | ① |
| HIYŌ-HAKU | ヘウハク | 瓢泊 | ヒョウハク | 漂泊 | Syn. RURŌ, TADAYŌ. | ①② |
| BENTŌ | ベンタウ | 辨紅 | ベントウ | 辨當 |  | ③ |
| BŌZEN | バウゼン | 忙法 | ボウゼン | 忙然 | Syn. AKIRERU. | ③ |
| BOSATSU | ボサツ | 薩蝶 | ボサツ | 菩薩 |  | ① |
| MI-JIN | ミヂン | 御鹿 | ミジン | 微塵 | ［ちり・微細なもの］ | ① |
| MU-JI | ムヂ | 地無 | ムジ | 無地 |  | ③ |
| MU-JIHI | ムジヒ | 無悲慈 | ムジヒ | 無慈悲 | (awaremi-nashi) | ③ |
| RIN-CHŌ | リンチャウ | 町隣 | リンチョウ | 隣町 | (tonari machi) | ③ |
| RUI-SETSU | ルイセツ | 累綟 | ルイセツ | 縲絏 | Syn. NAWAME. | ①② |
| RU-ZAI | ルザイ | 罪流 | ルザイ | 流罪 |  | ③ |

①「字形類似の漢字の見出し語」は「政正」,「海賦」,「群隼」,「宣識」,「冶世」,「燭座」,「燭酌」,「燭身」,「御鹿」がある。

②「同音異表記の漢字の見出し語」の「長子」は，初版，3版に 'Eldest child.' の「長子（チャウシ）」が収録されるが，再版には収録されていない。

再版で「調子」が「長子」として同音異表記に誤って表記されたことで収録されていないのであろうか。

③「その他」の漢字表記の字順転倒している見出し語として,「寸尺 (セキスン)」,「苔舌 (ゼッタイ)」,「端舌 (ゼッタン)」,「中道 (ドウチウ)」,「地無 (ムヂ)」,「無悲慈 (ムジヒ)」,「町隣 (リンチヤウ)」,「罪流 (ルザイ)」がある。

字形類似,字順転倒といった植字の際の誤りと思われるものが半数を占めている。

初版ー,再版×,3版○ （31語）

| ローマ字表記 | カタカナ表記 | 再版 | 語形 | 3版 | 備考 | 分類 |
|---|---|---|---|---|---|---|
| YEN-SHA | エンシヤ | 遠者 | エンシャ | 閹者 | [去勢された人] | ② |
| KAKU-SHITSU | カクシツ | 確独 | カクシツ | 確執 | (kataku toru) | ① |
| GUWA-KŌ | グワコウ | 匣工 | ガコウ | 畫工 | A picture painter. | ③ |
| KUWAN-TEN | クワンテン | 寛曲 | カンテン | 寛典 | Clemency, benignancy. | ① |
| KIU-SEI | キウセイ | 急生 | キュウセイ | 急性 | Acute form of disease. | ①② |
| KIYO-KIYO-NEN | キヨキヨ子ン | 去年 | キョキョネン | 去去年 | Year before last. | ③ |
| KINKO | キンコ | 窘固 | キンコ | 禁固 | [刑罰の一つ] | ② |
| GEKKEI | ゲツケイ | 月徑激 | ゲッケイ | 月經 | | ①③ |
| KEN-KIU | ケンキウ | 研究 | ケンキュウ | 研究 | (migaki kiwameru) | ① |
| GO-SHI | コシ | 詞後 | ゴシ | 後詞 | (ato-kotoba) | ③ |
| SAKU-SŌ | サクソウ | 緒操 | サクソウ | 錯綜 | | ② |
| SHITSU-BŌ | シツボウ | 失望 | シツボウ | 失忘 | Syn. WASURERU. | ①② |
| JA-KIYOKU | ジヤキヨク | 邨曲 | ジャキョク | 邪曲 | (yokoshima magaru) | ① |
| SHŪ-REN | シウレン | 收廉 | シュウレン | 聚斂 | – no shin aran yori wa mushiro tō shin are. | ② |
| SHŌ-YEN-ZAI | セウエンザイ | 消炎齋 | ショウエンザイ | 消炎劑 | | ①② |
| JI-RAI | ジライ | 自來 | ジライ | 爾來 | Syn. KONO-NOCHI. | ② |
| SŌ-REN | ソウレン | 繰練 | ソウレン | 操練 | Syn. CHŌREN, KEIKO. | ①② |
| SO-ZAN | ソザン | 素餐 | ソサン | 素餐 | Syn. SHII. (尸位) 3 | ①② |
| CHIU-SAI | チユサイ | 中濟 | チュウサイ | 仲裁 | [調停・裁定] | ② |
| CHIU-SO | チユウソ | 注礎 | チュウソ | 柱礎 | Syn. MOTOI. | ①② |
| CHŌ-IN | テウイン | 調卯 | チョウイン | 調印 | (in wo osu) | ① |
| CHIRISHA | チリシヤ | 地里生 | チリシャ | 地理者 | A geographer. | ② |
| NERI-YŌKAN | 子リヨウカン | 煉羊肝 | ネリヨウカン | 煉羊羹 | | ② |

3節　漢語の見出し語の誤表記と同音異表記

| HAMPO | ハンポ | 歹哺 | ハンポ | 反哺 | ［恩返し］ | ① |
| FU-KAN-NIN | フカンニン | 不堪怨 | フカンニン | 不堪忍 | | ① |
| BU-MAN | ブマン | 侮嫚 | ブマン | 侮慢 | ［侮辱・軽蔑］ | ①② |
| HŌHATSU | ハウハツ | 發砲 | ホウハツ | 砲發 | (teppō wo utsu) | ③ |
| BUN-MEN | ブンメン | 交面 | ブンメン | 文面 | (fumi no omote) | ① |
| HEN-SHIN | ヘンシン | 返心 | ヘンシン | 變心 | (kokoro-gawari) | ② |
| | | | | | 3 | |
| MISSO | ミッソウ | 密卷 | ミッソウ | 密奏 | | ① |
| RASETSU | ラセツ | 裸切 | ラセツ | 羅切 | ［去勢する］ | ② |

　①「字形類似の漢字の見出し語」は「確执」,「寬曲」,「硑究」,「邯曲」,「調卯」,「歹哺」,「不堪怨」,「交面」,「密卷」と多く見られる。また,「確执（カクシツ）」'(kataku toru), Obstinately contending together.'（3版では 'a quarrel' が追加される）［互いに強く主張すること］とあるが,初版から3版まで「確執（K'WAKU-SHITSZ クワクシツ）」'Ill-will, spite, enmity, malice. Syn. MU-JUN, URAMI, MOME.'［悪意・争い・もめごと］が収録されている。直音と合拗音によって,語義を分けて記したのであろうか。

　①②にまたがる見出し語の中で,「失望」'to forget.' に対して,「失望（シツバウ）」(nozomi wo ushinau) は初版から3版まで収録されている。その結果,再版では本来の「失望」が,「失忘」とあるべき「失望」と連続して収録されているため,同じ見出し語が重複している。また,「繰練（ソウレン）」は田中 (1977-1982) ((4) 校注) に「繰」が当時慣用されていることが指摘されている。

　③「その他」は,「詞後（コシ）」,「發砲（ハウハツ）」が漢字表記の字順転倒している見出し語である。中でも「發砲」は,3版でローマ字・カタカナ表記に即した「砲發（ホウハツ）」となる。

## 4　まとめ

　以上の見出し語を改版過程から整理すると,〔表〕のようになる（①②以外の複数にまたがるものは「複数」とする）。**3-1　不適合のままの見出し語**は,85語である。中でも,×××の初版から3版に至るまでそのまま収録された見出し語が35語（計43語であるが,途中変化した見出し語8語を除く）を数える。同一の表

記が踏襲されるのである。漢字表記からの分類では，①から③の様々なものを含んでいる。特に②と，①②の見出し語が多く，慣用的な用法と相まって，誤表記であると結論付けることは難しい。×××と−−×の②の同音異表記間の混同は，同じ漢字表記であるはずの語を語義の面から分けて記すため，異なる漢字表記を与えていると考えられるものも含まれる。このことは，改版過程での変化や追加・削除された見出し語（補足　変化の実例）にも「鉾楯」と「矛盾」，「用捨」と「容赦」などの例が見られる。

〔表〕　誤表記と同音異表記の例数

| | | ① | ② | ③ | ①② | 複数 | 計 | 合計 |
|---|---|---|---|---|---|---|---|---|
| 不適合のままの見出し語 | 初版×，再版×，3版× | 4 | 20 | 5 | 12 | 2 | 43 | 86 |
| | 初版×，再版×，3版− | | | 1 | | | 1 | |
| | 初版−，再版×，3版× | 2 | 2 | | 1 | 1 | 6 | |
| | 初版−，再版×，3版− | | | | 1 | | 1 | |
| | 初版−，再版−，3版× | 6 | 9 | 9 | 11 | | 35 | |
| 一致から不適合への見出し語 | 初版×，再版○，3版× | | | 1 | | | 1 | 34 |
| | 初版○，再版×，3版× | | 2 | | 4 | 1 | 7 | |
| | 初版○，再版×，3版× | 4 | 6 | 4 | 4 | | 18 | |
| | 初版−，再版○，3版× | 3 | 1 | 3 | 1 | | 8 | |
| 不適合から一致への見出し語 | 初版×，再版×，3版○ | 5 | 20 | 4 | 15 | | 44 | 125 |
| | 初版×，再版○，3版○ | 2 | 7 | 6 | 2 | | 17 | |
| | 初版○，再版×，3版○ | 9 | 5 | 13 | 6 | | 33 | |
| | 初版−，再版×，3版○ | 9 | 10 | 4 | 7 | 1 | 31 | |
| 計 | | 46 | 82 | 49 | 63 | 5 | 245 | |

3-2　**一致から不適合への見出し語**は34語である。改版過程で一致しなくなるという現象は，全体としては少ない。ただし，一致しなくなる見出し語が，再版から3版への過程（×○×（1語），○○×（18語），−○×（8語））において多くを占めている。大きな差はないながらも，①の字形類似と，②の同音異表記間の混同と，③の字順転倒が比較的多く見られる。

3-3　**不適合から一致への見出し語**は，125語ある。多数の見出し語が，

あらためられたことがうかがえる。そして，再版から3版への過程であらためられた見出し語（××○（44語），○×○（33語），－×○（31語））がほとんどである。1872年から1886年と14年間近い歳月の中で，大幅な収録語の増補と語義・用例の強化が図られるとともに，修正が施されたのである。全体として①から③が万遍なく見られるが，特に再版から3版にかけて（××○）は，同音異表記間の誤用の修正が行われていることが注目される。再版から3版への改版にあたり，何らかの形（再版×→3版○，修正ということとは逆ではあるが，再版○→3版×）で，積極的に（×××の再版から3版で途中変化した7語も含められるであろう）見出し語の漢字表記の変更が行われたことが分かる。

①から③の基準から記すと，①「字形類似の漢字の見出し語」は植字の際の誤りであろうと考えられる。また，②「同音異表記の漢字の見出し語」や①②の見出し語については，全てに触れることはできなかったが，諸種の節用集などに収録されていることが多く，慣用的な表記である可能性がきわめて高く，誤りとは言い得ないものも含まれる。特に，①の字形類似と②の同音異表記にまたがり，複雑なものとなっている。②の「同音異表記異義語（別語）として一般的に存在する」語との混同は○○×と××○に多い。③その他の見出し語は主に字順転倒・省略・脱落などであり，多くは誤植であろう。特に字順転倒に関しては，見出し語のB・G・H・S（特にG）の四つの部に多く見られるが，各版の間で特別な差は見られない。

また，各版での一致，不適合については，初版から再版での一致が18語（×○×（1語），×○○（17語）），再版から3版での一致が108語（××○（44語），○×○（33語），－×○（31語））である。また初版から再版での不適合が40語（○××（7語），○×○（33語）），再版から3版での不適合が26語（○○×（18語），－○×（8語））である。初版から再版にかけては不適合も多く，再版から3版にかけては一致が多いことが分かる。

3版においても，引き続き不適合の表記のままのものや，あるいは一致しなくなる表記の語も見られる。しかし，現代からの視点であるために一部当時の意識との異なりもあるが，全体的に初版から再版，さらに3版にかけて，多くの見出し語の漢字表記とローマ字・カタカナ表記が一致する方向へ着実に修正されていった。

## 補足　変化の実例

　改版過程で語形は同じであるが，漢字表記が部分的に変化，また追加・削除された見出し語がある。

　それらの見出し語は，3版で変化した**初版・再版から3版での変化**，再版で変化した**初版から再版・3版での変化**，再版で一時的に変化した**再版での変化**，各版で変化した**初版，再版，3版での変化**，再版から3版で変化した**再版から3版での変化**の5つに分類できる。なお，3版の第1種本との異同は注3に示した。

### 初版・再版から3版での変化

| ローマ字表記 | カタカナ表記 | 初版 | 再版 | 3版 | 語形 | 備考 |
|---|---|---|---|---|---|---|
| I-GI | イギ | 異儀 | 異儀 | 異議 | イギ | |
| ISSHO-KEMMEI | イッショケンメイ | 一處懸命 | 一處懸命 | 一生懸命 ISSHŌ-KEMMEI イッシヤウケンメイ | イッショ（ウ）ケンメイ | |
| KIPPAN | キッパン | 吃飯 | 吃飯 | 喫飯 | キッパン | (meshi wo kū) |
| KUPPUKU | クップク | 屈伏 | 屈伏 | 屈服 | クップク | |
| GESHI-NIN | ゲシニン | 下手人 | 下手人 | 下手人 GESHUNIN ゲシユニン 解死人 GESHININ ゲシニン | ゲシュニン | |
| KETSZ-JŌ | ケツヂヤウ | 決定 | 決定 | 決定 KETSUJIŌ ケツジヤウ 決定 KETTEI ケッテイ | ケッテイ | |
| GERŌ | ゲラウ | 下郎 | 下郎 | 下﨟 | ゲロウ | |
| KŌ-GEN | クワウゲン | 廣言 | 廣言 | 髙言 | コウゲン | |
| SHIKKUI | シックイ | 石灰 | 石灰 | 沙灰 | シックイ | |
| JIKKEN | ジッケン | 實檢 | 實檢 | 實驗 or 檢 | ジッケン | |
| JUN-YŌSHI | ジユンヤウシ | 順養子 | 順養子 | 准養子 | ジュンヨウシ | |
| SHŌ-JIN | シヤウジン | 正身 | 正身 | 正眞 | ショウシ（ジ）ン | |
| SEI-JI | セイジ | 政事 | 政事 | 政事 SEIJI セイジ 政治 SEI-JI, or SEI-CHI セイヂ | セイジ | |
|  |  |  | (−治) (sei-ji) |  |  |  |

3節　漢語の見出し語の誤表記と同音異表記

| ローマ字 | カタカナ | | | | 語形 | 備考 |
|---|---|---|---|---|---|---|
| SEI-MEI | セイメイ | 性命 | 性命 | 生命 | セイメイ | (inochi) |
| SEKKU | セック | 節供 | 節供 | 節句 | セック | |
| SEN-JUTSZ | センジユツ | 選述 | 選述 | 撰述 | センジュツ | |
| SŌ-SOTSU | サウソツ | 倉卒 | 倉卒 | 倉率 | ソウソツ | |
| SOKKŌ | ソクコウ | 即功 | 即功 | 即効 | ソッコウ | |
| SOKKŌSHI | ソクカウシ | 即_功紙 | 即功紙 | 即効紙 | ソッコウシ | |
| SOTSZJI | ソツジ | 率爾 | 率爾 | 卒爾 | ソツジ | |
| SOTCHIU | ソッチウ | 率中 | 率中 | 卒中 | ソッチュウ | |
| CHAKU-TŌ | チヤクタウ | 著到 | 著到 | 着到 | チャクトウ | |
| CHIU-KA | チウカ | 仲夏 | 仲夏 | 中夏 | チュウカ | |
| CHIU-KAN | チウクワン | 中浣 | 中浣 | 中澣 | チュウカン | |
| CHŌ-CHIN | テウチン | 挑燈 | 挑燈 | 提燈 | チョウチン | |
| NEN-REKI |子ンレキ | 年歴 | 年歴 | 年暦 | ネンレキ | |
| HAN-JŌ | ハンジヤウ | 繁昌 | 繁昌 | 繁昌 | ハンジョウ | |
| | | | | HANJŌ | | |
| | | | | ハンジヤウ | | |
| | | | | 繁盛 | | |
| | | | | HANSEI | | |
| | | | | ハンセイ | | |
| BŌ-OKU | バウオク | 芒屋 | 芒屋 | 茅屋 | ボウオク | (waraya) |
| BŌSHA | バウシヤ | 芒舎 | 芒舎 | 茅舎 | ボウシャ | |
| HITSZ-YŌ | ヒツヤウ | 必用 | 必用 | 必要 | ヒツヨウ | |
| MASZI | マスイ | 麻酔 | 麻酔 | 麻睡 | マスイ | |
| MASUI-ZAI | マスイザイ | 麻酔剤 | 麻酔剤 | 麻睡剤 | マスイザイ | |
| MANJI | マンジ | 卐 | 卐 | 卍（万字） | マンジ | |
| MU-ZAN | ムザン | 無慙 | 無慙 | 無残 | ムザン | |
| MU-MON | ムモン | 無文 | 無文 | 無紋 | ムモン | |
| MOYŌ | モヤウ | 摸様 | 摸様 | 模様 | モヨウ | |
| MON-CHAKU | モンチヤク | 悶著 | 悶著 | 悶着 | モンチャク | |
| REN-JU | レンジユ | 錬脩 | 錬脩 | 練脩 | レンジュ | (neri osameru) |
| REN-JUKU | レンジユク | 錬熟 | 錬熟 | 練熟 | レンジュク | |
| REMMA | レンマ | 錬摩 | 錬摩 | 練磨 | レンマ | (neri migaku) |

初版から再版・3版での変化

| ローマ字表記 | カタカナ表記 | 初版 | 再版 | 3版 | 語形 | 備考 |
|---|---|---|---|---|---|---|
| UKE | ウケ | 有氣 | 有卦 | 有卦 | ウケ | |
| GO-KAKU | ゴカク | 互格 | 互格 or 牛角 | 互格 or 牛角 | ゴカク | |
| SHIM-PUKU | シンプク | 心服 | 心服 or 信服 | 心服 or 信服 | シンプク | |
| MIYŌGA | メウガ | 蘘荷 | 茗荷 | 茗荷 | ミョウガ | |
| MENŌ | メナウ | 碼碯 | 碼碯 | 瑪碯 | メノウ | |

再版での変化

| ローマ字表記 | カタカナ表記 | 初版 | 再版 | 3版 | 語形 | 備考 |
|---|---|---|---|---|---|---|
| SHO-CHI | ショチ | 處置 | 所置 | 處置 | ショチ | |

**初版，再版，3版での変化**

| ローマ字表記 | カタカナ表記 | 初版 | 再版 | 3版 | 語形 | 備考 |
|---|---|---|---|---|---|---|
| HŌWŌ | ハウワウ | 法皇 | 法皇 HÔ-Ō ハウワウ 法皇 HŌWŌ ハフワウ | 法王 HÔ-Ō | ホウオウ | |
| MU-JUN | ムジユン | 鉾楯 | 鉾楯 MUJUN ムジユン 矛盾 MUJUN ムジユン | 矛盾 | ムジュン | (*kui-chigai*) 矛盾 2 |
| YŌ-SHA | ヨウシヤ | 用捨 YŌ-SHA ヨウシヤ 容赦 YŌ-SHA ヨウシヤ | 用捨 or 容赦 | 容赦 | ヨウシャ | |

**再版から3版での変化**

| ローマ字表記 | カタカナ表記 | 初版 | 再版 | 3版 | 語形 | 備考 |
|---|---|---|---|---|---|---|
| KŌ-TEI | カウテイ | | 孝弟 | 孝悌 | コウテイ | |
| ZATTŌ | ザツトウ | | 雜踏 | 雜遝 | ザットウ | |
| SHIN-JIN | シンジン | | 神心 | 心神 | シンシン | Syn. SEISHIN. |
| TSŪ-NIYŌ-KUWAN-KE | ツウニヨウキ | | 通溺管器 | 通尿器 | ツウニョウキ | |
| DEN-SHIN-KI | デンシンキ | | 傳信機 | 電信機 | デンシンキ | |
| TŌ-GŪ | トウグウ | | 春宮 | 東宮 | トウグウ | |

以下，いくつかの見出し語について触れる。

初版・再版から3版での変化に挙げた「下手人（GESHI-NIN ゲシニン）」は初版から3版まで収録されているが，3版では「下手人（GESHUNIN ゲシユニン）」となり，新たに収録された「解死人（GESHININ ゲシニン）」も併存する。「政事（SEI-JI セイジ）」'(*matsurigoto*) The form of government, administration of public affairs, the affairs of government, political affairs:' （3版の語義を用いる）は初版から3版まで収録されているが，3版（再版に「政」の子見出しとして「-治（Sei-ji）」と収録されている）で「政治（SEI-JI, or SEI-CHI セイヂ）」'(*matsurigoto*) Rule, government, administration of government.' も収録される。加えて，3版には「政事家（SEIJIKA セイジカ）」がある。「繁昌（HAN-JŌ ハンジヤウ）」'(*sakan*) Prosperity; a thriving, flourishing state, increasing in wealth and trade:'（3版の語義を用いる）は初版から3版まで収録されている。そして、「繁盛（HANSEIハンセイ）」'(*sakan*) Flourishing; thriving: (of trade; of a city).' が3版で収録される。<sup>(13)</sup>

　初版，再版，3版での変化に示した初版，再版の「鉾楯（ムジユン）」は 'Enmity, malice. Syn. K'waku-shitsz.' とあり，［敵意・悪意］である。そして，再版，3版の「矛盾（ムジユン）」は '(*kui-chigai*). To be contradictory, contrary, inconstant, at variance. *zen go* – ' とあり，［つじつまが合わない］である。また，初版では「用捨」［分別・考え］と「容赦」［許す］が並存している。<sup>(14)</sup>再版では「用捨 or 容赦」と二つの漢字表記を持ちながら，［許す・ひかえる］を採り，一つの見出し語になる。そして，3版で「容赦」になり，語義は再版のものを踏襲する。「鉾楯・矛盾」と同様に語義の焦点がスライドしていくとともに漢字表記が変わっていく事例である。語義の変化に伴い異なる漢字表記によったと考えられる。

　これらの変遷は幕末から明治にかけての変化を反映したものであると考える（「器量」と「容色」については3章2節）。<sup>(15)</sup>それは，ヘボンが自身の見解を前面に出さず（例えば，造語などは行わない），言語事象の観察を行っていることの表れであろう。

　また，初版から3版まで複数の漢字表記を持つ見出し語として，「景色・氣色（KESHIKIケシキ）」（語義は［風景としての景色］と［様子・ありさまとしての気色］に分けて記されている）がある。

　以上の用例では，やはり再版から3版にかけての変化が多い。

注
（1）「和語」+「漢語」の混種語の見出し語で問題点が「漢語」にある場合は対象とする。また、単漢字は対象としない（例、「SHIRABIシラビ畔」とあるが、「畔」であろう・4章3節）。
（2）『和英語林集成』ではローマ字表記とカタカナ表記によって語形が記されているが、若干の異なりがある際には、ローマ字表記によった（3章1節）。
（3）飛田・李（2000）では、3版は復刻版として未刊行である第1種本を底本として用い、掲出している。そのために、本書で用いた講談社の復刻版とは一部異なりのある見出し語が存在する（異同リストは松村（1974）にも載る）。それらについては、本論に関わるものを基として確認し、以下に記す（「第1種本」→「本論」とし、本論での掲載順に並べる）。なお、（変化）とあるものは、本論末の補足に挙げるものである。

| | | |
|---|---|---|
| ×榮曜→×榮燿 | ×脾益→×脾裨 | ○記憶→×記臆 |
| ×艦板→○甲板 | ×地毬→○地球 | ×倍臣→○陪臣 |
| ×誹難→○非難 | ×卵塔→○卵巣 | ×亂妨→○亂暴 |
| ×留飲→○溜飲 | ×勞証→○勞症 | ○味醂酒→○味淋酒 |
| ×原來→○元來 | ×道引→○導引 | ×無悲慈→○無慈悲 |
| ×鱗町→○隣町 | ×遠者→○闍者 | ×中裁→○仲裁 |
| 吃飯→喫飯（変化） | 即功→即効（変化） | 即功紙→即効紙（変化） |
| 挑燈→提燈（変化） | 麻酔→麻睡（変化） | 麻酔剤→麻睡剤（変化） |
| 悶著→悶着（変化） | 錬脩→練脩（変化） | 錬熟→練熟（変化） |
| 錬磨→練磨（変化） | 神心→心神（変化） | 傳信機→電信機（変化） |

多く第1種本からあらためられていることが分かる。第1種本と初版，再版との対照は行っていない。本論では該当しないながら，他にも講談社の複製には「脚爐（キヤクロ）」とあるが，対象としていない第1種本では「脚客（キヤクロ）」とある。このようなものが複数あるために第1種本を交えると，上記の結果より増加することになる。改版と印刷技術の関係については2章5節。

（4）『漢字百科大事典』（1996）p.21, 371に「字体の弁似」とある。本論の字形類似の判断は「字体の弁似」p.371の凡例3の（一）から（八）を参考とした。

  （一） 部首に分けるまでもなく形が似ている
  （二） 部首が違うが他の部分の形が同じ
  （三） 偏が同じで旁が違う
  （五） 旁が同じで偏が違う
  （五） 宀など字の上部が同じ形でその下の部分が違う
  （六） （心）など字の下部が同じ形でその上の部分が違う
  （七） 構の類が同じで他の部分の形が違う
  （八） 廴辶などは同じで他の部分の形が違う

（5） 表記が同音異表記に変化することで，あわせて語義も変化した見出し語がある。「スイセイ」は初版と3版に収録されている（再版はなし）。初版での「彗星（SZI-SEI スヰセイ）」は 'A comet. Syn. HÔKI BOSHI.' とあり，古語または廃語であることを示す記号（†）が付されている。そして，3版では「水星（SUISEI スヰセイ）」と漢字表記が変化するとともに，'The planet Mercury.' となる。

（6） 初版から3版にかけて「定約（JŌ-YAKU ヂヤウヤク）」，「勢力（SEI-RIKI セイリキ）」，「政度（SEI-DO セイド）」はそれぞれに記されている語義を尊重し，「条約」，「精力」，「制度」とは異なる見出し語として扱う。

（7） 本論で扱った複数表記の可能な見出し語を以下に記す。

初版から3版まで収録（1は初版，2は再版，3は3版を示す）

「隱謀（IM-BO インボウ）」（陰謀），「禁庭（KIN-TEI キンテイ）」（禁廷），「撿地（KENCHI ケンチ）」（検地），「古宅（KO-TAKU コタク）」（故宅），「宿房（SHUKU-BŌ シユクバウ）」（宿坊），「素袍（SZŌ スハウ）」（素襖），「刷匙（SEKKAI セッカイ）」（狭・切匙），「淺智（SEN-CHI センチ）」（浅知），「相倍（SŌ-BAI サウバイ）」（層・増・双倍），「大虚（TAI-KIYO タイキヨ）」（太虚），「無手法（MUTEPPŌ ムテツパフ）」（無鉄砲），「二相倍（NISŌBAI ニサウバイ）」（二層倍），「有福（IU

-FUKU イウフク 1，2・YŪ-FUKU ユウフク 1，2，3）」（裕福）
　　　　　再版，3 版に収録
　「點撿（TEN-KEN テンケン）」（点検）
　　　　　3 版に収録
　「有識（YŪSOKU/YUSHOKU イウソク）」（有職），「助働詞（JODŌSHI ジョドウシ）」（助動詞）
（8）『米欧回覧実記』（1），（2），（3）の「補注・校注」（田中（1977-1982））に説明がある
（9）　しかし，上記の「雲州橘」，「黄菁」，「經候」，「西國米」（『大日本永代節用無盡蔵』（1849再刻）「サンゴベイ」），「仕義」，「情斷1，2・笑談3」（田島（1998）p.127・佐藤（1979）p.381・『大日本永代節用無盡蔵』「情断」），「水飛」，「大古」，「大鼓」，「大政大臣」，「大陽」，「無正」（『東海道中膝栗毛』「音曲滅多無正」），「理發」など括弧内に記した文献や，『日国』初版の用例などを中心とした他文献に見られる表記もあり，当時，慣用的に用いられていたものも含むのであろう。これ以外の②や①②の見出し語も諸種の文献に収録されている可能性が高い。
（10）　一方，カタカナ表記のみ逆転している語は「JUM-PITSU ピッジユン潤筆」（初版○，再版×，3 版○）の一語がある。誤植と断定できない見出し語とは，ローマ字表記とカタカナ表記といった語形，また漢語の字音形態素の全てにわたって逆転しているものとなる。
（11）　漢語として扱う。
（12）　例えば，『米欧回覧実記』（95巻）には「政事顧問」とある。
（13）　「政事」と「政治」，「繁昌」と「繁盛」については，田島（1998）p.299, 410に詳しい。
（14）　「用捨（ヨウシヤ）」と「容赦（ヨウシヤ）」については，新山（1973），田島（1998）p.147以降に詳しい。
（15）　その他の気付いたことを参考までに記す。「傳信機（デンシンキ）」は，1869年，伝信機役所が置かれ，同年伝信局と改称し，1872年，電信局とあらためられた。1872年に出版された再版には「傳信機」，1886年に出版された3版には「電信機（デンシンキ）」（第１種本では「傳信機」）と，時代の移り変わりによる名称の変化が見出し語に反映されたと考えられる。

# 4節　見出し語の統合

## 1　はじめに

　辞書を改訂する際，見出し語の増補とともに削除や統合は大きな比重を占める作業の一つである。序章に記したが，1867年の初版，1872年の再版，1886年の3版と版を重ねるに従って，「和英の部」の収録語数は，初版の20,772語から，再版の22,949語（2,177語増加），3版の35,618語（12,669語増加）と大幅な増補が行われてきた。

　しかし，単に増補されただけではなく，当然，削除された見出し語もある。削除された見出し語は大きく二つに分けることができある。
・次版で収録されない見出し語
　　　「見出し語 A」→　ナシ
・意味・語形などの面で関連のある複数の見出し語のうち，次版で「中心的な見出し語（統合語）」に「統合された見出し語（被統合語）」
　　　「見出し語 A」と「見出し語 A´」→「見出し語 A」

　まず，本論では，以下「中心的な見出し語」を「統合語」，「統合された見出し語」を「被統合語」と称する。そして，「統合語」と「被統合語」についての具体例を挙げると，初版に次のようなa，bの見出し語がある。

　　a　SARI, *-ru, -tta*, サル, 去, *i,* or *t.v.* To leave, go away from, depart, to reject, to forsake. *Yo wo* –. to leave the world, to die.
　　　（以下略）
　　b　SARADZ, サラズ, 不去, Neg. of *Sari*.

再版以降では，bの見出し語が消えて，aの見出し語に統合される。したがって，aが「統合語」，bが「被統合語」となる。

　このような統合語と被統合語の関係にある見出し語は多いが，本論では，

被統合語の中でも，例数が多く，分類項目も多岐にわたる動詞に関わるすべての見出し語を対象とする。具体的には動詞に関わる被統合語をすべて抽出・整理し，ヘボンの品詞表示や略号をはじめとした記述を中心に分類する(1)。それらをもとに被統合語の特徴と改版に伴って統合した理由について考察する(2)。

なお，関連する先行研究に，李（1986）があるが，本論では個別に進めてきた調査結果を用いる（本論の動詞に関わる被統合語は，先の論文の抽出した該当語と約1割程度の差がある）。

## 1-1　抽出方法

初版に見出し語として収録されているが再版で統合されている動詞に関わる被統合語と，再版に見出し語として収録されているが3版で統合されている動詞に関わる被統合語をすべて抽出した。一定の抽出条件を満たしたこれらの被統合語について，初版は次々版にあたる3版，再版は前版にあたる初版での収録状況もあわせて確認した。

なお，前版と次版とで，表記・表現が一部異なっていても，同内容の語義が示され，統合ではないと認定できるものは，抽出の対象としなかった。そのために，特に版ごとで語義の指示する内容に違いがないかを慎重に確認した(3)。

動詞としての認定は，統合語に付された品詞表示を参考にした。ただし，極少数であるが動詞であるにも関わらず，誤った品詞表示がなされている場合は，動詞として扱った。逆に，形容詞であるにも関わらず，動詞として表示されている見出し語は抽出対象としない(4)。

## 1-2　略号について

統合語の見出しは，おおむね次のような内容で記される。
・ローマ字表記(5)による，語根(6)，現在形，過去形(7)
　（「連用形，連体（終止）形，連用形＋た」とも）
・カタカナ表記による連体（終止）形

・漢字表記
・品詞表示 (*i.v.*(自動詞)や *t.v.*(他動詞)など)

以上の見出し語の後に,語義,用例が記される。

　先のaとbを例に挙げると,被統合語には,統合語に見られる品詞表示,語義,用例の代わりに,多くは,略号(「サラズ」の場合は Neg.)や参照すべき語根(同様に *Sari*)などを示している。「略号」は次の8種のものが記される場合が多く,本論での分類は原則的にそれによることとする。以下,＜＞に入れて示す。

- ＜Sub.＞ (subjunctive mood.) 　　仮定　①
- ＜Neg.＞ (negative form of the verb.) 　　否定　②
- ＜Fut.＞ (future tense.) 　　未来　③
- ＜Pass.＞ (passive.) 　　受動　④
- ＜Caust.＞ (causative form of the verb.) 　　使役　⑤
- ＜Pret.＞ (preterit or past tense.) 　　過去　⑥
- ＜P.p.＞ (perfect participle.) 　　完了　⑦　　※ 完了分詞
- ＜Imp.＞ (imperative mood.) 　　命令　⑧

　また,それ以外の略号が,見出し語や語義の部分に記されている場合がある。そのことも具体的な見出し語を挙げる際に注記した。次のものである。

- † 　　word used only in books or obsolete.
  　　(古語,または廃語を示す)
- Coll. 　　colloquial word little used, or not of the Yedo dialect.
  　　(江戸のことばでほとんど使われない,または使われない会話体の語)
- Same 　　動詞の場合,語義の部分に「Same as 連体(終止)形」で記される。
- See 　　動詞の場合,語義の部分に「See 連用形」で記される。

## 1-3　分類方法と見出し語の表記について

　被統合語を次の①〜⑬に分類する。①〜⑧はヘボンの示す略号によるものである。⑨〜⑫は,それ以外で比較的多く現れる項目である。また,略号が

## 4節　見出し語の統合

付されていない場合などには，それぞれ①〜⑬の該当する箇所に含めることとする。なお，綴りは最初に収録された版のものによる。

① -BA　　　　＜Sub.（仮定）＞　　→統合語
　〈未然形＋助詞「ば」で仮定を表す〉

② -DZ or NU　＜Neg.（否定）＞　　→統合語
　〈未然形＋助動詞「ず」または「ぬ」で否定を表す〉

③ -N　　　　＜Fut.（未来）＞　　→統合語
　〈未然形＋助動詞「ん」で未来を表す〉

④ -RERU　　＜Pass.（受動）＞　　→統合語
　〈未然形＋助動詞「れる」で受動を表す〉

⑤ -SHIMU　　＜Caust.（使役）＞　→統合語
　〈未然形＋助動詞「しむ」で使役を表す〉

⑥ -TA or DA　＜Pret.（過去）＞　　→統合語
　〈連用形＋助動詞「た」または「だ」で過去を表す〉

⑦ -TE or DE　＜P.p.（完了）＞　　→統合語
　〈連用形＋助動詞「て」または「で」で完了を表す〉

⑧ -(＋YO)　　＜Imp.（命令）＞　　→統合語
　〈命令形で命令を表す〉

⑨ -U　　　　　See　　　　　　　→統合語
　〈連体（終止）形〉

⑩ -Ō　　　　　　　　　　　　　　→統合語
　〈-Ō から連母音 -AU・OU へ〉

⑪ -U（RU）　　　　　　　　　　　→統合語
　〈文語形から口語形へ〉

⑫ -SZ（RU）　　　　　　　　　　　→統合語
　〈「語幹」＋「す（る）」から「語幹」へ〉

⑬ その他　　　　　　　　　　　　→統合語
　〈①〜⑫に含まれないもの〉

3章 初版，再版そして3版へ

本論で挙げる見出し語は，次のように示す。
- カタカナで50音順に排列する。ただし，原文にローマ字表記が複数記されている場合や，カタカナ表記だけでは誤解が生じるおそれのある場合にはローマ字表記を補う。
- 原文の漢字表記を示す。対応する漢字表記のない場合は，統合語を参考にして，括弧内に漢字を補う。さらに，＜Neg. (否定)＞には「不」，＜Pass. (受動)＞には「被」を補う。
- 品詞表示がある場合は，それを記す。

## 2　初版から再版の被統合語

### 2-1　初版の見出し語

前記の分類に従って，被統合語を挙げる。前出の分類項目②＜Neg. (否定)＞にあてはまる「サラズ　不去」を例にして説明すると，初版には「SARADZ, サラズ，不去」と「SARI, -ru, -tta, サル, 去」の二つの見出し語があるが，再版において前者は後者の「SARI, -ru, -tta, サル, 去」に統合されることを示している。

　　① -BA　　　　＜Sub. (仮定)＞　　→統合語 (2語)
「オモハバ (思)」，「サフラハバ (候)」
　　② -DZ or NU　＜Neg. (否定)＞　　→統合語 (14語)
(「ニヤワヌ」のみSeeの略号がある)
「イズ (不入)[8]」，「カテヌ　不可勝」，「サフラハズ (不候)」，「サラズ　不去」，「シラズ　不知」，「ソラサヌ　不外」，「ソロハヌ　不揃[9]」，「タスカラヌ　不可助」，「タスケズ　不助」，「タスケラレヌ　不可助」，「ニヤワヌ　不似合」，「子ガハヌ　不願」，「マウサズ　不申」，「ヤラズ　不遣」
　　③ -N　　　　　＜Fut. (未来)＞　　→統合語 (2語)
「サフラハン (候)」，「ナラン (成, 鳴, 生)〈†〉」
　　④ -RERU　　　＜Pass. (受動)＞　　→統合語 (4語)

## 4節　見出し語の統合

「ダカレル (被抱) DAKARE, *-ru, -ta*」,「ツカレル 被著 TSZKARE, *-ru, -ta*」,「モマレル 被揉 MOMARE, *-ru, -ta*」,「マウサレル 被申 MŌSARE, *-ru, -ta*」

⑤　-SHIMU　　＜Caust. (使役)＞　→統合語

該当語なし

⑥　-TA or DA　＜Pret. (過去)＞　→統合語（8語）

「サツタ (去)」,「シツタ (知)」,「シノンダ (忍)」,「スイタ (透, 疏, 漉, 鋤, 結, 好)」,「セイタ (咳, 急)」,「子タ (寝)」,「ニタ (煮, 似)」,「ヲツタ (折, 織, 居)」

⑦　-TE or DE　＜P.p. (完了)＞　→統合語（11語）

(「キイテ」のみ ppr. の略号がある)

「キイテ (聞)」,「セイテ (咳, 急)」,「サツテ (去)」,「シツテ (知)」,「シノンデ (忍)」,「スイテ (透, 疏, 漉, 鋤, 結, 好)」,「スンデ (住, 濟, 澄)」,「タイシテ (對, 帶)」,「ナイテ (啼)」,「子テ (寝)」,「ヲツテ (折, 織, 居)」

⑧　-(＋YO)　＜Imp. (命令)＞　→統合語（6語）

「オケ (置)」,「カケ (書, 搔, 晃, 闕)」,「タク (ママタケ)(燒)」,「トヘ (問)」,「ナセ (爲)」,「ミヨ (見)」

⑨　-U　　　　See　　　→統合語（65語）

「イヒカツ (云勝)」,「オク 置」,「オス 推」,「カル (刈, 獵, 借, 驅)」,「クフ 吃」,「クル 刮」,「クル 繰」,「キク (聞)」,「ケス 消」,「コグ (漕, 扱)」,「コジル」,「コス (越, 漉)」,「コボツ 毀」,「コホル 冰」,「コメル (籠)」,「サク (咲, 裂)」,「サル 去」,「シヒル (強)」,「シル 知」,「スギル (過)」,「スク (透, 疏, 漉, 鋤, 結, 好)」,「スクフ (救, 掬)」,「スム (住, 濟, 澄)」,「セク (咳, 急)」,「セル (出投)」,「ソグ 殺」,「ソル (剃, 反)」,「タク (燒)」,「ダク (抱)」,「タス (足)」,「タル 足」,「テラフ (衒)」,「テル (照)」,「デル (出)」,「トウヅル 投〈†〉(10)」,「トグ (磨)」,「トク 解」,「トブ 飛」,「ナク 啼」,「ナラフ 習」,「ナル 成」,「ニギル 握」,「ヌク 拔」,「ヌグ (脫)」,「ヌル 塗」,「ノク (退)」,「ノス (伸)」,「ノム 飲」,「ノル 乘」,「ハク (吐, 穿, 佩, 掃)」,「ハフ (匍匐)」,「ハム (食)」,「ハラウ (沸)」,「ハル (貼, 張)」,「フク (吹, 葺, 拭)」,「フス (臥, 伏, 偃)」,「フム (踏)」,「フル (降, 振, 經)」,「マウス 申」,「マク 卷, 播」,「ムク 剝, 向」,「ムス 蒸」,「メス 召〈†〉」,「モム 揉」,「モル (洩, 盛)」

⑩　-Ō　　　　　　　　→統合語（18語）

(「デラウ」のみ Coll.,「シタガフ」「モラフ」は Same, それ以外は See の略号がある)

「オモフ 思 OMŌ」,「カナフ（叶）KANŌ」,「カラカフ（呼）KARAKŌ」,「キタフ 鍛 KITŌ」,「クラフ 食 KURŌ」,「サカウ（作）SAKŌ」,「サカラフ（逆）SAKARŌ」,「シタガフ（從）SH'TAGŌ」,「デラウ（出）DERŌ」,「ニナフ（擔）NINŌ」,「ニホフ（香）NIŌ」,「子ガフ（願）NEGŌ」,「マガフ（粉）MAGŌ」,「マトフ 綱 MATŌ」,「マドフ 惑 MADŌ」,「マヨフ 迷 MAYŌ」,「ムカフ 向 MUKŌ」,「モラフ 貰 MORŌ」

⑪ -U（RU） →統合語（8語）

(「サムル」「スユル」「タユル」は Same、それ以外は See の略号がある)

「イヌル（寢）」,「サムル（醒、冷）」,「タユル(ママ スユル)(居)」,「タユル（絶）〈†〉」,「ナユル 萎」,「ナルル 馴」,「マク 負」,「マグル（曲、枉）」

⑫ -SZ（RU） →統合語（16語）

(「タイス」は See の略号があり,「クブツ」「ショスル」「タイス」「リスル」は品詞表示がなく,「クワイスル」「ザス」「シスル」「ラウスル」「ワスル」は *i.v.*,「ゴス」「ザンスル」「セイスル」「セイスル」「チャクス」「テキスル」「ハイス」は *t.v.* とある)

「クブツ 供佛 KUBUTSZ, *-szru*〈†〉」,「クワイスル 會 K'WAI-SHI, *-szru, -sh'ta*」,「ゴス 期 GO-SHI, *-sz, -sh'ta*」,「ザス 座 ZASHI, *-sz, -sh'ta*」,「ザンスル 讒 ZANSHI, *-szru, -sh'ta*」,「シスル 死 SHISHI, *-szru, -sh'ta*〈†〉」,「ショスル 書 SHO-SHI, *-szru, -sh'ta*〈†〉」,「セイスル 製 SEI-SHI, *-sh'ta*」,「セイスル 制 SEI-SHI, *-szru, -sh'ta*」,「タイス（對、帶）TAISZ」,「チャクス 著 CHAKU, *-shi, -sz, -sh'ta*」,「テキスル 敵 TEKI-SHI, *-sz or -szru, -sh'ta*」,「ハイス 拜 HAI-SHI, *-sz, -sh'ta*〈†〉」,「ラウスル 勞 Rōshi, *-szru, -sh'ta*」,「リスル 利 RISHI, *-szru, -sh'ta*」,「ワスル 和 WA-SHI, *-szru, -sh'ta*」

⑬ その他 →統合語（7語）

(「キカズンバ」は Neg.,「ダユイ」は Same の略号があり,「サン」「ダカヘ」は *n.*,「ダカヘル」「マ子ブ」は *t.v.*,「キカズンバ」「サフラヘドモ」は *conj.*（接續語）とある)

※ 以下，初版→再版

「キカズンバ」→「キク（聞）」,「サフラヘドモ」→「サフラフ 候」,「サン 參」→「サンズル〈†〉」,「ダカヘ 抱」→「ダク」,「ダカヘル 抱 DAKAYE, *-ru, -ta*」→「ダク」,「ダユイ」→「ダルイ（「ヤ行」から「ラ行」)」,「マ子ブ 學 MANEBI, *-bu, -ta*」→「マネル 眞似」

## 2-2 初版の分類ごとの特質

　初版から再版にかけての被統合語の分類ごとの特質について触れる。①〜⑬の被統合語はそれぞれ次版で統合されていく。統合語を「主」とすると、先に列挙した被統合語は「従」の関係にあるものがほとんどであると言えよう。

　⑥＜Pret.（過去）＞と⑨-U は、初版で、統合先となる見出し語のローマ字表記の一部（例、「SARI, -ru, -tta, サル, 去」）としても存在している。しかし、⑥＜Pret.（過去）＞の過去形や⑨-U の連体（終止）形での見出し語、また、音便形の多い⑦＜P.p.（完了）＞（⑥＜Pret.（過去）＞も同様）は、ヘボンが語根（'root form（連用形）'）を基にしてとらえながらも、語根を類推しがたい使用者のために検索の便宜を図ろうとしたものなのであろう。

　⑩-Ō は、Coll. の略号がある「デラウ（出）DERO」[12]以外は、ハ行四段（ァワ行五段）[13]活用動詞である。終止・連体形の語末が -AU の12語と、-OU の5語である。また、⑪-U（RU）はすべて下二段活用動詞である。これらの見出し語もやはり語根が類推しづらい。①＜Sub.（仮定）＞・②＜Neg.（否定）＞・③＜Fut.（未来）＞・⑧＜Imp.（命令）＞の項目も同様の理由で必要であると考えたのかもしれない。

　④＜Pass.（受動）＞と⑫-SZ（RU）は、統合語と同じくほとんどの見出し語はローマ字表記で三つの活用形が記されている。このことは他の被統合語よりも独立性が高いことを示していると考えられる（1章5節、付-3）。その上、⑫-SZ（RU）は、再版で統合語となる「語幹」の見出し語が、初版では名詞として表示されるものが多い。再版以降、「語幹」の見出し語を名詞とし、その小見出しにおおむね '-suru'[14]を持つ。したがって、初版では、統合語が名詞（「語幹」）、被統合語が動詞（「語幹＋す（る）」）と役割を分担しており、他の見出し語のような「主」と「従」という関係とは異なる。また、再版で「語幹＋す（る）」の見出し語が「語幹」の見出し語に、統合ではなく「変化」したものが36語ある。これらのことは、見出し語の単純化を意図してのことだと考えられる。

　①から⑬の多項目にわたって、例えば「サラズ 不去」、「サッタ（去）」、「サッ

テ（去）」,「サル 去」のように，同一の動詞が複数回出現することが注目される。それぞれ出現回数の多い動詞を示すと次のようになる。

　　　4回…「サル（去）」,「シル（知）」,「ソフラフ（候）」,「ダク（抱）」
　　　3回…「キク（聞）」,「スク（透, 疏, 漉, 勸, 結, 好）」,「セク（咳, 急）」,「タスカル／タスケル（助）」,「マウス（申）」
　　　2回…「オク（置）」,「オモフ（思）」,「シノブ（忍）」,「スム（住, 濟, 澄）」,「タイス（對, 帶）」,「タク（燒）」,「デル（出）」,「ナク（啼）」,「ナル（成）」,「子（寢）」,「子ガフ（願）」,「モム（揉）」,「ヲル（折, 織, 居）」

初版から再版の被統合語のうち，3版で再録されるのは②＜Neg.（否定）＞の「ヤラズ不遣 YARADE, or YARAZU」と⑬その他の「マ子ブ學 MANEBI, -bu, -ta」の2語だけで，その他は再録されていない。しかし，他に分類できる被統合語や，類似する見出し語が統合の対象とならず，依然として収録されている場合も多い。

## 3　再版から3版の被統合語

### 3−1　再版の見出し語

前記の分類に従って，被統合語を挙げる。
　　　①　-BA　　　　　　＜Sub.（仮定）＞　　→統合語（1語）
「カテバ（勝）」
　　　②　-DZ or NU　＜Neg.（否定）＞　　→統合語（12語）
「イラズ 不入(15)」,「ウマズ 不生」,「キカズ 不聞(16)」,「ツカズ 不付」,「ツマズ 不摘, 不積」,「ハタサズ 不果」,「ヘヌ（不經, 不歷）」,「マカヌ（不播, 不絡）」,「ミザル 不見」,「ユワズ 不結」,「ヨマズ 不讀」,「ワラハズ 不笑」
　　　③　-N　　　　　　　＜Fut.（未来）＞　　→統合語
該当語なし
　　　④　-RERU　　　　　＜Pass.（受動）＞　　→統合語
該当語なし
　　　⑤　-SHIMU　　　　＜Caust.（使役）＞　　→統合語（1語）

「ナサシム（爲）」

　　⑥ -TA or DA ＜Pret.（過去）＞　→統合語（12語）

(「ヨツタ」のみ Coll. の略号がある)

「ウイタ（浮）」,「ウツタ 打」,「ウツタ 賣」,「エフタ（醉）」,「ソイダ（殺）」,「ツイタ 付」,「トツタ（取）」,「ヤンダ（止, 病）」,「ヨツタ（醉）」,「ヨツタ（擇, 依, 集, 寄, 凭, 因）」,「ヨンダ（呼）」,「ヨンダ（讀）」

　　⑦ -TE or DE ＜P.p.（完了）＞　→統合語（12語）

(「カツテ」のみ P.pr. の略号がある)

「ウイテ（浮）」,「ウツテ 賣, 打」,「カツテ 勝, 買」,「シンデ（死）」,「ソイデ（殺）」,「ツイテ 付」,「ツケテ（付）」,「ツレテ（伴, 釣）」,「トツテ（取）」,「トンデ（飛, 富）」,「ヤンデ（止, 病）」,「ヨンデ（讀, 呼）」

　　⑧ -(＋YO)　　＜Imp.（命令）＞　→統合語（4語）

「シ子（死）」,「ユケ（行）」,「ヨセ（止）」,「ヨベ（呼）」

　　⑨ -U　　　　See　　　→統合語（42語）

(「ユク」のみ adj. とある)

「ウム 生, 倦, 熟, 紡」,「ウク（浮）」,「ウタガウ（疑）」,「ウツ 打」,「ウナフ（耡）」,「ウル 賣」,「ウル 得」,「クム 組, 汲」,「クラウ 食」,「クルフ 狂」,「シク 敷」,「シヌル 死」,「ソム 染」,「タメル（溜, 矯）」,「タモツ（保）」,「チル（散）」,「ツカフ 使」,「ツク（付, 突, 築）」,「ツグ 繼」,「ツケル 付」,「ツム（積, 摘）」,「ツル 釣, 攣」,「ツレル（伴, 釣）」,「トホル 通」,「トム 富」,「トル 取」,「子ル（寝, 練）」,「メイズル 命」,「ヤク 燒」,「ヤム（止, 病）」,「ヤル 遣」,「ユル（搖）」,「ユク 行」,「ヨス 止」,「ヨセル（寄, 集）」,「ヨブ 呼」,「ヨム 讀」,「ヨル（擇, 依, 集, 寄, 凭, 因）」,「ワカツ 分」,「ワク（湧）」,「ワル 割」,「井（マヱ）ム（笑）」

　　⑩ -Ō　　　　　　　　→統合語（21語）

(「ウタウ 打」のみ Coll.,「ウタウ 歌」「ウバフ」「タガフ」「ナラフ」「ヨバフ」「ワラフ」は Same, それ以外は See の略号がある)

「イバフ 嘶 IBŌ」,「ウタウ 打 UTŌ」,「ウタウ 歌 UTŌ」,「ウバフ 奪 UBŌ」,「オフ 生, 負, 追 Ō」,「キラウ 嫌 KIRŌ, or KIRAU」,「コフ 乞 KŌ」,「シタウ（慕）SHITŌ」,「タガフ（違）TAGŌ」,「ツカフ 使 TSUKŌ」,「ツガフ 番 TUGŌ」,「ツタフ 傳 TSUTŌ」,「トフ 問 TŌ」,「ナラフ（習, 傚）NARŌ」,

3章 初版,再版そして3版へ

「ヒロフ (拾) HIRŌ」,「ミマフ 見舞 MIMŌ」,「ユキカフ (行來) YUKI-KŌ」,「ヨソフ YOSŌ」,「ヨバフ (喚,婚) YOBŌ」,「ヨフ 醉 YŌ」,「ワラフ 笑 WARŌ」

⑪ -U (RU) →統合語 (14語)

(「カウズル」「トヅル」は See,それ以外は Same の略号がある)

「ウスル 失」,「オビユ (脅)」,「カウズル 講」,「スツル (捨)」,「スブル 統」,「セシムル (令爲)」,「ソムル (染,初)」,「ツグル 告」,「トグル (遂,磨)」,「トヅル (閉,緘)」,「ニグル (逃)」,「ノスル (載)」,「ヤスル (瘦)」,「ヤムル (止)」

⑫ -SZ (RU) →統合語 (2語)

(「クワスル」は See の略号がある)

「アンズル 安 ANJI, -dzuru, -ta」,「クワスル (和,化)」

⑬ その他 →統合語 (13語)

(「マシ」adv.,「ユリル」i. v. とある)

※ 以下,再版→3版

「オコナヘル 行 OKONAYE, -ru, -ta」→「オコナフ」,「オボス」→「オボシメス 思召」,「クダサレ 被下 KUDASARE, -ru, -ta」→「クダサル」,「シム SHIMU, or SHIMURU」→「シミル」,「ソナウ 備 SONŌ」→「ソナヘル」,「デナ DE-NA, DENASAI, or DENASARE」→「デル 出」,「トナフ 唱 TONŌ」→「トナヘル」,「トメル TOMERI, -ru」→「トム 富」,「フクスル 伏」→「フクス」,「マシ」→「マス 増」,「マツメル MATSUME, -ru, -ta」→「マトメル 令圓」,「メサル」→「メサレル 被召,被著」,「ユリル 許 YURI, -riru, -rita」→「ユルサレル 被許」

## 3-2 再版の分類ごとの特質

再版から3版の被統合語は,⑫-SZ (RU) の「アンズル 安」と⑬その他の「オコナヘル 行」の2語を除いて,初版にすべての見出し語が収録されている[17]。初版から再版にかけて統合されなかった見出し語が,再版から3版に改版される際に統合されたのである。

①<Sub. (仮定)>は,2-1 初版の見出し語で文語形であったものが口語形になっている。⑥<Pret. (過去)>はすべて音便化した見出し語であり,

⑦＜P.p. (完了)＞も「ツケテ (付)」と「ツレテ (伴, 釣)」以外はやはり音便化した見出し語である。⑩ -Ō は Coll. の略号がある「ウタウ 打 UTŌ」以外は, ハ行四段 (アワ行五段) 活用動詞である。終止・連体形の語末が -AU の15語と, -OU の6語である。⑪ -U (RU) は「カウズル 講」「トヅル (閉, 織)」を除いて, 他は下二段活用動詞である。

2-2　**分類ごとの特質**同様, ①〜⑬の多項目にわたって, 同一の動詞が複数回出現する。それぞれ出現回数の多い動詞を示すと次のようになる。

　4回…「ウツ (打)」,「ツク (付)」,「ヨブ (呼)」,「ヨム (讀)」

　3回…「ウク (浮)」,「ウル (賣)」,「シヌ (死)」,「トム (富)」,「トル (取)」,「ヤム (止, 病))」,「ヨフ (醉)」

　2回…「ウム (生)」,「カツ (勝)」,「ソグ (殺)」,「ソム (染)」,「ツカフ (付)」,「ツケル (付)」,「ツム (積, 摘)」,「ツレル (伴, 釣)」,「ユク (行)」,「ヨス (止)」,「ヨル (擇, 依, 集, 寄, 凭, 因)」,「ワラウ (笑)」


## 4　まとめ

2-1　初版の見出し語と 3-1　再版の見出し語で挙げた被統合は〔表〕のようになる。合計で, 初版から再版が161語, 再版から3版が134語である。先にも記したが, 再版から3版の被統合語は2語 (「アンズル 安」と「オコナヘル 行」) を除いてすでに初版に収録されている。初版は, 再版から3版の被統合語も収録しているため, 結局, 初版には被統合合が293語収録されていることになる。

　ここで先に記した各分類の被統合語と〔表〕から読み取れることと, 想定されることとを整理したい。

　分類の①〜⑦と, ⑧〜⑫とは, 付属語が接続するか否かで大きく分かれる (⑬その他は諸種にわたるため除く)。

　①〜⑦のうち, ①〜⑤は未然形, ⑥＜Pret. (過去)＞と⑦＜P.p. (完了)＞は連用形との接続である。ともに, 四/五段活用動詞が多くを占める。なお, ④＜Pass. (受動)＞と⑤＜Caust. (使役)＞は態の助動詞である (1章5節)。

　⑧＜Imp. (命令)＞以下は付属語を伴わない。そして, ⑧＜Imp. (命令)＞は

[表] ①〜⑬の分類

| | | | 初版→再版 | 再版→3版 | 計 |
|---|---|---|---|---|---|
| ① -BA | <Sub.（仮定）> | →統合語 | 2 | 1 | 3 |
| ② -DZ or NU | <Neg.（否定）> | →統合語 | 14 | 12 | 26 |
| ③ -N | <Fut.（未来）> | →統合語 | 2 | 0 | 2 |
| ④ -RERU | <Pass.（受動）> | →統合語 | 4 | 0 | 4 |
| ⑤ -SHIMU | <Caust.（使役）> | →統合語 | 0 | 1 | 1 |
| ⑥ -TA or DA | <Pret.（過去）> | →統合語 | 8 | 12 | 20 |
| ⑦ -TE or DE | <P.p.（完了）> | →統合語 | 11 | 12 | 23 |
| ⑧ -(+YO) | <Imp.（命令）> | →統合語 | 6 | 4 | 10 |
| ⑨ -U | See | →統合語 | 65 | 42 | 107 |
| ⑩ -Ō | | →統合語 | 18 | 21 | 39 |
| ⑪ -U（RU） | | →統合語 | 8 | 14 | 22 |
| ⑫ -SZ（RU） | | →統合語 | 16 | 2 | 18 |
| ⑬ その他 | | →統合語 | 7 | 13 | 20 |
| 計 | | | 161 | 134 | 295 |

命令形，⑨-Uと⑩-Ōは連体（終止）形の見出しとなる。⑨-Uは計107語（全体295語の36.3%）で分類項目中最も多く，全体の3分の1を超える。次に，⑨-Uとの数値の差はあるが，⑩-Ōが39語（13.2%）である。つまり⑨-Uと⑩-Ōで，ほぼ半数の49.5%を占める。⑨-Uは音節数が少なく使用頻度の高い基本的な動詞がきわめて多い。⑩-Ōも同じく基本的な動詞である。

⑪-U（RU）は文語形の活用が口語形に統合されている。ヘボンは3版のPREFACEに言うように古語を収録しながら，動詞においては再版から3版にかけても統合作業を進めていたことになる。

⑫-SZ（RU）は1語の単漢字（漢語）サ変動詞として収録せずに「単漢字（漢語）」+「サ変動詞」の2語の意識のもとにとらえていこうとしている。該当の見出し語は再版から3版にかけて大幅に減少していることから，2−2　初版の分類ごとの特質に記した「変化」（36語）とあわせて，初版から再版にかけて整理が進んだことがうかがえる。

## 4節　見出し語の統合

　ところで，再版以降で統合される①〜⑬の見出し語を，なぜ，初版では収録したのだろうか。明確にすることはできないが，いくつかの理由を想定してみる。初版刊行の3年前にあたるヘボンの書簡(1864年11月28日付・W. ラウリー博士宛・横浜)に次のようにある。

>　わたしは辞書の編纂を着々とつづけております。(中略) 将来，宣教師たちの助けとなり，その労力を軽くしたいのです。少なくとも，この辞書なしに言語を学ぶより四分の三の労力を軽減したいのです。(中略) 五年も勉強した人でも，かなり研究しないと，二つの連続した文法的な，慣用句的な文章を即座に言える人は，わたしどもの間にはほとんどいませんし，実際，日本にそうした外人がいるかどうか疑います。この辞書の完成の暁には，日本人ならびに外国人にとって最大の恩恵となるでしょう。なぜならば，これを望んでいるのは外国人ばかりでなく，日本人も等しく求めているからです。

辞書の使用者として，外国人宣教師(おそらくそのほとんどが日本語初学者であろう)を第一の対象に考えていたのである。そのような人々は，漢字やカタカナより，ローマ字表記を第一のよりどころとして検索したものと考えられる。彼ら日本語初学者にとっては，読んだり聞いたりした，⑥＜Pret.(過去)＞や⑦＜P.p.(完了)＞の音便形，⑩ -Ō，⑪ -U (RU) の文語形に関わるものは，語根が連想しづらいに違いない。そのために語根の見出し語を検索する際に，まず，読み聞いたままに検索し，その指示する統合語となる見出し語を参照するという過程が考えられる。被統合語がアルファベット順による排列で語根である統合語と近接するものもあるが，いずれにせよ出現率の高い連用形にあたる語根(序章3節)に導く手段として収録したのであろう(出現率が高いとはいえ連用形は音韻交替が大きいのも特徴である(1章5節))。また，⑨ -U を収録する理由としても，名詞に接続する，ないしは言い切りの形になる見出し語の必要性とともに，連体（終止）形の見出し語から語根への検索を容易にするための配慮であると考えられる。

　しかし，先にも触れたように，初版から再版にかけて改版の過程で統合された見出し語とともに，再版から3版にかけて統合された見出し語もある。さらに，版を超えても全く統合されることなく収録されつづける見出し語も

散見する。具体的な例を挙げると、初版に「クル 來 KURU」、「クル 繰 KURU」、「クル 刮 KURU」、「クルフ 狂 KURŪ」の四つの見出し語が、⑨-U に該当する形で収録されている。そのうち、「クル 繰 Kuru」、「クル 刮 Kuru」はそれぞれ初版から再版にかけて統合され、「クルフ 狂 KURŪ」は再版から3版にかけて統合される。しかし、カ行変格活用の「クル 來 KURU」は3版に至るまで統合されることなくそのまま収録され続ける。「クル 來 KURU」の語義部分には 'See *Ki, Kuru, Kita*.' (版によって若干異なるが語根の *ki* はすべての版に存在する) とある。これは、参照すべき統合語となりえる「キ 來 KI, KURU, KITA」(版によって若干の違いがある) が、KI の位置に収録されているため、「クル 來 KURU」とは収録箇所が大きく離れているからであると考えられる。ヘボンは、すぐさま語根が思い浮かぶであろう見出し語については統合作業を続けながらも、語根の連想しがたい見出し語は使用者の便宜を考え、3版まで継続して収録したのではないか。同様に、サ行変格活用動詞の「スル 爲 SHI *sz or szru, sh'ta*」(SHI の位置に収録) に対して、「ス 爲 SZ See *Shi*, same as *Szru*.」と「スル 爲 SZRU see *Shi*.」は3版まで統合されることなく収録されている。

この二つの語は変格活用であり、使用頻度の高い基本単語である。これらの動詞に対してのヘボンの配慮と扱いを知ることができる。

初版では、後の版で被統合語となる様々な見出し語を収録することで、統合語となる見出し語への検索の手がかりを増やそうと試みた。このことは、多くの同一の動詞が複数の項目にわたって収録されていることからもうかがえる。また、多項目に出現する動詞は、全体の3分の1強を占める⑨-U にほぼ収録されている。

次に、2-1 初版の見出し語と3-1 再版の見出し語の分類項目の中で、出現回数の多い動詞をまとめると次のようになる。

  4回…「ウツ (打)」、「キク (聞)」、「サル (去)」、「シル (知)」、「ソフラフ (候)」、「ダク (抱)」、「ツク (付)」、「ヨブ (呼)」、「ヨム (讀)」

  3回…「ウク (浮)」、「ウル (賣)」、「カツ (勝)」、「シヌ (死)」、「スク (透, 疏, 漉, 鋤, 結, 好)」、「セク (咳, 急)」、「ソグ (殺)」、「タスカル/タスケル (助)」、「トム (富)」、「トル (取)」、「子 (寝)」、「マウス (申)」、「ヤム (止, 病)」、「ヨフ (醉)」

334

4節　見出し語の統合

　以上の中で，初版から再版，再版から3版と版をまたがっているのは，「キク（聞）」が計4回（初版3回・再版1回），「ㇾ（寝）」が計3回（初版2回・再版1回），「カツ（勝）」「ソグ（殺）」が計3回（初版1回・再版2回）である。
　このように初版や再版で多項目にわたって収録され，再版，あるいは3版で統合された上記の動詞は，きわめて基本的で，2音節の四/五段活用動詞（強変化動詞）が多くを占める。それは同時に音便を生じるものであることを示す（1章5節）。一例を挙げると，「読む」と「試みる」では，ローマ字表記による活用語尾の実際的な位置は，4文字目のYOMUと9・10文字目のKOKOROMIRUとなる。YOMUは3文字目のYOMまでしか限定できないが，KOKOROMIRUは8文字目のKOKOROMIまで限定できる（〔図〕）。

〔図〕　「読む」と「試みる」の文字数による検索

| 1 | 2 | 3 | 4 | 5 | 6 | 7 | 8 | 9 |
|---|---|---|---|---|---|---|---|---|
| Y | O | M | A<br>E<br>I<br>(O)<br>U | | | | | |
| K | O | K | O | R | O | M | I | -<br>RE<br>(RO)<br>RU |

　加えて「読む」はYO-M A, E, I, (O), Uと母音が四/五段にわたるが，「試みる」はKOKOROMI -, RE, (RO), RUの一段だけを対象とすればよい。そのために，辞書内では仮に収録したとしても連続あるいは近接する。それだけ非統合語と統合語の収録箇所にへだたりのある動詞（音節数が少ない四/五段活用動詞（強変化動詞）はこれに該当する）は，検索しづらくなるために，検索の手がかりを増やす必要があると考えたのであろう。それは，音節数が少なく，強変化動詞である四/五段活用動詞ほど音便現象とあいまって，見出し語の収録箇所の範囲が広くなるためである。
　先にも記したが，基本的で音節数の短い同一の動詞が複数の項目に被統合

語として収録されることで，特に初版は再版や3版に比べて初心の日本語習得者にとって親切な辞書であるとも言えよう。

しかし，改版ごとにこのような非統合語は収録されなくなっていく。その理由は，新たに重要な独立した見出し語を増補収録するためのスペースを確保することとともに，統合語に対して被統合語が存在したりしなかったりという不統一な面をなくすという編集姿勢の変更にあったと考えられる（このような修正は，統合語のローマ字表記に過去形にあたる '-ta' を3版で収録しない2形標出形式（1章5節）に変化していくことからも推測できる）。[19]

以上，版を重ねるに従って，整備されていく様相の一面が，動詞に関わる統合という点からも確認できる。

注
（1） 品詞表示について初版の PREFACE には次のようにある（試訳を付す）。
It has also been attempted to designate the part of speech to which each word belongs. This with the native words is not a matter of much difficulty, but with the Chinese is impossible in most cases, as the same word may be viewed as a noun, verb, or adjective, according to it various relations.
また，各語の品詞も記載されている。日本固有のことば（和語）に品詞をつけることはさほど困難なことではないが，中国語（漢語）の場合はたいてい不可能である。それは，同じことばが様々な関連性により，名詞，動詞，あるいは形容詞にもなるためである。
（2） その際に，活用語尾の違いを判読しやすく示すために見出し語のカタカナ表記を中心に示した。
（3） 次のような見出し語は抽出の対象にしなかった。
・誤植（ローマ字・カタカナ・漢字表記の誤植を指す）
・漢字表記の有無　　　　　例，「トヅル 閉」→「トヅル」
・漢字表記の修正変化　　　例，「ウクル 受」→「ウクル 浮」
・語形の変化　　　　　　　例，「ワカヘル 若回」→「ワカガヘル 若回」
（4） 初版に「KARADZ, カラズ, Neg. suffix. contraeted of final *ku* and *aradz*, as *Yokaradz*, form *Yoku-aradz*.」，「† Nakaran, ナカラン, fut. of *Nakari*.」とあり，それぞれ統合語が「YOKARI, *-ru, -tta*, ヨカル, 好, *i.v.* (derived from *Yoku* and *aru*),」，「NAKARI, *-ru, -tta*, ナカル, (formd from *Naku*, not, and *ari*, is, or have). *i.v.*」（下線は筆者）とあり，再版と3版でも *i.v.*（自動詞）として扱っている。ヘボンは形容詞のカリ活用を動詞としてとらえていたようである。しかし，再版以降の INTRODUCTION では，「良かり」と「なかり」を例に挙げ，形容詞として説明している。したがって，再版以降では見出し語の扱いと INTRODUCTION での扱いが矛盾している。

4節　見出し語の統合

（5）　岡本（1973）に詳しい。
（6）　連用形をヘボンは再版以降，'root form' とする。本論では「語根」とした。
（7）　終止形と連体形の区別は，文語形か口語形かの判別もつかない見出し語が多いために決定できない場合が多い。しかし，「SHINI, -uru, -da, シヌル 死」の見出し語や，INTRODUCTION での扱いから「連体（終止）形」とする。詳細は1章5節。
（8）　'neg. of *Iru*.' とあるため「不入」とした。再版では「イラズ IRADZU」となる。なお，再版では「イズ IDZU same as *Idzurn*（ママ *Idzuru*）or *Ideru*.」とあり，初版の指示する否定の語義とはまったく異なる。
（9）　「ソロハヌ 不揃 SOROWADZ, or SOROWANU」，「子ガワヌ 不願 NEGAWANU, -dz, -nai, -zaru」，「ヤラズ YARADZ, or YARANU」は，ローマ字表記が複数ある。
（10）　「トウズル 投 TŌDZ, or TŌDZRU」，「ハラウ HARAU, or HARŌ」は，ローマ字表記が複数ある。
（11）　見出し語のカタカナ表記は，非統合語が「スユル」（ヤ行），統合語が「スヱル」（ワ行）とある。
（12）　「DERŌ, デラウ, coll. fut, or dub. of *Deru*, I shall go out, or I think I shall go out.」とある。
（13）　-AU・OU に関して，岡本（1974），飛田（1992）がある。I. ロドリゲスによる『日本大文典』（1604-1608）の動詞分類ではハ行四段動詞は一項目として扱われている。このことからもハ行転呼音によって長音化した動詞の語根（'root form（連用形）'）を見出すことが困難であることが確認できる。
（14）　李（1993）に詳しい。
（15）　初版には「イズ IDZ」とある。
（16）　「キカズ 不聞 KIKADZU, KIKANU, KIKANAI」，「ツマズ 不摘, 不積 TSUMADZU, or TSMANU」，「マカヌ MAKANU, or MAKADZU」，「ヨマズ 不讀 YOMADZU, or YOMANU」，「トヅル TODUZ or TODZURU」は，ローマ字表記が複数ある。
（17）　初版では「子ル 寝 NERU」と「子ル 練 NERU」があり，再版では二つの見出しがまとめられ「子ル NERU」となる。二つの見出し語のいずれかが統合される状態とは異なるために，本論では初版から再版にかけての抽出すべき見出し語として含めていない。「ニル 煮, 似 NIRU」についても同様ではあるが，初版から3版まで上記のように二つの見出しがまとめられたまま収録される。
（18）　再版と3版の INTORODUCTION では，「來る」と「する」に「ます」を加えた3語を 'Iregular Verbs' とする。
（19）　この方法によるのならば，音便などによる音韻交替，時代的・地域的な異なりを考慮せずに済む。

## 5節　削除された見出し語

### 1　はじめに

　改版過程において，見出し語の増補とあわせて統合（3章4節）が行われていることはすでに確認した。一般に，辞書が改版されるにあたって，増補だけが行われる訳ではない。改版過程では，見出し語の削除も行われるので，収録語数の増減（序章3節）だけが問題になる訳ではなく，見出し語の出入りそのものを検討する必要がある。このことは，『和英語林集成』でも同様である。

　「英和の部」について整理すると（「和英の部」の一部については付-3），収録語数は初版10,030語，再版14,266語，3版15,697語と改版ごとに増加している。ただし，再版では，収録語の差である4,236語，3版で1,431語が単純に増補された訳ではない。「増補された見出し語」とともに何らかの理由で「削除された見出し語」[1]も存在する。

　本論では「英和の部」の「削除された見出し語」をめぐり，主に次の3点から整理し，考察を行う。
- 「増補された見出し語」と「削除された見出し語」の実数
- 「削除された見出し語」の分類
- 分類ごとの具体的な全見出し語

　なお，「和英の部」については李 (1986) の詳細な研究がある。

## 2 「増補された見出し語」と「削除された見出し語」

### 2-1 「増補された見出し語」と「削除された見出し語」の実数

　初版・再版・3版を用いて,「増補された見出し語」と「削除された見出し語」の実数を整理すると〔表1〕のようになる。「初版」,「再版」,「3版」とあるのは,それぞれ「英和の部」の収録語数である。そして,「初版→再版」と「再版→3版」は,それぞれ各版の間にみえる収録語数の差である。「増補見出」と「削除見出」は,本論で扱う「増補された見出し語」と「削除された見出し語」を指している。したがって,「増補見出」と「削除見出」との差は,それぞれ「初版→再版」と「再版→3版」の語数と一致することとなり,いわば増補と削除の内訳を表していることになる（「和英の部」と「英和の部」における単純な増減については序章3節）。

### 2-2 「英和の部」の編集過程

　再版で「増補された見出し語」は4,475語,「削除された見出し語」は239語である（その結果,収録語数の差は4,236語）。また,3版で「増補された見出し語」は1,462語,「削除された見出し語」は31語である（同様に収録語数の差は1,431語）。
　「削除された見出し語」は,初版→再版で,A（26語）・B（34語）・C（50語）・D（30語）・E（17語）・F（35語）の六つの部に計192語が集中している。これは再版で「削除された見出し語」全体239語の80.3％を占めることになる。ところが,初版に収録されていた語では,A～Fの六つの部の見出し語（3,109語）は全体の見出し語（10,030語）の30.1％を占めるにすぎない。
　同様に,3版で「削除された見出し語」は,A（9語）・B（4語）・C（6語）の三つの部に計19語が集中し,全体31語の6割強を占める。やはり,前の方の部に集中している。
　一方,「増補された見出し語」も,再版ではA～Eの五つの部が各部の収録語数に比して多い。3版でも前者ほどではないが似た傾向が見受けられる。[2]

3章 初版,再版そして3版へ

〔表1〕 各版での増補と削除

| | 初版 | 再版 | 3版 | 初版→再版 | 増補見出 | 削除見出 | 再版→3版 | 増補見出 | 削除見出 |
|---|---|---|---|---|---|---|---|---|---|
| A | 489 | 940 | 1,113 | 451 | 477 | 26 | 173 | 182 | 9 |
| B | 426 | 758 | 868 | 332 | 366 | 34 | 110 | 114 | 4 |
| C | 782 | 1,396 | 1,525 | 614 | 664 | 50 | 129 | 135 | 6 |
| D | 514 | 826 | 914 | 312 | 342 | 30 | 88 | 89 | 1 |
| E | 378 | 568 | 644 | 190 | 207 | 17 | 76 | 76 | 0 |
| F | 520 | 704 | 760 | 184 | 219 | 35 | 56 | 56 | 0 |
| G | 307 | 419 | 460 | 112 | 119 | 7 | 41 | 41 | 0 |
| H | 370 | 497 | 552 | 127 | 129 | 2 | 55 | 55 | 0 |
| I | 551 | 699 | 733 | 148 | 153 | 5 | 34 | 34 | 0 |
| J | 68 | 90 | 103 | 22 | 22 | 0 | 13 | 13 | 0 |
| K | 45 | 52 | 67 | 7 | 7 | 0 | 15 | 16 | 1 |
| L | 374 | 432 | 493 | 58 | 61 | 3 | 61 | 63 | 2 |
| M | 464 | 639 | 699 | 175 | 176 | 1 | 60 | 61 | 1 |
| N | 178 | 234 | 256 | 56 | 57 | 1 | 22 | 22 | 0 |
| O | 275 | 333 | 351 | 58 | 62 | 4 | 18 | 20 | 2 |
| P | 869 | 1,174 | 1,323 | 305 | 309 | 4 | 149 | 149 | 0 |
| Q | 49 | 71 | 75 | 22 | 22 | 0 | 4 | 4 | 0 |
| R | 575 | 763 | 814 | 188 | 189 | 1 | 51 | 51 | 0 |
| S | 1,292 | 1,744 | 1,902 | 452 | 462 | 10 | 158 | 161 | 3 |
| T | 601 | 752 | 826 | 151 | 152 | 1 | 74 | 74 | 0 |
| U | 334 | 447 | 458 | 113 | 116 | 3 | 11 | 12 | 1 |
| V | 198 | 270 | 282 | 72 | 72 | 0 | 12 | 12 | 0 |
| W | 344 | 425 | 445 | 81 | 86 | 5 | 20 | 21 | 1 |
| Y | 24 | 28 | 28 | 4 | 4 | 0 | 0 | 0 | 0 |
| Z | 3 | 5 | 6 | 2 | 2 | 0 | 1 | 1 | 0 |
| 計 | 10,030 | 14,266 | 15,697 | 4,236 | 4,475 | 239 | 1,431 | 1,462 | 31 |

## 5節　削除された見出し語

　全体の比率は2章1節に記したが，語頭文字別分布でとらえると初版はAの部の比率が他に比べて低いことが分かる（初版は4.88％であるが，その他の辞書は5.74〜7.09％である）。

　ところで，「英和の部」はどのような過程を経て作成されたのだろうか。その一面をうかがう資料として，ヘボンの書簡と，上海に同行した岸田吟香の日記（岸田（1932））がある。以下に記す。なお，ヘボンが妻と岸田吟香とを伴って横浜から上海へ出発したのは1866年10月18日である。

a　二日に八頁の印刷をしあげたいと思っております。やっと四十頁おわり，A・BとCの一部ができたわけです。この仕事がいつ完成するか，はっきりわかりませんが，おそらく六ヶ月では終りますまい。
(1866年12月7日付・上海)

b　辞書は目下，一日六頁の割で印刷中です。誤植の多い校正刷の訂正をするほかに，最初計画していなかった「英和」の第二編を書き上げなければならないのです。第一編「和英」の部の約二百五十頁分が印刷出版されました（筆者注：原文はpublishedとあるが，内容から「印刷」と考えられる）。和英の第一編は大体六百頁で，第二編（英和の部）は多分，二百五十か三百頁になります。六月一日までに全部を完成したい希望です。[3]
(1867年1月25日付・上海)

c　けふ英語をさきにして和語をひく方の字書がはじめて版になってくる。[4]
(1867年4月10日)

d　ミッション図書館に寄贈として拙著「和英語林集成」一部，ハッパー博士に託しお送りいたします。上海からわたしが持ち帰った僅か二部のうち，一冊でまだ製本してないままのものです。

　わたしは本月十七日午後五時，わたしの仕事を終え，同夜，香港から横浜に向かうコロラド号に乗り移るため汽船で上海を出発しました。ここで製本したものを送るよりも，御地でもっと立派に製本出来ると思います。
(1867年5月23日付・横浜)

　a・b・dはヘボンのW.ラウリー博士宛の書簡，cは岸田吟香が上海滞在中に記した『呉淞日記』の一部である。aには，「英和の部」についての記述はない。bによると，辞書の校正刷の訂正作業などと並行して，ヘボンは上海滞在中に「英和の部」の作成を思い立ち実行に移すことになる。cによっ

て,「英和の部」の一部分がはじめて刷られる。dによって,『和英語林集成』全体の印刷が5月17日以前に完了していることになる。初版の「和英の部」は558頁であり,bに記す頁数にかなり近い。「英和の部」は250頁から300頁を想定しているが,実際は約半分の132頁であり,当初の予定とは大幅に異なっている。この時点では全体の分量がまだ見込めなかったのかもしれない(もしくは実際の組版が,想定よりコンパクトになったのであろうか)。

## 3　削除された見出し語の実例

### 3-1　削除された見出し語の分類

再版,および3版で,それぞれ「削除された見出し語」を前版と次版での収録状況との関わりから,次の**削除Ⅰ＜次版削除＞**,**削除Ⅱ＜次版小見出し＞**,**削除Ⅲ＜次版統合＞**に分類する。

**削除Ⅰ＜次版削除＞**
　① 次版以降,全く収録されない見出し語 (ただし,②と③を除く)
　② 次版以降,見出し語の前項部分 (単純語) だけ収録され,見出し語全体 (合成語) が収録されないもの
　　※ ハイフンやスペースなどが前項と後項の基準となる。
　　　例,BOOKとBOOK-COVERの見出し語が,次版ではBOOKだけ収録され,BOOK-COVERはBOOKの小見出しとしても収録されない。
　③ 次版以降,主として文法上関連する見出し語のうち一方が収録されないもの (原形に収斂していく),もしくは関連する別の見出し語に交替するもの
　　　例,BEGANとBIGINが,次版ではBIGINだけになる。
　　　　BUSHYが,次版でBUSHになる。
　④ 再版で一時的に削除されたが,3版で再録される見出し語

※ したがって，3-3　3版で削除された見出し語には該当する見出し語は存在しない。

削除Ⅱ＜次版小見出し＞

見出し語の前項部分が親見出しとなり，後の要素が小見出しとなるもの。

例．ABSENT-MINDED と ABSENT が，次版では ABSENT の見出し語だけになり，その小見出しとして － *minded* が記される。

削除Ⅲ<sup>(5)</sup>＜次版統合＞

同表記で異なる品詞（あるいは訳語）を持つ二つの見出し語が，一つの見出し語にまとめられるもの。統合と言える。

例．ANGLE　*n.*　角（かく）；隅；角（かど）
　　ANGLE　*v.*　釣る
　　次版で一つの見出し語 ANGLE となり，両方の品詞表示（*n.* と *t.v.*）と，訳語とが記される（以下，実例の［　］は筆者の補足説明，文中の「　」内は訳語）。

3-2　再版で削除された見出し語の全語を示す。また，ローマ字で記されている訳語は，飛田・菊地（1996）と山口（1997）を参考にして漢字仮名交じりにあらためる。

上記の「削除された見出し語」と混同しやすいものとして，一部変化した見出し語（以下，「一部変化」）がある。

「一部変化」とは形を変えて収録された見出し語である。見出し語の増減に関わることがないために「増補された見出し語」や「削除された見出し語」とは異なる。これらの見出し語は再版での改版過程でのみ現れ，3版での改版過程には現れない。変化Ⅰ＜次版小見出し＞と変化Ⅱ＜次版変化＞に 2 分類した。これらは A～C の部に集中している特徴がある。また，参考までに綴りの異なりなどにより「有無を確認しづらい見出し語」も挙げる。以下に，全語を示す。矢印の左側が初版，右側が再版の見出し語である。

## 変化Ⅰ＜次版小見出し＞（21語）

見出し語の前項部分が親見出しとなり，後項部分が小見出しとなるもの。ただし初版に親見出しにあたる見出し語が存在しないため，削除Ⅱとは異なる。医学に関わる見出し語が散見する。

　　例，ABASE *one's self* が，再版で ABASE の見出し語になり，その小見出しとして－*one's self* がある。初版に ABASE がないため，見出し語の増減には関わらない。

ABASE *one's self*
　→ABASE *t.v.*－*one's self*

ABSORBED IN
　→ABSORBED *a.*－*in study*

ADDICTED *to*→ADDICTED－*to*

BARREN-LAND→BARREN *a.*－*land*

BOW *of a ship*→BOW *n.*－*of a ship*

BREAK OF DAY→BREAK *n.*－*of day*

CARIOUS TOOTH
　→CARIOUS *a.*－*tooth*
CONTAGIOUS *disease*
　→CONSTAGIOUS *a.*－*disease*
HOARY HEAD→HOARY *a.*－*head*
MEDICAL-ART→MEDICAL *a.*－*art*
TACK SHIP→TACK *t.v. To*－*ship*

ABOARD *ship*
　→ABOARD *prep. To go*－*ship*
ACCOMMODATE *one's self to circumstance*
　→ACCOMMODATE *t.v.*（小見出しナシ訳語へ）
ALTERNATE *days*
　→ALTERNATE *a.*－*days*
BOILING-WATER
　→BOILING *p.a.*－*water*
BRAZEN-FACED→BRAZEN *a.*－*face*
BUDDHIST TEMPLE
　→BUDDHIST *a.*－*temple*
CONGENITAL *disease*
　→CONGENITAL *a.*－*disease*
CORROSIVE SUBLIMATE
　→CORROSIVE *a.*－*sublimate*
INSIDE *out*→INSIDE *n.*－*out*
OBLIGE ME→OBLIGE *t.v.*－*me*

## 変化Ⅱ＜次版変化＞（8語）

見出し語の一部が変化したもの。訳語の増減や変化はあるが，指示する内容が異なるようなことはない。動植物に関わる見出し語が多い。また，複数形を表す -S や，過去を表す -ED の有無など，一見して分かるような変化については指摘せず，これに含めない。

　　例，ANISE-SEED は，次版で ANISE になる。

## 5節 削除された見出し語

ANISE-SEED→ANISE n.
CAMOMILE FLOWERS
　→CAMOMILE n.
CARDAMON-SEED→CARDAMON n.
QUACK-DOCTOR→QUACK n.

BETEL→BETEL-NUT n.
CANARY-BIRD→CANARY n.
COMMANDER IN CHIEF
　→COMMANDER n.
SLINK AWAY→SLINK i.v.

参考：有無を確認しづらい見出し語

　綴りの違いなどで収録の有無を確認しづらい見出し語は次の10語である。

| 初版 | 再版 | 3版 | |
|---|---|---|---|
| ASSAFOETIDA | ASSAFETIDA | ASAFOETIDA | 綴りの変化 |
| BICH-DE-MER | BECHE DE MER | 〃 | 誤植 |
| CICATRICE | CICATRIX | 〃 | 綴りの変化 |
| DRAFTS | DRAUGHT | 〃 | 綴りの変化 |
| MASSY | MASSIVE | 〃 | 綴りの変化 |
| MATRICE (S) | MATRIX | 〃 | 複数形から単数形へ |
| TUNNAGE | TONNAGE | 〃 | 綴りの変化 |
| | BARQUE | BARK | 綴りの変化 |
| | RATAN | RATTAN | 綴りの変化 |
| | SLILY | SLYLY | 綴りの変化 |

　本論で扱う見出し語にも，FELLOW-TRAVELER(初版)がFELLOW - *traveller*(再版)，DIARRHOEA(初版)がDIARRHEA(3版)と綴りの変化したものがある（2章3節）。

### 3-2　再版で削除された見出し語

#### 3-2-1　削除Ⅰ＜次版削除＞

① 次版以降，全く収録されない見出し語 (52語)

| 初版 | 訳語 | 初版 | 訳語 |
|---|---|---|---|
| ANFRAC-TIONS | うねる | ASCITES | 鼓腸；脹満 |

3章 初版，再版そして3版へ

| | | | |
|---|---|---|---|
| ASTRIDE | 跨る | ASUNDER | 別々に；離れる；隔てる |
| BESTRIDE | 跨る | BITCH | 牝犬 |
| BOUGH | 枝 | CANTHUS | 眦（まじり）；目頭（まがしら） |
| CAPER | 踊る；跳ねる | CATTY | 斤 |
| CHAFFER | 抉（こじ）る | CHECKERED *figure* | 弁慶縞；市松；碁盤縞 |
| CHEMISE | 襦袢（じばん） | CHIVALRY | 武士；侍 |
| CLINKING | がらがら | COITION | 交合；目合（まぐわい） |
| COLANDER | 笊 | COMMINGLE | 混ざる |
| CONGEE | 粥 | CONTENTS | 入れ物 |
| COWHERD | 牛飼い | DOE | 牝鹿 |
| DRAB | 黄の色 | EJECT | 出す；追い出す；押し出す；突き出す；店立てをする |
| EJECTION | 店立て | ELYSIUM | 蓬莱山 |
| ENGRAFT | 接ぐ［接ぎ木すること］ | ENTROPIUM | 逆まつげ |
| ESCUTCH-EON | 紋 | EVE | 臨む |
| EXEQUIES | 葬式；葬礼；弔い；送り | EXPOSURE | 向き；受け |
| FACING | 向き；受け | FECULENT | 濁る；大便の |
| FEELER | 髭［触覚器］ | FOREGO | 控える；堪忍する；辞退する |
| FORESAID | 件（くだん） | GALLOWS | 獄門 |
| GIN | 罠；首打（こぶち）；おとし | GINGLE | がらがら |
| GIVES | 足金 | ILLUSIVE | 偽る；騙す；まやかす |
| INCAPABLE | できぬ；あたわぬ | INMOST | 奥 |
| ORDERLESS | 乱れる | OVERSCRU-PULOUS | 嫌いがち |
| SELFISH | 自惚れ；身為（みだめ） | STARVE | 飢え死にする；餓死する；干死（ひじ）に；飢える |
| STATE | 国（くに）；国（こく）；様子容体；有様；様；儘 | UNBURNT | 焼かぬ |
| UNFORTI-FIED | 要害なき | WHOOP | はたと |

※　3版には ASTRADDLE あり。
※　GINGLE は JINGLE の誤りであろう．しかし，初版から3版まで JINGLE もある．
※　SELFISH は「手前勝手；気まま；私の；わがまま；気随」と「自惚れ；身為」（SELF-

5節 削除された見出し語

WILLED と SELL の間に収録され，再版以降では削除される）の訳語を持つ二つの見出し語が存在するが，「自惚れ；身為」の訳語は，SELF-CONCEIT, SELF-INTEREST にも収録されている。再版以降では，もう一方の SELFISH だけが残ったのであろう。

※ WHOOP は「叫ぶ；鬨の声をあげる；呼ぶ」と「はたと」(WHOOPING-COUGH と WHORE の間に収録され，再版以降では削除される）の訳語を持つ二つの見出し語が存在するが，再版以降では「はたと」の訳語を持つ WHOOP はなくなる。

② 次版以降，見出し語の前項部分（単純語）だけ収録され，見出し語全体（合成語）が収録されないもの（27語）

前項要素が，最初に出現した版を示すとともに，ヘボンによる品詞表示も記す（初版には特定の場合[6]を除いて品詞表示がないので，再版以降のものを用いる）。

| 初版 | 訳語 | 前項部分 | 品詞 | 収録される版 |
|---|---|---|---|---|
| BATTERING-RAM | 国崩し | BATTER | *t.v.* | 再版から |
| BED-CURTAIN | 帳 | BED | *n.* | 初版から |
| BLACKSMITH'S *tongs* | 鋏（やっとこ） | BLACKSMITH | *n.* | 初版から |
| BOOK-COVER | 表紙 | BOOK | *n.* | 初版から |
| BRIDESMAID | 介添え | BRIDE | *n.* | 初版から |
| CANCER *of Breast* | 乳癌 | CANCER | *n.* | 初版から |
| CAPITAL-CITY | 都 | CAPITAL | *n.* | 再版から |
| CHILL OF FEVER | 悪寒 | CHILL | *n.* | 再版から |
| CHRONIC-DISEASE | 長病（ちょうびょう） | CHRONIC | *a.* | 初・3版 |
| COUNCIL *of state* | 御老中 | COUNCIL | *n.* | 初版から |
| CRIMINAL-CODE | 成敗式目 | CRIMINAL | *n.* | 初版から |
| CRITICAL TIME | まさかの時；分け目 | CRITICAL | *a.* | 再版から |
| CRITICAL YEARS OF LIFE | 厄年 | CRITICAL | *a.* | 再版から |
| DILAPIDATED-HOUSE | あばら屋；荒廃 | DILAPIDATE | *i.v.* | 再版から |
| DRAWN BATTLE | 相引（あいびき） | DRAW | *t.v.* | 初版から |
| EYE-SORE | 殺風景 | EYE | *n.* | 初版から |
| FELLOW-COUNTRYMAN | 同国人 | FELLOW | *n.* | 初版から |
| FELLOW-MINISTER | 同役 | FELLOW | *n.* | 初版から |
| FELLOW-SCHOLAR | 同学；弟子朋輩（ほうばい） | FELLOW | *n.* | 初版から |
| FELLOW-SERVANT | 同輩 | FELLOW | *n.* | 初版から |
| FELLOW-SOLDIER | 同士 | FELLOW | *n.* | 初版から |
| FENCING-MASTER | 剣術の師匠 | FENCING | *n.* | 初版から |

| 初版 | 訳語 | | | |
|---|---|---|---|---|
| FENCING-SCHOOL | 道場；稽古場 | FENCING | n. | 初版から |
| FISH-BASKET | 生簀（いけす） | FISH | n. | 初版から |
| HUMMING-BIRD | 風鳥 | HUM | i.v. | 初版から |
| ILL-HUMORED | 拗ねる | ILL | a. | 初版から |
| WATER-CLOSET | 手水場；雪隠（せついん） | WATER | n. | 初版から |

※ CAPITAL は再版から存在するが，「都（みやこ）」の訳語を持つのは3版から．

③ 次版以降，主として文法上関連する見出し語のうち一方が収録されないもの，もしくは関連する別の見出し語に交替するもの (57語)

関連する見出し語が，最初に出現した版を示すとともに，ヘボンによる品詞表示も記す(②同様，再版以降のものを用いる)．

| 初版 | 訳語 | 関連する見出し語 | 品詞 | 収録される版 |
|---|---|---|---|---|
| ALKALINE | しおげ；灰汁気(あくげ) | ALKALI | n. | 3版から |
| ANNOYING | 煩（うるさ）い；面倒 | ANNOYANCE | n. | 再版から |
| ANTIQUARY | 古物家 | ANTI-QUAR-IAN | n. | 再版から |
| ASTONISHING | 面妖な | ASTONISH | t.v. (i.v.) | 初版から |
| BEGAN | 始まる | BEGIN | i.v. (t.v.) | 初版から |
| BESIDES | 他に；上に；別段；しかも；傍らに | BESIDE | prep. | 初版から |
| BOTHERSOME | 煩（うるさ）い；面倒 | BOTHER | t.v. | 再版から |
| BREWERY | 酒屋 | BREW-HOUSE | n. | 再版から |
| BUOYANTLY | うきうきと | BUOYANT | a. | 初版から |
| BUSHY | 茂る | BUSH | n. | 再版から |
| BUSTLE | 賑やか | BUSTLING | a. | 再版から |
| CARELESSLY | 念を入れずに；気を付けずに；うっかりと；粗末に | CARELESS | a. | 初版から |
| CAULK | see Calk [槙皮（まいはだ）] | CALK | t.v. | 初版から |
| CHINAWARE | 瀬戸物 | CHINA | n. | 初版から |

| | | | | |
|---|---|---|---|---|
| COLLECTOR | 掛取 | COLLECT | $t.v.$ $(i.v.)$ | 初版から |
| COMIC | おかしい；道化る | COMICAL | $a.$ | 再版から |
| COMMENT | 説く；註する；註解する | COMMEN-TARY | $n.$ | 再版から |
| COMPENDIOUSLY | あらましく；大略；おおむね | COMPENDI-OUS | $a.$ | 再版から |
| CONFEDERATE | 荷担；左袒；方人（かとうど）；味方；一味 | CONFEDER-ACY | $n.$ | 再版から |
| CONFINED | 気のこもる；籠る | CONFINE | $t.v.$ | 初版から |
| DECOCT | 煎ずる | DECOCTION | $n.$ | 初版から |
| DEFILED | けがれる；よごれる；きたない | DEFILE | $t.v.$ $(i.v.)$ | 初版から |
| DEFILEMENT | けがれ；よごれ；穢（え） | DEFILE | $t.v.$ $(i.v.)$ | 初版から |
| DEJECTED | 鬱陶しく思う；鬱々；憂い | DEJECT | $t.v.$ | 初版から |
| DEPORTATION | 島流し | DEPORT | $t.v.$ | 再版から |
| DESERVING | あたり前；筈；べき | DESERVE | $t.v.$ | 再版から |
| DESPERADO | 滅法なやつ | DESPERATE | $a.$ | 再版から |
| DESPONDENCY | 気落ち | DESPOND | $t.v.$ $(i.v.)$ | 初版から |
| DIAGNOSTICATE | 見立てる[診断すること] | DIAGNOSIS | $n.$ | 再版から |
| DID | した；できた；致した | DO | $t.v.$ | 初版から |
| DISAPPOINTMENT | 残念；無念；悔しがる；口惜しい；思いのほか；案外 | DISAPPOINT | $t.v.$ | 再版から |
| DIVIDEND | 割；割合；分 | DIVIDE | $t.v.$ | 再版から |
| DRAYMAN | 車力 | DRAY | $n.$ | 初版から |
| ELLIPTCAL | 卵形（なり）；小判形（なり） | ELIPSIS | $n.$ | 再版から |
| ENCLOSE | 囲う；囲む；構える | ENCLOSURE | $n.$ | 3版から |
| FAITHFULLY | 実に | FAITHFUL | $a.$ | 再版から |
| FANTASTIC | おかしい；ひょうきんな | FANTASTI-CAL | $a.$ | 再版から |
| FAVOR | 片詰（かたづむ）；偏る | FAVOR | $n.$ | 初版から |
| FERVERISH | 火照る | FEVER | $n.$ | 初版から |
| FIXEDLY | きっと；じっと | FIXED | $p.a.$ | 再版から |
| FLEETING | 果かない | FLEET | $a.$ | 初版から |
| FLUCTUATION | 上がり下がり | FLUCTUATE | $i.v.$ | 再版から |

3章 初版, 再版そして3版へ

| | | | | | |
|---|---|---|---|---|---|
| GAGE | はかる | GAUGE | t.v. | 初版から |
| GENERALITY | 多分；大半；大方 | GENERALLY | adv. | 初版から |
| IMPATIENT | 苛つ；急く；性急な | IMPATIENCE | n. | 再版から |
| NOBLY | 天晴れな | NOBLE | a. | 再版から |
| OBSTINATELY | かたく | OBSTINATE | a. | 初版から |
| PEDDLING | 競り売り；競り商い | PEDDLE | t.v. | 初版から |
| SEVERALLY | 別々に；毎に | SEVERAL | adv. | 初版から |
| SMOKING | 燻る；くゆる；ふすぼる | SMOKE | t.v. (i.v.) | 初版から |
| SOMNAMBULATION | 寝惚ける | SOMNAMBULISM | n. | 再版から |
| STARTLING | 物凄い；おどろおどろしい | STARTLE | i.v.とt.v. | 初版から |
| SUMMARILY | あらあら；ざっと；大略；略して；予（あらかじ）め | SUMMARY | adv. | 初版から |
| UNBUTTONED | 外れる | UNBUTTON | t.v. | 初版から |
| WEANING | 乳（ち）離れ | WEAN | t.v. | 再版から |
| WHENCE | どこから | WHENCESOEVER | adv. | 初版から |
| WIDELY | 広く | WIDE | a. | 初版から |

※ BESIDE は初版から存在するが，BESIDES の訳語を持つのは再版から。
※ 品詞表示のある見出し語は AID v.（④）と FAVOR v.の2語のみである。これらには，品詞を異にする同表記の見出し語（ともに n.）も収録されている。
※ GAGE は，初版で同じ訳語を持つ GAUGE と併存している。再版以降 GAUGE になる。
※ WHENCE「どこから」は，再版で WHERE が二つあり，一方に訳語として「どこから」が収録されている。見出し語の間違いであろうか（3-3-1　削除Ⅰ＜次版削除＞①）。

④　再版で一時的に削除されたが，3版で再録される見出し語 (56語)

品詞表示は3版のものを用いる。

| 初版 | 訳語 | 品詞 | 初版 | 訳語 | 品詞 |
|---|---|---|---|---|---|
| ADHESIVE | 粘る；粘い | a. | AFTER-PAINS | 後腹 | n. |
| AGROUND | 座る；居座る；居着く | adv. | AID | 助ける；すける；手伝う | t.v. |
| AMANUENSIS | 代筆 | n. | AMENORRHOEA | 経閉 | n. |

## 5節　削除された見出し語

| | | | | | | |
|---|---|---|---|---|---|---|
| AMERICA | アメリカ | n. | | AMNESTY | お許し；御赦；大赦 | n. |
| AMPU-TATE | 切断する [医学的意味あり] | t.v. | | ANNO-TATE | 註する；書き入れる | t.v. |
| APOTHE-CARY | 薬屋 | n. | | ARTEMISIA | 蓬 | n. |
| ASPARA-GUS | 天門冬（てんもんどう） | n. | | BADGE | 紋；印 | n. |
| BARRACK | 陣小屋；屯（たむろ） | n. | | BASS-RE-LIEF | 置き上げ | n. |
| BEARING | 方角；形（なり）振り | n. | | BEDDING | 夜具；蒲団 | n. |
| BED-SORE | 床擦れ | n. | | BED-STEAD | 寝床 | n. |
| BEGINNER | 初心 | n. | | BRITISH | イギリスの；英 | a. |
| CATAME-NIA | 月のもの；障り；経水；月水 | n. | | CHAIR-BEARERS | 駕籠舁（かごかき） | n. |
| CHRONIC | 高じる [慢性] | a. | | CIRCUI-TOUS | 回り遠い；迂遠な | a. |
| CITRON | 仏手柑（ぶしゅかん） | n. | | CLOVER | 馬肥（うまご）やし | n. |
| COCHI-NEAL | 洋紅（ようこう） | n. | | COD-LIVER-OIL | レイフルタラン | n. |
| CONDUIT | 樋（とい）；樋（ひ） | n. | | CON-STANTLY | 絶えずに；通し；止めずに；始終；頻りに | adv. |
| COROLLA | 輪（りん）[花弁] | n. | | CORPS | 組；手；隊伍 | n. |
| CYCLE | まわり | n. | | DEARTH | 日照り；旱魃（かんばつ） | n. |
| DEFORMED | かたわ | p.p. | | DEFY | 呼び出す | t.v. |
| DELETERI-OUS | 毒 | a. | | DIAR-RHOEA | 腹下り；下痢 | n. |
| DIARY | 日記 | n. | | DISADVAN-TAGEOUS | 不便；不便利；不都合 | a. |
| EAR-WAX | 耳の垢 | n. | | ELIDE | 省く；略する | t.v. |
| ET-CETERA | 云々（うんぬん） | n. | | EXORCISE | おとす；払う；降伏（ごうぶく）する | t.v. |
| EYE-LASH | まつげ | n. | | FILINGS | 鑢屑（せんくず） | n. |
| FOREBODE | 見通す；見透かす；先見する；前表 | t.v. | | HURRI-CANE | 台風；大風；嵐；疾風 | n. |
| PREACH | 講釈する；説法する；講談する；広げる；放談する | i.v. | | PROCURE | 求める；うける；得る | t.v. |
| PROCURER | 女衒（ぜげん）；判人 | n. | | SHIN | 脛（はぎ） | n. |

| STYPTIC | 血止（ちと）め | n. | TRANSPOR-<br>TATION | 運び；運送；遠島；島<br>流し；流罪 | n. |

※　COD は再版に収録されているが，− liver oil はない。

①は52語である。これらは，初版にのみ収録され再版以降収録されることのない見出し語である。次版以降，訳語が一層適合した（より一般的な）別の見出し語（類義語）に収録されることが多い。主な例を挙げると，BITCH「牝犬」→SLUT, BOUGH「枝」→LIMB, CATTY「斤」→POUND, CHAFFER「抉る」→PRY, CHECKERED *figure*「弁慶縞；市松；碁盤縞」→PLAID, CHEMISE「襦袢」→SHIRT, CHIVALRY「武士；侍」→SOLDIER, COITION「交合；目合」→SEXUAL INTERCOURSE, COLANDER「笊」→BASKET, COMMINGLE「混ざる」→COMPOUND, CONGEE「粥」→GRUEL・PORRIDGE, CONTENTS「入れ物」→RECEPTACLE, ENTROPIUM「逆まつげ」→TRICHIASIS, EXEQUIES「葬式；葬礼；弔い；送り」→FUNERAL・OBSEQUIES, EXPOSURE・FACING「向き；受け」→POSITION, GIN「罠；首打；おとし」→SNARE・TRAP, GIVES「足金」→FETTER など。訳語のすべてを持たないものもあるが，すでに，一部 (SLUT, GRUEL, PORRIDGE, RECEPTACLE は再版，TRICHIASIS は3版から) を除いて初版から併存している。したがって，初版に挙げる見出し語と訳語の間に何らかの不都合があり，同一の訳語にあたる別の見出し語の組合せを再版以降も収録したと考えられる。

　その結果，見出し語としても訳語としても次版以降に全く収録されることのない組合せはきわめて少ない。ASCITES「鼓腸；脹満」，CANTHUS「眦；目頭」，COWHERD「牛飼い」，DOE「牝鹿」，DRAB「黄の色」，EJECTION「店立て」，ELYSIUM「蓬莱山」，GALLOWS「獄門」，INCAPABLE「できぬ；あたわぬ」，UNBURNT「焼かぬ」，UNFORTIFIED「要害なき」，WHOOP「はたと」が挙げられる。

　②は27語である。BLACKSMITH'S *tongs*「鋏」，CANCER *of Breast*「乳癰」，CHRONIC-DISEASE「長病」，COUNCIL *of state*「御老中」，CRIMINAL-CODE「成敗式目」，CRITICAL TIME「まさかの時；分け目」，CRITICAL YEARS OF LIFE「厄年」，DILAPIDATED-HOUSE「あばら屋；荒廃」，EYE-SORE「殺風景」，FENCING-MASTER「剣術の師匠」，FISH-BASKET

「生簀」は再版以降収録されない。また，再版以降 COUNCIL *of state*「御老中」は COUNCIL「会議；衆議院」，CRIMINAL-CODE「成敗式目」は CRIMINAL, – *laws*「刑法」と訳語も時代に則し変化し，定着している。

　また，①同様，訳語が異なる見出し語に収録される主な例を挙げると，BED-CURTAIN「帳」→CURTAIN（初版），BOOK-COVER「表紙」→EPIDERMIS［3版「表紙」とあるが，初版「上皮」と再版「外表皮」がより近い］（初版），BRIDESMAID「介添え」→ATTENDANT（再版），FELLOW-SERVANT「同輩」→CLASSMATE（再版）・COMPEER（再版），FENCING-SCHOOL「（道場；）稽古場」→PARDE-GROUND（再版）・SCHOOL（初版），HUMMING-BIRD「風鳥」→BIRD-OF-PARADISE（3版），WATER-CLOSET「手水場；雪隠」→PRIVY（初版）・BACKHOUSE（再版）などである。そして，FELLOW-COUNTRYMAN, FELLOW-MINISTER, FELLOW-SCHOLAR の訳語は，再版以降で FELLOW の小見出しである – *citizen*, – *officer*, – *student* にそれぞれ集約される。

　③は57語である。いわゆる活用に関するものとして，主に過去形・進行形・否定形から現在形・肯定形への交替，派生に関するものとして，名詞から動詞，副詞（-LY）から形容詞への交替が挙げられる（逆の変化も若干ある）。その結果，見出し語は概して短く単純になる。再版以降，訳語に大きな変化はなく，見出し語がより訳語に適合した関連する見出し語に替わったものも含まれる。

　④は56語である。再録される見出し語については，松村（1974）p.977（注1）に，「初版の見出し語で再版において整理され省かれたたものでも，必要な語は再び復活させている」とある。これらの中には，医学・医療や身体部位に関わるものとして，AFTERPAINS「後腹」，AMENORRHOEA「経閉」，AMPUTATE「切断する」，APOTHECARY「薬屋」，BED-SORE「床擦れ」，CATAMENIA「月のもの；障り；経水；月水」，CHRONIC「高じる」，DIARRHOEA「腹下り；下痢」，EAR-WAX「耳の垢」，EYE-LASH「まつげ」，SHIN「脛」，STYPTIC「血止め」の12語，薬草などに関わるものに，ARTEMISIA「蓬」，ASPARAGUS「天門冬」，CITRON「仏手柑」，CLOVER「馬肥やし」，COD-LIVER-OIL「レイフルタラン」，COROLLA「輪」の6語ある。以上の見出し語が56語中18語を占める。再版で一旦削除したのであるが，3版で再録した。医学・医療や身体部位に関わる語は，宣教医であるヘボンにとっ

て，やはり必要性が高かったためと考えられる。

　初版から3版に至る19年間は江戸期から明治期にまたがっている。それに伴い，訳語に変化が見られるものがある。例えば，BARRACK「陣小屋；屯」から「屯所；兵舎」，BEGINNER「初心」から「小学者；未熟者」，CONDUITは「樋（とい・ひ）」から「水道」，CORPS「組；手；隊伍」から「隊伍，兵隊」など。また，再録された多くの見出し語は訳語を増やしたり，簡潔に漢語などで表したりしている。例えば，CHRONIC「高じる」→「慢性，長引く，だらだら」，COD-LIVER-OIL「レイフルタラン」→「肝油」，STYPTIC「血止め」→「血止め，止血薬」などである。なお，AMERICA「アメリカ」とBRITISH「イギリスの；英」(再版からENGLISH「英国の」，初版からENGLAND「イギリス；英国」がそれぞれ収録されている)が再版で収録されていないことは不思議である。

### 3-2-2　削除Ⅱ＜次版小見出し＞（29語）

| 初版 | 訳語 | 再版 | 品詞 | 小見出し |
| --- | --- | --- | --- | --- |
| ABSENT-MINDED | 夢中；有頂天；上の空 | ABSENT | a. | －minded |
| ADOPTED son | 養子 | ADOPT | t.v. | －a son |
| ALARM-BELL | 早鐘 | ALARM | n. | －bell |
| BEE-HIVE | 蜂の巣 | BEE | n. | －hive |
| BIRD-CAGE | 鳥かご | BIRD | n. | －cage |
| BIRD'S nest | 鳥の巣 | BIRD | n. | －nest |
| BLISTERING-PLASTER | 発泡（はつぽう）［膏薬］ | BLISTER | n. | －plaster |
| BLOT out | 消す；消滅 | BLOT | t.v. | －out |
| BUY AND SELL | 売り買い；売買 | BUY | t.v. | －and sell |
| BY AND BY | 後程 | BY | prep. | By and by |
| CHAMBERPOT | 溲瓶 | CHAMBER | n. | －pot |
| CHANGE, of money | 釣り | CHANGE | n. | －of money |
| DAMAGED goods | 沢手物 | DAMAGE | t.v. | －goods |
| DRAWERS | 股引 | DRAWER | n. | Pair of drawers |
| FATHER-IN-LAW | 舅 | FATHER | n. | －in law |
| FELLOW-CITIZEN | 同国人 | FELLOW | n. | －citizen |
| FELLOW-FEELING | 思い遣り | FELLOW | n. | －feeling |
| FELLOW-LODGER | 同宿 | FELLOW | n. | －lodger |

## 5節　削除された見出し語

| 初版 | 訳語 | 再版 | 品詞 | |
|---|---|---|---|---|
| FELLOW-STUDENT | 同学 | FELLOW | n. | ‒ student |
| FELLOW-TRAVELER | 同伴；同道 | FELLOW | n. | ‒ traveller |
| FIRST-WIFE | 先妻 | FIRST | a. | ‒ wife |
| FISHING-BOAT | 釣り舟 | FISHING | p.a. | ‒ boat |
| FISHING-LINE | 釣り糸 | FISHING | p.a. | ‒ line |
| FISHING-ROD | 釣り竿 | FISHING | p.a. | ‒ rod |
| FLOOD-TIDE | 満ち潮 | FLOOD | n. | ‒ tide |
| GENERAL-NAME | 総名（そうみょう） | GENERAL | a. | ‒ name |
| LIKE-MINDED | 同意；同じ心 | LIKE | a. | ‒ minded |
| LONG-RUN | 果て；終り；仕舞い；ついに | LONG | a. | In the ‒ run |
| MORE and more | 益々；いよいよ；増長；いやます；いとど | MORE | adv. | ‒ and more |

　29語が再版において，一部が小見出しとなる。再版と3版では，綴りとハイフンの違いを持つ見出し語が2語あるが，その他の見出し語と小見出しは全く同じである。FELLOE-が5語，FISHING-が3語と多い。なお，初版では品詞表示はない。

### 3-2-3　削除Ⅲ＜次版統合＞（18語）

| 初版 | 訳語 | 品詞 | 訳語 | 品詞 | 再版 | 品詞 |
|---|---|---|---|---|---|---|
| ANGLE | 角（かく）；隅；角（かど） | n. | 釣る | v. | ANGLE | n. t.v. |
| ATTIRE | 着物；衣服；装束；いでたち | n. | 着る；装う；寶(や つ)す；いでたち | v. | ATTIRE | t.v. (n.) |
| BAIL | 請合い人 | n. | 請合う | v. | BAIL | t.v. (n.) |
| BOY | 息子；わらんべ；童子 | | BOY, (servant) 小使 | | BOY | n. |
| BRAID | 紐 | n. | 組む | v. | BRAID | n. |
| CHAIR | 椅子；腰掛け；曲彔 | | CHAIR, sedan ‒ 駕籠；乗り物 | | CHAIR | n. |
| CIRCUM-STANCES | CIRCUMSTANCE こと；由；有様；様子；仕儀 | | 身上（しんしょう）；分限；品（しな）；身代 | | CIRCUM-STANCE | n. (plur.) |

355

3章 初版，再版そして3版へ

| | | | | | | |
|---|---|---|---|---|---|---|
| CLAMOR | 騒ぐ；わめく；叫ぶ；ぞめく；ざざめく | v. | 騒ぎ；騒動 | n. | CLAMOR | n. (i.v.) |
| COMB | 櫛 | n. | 梳く | v. | COMB | n. (t.v.) |
| DEED | こと；技；業；作業（ごう）；行状；行い；仕方 | | 証文；沽券状；売券状 | | DEED | n. |
| DESERT | 功；業；わざ；過分 | n. | 砂原；砂漠；砂っぱ | n. | DESERT | n. |
| DIVERSE | DIVERS 色々；様々；種々；くさぐさ；まちまち | | 違い | | DIVERSE | a. |
| DOCTOR | 医者；医師 | | 療治する | v. | DOCTOR | n. (t.v.) |
| FILTER | 水漉し | n. | 濾す | v. | FILTER, To - | n. |
| FOOT | 足 | | FOOT, in length 尺 | | FOOT | n. |
| LEAST | よりも小さい；小さい方 | a. | LEAST, At - せめて | | LEAST | a. |
| OVER-SIGHT | 見落とし；過ち；司ること；為（し）落ち | | 目配り | | OVER-SIGHT | n. |
| RECEIVE | 貰い；頂き；頂戴；こうむり；受け取り；仕法書き | | 貰う；頂く；頂戴する；こうむる；預かる；賜わる；下さる；受納する | | RECEIVE | t.v. |

※ BAIL は3版で，再び二つに分かれる。
※ DESERT は再版以降「功；業；わざ；過分」の訳語がない。

　18種36語の見出し語がある。そのうちの18語に品詞表示が付される。再版では，品詞が異なる場合は，一つの見出し語に品詞ごとに訳語が記されている。ヘボンが辞書編集上で同表記の見出し語に対して，整理を加えていったことが分かる。**削除Ⅲ＜次版統合＞**に該当する見出し語は，3版では存在しない。

### 3-3　3版で削除された見出し語

#### 3-3-1　削除Ⅰ＜次版削除＞

① 次版以降，全く収録されない見出し語 (14語)

同表記の見出し語が初版に存在せず，再版から収録される場合は，「再版」の列に「○」を付す。

| 再版 | 訳語 | 品詞 | 再版から | 再版 | 訳語 | 品詞 | 再版から |
|---|---|---|---|---|---|---|---|
| AFFUSE | 注ぐ，振りかける | t.v. | ○ | AHOY | 船の行き違えに尋ねかける発語の言葉 | interj. | ○ |
| ARGAND-LAMP | 無尽灯 | n. | ○ | CAPARISON | 厚総（あつぶさ） | n. | ○ |
| CAPON | 金玉を抜きたる鶏 | n. | ○ | KNUCKLE | 指の節，げんこつ | n. | |
| LAP | 舐める，折る，合わせる | t.v. | | MERGE | くもる，含む | i.v. | ○ |
| ORCHIS | 石斛（せっこく）[ラン科の植物] | n. | | OUT-BUILDING | 小屋 | n. | ○ |
| SHERIFF | 囚獄司 | n. | ○ | SO AS | ように | | |
| UNTHREAD | 針の糸を抜く | t.v. | ○ | WHERE | どこから | adv. | |

※　WHERE は，再版では「どこ」を意味する WHERE と併存している。また，初版では WHENCE が収録されるが，再版ではなくなる。「どこから」という訳語から考えても WHENCE であると思われる（3-2-1　削除Ⅰ＜次版削除＞　③）。

② 次版以降，見出し語の前項部分 (単純語) だけ収録され，見出し語全体 (合成語) が収録されないもの

該当する見出し語はない。

③ 次版以降，主として文法面に関連する見出し語のうち一方が収録されないもの，もしくは関連する別の見出し語に交替するもの (16語)

関連する見出し語が，最初に出現した版を示すとともに，品詞表示 (再版

以降のものを用いる）も記す。

| 再版 | 訳語 | 品詞 | 再版から | 関連する見出し語 | 品詞 | 収録される版 |
|---|---|---|---|---|---|---|
| ACCURATELY | 相違なく，間違わずして | adv. | ○ | ACCURATE | a. | 初版から |
| ADHESVENESS | 粘り，付き | n. | ○ | ADHESIVE | a. | 初・3版 |
| AFFECTION-ATELY | 愛して，情けにて | adv. | ○ | AFFECTION | n. | 初版から |
| AGGRANDIZE-MENT | 栄え，大きくなること | n. | ○ | AGGRANDIZE | t.v. | 再版から |
| ALMONER | 施行（せぎょう）する人の手代（が）わり | n. | ○ | ALMS | n. | 初版から |
| ANTICPATION | 前もって～[参考] | n. | ○ | ANTICIPATE | t.v. | 初版から |
| BECAME | なった，した | imp. |  | BECOME | i.v. | 初版から |
| BLESSEDNESS | 楽しみ，有難さ | n. | ○ | BLESSED | a. | 再版から |
| BOTANIST | 本草家，植物家，植え物家 | n. | ○ | BOTANY | n. | 初版から |
| BREATHING | 呼吸 | n. | ○ | BREATHE | i.v. | 初版から |
| CAPACITATE | ことのできるようにする | t.v. | ○ | CAPACITY | n. | 初版から |
| CENSORSHIP | 観察役 | n. | ○ | CENSOR | n. | 初版から |
| CHARACTERIZE | 記す | t.v. | ○ | CHARACTER | n. | 初版から |
| COMPRESSIBLE | 押し縮められる | a. | ○ | COMPRESS | t.v. | 初版から |
| DISOBLIGE | 無礼にて人にもとる，不親切なる | t.v. | ○ | DISOBLIGING | a. | 3版から |
| SEIGE（ママ SIEGE） | 囲む | n. |  | SIEGE | n. | 初版から |

※ BREATHE は再版で i.v. であるが，3版では n. になり，BREATHING の訳語を持つ。
※ SEIGE の綴りは SIEGE が正しい。初版では誤った綴りで収録され，再版では両表記が同じ用例とほぼ同じ訳語を持ち，3版で正しい綴りで収録される。

①は14語である。そのうち，見出し語としても訳語としても再版にだけ収録され，3版で削除されるのは，AHOY「船の行き違えに尋ねかける発語の言葉」，ARGAND-LAMP「無尽灯」，CAPARISON「厚総」，CAPON「金玉を抜きたる鶏」，SHERIFF「囚獄司」，UNTHREAD「針の糸を抜く」の6語である。「囚獄司」は1869年刑部省に設置されたが，1871年8月廃止さ

れた。また，初版と再版に収録され，3版では見出し語としても訳語としても収録されない語は，KNUCKLE「指の節，げんこつ」，ORCHIS「石斛」，SO AS「ように」，WHERE「どこから」の4語である。

③は16語である。そのうち14語がA～Cの部に集中している。

### 3-3-2　削除Ⅱ＜次版小見出し＞（1語）

| 再版 | 訳語 | 品詞 | 再版から | 3版 | 品詞 | 小見出し |
|---|---|---|---|---|---|---|
| LATEST-DESCENDANT | 末孫 | n. | ○ | LATEST | a. | - descendant |

3-3-1　削除Ⅰ＜次版削除＞と3-3-2　削除Ⅱ＜次版小見出し＞の見出し語は大きく二つに分けられる。まず，初版から収録されていた見出し語の7語である。これらの見出し語は比較的後半以降の部に見られる。残りの24語は再版だけに現れ，3版で削除される。

## 4　まとめ

「削除された見出し語」の分類別の内訳は〔表2〕のように整理される。再版・3版ともに**削除Ⅰ＜次版削除＞**が大部分を占める。特に**削除Ⅱ＜次版小見出し＞**と**削除Ⅲ＜次版統合＞**は再版で終了していると言える。

中でも，**削除Ⅰ**の語は他と大きく異なる。**削除Ⅰ**は，次版では消え，収録されない（ただし，④は次々版の3版で復活する）。それに対して，**削除Ⅱ**は親見出しの中の小見出しとして，**削除Ⅲ**はまとめられた見出し語の一つとして収録され，訳語も存在し続ける。いわば，「見かけの削除」とも言える。

3版までを見通すと，**削除Ⅰ**①・②・③は完全に消滅する。そして，**削除Ⅰ**④は復活し，**削除Ⅱ**・

〔表2〕　削除された見出し語の内訳

| | Ⅰ | | | | Ⅱ | Ⅲ | 計 |
|---|---|---|---|---|---|---|---|
| | ① | ② | ③ | ④ | | | |
| 再版 | 52 | 27 | 57 | 56 | 29 | 18 | 239 |
| 3版 | 14 | 0 | 16 | 0 | 1 | 0 | 31 |
| 計 | 66 | 27 | 73 | 56 | 30 | 18 | 270 |
| | *222* | | | | | | |

3章 初版,再版そして3版へ

〔表3〕 再版で削除された見出し語の部ごとの内訳

| | I | | | | II | III | 計 |
|---|---|---|---|---|---|---|---|
| | ① | ② | ③ | ④ | | | |
| A | 4 | | 4 | 13 | 3 | 2 | 26 |
| B | 3 | 5 | 7 | 9 | 7 | 3 | 34 |
| C | 14 | 8 | 9 | 13 | 2 | 4 | 50 |
| D | 2 | 2 | 13 | 7 | 2 | 4 | 30 |
| E | 9 | 1 | 2 | 5 | | | 17 |
| F | 5 | 8 | 7 | 2 | 11 | 2 | 35 |
| G | 4 | | 2 | | 1 | | 7 |
| H | | 1 | | 1 | | | 2 |
| I | 3 | 1 | 1 | | | | 5 |
| J | | | | | | | 0 |
| K | | | | | | | 0 |
| L | | | | | 2 | 1 | 3 |
| M | | | | | 1 | | 1 |
| N | | | 1 | | | | 1 |
| O | 2 | | 1 | | | | 4 |
| P | | | 1 | 3 | | | 4 |
| Q | | | | | | | 0 |
| R | | | | | | 1 | 1 |
| S | 3 | | 5 | 2 | | | 10 |
| T | | | | 1 | | | 1 |
| U | 2 | | 1 | | | | 3 |
| V | | | | | | | 0 |
| W | 1 | 1 | 3 | | | | 5 |
| Y | | | | | | | 0 |
| Z | | | | | | | 0 |
| 計 | *52* | *27* | *57* | *56* | *29* | *18* | *239* |
| | | | *192* | | | | |

IIIは形を変えて収録される訳である。削除I①・②・③は136語を数え,「削除された見出し語」全体270語のほぼ半分にあたる。

次に,再版で「削除された見出し語」の分類別による部ごとの内訳は,〔表3〕のとおりである。A~Fの部に集中していることが確認できる(それ以外で目を引くのは,全体の収録語数の多いSの部である)。

これまでの調査から推定されることは,初版の前よりの部では見出し語の選定方針が安定していなかったことが挙げられる。すなわち基本的で重要な語を欠き,必要性の低い語を収めたり,同じ訳語を持つ複数の見出し語を収めたりするといった,いわば粗さが目立つ。しかし,作成の途中(おそらくGの部以降)で選定基準の変更,あるいはよるべき資料の変更ないし増加があったのではないか思われる。再版においては,A~Eの部が1.7倍以上(F~Zの部は1.3倍程度である)になるとともに(序章3節),削除もそこに集中する。辞書編集に直接関わる削除IIや削除III(さらに3-1 削除された見出し語の分類変化I<次版小見出し>と変化II<次版変化>)などもA~DおよびFの五つの部(変化Iと変化IIはA~Cの三つ

の部）に集中している。これらのことは，再版において補訂の力を前半に傾けすぎたためと見ることもできようが，A～Fの部の見出し語をそれ以降の部の選定基準に合わせた結果でもあろう。「英和の部」が「和英の部」をベースにして作成されている面があり（2章3節），訳語（日本語）にあわせたことでこなれていない見出し語（英語）を設定したためとも考えられそうである。

　3版で「削除された見出し語」は31語にすぎず，再版で「削除された見出し語」の239語に比べはるかに少ない。しかも（先にも記したが）31語の7割を超える24語は再版で増補されたものである。そのうち12語は再版で文法上関連する他の見出し語と併存している。また，**削除Ⅰ③**の16語中14語がA～Cの部に集中してもいる。

　以上，再版と3版の間ではその傾向が大きく異なる。また，初版から再版で142.23％増加しているが，再版から3版の110.03％に比してきわめて高い（序章3節）。3版で大幅な増補を行った「和英の部」とは異なり（付-2），「英和の部」は再版の段階で安定している。

　本論の調査結果および分析から，「英和の部」は見出し語の削除といった面でも，再版の段階で完成度の高いものに達していたと言えよう。


　　注
（1）　松村（1974）pp.976-978でAの部について調査している。再版での実際の追加語数を478語，再版の見出し語から省かれた語を27語としている。本稿の調査では，それぞれ477語，26語となる。また，復活した見出し語を12語としているが，AFTERPAINSを含む13語である。そして，3版での追加語数を183語，3版の見出し語から省かれた語を10語としている。実際には，それぞれ182語，9語となる。それは，3版にADHERENT *n.*（上記の松村（1974）では *adj.* とする）とASSAFETIDA（綴りが変化したため**3-1　削除された見出し語の分類**）は収録されているが，ARGAND-LAMPは収録されていないためである。
（2）　訳語面からの調査であるが，菊地（1983）p.48に3版の新増補訳語を持つ見出し語の割合がA～E（特にA）の部で高いとある。新しい見出し語（1,381語）とは，新増補訳語を持つ見出し語としての新しいものであり，本論のものとは性質を異にする。
（3）　続いて，植字だけで1頁2ドルかかること，W氏（T. ウォルシュを指す）に立て替えてもらった金額を売上高から返済し，債務を完済することが了解されているが，損失が生じた際にはウォルシュが引き受けると記されている。
（4）　日記では3月6日であるが，旧暦のため他に合わせた。このことは，『呉淞日記』の12月10日の記述から明らかになる。また，高谷（1961）p.123にも指摘

がある。
（5） 削除Ⅲとは，増加ということで対照的ではあるが，一つの見出し語が次版で二つに分かれたものは，再版，および3版で37語（例，3-2-3　削除Ⅲ＜次版統合＞のBAIL）ある。
（6） 菊地（1983）p.45に，「初版では，品詞の扱いが非常に曖昧であって，見出しには品詞表示がほとんどなく（同語形に$n.$や$v.$という表示がある程度である）」とある。本稿で挙げた3-2-3　削除Ⅲ＜次版統合＞の見出し語から，初版での品詞表示は弁別の必要がある際に，積極的に付されたことが分かる。
（7） 再版には未収録。

# 4章
# 『和英語林集成』の周辺資料

# 1節　近世中国語をめぐって
― 『譯通類畧』を題材として ―


## 1　はじめに

　近代辞書の中に近世中国語と思われる漢字表記が見受けられることに触れた（1章1節，1章2節，2章2節，3章2節，4章2節）。そこで，本論では日本語における近世中国語の接触・変容を中心として，古典研究会編『唐話辞書類集』(1969-1976)に収録される『譯通類畧』(1713-1714頃)を取り挙げて考察を加える(1)。それは，何をもって近世中国語として確定するのかということは重要な問題であるが，まず何をどのように収録しているのかを整理することを試みるためである。

　辞書を中心に概観すると，当初これらの語は唐話辞書などに見受けられる。江戸中・後期になると，唐話辞書と称されるもの（例えば，『學語編』(1772)，『中夏俗語藪』(1783)，『小説字彙』(1791)など）が刊本で流布することで，節用集などにも収録されるようである。

　江戸後期の対訳辞書に目を向けると，様々な漢字表記が用いられている。例えば，『蘭語訳撰』(1810)，『譜厄利亜語林大成』(1814)，『三語便覧』(1854)では，『雑字類編』(1786)の漢字表記の影響が指摘されている（杉本(1998-1999)・森岡(1969/1991)）。また「手稿」段階の『和英語林集成』では，『雅俗幼学新書』(1855)の漢字表記をはじめ様々な資料を参照したことが判明している（1章1節，4章2節）。これらの漢字表記の中には，特に江戸中期に接触・受容されたと思われる近世中国語が，既存の日本語に対する漢字表記として用いられている。

　一例を挙げると，『和英語林集成』初版・再版・3版所収の「HATOBA 埠頭」(2)に対して，現在一般に「波止場」と表記されるが，『日本国語大辞典』第2版（以下，『日国』2版）の「はとば」の語源説には，「(1) 近世中国語の(3)

「埠頭」,「馬頭」などの俗語の転か〔琅玕記＝新村出〕」,「(2)ハトはハテ(泊)の転か〔大言海〕」とある。近世中国語で同じ意味を持った「埠頭」に「はとば」の語形をあてて用いていたのであるが, ある時点で「埠頭」を字音で読むことによって「フトウ」が生み出され, 定着していったことになろう。加えて, 再版には「AGEBA アゲバ 埠頭」ともある (初版…未収録, 3版…漢字表記ナシ)。

試みに前出の『唐話辞書類集』に収録される「埠頭」について諸例挙げると,「ワタシハ」『譯通類畧』,「舟ツキ」『忠義水滸傳鈔譯』(『忠義水滸解』(1757) の続稿),「フナツキ」『徒杠字彙』(1860) とある (漢字表記としては『俗語解』(長澤本)(1757以後?) がある)。現代に至るまで, 漢字表記が用いられながらも, 熟字訓的な用法から字音による語形に固定した例 (田中 (1965) の「分析的傾向」が, 漢字表記と語形の関係でも適用できよう) であると考えられる。

その結果, 一面では近世中国語の拡大とも言えるのであるが, 従来の様々な漢字表記に紛れて辞書類に収録されることで, 新たな表記としての特異性が薄まり, 弁別しがたい扱いをされたととらえることもできそうである。そして, 定着していくものがある中, 種々の理由により多くは次第にその使用が縮小される傾向にあるようである。

扱いの類似するケースとして,『増補 俚言集覧』(1899-1900) の増補語彙のソースに『佩文韻府』(1711) が用いられていることについて陳 (2001) の指摘がある。詩文作成資料としての枠を超えた漢語資料としての日本側の位置付けを見出すことができ, 増補作業における時点での『佩文韻府』の評価を考えなければならない。このことは同書を詩文作成のための資料としてステレオタイプに一蹴してしまうことはできないことを示している。時代と場所が異なれば, 当初の見込みを超えた基準や方法によって用いられ, その持つべき価値も変容するということであろう。1章2節に記したが, S. W. ウィリアムズによる『漢英韻府』(1874) の PREFACE にも同書が挙がる。

## 2 『譯通類畧』について

唐話辞書では, 収録された漢語や漢語句に対して, 日本語の単語や多くは

# 1節　近世中国語をめぐって―『譯通類畧』を題材として―

句形式で対応する意味があてられている(それらの漢語や漢語句は，前後の唐話辞書，作品に見出される)。

　対訳辞書として，また会話書として，このような見出し語を多く含む辞書(唐話辞書)の１書として，18世紀初頭の早い時期(1713-1714頃)のものに岡井黄陵の『譯通類畧』がある。収録語は他書に比べ多くはないが，基本的な語を含む書物と目される。次の３点が特色と言えよう。

・伊藤東涯『應氏六帖』(1705前後)が先行するものの，岡島冠山『唐話纂要』(1716/1718)・『字海便覽』(1725)や，井澤長秀『漢字和訓』(1718)・『授幼難字訓』(1727)と同時期もしくはより早いものである。
・『雜字類編』が『譯通類畧』を参看した１書としている(藁科(1981))。
・江戸期のもの([図1])のみならず，明治年間のもの([図2])もある。

『譯通類畧』に関しての書誌的な内容，また収録語の部分的な紹介などは，石崎(1940)，鳥居(1951他)，長澤(1969-1976)による先行研究があり，加えて，村上(2005)，岡田(2006)の論考・解説があるが，上記の点からも，さらに諸資料との比較・検討の意義があると考える。直接的な影響ではないが『譯通類畧』が収録するような漢語や漢語句が後続資料に収録されている率は高いと想定している。まず，『唐話辞書類集』の長澤規矩也氏の解説を引用する(以下，下線は筆者)。

〔図１〕『譯通類畧』(江戸期・『唐話辞書類集』18　汲古書院)

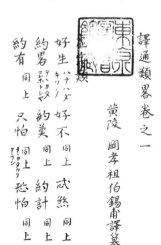

譯通類畧　五巻　岡〔井〕孝祖　寫本　半五合三册

本書については，故鳥居久靖氏の紹介（天理大学学報二三「日人編纂中國俗語辭書の若干について」）がある。氏は太田辰夫氏所藏本について説明されたが，氏に據れば，著者は蘐園譯社會に出席して，岡島冠山に就いて唐話を學んだらしく，その時の講説を資料に，當時の高級支那語の教材であつた水滸傳からも取材し，生のまゝ，辭書編修的處理がなされないまゝの姿を収錄し，而も，流布の俗語解等に援用されずに，而も，類書中早出のものでありながら，誤譯も比較的少なく，冠山の唐話纂要所収の語彙と共通するところはあるが，さう多くはないのが本書の特色である。

（中略）

孝祖，字は伯錫，通稱は彦太郎，享保三年〔一七一八〕没，享年五十三，高松藩儒嗛洲（名は孝先）はその弟。

〔図2〕『譯通類畧』（明治年間・『唐話辞書類集』19　汲古書院）

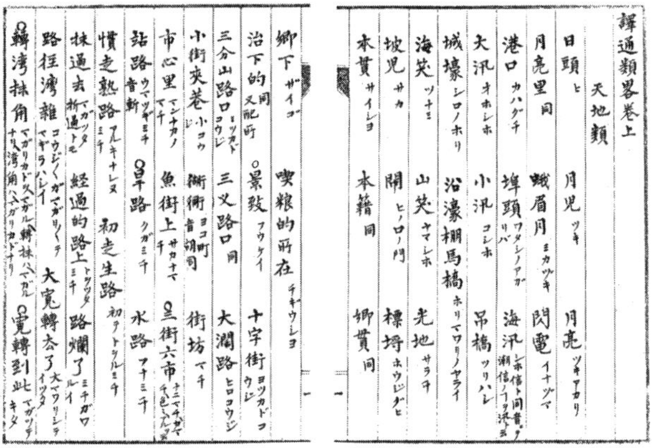
譯通類畧巻上
天地類
日頭　月兒　月亮
月亮里　蛾眉月　閃電
港口　埠頭　海汛
大汛　小汛　吊橋
城壕　沿濠棚馬橋
海笑　山笑　光地
坡兒　開　標埒
本貫　本籍　鄉貫
鄉下　喫粮的所在
治下的　景致　十字街
三分山路口　三叉路口　大澗路
小街夾巷　衚衕　街坊
市心里　魚街上　三街六市
站路　旱路　水路
慣走熟路　初走生路
抹過去　經過的路上　路爛了
路徑灣雜　大寛轉去了
轉灣抹角　寛轉到此

譯通類畧（異本）　二巻　明治年間寫本　半二册

前集に収錄した同名の删補本で，分類を改め（筆者注：〔図3・4〕），語順を換へ，語彙を删補し，譯語を簡略にした處がある。巻末に引用書目のやうなものがあるが，それは，刊本小說字彙巻首のものを抄錄し，全部に及ばず，又，脱畧がある。郭上に後人の補訂がある。彼此對照に便にする爲，故ら別の集に収めた。底本千葉掬香舊藏。その印記の下に「佐藤喜峯」の印（下册に於ては，「千葉文庫」

1節　近世中国語をめぐって─『譯通類畧』を題材として─

の印を重ねて捺さず，巻末に捺す）が見え，淺倉屋の明治三十四年収入の墨印が別の符牒の次に記入してあるから，筆録は明治二十年代かと思はれる。

〔図3〕〔図2〕の対応箇所

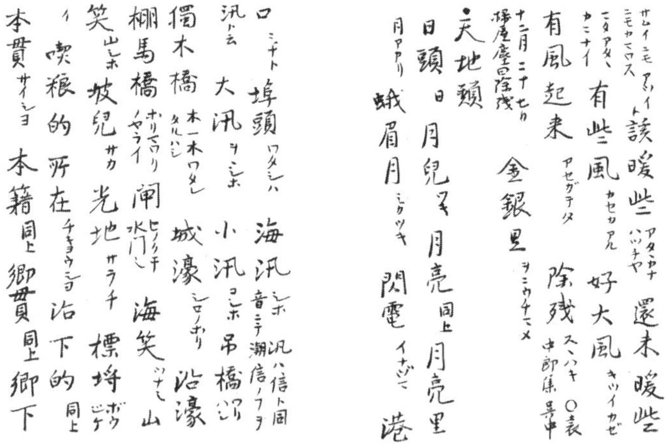

〔図4〕〔図1〕の対応箇所

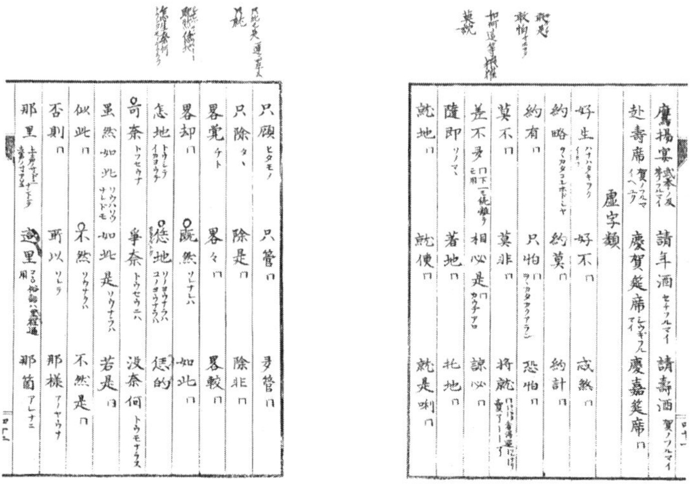

369

## 3　収録語数

　収録語数について整理する。目次の末には「通巻共計爲類一五〇」とあるが，実際には142類となり，8類不足する。また，目次の類別の名称と本文のそれとでは異同が生じているものもある。明治期のものはさらに主意類，中意類，猜着類，歇息類，等候類，像箇類の6類減り，136類となる（〔表3〕）。なお，これほど多くの類のソースについては，検討を加える必要がある。[9]

　類別の収録語数は，目次の末には「條爲語五千百五十三言」とあるが，目次に記載される漢数字すべてを合計すると5,154語（〔表3〕）となり，1語増加する。[10] さらに実際の全件全例の調査結果は，5,132語となり22語不足する。[11] 目次に記される収録語数とは若干の異なりがあるようである。

　明治年間のものは5,547語であるが，江戸期のものには収録されていない「歎辞」，「二字話」，「三字話」，「(類についての記載)なし」が新規で725語収録されている。したがって，詳細は〔表1〕と〔表3〕に譲るが，直接比較対象として用いることができるのは4,822語である（310語が収められていないことになる）。しかしながら，江戸期のものから単純に明治年間のものが減じた訳ではない。166語の追加に対して，476語の削除がなされているのである。異同を考慮しなければ，4,656語が両書に共通している。削除された476語の平均字数は3.43字，追加された166語の漢字表記の平均字数は3.05字と短くなる。句形式のものから2字のものが増えたことを示していると言えよう。

〔表1〕　江戸期と明治年間の増減

| 江戸期 | → | 明治期 |
| --- | --- | --- |
| 5,132語 | −310語 | 4,822語 |
| 削除：476語 | 共通：4,656語 | 追加：166語 |

※　明治期の新規725語は含めない。

　また，相互の異同については，〔表2〕に示したが，共通する4,656語中，漢字表記の異同は745語（501語+244語），語形の異同は2,990語（501語+2,489語）となる。うち，漢字表記・語形ともに異同のあるものは，501語である。漢

字のみの異同は244語,語形のみの異同は2,489語で,ともに異同の生じていないものは1,422語である。

漢字表記の異同状況において,主なケースは次のようなものである。
・字体の異なるもの　　　例,総是→總是
・変更・修正したもの　　例,綢緞店→綢緞鋪
・追加・削除したもの　　例,既然如此→如此
・誤りと考えられるもの（例えば,字形類似（3章3節）による）
　　　　　　　　　　　　例,在先→左先

語形の異同についても,漢字や仮名の加除,表記の変更といったものがほとんどであるが,明治期のものには語形を付していないものもある。

誤りと考えられるものの中に,「造化　シヤワセ」とあるものを「迷化　シヤハセ」とするものがある。同様に,「喇馬僧　吐蕃カラクル僧」を「喇馬僧　カラクル僧」としている。明治期のものには不安定な面が確認できる。

〔表2〕　漢字表記と語形の異同

| 漢字表記の異同 | 語形の異同 | |
|---|---|---|
| 有 | 有 | 501語 |
| 有 | 無 | 2,44語 |
| 無 | 有 | 2,489語 |
| 無 | 無 | 1,422語 |
| 計 | | 4,656語 |

## 4　収録語の特徴

唐話辞書において,採録した語をいかに日本語で解釈（和解）するかということは大きな問題である。このような近世中国語との接触にどのように対応し,日本語自体のものとして受容していったのであろうか。例えば,近世中国語の一般化ということでは,通俗小説,読本などからの影響関係を調査するといった方法も重要である。さらに,接触・受容という点では,それらに先行する辞書類をはじめとした収録語句の継承といった点も見逃せないも

のである。

　近世中国語との接触，さらには受容という過程を経て，日本語に取り込まれた漢字表記は，種々雑多である。ただし，個々の漢字表記(漢語・漢語句)が，いつごろの時代，どのような資料，またはいかなる層に由来するものであるのか，また既存の日本語(語形)との結合といったことを精査する必要がある。あわせて，既存の漢字表記と既存の日本語との今までにはない新たな結合も，前章までに扱ってきた「変則的表記」を検討する上でも重要な指標となると考えている(この場合は漢字表記があることだけでは判断がつかない)。

　加えて，江戸後期から明治にかけての漢字表記を考える上でも，江戸中期の漢字表記との関わりについての視点は欠かすことができない。江戸期から明治期に継承されたものが多いのではあるが，それ以降の時代を乗り越えることができず，縮小・消滅していったものが散見する。一方，江戸期以前に遡ってみても見出すことができない語も多い。このような背景を持った漢字表記は，江戸期に端を発し，一時的に隆盛・通行し，そして消滅していったと言えそうである。

　江戸期の『譯通類畧』に収録される一例を容易には傾向別に分類しがたいが，試みに示すと次のAからDまでのようなものがある。

　　A　「一発　イチドニ」,「暴冨人家　ニハカブゲン」,「窮鬼　ヒンホウガミ」,「青盲　アキメクラ」,「慢々地　ユル〳〵」

　　B　「怎地　トウシテ　イカヤウテ」,「喃々咄々的講了　グシ〳〵ト云兒」,「讷々訥々地怨恨　グシ〳〵云テウラム」,「浪々蹌々捉脚不住　ブラ〳〵メ足ガサダマラヌ」

　　C　「千里鏡　トヲメカ子」[13],「招牌　カンバン」,「記号　フチヤウ」,「顕微鏡　ムシメガ子」,「釵鉤　ボタン」

　　D　「青瞳未消　アヲナシミガマダナヲラス」,「敵咍話　北地ノ話ヲ云此方ニテ関東ヘイナト云ルイ」

漢字表記に対応する日本語は多様であり，漢字表記と日本語の双方とも，単語と句が複雑に関わっている。Aは単語対単語，Bは単語・句対句で多数収録されている。また，Cの近代に多く見受けられるような漢字表記やことばも存在する[14](これらは来華宣教師などによる資料にも散見し，いわゆる近世中国語とは言い難いものもあり，別の観点から中日の語彙交渉を示すものと考えられる)。外来語としての視

1節　近世中国語をめぐって—『譯通類畧』を題材として—

点も有用である。さらに，地域性の確認ができるものとして，Ｄの「アヲナシミ」は現在でも茨城県周辺で「あおなじみ」として，「痣」を示すことばとして用いられている。[15]

Ｃに「トヲメガ子」があるが，以下「めがね」の漢字表記をめぐって記す。既存の漢字表記と日本語との新しい結合の一つとして，『譯通類畧』に「靉靆[16]メカ子」（明治期のものには「靉靆」と漢字表記があるのみである）とある。日本語において「靉靆」が「たなびく」という意から「眼鏡」の意を有するようになる周辺状況を確認する一例となり得るであろう。『唐話纂要』(1716/1718) には「眼鏡　メカ子」(5-7オ・器用)とあり，一語にすぎないが，鳥居(1957) が「唐話纂要(享保1716刊)と，本書(筆者注…『譯通類畧』を指す)の間に互見する語彙が多いと」しながらも「本書を編むに際して，おそらくは「纂要」を参看してはいまい」と指摘するように，黄檗の没年(1718) との関わりもあるが，直接の依拠関係はなかったことを示しているとも考えられそうである。[17]

中国に伝来した「メガネ」を表すことばの一つが「靉靆」であったようであるが，日本語で「眼鏡」に収斂していく過程も問題になる。『日国』2版[18]によると「靉靆・靆靉」は次のようにある。
① (形動タリ) 雲がたなびくこと。また，雲などが厚く空をおおっているさま。
　＊　本朝文粋〔1060頃〕一・祝雲知隠賦〈大江以言〉「二華触石之膚靉靆」
　　(中略)
　＊　潘尼－逸民吟「朝雲靉靆，行露未晞」(筆者注：晋代)
② (形動タリ) 気持，表情などが暗いこと。曖昧ですっきりしないこと。また，その様子。
　　(中略)
③ 眼鏡。
　＊　養生訓〔1713〕五「めがねを靉靆(アイタイ)と云。留青日札と云書に見えたり。又眼鏡と云」
『日国』2版の①の「たなびく」の意味として，「靉靆」が『色葉字類抄』

373

(1177-1181)・『伊京集』(室町期)・『壒囊鈔』(1445-1446)・『塵添壒囊鈔』(1532)・『運歩色葉集』(1548)・『易林本節用集』(1597)などの辞書類に収録されている。また,『大漢和』においては『広韻』を①の例として示している。『佩文韻府』・『漢語大詞典』は,『日国』2版と同じもの(晋代の潘尼による「逸民吟」)を一つ目に挙げる(『大漢和』も二つ目に挙げる)。

一方,③の「眼鏡」の意は,『大漢和』(①雲のたなびくさま。②雲の日を覆ふさま。③眼鏡の異称。)に明末の『正字通』,宋または明代の『洞天清録』(時期要検討)が載る。また,『漢語大詞典』(①云盛貌。②飄拂貌,繚繞貌。③眼鏡。)では明代の『留青日札』(上記の『日国』2版の③にも挙がる)のものなどがある。

「靉靆」,「眼鏡」ともに,原田(1971)に詳しく,清代の『陔餘叢考』を中心資料として論旨を展開する中,『大漢和』・『漢語大詞典』も「眼鏡」の用例として同書を挙げる。他,「眼鏡」の出典として,『大漢和』は清代?の『援鶉堂筆記』,『漢語大詞典』は明代の『七条続稿』(前出の『陔餘叢考』内で触れられている)などを示す。

他にも数例を挙げると,明代の張燮撰『東西洋考』巻4「物産」には次のようにある。

> 靉靆 俗名眼鏡華夷考曰大如錢質薄而透明如琉璃色如雲母每目力昏倦不辨細書以此掩目精神不散筆畫倍明出滿剌國 靉靆乃輕雲貌如輕雲之籠日月不掩其明也若作曖曃亦可

同様に明代の徐應秋撰『玉芝堂談薈』巻20「雷神形状」には,雲がたなびくさまとして「靉靆」が載る。

> 人胡眞隱居山間一日忽聞有聲若鼉鼓數百里雲靉靆間火毬相逐已而迅雷烈風移時乃止獪園載廣東人家

同上の『玉芝堂談薈』巻26「職貢異物」には眼鏡の意で「矮納」(「靉靆」と音が通ずる)と「眼鏡」がある。

> 馬駝玉石阿思馬亦花珠賽蘭珠瑪瑙珠水晶碗番碗珊瑚樹枝梧桐齽鎖服矮納鑌鐵銼磠砂黒樓石眼鏡羚羊角銀鼠皮鐵角皮凡二十種羅索貢獅子

1書の中に,「靉靆・矮納・眼鏡」が出現している。全体を通しては,主に

「靉靆」は「雲がたなびくさま」として用いられながら，眼鏡の中国への伝来自体と関わるところだが，明代の資料に「眼鏡」の意味として用いられるものが出てくるようである。

参考までに，『事物異名録』(1788) には「眼鏡」に「僾逮　庶物異名疏靉靆今俗謂之眼鏡又方州雜言作僾逮」(19編29ウ) と，「玻瓈」のうちの一つに「僾逮　字典僾逮玻瓈類也能照小物爲大物見邱陵學山按眼鏡亦名僾逮蓋用玻瓈之類爲之」(25編11オ) ともある。

続いて，「めがね」自体は 'Megane' として『羅葡対訳日辞書』(1595) にも収録されるが，漢字表記の「眼鏡」として見出されるのは，俳諧の『類船集』(1679)，『陸奥衛』(1697) が早い例である。『好色一代男』(1682) には「遠眼鏡」がある。

辞書においては，『合類節用集』(1680) に「眼鏡　又云靉靆」，『和漢音釈書言字考節用集』(1717) に「靉靆　メガ子　事ハ見 百川學海　眼鏡　同」と記されている。『和漢三才図会』(1712) も双方を挙げる。『名物六帖』(1727・1755・1777) の表記は多様で，「靉靆鏡」「靉靆」「曖瞹」「硝子遮眼」「矮納」(第三帖器材箋五．出典・用例略) があり，「眼鏡」も用例内に挙げられている。『文藻行潦』(1782) には「靉靆鏡　正字通メガ子」とある。『雑字類編』にも「靉靆・――鏡・眼鏡　硝子　遮眼　廓　紐制」(「硝子」以下，二行割) と双方が挙がる。また，『蛮語箋』(1798) に「眼鏡　ブリルレ」，『譯鍵』(1810) に「Bril　鼻ニカケル眼鏡」，『和蘭字彙』(1855-1858) にも「Bril　鼻眼鏡」とある。『英和対訳袖珍辞書』(1862) でも「Eye-glass　眼鏡」と同様である。初版の「和英の部」にも「MEGANE，メガ子，眼鏡」，「英和の部」のSPECTACLESには 'Megane.' とある。(対訳辞書と言うことになるが)「靉靆」から「眼鏡」に移行していると言えそうである。「眼鏡」の定着は漢字のなじみやすさといったところにあるのではなかろうか (終章)。

## 5　まとめ

唐話辞書をはじめとする書物に散見する漢語・漢語句の実態や，それらの

4章 『和英語林集成』の周辺資料

継承・保守といった点については，対象資料は異なるが，先行研究の一つに江戸期の節用集類を用いて，収録語の縦断・横断調査，そして研究を行った松井 (1990) がある。このような手法を活用して，『譯通類畧』の周辺資料との比較を行い，先行する辞書類の収録状況などを確認することで，収録語の性格や展開が明らかになると考える。あわせて，通俗小説や読本での状況を検討する必要がある。また，『譯通類畧』の成立の経緯や作成の意図，周辺事情や近世中国語との接触の一端を明確にしたい。

そして，唐話辞書に収録されることが，ただちに近世中国語であることを示したり，日本語において新出の漢字表記であることを意味したりする訳ではなく，各語の背景を精査していかねばならない。また，その語の属性という問題に加え，見慣れたものでも収録されている理由を検討する要がある。

他にも，先に記したが誤記の継承などといった視点も有用であると考える。「ゲンキンカケネナシ」の「現金子没索價」とあるべきところが「設」とあったり，「シリヤケザル」の「没坐性」とあるべきところが「情」となったりしているもの (4章2節) などがある。一部の漢字表記は，その後，漢語や漢語句に対する知識が十全ではない者によって，誤記がなされ，そのまま後続の辞書に援引されていく。この誤記の継承を一つの手がかりとして諸辞書との関係を指摘できると考えられている (鳥居 (1951他)・4章2節)。

広く，中日語彙交渉としての面から比較・考察も必要であるが，江戸中期に稿本や写本による唐話辞書が作成され，収録される近世中国語が，刊本の『學語編』，『中夏俗語藪』，『小説字彙』などの辞書に引き継がれていく。そして，まとまって目に触れる機会の増えたこれらのことばが，見出し語の増補に取り組む江戸後期の節用集に援引・収録されたと考えることができそうである。新たに収録された語は，節用集では各門の後部，またその中でも二行割にして用いた増補部分に見受けられるものも多いという印象を持つ。[27]

近世中国語に対して，日本人にとっての位置づけと，在華経験のある来日宣教師などの外国人 (ヘボンをはじめ) にとっての認識とでは大きな異なりがあることも考えなければならない。[28]

日本人にとって (以下，終章に掲出)，近世中国語に対しての認識は，新しく，また旧来のものを刷新する様な印象が強いのかもしれない。[29] 一方，中国語を理解し，その上で日本語をある程度習得しつつある (在日日数が浅いなどといった)

外国人にとっては，(極端でもあるが) 中国と日本とでそれぞれ目にした漢字・漢語の差異というものへの意識が欠落しているようである。

　さらに，時代が下るにつれて，既存の日本語 (語形) から乖離した表記の近世中国語は，次第に，正音や，特に正訓の漢字表記をあてがったり，漢字表記を不要とさえしたりすることで減少していくようである<sup>(30)</sup>（近世中国語流入以前の漢字表記への揺り戻しとも言えようか)。日本語 (語形) と一時的に近世中国語は結合したが熟字どまりであり，既存の漢字表記に比して，

① 　構成要素の漢字 (字音形態素) が用いられていない (見慣れないために字義が分からない)
② 　漢字自体の字音が想起し難い
③ 　漢語全体の字音が日本語の音韻として馴染まない (肥爪 (2005))
④ 　すでに同音異義の漢字表記が定着している

などの常用性 (木村秀次 (1998)) といった観点から，字音で読まれるまでには至らなかったものと考えている<sup>(31)</sup> (岩淵 (1975)・1章2節)。

　あわせて，近世中国語の江戸期に果たした役割と明治期の役割といった異なりを考慮する必要がある。そして，収録された漢字表記の一般性と，学校教育の関わり (あわせて国語施策)，また印刷における活字といった問題もある。

　最後に，明治期にも『譯通類畧』が写されていることは看過できないと考える。近世中国語を多分に含む『雑字類編』，『小説字彙』，『雅俗幼学新書』(全体の収録語の性格は大きく異なり，さらにイロハ引き，画数引きの相違があるが) には明治期の後印がある。『魁本大字類苑』(1888) の刊行といったことも同様であろう<sup>(32)</sup> (4章2節)。収録される漢字表記への需要と関心とはどのようなものであったか，このような事由の検討も必要である。

4章　『和英語林集成』の周辺資料

〔表３〕『譯通類畧』（江戸期と明治期）の収録語数と比率

| 江戸 | 類別 | 目次収録語数 | 目次との加除 | 収録語数 | 比率 | 明治 | 明治収録順 | 類別の変更など | 収録語数 | 比率 | 追加 | 削除 |
|---|---|---|---|---|---|---|---|---|---|---|---|---|
| 巻之一 | 虚字類 | 百八十五言 | 0 | 185 | 3.6% | 巻上 | 28 | | 185 | 3.3% | 2 | 2 |
| 巻之一 | 平生説話類 | 四十七言 | 0 | 47 | 0.9% | 巻上 | 29 | | 44 | 0.8% | | 3 |
| 巻之一 | 時辰類 | 百五十五言 | -1 | 154 | 3.0% | 巻上 | 4 | | 172 | 3.1% | 22 | 4 |
| 巻之一 | 時候類 | 五十七言 | 0 | 57 | 1.1% | 巻上 | 5 | | 57 | 1.0% | | |
| 巻之一 | 天地類 | 六十七言 | 0 | 67 | 1.3% | 巻上 | 1 | | 66 | 1.2% | 1 | 2 |
| 巻之一 | 第宅類 | 四十八言 | 0 | 48 | 0.9% | 巻上 | 2 | | 48 | 0.9% | | |
| 巻之一 | 前後左右類 | 四十四言 | 0 | 44 | 0.9% | 巻上 | 3 | | 41 | 0.7% | | 3 |
| 巻之一 | 尋思類 | 十六言 | 0 | 16 | 0.3% | 巻下 | 76 | | 16 | 0.3% | | |
| 巻之一 | 暁的類 | 十四言 | 0 | 14 | 0.3% | 巻下 | 77 | 暁得類 | 14 | 0.3% | | |
| 巻之一 | 説道類 | 百二十三言 | -1 | 122 | 2.4% | 巻下 | 32 | | 123 | 2.2% | 6 | 5 |
| 巻之一 | 看見張望類 | 四十六言 | -1 | 45 | 0.9% | 巻下 | 62 | | 42 | 0.8% | 1 | 4 |
| 巻之一 | 看顧看待類 | 二十三言 | 0 | 23 | 0.4% | 巻下 | 63 | | 23 | 0.4% | | |
| 巻之一 | 看重小覷類 | 二十言 | 0 | 20 | 0.4% | 巻下 | 64 | | 20 | 0.4% | | |
| 巻之一 | 聴聞類 | 十九言 | 0 | 19 | 0.4% | 巻下 | 78 | | 19 | 0.3% | | |
| 巻之一 | 聴允類 | 九言 | 0 | 9 | 0.2% | 巻下 | 79 | | 9 | 0.2% | | |
| 巻之一 | 做為類 | 二十四言 | 0 | 24 | 0.5% | 巻下 | 80 | | 25 | 0.5% | 1 | |
| 巻之一 | 行走類 | 六十四言 | -2 | 62 | 1.2% | 巻下 | 53 | | 64 | 1.2% | 4 | 2 |
| 巻之一 | 主意類 | 四十九言 | -1 | 48 | 0.9% | | | 商賣類に含む | | 0.0% | | 30 |
| 巻之二 | 記掛放心類 | 二十六言 | 0 | 26 | 0.5% | 巻下 | 47 | | 26 | 0.5% | | |
| 巻之二 | 攪擾類 | 三十七言 | -1 | 36 | 0.7% | 巻下 | 48 | | 36 | 0.6% | | |
| 巻之二 | 門路類 | 六言 | 0 | 6 | 0.1% | 巻下 | 49 | | 6 | 0.1% | | |
| 巻之二 | 指教類 | 五言 | 0 | 5 | 0.1% | 巻下 | 50 | | 5 | 0.1% | | |
| 巻之二 | 謙譲推托類 | 十三言 | 0 | 13 | 0.3% | 巻下 | 90 | | 14 | 0.3% | 1 | |
| 巻之二 | 多謝類 | 七言 | 0 | 7 | 0.1% | 巻下 | 35 | 夛謝類 | 7 | 0.1% | | |
| 巻之二 | 呼喚類 | 二十三言 | 0 | 23 | 0.4% | 巻下 | 33 | | 22 | 0.4% | | 1 |
| 巻之二 | 交割類　附借與 | 三十四言 | 0 | 34 | 0.7% | 巻下 | 91 | | 27 | 0.5% | | 7 |
| 巻之二 | 放下類 | 六言 | 0 | 6 | 0.1% | 巻下 | 92 | | 6 | 0.1% | | |
| 巻之二 | 寄下類 | 七言 | 0 | 7 | 0.1% | 巻下 | 93 | | 7 | 0.1% | | |
| 巻之二 | 照憑査看類 | 二十六言 | -1 | 25 | 0.5% | 巻下 | 94 | | 23 | 0.4% | 1 | 3 |
| 巻之二 | 體面類 | 八言 | 0 | 8 | 0.2% | 巻下 | 95 | | 6 | 0.1% | | 2 |
| 巻之二 | 縁故類 | 六言 | 0 | 6 | 0.1% | 巻下 | 96 | | 6 | 0.1% | | |
| 巻之二 | 光景類 | 六言 | 0 | 6 | 0.1% | 巻下 | 97 | | 6 | 0.1% | | |
| 巻之二 | 規矩類 | 九言 | 0 | 9 | 0.2% | 巻下 | 98 | | 9 | 0.2% | | |
| 巻之二 | 裁衣類 | 九言 | 0 | 9 | 0.2% | 巻下 | 69 | | 11 | 0.2% | 2 | |
| 巻之二 | 親事類 | 二十八言 | 0 | 28 | 0.5% | 巻下 | 99 | | 25 | 0.5% | | 3 |
| 巻之二 | 懐孕類 | 八言 | -1 | 7 | 0.1% | 巻下 | 100 | | 8 | 0.1% | 1 | |
| 巻之二 | 消息類 | 十九言 | 0 | 18 | 0.4% | 巻下 | 101 | | 17 | 0.3% | 1 | 2 |
| 巻之二 | 書信類 | 二十四言 | 0 | 24 | 0.5% | 巻下 | 102 | | 21 | 0.4% | | 3 |
| 巻之二 | 煩要類 | 三十言 | -1 | 29 | 0.6% | 巻下 | 81 | 煩要/要類 | 29 | 0.5% | | |
| 巻之二 | 搬演類 | 十八言 | 0 | 18 | 0.4% | 巻下 | 103 | | 19 | 0.3% | 1 | |
| 巻之二 | 笑了類 | 十七言 | 0 | 17 | 0.3% | 巻下 | 38 | | 17 | 0.3% | | |
| 巻之二 | 歓喜類 | 九言 | 0 | 9 | 0.2% | 巻下 | 39 | | 8 | 0.1% | | 1 |
| 巻之二 | 叫苦類 | 八言 | 0 | 8 | 0.2% | 巻下 | 40 | | 8 | 0.2% | | |
| 巻之二 | 興旺窮煞類 | 二十五言 | 0 | 25 | 0.5% | 巻下 | 41 | | 25 | 0.5% | | |
| 巻之二 | 行的類 | 五言 | 0 | 5 | 0.1% | 巻下 | 104 | | 5 | 0.1% | | |
| 巻之二 | 仕官類 | 三十言 | 0 | 30 | 0.6% | 巻下 | 105 | | 24 | 0.4% | | 6 |
| 巻之二 | 衝撞類 | 十七言 | 0 | 17 | 0.3% | 巻下 | 65 | | 19 | 0.3% | 2 | |
| 巻之二 | 違拗類 | 二十一言 | 0 | 21 | 0.4% | 巻下 | 66 | | 21 | 0.4% | | |
| 巻之二 | 性発類 | 三十言 | 0 | 30 | 0.6% | 巻下 | 67 | | 27 | 0.5% | 1 | 4 |
| 巻之二 | 罵他類 | 四十二言 | 0 | 42 | 0.8% | 巻下 | 68 | | 43 | 0.8% | 2 | 1 |
| 巻之二 | 斷併類 | 百三十七言 | -2 | 135 | 2.6% | 巻下 | 106 | | 127 | 2.3% | 1 | 9 |

1節　近世中国語をめぐって―『譯通類畧』を題材として―

| 江戸 | 類別 | 目次収録語数 | 目次との加除 | 収録語数 | 比率 | 明治 | 明治収録順 | 類別の変更など | 収録語数 | 比率 | 追加 | 削除 |
|---|---|---|---|---|---|---|---|---|---|---|---|---|
| 卷之二 | 官司類 | 百四十六言 | -1 | 145 | 2.8% | 卷下 | 107 | 官司類有注畧 | 70 | 1.3% |  | 75 |
| 卷之二 | 盜賊類 | 三十一言 | -1 | 30 | 0.6% | 卷下 | 82 |  | 31 | 0.6% | 1 |  |
| 卷之三 | 洗漱類 | 十六言 | 0 | 16 | 0.3% | 卷下 | 51 | 洗嗽類 | 12 | 0.2% |  | 4 |
| 卷之三 | 裝扮類 | 十六言 | 0 | 16 | 0.3% | 卷下 | 52 |  | 17 | 0.3% | 3 | 2 |
| 卷之三 | 拽扎類 | 十六言 | 0 | 16 | 0.3% | 卷下 | 54 |  | 16 | 0.3% |  |  |
| 卷之三 | 睡眠類 | 二十九言 | 0 | 29 | 0.6% | 卷下 | 108 |  | 42 | 0.8% | 13 |  |
| 卷之三 | 登東類 | 十三言 | 0 | 13 | 0.3% | 卷下 | 70 | 発/登東類 | 13 | 0.2% |  |  |
| 卷之三 | 搬房類 | 十八言 | 0 | 18 | 0.4% | 卷下 | 71 |  | 18 | 0.3% |  |  |
| 卷之三 | 揣相類 | 十一言 | 0 | 11 | 0.2% | 卷下 | 55 |  | 14 | 0.3% | 3 |  |
| 卷之三 | 過活類 | 十一言 | 0 | 11 | 0.2% | 卷下 | 45 |  | 11 | 0.2% |  |  |
| 卷之三 | 商賈類 | 百九言 | 0 | 109 | 2.1% | 卷下 | 46 | 一部、主類を含 | 104 | 1.9% | 2 | 25 |
| 卷之三 | 使錢類 | 三十四言 | -1 | 33 | 0.6% | 卷下 | 44 |  | 34 | 0.6% | 4 | 3 |
| 卷之三 | 錢債類 | 十九言 | -1 | 18 | 0.4% | 卷下 | 42 | 錢借類 | 19 | 0.3% | 1 |  |
| 卷之三 | 朦皮類 | 四言 | 0 | 4 | 0.1% | 卷下 | 43 |  | 4 | 0.1% |  |  |
| 卷之三 | 害病類 | 百五十五言 | -1 | 154 | 3.0% | 卷下 | 109 |  | 120 | 2.2% | 14 | 48 |
| 卷之三 | 凶事類 | 二十三言 | -1 | 22 | 0.4% | 卷下 | 83 |  | 24 | 0.4% | 3 |  |
| 卷之三 | 神佛類 | 三十二言 | 0 | 32 | 0.6% | 卷下 | 110 |  | 29 | 0.5% |  | 3 |
| 卷之三 | 稱呼類 | 百七十六言 | 0 | 176 | 3.4% | 卷上 | 6 |  | 188 | 3.4% | 23 | 11 |
| 卷之三 | 形體類 | 六十四言 | -2 | 62 | 1.2% | 卷上 | 56 |  | 62 | 1.1% |  |  |
| 卷之三 | 春話類 | 六十四言 | 0 | 64 | 1.2% | 卷上 | 30 |  | 65 | 1.2% | 1 |  |
| 卷之三 | 小說套類 | 十三言 | 0 | 13 | 0.3% | 卷上 | 111 |  | 13 | 0.2% |  |  |
| 卷之三 | 俗說套類 | 三十言 | 3 | 33 | 0.6% | 卷下 | 112 |  | 30 | 0.5% |  | 3 |
| 卷之四 | 人品類 | 百六十三言 | 0 | 163 | 3.2% | 卷上 | 7 |  | 159 | 2.9% | 2 | 6 |
| 卷之四 | 人物類 | 九十七言 | 0 | 97 | 1.9% | 卷上 | 8 |  | 94 | 1.7% |  | 3 |
| 卷之四 | 評品類 | 十三言 | 0 | 13 | 0.3% | 卷下 | 36 |  | 13 | 0.2% | 1 | 1 |
| 卷之四 | 厮熟類 | 十四言 | 0 | 14 | 0.3% | 卷上 | 21 |  | 18 | 0.3% | 4 |  |
| 卷之四 | 初相見類 | 四十二言 | 0 | 42 | 0.8% | 卷上 | 20 | 初在/相類 | 40 | 0.7% |  | 3 |
| 卷之四 | 請坐類 | 二十一言 | 0 | 21 | 0.4% | 卷上 | 24 |  | 21 | 0.4% |  |  |
| 卷之四 | 送迎告別類 | 二十一言 | 0 | 21 | 0.4% | 卷上 | 25 |  | 18 | 0.3% |  | 3 |
| 卷之四 | 拜伏類 | 十四言 | 0 | 14 | 0.3% | 卷上 | 22 |  | 19 | 0.3% | 6 | 1 |
| 卷之四 | 平日相見類 | 四十一言 | 0 | 41 | 0.8% | 卷上 | 23 |  | 42 | 0.8% | 1 |  |
| 卷之四 | 欵待類 | 十九言 | 0 | 19 | 0.4% | 卷上 | 26 |  | 19 | 0.3% |  |  |
| 卷之四 | 筵席類 | 十九言 | 0 | 19 | 0.4% | 卷上 | 27 |  | 19 | 0.3% |  |  |
| 卷之四 | 飮食類 | 百十九言 | -1 | 118 | 2.3% | 卷上 | 9 |  | 125 | 2.3% | 10 | 3 |
| 卷之四 | 食物類 | 六十八言 | -1 | 67 | 1.3% | 卷上 | 10 |  | 67 | 1.2% |  |  |
| 卷之四 | 甜辣類 | 三十七言 | -1 | 36 | 0.7% | 卷下 | 113 |  | 32 | 0.6% |  | 4 |
| 卷之四 | 物件類 | 三百五十一言 | -1 | 350 | 6.8% | 卷上 | 11 |  | 348 | 6.3% | 2 | 4 |
| 卷之四 | 植物類 植木禽獸之譯行於此方者集錄間多突故今載什一不費搜索者為此也 | 六十九言 | 0 | 69 | 1.3% | 卷上 | 12 |  | 69 | 1.2% |  |  |
| 卷之四 | 動物類 | 三十二言 | 0 | 32 | 0.6% | 卷上 | 13 |  | 32 | 0.6% |  |  |
| 卷之四 | 進奉類 | 十五言 | 0 | 15 | 0.3% | 卷下 | 114 |  | 13 | 0.2% |  | 2 |
| 卷之四 | 許願類 | 十六言 | 0 | 16 | 0.3% | 卷下 | 115 |  | 16 | 0.3% |  |  |
| 卷之四 | 起程類 | 十三言 | 0 | 13 | 0.3% | 卷下 | 116 | 起程 | 7 | 0.1% | 1 | 7 |
| 卷之四 | 搖舡類 | 二十三言 | 0 | 23 | 0.4% | 卷下 | 72 |  | 24 | 0.4% | 1 |  |
| 卷之四 | 閙門類 | 十四言 | 0 | 14 | 0.3% | 卷下 | 73 |  | 14 | 0.3% |  |  |
| 卷之四 | 點燈類 | 四言 | 0 | 4 | 0.1% | 卷下 | 74 |  | 4 | 0.1% |  |  |
| 卷之四 | 向火類 | 十四言 | 0 | 14 | 0.3% | 卷下 | 75 |  | 16 | 0.3% | 2 |  |
| 卷之四 | 火伴類 | 六言 | 0 | 6 | 0.1% | 卷下 | 117 |  | 6 | 0.1% |  |  |
| 卷之四 | 人叢類 | 七言 | 0 | 7 | 0.1% | 卷下 | 118 |  | 7 | 0.1% |  |  |

379

4章 『和英語林集成』の周辺資料

| 江戸 | 類別 | 目次収録語数 | 目次との加除 | 収録語数 | 比率 | 明治 | 明治収録順 | 類別の変更など | 収録語数 | 比率 | 追加 | 削除 |
|---|---|---|---|---|---|---|---|---|---|---|---|---|
| 巻之四 | 新舊類 | 八言 | 0 | 8 | 0.2% | 巻下 | 119 | | 8 | 0.1% | | |
| 巻之四 | 希罕類 | 五言 | 0 | 5 | 0.1% | 巻下 | 120 | | 5 | 0.1% | | |
| 巻之四 | 的確類 | 四言 | 0 | 4 | 0.1% | 巻下 | 122 | | 4 | 0.1% | | |
| 巻之五 | 讀書類 | 三十六言 | 0 | 36 | 0.7% | 巻上 | 18 | | 39 | 0.7% | 3 | |
| 巻之五 | 寫字類 | 六十七言 | -1 | 66 | 1.3% | 巻上 | 19 | | 68 | 1.2% | 2 | |
| 巻之五 | 精神類 | 十九言 | -1 | 18 | 0.4% | 巻下 | 57 | | 16 | 0.3% | 1 | 3 |
| 巻之五 | 幹事類 | 二十二言 | 0 | 22 | 0.4% | 巻下 | 122 | | 17 | 0.3% | | 5 |
| 巻之五 | 間菅類 | 九言 | 0 | 9 | 0.2% | 巻下 | 123 | 間管類 | 8 | 0.1% | | 1 |
| 巻之五 | 好歹類 | 三十五言 | 0 | 35 | 0.7% | 巻下 | 124 | | 39 | 0.7% | 4 | |
| 巻之五 | 勸開類 | 十三言 | 0 | 13 | 0.3% | 巻下 | 125 | | 13 | 0.2% | | |
| 巻之五 | 羞辱類 | 十五言 | 0 | 15 | 0.3% | 巻下 | 84 | | 15 | 0.3% | | |
| 巻之五 | 按納類 | 十三言 | 0 | 13 | 0.3% | 巻下 | 126 | | 12 | 0.2% | | 1 |
| 巻之五 | 干罷類 | 八言 | 0 | 8 | 0.2% | 巻下 | 127 | | 5 | 0.1% | | 3 |
| 巻之五 | 饒恕類 | 十言 | 0 | 10 | 0.2% | 巻下 | 128 | | 10 | 0.2% | | |
| 巻之五 | 喝采類 | 十一言 | 0 | 11 | 0.2% | 巻上 | 37 | | 9 | 0.2% | | 2 |
| 巻之五 | 中意類 | 九言 | 0 | 9 | 0.2% | | | | | 0.0% | | 9 |
| 巻之五 | 幇襯類 | 八言 | 0 | 8 | 0.2% | 巻下 | 129 | 幇襟類 | 8 | 0.1% | | |
| 巻之五 | 忙急冷静類 | 二十五言 | 0 | 25 | 0.5% | 巻下 | 130 | | 22 | 0.4% | 1 | 4 |
| 巻之五 | 空閑類 | 九言 | 1 | 10 | 0.2% | 巻下 | 131 | 空閑 | 9 | 0.2% | | 1 |
| 巻之五 | 古怪類 | 十三言 | 0 | 13 | 0.3% | 巻下 | 132 | | 12 | 0.2% | | 1 |
| 巻之五 | 害怕喫驚類 | 二十六言 | -1 | 25 | 0.5% | 巻上 | 87 | | 25 | 0.5% | | |
| 巻之五 | 何妨類 | 七言 | 0 | 7 | 0.1% | 巻下 | 133 | | 5 | 0.1% | | 2 |
| 巻之五 | 厭煩類 | 三十八言 | -1 | 37 | 0.7% | 巻上 | 85 | | 37 | 0.7% | | |
| 巻之五 | 炒燥類 | 十言 | 0 | 10 | 0.2% | 巻上 | 86 | | 10 | 0.2% | | |
| 巻之五 | 明白類 | 十六言 | 0 | 16 | 0.3% | 巻下 | 134 | | 13 | 0.2% | | 3 |
| 巻之五 | 矒過類 | 二十三言 | 1 | 24 | 0.5% | 巻下 | 135 | | 5 | 0.1% | | 19 |
| 巻之五 | 猜着類 | 十六言 | 0 | 16 | 0.3% | | | | | 0.0% | | 16 |
| 巻之五 | 滑倒類 | 十七言 | 0 | 17 | 0.3% | 巻上 | 58 | | 17 | 0.3% | | |
| 巻之五 | 翻筋類 | 六言 | 0 | 6 | 0.1% | 巻上 | 59 | | 6 | 0.1% | | |
| 巻之五 | 損壊類 | 三十六言 | -1 | 35 | 0.7% | 巻上 | 88 | | 32 | 0.6% | 3 | 6 |
| 巻之五 | 丟落類 | 十一言 | 0 | 11 | 0.2% | 巻上 | 89 | | 12 | 0.2% | 1 | |
| 巻之五 | 歇息類 | 十言 | 0 | 10 | 0.2% | | | | | 0.0% | | 10 |
| 巻之五 | 等候類 | 十一言 | 0 | 11 | 0.2% | | | | | 0.0% | | 11 |
| 巻之五 | 擔閣類 | 十四言 | 0 | 14 | 0.3% | 巻下 | 60 | | 15 | 0.3% | 1 | |
| 巻之五 | 躲避類 | 八言 | 0 | 8 | 0.2% | 巻下 | 61 | | 8 | 0.1% | | |
| 巻之五 | 像箇類 | 十五言 | 0 | 15 | 0.3% | | | | | 0.0% | | 15 |
| 巻之五 | 拴束類 | 八言 | 0 | 8 | 0.2% | 巻下 | 136 | | 8 | 0.1% | | |
| 巻之五 | 形模類 | 四十八言 | 0 | 48 | 0.9% | 巻上 | 14 | | 45 | 0.8% | | 3 |
| 巻之五 | 一條類 | 四十言 | 0 | 40 | 0.8% | 巻上 | 15 | | 40 | 0.7% | | |
| 巻之五 | 一般類 | 八言 | 0 | 8 | 0.2% | 巻下 | 137 | | 8 | 0.1% | | |
| 巻之五 | 嘈説類 | 十一言 | 0 | 11 | 0.2% | 巻上 | 34 | | 11 | 0.2% | | |
| 巻之五 | 疊字類 | 七十言 | 0 | 70 | 1.4% | 巻上 | 16 | | 66 | 1.2% | | 4 |
| 巻之五 | 雜纂 | 三百七十八言 | 3 | 381 | 7.4% | 巻上 | 17 | | 334 | 6.0% | | 47 |
| | | | | | | 小計 | | | 4,822 | | 166 | 476 |
| | | | | | | | 31 | 歎辞 | 28 | 0.5% | 28 | |
| | | | | | | 追加 | | 二字話 | 417 | 7.5% | 417 | |
| | | | | | | 追加 | | 三字話 | 249 | 4.5% | 249 | |
| | | | | | | 追加 | | なし | 31 | 0.6% | 31 | |
| | | | | | | 小計 | | | 725 | | | |
| | 計 | | -22 | 5,132 | 100.0% | 計 | | | 5,547 | 100.0% | 1,057 | 476 |
| | | | | | | | | 欄外 | 61 | | 61 | |

## 注

（1）　鳥居（1957）による。
（2）　「フトウ」では収録されていない。
（3）　例えば，宋代の『海鹽澉水志』に「鴉鶻墓在陸搭客船不上岸者多在於此泊舟爲埠頭」が確認できる。『漢語大詞典』では明代の唐寅の詩を，『近代漢語大詞典』では『水滸全伝』を挙げる。『近現代辭源』は「埠」を載せるが「埠頭」はない。また，「碼頭」との関わりも含む必要があろう。参考までに W. ロブシャイドの『英華辞典』（1866-1869）には，Pier, landing space に「馬頭」，Quay に「海旁路，海瀕路，馬頭」，Wharf に「馬頭，渡頭」とある。
（4）　熟字として用いられたため，字音で読まれる際（字音化）には唐音との関わりが薄れるのではないかと考える。
（5）　陳（2005），1章2節に引用。
（6）　「揺籃」も同様か（1章2節）。
（7）　以下に引用する（175頁）。
　　　　（2）因みに江戸時代の『俚言集覧』に，その増補の項目に「けしゃう」があり，「西土に紅粧と云」のように，「險粧，涙粧，宿粧，殘粧，檀粧，濃粧，仙蛾粧」と漢籍の用例を添えて説明しているが，その順序や用例の出所もすべて『佩文韻府』のものと一致している点から見て，その影響関係のあることが明らかである。
（8）　関連する調査として，江戸後期の漢字表記について，『和英語林集成』，『雅俗幼学新書』，『魁本大字類苑』を中心資料として考察した（4章2節）。
（9）　薬科（1981）によると，『雑字類編』の中で，他資料にきわめて見出しがたい分類名として「神佛」（中国の資料には見えないようである）と「錢穀」を挙げている。『譯通類畧』には「神佛類」があり，『雅俗幼学新書』にも「神佛」を見出すことができるとする。
（10）　鳥居（1957）では，太田辰夫氏蔵本により5,130語とする。
（11）　目次に対しての実際の増減を示す。
　〈−2〉　行走類，厮併類，形體類
　〈−1〉　時辰類，説道類，看見張望類，主意類，攪擾類，照憑查看類，懷孕類，消息類，煩要類，宮司類，盜賊類，使錢類，錢債類，害病類，凶事類，飲食類，食物類，甜辣類，物件類，寫字類，精神類，害怕喫驚類，厭煩類，損壞類
　〈＋1〉　空閑類，瞞過類
　〈＋3〉　俗説套類，雜纂
（12）　「迷化」の例として1例を挙げると次のようなものがあるが，「しあわせ」の意味とは異なる。
　『誠齋集』巻42
　　　初日光殊薄晴梢露正濃真珠粧未穩更著柳邊風晩得看花訣丁寧趁絶農乗他醉眠起別是一精神四面花光合一身香霧紅忽從霞綺上跳下錦城中花客無重數看來眼轉迷化爲花世界忘却日東西種百來樹中安一小亭放眸紅未了紅了是天青
（13）　例えば，『南山俗語考』（1812頃）にも「千里鏡　トホメガ子」，「顯微鏡　ムシメカ子」とある。また，『雅俗幼学新書』にもある。「望遠鏡」と「千里鏡」に

ついては谷口（2000）に詳しい。
(14) 単語対句については，単語対単語への移行の要がある（序章3節）。
(15) 訳出に著者の背景が現れる（林（2006））。
(16) いつの時代を以て既存とするのかという問題が残る。中世中国語と言えようか。
(17) 『譯通類畧』には「妯娌　アニヨメヲトヨメ　音遂李類書纂要長婦日妯次婦日娌」と，「類書纂要」を挙げるものが27例あり（うち1例は「古今類書纂要」とする），「妯娌」の記述は『古今類書纂要』（明末刊・1669刊）と一致する。『雑字類編』も『古今類書纂要』を参照している。他にも「小説」（5例），「水滸傳」（1例）と若干であるが記されている。一方，明治期に増補されたものには「南山俗語」とあったり，「西門慶　金蓮　金瓶梅」が追記されたりするものがある。
(18) 原田（1971）には，「中国で眼鏡を靉靆又は僾逮などと呼んだのは眼鏡を輸入した賈胡の土語の音訳であるか，それとも中国人があらたにつけた呼称であるか私にはわからないが」，「当時輸入された眼鏡はもとより既製品であるだけに，老人によっては視力の度に合わないので，多少雲霞の棚引く中で物を視るような感がしたものであったかもしれない。」とある。
(19) 『大広益会玉篇』（1013編纂・宋代刊）で「雲」部の「靉」字に「靉靆」が確認できる。原本『玉篇』は「雲」部が現存しない。『広韻』（1008刊）系の記述については『十韻彙編』によると，『唐韻』（732または751成）や，王仁煦編『刊謬補欠切韻』（706成）にも去声代韻において，「靉靆」という熟語は確認できる。
(20) 明代の資料（『方州雑録』，『華夷珍玩考』など）を紹介，解釈した内容である。
(21) 『近代漢語大詞典』，『近現代辞源』のいずれも見出し語として収録しない。
(22) 『四庫全書』と『四部叢刊』に出現する資料数であり，同一資料に複数回出現するものもあるため総数はカッコ内に記した。また，漢字文字列の有無の調査であるために個々の意味には言及しない。

|  | 『四庫全書』 | 『四部叢刊』 |
| --- | --- | --- |
| 靉靆 | 359（385） | 38（72） |
| 眼鏡 | 83（116） | 11（24） |
| 矮納 | 2（3） | 0（0） |

(23) 眼鏡が明代以前に存在したかについては触れ得ない。
(24) 「僾」が音通であるだけでなく，「かすかに見える」の意があることと無縁ではなかろう。
(25) それ以前の状況について，仮名表記「めがね」は1650年代から見られるが次第に減少する。参考までに「目金」「目鑑」（「虫―」「遠―」との結合もある）は1660年代から1690年代に散見する。1700年代以降には「目鑑」と「眼鑑」がある中，「目鏡」と「眼鏡」に固定していくようである。「めがね」の意で「靉靆」が用いられている例はない。
(26) 『日国』2版に挙げられている。「メガ子」のルビを持つ。なお，西鶴が俳諧作成のために用いた一書とする（石塚（2009））。

# 1節　近世中国語をめぐって―『譯通類畧』を題材として―

(27)　『雅俗幼学新書』にも各門の後部ということでは同じことが言える。同時に直接収録（主に『小説字彙』、『中夏俗語藪』と推定される）もしているようである。

(28)　3章2節で扱ったが，初版には「KIKONASHI, -sz, -sh'ta, キコナス, 穿得好」，初版・再版・3版には「URANAI, or URANU, ウラヌ, 不要賣」といった漢語句が見受けられる（改版過程でこれらの漢字表記はなくなるものもある）。このような漢語句はその後の明治期の辞書類にも散見する。その根源である唐話辞書に見出すことが可能である（『譯通類畧』にも「穿得好　キヨウカヨイ」とある）。

(29)　辞書を離れて，例えば，随筆『ひとりね』（1724-1725）に見られる近世中国語は，日本語の意味に加え，カタカナ書きされた唐音を併記している。

(30)　日本人の教師の影響を含めなければならないが，例えば，「手稿」から初版では，「Hachiningei 象聲」→「八人藝」，「Kamiyui 待詔」→「髪結」，「Dara・dara 慢々地」→漢字表記なし，「Ireboguro 箚青」→漢字表記なし，といったものがある。初版にも「ABATA-DZRA 麻臉」や「MAMBIKI 扒手」などもある（2章2節，3章2節）。

(31)　オノマトペ（例,「Beta, beta 溚滑」）のようなものはそもそも熟字として用いられているため，字音で読みようがない。

(32)　諸本との類似性という問題も重要であるが，このような辞書の需要という視点は欠くことができないと考える。

## 2節　漢字表記辞書について
　―『雅俗幼学新書』，および『魁本大字類苑』との比較―

### 1　はじめに

　『和英語林集成』「手稿」に漢字表記をはじめ影響を与えたことが判明している『雅俗幼学新書』(以下,『幼学新書』・図は1章1節)について検討を行う。『幼学新書』は1827年成稿，1855年に刊行されたイロハ引きの辞書で，著者は森楓齋(源慇)である。2巻2冊，計240丁，14門(天地・時候・神佛・官位・名字・人物・身軆・衣服・飲食・器財・動物・植物・數量・言語)からなり，38,105語(上巻17,819語・下巻20,286語)を収録している([表2])。以後，1865(慶応元)年，1876(明治9)年と版を重ねる。
(1)
　収録語については，序に「爾後補其闕略。拾其遺漏者。日月以出焉。可謂
(2)　(3)
盡矣。」(返り点略・**参考1**　『雅俗幼学新書』序・凡例・跋について)とあるように，見出し語は江戸後期の節用集の流れを汲む。佐藤(2005)では，『倭節用集』との関わりを指摘している。また，1章1節では，『和英語林集成』「手稿」を軸に，『幼学新書』と『大日本永代節用無尽蔵』(1849再刻)との比較を試みたが，相当程度の類似箇所が見出された。ただし，『幼学新書』では，草書体によるひらがなではなく，カタカナが用いられている(序章3節)。また収録語については近世中国語からの視点も必要であると実感される(4章1節)。「在欲使所知一二童蒙識正字焉爾」(返り点略・**参考1**　『雅俗幼学新書』序・凡例・跋について)とあり，凡例「言語門」に「常ニ言扱フ雅言俗談平話又日用文通ノ文字恐ク此門ニ遺漏スルコトナシ」と記し，幅広くことばを集めたことが分かる。収録語は，一見，雑多な様相を見せるが，当時の言語使用の状況を反映して
(4)
いると考えられる。
　そこで，本論では，『幼学新書』自体がいかなるものであるのかを把握するために，まず，その著者である森楓齋について現段階の調査で明らかになっ

ていることを記す。その上で，漢字文字列という視点から，収録されている漢字表記の性格について考察を加える。なお，漢字表記については，本論で扱ったものには手書きによる資料もあり，様々であるが，極力類する表記を行うようにした。

## 2 森楓齋について

著者の森楓齋については，『江戸現在廣益諸家人名録』(1836)，『漢学者総覧』(1979)，『国書人名辞典』(1993) に見られるが，生没年が未詳であること(江戸末期の人とあるものもある)，江戸入谷日出稲荷に住むことが挙げられ，名号が記されている。書家・漢学者として扱われ，著作として『幼学新書』を挙げるものもある。その他にも森楓齋の名が見受けられる資料がある。以下，『舎密開宗』，『分間江戸大絵図』，『江戸大節用海内蔵』，「ライデン大学所蔵日本図書目録抄の『雅俗幼学新書』」について，簡単に解説を施す。

『舎密開宗』[5]…宇田川榕菴訳『舎密開宗』(1837-1847)（〔図1〕）の序の最後には(以下，下線は筆者)「天保丙申小春　箕作虔儒庠西識　楓齋森愿書」とある。箕作阮甫によって記され，その書は森楓齋によるものであることが分かる。蘭学などに関する最新用語も目にしていたと考えられる。

4章 『和英語林集成』の周辺資料

〔図1〕 『舎密開宗』序文

『分間江戸大絵図』…須原屋茂兵衛蔵版『分間江戸大絵図』(1858)(〔図2〕)の跋には，森楓齋によって校正がなされた旨が記されている。「文化年間四隅に精き金丸氏に託して再鑴すといへとも又々磨滅す茲今楓齋森先生江戸の圖

## 2節 漢字表記辞書について―『雅俗幼学新書』,および『魁本大字類苑』との比較―

を筆耕せら(77)しこと三度に及へりと聞く故に此圖の校正を乞ふに固辞して筆を執らす」とあり,大都江戸の地名や方位が記憶できないこと,高齢であることを理由に辞している。その後,再三にわたる依頼によって引き受けたとのことである。なお,『江戸現在廣益諸家人名録』にもある「江戸入谷日出稲荷」の位置は『分間江戸大地図』上に記載されている。現在の台東区入谷一丁目付近(正覚寺周辺)と推定されるようである。

〔図2〕『分間江戸大絵図』跋文（国立国会図書館蔵）

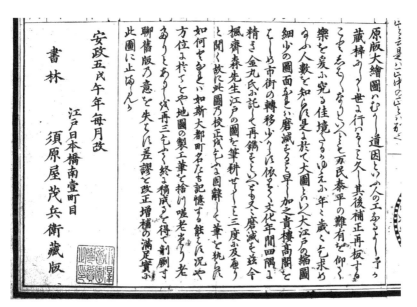

『江戸大節用海内蔵』…『江戸大節用海内蔵』(1863)(〔図3〕)の奥付には「撰者　髙井蘭山翁増輯　中村經年翁補輯」に続き（「画工」略），「筆者　森楓齋翁揮毫　小原竹堂助毫」とある。加えて,「寶永元甲申年元版」(1704),「天保四葵巳年増補」(1833),「文久三葵亥年補刻」(1863)とある。

以上,3点について,そのまますべてを事実として受け入れるには,詳細な検証が必要であろう。また,『幼学新書』の跋(参考1　『雅俗幼学新書』序・凡例・跋について)に従うならば,森楓齋の存命中に息子によって,その草稿とも

言うべき状態のものが見つけ出され，刊行に至ったことになる。このような流れは，『雜字類編』(1786) や『魁本大字類苑』(1888) についても生没や，親族などの異なりはあるものの状況は類似している。その上で，『幼学新書』の成稿年や跋の内容，『舎密開宗』の刊行年，また『分間江戸大絵図』の記述などを勘案する必要があろう。1855年に『幼学新書』が刊行された時点では高齢であり，28年前の1827年の成稿についても考えていかねばならない。『江戸大節用海内蔵』については，『幼学新書』の成稿年や『分間江戸大絵図』の記述から1833年の時点のことかもしれない。筆耕として書家の能力がいかんなく発揮されたと考えられる。さらに，高井蘭山 (1762-1838)(6) との関わりも考慮できよう。また，『分間江戸大絵図』に須原屋茂兵衛の名が見られるが，『江戸大節用海内蔵』にも6書肆の一つに含まれ，『幼学新書』の発行書林の一つとしても挙げられている。

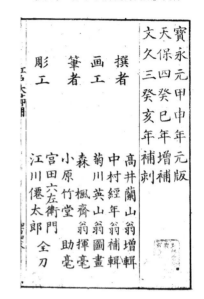

〔図3〕『江戸大節用海内蔵』奥付

ライデン大学所蔵日本図書目録抄の『雅俗幼学新書』…森楓齋との関連では，前出の内容と性格を異にするが，『幼学新書』が海を渡った証として，1896年に，L. セリュリエ (Lindor Serrurier, 1846-1901) による *Bibliothèque japonaise*（〔図4〕）に，計1,236冊の中の1書として挙げられている。'SECTION Ⅰ. Généralités. Encyclopédies.' には，『和漢三才図会』をはじめ，『大日本永代節用無尽蔵』，『江戸大節用海内蔵』などの諸節用集が載る。さらに 'SECTION Ⅱ. Linguistique. Dictionnaires japonais-chinois.' には，『和漢音釈書言字考節用集』，『早引節用集』，『雜字類編』，『和訓栞』などに加え，46番目に『幼学新書』が掲載されている。(9)

2節　漢字表記辞書について─『雅俗幼学新書』，および『魁本大字類苑』との比較─

〔図4〕　ライデン大学所蔵日本図書目録抄

15
43. **偶　奇　假　名　引　節　用　集**
Teu-han Kanabiki-sets'-you siu.

„Manuel arrangé suivant les syllabes pairs ou impairs". Dictionnaire japonais-chinois, donnant seulement la synonymie et la définition presque sans commentaires. Les mots sont arrangés en deux classes selon qu'ils se composent d'un nombre pair ou impair (teuhan) de syllabes (kana). Le dictionnaire est suivi d'une série de listes de noms propres et communs. Genres d'écriture comme le n°. 39.
Par Tanaka Nobu. Les premières pages manquent. 1 vol. pet. in-8°. obl. Yedo, Miyako, Ohosaka 1820. L'éditeur mentionne un tirage antérieur de 1802.

44. **雜　字　類　編**
Zatsu-zi rui-ben.

Dictionnaire japonais-chinois arrangé suivant l'iroha et subdivisé en groupes homologues. Caractères chinois classiques et katakana. Par Han-ai Dou no Siyu-zin. 2 vols. in-8°. Yedo, Miyako 1786.

45. **和　訓　栞**
Wa-gun no siwori.

„Indicateur des études japonaises". Grand dictionnaire étymologique de la langue japonaise. Par le fameux grammairien Moto-ori no Norinaga. Arrangé suivant l'alphabet sanscrit. Caractères chinois classiques et hiragana. 36 tomes reliés en 9 vols. Miyako, Yedo 1830. Avec supplément contenant la série des voyelles et les séries K. et S. formant chacune un vol. relié, les volumes 13 et 14 contenant les syllabes Ta et Tsi non reliés. Le supplément a été achevé en 1862. En tout 14 vols. pet. in-4°.

46. **雅　俗　幼　學　新　書**
Ga-zoku you-gaku sin-siyo.

„Le nouveau livre de la langue classique et vulgaire pour la jeunesse". Dictionnaire japonais-chinois, arrangé suivant l'iroha et subdivisé en groupes homologues. Caractères chinois classiques et katakana. Par Fuu Sai Mori. 2 vols. in-8°. Yedo, Miyako, Ohosaka 1854. Enveloppe illustrée à l'encre de Chine.

## 3　3字以上の漢字表記

　『幼学新書』には様々な漢字表記の語が収録されている。そこで，漢字文字列という視点に立って分類すると（〔表1〕），『幼学新書』の漢字表記は，2字からなるものが最も多く，1字，3字がそれに続く。1字と2字で，32,784語（86.0％），残りの5,321語（14.0％）が3字以上の漢字表記ということになる。中でも，7字以上からなるものはきわめて少なく，8字，9字はそれぞれ，2語，1語しか収録されていない。それら3語は神佛門の「倶利迦羅不動明王　クリカラフドウミヤウワウ」（下巻），「十一面觀自在菩薩　ジフイチメンクワンジザイボサツ」（下巻），「天滿大自在威德天神　テンマンダイジザイ井ト

389

4章 『和英語林集成』の周辺資料

〔表1〕 漢字文字列

|  | 上巻 | 下巻 | 計 | 比率 | 言語門 |
|---|---|---|---|---|---|
| 一字 | 4,001 | 3,674 | **7,675** | 20.14% | 4,351 |
| 二字 | 11,422 | 13,687 | **25,109** | 65.89% | 8,675 |
| 三字 | 1,964 | 2,365 | **4,329** | 11.36% | 440 |
| 四字 | 376 | 495 | **871** | 2.29% | 231 |
| 五字 | 47 | 44 | **91** | 0.24% | 5 |
| 六字 | 8 | 16 | **24** | 0.06% | 4 |
| 七字 | 1 | 2 | **3** | 0.01% | 1 |
| 八字 | 0 | 2 | **2** | 0.01% | 0 |
| 九字 | 0 | 1 | **1** | 0.00% | 0 |
| 計 | *17,819* | *20,286* | ***38,105*** | *100.00%* | *13,707* |

クテンジン」(下巻)である。

　そこで，特徴がより顕著に現れると考えられる3字以上の漢字表記で，しかも，14門のうち36.0%〔表2〕の高率を占める言語門(13,707語…上巻6,261語・下巻7,446語)を対象とする。その総数は681語（3字…440語，4字…231語，5字…5語，6字…4語，7字…1語）となる。

　5字から7字以上の漢字表記を示すと，5字は「肉々敷骨柄　ニク〰シイコツガラ」(上巻)，「現金無掛直　ゲンキンカケ子ナシ」(下巻)，「阿多忌々敷　アナイマ〰シ」(下巻)，「仁義禮智信　ジンギレイチシン」(下巻)，「積善之餘慶　シヤクゼンノヨケイ」(下巻)，6字では「野七里山七里　ノクレヤマクレ」(下巻)，「現金子設(ママ 没)索價　ゲンキンカケ子ナシ」(下巻)，「只一家無二家　テミセナシ」(下巻)，「不能短我分文　キナカモマカラヌ」(下巻)，7字では「人間萬事塞王馬　ニンゲンバンジサイワウガウマ」(上巻)，である。

　例えば，「野七里山七里　ノクレヤマクレ」は『太平記』(巻14「新田足利確執奏状事」)にある。また，世話字的表記として「肉々敷骨柄　ニク〰シイコツガラ」，「阿多忌々敷　アナイマ〰シ」といった形容詞活用語尾の使用がある。その一方で，「現金子没索價」は『大日本永代節用無尽蔵』に見られるが，『小説字彙』(1791)にも収録される類のものである。

390

## 4 『魁本大字類苑』との比較

　谷口松軒によって1888年に刊行された『魁本大字類苑』([図5])には、『幼学新書』に収録される漢字表記の多くが散見する。谷口・杉本 (1994) の「解説」に詳しくあるが、関連するところを挙げると、「馬鹿」や「通詞・通事」にあたる収録語を挙げ、「漢字表記の日本語として一般に認められる語とは隔たりがある」とする。さらに、

> 本書は〈唐話〉といわれる近世中国語＝漢語なのである。日本語に対応する漢語は通覧して判明するように、名物学の伝統、いいかえると文字どおり中国産の漢語、漢語句であり、特に近世中国語を主とすると断定する事ができる。

とある。また、序言には、

> 日本邦物ノ書ニ於ル和名類聚抄，名物六帖，雑字類編，等曾テ善本ト稱スレ圧其撰狭隘ニシテ遺憾ナキ能ハス自餘坊間節用書ニ至テハ部門ヲ分ツ者，國字ヲ次スル者，或ハ呼聲ノ數ヲ以テ集ル者其類極テ多ク體相異ルト雖モ未タ一ノ考察ニ便ナル者ヲ見ス

とし、凡例からは「名數ノ多キ者」、「個々ノ虚字」、「地名人名姓字」も採録していないことが分かる。

　これらの収録語の出典については、凡例に「是書原選ハ毎語其出所ヲ載レ圧巻帙ノ已大ナルヲ以テ今皆削除シテ簡約ニ従フ」とあり、依拠した資料については不明である。また、「是書行間名物ノ排置ハ天地，宮室，神佛，人倫，支體，言詞，器械，藝文，飲食，錢貨，動物，ヲ以テ順トス然レ圧上下聯續ノ便ニ因テ小異同アリ」と門別に分けるといった厳密な分類がなされていない。

　さらに、「是書俗詞ヲ以テ漢語ヲ索ルヲ主トス故ニ字音ノミノ語ハ載セス」ともある。そこで、両書を比較するために、『幼学新書』の言語門に収録される3字以上の漢字表記681語について、正音・正訓のまま読まない(漢文訓読も含む) ものを対象に同様の条件を設定したところ、240語が該当する。その

240語の収録状況を『魁本大字類苑』で確認したところ，漢字表記が全同（全く同じ）・大同（ほぼ同じ）のものは，55.4％にあたる133語となる。以下，全例を『幼学新書』のイロハ順（2字目以下は門別の収録順による）で示す。大同である場合には，括弧内に『魁本大字類苑』の当該箇所を示す。また，「種」については，記載した以外の表記も『魁本大字類苑』に収録されることを示す（「2種」とは本論に挙げたものを含めて2種であること表す）。

〔図5〕『魁本大字類苑』（『江戸時代を読むあて字大辞典』雄山閣出版）

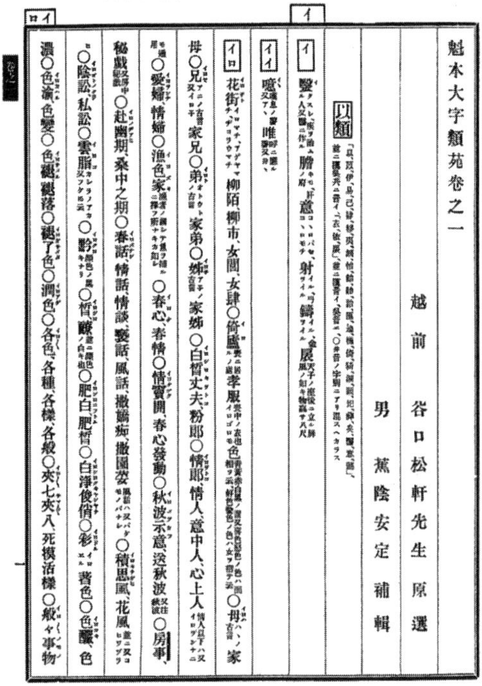

| | |
|---|---|
| 唉物作　イカモノヅクリ | 何時分（何時）　イツジブン　2種 |
| 色光澤（光澤）　イロツヤ　5種 | 積思成瘋（積思風）　イロキチガヒ　2種 |
| 點放花炮（放花炮）　ハナビヲアゲル | 偽作鬼装　バケモノヽマ子ヲスル（バケモノヽマ子） |
| 隔蒜灸　ニンニクギウ | 傀儡棚　ニンギヤウシバ井　3種 |
| 界行寫　ニギヤウニワリテカク（ニギヤウニカク） | 徹骨髄　ホ子ミニコタヘル |
| 没多時　ホドナク　2種 | 優奬銀　ホウビギン（ハウビキン）　3種 |
| 私房銀　ヘソクリガ子　2種 | 筋斗　堅蜻蜓　トンボガヘリ　5種 |
| 長路舩　トヲシブ子（トホシブ子）(19) | 長路駄　トヲシウマ（トホシウマ） |
| 合聲大呼　トキノコエヲアゲル　4種 | 左之右之　トモカクモ |
| 比戸而居　トナリドウシ（トナリドシ）　2種 | 互相斫射　ドシウチ　2種 |
| 上帳簿　チヤウメンニトメル　3種 | 泡出茶來　チヤヲタテル（チヤヲタテヨ） |
| 筭了帳目　チヤウアイヲスル　2種 | 置土産　オキミヤゲ（ミヤゲ）　9種 |

2節 漢字表記辞書について―『雅俗幼学新書』，および『魁本大字類苑』との比較―

| | |
|---|---|
| 母望之福　オモヒガケヌフク　2種 | 母望之禍　オモヒガケヌワザハヒ（オモヒヨラヌフシアハセ）　3種 |
| 費不可校　オイリヨウカマハズ（オイリヨウカマハヌ） | 興工代賑　オスクヒブシン |
| 僞作鬼裝　オニノナリヲスル | 惡作劇　ワルジヤレ（ワルシヤレ）　2種 |
| 上竿伎　カルワザ（カルワザシ）　17種 | 襯臉霞　カホヘベニヲツケル（カホニベニヲツケル） |
| 不二價　カケ子ナシ　2種 | 盤打筭　カンヂヤウ　8種 |
| 索貫債　カケヲハタル（カゲヲトル，カケヲハタル，カゲヲセガム）　6種 | 放債起息　カシテリヲトル |
| 無解囊意　カ子ヲダスキガナシ（カネヲダスキガナイ） | 放帳未收（放帳不收）　カケガトレヌ |
| 欠積還錢　カケガアレバゼニヲヤル | 總數還錢　カンヂヤウシテカケヲカヘス　2種 |
| 討完賬目　カケヲトリシマフ | 國字副（國字副之）　カナツキ（カナヲツケル） |
| 搬演戲文　カブキキヤウゲン | 代書人手　カリフデ |
| 弄影戲　カゲニンギヤウ（カゲエ，カゲニンギヤウ，カゲシバ井）　4種 | 手影戲　カゲニンギヤウ（カゲエ，カゲニンギヤウ，カゲシバ井）　4種 |
| 鬪葉子　カルタヲウツ　2種 | 葉子戲　カルタヲウツ　2種 |
| 不在家　タギヤウ　4種 | 脊瘡摺（脊瘡）　タコズリ（タコ） |
| 慢々地（漫々地）　ダラ〳〵　2種 | 狹邪遊（狹斜遊（ママ 邪））　ダウラクアソビ |
| 某甲某乙　ソンジヨタレ（ソンジヨソレ）　3種 | 草酌表意　ソシユヲアゲタヒ（ソシユヲアゲタイ） |
| 街頭賣　ツジウリ | 十九二十（十九）　ツヅヤハタチ（ツヅ） |
| 往人口具　ツカヒノモノコウジヤウ（ツカヒノコウジャウニノベル） | 應變價　子ウチヲスル　3種 |
| 拗捩條斜（拗捩欹斜）　子ヂレユガム | 半面學　ナマモノジリ　2種 |
| 合夥議約（合火議約）　ナカマノイヒアハセ | 僞朗目　ナカメル（ナガメル）　3種 |
| 不可修　ナホサレヌ | 醉漢腦語　ナマエヒノクダヲマク（ナマエヒノクダマキ） |
| 値殘害　ムゴヒメニアフ（ムゴイメニアフ） | 無異言　ムヅカシクイハズ（ムヅカシクイハヌ） |
| 八格戲　ムサシ　2種 | 刀背撃（刀背歐之）　ム子ウチ（ムナウチ，ム子ウチ） |
| 非理賦役　ムリブヤク | 運盤費（運費，搬費）　ウンチン　7種 |

| | |
|---|---|
| 寫受敷　ウケトリヲカク（ウケトリヲカケ） | 交收支給(交收)　ウケトリワタシ　7種 |
| 角弓反張　ノツケニソリカヘル（ノツケニソル，ソリクリカヘル） | 百祿兒　クヒゾメ　2種 |
| 誚々訥々　グド〜〜 | 吃々竊笑　クツ〜〜ワラフ　2種 |
| 爬掻作癢（爬掻爲癢）　クスグル | 捱著病　ヤマヒヲオス　2種 |
| 輪流奸汚（輪流，姦汚）　マハリヲトル　4種 | 空寫一字　ケツジ　4種 |
| 現錢纔賣　ゲンキンニウル | 二口糧　フタリブチ |
| 解下衣　フンドシヲハヅス　2種 | 水園戲　ブク〜〜ヲスル（ブク〜〜） |
| 月給廩餼　フチカタヲツカハス（フチカタヲワタス） | 母多費　コヽロヅカヒスルナ　2種 |
| 情失意（失意）　コヽロマドヒ | 不秀氣　コドモラシ |
| 總角通婚　コドモカライヒナヅケ | 開手金　テツケキン　2種 |
| 不次第　アトサキナシ　3種 | 無影蹤　アトカタナシ |
| 彼方此方　アナタコナタ | 彼許此許　アソココヽ |
| 次第不同　アトサキナシ　3種 | 冷心腸　アイサウガツキル |
| 盡頭話（盡頃話）　アイサウヅカシヲイフ | 私答號　アイコトバヲアハス |
| 叙寒暖（叙寒暄）　アイサツスル（アイサツ） | 排馬牌　サキブレ |
| 無算爵　サカヅキノカズナクノム（サカヅキノカズシレズノム） | 開酒禁　サケノハツトゴメン(サケノハツトヲユルス) |
| 雜旋伎　サラマハシ | 酒杯流行　サカヅキヲメグラス（サカヅキガヨクマハル） |
| 勒索多貲　サカテヲ子ダル | 巴々的（巴々的獨坐）　キヨロリ（キヨロリトシテ井ル） |
| 不中意　キニクハヌ（キニイラヌ）　2種 | 無記性　キオクワルシ　2種 |
| 嘘疼歌　キヤリ（キヤリウタ）　4種 | 仡向上　キツトミアグル |
| 不能短我分文　キナカモマカラヌ（キナカモカケルコトニハイカヌ） | 撩天話　メツタバナシ　11種 |
| 障眼法（障眼）　メヲクラマス　2種 | 吉慶事　メデタイコト（メデタキコト） |
| 賛鬼摸蝦　メカクシ　4種 | 極目眺望（極目，眺望）　ミワタス　6種 |
| 絶⸗汲路⸗（斷汲道, 絶水路又絶運水路）　ミヅノテヲキル　2種 | 品字坐　ミツガナワニスワル |
| 呑聲哀　シノビ子ニナク（シノビナキ, シノビ子ニナク） | 附驥尾　シリウマニノル（シリニツイテユク又シリウマニノル） |

2節　漢字表記辞書について―『雅俗幼学新書』，および『魁本大字類苑』との比較―

没坐情(ママ 性)　シリヤケザル（シリアケザル）
白淫姿貌　シヤレタナリフリ（シヤレタナリ）
不編次第　シダイフドウ
殺十命　ジフニンギリ
緊搹著　シガミック
絃唱小説　ジヤウルリ　2種
賜自盡　セツフクヲオホセツカル（セツフクヲオフセツカル）　3種
打装花櫚　シボリゾメヲスル（シボリソメヲスル）
省用些　シマツスル（シマツシテツカヘ）
賜辨装錢(辨装錢)　シタクキンヲクダサル（シタクキン）　4種
頓々足　ジダンダフム
露出馬脚　シリガワレル(シリガワレタ)
浪々蹌々（踉蹌）　ヒヨロ〳〵（ヒヨロ〳〵スル，ウロツク）

　漢字表記と語形の関係は，双方が，単語対単語，単語対句，句対単語，句対句と様々である。さらに分割可能な連語も含まれるが，その分類は煩雑をきわめる。特に，句によるものは安定感を欠くものが多い。

　また，例えば「闘葉子　カルタヲウツ」や「葉子戯　カルタヲウツ」は共通しているが，「カルワザシ」は『魁本大字類苑』に「肉飛仙，木熙，都盧，橦伎，屬鞮，上竿伎，上竿踢弄，上尖竿，險竿兒，尋橦，縁竿，走竿（橦伎以下サホノボリ，其クビスヲ掛テ掛テ逆ニナルヲ跟掛ト云ハラニテマハルヲ腹旋ト云走索以下並ニツナワタリ），走索，縄技，緪戯，踏緪，上唐梯（ハシゴノボリ）」と17種ある。『幼学新書』は，その一例（「上竿伎」）を有しているにすぎない。

　一方で，3字以上に限定したため（以下，『幼学新書』→『魁本大字類苑』），「狂言キヤウゲン　雜劇，排戯，場－　共同」→「雜劇キヤウゲンシバ井，扮戯，排戯」，「目数瞤　メヲシバタヽク　眼酸」→「眼メヲシバタヽク酸」のように2字の漢字表記に一致するものがある。しかし，2字であるために本論の抽出条件の対象とはならない。2字の漢字表記にも目を向けることによって，一致率はさらに高まると考えられる。

## 5　「唐話辞書類」の収録状況

　漢字表記には，江戸後期の節用集に散見するものや，近世中国語とは言い

得ないものも含まれているが，その性格を探るための一つの試みとして，いくつかの収録語を『名物六帖』(1727・1755・1777)と『雑字類編』に加え，『唐話辞書類集』(1969-1976)所収の辞書類で調査したところ（以上を総称して「唐話辞書類」とする（1章2節）），次のような全同・大同，または関連性のあるものが見受けられる。

先にも挙げた「カルワザシ」(「カルワザ」も含む)の漢字表記を挙げると，「上竿奴」『應氏六帖』(1705前後？)・「雀竿之戯」『漢字和訓』(1718)・「踢弄児」『怯里馬赤』(1780前後？)・「上唐梯，上竿奴，上竿踢弄，上尖竿，險竿兒」『徒杠字彙』(1860)が見られる。また，『名物六帖』に「縁竿人，險竿兒，上竿伎，上尖竿，上竿踢弄，橦伎」，『雑字類編』には「縁竿人，險竿兒，上竿伎，－－踢弄，縄伎，絚戯，踏絚，走竿，尋橦，緑－，走竿，上－，縁竿伎，橦伎 (以上，ルビ・割注略)」などが収録され，略した割注も含め『魁本大字類苑』との関わりの深さがうかがえる。

また，「露出馬脚来　バケガアラワレタ　露出本来面目　同上　露出破綻　同上」『譯通類畧』(1713-1714頃)・「露馬脚　化ノ皮ヲアラハス⺄」／「馬脚露出－－化ヲアラハスト云⺄」『俗語解』(1757以後？)・「露出馬脚　バケノ皮ノアラハル、尾ノタレタ」『忠義水滸傳鈔譯』(『忠義水滸解』(1757)の続稿)・「露出馬脚　バケガアラハレル⺄」『怯里馬赤』・「露出馬脚　ヲガミヘタ・バケノアラハル、⺄」『中夏俗語藪』(1783)・「露ニ出馬脚一　バケガアラハレタナリ」『小説字彙』が挙げられる。

その他にも，「不在家麼　ヲルスカ」『譯通類畧』・「不在家　ルス」『俗語解』，「無影無跡　アトモカタチモナイ」『怯里馬赤』・「無影無跡　アトモカタチモナイ⺄」『中夏俗語藪』，「二口糧　フタリブチ」『應氏六帖』・「授幼難字訓」(1727)・『名物六帖』・『雑字類編』，「國字副　カナツケル　元百官志蒙古翰林院掌蒙古新字仍各以－－－」『應氏六帖』・「國字副　クニノカナヲツケル」『名物六帖』・「国字副　カナツキ」『雑字類編』・「國字訓　カナツケル　元史・前ニ同シ」『漢字和訓』，「八格戯　ムサシ」『應氏六帖』・『名物六帖』・『學語編』(1772)・『雑字類編』，「冷心腸　水クサイ心」『俗語解』・「心腸冷了気クサル⺄」『忠義水滸傳鈔譯』・「冷心腸　アイソヲツカス」『中夏俗語藪』，「無記性　オホエセウカナシ」『名物六帖』・「無記性　キオクワルシ」『雑字類編』，「叙寒温　アツイサムイノハナシ」『名物六帖』・「叙寒暖　アイサツ

## 2節　漢字表記辞書について―『雅俗幼学新書』，および『魁本大字類苑』との比較―

アツサムノアイサツ」『雑字類編』・「叙寒暄　アツイサムイノアイサツ」『中夏俗語藪』，「雑旋伎　サラマハシ」『雑字類編』・『名物六帖』・『徒杠字彙』，「没坐性　シリノスハラヌ」『俗語解』・「没坐性　尻ヤケサルニ処ニジツトメヲル┐ナラス」『忠義水滸傳鈔譯』・「没坐性　シリヤケザル」『中夏俗語藪』と複数の辞書に収録される。また，「私房銀　ヘソクリガ子」，「諵々訥々　グド〳〵」，「浪々蹌々　ヒヨロ〳〵」は，一部漢字表記などの異なりはあるものの『唐話辞書類集』所収の多数の辞書に見られる。

　１例ながらも，「不得次第　アトサキノシレヌ┐・案内ノシレヌ┐」『中夏俗語藪』，「巴々的獨坐　キヨロリト坐シテ井ル」『中夏俗語藪』とある。その他『雑字類編』には，「角弓反張　ノツケニソル　ソリカヘル」，「私答號　アイコトバヲアハス」，「百禄児　モ、カ」と載る。

　以上，「唐話辞書類」には写本類も含まれ，個々の性格も考慮しなければならない点もあるが（また，相互間の援引関係の問題もあるが），特に『雑字類編』の影響は大きいようである。『名物六帖』には，例えば「醉漢」や「影戲」といった２字によるものは見受けられるが，句形式の収録は少ない。

　また，『幼学新書』と『魁本大字類苑』の双方にのみ見られるものもある。範囲を通俗小説や読本に広げると見出すことができるものが含まれていると考えられる。共通して収録される３字以上の漢字表記について，全ての説明は付かないが，『魁本大字類苑』の参看した１書として直接ないしは間接的に『幼学新書』との関わりが指摘できそうである。『幼学新書』が複数資料の１候補として役割を果たしたのであろう。１例にすぎないが，「没坐情（ママ性）　シリヤケザル（シリアケザル）」と共通する誤りもある（４章１節）。

　『幼学新書』と『魁本大字類苑』で，一方にのみ収録されるものは多数あり，これらの収録状況の相違について考えていくことで，個々の性格・特徴が明らかになるかと思われる。それぞれ数例を挙げると，『幼学新書』のみに収録されるものは「洗兒湯　ウブユ」（『雑字類編』に収録），「元旦試筆　カキゾメ」，「取次筋斗　シドロモドロ」などがある。また，「不二價　カケ子ナシ」が共通するが，『魁本大字類苑』には「無二掛直一　カケ子ナシ」はなく，『幼学新書』には「没索價」はない（「現金子設（ママ没）索價　ゲンキンカケ子ナシ」としては収録）。先の「唐話辞書類」には，「没索價　カケ子カナイ」『譯通類畧』・「索價　カケ子　実價　ツメ子タン　時價　トキノ相場　平價　ナラシ子タ

ン □價　アカリ子タン」『俗語解』・「不二價　韓康伯傳　カケ子ナシ」／「索價　カケ子」『怯里馬赤』・「不二價　カケ子ナシ」『名物六帖』・『雜字類編』・「索價　カケ子」『徒杠字彙』と記される。また，『幼学新書』には「推乳(ママ)離　スラリ　娚婷　同」とあり，『魁本大字類苑』では「娚婷」が載る。多数の「唐話辞書類」に「トンボガエリ」として収録される(26)「翻筋斗・筋斗・斤斗」は，「竪蜻蜓・擲倒技」も含め『魁本大字類苑』に収録されながらも，『幼学新書』には「筋斗　竪蜻蜓　トンボガヘリ」を載せるのみである。『幼学新書』では世話字などをはじめ諸節用集に収められるような例を収録することに対して，『魁本大字類苑』は「唐話辞書類」や漢籍に見受けられる例を積極的に収録しているようである。

## 6　まとめ

　本論で扱った実例は全収録語数に占める割合が低いものの，明治中頃に刊行された『魁本大字類苑』との関わりが漢字文字列の面から指摘ができると考える。これらの漢字表記（漢語・漢語句）と対応する日本語の単語や句との組み合わせといった関連も検討しなければならない。

　『幼学新書』と収録語の性格は大きく異なり，さらにイロハ引き（類門の別），画数引きの相違がそれぞれあるが，『雜字類編』や『小説字彙』にも明治期の後印があり，収録される漢字表記への需要と関心があったのであろう。また，これらの辞書が楷書によって記されている（また共通してカタカナが用いられる）ため，来る活版印刷の時代に受け入れられたのだと考えられなくはないだろうか（結果的に漢語辞書が整備されるまでの需要のすきまをうめたとするのは，性質が異なるためすぎるかもしれないが）。

　また，『幼学新書』の序を信頼するならば，詩作のためといった限定されたものではなく，一つの教養としてしての漢字表記といった意味合いでの需要があったように考えられる。(宣伝文句ではあるが)『増補　新令字解』(1870)の広告面（〔図10〕）に『幼学新書』について掲載があり，「漢語(カンゴ)ヲ和解(ワゲ)シ通言(ツウゲン)ヲ以テ謄寫(トウシヤ)シ伊呂波ニ部局ヲワカチ幼童ト雖モ直(タダ)チニ其曉(サト)リ易キ公私必用(ヒツ)ノ字引ナリ」と記される。このことは，明治期の刊行といったことに対する一つ

2節　漢字表記辞書について―『雅俗幼学新書』，および『魁本大字類苑』との比較―

の理由となりそうである（何のために，どこで使用したのかという実際的な面が問題として残るが，数年後の学制（1872）との関わりも指摘できそうである・統一した Spelling Book のようなものの必要性といったところか）。

　一見，唐話辞書の体裁，あるいは印象を呈しながらも，ある面では江戸期の節用集の末流にある『幼学新書』が，本論で扱った「唐話辞書類」に見受けられるものをはじめ，様々に収録していく。それにより，収録語が個々の背景を超えて江戸期のことばとして一元化されていく要因となったのではないか。そのために，江戸という時代の中での性格と，明治という後続する時代からの位置付けということでは，異なりがあることには留意しなければならない。個々の漢字表記の根源を精査することに加え，漢字表記辞書としての『幼学新書』，また漢字表記が明治期に果たした役割，といったことが問題となる。

　収録される多くの漢字表記は江戸後期の一斑を示していると考えられる。その中には，一時的に江戸期に出現し，明治中期以降は定着せず，消滅した漢字表記がある。また，収録されていることと実際の通行の度合いには異なりがあるが，特に近世中国語に端を発する漢字表記（漢語・漢語句）とも言うべきものの近世日本語における接触・受容の過程について，今後，多面的な調査・考察を行っていかなければならない。

〔表2〕『雅俗幼学新書』（イロハ順・門別分類による収録語数一覧）

|   | 天地 | 時候 | 神佛 | 官位 | 名字 | 人物 | 身體 | 衣服 | 飲食 | 器財 | 動物 | 植物 | 數量 | 言語 | 計 |
|---|---|---|---|---|---|---|---|---|---|---|---|---|---|---|---|
| イ | 148 | 30 | 34 | 8 | 50 | 60 | 43 | 22 | 9 | 65 | 49 | 43 | 140 | 382 | 1,083 |
| ロ | 20 | 1 | 7 | 2 | 2 | 10 | 4 | 4 | 3 | 23 | 7 | 5 | 16 | 26 | 130 |
| ハ | 151 | 20 | 30 | 16 | 34 | 86 | 89 | 41 | 28 | 155 | 81 | 111 | 21 | 363 | 1,226 |
| ニ | 36 | 11 | 11 | 8 | 22 | 27 | 20 | 9 | 18 | 24 | 28 | 33 | 0 | 121 | 368 |
| ホ | 74 | 20 | 46 | 9 | 18 | 45 | 34 | 15 | 16 | 59 | 29 | 53 | 0 | 246 | 664 |
| ヘ | 41 | 3 | 11 | 5 | 9 | 27 | 25 | 14 | 7 | 34 | 22 | 24 | 0 | 163 | 385 |
| ト | 123 | 47 | 17 | 41 | 21 | 109 | 34 | 24 | 20 | 153 | 76 | 56 | 0 | 384 | 1,105 |
| チ | 88 | 39 | 18 | 15 | 12 | 75 | 53 | 12 | 24 | 101 | 23 | 34 | 0 | 252 | 746 |
| リ | 45 | 12 | 5 | 2 | 5 | 29 | 5 | 7 | 0 | 31 | 5 | 24 | 10 | 117 | 313 |
| ヌ | 25 | 2 | 5 | 4 | 5 | 4 | 4 | 28 | 6 | 31 | 6 | 14 | 0 | 72 | 206 |
| ル | 3 | 5 | 2 | 0 | 0 | 5 | 5 | 2 | 0 | 8 | 3 | 0 | 0 | 18 | 51 |
| ヲ | 173 | 24 | 29 | 24 | 102 | 169 | 72 | 30 | 20 | 115 | 79 | 93 | 0 | 529 | 1,459 |
| ワ | 40 | 7 | 16 | 8 | 13 | 80 | 36 | 19 | 14 | 78 | 16 | 55 | 1 | 180 | 563 |
| カ | 314 | 23 | 50 | 27 | 84 | 198 | 127 | 95 | 72 | 362 | 171 | 169 | 0 | 862 | 2,554 |
| ヨ | 55 | 53 | 7 | 4 | 15 | 64 | 29 | 24 | 10 | 97 | 0 | 0 | 0 | 177 | 535 |

| | | | | | | | | | | | | | | |
|---|---|---|---|---|---|---|---|---|---|---|---|---|---|---|
| タ | 177 | 37 | 52 | 47 | 50 | 112 | 74 | 32 | 31 | 186 | 77 | 111 | 0 | 556 | 1,542 |
| レ | 41 | 16 | 7 | 5 | 1 | 44 | 3 | 6 | 5 | 28 | 11 | 15 | 0 | 76 | 258 |
| ソ | 66 | 8 | 14 | 12 | 15 | 73 | 41 | 22 | 26 | 35 | 8 | 15 | 0 | 237 | 572 |
| ツ | 124 | 34 | 8 | 14 | 16 | 42 | 67 | 23 | 21 | 234 | 0 | 78 | 0 | 318 | 979 |
| 子 | 26 | 25 | 11 | 5 | 3 | 17 | 21 | 23 | 0 | 35 | 21 | 27 | 0 | 131 | 345 |
| ナ | 92 | 31 | 13 | 15 | 42 | 58 | 53 | 18 | 40 | 75 | 21 | 62 | 3 | 296 | 819 |
| ラ | 18 | 5 | 3 | 3 | 0 | 27 | 23 | 9 | 6 | 21 | 11 | 13 | 0 | 88 | 227 |
| ム | 47 | 11 | 18 | 2 | 24 | 31 | 45 | 13 | 16 | 28 | 32 | 23 | 1 | 173 | 464 |
| ウ | 146 | 11 | 16 | 18 | 42 | 101 | 62 | 53 | 40 | 75 | 100 | 67 | 0 | 494 | 1,225 |
| ノ | 49 | 2 | 7 | 0 | 12 | 20 | 18 | 4 | 11 | 42 | 14 | 30 | 0 | 153 | 362 |
| ク | 153 | 30 | 37 | 44 | 44 | 104 | 84 | 37 | 45 | 196 | 73 | 118 | 0 | 568 | 1,533 |
| ヤ | 125 | 17 | 20 | 1 | 38 | 86 | 38 | 16 | 23 | 105 | 74 | 84 | 0 | 201 | 827 |
| マ | 83 | 42 | 29 | 10 | 40 | 68 | 47 | 25 | 9 | 125 | 54 | 93 | 0 | 340 | 965 |
| ケ | 73 | 32 | 15 | 23 | 1 | 79 | 50 | 27 | 13 | 79 | 21 | 42 | 0 | 335 | 790 |
| フ | 125 | 15 | 33 | 16 | 41 | 88 | 91 | 61 | 30 | 191 | 39 | 79 | 0 | 443 | 1,252 |
| コ | 169 | 57 | 43 | 43 | 36 | 144 | 80 | 46 | 68 | 231 | 73 | 110 | 28 | 475 | 1,603 |
| エ | 64 | 9 | 11 | 2 | 11 | 39 | 23 | 13 | 4 | 72 | 26 | 36 | 0 | 175 | 485 |
| テ | 90 | 14 | 16 | 27 | 1 | 78 | 52 | 9 | 13 | 129 | 28 | 26 | 2 | 328 | 823 |
| ア | 220 | 60 | 51 | 13 | 78 | 112 | 79 | 46 | 53 | 159 | 115 | 123 | 0 | 648 | 1,757 |
| サ | 150 | 49 | 36 | 34 | 42 | 103 | 51 | 37 | 55 | 171 | 44 | 114 | 49 | 614 | 1,549 |
| キ | 127 | 46 | 21 | 20 | 28 | 103 | 99 | 51 | 36 | 138 | 52 | 89 | 11 | 493 | 1,314 |
| ユ | 60 | 9 | 8 | 8 | 5 | 19 | 10 | 17 | 5 | 51 | 7 | 23 | 0 | 131 | 368 |
| メ | 20 | 9 | 5 | 0 | 6 | 51 | 47 | 10 | 12 | 60 | 25 | 15 | 0 | 175 | 435 |
| ミ | 136 | 28 | 39 | 12 | 43 | 38 | 64 | 17 | 18 | 84 | 39 | 51 | 0 | 225 | 794 |
| シ | 207 | 84 | 88 | 72 | 39 | 182 | 115 | 61 | 54 | 207 | 80 | 121 | 36 | 984 | 2,330 |
| ヒ | 144 | 54 | 26 | 15 | 16 | 80 | 72 | 28 | 37 | 130 | 58 | 94 | 83 | 361 | 1,198 |
| モ | 41 | 9 | 4 | 7 | 0 | 36 | 19 | 36 | 17 | 48 | 15 | 46 | 0 | 213 | 507 |
| セ | 50 | 30 | 27 | 20 | 10 | 80 | 53 | 8 | 18 | 73 | 20 | 41 | 0 | 275 | 705 |
| ス | 67 | 15 | 7 | 12 | 18 | 31 | 27 | 16 | 23 | 87 | 40 | 37 | 0 | 309 | 689 |
| 計 | 4,226 | 1,087 | 957 | 675 | 1,120 | 3,030 | 2,098 | 1,103 | 995 | 4,431 | 1,779 | 2,496 | 401 | 13,707 | 38,105 |
| | 11.1 | 2.9 | 2.5 | 1.8 | 2.9 | 8.0 | 5.5 | 2.9 | 2.6 | 11.6 | 4.7 | 6.6 | 1.1 | 36.0 | 100.0 |

※ 上巻はイからウ,下巻はノからスである。

14門からなる門別によって上位から分類する。

    言語   13,707語  (35.97%)

    器財   4,431語  (11.63%)

    天地   4,226語  (11.09%)

    人物   3,030語  (7.95%)

    植物   2,496語  (6.55%)

    身體   2,098語  (5.51%)

2節　漢字表記辞書について―『雅俗幼学新書』，および『魁本大字類苑』との比較―

| 動物 | 1,779語 | (4.67%) |
| 名字 | 1,120語 | (2.94%) |
| 衣服 | 1,103語 | (2.89%) |
| 時候 | 1,087語 | (2.85%) |
| 飲食 | 995語 | (2.61%) |
| 神佛 | 957語 | (2.51%) |
| 官位 | 675語 | (1.77%) |
| 數量 | 401語 | (1.05%) |

※　言語門が大部を占める結果となり，一つの特徴をとらえる際の有用な門である。そして，器財門・天地門が続く。最も少ない数量門においては，イ部に140語収録されながらも，未収録の部が多数あり，13の部のみに収録されるにすぎない（ただし，数詞の語頭の文字の種類は限りがある）。その他にも，部と門を組み合わせた視点からの順など，江戸後期の辞書を数値から見た実態についての手がかりとなると考える。


注
（1）　①1855（安政2）年，②1865（慶応元）年，③1876（明治9）年と少なくとも3回にわたり，異なる時期に刊行されているようである。
　　　①　跋文に「文政十年亥初冬稿成　楓齋森源愿校正」とあり，1855（安政2）年に刊行されたものである。発行書林の所在については「京都・大坂・江戸」を挙げる。
　　　②　①に加え，跋文のかわりに「慶応乙丑再校」(1865)と記された蔵版目録を持つ（**参考2　広告について**）。
　　　③　奥付に「明治九年四月廿六日版権免許」(1876)とある。発行書林は「江戸」から「東京」にあらためられる。
　　異同についても，例えば，イの部の天地門に，①「陰陽　インヤウ　営氳　阧阫」とあるが，②・③では「陰陽　インヤウ　営氳　会昜」とある。また，②の蔵版目録に，『幼学新書』「字書之部」に加え，各続編（「部類之部」，「門類之部」，「聲類之部」，「拾遺」）が考案されていたようである。しかし，本論で扱った「字書之部」以外に関しては，「近刻」，「嗣出」とあるが，実際には刊行されていないようである。他に，発行書林の所在が「京都・大坂・東京」とありながら刊年が記されていないものがある。
（2）　節用集を指す。
（3）　節用集を指す。
（4）　機械的に援引している部分には留意しなければならない。例えば，唐話辞書の援引については鳥居(1951他)がある。また，松井(1990)p.3では，江戸期の節用集における「掲出語の保守性と，漢字音の単調さと」の面から，多くの辞

401

書を用いて調査している。その一書として，『幼学新書』も取り上げられている。
（5）『舎密開宗』をはじめ森楓斎の名が見受けられることについては，坂詰・木村（2006）に記載。
（6）高井蘭山による『御江戸大地図』も考慮する必要があろうか。
（7）*Bibliothèque japonaise: Catalogue raisonné des livres et des manuscrits japonais enregistrés à la bibliothèque de l'université de Leyde.*
（8）'SECTION Ⅰ' と 'SECTION Ⅱ' で，節用集を百科辞書的なものと漢字表記辞書（日中辞書）的なものに二分している点は興味深い。
（9）原文は以下のとおりである。

    46. 雅俗幼學新書
    Ga-zoku you-gaku sin-siyo.
"Le nouveau livre de la langue classique et vulgaire pour la jeunesse". Dictionnaire japnais-chinois, arrangé suivant l'irova et subdivisé en groupes homologues. Caractères chinois classiques et katakana. Par Fuu Sai Mori. 2 vols. in-8°. Yedo, Miyako, Ohosaka 1854. Enveloppe illustrée à l'encre de Chine.

（10）踊り字も1字と数えた。
（11）松井（1990）p.82では，『訳書字類』（1867）の掲出語を検討するにあたり，「三字以上の掲出語を取り挙げたのは，二字漢語ほど数が多くないこと，特殊な熟合形があれば，それによって出典をつきとめる手がかりが得やすいと予想されることのためである。」とあり，本論もそれによった。
（12）<u>参考1　『雅俗幼学新書』序・凡例・跋についての凡例「言語門」。種々雑多なものが含まれていると考えられる。</u>
（13）鳥居（1954）。4章1節。
（14）木村義之（2005）に詳しい。
（15）草稿は1863年に完成している。
（16）谷口・杉本（1994）の「解説」には谷口松軒と同時代で同郷の松井耕雪の蔵書目録に触れ，『魁本大字類苑』と関わりのありそうなものを挙げている。
（17）「解説」にもあるようにそのまま字音で読んだものも一部ではあるが収録されている。
（18）『魁本大字類苑』との関わりで，一部，字音や字訓で読んだものも含む。
（19）『魁本大字類苑』は『幼学新書』と同一のものでも，「長路駄　ト<u>ホ</u>シウマ」，「長路舩　トホシブ子」とする。
（20）例えば，「蹤影　人ノ仕置タルアトカタ模様ヲ云」『俗語譯義』（1749）がある。
（21）「二口糧　フタリブチ　開元(ママ　天)遺事」とあり，『文藻行潦』（1782）にも全く同じ誤りがある。
（22）参考として，「慢心腸　キノナカイ」『俗語解』，「硬心腸　シヤウ子ヲキット立ルヿ」『俗語譯義』がある。
（23）「烟火花砲　花火」『忠義水滸傳鈔譯』などもある。
（24）「唐話辞書類」から離れるが，例えば，「醉漢脳語」は『開天遺事』に見られるようである。

2節　漢字表記辞書について―『雅俗幼学新書』,および『魁本大字類苑』との比較―

(25)　「情」と「性」は,偏が同様であり,旁は同じ字音を持つ,字形も大きく乖離しているとは言い難い。
(26)　例えば,「翻筋斗　トンボカヘリ」『譯通類署』,「翻筋斗　トンボカヘリ」『忠義水滸傳鈔譯』,「斤斗,筋-,翻--」『雜字類編』とある。(トンボウガヘリ)
(27)　松井(1990) p.116には,『『音画両引』大全漢語字彙』(1875)が多数挙げられる「引用書目録略」に『幼学新書』があり,『懐中漢語字引大全』(1881)にも一書として挙げられている。その上で,「凡例の記述や引用書目を鵜呑みにすることができない」とある。今後の検討を要するが,明治期の漢語辞書に引用書目として『幼学新書』が挙げられていることについては考慮しなければならない。
(28)　清代などの異名に関する辞書類が直接・間接的に吸収されていったことも考えていきたい。例えば『幼学新書』の広告に和刻本の『類腋』の名が並んで挙げられている**(参考2　広告について)**。また,『事物異名録』(1788)などとの関連性を考慮する必要がある。後続資料としては,『事物異名録』を基にイロハ順に並べた『事物異名類編』(1861)との類似性なども問題になる。


## 参考1　『雅俗幼学新書』序・凡例・跋について

### 序

幼學新書序
言語之道萬物之稱謂。從㆑亩而變。
則固詳㆑名辨㆑物之不㆑易也。況以㆓漢
字㆒充㆓我之事物㆒。厥惟艱哉。及㆓節用
集者出㆒。能合㆓彼我㆒爲㆑一。其裨益于
人㆒不㆑亦尠矣。爾後補㆓其闕略㆒拾㆓其
遺漏㆒者。日月以出焉。可㆑謂㆑盡矣。雖
㆑然。苟就㆓簡趣㆑優終使㆓正字至㆑不㆑可
㆑知也。楓齋森先生有㆑憂㆑之。暇餘校
讐。正㆓其謬誤㆒。自㆓天地㆒至㆓言語㆒凡十
餘門。爾言雅語。搜抉網羅。細大無
㆑遺。命曰㆓幼學新書㆒。手自繕寫。以授㆓
剞劂㆒命㆓序祐㆒曰。區々小冊子。固無
㆑用㆓於成人君子㆒。唯余老婆心。在㆑欲

## 4章　『和英語林集成』の周辺資料

使ㄴ所ㄴ知　一　二　童　蒙　識ᵗ正　字ᵘ焉　爾。而
余　所ㄴ知。無ㄴ如ㄴ子。則　知ㄴ余　者。亦　當ㄴ無
ㄴ如ㄴ子　也。得ᵗ子　之　言。覚ᵗ篇　首ᵘ足　矣。何
希ᵗ假ᵗ宗　公　鉅　儒　之　序。以　售ᵘ之　爲。吾
不ㄴ能ᵗ固　辭。遂　書ᵗ其　言。以　塞ㄴ責　云　爾。
安　政　甲　寅　冬　十　二　月
　　　　常　陽　　田　祐　順　仲　謹　識

　　［田祐之印］　［順中］


### 序　訓読 (試みに付す)

幼學新書序

言語の道，萬物の稱謂 (=名称) なり。世に從ひて變ず。

則ち固より名を詳らかにし，物を辨ずること，これ易からざるなり。況んや漢字を以て

我が事物に充つるをや。厥惟(それただ) (=まことに) 艱(かたき)かな。節用集

出づるに及び，能く彼我 (=漢字と日本の事物) と合し，一と爲す。其れ人を裨益 (=役に立つ) すること

亦鮮(すくな)からずや。爾後其 (=節用集) の闕略を補い。其の

遺漏を拾ふは，日月以て出づ。盡くすと謂ふべし。然りと雖ども，

苟しくも簡に就き，便に趣らば，終に正字をして

知るべからざるに至らしむ。楓齋森先生之を憂ふる有り。暇餘に校讐 (=校正・校合) し，其の謬誤を正す。「天地」より「言語」に至る。凡そ十餘門。爾言 (=卑近なことば) 雅語。搜挕し，網羅す。細大

遺す無し。命じて『幼學新書』と曰ふ。手 (=てづから・自身で) 自ら繕ひ寫す。

以て剞劂(キケツ) (=板木を彫る人) に授く。序を祐に命じて曰く。「區々 (=取るに足りない) 小冊子なり。固より

成人たる君子に用ひらるること無からん。唯余の老婆心は，知る所の一二の童蒙をして正字を識らしめんと欲するに在るのみ。

而して余の知る所 (=知人) は，子に如くはなし。則ち余を知る者も，亦當に子に如くは無かるべし。

2節　漢字表記辞書について―『雅俗幼学新書』，および『魁本大字類苑』との比較―

子（＝祐のこと）の言を得て，篇首（＝この序）を覚（もと）むれば足れり。
何ぞ宗公鉅儒の序を假りて，以て售（う）らんと希（こいねが）ひてなさんや。」と。
吾固辭するあたはず。遂に其の言を書す。以て責めを塞（ふさ）ぐとしか云う。
　　安政甲寅冬十二月
　　　　　　常陽　　　田祐順仲謹識


## 凡例

　　　　凡例
【天地】日月星辰雨露霜雪風雲海山宮室居宅城里名所舊跡等ヲ載ス
【時候】春夏秋冬朝夕晝夜晦朔寒暑古今年月時刻等也
【神佛】諸神佛ノ名號及社祠堂塔寺院經文等ヲ載ス
【官位】攝政關白ヨリ文武ノ官名諸役ノ名目僧綱ノ位階職原ノ文字ヲ載ス
【名字】源平藤橘ノ四姓ヲ始メ百家ノ姓氏ヲ載ス
【人物】士農工商君臣父子夫婦兄弟朋友及故人ノ高名ヲ載ス
【身體】五臟筋骨手足毛髮及病名灸穴ノ名所等ヲ載ス
【衣服】綾羅錦繡絹布或ハ紋ノ名目染色等ヲ載ス
【飲食】酒食及菓子料理ノ名目藥名等ヲ載ス
【器財】金銀珠玉七寶諸道具沽券證文紙彩具類ヲ載ス
【動物】禽獸魚鼈諸蟲摠テノ生類ヲ載ス
【植物】諸草木花實五穀野菜ノ類或ハ藥品ノ名目草木ニ非ザルヲモ此門
　　ニ載ス
【數量】一ヨリ百千萬億寸尺釐毫等數ニ預ル文字ヲ載ス
【言語】常ニ言扱フ雅言俗談平話又日用文通ノ文字恐ク此門ニ遺漏スル
　　ヲナシ
　一　毎字本音ヲ省キ訓義ノミヲ載ス音ニテ通用スル字ハ
　　　音ヲ舉ゲ音訓兩用ノ字ハ其義ヲ俱ニ載ス轉訓アル
　　　モノハ。ヲ加ヘテ其傍ニシルス
　一　――是上ノ同字ト知ルベシ巻中繁キ所ニハ字ノ下
　　　ニ―ヲ書タルモ有リ又是上ノ下ノ字ト同シ故ニ略
　　　シ ナリ天地混覽スベカラズ

4章 『和英語林集成』の周辺資料

　　　跋

跋

誠　一日閲書篋。得小冊子。則家嚴所
抄録。而於俗閒通用之事物。無一不
備矣。傍及雅語。且其爲字也。楷法正
體。無有苟厭勞省畫者也。於是欣然
大喜千金不啻。既而意公之以便于
童蒙暗邇言雅語者。則未可必無裨
益。豈忍空使蠧蟲飽哉。遂固請家嚴
鏤之梓。名曰雅俗幼學新書。安政乙
卯孟穐剞成。因跋。
　　　　　　　　男　誠謹識併書
　　［誠印］　［子愼］


　　跋　訓読（試みに付す）

跋

誠　一日書篋（＝書物を納れるつづら）を閲し，小冊子を得たり。則ち家嚴
（＝父親）
抄録する所にして，俗閒通用の事物において。一として
備はらざるは無し。傍ら雅語に及べり。且つ其の字爲るや。楷法正
體にして。苟くも勞を厭ひ畫を省くこと有る無し。是に於いて欣然とし
大いに喜び千金不啻（不明？）。既にして（＝間もなく）意は公（＝父親）の
童蒙に邇言（＝卑近なことば）雅語を暗んずるに便ならしめん者にして。則
ち未だ必ずしも裨益なからずんばあらず。
豈に空しく蠧蟲（＝しみ）をして飽かしむに忍びんや。遂に固く家嚴之を
鏤ち（＝彫る）梓（＝上梓）せんことを請ふ。
名づけて雅俗幼學新書と曰ふ。安政乙
卯孟穐（＝安政2年初秋）剞成る。因りて跋す。
　　　　　　　　男　誠謹識併書


また，「巻之二　終」の後に［楓□樓匡書徵］とある。

406

## 参考2　広告について

『幼学新書』に関連する広告が，巻末や他の書物の中に見受けられる。確認ができたものを以下に挙げ，その様相を概観する。

### 『雅俗幼学新書』

「①1855（安政2）年版」の架蔵のものには，巻1の表紙内に一葉の広告（縦・横ともに13cm）がはさみこんであるものが存在する（〔図6〕）。

〔図6〕「①1855（安政2）年版」広告

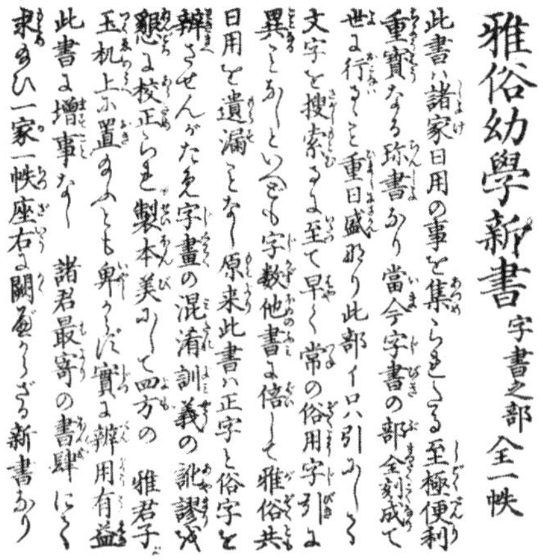

雅俗幼學新書　字書之部　全一帙
此書ハ諸家日用の事を集められたる至極便利
重寶なる珎書なり當今字書の部全刻成て
世に行るゝこと重日盛なり此部イロハ引にして
文字を捜索るに至て早く常の俗用字引に
異ことなしといへども字数他書に倍して雅俗共
日用を遺漏ことなし原来此書ハ正字と俗字を
辨させんがために字畫の混淆訓義の訛謬を
懇に校正られ製本美麗にして四方の　雅君子
玉机上に置れるとも卑からぬ實に辨用有益
此書に増事なし　諸君最寄の書肆にて
求め玉ひ一家一帙座右に闕べからざる新書なり

雅俗幼學新書　字書之部　全一帙

此書は諸家(しよけ)日用の事を集(あつめ)られたる至極便利(しごくべんり)

重寶(ちようはう)なる珎書(ちんしよ)なり當今(いま)字書(じびき)の部(ぶ) 全(まつたく) 刻成(こくなり)て

世(よ)に行(おこなは)るゝこと重日 盛(ひましにさかん)なり此部イロハ引にして

文字を捜索(さがしもとむ)るに至(いたつ)て早(はや)く常(つね)の俗用字引(ぞくようじびき)に

異(ことなる)ことなしといへども字数(じかず) 他書(ほかのふみ)に倍(ばい)して雅俗共(がぞくとも)

日用を遺漏(もらす)ことなし原来(もとより)此書は正字と俗字を

辨(わきまへ)させんがために字 畫(じくわく)の混淆(みたれ)訓義(よみやう)の訛謬(あやまり)を

## 4章 『和英語林集成』の周辺資料

懇に校正られ製本美にして四方の雅君子
玉机上に置たまふとも卑からず實に辨用有益
此書に増事なし諸君最寄の書肆にて
求たまひ一家一帙座右に闕べからざる新書なり

『幼学新書』の「②1865（慶応元）年版」には，跋のかわりに，蔵版目録（〔図7・8〕）を持つものがある。それによると，『雅俗幼学新書』「字書之部」に加え，「二編　部類之部」，「三編　門類之部」，「四編　聲類之部」，「拾遺」の各続編の構想があったようである。実際には刊行されていないようであるが，続編を検討していたことを考えると，再度にわたる刊行も含め『雅俗幼学新書』が幅広く流布していたものと考えられる。また，『類腋』(1742) についての記載もある。

〔図7〕「②1865（慶応元）年版」目録

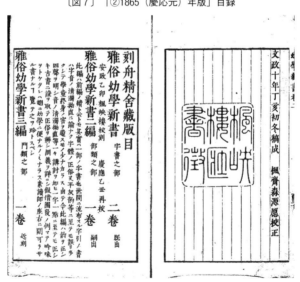

2節　漢字表記辞書について―『雅俗幼学新書』、および『魁本大字類苑』との比較―

〔図8〕「②1865（慶応元）年版」発行書林

刻舟精舎藏版目

雅俗幼學新書　　字書之部　二巻　既出

　　安政乙卯楓峽樓校刻　慶應乙丑再校

雅俗幼學新書二編　部類之部　一巻　嗣出

　此編ハ前編ノ續ト云トモ其實ハ一部ノ字書也世間ニ流布スル字引ノ書
　ハ字音ノ清濁拗音直ニ論ナク字體ノ正俗又平灰（ママ 灰）韵等ニ至テモ誤
　リ多

　クシテ學童終身ノ害ヲ遺スモノ少ナカラス由テ今此編ハ韵ヲ正シ
　四聲ヲ明シ音ノ清濁拗直等一々講討ヲ加ヒ一字一點ニ至テモ正シ
　キ古書ニ證ヲ取テ正俗ニ辨シ訓義ヲ詳ニシ假借圈發ノ例マテ吟味
　ヲトケタレハ翅ニ幼學ニ便ナルノミナラス素讀師ノ座右ニ闕可ラサ
　ル書ナルフ覽テ之ヲ珍トスベシ

雅俗幼學新書三編　門類之部　一巻　近刻

　世ニ伊呂波韵ト云書アレトモ詰訓ヲ誤リ平灰（ママ 灰）ヲ亂ルモノ十ニ半コ
　レ

　アリ假ヘハ爾雅ニ幠有也トアリテタモツノ義ナルヲヤハリアリト

　　　　訓シタル類ヒ幼學コレガ爲ニ誤ラルヽモノ少ナカラス此編數十種
　　　　ノ證書ニ據テ詁訓ヲ正シ且ツ虛字實字助字トモニミナ其意義ノ
　　　　同異ヲ辨シ五十音ヲ以テ分テ專ラ幼學詩文ノ用ニ備ヘンタメ十
　　　　餘年ノ勞ヲ以テ成就セシ書ナリ
　　　雅俗幼學新書四編　<u>聲類之部</u>　六卷　近刻
　　　　學者造字ノ本ヲ知ラザレハ字ヲ讀字ヲ書スルミナ正シキコヲ得ス此
　　　　編ハ造字ノ本ヲ知リテ其末ニ誤リ無ラシメンカ爲メ大家碩儒ノ校閱
　　　　ヲ經テ學者ニ賜モノスル一大奇編ナリ
　　　雅俗幼學新書拾遺　　　　　二卷　嗣出
　　　　字書ノ部ノ遺漏ヲ補集ス
　　　類腋　　清人華亭姚培謙著　　十六卷　補遺附袖珍本　　近刻

　東北大学附属図書館蔵の「③1876（明治9）年版」には，跋の後に二丁の目録が付されている。以下，関連部分のみを記す（〔図9〕）。定価一円であったことが知られる。

〔図9〕　「③1876（明治9）年版」広告

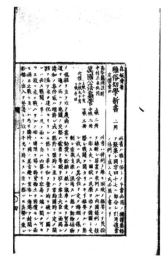

　　東京書肆千鐘房發兌目録
　　　（中略）

2節　漢字表記辞書について—『雅俗幼学新書』，および『魁本大字類苑』との比較—

森楓齋著

雅俗幼學新書　二冊

定價壹圓

此書ハ雅ト俗トノ平常必要ノ稱謂熟語

ヲ聚集シ國字四十七ニ部分シ引用搜索

ノ法例ヲ成ス人民必要ノ書ナリ

　　（中略）

東京日本橋通壹丁目　須原屋北畠茂兵衛　敬白


『増補　新令字解』

『増補　新令字解』（1870）にも，次のような広告が見られる。（〔図10〕・『明治期漢語辞書大系』5　大空社）。

〔図10〕『増補　新令字解』広告

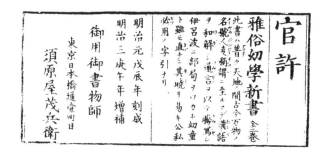

官許

雅俗幼學新書　全二巻

此書ハ普ク天地ノ間古今万物ノ名號人妻稱謂ニ至ルマデ漢語ヲ和解シ通言ヲ以テ謄寫シ伊呂波ニ部局ヲワカチ幼童ト雖モ直チニ其曉リ易キ公私必用ノ字引ナリ

　　明治元戊辰年刻成

　　明治三庚午年増補

御用書物師　東京日本橋通壹町目　須原屋茂兵衛

411

## 4章　『和英語林集成』の周辺資料

その他の『増補 新令字解』にも表紙裏見返しに『雅俗幼学新書』の広告を載せるものがある。加えて，上記（〔図10〕）に「官許」とある部分が，以下のように詳細が記されているものもある。

　此書ハ小學教則ヲ掲ケ暇ニ問答ヲ設ケ入學子弟ノ父兄タツ(ママ)者ノ必携
　トモ謂フヘキ書ナリ

広告という性格上のためであろうか，『明治期漢語辞書大系』3の『増補新令字解』「明治二年秋」にはなく，諸本により変更が見られるようである。

## 3節　漢字索引と康熙字典
――『平文氏著 語林集成 漢字索引』について――

### 1　はじめに

　序章3節で触れたが，『和英語林集成』には1888年に丸善商社書店から刊行された漢字索引が存在する。表紙タイトルは，英語と日本語で *Index of Chinese Characters in Hepburn's Dictionary, Arranged According to Their Radicals*『平文氏著 語林集成 漢字索引』(以下,『語林集成漢字索引』)とある。それは『和英語林集成』4版 (1888) に対応している。
　そこで，『語林集成漢字索引』の概要に触れ，漢字の扱い，刊行の意義と役割を中心に考察する。

### 2　編者と構成など

　編者は，アメリカ人 W. N. ホイットニー (Willis Norton Whitney, 1855-1918) である。ホイットニーは『和英語林集成』3版 (1886) の PREFACE の最後に協力者として，高橋五郎，アメリカンボードの神戸在住のアメリカ人宣教師 O. H. ギューリック (Orrramel Hinckley Gulick, 1830-1923) とともに挙げられている。ホイットニーの電気工学の知識，また医師として能力が評価されたものであると考えらえる。ホイットニーは他にも[2]*A Concise Dictionary of the Principal Roads, Chief Towns and Villages of Japan, with Population, Post Offices etc: Together with List of KEN, KUNI, KŌRI, and Railways* と題した日本の主要道路，町村，人口，郵便局に関する辞書を1889年に丸善商社書店から刊行している。
　このように日本でいろいろな成果を挙げたホイットニーは，1875年に一家

で来日していた。父は商法講習所の簿記教師である W. C. ホイットニー (William Cogswell Whitney, 1825-1882)，妹は勝海舟の三男梶梅太郎の妻となる A. C. ホイットニー (Alma Clara Whitney, 1860-1936) である。妹のクララは，ヘボン夫妻と親交があった (ホイットニー (1996))。

ホイットニーは東京医学校でドイツ医学を教えた E. ベルツ (Erwin von Bälz, 1849-1913) のもと，最初のアメリカ人学生として当時眼疾の多い日本での施療を志し医学 (眼科) を学んだ。[3]

その後，本国ペンシルベニア大学医学部入学および医学博士取得のため，1880年に一家で帰国した。日本に赴く途中のロンドンで父が病死しながらも1882年に再来日し，アメリカ公使館付通訳官となった。1886年には勝海舟の援助を受けて，赤坂病院を設立，医療伝道を行った。1911年に渡英し，1918年に没した。

ヘボンとの親交は，出身国が同じであり，大学の後輩でもあり，またともに宣教医であることが契機になったのであろう。*Transactions of the Asiatic Society of Japan* (「日本アジア協会紀要」) の編集をヘボンとともに行っている。

『語林集成漢字索引』は，『和英語林集成』4版に収録される見出し語の漢字・漢語にわたる漢字表記を求めることを目的に編まれたものである。縦24.0cm×横16.5cm の黒布装である。ともに1888年の刊行であることから需要を見越してのものであろう。やはり3版以降の『和英語林集成』同様，丸善商社書店から刊行され，定価は75銭であった。

その検索は，漢字表記の一文字目の漢字を偏旁冠脚によって画数順で並べた 'List of Radicals' (以下，「部首一覧表」) に部首番号 (「漢字索引」の当該頁) を求め，次に部首ごとに画数順で並べた 'Index of Characters' (以下，「漢字索引」) によって求めるという方式をとっている。

全体の構成は，〔図1〕の扉の後，〔図2〕の解説 (使用方法) と偏旁冠脚による「部首一覧表」が3頁，〔図3〕の「漢字索引」が119頁，奥付からなる。

〔図1〕の扉には，アメリカ公使館付通訳官 (Interpreter to the U. S. Legation, Tōkyō) として記されている。〔図2〕の解説は上段に記され，下段に「部首一覧表」を載せる (下線は筆者・試訳を付す)。

### 3節 漢字索引と康熙字典―『平文氏著 語林集成 漢字索引』について―

〔図1〕 扉　　　　　〔図2〕 解説と「部首一覧表」

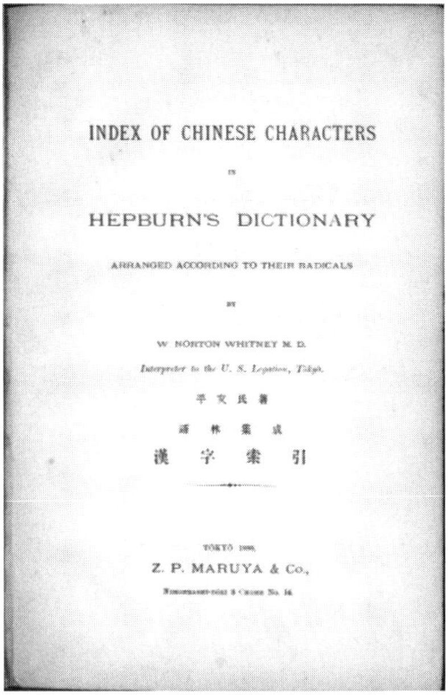

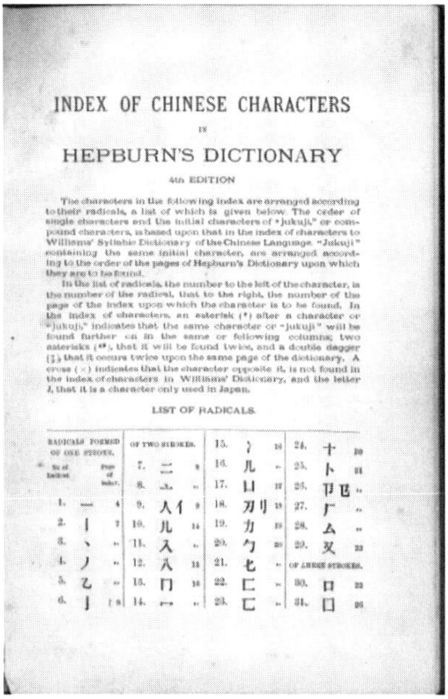

INDEX OF CHINESE CHARACTERS

IN

HEPBURN'S DICTIONARY

4th EDITION

The characters in the following index are arranged according to their radicals, a list of which is given below. The order of single characters and the initial characters of "jukuji," or compound characters, is based upon that in the index of characters to Williams' Syllabic Dictionary of the Chinese language. "Jukuji" containing the same initial character, are arranged according to the order of the pages of Hepburn's Dictionary upon which they are to be found.

In the list of radicals, the number to the left of the character, is the number of the radical, that to the right, the number of the

415

page of the index upon which the character is to be found. In the index of characters, an asterisk (*) after a character or "jukuji" will be found further on in the same or following columns; two asterisks (**), that it will be found twice, and a double dagger (‡), that it occurs twice upon the same page of the dictionary. A cross (×) indicates that the character opposite it, is not found in the index of characters in <u>Williams's Dictionary</u>, and the letter J, that it is a character only used in Japan.

　次に続く索引の漢字は以下の一覧表にある部首に基づき列記されている。単漢字や「熟字」つまり合成語の最初の漢字はウィリアムズ (筆者注：S. W. ウィリアムズ) の『漢英韻府』における漢字索引に基づいている。最初の漢字が同一の「熟字」の場合はヘボンの『和英語林集成』に記載されている順序に従い列記されている。

　「部首一覧表」においては，漢字の左にある数字は部首番号を示し，右の数字はその漢字が記載されている索引の頁を示す。「漢字索引」では，漢字や「熟字」の後につけた一つのアステリスク (*) は同一または次の欄にその漢字または「熟字」がさらに記載されていることを示し，二つのアステリスク (**) がある場合は 2 回記載されていることを示す。二重短剣符 (‡) は辞書の同じ頁に 2 回記載されていることを示す。×印 (×) がある場合，×印に向かい合う漢字がウィリアムズの『漢英韻府』の漢字索引には記載されていないことを示し，J の文字は日本でのみ使用される漢字であることを示す (筆者注：×印とJの文字は後述)。

　〔図 2〕に挙げた「部首一覧表」は 1「一」から 214「龠」の部首に分けられている。そのため 34「夂」，171「隶」の見出しが設定されているが，『和英語林集成』には該当する漢字や漢字表記が収録されていないことが分かる。

　そして，〔図 3・4〕は，部首によって，それぞれの漢字が分類された「漢字索引」である。さらにその中に熟語が挙げられている。

　〔図 5〕に 78 頁の上部にあたる「109　目」(部首順で109番目にあたる) の途中を例に挙げた。左から 1 列目の中ほどに「6」とある。これは部首である「目」を除いた画数が 6 画であることを示している。左から 2 列目の「8」は 8 画

3節　漢字索引と康熙字典―『平文氏著 語林集成 漢字索引』について―

〔図3〕「漢字索引」冒頭　　　〔図4〕「漢字索引」末尾

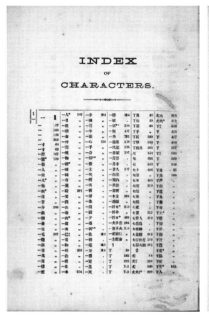

からなるものである。

「109　目」の続きとして〔図5〕の左から1列目に「眤近（眤×）　222」，3列目に「瞼×　368」と「×」(以下，「×印」)の使用が確認できる。また，2列目に「肝J　577」「睲目（睲J）　73」には'J'(以下，「Jの文字」)が用いられている。

また，左から3列目の「110　矛」には「矛盾　42」と「矛盾　419」が載り，それは4版の42頁に「BŌJUN　ボウジユン　矛盾」，419頁に「MUJUN　ムジユン　矛盾」とあることに対応する。

'*'については，「部首一覧表」の「30　口」(〔図2〕右下)の2画「可」に収録される「可愛」を例に挙げると(〔図6〕)，それぞれ，「可愛***‡　236」「可愛‡***　279」「可愛***　280」とある。236頁，279頁，280頁の3か所にわたって収録されることを'***'で示している。そして，236頁には「KA-AI，カアイ，可愛」「KA-AIGARI, -RU, カアイガル, 可愛」と，279頁には「KAWAI, -KI -KU -SHI, カワイ, 可愛」「KAWAIGARI, -RU, カワイガル, 可愛」とあり，同一頁内に2回記載されることを示す'‡'のとおりであることが

417

〔図5〕　78頁の上部

[78]

| 109 | 眽量 | 351 | 眼鏡 | 385 | 13 |  | 矢壺 | 738 | 短氣 | 641 | 石造 | 209 |
| 目四 | 眽量 | 388 | 眼科 | 387 |  |  | 矢束 | 739 | 短銃 | ,, | 石磨 | ,, |
|  | 眽量 | 628 | 瞅J | 577 | 瞼× | 368 | 矢筒 | ,, | 短褐 | ,, | 石臼 | ,, |
| 110 | 眼 | 444 |  |  | 瞽女 | 116 | 矢間 | ,, | 短檠 | ,, | 石担 | ,, |
| 矛 | 眼# | 446 | 8 |  | 瞽者 | 333 | 矢大臣 | 729 | 短才 | 642 | 石燕 | 216 |
| 111 | 眼蕆 | 389 | 睢眦 | 105 | 瞽者 | 390 |  |  | 短束 | ,, | 石橋 | 218 |
| 矢 | 眼度 | 446 | 睢眦 | 446 |  |  | 3 |  | 短處 | ,, | 石工 | 545 |
| 112 | 眤近 | 222 | 脫 | 429 | 14 |  | 知 | 578 | 短慮 | ,, | 石火 | ,, |
| 石 | (眤×) |  | 睦± | 425 | 瞙 | 273 | 知行 | 53 | 短檐 | ,, | 石印 | ,, |
|  | 眥面 | 390 | 唆言 | ,, |  |  | 知音* | ,, | 短刀 | 643 | 石竹 | ,, |
|  | 6 |  | 睡 | 446 | 15 |  | 知事 | ,, | 短册 | ,, | 石盤 | ,, |
|  |  |  | 睡息 | 186 | 鼕鼕 | 669 | 知覺 | 54 | 短夜 | ,, | 石版 | ,, |
|  | 眵 | 388 | 睡臥 | 617 |  |  | 知見 | 55 | 短的 | ,, | 石榴 | ,, |
|  | 眵 | 391 | 睡眠 | ,, | 19 |  | 知己 | ,, | 短兵急 | 639 | 石淋 | ,, |
|  | 眵淚 | 383 | 督促 | 670 | 蟲 | 217 | 知足 | 58 |  |  | 石墨 | ,, |
|  | 盻 | 446 | 督役者 | ,, |  |  | 知義 | ,, | 8 |  | 石綻 | ,, |
|  | 瞀顧 | 239 | 睫毛 | 382 | 矛 | 110 | 知客 | 562 | 矮鶴 | 50 | 石斛* | ,, |
|  | 瞀顧 | 290 | 瞄 | 385 |  |  | 知人 | 578 | 矮人 | 539 | 石碑 | ,, |
|  | 瞀戀 | 291 | 睾丸 | 306 | 矛盾 | 42 | 知合 | ,, | 矮小 | 722 | 石筆 | ,, |
|  | 瞀屬 | 292 | 睾丸 | 319 | 矛盾 | 419 | 知悉 | ,, | 矮屋 | ,, | 石臺 | ,, |
|  | 瞀屬 | 705 | 瞑目(瞑J) | 73 |  |  | 知召 | 579 |  |  | 石壇 | ,, |
|  | 眸子 | 44 |  |  | 矢 | 111 | 知音* | 580 | 石 | 112 | 石鹼** | ,, |
|  | 眺 | 428 | 10 |  |  |  | 知死期 | 58 |  |  | 石火 | 516 |
|  | 眺望 | 59 | 瞋恚 | 572 | 矢 | 516 | 石 | 208 |  |  | 石英 | ,, |

確認できる。なお，280頁には「KAWAYUI, -KI -KU -SHI, カハユイ, 可愛」とある。

そのために，例えば「唐土」は「モロコシ」「パッチリ」「タウド」「タウノッチ」，「執行」は「シッカウ」「シユギヤウ」「トリオコナフ」と，同一の漢字表記がどのような見出し語に収録されているかを把握できる。


## 3　×印とJの文字が付された漢字

英文で下線を付した部分は，試訳では『漢英韻府』としたが，英語名は *A Syllabic Dictionary of the Chinese Language: Arranged according to the Wu-Fang Yuen Yin, with the Pronunciation of the Characters as Heard in Peking, Canton, Amoy, and Shanghai* であると考えられる。

3節 漢字索引と康熙字典―『平文氏著 語林集成 漢字索引』について―

〔図6〕「可愛」周辺部分

| | | | | | | |
|---|---|---|---|---|---|---|
| 叫 | 480 | 古木 | 326 | 向答 | 〃 | |
| 叫‡ | 524 | 古來 | 331 | 向傾 | 〃 | |
| 叫喚 | 363 | 古老 | 332 | 向合 | 〃 | |
| 可 | 38 | 古跡 | 333 | 向向 | 〃 | |
| 可 | 236 | 古參 | 〃 | 向直 | 〃 | |
| 可惜‡ | 26 | 古宅 | 336 | 向齒 | 〃 | |
| 可愛***‡ | 236 | 古顏 | 419 | 向日葵 | 159 | |
| 可否 | 242 | 古道具 | 99 | 向不見 | 420 | |
| 可決 | 250 | 古往今來 | 330 | 向同士 | 〃 | |
| 可也 | 260 | 句 | 340 | 合 | 5 | |
| 可憐 | 268 | 句藏 | 344 | 合‡ | 29 | |
| 可畏 | 271 | 句點 | 353 | 合 | 30 | |
| 可祝 | 272 | 句讀 | 〃 | 合 | 107 | |
| 可愛‡*** | 279 | 句讀師 | 〃 | 合 | 112 | |
| 可愛*** | 280 | 史 | 557 | 合方 | 6 | |
| 可惡 | 453 | 司‡ | 688 | 合形 | 〃 | |
| 可笑‡ | 476 | 司法 | 561 | 合印 | 〃 | |
| 可然 | 532 | 司會 | 566 | 合釘 | | |

　塩山(2003)によると，『漢英韻府』は1874年の刊行後，1889年，1896年，1903年など数回にわたって増刷され，1909に改訂版が著されている。「漢字について」の項で次のように記している。

　　漢字数は10940字（総数12527字）である。ウィリアムズは1874年初版の序文の中で，辞書編集にあたっては，「入手可能な先行の類書はすべて調査し，なかでもメドハーストの『康熙字典』の翻訳は大いに利用した」と述べている。先行のモリソンやメドハーストと同じく，ウィリアムズの辞書に収録された漢字の源は4万を超える漢字を収録した『康熙字典』であると言える。(中略) また，ウィリアムズは『漢英韻府』の辞書本文中で，『康熙字典』には無い文字を採用している場合には「unauthorized」と説明している。

本論では，『語林集成漢字索引』の『漢英韻府』に存在しないことを示す
(9)
×印と，日本でのみ使用されることを示すJの文字が付されたものを整理すると次のようになる（〔表1・2〕・二字以上からなるものは該当漢字に下線を付す）。左から『語林集成漢字索引』の頁，『和英語林集成』の頁，漢字・ローマ字・

カタカナ表記，『漢英韻府』の有無，『康煕字典』(1章2節)の有無，その字が国字(和製漢字)であるか否かを示す。

以上，『漢英韻府』の有無はあらためて確認し，あわせて『康煕字典』についても整理した。国字に関しては『大漢和辞典』の記述によった。

×印は34語に付されているが，「嶮」が重複しているため異なりは33語となる。Jの文字は14語とその数はさほど多いものではない。

×印のものの中には，実際には「刺」「岑」「綱」は『漢英韻府』に収録されているものもある。一方，「剄」「簫」「畑」「癌」「癪」はそもそも『康煕字典』に収録されていない。そのうち「畑」「癪」は『大漢和辞典』などによると国字である。また，「剄」「簫」は西洋の単位である。

×印の付された『漢英韻府』に未収録のものを『語林集成漢字索引』の適切な部首と画数に収めていることは(×印とJの文字を付されたものはともにほぼ各画数の最後に位置する)，『康煕字典』を用いたことの傍証になろう。

また，Jの文字のもの(10)を国字と言い切ることができるのか，また何をもとにJの文字を付したのかが判然としないが，『大漢和辞典』で確認すると，「兜」「燗」「濟」「睚」「縺」「縹」の6字は国字にはあてはまらない(「畊」は除く(注5))。これらは『康煕字典』にも収録されている(さらに『漢英韻府』にも「兜」,「濟」,「縹」が収載される)。

しかし，上記の6字については国訓を持つものとして扱えそうである。時代的に後になるが，『中華大字典』(1915)では，例えば「濟」に日本的漢字義として特別に注釈を加えている(陳(2014))。

さらに，A. H. マティアーによる *Hand Book of New Terms and Newspaper Chinese*(『英華対訳語彙集』)(1917)にはJの文字で日本出自の新語を示している(陳(2014))。日本における漢字・漢語への関心がうかがえる。

ホイットニーがこれらを国字・国訓(和漢異義字)としている何らかの書物によったものと推測される。また，中国語を理解する者には，国字・国訓の把握がさらなる日本語の理解には必要であったのであろう。

3節 漢字索引と康熙字典―『平文氏著 語林集成 漢字索引』について―

〔表1〕 ×印が付されたもの

| 頁 | | | 『和英語林集成』 | | 『漢英韻府』 | 『康熙字典』 | 国字 |
|---|---|---|---|---|---|---|---|
| 11 | 539 | 伕 | SE | セ | × | ○ | × |
| 19 | 189 | 刾 | IGA | イガ | ○ | ○ | × |
| 19 | 506 | 剆 | RIRA | リラ | × | × | × |
| 20 | 107 | 鬲 | GARON | ガルロン | × | ○ | × |
| 24 | 685 | 咁 | TSUGUMI, -MU | ツグム | × | ○ | × |
| 37 | 340 | 岑 | <未収録> | | ○ | ○ | × |
| 37 | 289 | 嶮 | KEN | ケン | × | ○ | × |
| 37 | 294 | 嶮 | KEWASHII, -KI-KU | ケハシイ | × | ○ | × |
| 45 | 603 | 惣髪 | SŌHATSU | ソウハツ | × | ○ | × |
| 45 | 162 | 悇弱 | HI-NIYAKU | ヒニヤク | × | ○ | × |
| 49 | 334 | 拵 | KOSHIRAE, -RU | コシラヘル | × | ○ | × |
| 51 | 340 | 擧<br>擧 | KOZORI, -RU<br>KOZOTTE | コゾル<br>コゾッテ | × | ○ | × |
| 58 | 163 | 柊 | HIRAGI | ヒラギ | × | ○ | × |
| 59 | 439 | 楢 | NARA | ナラ | × | ○ | × |
| 60 | 151 | 樋 | HI | ヒ | × | ○ | × |
| 60 | 503 | 檽子 | RENJI | レンジ | × | ○ | × |
| 66 | 754 | 㳶 | YUGE | ユゲ | × | ○ | × |
| 67 | 73 | 澱物<br>澱粉 | DEMBUTSU<br>DEMPUN | デンブツ<br>デンプン | × | ○ | × |
| 67 | 399 | 澪標 | MIO-GUI | ミヲクヒ | × | ○ | × |
| 68 | 141 | 畑 | HATA | ハタ | × | × | ○ |
| 69 | 305 | 燆衡 | KINSHŌ | キンシヤウ | × | ○ | × |
| 70 | 414 | 橫 | <未収録> | | × | ○ | × |
| 71 | 267 | 犂 | KARASUKI | カラスキ | × | ○ | × |
| 75 | 286 | 痙攣 | KEIREN | ケイレン | × | ○ | × |
| 75 | 184 | 瘭疽 | HYŌSO | ヘウソ | × | ○ | × |
| 75 | 259 | 癌 | KAN | カン | × | × | × |

4章 『和英語林集成』の周辺資料

| | | | | | | | |
|---|---|---|---|---|---|---|---|
| 75 | 555 | 癪 | SHAKU | シヤク | × | × | ○ |
| 76 | 237 | 黴臭 | KABIKUSAI | カビクサイ | × | ○ | × |
| 78 | 222 | 昵近 | JIKKIN | ジツキン | × | ○ | × |
| 78 | 368 | 瞼 | MABUTA | マブタ | × | ○ | × |
| 79 | 138 | 磔 | HARITSUKE | ハリツケ | × | ○ | × |
| 79 | 142 | 礑 | HATA-TO | ハタト | × | ○ | × |
| 86 | 69 | 綖 | DAN | ダン | × | ○ | × |
| 86 | 331 | 緺 | KŌRI | カウリ | ○ | ○ | × |

〔表2〕 Jの文字が付されたもの

| 頁 | | 『和英語林集成』 | | | 『漢英韻府』 | 『康熙字典』 | 国字 |
|---|---|---|---|---|---|---|---|
| 14 | 237 | 兜 or 兜(11) | KABUTO | カブト | ○ | ○ | × |
| 35 | 446 | 寝込 | NEKOMI, -MU | 子コム | × | × | ○ |
| 57 | 606 | 杣山 | SOMAYAMA | ソマヤマ | × | × | ○ |
| 58 | 664 | 栂 | TOGA | トガ | × | × | ○ |
| | 684 | 栂 | TSUGA | ツガ | | | |
| 58 | 271 | 桛 | KASE | カセ | × | × | ○ |
| 59 | 522 | 榊 | SAKAKI | サカキ | × | × | ○ |
| 60 | 271 | 樫 | KASHI | カシ | × | × | ○ |
| 70 | 259 | 爛 | KAN | カン | × | ○ | × |
| 76 | 247 | 皆濟(12) | KAIZAI | カイザイ | ○ | ○ | × |
| 78 | 577 | 畊 | SHIRABI | シラビ | × | ×<br>(○畊) | × |
| 78 | 73 | 睲目 | DEME | デメ | × | ○ | × |
| 86 | 179 | 緷 | HORO | ホロ | × | × | ○ |
| 86 | 416 | 縺 | MOTSURE, -RU | モツレル | × | ○ | × |
| 86 | 132 | 縹色 | HANA-IRO | ハナイロ | ○ | ○ | × |

422

## 4 まとめ

ホイットニーは,『語林集成漢字索引』の「部首一覧表」と「漢字索引」をまとめるにあたり,『漢英韻府』の 'Characters in this Dictionary Arranged by Their Radicals' (p.1, 154以降)を参考としたようである。[13]それは、214の部首別に分類し、さらに部首ごとに画数順で漢字を排列する。対象とする漢字の部首と画数を容易に確認することができる。『漢英韻府』の収載頁、また各漢字の発音も示している。

『漢英韻府』のPREFACEには関連する興味深い内容が記されている (試訳を付す)。

> Dr. MEDHURST'S translation of the *K'anghi Tsz'tien* has been much used, but the principal source for definitions has been its original, which, imperfect as it is according to our ideas of a lexicon, is still the most convenient work of the kind in the language.
> メドハースト博士による『康熙字典』の翻訳 (辞書) が良く使われてきた。私の辞書における定義の主たる根拠は『康熙字典』そのものが基になっている。これは確かに我々の辞書の概念から見れば不完全なものであるが、中国語のこの種類の字書の中では今も最も便利なものである。

『康熙字典』を主たる資料として用いたことが確認できる。

また、同 PREFACE で R. モリソンの字典に触れた上で、次のような記述が見られる (試訳を付す)。

> Since then, many similar works have been published, dictionaries both of the general language and its chief dialects; but their editions were small, and during a course of years they have either become exhausted, or are very scarce, while the number of students has increased tenfold. Thus the works of MEDHURST, BRIDGMAN, CALLERY, and GONÇALVES, are now almost unknown; and the only lexicons available for the use of Chinese stu-

dents have been the reprint of MORRISON'S Syllabic Dictionary, MACLAY'S Fuhchau, DOUGLAS' Amoy, and LOBSCHEID'S Canton, Vernacular Dictionaries.

　それ以来，類似した中国語辞書が多数発行されてきた。汎用中国語と，その主要方言を記した辞書である。だがそうした辞書は小型で，年月を経るうちに残っていないため，きわめて入手しにくくなっていった。その間，中国語を学ぶものの人数は10倍にも膨れ上がっていた。一方，メドハースト，ブリッジマン，カレリ，ゴンサルヴィスによる辞書は，今ではほとんど知られていない。中国語を学ぶ者たちが現在利用できる辞書といえば，モリソン博士の音節辞書のリプリントや，マクレイの福州語辞書，ダグラスのアモイ語辞書，ロブシャイドの広東語辞書といった各方言の辞書だけである。

本来の意図とは異なる（1章1節，終章）のであるが，『漢英韻府』が存在したことで，日本において『語林集成漢字索引』が刊行されたものと考えることができよう。×印によって『漢英韻府』の有無を示すことは，『漢英韻府』の影響力を表している。このことは，単漢字の確認のため『漢英韻府』を用いることへ導くことにもつながる。以上のことから，恐らくは，当時，『漢英韻府』は国内在住の日本語習得者には認識されていたものであり，ホイットニーによって主要な資料として用いられたのであろう。

　ただし，『語林集成漢字索引』は使用者に漢字を部首に分類できる知識を求めてもいる。特に，「部首一覧表」→「漢字索引」という流れは，日本語習得者にとってかなり高度な手続きであったはずである。

　先にも述べたように，ホイットニーが有力な協力者の一人として名を連ねた『和英語林集成』3版（1886）の編集段階で，『語林集成漢字索引』は企図されていたものと推測される。ただし，その発案・企画が，ヘボンによるものか，ホイットニー自身によるものか，それとも丸善商社書店によるものかは現在定かにし得ない。

　2年後の1888年に『和英語林集成』4版とともに刊行されたのは，丸善商社書店へ版権譲渡後，3版以後の『和英語林集成』に改訂を施すことがなくなり，内容が固定されたためであろう。それにより，おそらくは3版をもと

にして作成された索引を4版にあわせて刊行することができたと考えられる。また，ヘボンではなくホイットニーによって編纂されたのは，ヘボンが高齢（4版（1888年）刊行時73歳・序章3節）であったことも大きく関わっていると思われる。

『語林集成漢字索引』には誤りが散見されるものの，『和英語林集成』に収録される見出し語の漢字表記を部首から検索できることで，『和英語林集成』が漢字・漢語を検索できる漢字表記辞書としての機能を獲得することにつながった。それは『和英語林集成』に収録される単漢字の見出し語に導くこともでき，簡易的な漢和辞書としての側面も有することとなった。

ところで，日本の漢和辞書の成立は，1888年の『語林集成漢字索引』の刊行からかなりの時間を要することとなる。部首索引と総画検字をそなえ，その後の「漢和辞典」の規範ともなる重野安繹・三島毅・服部宇之吉監修『漢和大字典』が刊行されたのは1903年である。そして，1916年の刊行後ベストセラーとなる服部宇之吉・小柳司氣太による『詳解 漢和大字典』と，『漢英韻府』の部首番号を採用した（山田（1981））上田万年等による『大字典』（1917）が刊行されるのには，さらに10年以上の歳月を要するのである。

このように，『漢英韻府』の本来の編纂目的とは異なりながらもその排列を基にして（そもそもは『康熙字典』であることは言うまでもないが）編まれた『語林集成漢字索引』であるが，先にも触れたように『和英語林集成』の元来の和英・英和辞書，そして国語辞書としての役割に，さらに漢和辞書としての機能をも加えたものである。つまり，目にした漢字表記を『和英語林集成』によって読み解くことを可能としたのである。『和英語林集成』は『語林集成漢字索引』によって補完することで，1888年というきわめて早い段階で辞書の多機能化（木村（2012b））を果たしたものであると言えよう。

注
（1） 該当箇所を挙げる（試訳を付す）。

> The Author cannot take his leave without thanking his many friends who have encouraged him and sympathized with him in his work; especially Rev. O. H. Gulick of Kōbe, and W. N. Whitney, M. D., Interpreter to the U. S. Legation, who have kindly rendered him no little aid. But above all others is he indebted to Mr. Takahashi Goro, whose

assistance throughout has been invaluable.

　　著者は，著者を勇気づけ，この仕事に賛同してくれた多くの友人への感謝なくしてはすませることはできない。特に，心から多大な援助をしてくれた神戸の O. H. ギューリックとアメリカ公使館付通訳官 W. N. ホイットニーがいる。編纂を通して終始計り知れぬ助けを惜しまなかった高橋五郎にはとりわけ恩義がある。

（２）　*Transactions of the Asiatic Society of Japan* 12（1885）に Notes on the History of Medical Progress in Japan を著している。

（３）　外国人留学生第１号である。

（４）　意味の上からも「昵近」であろう。

（５）　４版も同様であるが，見出し語「しらび」（「なまがわき」の意）にあてられた漢字であるため，偏が「日」である「晘」になろう（３章３節）。

（６）　４版の見出し語「でめ」（「出目」の意）には，「漢字索引」にある「睈目」ではなく，「睅目」とあてられ，意味の上からも「睅」になろう。

（７）　'Native carbonate of lead used as a cosmetic. Syn. TŌNOTSUCHI.' とある。

（８）　'Same as *shugyō*.' とある。

（９）　『漢英韻府』の 'unauthorized' の発想を受けてのものと考えられそうである。

（10）　中国において日本の国字に触れたものは，『游歴日本図経』（1889）の巻20「附録日本異字」の41字が早いものである（陳（2014））。

（11）　『語林集成漢字索引』には「兜 or 兜 J」とあるため，ともに本論内で掲出の必要があるが便宜的に「兜」を J の文字の付されたものとして扱う。

（12）　『語林集成漢字索引』には「濟」とある。

（13）　華英字典を由来とする部首番号などについては，高田（2005）。

（14）　例えば親字「学」に対して熟語「幼学，宦学，独学・・・」と下接するものを押韻の必要から『佩文韻府』（1711）の収録順に掲載する。その用例はもっぱら漢籍によるものである。華英字典類においても上接する漢字での分類と，下接する漢字での分類があり，検討を要するところである。

# 終章
# 日本ミッションにおける日本語研究
― ネットワーク形成と相互連携の一端 ―

## 1　はじめに

　日本聖公会京都教区教務所資料室所蔵のC. M. ウィリアムズ (Channing Moore Williams, 1829-1910) の日本語研究資料を実見する機会を得た (現在は立教学院史資料センターに所蔵)。本論ではそれら資料をもとに進め，来華・来日宣教師の日本語研究資料についてのまとめとしたい。

　なお，C. M. ウィリアムズの日本語研究資料に関する論考は少なく，「聖書と日本文化」展実行委員会 (立教学院 (1999)) とタッカー (1999) にいくつかの図版が挙げられ，大江 (2000) に紹介がなされている (3　日本聖公会京都教区教務所資料室所蔵のC. M. ウィリアムズの日本語研究資料) にすぎないようである。

　その上で，序章に挙げた来華・来日宣教師のネットワーク形成と相互連携という視点から，初期の日本ミッションにおける日本語研究資料のそれぞれの意図や背景，さらには位置付けや意義を整理し，考察する。


## 2　C. M. ウィリアムズの日本滞在期間

　C. M. ウィリアムズの来日直前から来日後の概略 (タッカー (1999)) は次のようである。1856年6月に米国から上海に到着，伝道旅行の後，1859年6月29日？に長崎に到る。1866年3月帰米，1868年横浜に一時寄港し，上海に赴いた。その後，各地をめぐる (日本も含む)。1869年3月に大阪に拠点を移し，1873年11月に東京へ移る。1893年12月帰国，1895年に来日し，1897年に京都伝道を開始する。1900年京都に移り住む (以下，略)。帰米直前まで京都に滞在していたため，本論で扱う資料は日本聖公会京都教区教務所資料室に所蔵されていたのであろう。

## 3 日本聖公会京都教区教務所資料室所蔵のC. M. ウィリアムズの日本語研究資料

C. M. ウィリアムズによる日本語研究資料について，大江 (2000) p.198, 199に次のような記述がある (以下，下線は筆者)。

　宣教医シュミッドは来日二か月後の六〇年一〇月二五日付の本国宛書簡で，「私はウィリアムズ師が一生懸命に勉学に打ち込み，必要なかぎり日本人とまったく同じ程度に話すことができることを知りました」と報告しており，ウィリアムズは来日一年と三か月あまりで日本語での会話が可能になっていたことが分かる。彼はさらにその約一年後になると，カタカナと漢字をかなり習得している。<u>「一八六一年九月一九日，長崎」と題された縦長の日本語学習帳</u>(筆者注：本論で，Ⅰ①)には，自編辞書の順列の一部と推定される「ニ」の部分二〇頁と，<u>一〇月一〇日付の「ホ」の部分一〇頁分が綴じられ，この続編と見られる同様の年月日不記の帳面</u>(本論で，Ⅰ②)には，「ホ」の部分五頁分が記されている。一語の配列は，まずカタカナ (漢字の場合もある) で日本語の語彙が，つぎに複数の英単語や英文によってその発音と意味が記され，その語彙を使用した日本語の例文と，その英訳文も記されている。

　<u>およそ一冊三〇頁分ある漢字の切り抜き冊子が，十数冊現存している</u>(本論で，Ⅱ)が，その用途は漢字の字体習得と音訓読みで，活字体の漢字の横にカタカナでその訓読みが小さく付され，その横には同じ漢字の太字の崩し字とその音読みが小さく付されて，一対となっている，これらはみな切り抜きを貼ったものである。フルベッキは六一(ママ 六〇)年一[2]一月二九日付長崎発信書簡で，「ヘボン博士とC. M. ウィリアムズ師とは事典の著作に従事しており，まもなく日本語を学ぶには，なくてはならないものが得られることと存じます」と語っているので，ウィリアムズはこのころ，かなり精力的にこの種の作業に従事していたようである。そして，六二年初頭，キリスト教の礼拝式文に不可欠な構成要素である，主禱文，信条，十戒の三要文の試訳をウィリアムズは完了した。(以下，略)

上述の未製本のものを Ⅰ①，Ⅰ②，Ⅱ とし，他にも筆者の実見し得た洋装の3点を Ⅲ，Ⅳ，Ⅴ に分類し，それぞれ説明する。(3)

Ⅰ①　中綴じ1：和英辞書の手稿
Ⅰ②　中綴じ2：和英辞書の手稿
Ⅱ　　半分折：漢字表記辞書の手稿
Ⅲ　　洋装1 (羊皮)：英和辞書のノート
Ⅳ　　洋装2 (黄土色)：漢字・ヘブライ語の収録ノート
Ⅴ　　洋装3 (黒)：日本語の単語集・会話書のノート

いずれについても，サインなどがなく，C. M. ウィリアムズのものとする確証はない。しかし，所蔵先や，作成年などが記されているものもあるために，C. M. ウィリアムズの著したものとして進める。

Ⅰ①　中綴じ1：和英辞書の手稿〔図1・2・3・9・10・11〕
　　　請求記号：I–B 2 /16/87
　　　同志社大学の封筒に入れて収蔵されている。封筒には鉛筆書きで「長崎 Sept 19. 1861」「Japan」「日本語勉強帳」とある。
　　　サイズ (cm・以下同)：32.3×20.4

・表紙に 'Nagasaki Sept 19th 1861 Japan' とある。上部に 'nag' と記してあり，書き損じたのであろうか。
・40.8×32.3の紙 (12葉) をまとめて半分に折り，その中心をひもで綴じる。(4)
・'MOINIER'S PATENT 1848' と，「女性像」の透かしが入っている。もとは薄いブルーであったようである。
・特別な表紙はなく (紙種は同じ)，12葉を半分に折り，48頁 (表紙+46頁分+裏表紙) とする。大江 (2000) にあるように「帳面」といった感じである。
・「ニ」の部40頁 (右面20頁)，10月10日付の「ホ」の部6頁 (右面3頁) の構成である。(5)
・右面を使用し，左面は追記に用いられる。ペンと，一部の漢字表記が墨書きされている。カタカナも横書きされている。
・カタカナ表記の動詞については，「語根，現在形，過去形」(「連用形，連体 (終止) 形，連用形+た」とも) の3形標出方式で掲出されている (1章5節)。

終章　日本ミッションにおける日本語研究―ネットワーク形成と相互連携の一端―

〔図1〕　I①　表紙

〔図2〕　I①　「ニ」の部　1枚目　見開き

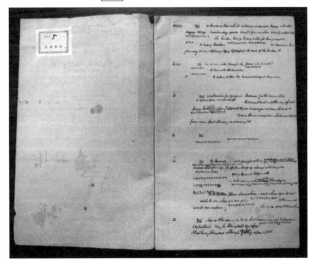

〔図3〕 Ⅰ①　「ニ」の部　2枚目　見開き

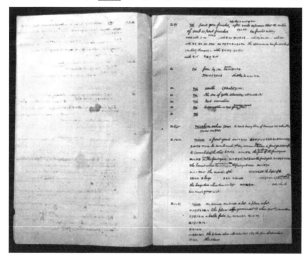

Ⅰ②　中綴じ2：和英辞書の手稿
　　　請求記号：I–B 2 /20/91
　　　同志社大学の封筒には鉛筆書きで「日本語勉強帳」とある。
　　　サイズ：32.3×20.4
・表題などは全くないが，Ⅰ①と構成，頁数，紙種はすべて同じである。
・「ホ」の部14頁（右面7頁のみ使用）分が使用され，以下（32頁分）は未使用である。
請求記号上分類されているため，Ⅰ①とⅠ②に分けたが，連続する一体のものである。「和英辞書」の手稿と言えるべきものであり，ヘボンの「手稿」を彷彿させる。

Ⅱ　半分折：漢字表記辞書の手稿〔図4・12〕
　　　請求記号：I–B 2 /22/93
　　　同志社大学の封筒には鉛筆書きで「日本語勉強ノート」とある。
　　　サイズ：32.3×20.4
・「漢字の切り抜き冊子」（大江（2000））とする表現が適切であろう。表紙・裏表紙もなく，書物から漢字・漢語などを切り抜いて見出し語とし，鉛筆書

きの罫線に沿って貼り付けたものである（4-2 Ⅱについて）。貼り付けただけで記述はない。
- 紙種は上記（Ⅰ①とⅠ②）とは異なり，白く少し厚みがある。'EXTRA SUP …'と透かしがある。やはり，半分に折っているが，ひもで綴じられていない（ばらばらになる）。
- 計14冊が一つの請求記号によって扱われている。以下，封入されている順に①から⑭まで示す（最初の見出し語を漢字とひらがなで，収録される部をカタカナで示す）。

| | | | | | |
|---|---|---|---|---|---|
| ① | 10葉 | 40頁 | 投鞘 | なげざや | ナ・ラ |
| ② | 12葉 | 48頁 | 殀 | だ | タ |
| ③ | 10葉 | 40頁 | －歩（乗） | のりあるく | ノ・ク |
| ④ | 12葉 | 48頁 | 鹿杖 | かせづへ | カ・ヨ |
| ⑤ | 3葉 | 12頁 | 拭刀 | かたなをぬぐふ | カ |
| ⑥ | 12葉 | 48頁 | －父（祖） | そふ | ソ・ツ |
| ⑦ | 12葉 | 48頁 | 玉津 | たまつ | タ・レ |
| ⑧ | 5葉 | 20頁 | 伽陀 | かだ | カ |
| ⑨ | 11葉 | 44頁 | 夜衾 | よるのきぬ | ヨ・タ |
| ⑩ | 12葉 | 48頁 | －作（直） | ぢきさく | チ・リ・ヌ・ル・ヲ (6) |
| ⑪ | 2葉 | 8頁 | 弱漬 | なまづけ | ナ・ラ・ム |
| ⑫ | 8葉 | 32頁 | 胴忘 | どうわすれ | ト |
| ⑬ | 12葉 | 48頁 | 時難 | ときのなん | ト・チ |
| ⑭ | 12葉 | 48頁 | 霊 | は | ハ |

以上の順は何かを意図してのものではなさそうである。例えば，①と⑪の扱いには判然としないものがあり，⑧と⑤は一体であったのかもしれないからである。また，半分に折られて途中部分に別に折られたものを組み込んでいる（というよりも何らかの事情ではさみ込まれてしまった）ようなものもある。「漢字表記辞書」ともいうべきものを想定していたのであろうか。

〔図4〕 Ⅱ 「ナ」の部　見開き

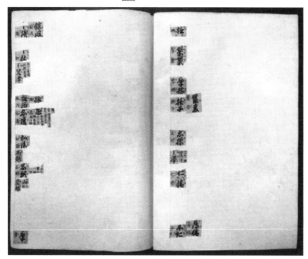

Ⅲ　洋装1（羊皮）：英和辞書のノート〔図5〕
　　　I-B 2 /23/94
　　　同志社大学の封筒には鉛筆書きで「英和学語ノート」とある。
　　　サイズ：31.7×21.6×3.5（束厚さ2.3）　頁あたり30.8×19.8
・洋装ハードカバーのノートのようなもので，羊皮（茶）のような印象を受ける。装丁などがヘボンの『和英語林集成』「手稿」に類似する。
・見返しに'Vocabulary'とある。
・内容は，数頁白紙の後，169葉337頁にわたりペン書きで英語の単語（AからZまで）を記している。各頁を半分に鉛筆書きによって分け，2列で示す。上段に各列の最後の単語を記し，検索を容易にしている。ただし，語義はほとんど付されていない。その後は白紙となる。
英単語のソースが何であったのか問題となるところである。「英和辞書」を[7]企図していたのであろうか。

〔図5〕 Ⅲ 2枚目

Ⅳ 洋装2 (黄土色)：漢字・ヘブライ語の収録ノート〔図6・7〕
　　I-B 3 /26/97
　　同志社大学の封筒には鉛筆書きで「ヘブル語勉強」「漢字勉強」とある。
　　サイズ：25.8×20.5×3.4 (束厚さ2.5)　頁あたり24.8×19.0
・洋装ハードカバー(黄土色)のノートのようなものである。
・縦の鉛筆書きの罫線に沿って墨書きした漢字を数字ずつ貼り付けている。ごく一部ではあるがペン書きで語義などを記したり，墨書きで漢字を偏旁冠脚ともいいがたいようなパーツに分けて記したりしている（4-3 Ⅳについて）。鉛筆書きで番号を示してもいる。全頁の中ほどにあたる最後の部分は貼り付けられた漢字の周囲に，反対側から天地を逆にして書き記されたヘブライ語らしきものが鉛筆で書きこまれている。漢字を整理するために用いようとしたが，おそらく断念し，反対側からペン書きで英語や鉛筆書きのヘブライ語などによる草案？のようなものを記していったのであろう。ノートのために天地の判断がつかない。

「漢字辞書」ともいうべきものを想定していたのであろうか。

〔図6〕 Ⅳ

〔図7〕 Ⅳ 〔図6〕 拡大

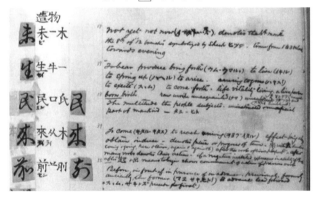

Ⅴ　洋装3（黒）：日本語の単語集・会話書のノート〔図8〕
　　I-B 2 /21/92
　　同志社大学の封筒には鉛筆書きで「日本語」「学語　文章」とある
　　サイズ：26.4×21.4×4.5（束厚さ3.6）　　頁あたり25.2×20.0
・洋装ハードカバー（黒）のノートのようなもので，表紙には 'H. & S. B. C. OFFICE ORDERS' とある。AからZのインデックスがあり，その後記述に用いられている。各頁には頁番号がスタンプされている（1から613

まで)。全体に横罫があり、だいぶ新しいものと考えられる。
・内容は、'Vocabulary of Japanese Words.' とあり、ペン書きでローマ字による日本語の単語や、やはりローマ字で日本語の会話文のようなもの（'Short Phrases Constant Use.'）、またローマ字による文章、聖書の一節のような英文と邦文が対応しているようなものなどが種々記されている。

「単語集」や「会話書」ともいうべきものを想定していたのであろうか。関西（京都）圏での会話書の必要性なども考慮するべきかもしれない。なお、ローマ字綴りはヘボン式によるようである。(8)

〔図8〕 Ⅴ 'Vocabulary of Japanese words.'

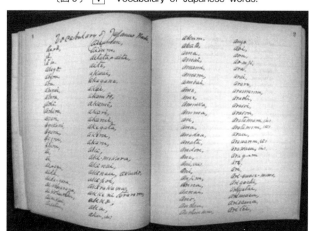

## 4 Ⅰ①, Ⅰ②, Ⅱ, Ⅳについて

Ⅰ①, Ⅰ②, Ⅱについては、来日極初期のものと考えられる（ただし、Ⅲについては一考を要する）ため、以下に扱う。ⅣとⅤは装丁が新しいため来日極初期に作成されたものとは考え難いが、Ⅳの依拠資料についても示す。

## 4−1　Ⅰ①とⅠ②について

　Ⅰ①とⅠ②については，請求番号は異なっているが，内容，また外観からも連続したものであることが分かる。そこで，本論では一つにまとめて進める。

　「ニ」の部と「ホ」の部があり，イロハ順で作成をしていたのであろうか。右面の分量だけで比較すると，「ニ」の部が20頁，「ホ」の部が10頁である。「ニ」の部の第2文字については（□はなし），
　　イ□ハ□ホヘト□□□ル□□カヨタレ□ツ□ナラ□□□ノオクヤマケフ
　　コエテア□キユ□ミシヱヒ□□□ン
とほぼそろっているが，「ホ」の部は，
　　イロハニホヘト□リ□□ヲワカヨタレソ
までとなっている。なお，Ⅰ①は「ホ、ユガメ－ムル」までで，Ⅰ②が「ホ、ヱミ－ム」から始まる。

　各見出しにひらがなはなく，漢字はごく一部に用いられ，最後の頁にも数語まとまっている。カタカナ表記の動詞の一部については語根を先頭に示し，『日葡辞書』(1603-1604) 以来と同様の手続きである。なお，ローマ字表記部分は現在形で示している。語義内では，類義語を 'Syn.' と表示し，例えば「ニハタヽキ」には「Syn. セキレイ，イシタヽキ，ニハクナブリ，トツギヲシエドリ」と豊富に示される。その他にも，(Wa) といった何を意味するのか判然としないものもある（和語であろうか）。また，ローマ字綴りについては，詳細な調査を要するが，基本的にはS. W. ウィリアムズのものに依拠しているようである（1章3節）。本国への報告に「冷淡な日本語教師」(大江 (2000) p.199) とし，しかるべき日本人の教師がいないようでもあった。

　試みに，「ニ」の部のはじめの「ニ」を示し，その扱いを概観する。「ニ」を13の見出しに分け，うち12の見出しについて語義・用例などを加えている。そこで，英語で示された語義が何を表しているのかを日本語によって [　] に示し，カタカナ書きされた用例を載せる（／は改行・下線は一部原文にあるが，筆者）。

1/13 ［「荷物」］
ニオモクチカラヨハクシテ／オモニ／クガヨリユクミチハニノヲユヒカタメテ

2/13 ［助詞「ニ」］
シウニシキタマフ／コヽロニアイス／チヤウニカヘル（5/13との区別ができないとある）

3/13 ［助詞「ニ」］
タゞオクレジトオモヒツルニヒトメモシラズ／ヒトバナレルハタニ□□トケテ

4/13 ［助詞「ニ」］
イエノウヘニヲルヒトドモノキクニ

5/13 ［助詞「ニ」］
アヅマノカタニユキテ／シモヅケニマカリケルヲンナニ／シナノヘマカリケルヒトニ／タジマノクニノユヘマカリケルトキニフタミノウラトイフトコロニトマリテ／モノヘ　モノニ／モノヘマカリケルヒトニ／ヲトコモノニマカリテ

6/13 ［助詞「ニ」］
サクラバナフリニフルトモ（2/13と同じであると記す）

7/13 ［助動詞「ヌ」（完了・連用形）］
イリニケリ／イリニシ／クレヲチニキ／アリサマカハリニタル

8/13 ［助詞「ニ」］
コレニシクハナシ／アノヒトヨリウタレタ

9/13 ［「土・丹」］

10/13 ［「金・銀」］

11/13 ［「赤色」］

12/13 ［「赤色の玉？」］

13/13 ［見出しのみ］

助詞を六つの見出しとして設定しながらも，13の見出しの中に数字2（「二」）に関わるものがない。また，C. M. ウィリアムズが来日直後の8ヶ月程度ともに長崎に滞在したJ. リギンズによる会話書 *Familiar Phrases in English and Romanized Japanese*（以下，『英日日常語句集』）(1860) の PREFACE には，W. H. メドハーストの *English and Japanese and Japanese and English Vocabulary*（『英和・和英語彙』）(1830) や，『三語便覧』(1854)，『五方通語』(1856) の名が挙げられているが，その影響は本資料に見出せないようである。いくつかの見出しに触れると，1/13（〔図9〕）には 'pg87' とあり，[「荷物」] を示す会話書や辞書などの頁数との関連であろうか。また，文法的記述については先行する文法書（D. クルティウスによる *Proeve eener Japansche spraakkunst*（『日本語文典例証』）(1857) など[10]）をはじめとしたものとの比較も必要になろう。

〔図9〕 I① 見出し語「ニ」の比較 1/13・2/13

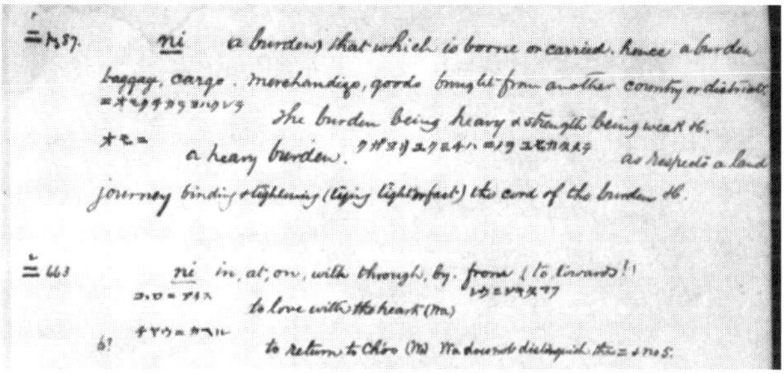

5/13（〔図10〕）の四つの用例は和歌集の詞書からの引用であることが確認できる。

〔図10〕 I① 見出し語「ニ」の比較 5/13

終章　日本ミッションにおける日本語研究—ネットワーク形成と相互連携の一端—

『後撰和歌集』巻第19　離別　羇旅歌（〔図10〕の引用箇所に下線を付す）

　　　　　あひ知りて侍ける人の東の方へまかりけるに，桜の花の形に
　　　　　幣をしてつかはしける　　　　　　　　　　　　よみ人しらず
　1305　あだ人のたむけに折れる桜花相坂までは散らずもあらなん
　　　　　遠くまかりける人に餞し侍ける所にて　　　　　　　橘直幹
　1306　思やる心許はさはらじを何隔つらん峰の白雲
　　　　　下野にまかりける女に，鏡にそへてつかはしける
　　　　　　　　　　　　　　　　　　　　　　　　　　　　よみ人しらず
　1307　ふたご山ともに越えねどます鏡そこなる影をたぐへてぞやる
　　　　　信濃へまかりける人に，たき物つかはすとて　　　　駿河
　1308　信濃なる浅間の山も燃ゆなれば富士の煙のかひやなからん

『古今和歌集』巻第9　羇旅歌

　　　　　但馬国の湯へまかりける時に，二見浦と言ふ所に泊りて，夕
　　　　　さりの飼賜べけるに，供にありける人々，歌よみけるついで
　　　　　に，よめる　　　　　　　　　　　　　　　　　　藤原兼輔
　417　夕づく夜おぼつかなきを玉匣ふたみの浦はあけてこそ見め

　そして，7/13（〔図11〕）では完了の助動詞「ヌ」の連用形を対象としている。語義に「けり（けり・ける・けれ）」「たり（たり・たる・たれ・たらん）」「はべり（てはべり・てはべれ）」の活用を載せる。

〔図11〕　Ⅰ①　見出し語「ニ」の比較　7/13

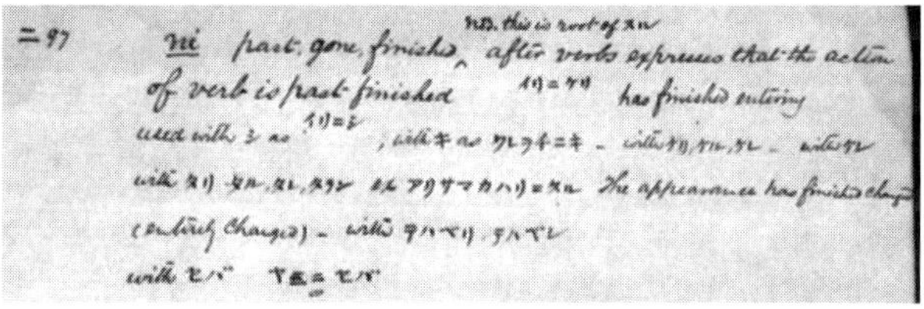

4-2　Ⅱについて

　切り抜かれた書物について，江戸後期に刊行された『早引節用集』の類という推測のもとに種々確認したところ『早引万代節用集』(以下，『万代節用集』)(1850)が合致した(〔図12・13・14〕の「名札」と「號牌」)。刊行から10年程度後にC. M. ウィリアムズによって用いられたのである。

　『万代節用集』について，『節用集大系』77の「収録内容」の関連するところを挙げる(〔書名〕・〔編者〕・〔年代〕・〔付録〕・〔備考〕・〔参照〕，縮尺率は略)。

　〔体裁〕二巻二冊。一二八ミリ×一八七ミリ。上巻四五一丁，下巻三七六丁。
　〔内容〕本書は，最も大部な早引節用集の一つで，合計八三〇丁を超える厖大なものとなっている。語彙を音訓の仮名文字数で引く，いわゆる「早引」の節用集であるが，さらに各項目内に天文・地理・人倫・神仏・官位・時候・衣服・飲食・器賊・艸木・生類・疒病・数量・言語・姓氏の一五部門に分類されている。語彙の漢字表記を真草二体で示し，音訓を平仮名・片仮名で付してある。まれに語注や用法について付記してある。なお，本文中に「江戸」「京」の箇所では，それぞれ五丁以上費やして府内の町名等を詳述してある。

上記のように，1字目をイロハ順に排列した後，仮名文字数で分け，さらに部門に分類している。しかし，Ⅱでは語頭にあたる1字目がイロハ順であるのみならず，2字目以下も同様である。切り抜いた際に並び替えたのである(また，全体的に横書きされるため，さらに細かく切り貼りして左から右への変則的な縦書きにあらためたものもある)。1字目を整理すると次のようになる。
　　□□ハ□□□トチリヌルヲ□カヨタレソツ□ナラム□□ノ□ク
おそらく，□で示した部分も作成されていたのだと考えられる。イロハ順に並べるのならば，⑭⑫⑬⑩⑧⑤④⑨②⑦⑥①⑪③となろうか(3　日本聖公会京都教区教務所資料室所蔵のC. M. ウィリアムズの日本語研究資料)。

〔図12〕 Ⅱ 拡大(「名扎」と「號牌」)

〔図13〕 Ⅱ 『万代節用集』(1850) 352オ

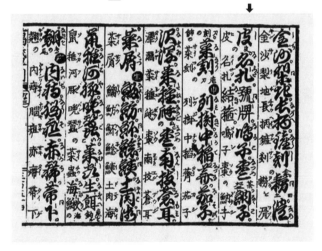

〔図14〕 Ⅱ 〔図13〕拡大(「名扎」と「號牌」)

## 4-3 Ⅳについて

〔図6・7〕の漢字とその分析・分解について，依拠したと考えられそうな資料が，一点確認できた。上海のAPMP(美華書院)でW. A. P. マーティン(William Alexander Parsons Martin, 1827-1916)によって，1863年に刊行された次のものである（〔図15・16・17・18・19〕）。明治学院大学図書館所蔵本を用いる。(12)

・*The Analytical Reader: A Short Method for Learning to Read and Write Chinese.*　　漢名：『常字雙千認字新法』(13)

〔図15〕　Ⅳ　*The Analytical Reader*　表紙

〔図16〕　Ⅳ　Part. Ⅱ.

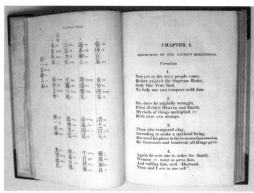

〔図17〕 Ⅳ 〔図16〕拡大

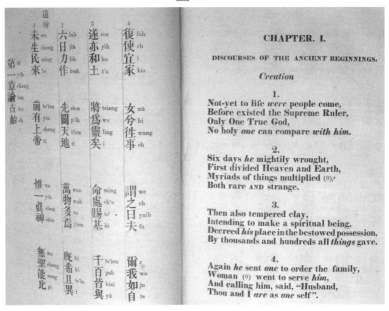

〔図18〕 Ⅳ Part. Ⅲ.

〔図19〕 Ⅳ 〔図18〕拡大（〔図7〕）

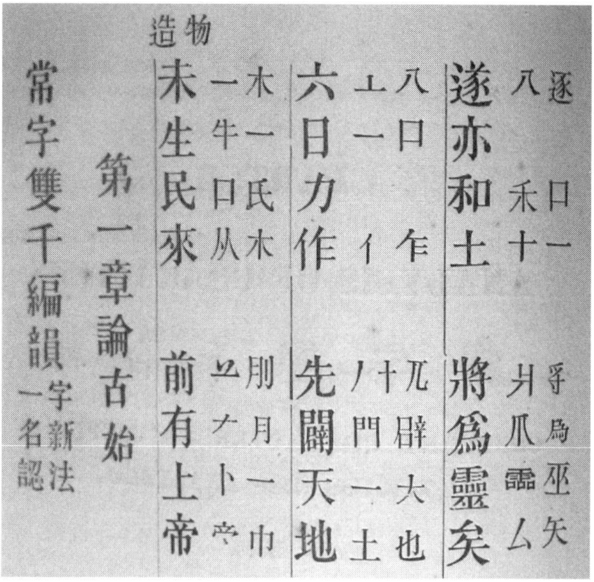

　〔図6・7〕は，漢訳聖書をもとにして，『旧約聖書』の「創世記」の部分の漢字を挙げたのであろう。「上帝」とあることから，『旧約全書』(1854) との関わりが問題となる。出現順に漢字を説明し，音義のような発想と構成と言えようか。


## 5　まとめ

　C. M. ウィリアムズの日本語研究資料を取り上げ，個々の具体的な内容・事例を紹介した。そこにヘボンをはじめとする来日宣教師の著作との関わりの大きさ，類似性の強さが見られる。
　日本ミッションのため神奈川と長崎にそれぞれに居留した宣教師は，日本国内がきわめて不安定な状態の来日極初期，常に書簡などを通して教派を超えた情報ネットワークを駆使している（序章3節）。それらは中国ミッションの傘下に属し，また中国ミッションを窓口として種々の供給を受けながら成

り立っている。日本語研究そのものについても例外ではなく，当初，母体となる中国ミッション側の指導のもとに進んでいくが，日本語を習得し，会話書，文法書，辞書の作成の中で，そのイニシアティブは日本ミッション側に移っていく。そして，翻訳聖書，教科書（リーダー）などの作成につながっていく。

　本論で用いた日本語研究資料の作成の意図について検討する前に，まず，未刊行の事由について考えてみたい。C. M. ウィリアムズの後の著作を確認してみても今回のⅠからⅤの日本語に関連するような刊行物は存在しない。辞書としてはヘボンの『和英語林集成』(1867)，会話書については（C. M. ウィリアムズの会話に関するⅤはだいぶ後のものと考えられるのではあるが）(14) リギンズの『英日日常語句集』や，S. R. ブラウンの *Colloquial Japanese*（以下，『会話日本語』）(1863) が先行する。それらを超えることができないまま，もしくは何らかの事情により刊行に至らなかったのであろう（1866年3月から1869年3月にかけての離日（一時滞在はある）が関係してもいようか）。

　また，G. H. F. フルベッキの文法書も未刊行であるが，上記のS. R. ブラウンのものの前部をはじめ，国外ではJ. J. ホフマンの *A Japanese Grammar*（『日本語文典』）(1868) などが著されている（『和英語林集成』については1872年の再版でINTRODUCTIONの文法項目がまとめられる）。日本ミッションによって，会話書，(文法書,) 辞書が来日10年内に出そろうことになる(17)（〔表〕）。

〔表〕　来日10年内の日本ミッションによる著作

| | 神奈川・横浜 | 長崎 |
|---|---|---|
| 会話書 | 『会話日本語』(1863) | 『英日日常語句集』(1860) |
| 文法書 | （『和英語林集成』再版 (1872)） | （フルベッキによる？）※ 未刊行 |
| 辞書 | 『和英語林集成』初版 (1867) | (C. M. ウィリアムズによる手稿 (Ⅰ①・Ⅰ②・Ⅱ))※ 未刊行 |

　来日およそ14か月後のS. R. ブラウンの書簡（1860年12月31日付・P. ペルツ師宛・神奈川）には手引きとなる和英辞書や英語で書かれた日本語の文法書のみな

らずヨーロッパ言語で書かれた優れた辞書・文法書がないことに触れ，日本にいる少数の宣教師が，着手しようと努力していることが記されている。

また，日本語の習得においては，来日間もないE. M. サトウがS. R. ブラウンに，日本語を学ぶ際，上海から届いた見本刷りと思われる『会話日本語』を復唱し，あわせて『鳩翁道話』を読んでいる旨が記されている(サトウ・坂田（1960））。

続いて，漢字表記について考えると，当時の日本人にとって近世中国語は，旧来のものを刷新するような新しい印象を与えたのかもしれない(4章1節，4章2節）。それは，日本人の唐様好みを示し，ともすれば，衒学的な符牒としての役割を演じ，そこから醸し出される雰囲気を楽しむといった趣もひそんでいたのであろう。現代のカタカナ語のようにいろいろな期待や思惑を背負っていたと考えられる。

一方，中国語を理解し，その上で日本語をある程度習得しつつある(在日日数が浅いなどといった) 宣教師にとっては，(極端な表現ではあるが) 中国と日本とでそれぞれ目にした漢字・漢語の差異というものへの意識が欠落している。例えば，参照した『万代節用集』に，「なふだ」に「名扎（メイサツ）」，その後に「同」として「號牌」とある（〔図13・14〕)。他箇所では「なでしこ」に「撫子（ブシ)」「瞿麦（クバク)」が並ぶ。個々の背景を超えてフラットに記されていることも一因であろうが，同じ日本語(ここでは和語) を持つ漢字表記を複数列挙した場合，「名扎」「撫子」よりも，すでに中国で知り得ていたと考えられる「號牌」「瞿麦」といった漢字表記に意識が向き選択するのではないかと考える。中国に滞在したことのある日本語初学者ほど，文法や表記体系の異なりは認識しつつも，日本は中国と同一の漢字文化圏であると即断しがちであった。そのために漢字・漢語の中日での差異を意識することなく，中国で見聞きした漢字・漢語は，(位相はなく) ユニバーサルであるといった認識を持つ面が濃厚であった。辞書に収録されていることが後押ししてもいるが，その後の日本語習得の過程で，熟字訓や国字といった日本独自のものや日本で一般的なものの存在を次第に理解し，あらためられていく (2章2節，3章2節，4章2節)。

この現象は，ヘボンをはじめ，宣教師の日本語研究資料で見受けられる。そのために，漢字表記には不安定な部分が多く見受けられる (1章1節)。

参照資料については，様々なものが挙げられているが，文例の下敷きとしてリギンズが『南山俗語考』(1812頃) (常盤 (2004))，漢字表記についてヘボンが『雅俗幼学新書』(1855) (4章1節) を参照したように，C. M. ウィリアムズは『万代節用集』を切り貼りして使用している。宣教師の用いる資料の傾向としては，次の三つが挙げられる。

① 刊行が比較的新しい (そのため入手しやすい)。
② 内容が簡潔・明瞭である。
③ 漢字の書体は楷書，表記はカタカナなどによって，判読しやすいものである。[20]

なお，①の入手しやすいということに関して，1861年にヘボンは，外商で信用して取引できる人物を紹介してもらいに成仏寺に訪ねてきた伊勢商人の竹口喜左衛門信義に書物の購入を託している (竹口 (1967) 他)。[21] また，1章1節の注30に挙げたが，サトウも給仕を介して日本語辞書を入手している。

他にも，フルベッキは既存の文法書の翻訳を行い (高谷 (1978))，S. R. ブラウンの『会話日本語』はJ. レッグ (James Legge, 1815-1897) による慣用句集を基にしている (高谷 (1965))。[22] S. R. ブラウンの前出の書簡 (1860年12月31日付・P. ペルツ師宛・神奈川) には，1841年にマラッカを訪れた際にこの慣用句集の手助けをしたことが記されている (英語による会話部分という共通したプラットフォームを用いたことになる)。

また，ローマ字綴りは，S. W. ウィリアムズのものをリギンズ，ヘボン，S. R. ブラウンが援用し，初期段階ではC. M. ウィリアムズも同様であると考えられる (1章3節・さらにC. R. レプシウスについても考慮する必要がある)。[23]

今後，日本ミッションにおける日本語研究資料に関しては，長崎という地で居をともにしたリギンズや，フルベッキの資料からも確認することができると考える。また，ヘボンとS. R. ブラウンをはじめとした神奈川・横浜との関わりなども含めて，日本ミッションという大きな枠組みの中で継続して考えていきたい。

注
（1） 1861年に，G. スミスによる *Ten Weeks in Japan*（『日本における十週間』）がロンドンで刊行されている（同年にはR. オールコックの *Elements of Japanese Grammar, for the Use of Beginners* も刊行される）。この日本滞在時にスミスは，C. M. ウィリアムズから部屋の提供を受け，5週間暮らしている。横浜ではヘボン，S. R. ブラウンにも会う。ルカによる福音書を在日宣教師に配布してもいる。また，同書から J. リギンズの会話書の価格が3分であり，147部が，種々の書物とともに中国から積送品として送られている。表記方法や訓読などの日本語に関する記述もある。他にもヘボンが来日時，日本の税関の役人が手持ちの漢籍の引き渡しを要求した際に，アメリカ領事を通して入手したいかなる書籍をも手放すことを拒んだことなどが記されている（役人が引き渡しを要求したのは，漢籍の大半がキリスト教に関したものであることを知っていたためである）。他にも，原注にリギンズの書簡によるものであるが，リギンズが中国語で刊行された様々な科学書を日本人に売却し，それらが和刻され広まっていることを記している（以上，宮永（2003））。また，重久（1941）には漢訳書の確認しうる書名が11種ある旨の根拠として元田作之進（1914）『老監督ウイリアムズ』を挙げる。
（2） 高谷（1978）には「1860年」とあり，大江（2000）もそれを参照している。
（3） 資料の多くは洋紙（酸性紙）であるために，状態のよくないものも多く，調査とデータ整理が急務である。
（4） フールスキャップ判（17×13.5インチ）になろう（白戸（2008）・1章1節）。
（5） 大江（2000）では10頁としているが，Ⅰ②の7頁と合した数値であろう。
（6） 「チ」の部は「直作　ヂキサク」の1語だけで，その後に続けて「リ」の部が始まる。このことからも⑬に後続することが分かる。
（7） 'Yes' に「上：ヘイ　下：ハ」とある。この点について，上位者には「ヘイ」を下位者には「ハ」を用いる会話展開が，J. F. ラウダー（1章3節）の *Conversations in Japanese & English*（1867）に見られる（常盤（2009））。なお，サトウの *KUAIWA HEN* Part Ⅱ（1873）にも関連する内容の指摘がある（村山（2011b））。あわせて，オールコックによる *Familiar Dialogues in Japanese with English & French Translations*（1863）は，一つ目の会話例として，'Hei connitchwa. ヘイコンイチワ *Good morning! or Good evening!* Bonjour! ou bonsoir!' で始まる。さらに「ヘイ」はいくつか見受けられ，China ware. p.39には，ローマ字表記の日本語と英語は省略するが，「サラツキチヤワンノヨイシナガアルカ？」という問いに，「ヘイ　ウスデノゴクヨロシイノカゴザイマス」と答え，「ミセナ」とあり，客と店員の関係で用いられていることが分かる。

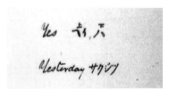

（8） 例えば，『古今聖歌集』（1902）と，そのローマ字版 *KO-KIN SEIKASHU*（1902）がある（『明治期賛美歌・聖歌集成』36, 37（1998）大空社）。

（9）　杉本（1989）p.228には，リギンズとともに日本の漢方医，笠戸順節に学んだとある。また，タッカー（1999）には，C. M. ウィリアムズに日本語を教えた医師である嬉野鼎甫との写真が掲載されている。サトウについては序論。

（10）　C. M. ウィリアムズとG. H. F. フルベッキとは昵懇であるため（タッカー（1999）p.33），クルティウスのものがオランダ語であってもフルベッキによって教わることが可能であったのかもしれない（そもそもC. M. ウィリアムズのオランダ語への素養は不明）。その他の同時代の文法書類はL. パジェスによる *Essai de grammaire japonaise*（1861）（クルティウスによる『日本語文典例証』（1857）の仏訳版・1章4節），オールコックによる *Elements of Japanese Grammar, for the Use of Beginners*（1861）などがあり，フルベッキはL. ロニーの著作も挙げる。フルベッキによる各評については書簡(1861年6月28日付・親愛なる兄弟宛・長崎）に載る。

（11）　左が『万代節用集』の「名護屋」，右がⅡ，ともに「尾州様御在城六十一万九千五百石又　ヒゼンにもあり　昔豊公こゝに陣ス」とある。

（12）　W. ホイートンによる *Elements of International Law* を中国語に訳した（『万国公法』）。ペンシルベニア州出身，米国長老教会に属している点は，ヘボンと同じである。また，日本に向かう途中のヘボンの書簡（1859年8月6日付・W. ラウリー博士宛・香港）には，S. W. ウィリアムズ，マーティンがアメリカ公使に伴って北京に出張中であったため面会できなかった旨が記されている。

（13）　同書には漢字使用頻度調査に関する記述がある。検討を要するが，W. ガンブル（2章4節）による *Two List of Selected Characters, Containing all in the Bible and Twenty-seven Other Books, with Introductory Remarks*（1861）のもの

をもとにしたものであろう（小宮山（2009）pp.108-118・先行するS. ダイアーの『重校幾書作印集字』(1834) についても挙がる)。

(14) S. R. ブラウンの会話書（1863）は江戸語であり，またそれより先行するリギンズのものがあったにも関わらず，こちらは唐話辞書を下敷きとしている点などから，より実際の運用に沿った会話書の作成の必要性を考えて□Ⅴ□を進めようと考えていたのかもしれない。日本ミッションによるという枠組みをはずせば，J. J. ホフマンの *Shopping-Dialogues in Dutch, English and Japanese*（1861），オールコックの *Familiar Dialogues in Japanese with English & French Translations*（1863），ラウダーの *Conversations in Japanese & English*（1867）などが挙げられる。

(15) フルベッキの書簡（1861年6月28日付・親愛なる兄弟宛・長崎）と1861年12月31日までの年報によると，実行委員会の決定に従い出版の延期を受け入れ，短時間での作成を放棄した旨が記されている。ただし，1887年に *A Synopsis of All the Conjugations of the Japanese Verbs, with Explanatory Text and Practical Application* を刊行。

(16) S. R. ブラウンとヘボンの2人によるために，文法面については，それぞれの著作の中で対応し，（結果的に）補完したと考えられそうである。

(17) C. M. ウィリアムズが，来日から2年目の1861年（もしくはしばらく後）と考えれる段階で，□Ⅰ①□・□Ⅰ②□のような和英辞書の手稿を作成していたことを踏まえると，ヘボンの手稿についても，やはり早い時期に作成されたのではないかと考えることができよう（1章3節）。

(18) 『鳩翁道話』をはじめ「心学道話」の位置づけについては，森岡（文体編）(1991)，野村（2010）による指摘がある。この種のたぐいのものが日本語初学者に用いられたことは検討しなければならない。「手稿」にも次のような見出し語と語義，用例が挙がる。

    Doowa. moral discourses.
    *doowa wo choomon szru* - to listen to moral discourses.

(19) 例えば，中国ミッションにおける日本語の表記への認識は，仮名を運用することが大きな相違であり，漢字・漢語に対してはユニバーサルであるといった意識が垣間見える。来日極初期の日本ミッションにおいても同様であろう。日本側には中国語の受容の素地が古来あったためにこのような認識が生じたと考えられそうである。唐話辞書や江戸後期の節用集に多数収録される近世中国語の受容過程について，その後の拡大から，さらには明治期への継承，そして縮小といった面との関わりも検討する必要がある。

    また，序章3節に記したが，サトウ・坂田（1960）に「そのころ（筆者注：1861年頃となろう）日本でわれわれの指導にあたっていた人たちの間では，日本語の勉強をするにはまずシナ語を習得することが必要だという考えが強かった」とある。

(20) サトウのカタカナのとらえ方については，1章1節。

(21) ヘボンに医学を習っている越前出身の本多貞次郎の案内であった。購入を依頼した書物は，二回に分けて，「三字経一部。孝経一部。佐藤信淵経済要録三冊本。行書累□十二冊本。人国記二冊本。」が挙がる。また，中山（1977）には，「信

義が勝から入手した書物は,『歴(ママ 暦)象新書』,『亜墨利加漂流記』,『佐久間上書』,『江川氏存寄書』,『砲術全書』等の他に翻訳本もあり,信義の思想形成に,勝の影響の大きかったことが推察される。(中略) 勝や西郷との交友からも時勢に対する洞察を深め,開港後の横浜貿易進出へ積極的な行動をおこすのである。」とある。

(22) *A Lexilogus of the English, Malay and Chinese Languages: Comprehending the Vernacular Idioms of the Last in the Hok-keen and Canton Dialects* (1841) である。

(23) ローマ字綴りに加えて,ローマ字の分かち書きの単位(文節と単語と形態素への意識)という視点も語彙・文法面において有用であろう(付-3)。

付

# 1 INTRODUCTION（「日本語序説」）の異同一覧

## 1 はじめに

　改版にあたり，見出し語の増補や削除，また語義・用例の加除・修正などがなされている。扉に加え，「序文」にあたる PREFACE，また「日本語序説」を施した INTRODUCTION なども例外ではない[1]。以下にそれぞれの構成と頁数を記す。

　初版：和文と英文の扉
　　　PREFACE.（v, vi）[2]　　　　　　　　　　　　　2頁
　　　A TABLE OF THE JAPANESE KANA.（vii, viii）　　2頁
　　　INTRODUCTION.（ix-xxii）　　　　　　　　　　　4頁
　再版：和文と英文の扉
　　　PREFACE.（v, vi）　　　　　　　　　　　　　　 2頁
　　　A TABLE OF THE JAPANESE KANA.（vii, viii）　　2頁
　　　INTRODUCTION.（ix-xxxi）　　　　　　　　　　 23頁
　3版：和文と英文の扉
　　　PREFACE.（iii, iv）　　　　　　　　　　　　　　2頁
　　　A TABLE OF THE JAPANESE KANA.（v, vi）　　　 2頁
　　　INTRODUCTION.（vii-xxxiii）　　　　　　　　　 27頁

　PREFACE の内容は各版に応じたものであるが，各版の INTRODUCTION については，初版から再版にかけて，4頁から23頁へと大幅な変更がなされている。再版から3版にかけては，23頁から27頁と4頁分の増加であるが，その時代に即した変更と思われる細かなものから，ヘボンの14年間の意識の変化とも考えられる加除・修正が施されている。

　そこで，一見，類似した印象を与える再版と3版の INTRODUCTION の

異同状況に関して、整理・確認したい。必要に応じて誤記や所見などを交える。また、初版の状況について補う場合もある。

## 2 INTRODUCTION などの構成

初版、再版、3版では PREFACE, INTRODUCTION などの内容が大きく変わる部分がある。そこで、次のように、各見出しを〔表〕にしてまとめた上で、3 再版から3版への異同一覧で示す。

〔表〕 各版の INTORODUCTION の構成

| 初版 | 再版 | 3版 |
| --- | --- | --- |
| PREFACE. | PREFACE. | PREFACE. |
| A TABLE OF THE JAPANESE KANA. | A TABLE OF THE JAPANESE KANA. | A TABLE OF THE JAPANESE KANA. |
| INTRODUCTION. | INTRODUCTION. | INTRODUCTION. |
|  | CHINESE WRITTEN LANGUAGE. | CHINESE WRITTEN LANGUAGE. |
|  | KAN-ON. | KAN-ON. |
|  | JAPANESE SYLLABLES. | JAPANESE SYLLABLES. |
|  | THE JAPANESE SYLLABARY. | THE JAPANESE SYLLABARY. |
| THE ORTHOGRAPHY. | ORTHOGRAPHY(3) | ORTHOGRAPHY |
| THE WRITTEN CHARACTER OR KANA. |  |  |
| THE SYLLABLES IN COMBINATION. | THE SYLLABLES IN COMBINATION. | THE SYLLABLES IN COMBINATION. |
|  | DIALECTS. | DIALECTS. |
|  | ACCENT. | ACCENT. |
|  | PUNCTUATION. | PUNCTUATION. |
|  | ARTICLE. | ARTICLE. |

1 INTRODUCTION(「日本語序説」)の異同一覧

|  |  | NOUN. | NOUN. |
|---|---|---|---|
|  |  | ADJECTIVE. | ADJECTIVE. |
|  |  | PRONOUN. | PRONOUN. |
|  |  |  | NUMERALS. |
|  |  |  | ORDINAL NUMBERS. |
|  |  | THE VERB. | THE VERB. |
|  |  | FIRST CONJUGATION. | FIRST CONJUGATION. (*Yo-dan no hataraki.*) |
|  |  | SECOND CONJUGATION. | SECOND CONJUGATION. (*Shimo-ni-dan no hataraki.*) |
|  |  | THIRD CONJUGATION. | THIRD CONJUGATION. (*Kami-ni-dan no hataraki.*) |
|  |  | ADVERBS. | ADVERBS. |
|  |  | POST-POSITIONS. | POST-POSITIONS. |
|  |  | CONJUNCTIONS. | CONJUNCTIONS. |
|  | ABBREVIATIONS. | ABBREVIATIONS. | ABBREVIATIONS. |

## 3　再版から3版への異同一覧

異同を示すにあたり次のように記す。
・異同箇所を「再版→3版」の順で示す。該当箇所には下線を付し,下線に該当する3版の部分のみを挙げる。ただし,3版で追記・削除が行われた場合などは,必要に応じて,再版に対応する3版の全部を挙げる。
・異同箇所の頁(ローマ数字が用いられているが算用数字を用いる)を[　]に示す。例えばxiiは[12]とする。なお,各版のローマ字表記の異なりについては触れない。
・ハイフンの有無,大文字・小文字の別,ピリオド・カンマなどの変更や有無については挙げない。また,スペースの有無や綴りの誤り・変化,長音符号の欠落,文字の反転などといった誤記・誤植と思われるものの調査は行っているがここでは省略する。その他の具体例も含めていくらか挙げると,誤字の訂正(例. *itchō me*, the second block of houses. → first),ハイフンの有

無（例, kikanai-de → kikanai de）, スペースの有無（例, apiece → a piece）, 綴りの変化（例, enquired → inquired）, 分かち書きの変更（例, itta kara → ittakara）, 現代との清濁の異なり（musukashii）などである。

和文の扉
・[和文の扉] 美國　平文先生著→[和文の扉] 米(4)

PREFACE.
・＜再版とは全く異なる＞

A TABLE OF THE JAPANESE KANA.
・＜省略＞

INTRODUCTION.

CHINESE WRITTEN LANGUAGE.
＜異同ナシ＞

KAN-ON.
・[10] in the 15th year of the reign of the Emperor Dzuiko, →[ 8 ] Izuiko

JAPANESE SYLLABLES.
・[11] they have multiplied these characters, →[ 9 ] symbols
・ナシ→[ 9 ] A great change, however, in this respect has been produced by the use of movable metallic types in printing and the abandonment of the old method of printing on blocks. The forms of the *Hiragana* syllables have consequently been reduced to two or three varieties.

## THA JAPANESE SYLLABARY.
＜異同ナシ＞

## ORTHOGRAPHY
- ・ナシ→[11] e has the sound of *ey* in *they, prey*.
- ・[12] *i* has the sound of *i* in *machine, pique,* or like the long sound of Eng. *e* in *mete*.
- →[11] the sound of
- ・[13] *g* in the Yedo dialect has the soft sound of *ng;* →[11] Tōkyō

## THE SYLLABLES IN COMBINATION.
- ・[14] In the system of orthography adopted in this work, the *y* has been retained before the vowels *a* and *o*, whenever it would admit of it, in order to separate the vowels, render the syllables more distinct, and follow the *Kana*. Sometimes, for the sake of uniformity, and to render the dictionary more easy of consultation, a *y* has been written before *e* where it was not called for, as in *hayeru, miyeru*.
- →[12] The system of orthography adopted in the previous edition of this work has been modified in a few particulars so as to comform to that recommended by the Romajikwai. Thus the *y* is omitted before *e*, and words which in the former edtion began with *y*, in this begin with *e*, excepting the words *yen* (doller), and *ye*, (to, towards). The *y* is also omitted in the body of purely Japanese words; and such words as were formerly written *hayeru, miyeru, iye, yuye,* are now written *haeru, mieru, ie, yue*. But in words derived from the Chinese, where the second syllable commences with エ or ヱ, the *y* is still retained, as being preferable to the hyphen; thus *ri-en, san-etsu, sho-en,* are written *riyen, sanyetsu, shoyen*.

    *Dzu* is now written *zu*, and Chinese words formerly written *kiya, kiyo, kiu, kuwa, kuwai,* are now written *kya, kyo, kyū, kwa, kwai*.
- ・[14] *hito* is pronounced *h'to; shichi, sh'chi; shita, sh'ta; shite, sh'te;*

*kuwa, k'wa; futatsu, f'tatsu; futo, f'to,* & c.

→[13] *hito* is pronounced *h'to; shichi, sh'chi; shita, sh'ta; shite, sh'te, futatsu, f'tatsu, futo f'to,* etc.

**DIALECTS.**

· [14] The language of Kiyoto, the capital of the country, the residence of the Imperial court and of literary men, is considered the standard, and of highest authority; but dialectical differences are numerous, and provicialisms and vulgarisms abound. The dialect of Satsuma is said to be so different, as not to be intelligible in other parts of the country. This subject, however, has not yet been investigated. A few of these differences may be here mentioned.

In Yedo *kuwa* is pronounced *ka; kuwan, kan; guwai, gai,* as, *gun-kuwan* is pronounced *gun-kan; ken-kuwa, ken-ka; kuwa-ji, kaji; guwai-koku, gai-koku. Yu* is frequently changed to *i;* as, *yuku* into *iku; yuki* into *iki; yugamu* into *igamu; juku* into *jiku; isshu,* into *isshi.*

→[13] The language of Kyōto, the ancient capital of the country, and untill the restoration the residence of the Imperial Court and of literary men, has been considered the standard and of highest authority; but since the restoration and the removal of the capital to Tōkyō, the dialect of the latter has the precedence. Dialectical differences are numerous, and provicialisms and vulgarisms abound. The dialect of Satsuma is said to be so different as not to be intelligible in other parts of the country. This subject, however, has not yet been fully investigated. A few of these differences may here be mentioned.

In Tōkyō *kwa* is pronounced *ka; kwan, kan; gwai, gai,* as, *gun-kwan* is pronounced *gunkan; kenkwa, kenka; kwaji, kaji; gwai-koku, gaikoku. Yui* is frequently changed to *i,* as, *yuku* into *iku, yuki* into *iki, yugamu* into *igamu, juku* into *jiku, isshu* into *isshi, shuku* into *shiku.*

· [15] but one conversant with the Yedo dialect will have no difficulty in being understood in any part of the country, amongst the educated classes. →[14] Tōkyō

ACCENT.
・ナシ→[14] No effort has been made to mark these accents.

PUNCTUATION.
＜異同ナシ＞

ARTICLE.
＜異同ナシ＞

NOUN.
・[16] The case or relation of the noun to the other words of a sentence, is designated by a particle or post-position placed after it; thus, the
→[15] The case or relation of the noun to the other words of a sentence is generally designated by a particle or post-position placed after it; thus, the
・[16] Vocative by *yo, ya, kana. Hito yo*, man.
→[15] Vocative by *yo, ya, kana. Hito yo*, man; or, oh, man!
・[16] as, *yuki no shiroki koto*, →[15] as, *yuki no shiroi koto*,
・[17] The root forms of verbs are also nouns; →[15] form

ADJECTIVE.
・[17] The syllable *ku* affixed to the root, designates the adverbial form of the adjective;
→[16] The syllable *ku* affixed to the root designates the adverbial or indefinite form of the adjective,
・[17] The adverbial form never ends a sentence. →[16] This
・[17] The comparative degree is expressed by the aid of *yori*, or

nao;
→[16] The comparative degree is expressed by the aid of *yori, kara* or *nao,*
・[17] Sometimes, by affixing *gamashii,* supposed to be a contraction of *kamagamashi,* the same as *kama-bisushi,* noisy and annoying; thus; *iken-gamashii, jōdan-gamashii, kurō-gamashii.*
→[16] Sometimes by affixing *gamashii,* supposed to be a contraction of *kamagamashii,* the same as *kama-bisushii,* noisy and annoying; thus: *iken-gamashii, jōdan-gamashii, kurōgamashii.*
・[18] Those forms of the verb which end in *u, ta,* or *taru,* also perform the office of adjectives;
→[16] Those forms of the verb which end in *u, ta, taru,* or *shi* also perform the office of adjectives;
・[18] The adjectives whose adverbial formes end in *ku,* by taking the substantive verb *aru* as a suffix, is conjugated like a verb.
→[17] are
・[18] Indef. and root form. *Yokari,* →[17] Indefinite. *Yokari.*
・[18] Attrib. or adjective form. *Yokaradzu, Yokaranu, yokarazaru,* not good.
→[17] Indefinite.        *Yokarazu,* not good
　　　Attrib. or adjective form.  *Yokaranu, yokarazaru,* not good.
・[18] Indef. and root.    *Nakari.* →[17] Indef.    *Nakari.*

PRONOUN.
・[19] We, *watakushi-domo, ware-ware, warera, temae-domo.*
→[18] We, *watakushi-domo, ware-ware, temae-domo.*

NUMERALS.
＜項目，再版ナシ＞

1 INTRODUCTION (「日本語序説」) の異同一覧

ORDINAL NUMBERS.
＜項目，再版ナシ＞

THE VERB.
・[20] They are divided into transitive, intransitive, causative, passive or potential, and negative forms.
→[20] They are divided into transitive, intransitive, passive or potential, and negative forms.

FIRST CONJUGATION.

・ナシ→[21] (*Yo-dan no hataraki.*)
・[20] as may be seen in the following example: — →[21] examples
・[21] Adjective form,　　*Kiku,* hearing, hears.
→[21] Attrib. or adj. form, present. *Kiku,* hearing, hears.
　　　Perfect.　　　　　　*Kikeru, kikeri,* have heard.
・[21] Imperative,　　　　*Kiku na, kiku nakare,* do not hear.
→[22] Imperative.　　　　*Kiku na, kiku nakare, kikazaru,* do not hear.
・[21] Concessive,　　　　*Kikanedo, kikanedomo, kikanai keredomo,*
　　　　　　　　　　　　*kikanakutemo,* though I do not hear.
→[22] *kikanakuttemo*

SECOND CONJUGATION.

・ナシ→[22] (*Shimo-ni-dan no hataraki.*)
・[23] Adjective.　　　　*Ageru,* raising, raise.
→[22] Pres. Indic. adjective. *Ageru,* or *aguru,* raising, raise.
・[23] Indic. past　　　　*Age-ta, -shi, -nu, -ki, -tsu, -nuru, agetakke,* I have raised.
→[22] Indic. past　　　　*Age-ta, -tari, -shi, -nu, -ki, -tsu, -nuru, agetakke,* I have raised.
・[23] Indef. or adjec.　　*Agenu, agedzu, agezaru,* not raising.
→[23] Indefinite.　　　　*Agezu.*

465

|   |   |   |
|---|---|---|
| | Indic. pres. adjec. | *Age-nu, age-zaru*, not raising. |
| · [23] | Indic. fut. | *Ageji, agemai, agemaji, ageyashimai, agezaran,* I will not rasise. |
| →[23] | *age-nai* | |
| · [23] | Imperative. | *Ageru na, ageru nakare,* do not raise. |
| →[23] | Imperative. | *Ageru na, ageru nakare, agezare,* do not raise. |

## THIRD CONJUGATION.

· ナシ→[23] (*Kami-ni-dan no hataraki.*)

· [21] To this class belong the verbs whose root form ending in *i*, does not change when it takes suffixes, →[23] end

· ナシ→[23] In these respects they are conjugated like verbs of the second conjugation.

|   |   |   |
|---|---|---|
| · [22] | Adjective form. | *Miru*, seeing, sees. |
| →[24] | Pres. Indic. and Adjective. | *Miru*, seeing, sees. |
| · [22] | Indic. adjec. | *Minu, midzu, mizaru*, not seeing. |
| →[24] | Indefinite. | *Mizu.* |
| | Pres. Indic. adjec. | *Minu, mizaru*, not seeing. |

· conj → conjugation となっている箇所がある。

· ナシ→[25] PARADIGM OF IRREGULAR VERBS.

|   |   |   |
|---|---|---|
| · [24] | Indic. fut. | *masumai.* →[25] *masunai* |
| · [24] | „ past. | *mashi-nakattareba.* →[26] *nakattaraba* |

· [26] *Michi wo kikeba yokattakke* →[28] *yokatakke.*

· [26] as the flowers have bloomed friends are coming to see (them).

→[28] visitors

· [27] *Kō iu musukashii koto wa gakusha ni kikanai-de wa shirenai.*

→[29] *Kōyū*

· [27] *Konna mono nakutemo*    (I) am better without such a thing.

→[29] *Konna mono wa nakutemo yoi.*

Such a thing, is not needed.

1 INTRODUCTION (「日本語序説」) の異同一覧

・[27] *Hon wo yonde yei-go narawanakatta keredomo yoku hanasu koto ga dekiru,*
although he did not learn the English language <u>by reading books</u> he speaks very well.

→[29] *Ei-go <u>wo</u> narawanakatta keredomo yoku hanasu koto ga dekiru.*
Although he did not learn the English language he speaks very well.

・[28] *Watakushi ni mo dōzo <u>kikashite</u> kudasare.* →[30] <u>*kikasete*</u>

・再版の日本語のローマ字表記による例文では,？(クエスチョン・マーク) は使用されていない。全ての英語の例文は小文字で始まる。また,再版の Tōkei が 3 版では Tōkyō となる。

'SECOND CONJUGATION' の内容と 'THIRD CONJUGATION' の内容は,再版から 3 版で全て入れ替わっている。したがって,再版の 'SECOND CONJUGATION' は 3 版では 'THIRD CONJUGATION' になり,再版の 'THIRD CONJUGATION' は 3 版では 'SECOND CONJUGATION' になる (〔表〕)。

〔表〕 再版・3 版の動詞の活用

|  | 再版 |  | 3 版 |  |
| --- | --- | --- | --- | --- |
| FIRST CONJUGATION. | 四段活用 | -i | 四段活用 | -i |
| SECOND CONJUGATION. | 上二段活用 | -i | 下二段活用 | -e |
| THIRD CONJUGATION. | 下二段活用 | -e | 上二段活用 | -i |

なお,この点については古田 (1978) に次のようにある。

　　全体の種類としては変わりないが,第二種活用と第三種活用とを入れ替えている。理由について別に述べていないけれども,第三版では,そこでの「第三種活用」について,語根に「ル」を加えることによって形容詞形を作り,「ヨ」を付けることによって命令形を作ると述べたあと,
　　これらの点で,それらは第二種活用の動詞に似た活用をする。
と,第二版にはなかった一文を付け加えている。これは第二版の方の最後にあがっている「第三種活用」(＝第三版での「第二種活用」) のあとにも別

になかった訳である。これによれば、第二版では最初に語根がIで終わるものとして、「第一種活用」と「第二種活用」を続いてあげていたから、混同するおそれがあると判断し、第三版はそれとは異なって、語根がEで終わるものを先にあげ、ついでIで終わるものを、同様な活用をするとして、右の一文を付け加えたものではないかと判断される。

　ともかく、ヘボンは、それ以前の人々が、語根がEとIで終るとして一つにしていたものを区別して、二つとしたのである。

以上のような説明を加える中、金子 (1995) では、上記の見解に加え、「当時のアストンなどの主要な考えに従ったためとも考えられる。」とする。

　そこで、W. G. アストンによる *A Short Grammar of the Japanese Spoken Language* の初版 (1869)、4版 (1888) を用いて確認したところ、'Conj. I.' と 'Conj. II.' に分けた上で、さらに 'Conj. II.' を例えば *e or i* とし、ともに -e で終るものを先にあげ、その後に -i で終るものを挙げている。ヘボンのようにさらに二分している訳ではない。したがって、アストンの初版と4版の間では (再版、3版は実見し得ていないが) 順を入れ替えてはいない。そもそもアルファベット順に沿って考えれば順当な選択と言えよう。また、アストンによる *A Grammar of the Japanese Written Language* (1872) の 'Table of inflections.' p.30では 'Regular' と 'Irregular' (「あり・き・し・いに」) に分けた上で、'Regular' については、'Conj. I.' (「貸す」)、'Conj. II.' (「食べ・でき」)、'Conj. III.' (「見」) に分けている。この点に関しては、四/五段活用動詞 (強変化動詞)、上・下二段活用動詞 (混合変化動詞)、上・下一段活用動詞 (弱変化動詞) による分類であり、先の口語と同じで、イ段とエ段による分類ではない。

　なぜヘボンが再版の段階において -i で終るものを先にして -e で終るものを後にしたのか解決し得ないが、上記の古田 (1978)・金子 (1995) にあるように -i (四段活用) → -e (下二段活用) → -i (上二段活用) の順によって対比を強めたとする考えが示されている。

　一方、再版の -i (四段活用) → -i (上二段活用) → -e (下二段活用) ならば、イロハ順もしくは五十音順で、上二段活用の「イ」が、下二段活用の「エ」に先行するといったことが一つの理由ではなかろうか。再版の「四段活用」→「上二段活用」→「下二段活用」といった順は国文法からはかえって適当である。

1　INTRODUCTION（「日本語序説」）の異同一覧

## ADVERBS.

- [29] Adverbs or adverbial phrases formed by the <u>present</u> participle of verbs;
→[31] Adverbs or adverbial phrases formed by the participle of verbs,

## POST-POSITIONS.
＜異同ナシ＞

## CONJUNCTIONS.
＜異同ナシ＞

## ABBREVIATIONS.

再版と 3 版で追記された箇所

- *a.*　　　　　stand for　adjective.
→*a.* or *adj.*　　stand for　adjective.

再版と 3 版で位置の変化した略号

- *t.v.*　　　　　„　transitive verb.
  *id.*　　　　　„　the same.
  =　　　　　„　Equal to.
→*Heb.*　　　　„　Hebrew.
  *id.*　　　　　„　the same.
  *i.e.*　　　　　„　(*id est*) that is.

- *pass.*　　　　„　passive.
  *pot.*　　　　„　potential.
  *post-pos.*　　„　post-position.
  *p. p.*　　　　„　perfect participle.
→*pass.*　　　　„　passive.
  *post-pos.*　　„　post-position.
  *pot.*　　　　„　potential.

469

| | | |
|---|---|---|
| *p. p.* | „ | perfect participle. |

再版にはなく，3版で新たに設けられたもの (17種類)

| | | |
|---|---|---|
| →*bot.* | „ | botancial. |
| *chr.* | „ | christianity. |
| *coll.* | „ | colloquial. |
| *Eng.* | „ | English. |
| *gram.* | „ | grammatical. |
| *Heb.* | „ | Hebrew. |
| *i.e.* | „ | (*id est*) that is. |
| *i.q.* | „ | (*idem quod*) same as. |
| *leg.* | „ | legal. |
| *lit.* | „ | literally. |
| *mat.* | „ | mathematical. |
| *med.* | „ | medical. |
| *mil.* | „ | military. |
| *o.c.* | „ | old calendar. |
| *q.v.* | „ | (*quod vide*) which see. |
| *San.* | „ | Sanscrit. |
| † | „ | obsolete.(8) |

・ナシ → E

注
（1） これらの日本語訳は，初版（PREFECEのみ）は松村（1966），再版は町田（1969），3版は山口（1997）によるものがある。
（2） 各版の記載に即して，頁数をローマ数字にて示す。表示がない場合には前後から判断する。
（3） 再版と3版にはピリオドはない。
（4） 初版では「美國　平文先生編譯」とある。その他，改版に関わる変更は省略。
（5） 渡邊（1982）によった。なお，同著者による初版，再版，3版を対校したものもあるが，「その一」で終り，動詞部分に至ってはいない。
（6） 書名が，*A Grammar of the Japanese Spoken Language* となる。
（7） 古田（1978）では初版（1871）と再版（1872）は未見であるとするが，おそらくは1869年の初版と1871年の再版を指すのではなかろうか。また，3版は1873

年，4版は1888年とする。本文中にも記したが，本論では，再版（1871）と3版（1873）は未見である。
（8）　初版には 'stand for word used only in books or obsolete.' とある。

## 参考1　INTORODUCTION の所見など

|初版|
① 

THE ORTHOGRAPHY.

*a* has the sound of *a* in *father*.
*e* 　　　"　　　　"　　　　*e* in *they, prey*.
*i* 　　　"　　　　"　　　　*i* in *machine*.
*o* 　　　"　　　　"　　　　*o* in *no, so*.
*u* 　　　"　　　　"　　　　*u* in *rule, moon*.

＜所見＞
'*a* has the sound of *a* in *father*.' と任意の音を示すために，その音が含まれる一般的な単語を用いて説明している。これは，N. ウェブスター (Noah Webster, 1758-1843) の *An American Dictionary of the English Language* (以下，『大辞典』)（1828）でも行われている。また，J. J. ホフマンの *A Japanese Grammar* (以下，『日本語文典』)（1868）でも同様である。しかし，これが直接『大辞典』からの影響であるかどうかは決定できない（欧米における『大辞典』以前の辞書類は確認していない）。伝統的な手法であるという見解もあるためである。

②
## THE WRITTEN CHARACTER OR KANA.

＜所見＞

　神代文字について触れているがその可能性を疑っている。イロハ歌については弘法大師作の説としている。このことはホフマンの『日本語文典』にも記されている。また，『万葉集』が711年に記されたことになっている。

③
## THE SYLLABLES IN COMBINATION.

＜所見＞

　撥音の用例として，「抜群」(筆者注：bakkun)，「真っ直ぐ」，「鉄砲」，「全く」の４語を挙げているが，W. H. メドハーストの *English and Japanese and English and Japanese Vocabulary* (『英和・和英語彙』) (1830)では「鉄砲」，「最も」を用例として挙げている。

再版
①
## CHINESE WRITTEN LANGUAGE.

＜所見＞

　漢字の伝来については，『日本語文典』にも（「阿直岐」と固有名詞ではないが）朝鮮の皇子が284年に日本にもたらしたとしている。その後の，王仁についての説明も非常に類似したものとなっている。ヘボンが『日本語文典』を参照して多少詳しく書き直した可能性が高いのではなかろうか。

## ② JAPANESE SYLLABLES.

<所見>

片仮名の考案者を吉備大師としている。『日本語文典』でも，'KIBI DAIZIN' としており，当時の通説であったのだろう。

依然として，いろは歌の作者を空海としている。『日本語文典』でも同様に弘法大師の名が出ている。

'Chinese characters written in a running or grass hand' は草体字を示すと考えられる。『日本語文典』でも，'the Chinese running-hand or short hand（草サウ字ジ　*Soo-zi*）' とすることによるのであろう。

## ③ ADJECTIVE.

<所見>

ヘボンは日本語の形容詞が，表面的には形態に基づいた活用をし，種々の語を後接させることができるということを理解しているが，根底には連体修飾する語といった職能を強く意識している。形容詞の連体形を副詞としていた初版の見出し語が，再版へ改版する過程で基本形の見出し語に統合されていくのである。

また，逐語訳のようなものとして，

「家 に 住む 人」(逐語的には, dewlling in the house man)the man who dwells in the house・「明くる 年」the opening year, or next year・「箱 に ある もの」(逐語的には, have in the box things) the things which are in the box・「鉄砲 を 撃った 人」(逐語的には, fired the gun man) the man who fired the gun・「私 (わたくし) の 分からぬ こと」(逐語的には, not knowing of me matter) a matter which I don't know・「神 に あたわざる こと なし」((逐語的には) to God impossible thing is not) there is nothing impossible to God

日本語文法に基づいた英文が記されていることが関心を呼ぶ。

### 参考2　N. ウェブスターとの関わり

　ヘボンは初版の序文で,『和英語林集成』執筆過程で入手した文献としてはメドハーストの『和英・英和語彙』(1830) と『日葡辞書』(1603-1604) だけで, その他は当時の日本人の教師によるものであると記している (1章4節)。
　語彙や用例の収集は, 当然ヘボンに日本語を教える者 (具体的には誰であるかということは記されていない) や身のまわりにいる日本人 (治療を受けに来た患者をはじめとする) によるもので, また, ヘボンはモノガタリと称して日本の数々の古典文学にも触れている。
　『和英語林集成』の形態そのものの影響は, 一つに『日葡辞書』が挙げられるが, 他に何を参考にしたのかということが疑問に残るのである。例えば,『日葡辞書』の用言の見出し語に語根などを表示する方法や, メドハーストの『和英・英和語彙』の INTRODUCTION などを十分参考にし, 取り入れたことが分かる。ただ, それだけでは,『和英語林集成』が幕末明治期における近代的な辞書の形態を持ち得たことへの十分な解答にはならない。
　ヘボンが『和英語林集成』を執筆する頃までに, 参考文献としては挙げていないが潜在的に影響を与えた雛形となるような伝統的手法によって執筆された辞書類が『日葡辞書』の他に存在したと考えるべきであろう。それは果たして何であり, また, どのように活用したのかを調査することが重要である。
　まず, 辞書自体ではないが, 古田 (1971) は,『和英語林集成』と『日本語文典』が関係していることを示している。年表を引用する (『日本文典』としているが本書では『日本語文典』にあらため, その他も一部本書の記述方法に則した)。

1 INTRODUCTION(「日本語序説」)の異同一覧

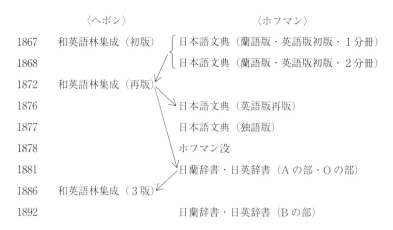

　ヘボンが再版の序文でホフマンの著作に触れ，ホフマンも『日本語文典(英語版再版)』でヘボンの著作に触れていることを指摘している。また，INTORODUCITONにおける項目の立て方や，収録語の状況などを多少の例を挙げて考察している。

　しかし，ヘボンは初版の段階では同年1867年刊行の『日本語文典』から影響を受けようがない。再版でようやく『日本語文典』の影響を受けるのである。初版の執筆時点では，これらの文献は，まだ出版されておらず，文法書ということもあり，先にも記したが辞書の形態に関するヒントは，得られないことになる。

　また，PREFACEにおいても，ホフマンの出版物を再版以降は大きな手がかりとしているが，初版では，同様にそれもあり得ない。そこで，『日葡辞書』だけでは説明のつかない何らかの伝統的な手法が存在するのではないかという見地にたって，以下，その根拠を推測を交えながら考察する。

　ヘボンの生年(1815)から執筆頃(1860年代)までの欧米で主流となっていた辞書類に着目すると，アメリカでは1828年にウェブスターによって『大辞典』が出版されている。また，イギリスでは1755年に英語辞典の創始者S. ジョンソン(Samuel Johnson, 1709-1784)によって，A Dictionary of the English Language が出版されているが，時代的に多少先行しているために本論で触れてはいない。

　まず時代的に一番近いウェブスターについて，稲村(1984)と林(1988)を

基にして，特に辞書に関する箇所を1864年まで年表形式に書きあらため，要約・追記し，一部引用する（一部本書の記述方法に則した）。

- 1758 コネティカット州の厳格なカルヴァン主義（清教徒）の家庭に生まれる
- 1783 青表紙『スペリング・ブック』を出版
  改版を加えながら20世紀までベスト・セラーとして販売される。初版の巻末には正誤表があって三つのミスプリントを示し，「なおこれ以外のミスプリントを見逃しているとすれば，著者は詩人ポープの『誤るは人のわざ，許すは神のわざ』の一句を思い浮かべて，みずから慰める」と付言している。（中略）
  バラバラであった13州の教育が，ウェブスターの『スペリング・ブック』を自主的に採用したことによって教育的に一本の絆で結ばれたことになった。
- 1785 『文法書』を出版　その後20年間に少なくとも20版を重ねる。
  『読本』を出版（『スペリング・ブック』，『文法書』，『読本』の3冊を『英文法入門』三部作と称す）
- 1790 『随筆漫文集』*Collection of Essays and Fugitiv Writtings*を出版
  スペリングの改善案を提案
- 1806 『簡約英語辞典』*A Compendious Dictionary of the English Language* を出版
- 1807 『学校教育版縮刷辞典』を出版
- 1817 『学校教育版縮刷辞典』を出版
- 1828 『大辞典』を出版
- 1841 『大辞典』1841年版を出版
  「この辞書は，他のすべての辞書と同じように，不完全のまま世に送り出されるが，これはやむを得ない。神ならぬ身が，ただひとりで七万ないし八万語の起原を探求し，その語の一般的，科学的，専門的な，さまざまな用法を定義する能力を持っている人が世にあろうか。私は自分の健康と才能と財力の許す限りの最善を尽くしたということで，自分なりに満足している」

ウェブスターは序説の最後を，この辞書の完成まで，ひ弱な肉体を支え給うた神に対する感謝の言葉で結んでいる。

1843　ウェブスター没
1847　『大辞典』1847年版を出版
1859　『大辞典』1859年版を出版
1864　『大辞典』1864年版を出版

簡約版（筆者注：Octavo（オクタボ判））を大槻文彦が『言海』執筆のために参考とする。

ウェブスターはヨーロッパばかりでなく，東洋にも普及し始めた。メリアム社の記録によれば，日本の天皇は1864年版を500部注文されたとある。その他東洋諸国，特にシャム（タイ），中国などからも注文があり，ある中国の学者はウェブスターに基づいて口語辞典編集の許可を得て，英語口語辞典を出版した。

　ヘボンがウェブスターの執筆した『スペリング・ブック』を幼少の時に使用した可能性は高いと思われる。その一つは，二人が共通する政治理念を持つ北部13州の出身ということである。さらに，ウェブスターはカルヴァン主義の一派である組合教会派に，ヘボンは米国長老教会に属しているためである。ともにフランスのカルヴァンに端を発しており，両者の先祖は，1620年のメイフラワー号に関係しているのである（しかし，現実的にどのような関係にあったかは今後の課題としたい）。本国において当然『大辞典』を実見していたはずである。

　また，ヘボンの来日の翌年1860年には，遣米使節の福澤諭吉と通訳の浜万次郎が帰国の際に1859年刊の簡約版と思われるもの（早川（2001）pp.374-376）を各1冊購入している。1862年には，ヘボン自身がS. R. ブラウン，J. C. バラ，D. タムソン等とともに英学所（運上英学院）にてウェブスターの綴字書 *Step by Step*（*Primary Book*）などを教材として，奉行の師弟に英語を教えていた。さらに，『和英語林集成』の出版された1867年には，福澤諭吉が三度目の洋行の際に委託された『大辞典』などを大量購入してアメリカから帰国している。

　ヘボンが近代的な辞書の形態を持つ『大辞典』を参照し，『和英語林集成』

を執筆したことを積極的に否定する根拠は，見あたらないのである。

　＜所見＞で記したように，ある任意の母音の具体的な発音を表すために，その母音を含む一般的な語の例示や，略号に関して類似した記号を用いるといった『和英語林集成』に見られる方法が，すでに『大辞典』に見受けられるのである。ただし，これらのことは『大辞典』以前の辞書類で行われていた伝統的手法である可能性も考えられる。

　以上のことは，現在のところ，確証に乏しい。また，再版以降ではホフマンに代表される文献からの影響力も考慮しなければならない。しかし，特に初版の辞書としての形態や INTRODUCTION の構成手法は，欧米に根付いた伝統的手法をヘボンが『和英語林集成』に応用したと言えるかと思う。その一つには，『和英語林集成』縮約ニューヨーク版，縮約上海版，縮約丸善版に見られる「縮約版」もその一つと考えることができよう。

　最後の根拠として，アメリカの辞書の特徴を前出の林 (1988) p.244から引用する。

　　アメリカ辞書の特徴として，次の点が指摘される。
　　　（ⅰ）　縮約して簡便な1冊本に納め，
　　　（ⅱ）　アメリカ的な語句・語法・つづり字を採用し，
　　　（ⅲ）　発音表記は注音符により，
　　　（ⅳ）　最小限度の語源解説を与え，
　　　（ⅴ）　用例はアメリカ的なものを最小限にとどめ，
　　　（ⅵ）　同意語・反意語を提示し，
　　　（ⅶ）　百科全書的項目を数多く収録する，
　　ことなどである。

上記七つの内，（ⅰ），（ⅵ），（ⅶ）などは『和英語林集成』に見られる。
（ⅰ）については，分冊でないことから明らかであろう。また，縮約版も出版している。
（ⅵ）は，全てではないが，類義語を記している場合がある。略号にも 'Syn.' (synonymous words「類義語」) がある。
（ⅶ）は，特に身体部位の名称が多数収録されている。これはヘボンが医師であることにもよるであろう。

以上の観点を基に調査を進めることで,「英和の部」のソースの問題解決の糸口にもうなり得ると考えている(2章1節)。一方,ウェブスターとの綴りの違いといったものをどのようにとらえていくのかという課題も生じてくる(2章3節)。

## 2　改版における増補された見出し語の性格

### 1　はじめに

　辞書は改版にあたり，見出し語の増補と削除（3章5節）といった作業を行う（あわせて統合については（3章4節））。序章3節に重なるが，「和英の部」の収録語数を例に挙げると，1867年の初版では20,772語，1872年の再版では22,949語，そして1886年の3版では35,618語と増加している。注目に値するのは，初版から再版の増加率が110.48％であるのに対して，再版から3版では155.21％となっていることである。再版から3版では14年の歳月を経ていることが大きく影響していると考えられる。

　一方，「英和の部」においては，初版10,030語，再版14,266語，3版15,697語と，増加しているが，初版から再版にかけて142.23％と大幅に増加しながらも，再版から3版では110.03％と穏やかなものとなっている。このことは，「和英の部」が社会の変動を含め見出し語の増補を必要としたのに対して，「英和の部」はすでに初版から5年後の再版の段階で，ある程度の安定性を持っていたことを示すと考えられる。また3版の「和英の部」で新しく増補された（特に近代的な）漢語については，「英和の部」にすでに再版で収録されている英語の見出しの訳語（主に句（一部和語を含む）や江戸期に用いられた漢語）の後に，追記するような方法をとることが散見される（後述）。「英和の部」が「和英の部」をベースとして作成されている面（2章3節，3章5節）もあるが，これは英語の見出し語が，日本語の状況と切り離されて選定されていたことを物語っているとも言えよう。

## 2 各部の収録率

『和英語林集成』の増補された見出し語について(1)、全体を対象とするべきではあるが、近代への移行を顕著に示すと考えられる漢語の増補に焦点をあわせるために、R（ラ行）の部(2)（以下、「ラ行の部」）、中でもRIで始まる見出し語（以下、「リの部」とする)(3)を対象として考察する。「リの部」を選んだのは、『雅俗幼学新書』(1855)、『和英語林集成』初版「和英の部」、『言海』(1889-1891)、『日本国語大辞典』初版 (1972-1976) の 4 書（2 章 1 節）すべてにおいてラ行の中でリの部が最も多くの見出し語を有しているためである。

なお、初版においては、「ラ行の部」は559語を収め全体の2.70%を占める（他の3書も2%台にある)。そして、初版、再版、3版と改版の過程で、559語、592語(4)、948語(5)と増加している。増減率は、初版から再版が105.90%（全体110.48%)、再版から3版が160.14%（全体155.21%）と、先にも示した全体の増減率に比して、初版から再版の増加が少なく、再版から3版への増加が多いことが確認できる。それぞれ全体との差は5%弱と、大きな差はないとも言えるかもしれないが、「ラ行の部」では（初版から再版の増補が少なかったのに対して）再版から3版にかけての漢語の増補が他の部に比べ多かったと考えられる（〔表1〕)。

〔表1〕 初版・再版・3版の「ラ行の部」の収録語数と各版それぞれの全収録語数における比率

|   | 初版 |  | 再版 |  | 3版 |  |
|---|---|---|---|---|---|---|
| ラ | 103 | 0.50% | 114 | 0.50% | 191 | 0.54% |
| リ | 203 | 0.98% | 213 | 0.93% | 338 | 0.95% |
| ル | 37 | 0.18% | 41 | 0.18% | 48 | 0.13% |
| レ | 100 | 0.48% | 107 | 0.47% | 174 | 0.49% |
| ロ | 116 | 0.56% | 113 | 0.49% | 197 | 0.55% |
| 計 | *559* | *2.70%* | *588* | *2.56%* | *948* | *2.66%* |

※ 初版はAPPENDIXの1語を含む

## 3 「リの部」の増補された見出し語と削除された見出し語

再版では明治維新に伴ない「會社，制度，想像，傳信機，貿易」などといった西洋の科学，文化文明に関わることばを増補し，3版では古語を増補するとともに「滊車，教會，銀行，國會，社會，宣教師，傳教，傳教師，電話機，日曜日，文明，牧師，郵便」といった近代文明に関連することばやキリスト教に関わることばも加わる。大幅な増補改訂が行われたことが，しばしば指摘されるところである。そこで実際の「リの部」の増補と削除を見出し語数で整理すると〔表2〕のようになる。

〔表2〕 改版における増減数

| 初版 | → | 再版 | → | 3版 |
|---|---|---|---|---|
| 203語 | +10語 | 213語 | (6)<br>+125語 | 338語 |
| 100.0% | 増補： 13語<br>削除： 3語 | 104.9% | 増補：126語<br>削除： 1語 | 158.7% |

増補に関しては次の3-1 初版から再版の増補に譲り，削除された見出し語を挙げると次のようである。初版から再版にかけて削除された語は，「RISHI, -szru, -sh'ta リスル利」，「RIYŌ レウ寮」，「RIYŌGE リヤウゲ領解」の3語である。また，再版から3版にかけて削除された語は，再版で増補された「RIN-TO リント凛」の1語にすぎない。

### 3-1 初版から再版の増補

増補された13語中，『日本国語大辞典』第2版 (以下，『日国』2版) で19世紀以降の出典 (意味にも留意した) を示すものが，「RI-SUI-ZAI リスイザイ利水劑」，「RI-ZOKU リゾク俚俗」，「RIYŌ-JI リヤウジ領事」の3語である (『言海』にも収録されるものは下線を付した・以下，同)。なお，『日国』2版では「利水劑」と「領事」は漢籍の出典が示されていない。[利尿剤] を意味する「利水劑」は再版の例が挙げられている。また，「和英の部」に「領事」は 'A consul.' と

ある。「英和の部」に見出し語としてCONSULは初版から収録されるが，初版の訳語には 'Konshur.' とあり，再版と3版では「領事」としている。再版の「和英の部」と「英和の部」が連動していることが確認できる。

13語中他の10語については，単漢字の「RIN リン 輪」，「RIN-TO リント 凛」，「RITSU リツ 律」，「RIYŌ リヤウ 令」の4語を除くと，「RI-AI リアイ 里合」，「RIYŌ-GU リヤウグ 霊供」，「RIYŌ-SAN リヤウサン 両山」，「RIYŌ-SHI リヤウシ 料紙」，「RIYŌ-TEI リヨウテイ 龍蹄」，「RIU-SHA リウシヤ 龍車」の6語であり，18世紀までの文献を出典とするものである。

### 3-2 再版から3版の増補

増補された126語中，『日国』2版で19世紀以後の出典例を示すものは次の44語である（『日国』2版に見出しのない「鬣狗」もここに含める・＜『言海』17語収録＞）。

「RIHAN リハン 離叛」，「RIKŌ リカウ 履行」，「RIKON リコン 離婚」，「RIKU-UN リクウン 陸運」，「RINGYO リンギヨ 臨御」，「RINJŌ リンジヤウ 臨床」，「RINJŌ リンヂヤウ 臨場」，「RINKOKU リンコク 禀告」，「RINNERU リン子ル」，「RINSAN リンサン 燐酸」，「RINSO リンソ 燐素」，「RIPPŌ リッパフ 律法」，「RIPPŌ リッパフ 立法」，「RIPPŌ リッパフ 立方」，「RIRA リラ 剌」，「RIRON リロン 理論」，「RISAI リサイ 理財」，「RISAI リサイ 罹災」，「RISHIN-RYOKU リシンリョク 離心力」，「RIYŪ リユウ 理由」，「RYAKUDATSU リヤクダツ 掠奪」，「RYAKUFUKU リヤクフク 畧服」，「RYODAN リヨダン 旅團」，「RYŌDATSU リヤウダツ 掠奪」，「RYOHI リヨヒ 旅費」，「RYŌJŪ レフジウ 獵銃」，「RYOKA (ママ) リヤウカ 兩可」，「RYOKU-GYOKUSEKI リヨクギヨクセキ 緑玉石」，「RYŌKU レウク 狗鬣 (ママ)」，「RYOKUSEN リヨクセン 力戰」，「RYOKUSHOKU リヨクシヨク 力食」，「RYOKUYEKI リヨクエキ 力役」，「RYOSHŌ リヨシヤウ 旅商」，「RYŌ-TEN-BIN リヤウテンビン 兩天秤」，「RYŌ-UKI リヤウウキ 量雨器」，「RYŌZŌ リヤウゾウ 兩造」，「RYŪAN リフアン 立案」，「RYŪGWAN リウグワン 流丸」，「RYŪRON リフロン 立論」，「RYŪSAN リウサン 硫酸」，「RYŪSAN-AYEN リウサンアエン 硫酸亞鉛」，

483

「RYŪSAN-DŌ リウサンドウ硫酸銅」，「RYŪSAN-TETSU リウサンテツ硫酸鉄」，「RYŪSHA リウシヤ流沙」

ただし，「稟告（ヒンコク／リンコク）」，「掠奪（リョウダツ／リャクダツ）」，「力戦（リキセン／リョクセン）」，「力役（リキヤク／リキエキ／リョクエキ）」，「立論（リュウロン／リッロン）」，「流沙（リュウシャ／リュウサ）」といった字音の問題（一部意味の異なりも生じる）もある。なお，「兩天秤」は「天秤」に接辞が付いたものとし外して進める。

多岐にわたるため，上掲の44語のうち漢字文字列として『日国』2版に漢籍の出典例を持たないものにしぼると，次の23語（「兩天秤」を除く）となった。

「臨床」，「稟告」，「リン子ル」，「燐酸」，「燐素」，「立方」，「剄（リラ）」，「罹災」，「離心力」，「理由」，「畧服」，「旅團」，「旅費」，「獵銃」，「綠玉石」，「鬣狗」，「力食」，「旅商」，「量雨器」，「硫酸」，「硫酸亞鉛」，「硫酸銅」，「硫酸鉄」

このうち，『日国』2版では「臨床」，「立方」，「剄（リラ）」，「綠玉石」，「鬣狗」，「旅商」，「量雨器」の初出として3版を挙げている。

次に，いくつかのことばについて個別的にその背景を確認したい。まず「旅團」，「旅費」，「旅商」と「旅－」とするものが3語ある。「旅券」は収録されてはいないが，惣郷・飛田（1986）によると『漢英対照いろは辞典』（1888）の例が示されている。「旅」を造語成分として展開している。

『漢語大詞典』と『近現代辞源』の記述を中心に示すと，まず「臨床」は『漢語大詞典』に「医学上称医生為病人診断和治療疾病。原以診治必臨病床，故名。」とし，『近現代辞源』は『日本学校図論』（1903）の例を載せる。医学用語として日本から中国に渡った漢語の一つであろうか（陳（2012a））。

「稟告」は『漢語大詞典』には『慎鸞交』（作者である李漁の生歿が明末期〜清初期）を載せるため，『音訓新聞字引』（1876）を挙げる『日国』2版の例を大幅に遡る。類似した例として，『近代漢語大詞典』は「罹災」の出典として明代の『封神演義』を示す。

「立方」については『漢語大詞典』，『近現代辞源』ともに「立方体」としての意味で11世紀末の『夢渓筆談』を載せる。しかし『和英語林集成』に小
(8)

## 2 改版における増補された見出し語の性格

見出しとして載る「立方根」'cube-root'の意としては『近現代辞源』にR.モリソンの『華英字典』(1822)を挙げる。また,『メドハースト』[9],『ロブシャイド』[10]ともにCUBEに 'the cube root, 立方' とある。数学用語の定着の過程が確認できそうである。

化学用語として,「燐酸」,「硫酸」,「硫酸銅」はオランダ語の訳語である（齋藤 (1967)）。『近現代辞源』では「燐酸」は『土壌学』(1916),「硫酸」は『游歴日本図経余紀』(1889) の例を挙げている。中国での使用がだいぶ遅れることを示す。

「理由」は『日国』2版で『軍人訓誡』(1878) の用例を示し,『漢語大詞典』は康有為 (1858-1927) の『上摂生王書』と,老舎の『茶館』(1957) を挙げている[11]。なお,『大漢和辞典』はこの語は収めていない。訳語との関わりとともに,和製漢語の可能性があるように思われるが再考したい。

「署服」,「量雨器」,「獵銃」,「力食」,「旅團」,「旅費」,「旅商」については『漢語大詞典』と『近現代辞源』のいずれにも収録されていないが,「量雨器」は現代中国語で見受けられる。「鬣狗」は「ハイエナ」の訳語として現在中国で用いられている。

また,126語から44語を差し引いた82語は『日国』2版において19世紀以前の出典例を持つものである（単漢字1語を含む・＜『言海』43語収録＞）。

「RIGWAI リグワイ 理外」,「RIGYŪ リギゥ 犁牛」[12],「RIHATSU リハツ 理髪」,「RIJI リジ 俚耳」,「RIKA リカ 李下」,「RIKAN リカン 離間」,「RIKIN リキン 利金」,「RIKKŌ リクカウ 陸行」,「RIKOMBYŌ リコンビヤウ 離魂病」,「RIKUKWA キククワ (ママ) 六花」,「RIKU-RYOKU リクリヨク 戮力」,「RIKUSHI リクシ 六師」,「RIKUTŌ リクタウ 六韜」,「RIKUZOKU リクゾク 陸續」,「RIKWAI リクワイ 理會」,「RI-MEI リメイ 利名」,「RINBOKU リンボク 林木」,「RINCHŌKE リンチヤウケ 輪丁花」,「RINCHŪ リンチウ 鱗蟲」,「RINKAI リンカイ 鱗介」,「RINKWAN・RINKIN リンクワン・リンキン 輪奐・輪困」,「RIN-OKU リンオク 隣屋」,「RINRETSU リンレツ 凜冽」,「RINRI リンリ 淋漓」,「RINSEN リンセン 綸宣」,「RINSHI リンシ 鱗次」,「RIREKI リレキ 履歴」,「RISEI リセ

イ里正」,「RISHI リシ利子」,「RISHŪ リシウ離愁」,「RISSHI リッシ律師」,「RISSUI リッスイ立錐」,「RISŪ リスウ理数」,「RITATSU リタツ利達」,「RITOKU リトク利得」,「RITSURYO リッリョ律呂」,「RIYEN リエン梨園」,「RIYŌ リヤウ利養」,「RYŌ リョウ綾」,「RYŌCHI リヤウチ良知」,「RYŌDO リヤウダウ糧道」,「RYOGŪ リョグウ旅寓」,「RYŌHŌ リヤウハウ良方」,「RYŌJIN リヤウジン良人」,「RYŌJOKU リョウヂョク凌辱」,「RYŌKA リヤウカ良家」,「RYŌKAI レウカイ了解」,「RYOKUGAN リョクガン緑眼」,「RYOKUMŌ リョクモウ緑毛」,「RYOKURIN リョクリン緑林」,「RIYŌMIN リヤウミン良民」,「RYŌNŌ リヤウノウ良能」,「RYŌREKI レウレキ凌轢」,「RYŌRI リョウリ鯪鯉」,「RYORYOKU リョリョク膂力」,「RYŌSATSU リヤウサツ諒察」,「RYŌSHIN リヤウシン良辰」,「RYŌSHIN リヤウシン良心」,「RYŌSHOKU リヤウショク糧食」,「RYOTEI リョテイ旅亭」,「RYŌTŌ リヤウトウ両頭」,「RYŌYA・RYŌSHŌ リヤウヤ良夜, 良宵」,「RYŌYEN レウエン遼遠」,「RYŌYŌ レウヤウ療養」,「RYŌZEN レウゼン瞭然」,「RYŌZEN リヤウゼン両全」,「RYŪGAKU リウガク留學」,「RYŪGŪ リウグウ流寓」,「RYŪHEI リウヘイ流弊」,「RYŪKIN リウキン流金」,「RYŪKŌ リウカウ柳巷」,「RYŪKOSSHA リウコツシヤ龍骨車」,「RYŪMIN リウミン流民」,「RYŪRI リウリ流離」,「RYŪSEI リウセイ隆盛」,「RYŪSHITSU リウシツ流出」,「RYŪSHOKU リフショク粒食」,「RYŪTŌ リウトウ龍燈」,「RYŪTSŪ リウツウ流通」,「RYŪYŌ リウヨウ流用」,「RYŪZENKŌ リウゼンカウ龍誕香」

　これらの語は 3 版の刊行される頃に積極的に用いられたものであると考えられる。『日国』2 版によると,「了解」は『蘭学階梯』(1783) の初出を持つ。「流通」については 'Circulation of money:' とあり，同様の意味の出典としては『政談』(1727頃) が挙がっている。

　以上挙げた見出し語に与えられた英語の訳語が「英和の部」の見出し語としてどのように扱われているのだろうか (2 章 3 節)。主に単語であるものを対象として，いくつかの見出し語について箇条書きにして記す。

486

・「燐酸」,「燐素」にはそれぞれ 'Phosphoric acid.', 'Phosphorus.' とあり, 3版から「英和の部」にも PHOSPHATE に「燐酸」, PHOSPHORUS に「燐素」と載る。「和英の部」と「英和の部」が連動している。
・「立方」の 'A cube:' は, すでに再版から CUBE に「立方」とあることから,「英和の部」が先行していたことが確認される。
・「刖（リラ）」は 'A livre＝17.1 sen.' とありながら「英和の部」には見受けられない。外来語として用いられる「リラ」が 'livre' であることを外国人に知らせる必要があったが, 対象とする外国人にとって 'livre' は周知のことで掲出する必要性がなかったためかと考えられる。一方,「リン子ル」は, 初版から「英和の部」に LINEN とあり「のの」と訳語を示す。再版では「布（ぬの）」としながら3版で「布, リンネル」と, やはり「和英の部」と連動している。外来語としての定着の過程を物語っていると考えられる。
・「立法」'Enacting laws, legislative:' とあり, 3版で LEGISLATIVE「立法の」, LEGISLATURE「立法館」が新たに収録されている。また, LEGISLATION は再版では「法律をたてること」であるが, 3版では「法律をたてること, 立法」と「立法」が追記される。なお, LEGISLATE も再版から収められるが「掟をたてる, 法律をたてる」のままである。
・「硫酸」,「硫酸亞鉛」,「硫酸銅」,「硫酸鉄」が並ぶが,「英和の部」にも初版から SULPHUR「硫黄」, 再版で SULPHURIC-ACID「硫酸」とある。また, 初版から SULPHATE OF ZINC, SULPHATE OF COPPER, SULPHATE OF IRON にそれぞれ「皓礬」,「胆礬」,「緑礬」[13]とあり, 3版で SULPHATE OF COPPER に「胆礬, 硫酸銅」, SULPHATE OF IRON に「緑礬, 硫酸鉄」と,「硫酸銅」,「硫酸鉄」といった近代化学用語もあわせて用いられる。類似するケースとして3版で「離心力」には 'Centrifugal force.' とあり, 再版の CENTRIFUGAL には「中心から飛び出す」, 3版になり「中心を離れる - force 離心力」と記される[14]。以上から, すでに収める英語の見出し語に対して, 訳語（日本語）の成立・展開といった背景を反映させていることが分かる。「離心力」は『近現代辞源』に『六合叢談』(1857) の用例が挙げられているが, 現代一般に用いられる「遠心力」は日本で生じた可能性があろう（『漢語大詞典』,『近現代辞源』ともに未収録）。

中日での差異を示すものであろうか。

・「理論」は「物事の筋道や道理などについて論じること」の意味としては、すでに『色葉字類抄』(1177–1181) に見られる。ただし、ここでは「理論」は 'theory' の訳語として再生されている。「和英の部」の「理論」も例外ではなく 'Theory, hypothesis.' とあり、THEORY は初版「思いなし」、再版「人の推量の説、学、説」、3版「人の推量の説、学、説、理論」と改版ごとに訳語が精密になる。3版から収録される HYPOTHESIS は「見積もり、憶説」とあるが、「理論」を訳語としてはいない。

・「量雨器」には 'Instrument for measuring the rainfall, a rain-gauge.' とありながらも、RAIN-GUAGE には「雨はかり」とあり、「量雨器」といった漢語による説明を回避したものと考えられる。それはローマ字によって 'Ryō-uki'〔15〕 と記しても理解が及ばないためであろう。一方、再版から収録される「RI-SUI-ZAI リスイザイ 利水劑」については、「英和の部」の DIURETIC の訳語としても 'Ri-sui-zai.' とある。そのまま表音で理解できるかどうかといった当時の使用実態の反映と言えるかもしれない (ただし「利水劑」は医学用語でもあり、ヘボンの理解語彙という認識の表れともとらえられそうでもある)。いずれにせよ、漢語のままでローマ字表記がなされる場合と、和語に言い換えたローマ字表記が用いられる差異については、漢語の性格や語種からの検討が必要である。例えば、初版から RAINBOW に 'Niji, kōgei.' と訳語が載るが、「虹」があるために「虹蜺」であることが確定しやくなる。RAINBOW から漢語 'kōgei' では距離がはなはだしく結び付き難い。結果的にローマ字表記された和語 (もしくは句、また同音異義語のない仮名書きできるような和語化した漢語 (例、がてん、やうす)) の訳語が補完している (相補している面もある)。それは、ロー字表記ではにわかにわかりにくい漢語の訳語にとっては、複数の訳語を示そうとする姿勢がプラスに働いたものと言えよう。同音異義語の多い漢語を表音文字であるローマ字で記す際、複数の訳語を示すことは表音文字の持つ弱点をカバーすることになる。

## 4 まとめ

「和英の部」については,改版過程における近代的な漢語の増補に焦点が当てられがちであるが,同時に継続してすでに近代以前に用いられている漢語も増補していくことが確認できる。また,全体を通して,その後の『言海』の所収語と重なるものも多いことが分かる。再版から3版の増補126語のうち60語が『言海』に収録されているのである。

「和英の部」と「英和の部」との連動については,「和英の部」の増補された漢語の見出し語が「英和の部」では訳語として追記される例が散見する。このことについては序章3節に記したが,単語を和語で示すという『和英語林集成』初版の「英和の部」の訳語の特徴が (森岡 (1969/1991)),3版では日常生活における漢語の定着によって変化しつつあることを示すと考えられる。このことはさらに調査を進める必要があるが,近代学術用語の展開や,中日での語彙交渉の一端を確認することができるであろう。

新しく増補する漢語に対して「和英の部」では (当然ではあるが) 新たな見出しを立てることで対応が図られている。しかし,「英和の部」においては,既存の訳語 (主に句 (一部和語を含む) や江戸期に用いられた漢語) に,新たな漢語の訳語を加える手続きがなされることも見受けられる。このことによって,「英和の部」の再版から3版にかけての改版においては,見出し語が110.03%増加するにすぎないという比較的低い数値が示すように,大幅な増補を行わなくても対応が可能であったと考えられる。

「英和の部」は初版から再版への改版過程で必要な見出し語を多く設定していたことで (142.23%),3版での増補はそれほど行われなかった (110.03%)。一方,「和英の部」では3版において新しく漢語をはじめ増補を施し (155.21%),それら増補された漢語を「英和の部」では既存の見出し語の訳語 (日本語) に追加するかたちで組み込んだものが散見する。結果的に,再版の段階で「英和の部」は,3版の「和英の部」で増補された漢語の見出し語を訳語として受け止めることができる英語の見出し語を設定していた面があると言えよう。このことは「英和の部」の英語の見出し語のソースが,近代的なものであることを意味してもいる。

注
（ 1 ） 倉島（2011）は「A・B・D・F・I・K の部」についての調査を行ったものであり，本稿はその趣旨に準じている。
（ 2 ） 拗音は再版まで RIYA, RIU（リュウ），RIYO と綴られていたが，3 版では RYA・RYU・RYO となる。見出しの語のローマ字表記を基準として「リの部（「リャ・リュ・リョ」も含む）」として進める。
（ 3 ） 「RIYŌ-RI，レウリ，料理」といった歴史的仮名遣いによるカタカナの見出し語が「レ」で始まるものも含む。
（ 4 ） 実際には588語であり，松村（1966）に 4 語不足する。以下，588語で進める。
（ 5 ） 「RANJŌ・RANZŌ ランジヤウ亂聲」，「RANSHŌ・RANSEI ランシヤウ蘭省」，「REIBIYŌ・REIMYŌ レイメウ靈猫」，「RYŌYA・RYŌSHŌ リヤウヤ良夜，良宵」は，ローマ字表記のみ 2 表記（漢字表記が 2 表記のものも含む）されている。それぞれローマ字表記を一つの見出し語として数えた（計 8 語）。
（ 6 ） 注5に示したように「RYŌYA・RYŌSHŌ リヤウヤ良夜，良宵」を 2 語とした。
（ 7 ） 以下，ローマ字で記された訳語は漢字仮名交じりにあらためる。
（ 8 ） 米川（1983）に詳しい。
（ 9 ） W. H. メドハーストの *English and Chinese Vocabulary. In Two Volumes*（1847-1848）とする。
（10） W. ロブシャイドの *English and Chinese Dictionary, with the Punti and Mandarin Pronunciation*（1866-1869）とする。
（11） 佐藤亨（2007）『現代に生きる幕末・明治初期 漢語辞典』明治書院では，『宋史』の例を示す。
（12） 参考までに，語義には '– *no ko akaku shite tsuno areba san sen kore wo suten ya.* (See Rongo vi. 4.)' と『論語』からそのまま引用されている。「雍也第六」の「犂牛之子、騂且角、（雖欲勿用、）山川其舎諸」である。
（13） 「和英の部」の「硫酸亞鉛」，「硫酸銅」，「硫酸鉄」に，それぞれの 'Syn.'（Synonymous words「類義語」）としても「晧礬」，「胆礬」，「緑礬」と載る。
（14） さらには先行して用いられる（『日国』2 版によると『暦象新書』(1798-1802)）「遠心力」に吸収されるようである。また CENTRIPETAL が，再版では「中心に引き集まる」とするのに対して，3 版で「中心に集まる －*force* 中心力」としている。ただし，『和英の部』には「中心力」はなく，「吸心力」としている。『暦象新書』に見られる「求心力」（『日国』2 版による）や，『格致略論』(1876) に載る「向心力」（『近現代辞源』による）との関わりが問題となろう。
（15） 3 版の見出し語の表記を用いたが，語構成からは 'Ryōu-ki' となろう。

# 3 ローマ字分かち書きによる語の意識
## —'Matai den fuku-in sho.'を資料として—

## 1 はじめに

　ヘボンによって，ローマ字で書き表された日本語は，『和英語林集成』のINTRODUCTIONや見出し語と用例などで確認することができる。その他にも，「ヘボン自筆ノート」には，「手稿」に引き続き，「マタイ伝」がある(1章1節)。36葉の右面のみ使用しているため，分量としても36頁分にあたる。最初に'Matai den fuku-in sho.'(1)とある。第1章から第12章でなり，手書きで記されている。第13章はDai jū-san shōとあるのみで終っている。「マタイ伝」は全28章からなるため，「手稿」同様途中で終っており，ヘボンの手になるものと考えられる。このことは，内容面や筆跡の面のみならず，ローマ字の綴り方からも，確認される。
　この「手稿」に続く「マタイ伝」は，ヘボンが1873年に『新約聖書馬太伝』として刊行したもの(漢字仮名交じり文)の，その手稿として考えられている(渡辺(1968))。ただし，両者には若干の異同があることも指摘されている。ローマ字の綴り方について渡辺(1968)にも指摘はあるが，例えば次の①〜④のようなものである(以下，下線は筆者・丸数字に続く数字は，1.1.が「マタイ伝」における1章1節を示す)。各章の中を節に分けて数字で示しているが，その数字は記載されないこともあるため，分類に際しては片子澤(1952)と対照した。

① 1.5.　　Bōd<u>z</u>u (人名)　　→　dを斜線で削除 (2箇所)
② 1.19.　 had<u>z</u>kashimuru
③ 1.19.　 konomad<u>z</u>u　　 →　dを斜線で削除
④ 2.1.　　sun<u>i</u>n　　　　　→　zの上からuに修正

「ス」と「ズ」については，全体としてはszとdzuが主であるが，szからsuへ(④)，dzuからzuへ(①・③)の修正もわずかながら見られる。また，

②のように初版 (1867) の sz, dz によるものがある。第1章と第2章に現れる①・③・④はしばらく後に斜線などによって修正されたのかもしれない。再版 (1872) は sz, dzu, 第3版 (1886) は su, zu の綴り方である。なお，この手書きの「マタイ伝」と1873年の『新約聖書馬太伝』との先後関係については検討の要がある。他にも次のようなものがある。

⑤　2.5.　　　kota<u>y</u>ete　　　→　y を挿入
⑥　5.23.　　ki<u>y</u>ōdai

⑤の y の挿入などは第3版から再版への逆行ともとらえられるが (初版・再版 ye, 第3版 e)，追記と考えるべきであろう。このことは他の「エ」について，例えば ki<u>y</u>e と ye とあることからも分かる。また，⑥をはじめ，拗音の綴り方も，初版・再版のものである。他にも，h'to, hassh'te など i の無表記があり，また chiri-giri (「ちり〳〵」) は『日葡辞書』(1603-1604) を彷彿させる (1章3節)。

このようなローマ字翻字聖書には，ヘボンによって刊行されたものが複数ある (海老澤 (1989))。
・SHIN-YAKU SEI-SHO YOHANNENO FUKU-IN (1873)
・WARERA NO SHU IYESU KIRISUTO NO SHIN YAKU ZEN SHO (1880)
・KYUSHIN YAKU ZENSHO (1892)

そのために，1873年のものとの綴りの比較の必要がある。また，ヘボンによる署名入りのローマ字版 MATAIDEN FUKUINSHO (1888) が山梨英和大学附属図書館門脇文庫に所蔵されている (門脇・大柴 (1983))。今回対象とした 'Matai den fuku-in sho.' がその試訳にあたる可能性も考えられそうである。

その成立年については鈴木 (2009) によりいくつかの根拠が示されている。まず，インクの変色の程度から「手稿」の後と考えられる。また，'Ni wa no suzume wa issen nite urazaran ya (2羽の雀は一銭にて売らざらんや)' と貨幣単位として 'issen' と「銭」が用いられているのは，1871年の新貨幣条例を受けてのものであろうとする。

「マタイ伝」の執筆時期は，1870年に奥野昌綱が日本語助手として雇われ，翻訳原稿筆者に任ぜられたことも考慮すべきだろう。奥野が版下を書いた木版刷りの『新約聖書馬太傳』は1873年に出版されている。これは前年のヘボンと S. R. ブラウン訳『新約聖書馬可傳』と『新約聖書約翰傳』に続くもの

である。以上の事由から「マタイ伝」の部分は1870年から1872年にかけての期間に著された可能性が高い。

「マタイ伝」に検討を加えることによって，ヘボンが日常の日本語を書きとめたり，検討を加えたりする際に使用していたのがローマ字表記であったのではないかなど，根本的な問題も浮かび上がってくる。そこで，使用されたローマ字表記について確認していくと，'Matai den fuku-in sho.' に限ったことではないが，連続表記や分かち書きに加え，ハイフンの使用が注目される。時代は下るが，『和英語林集成』縮約ニューヨーク版(1873)のPREFACEには，'The hyphen is used always to connect the different members of a compound word.' とあり，合成語を示すにあたり使用されていことが確認できる。

本論では，このハイフンの使用というものがいかなる理由によるものか，一定量を有する 'Matai den fuku-in sho.' のものについて整理してみたい。

  a．連続表記    例，2.2.   Umaretamaishi
  b．ハイフン    例，3.20.  hisoka-ni
  c．分かち書き    例，2.5.   ikan to nareba

a→b→cの順に語としての独立性が高くなると考えられると思われる。そこでヘボンがどのような意図で書き分けたのかを考えるため，その中間に位置する「b．ハイフン」の全例を抽出し，分類・整理を行う。ただし，改行の際に連続を示すハイフン（例，uma -retamaeri・〔表2〕では(-)とした）については対象としない。また，「a．連続表記」と「c．分かち書き」のそれぞれのケースも挙げ，比較対照を行う必要があると考える。しかし，すべてを対象とすることは分量的に膨大でありすぎる。そこで，「b．ハイフン」の抽出例の後項部分が「a．連続表記」されているものについてのみ，**4　付属語の連接**で扱うこととする。

## 2　分類方法など

ハイフンを抽出したところ(6)，ハイフンをはさむ前項部分と後項部分の関係から，大きく実質語としての語基と機能語としての接辞の問題として整理で

きるようである。
　そこで，体言性語基，用言性語基，さらに用言性語基と複語尾の類の融合との関わりから次のように分類した。
・Ⅰ　語基との関わり[(7)]
　　例，kawa-bukuro のように語基に基づきひとまとまりであることを示すハイフン。
・Ⅱ　複語尾の類との関わり
　　例，ii-keru のように文法に関わるつながりを示すハイフン。


　　3　抽出例の傾向

　2　分類方法などを特徴・共通性によって，さらにⅠ　語基との関わりにA　単語，B　畳語，C　数詞，D　数詞＋助数詞，E　その他を設定し[(8)]，Ⅱ　複語尾の類との関わりについてもA　動詞＋助動詞，B　動詞＋補助動詞とした。
　ローマ字を漢字仮名交じりにするにあたっては，片子澤(1952)のものを用いた(〔表2〕)。ただし，異同がある場合は前後の文脈から判断した。なお，抽出例について全体を歴史的仮名遣い(括弧内は現代仮名遣い)で記し，ハイフンの箇所を／で示す(ただし，長音は「ー」とする)。活用語については終止形で表した。複数ある場合には用例の後に出現回数(下線を付した)を示す。
　抽出した例は157語あり，整理すると次のようになる。

　　　Ⅰ　語基との関わり　　113語
　　　　　A　単語　　　　　　88語（名詞17語，動詞62語，形容動詞など9語）
　　　　　B　畳語　　　　　　9語
　　　　　C　数詞　　　　　　6語
　　　　　D　数詞＋助数詞　　3語
　　　　　E　その他　　　　　7語

Ⅱ　複語尾の類との関わり　44語
　　A　動詞＋助動詞　　　　16語
　　B　動詞＋補助動詞　　　28語

3-1　Ⅰ　語基との関わり

A　単語 (88語)

「名詞」(17語)

＜単純語・複合語 (名詞＋名詞, 動詞＋名詞)＞

姦惡 (かん／あく), 権威 (けん／い), 福音 (ふく／いん), 天国 (てん／こく), 禾畑 (むぎ／ばたけ), ユダヤ人 (ゆだや／びと), ナザレ人 (なざれ／びと), サマリア人 (さまりあ／びと), 熱病 (ねつ／びょー), 革袋 (かわ／ぶくろ), 旅ぶくろ (たび／ぶくろ), 野蜜 (の／みつ)

つかひびと (つかい／びと), わかれぶみ (わかれ／ぶみ), そなへもの (そなへ／もの), しらべやく (しらべ／やく)

＜派生語＞

みごころ (み／ごころ)

※　kan-aku, ken-i ではハイフンを使用しないと,「かなく」「けに」となる。
※　「ばたけ」,「びと」,「ぶくろ」,「ぶみ」と連濁しているものもある。
※　「サマリア人」については, 刊本では「サマリヤ人」と異同がある。
※　shirabe-yaku にはハイフンがないものもある。


「動詞」(62語)

＜複合語＞

おどろきあへる (おどろき／あえる), とりあぐ (とり／あぐ), 悔いあらたむ (くい／あらたむ) 6, おもひいだす (おもい／いだす), おひいだす (おい／いだす) 11, よびいだす (よび／いだす), いひいづ (いい／いず), ながれいづ (ながれ／いず), うけいる (うけ／いる), おしいる (おし／いる), おちいる (おち／いる), おとしいる (おとし／いる) 2, かりいる (かり／いる), なげいる (なげ／いる) 5, ひきうく (ひき／うく), なげおとす (なげ／おとす), いきかへる (いき／かえる), ふりかへる (ふり／かえる), きえかかる (きえ／かかる), とじこむ (とじ／こむ), とりつく (とり／つく) 6, みつぎとる (みつぎ／とる) 2, をしへひろむ (おしえ／ひ

ろむ），ましextract ます（まし／ます），おもひみ（おもい／み）_2_，させむく（させ／むく）

&lt;派生語&gt;

かねつかふる（かね／つこーる），あひはかれる（あい／はかれる），うちふす（うち／ふす），あひやはらぐ（あい／やわらぐ）

&lt;その他&gt;

許嫁す（いい／なずけす），みちびく（みち／びく），こころむ（こころ／む）_3_

※ 「をしへひろむ」，「させむく」については一つの語とも言い切れないがここに含めた。
※ 特に後項部分が「あらたむ」，「いだす」，「いる」といった母音で始まるものが多い。
※ 「許嫁す」のハイフンの位置において語構成意識が分かる。

「形容動詞・副詞・連語（-なる・-に）」（9語）

おほひなる（おーい／なる），おろかなる（おろか／なる）
ことごとく（こと／ごとく），おほいに（おーい／に），まさに（まさ／に）
あらはに（あらわ／に），ともに（とも／に）_2_，ひそかに（ひそか／に）

※ oi-ni は長音符号がない。

B 畳語 （9語）

をり〜（おり／おり），様々（さま／ざま），ちり〳〵（ちり／ぢり），人々（ひと／びと）_2_，むら〜（むら／むら）_4_

※ h'tobito とハイフンを使用しないものもある。

C 数詞 （6語）

十二（じゅう／に）_3_，十三（じゅう／さん），十四（じゅう／よ）_2_，

※ 「じゅうし」ではない。また，Jūyo とハイフンを使用しないものもある。

D 数詞＋助数詞 （3語）

八章（はっ／しょう），十章（じっ／しょう），十一章（じゅういっ／しょう）

E その他 （7語）

ものいふ（もの／いう），くり／かへし／ごと（くり／かえし／ごと），なしつくす（なし／つくす）_2_
するとき（する／とき），みつぎどころ（みつぎ／どころ）

おきよ（おき／よ）
※　終助詞の ka, ya, yo など分かち書きされているものもある。

### 3-2　Ⅱ　複語尾の類との関わり

**A　動詞＋助動詞**（けり・たり）　(16語)

ありけり（あり／けり），いひけり（いい／けり）12，きたりけり（きたり／けり），とひけり（とい／けり），昇きたり（かき／たり）
※　「いいけり」はハイフンを使用しないものもある。

**B　動詞＋補助動詞**（たまふ）　(28語)

あたへたまふ（あたえ／たもー），あらはしたまふ（あらわし／たもー），いだしたまふ（いだし／たもー），いりたまふ（いり／たもー），うまれたまふ（うまれ／たもー）2，をしへたまふ（おしえ／たもー），をはりたまふ（おわり／たもー），きたりたまふ（きたり／たもー），くはへたまふ（くわえ／たもー），坐したまふ（ざし／たもー），さづけたまふ（さずけ／たもー），したまふ（し／たもー），しりたまふ（しり／たもー），すくへたまふ（すくえ／たもー），たもちたまふ（たもち／たもー），つけたまふ（つけ／たもー），なさしめたまふ（なさしめ／たもー），なしたまふ（なし／たもー），ひろめたまふ（ひろめ／たもー），みたまふ（み／たもー），むくひたまふ（むくひ／たもー），命じたまふ（めいじ／たもー），やしなへたまふ（やしなえ／たもー），ゆるしたまふ（ゆるし／たもー）3，よそはせたまふ（よそわせ／たもー）
※　「うまれたまふ」はハイフンを使用しないものもある。
※　「なさしめたまふ」，「よそはせたまふ」も含めた。

## 4　付属語の連接

3　抽出例の傾向では，ハイフン以後の後項部分を分類・整理し，掲出する際，終止形で示した。ただし，実際には kokoro-misasen や oi-idasarete などのように，後項部分には付属語が分かち書きやハイフンを用いることなくそのまま「a．連続表記」しているものがある。(先にも記したが) 全体的な連接

を確認するべきであるが，本論の「b．ハイフン」の抽出対象から後項部分に連続する付属語について挙げる（現代仮名遣いで示す）。

　　　　動詞＋助動詞
「す」…かえら<u>し</u>(ママ)
「らる」…いれ<u>らる</u> 2，いれ<u>らるる</u>
「たり」…あらため<u>たり</u>，つかれ<u>たる</u> 5
「り」…はかれ<u>り</u>，あえ<u>り</u>，いだせ<u>り</u> 2
「き」…かかり<u>し</u>
「けり」…いで<u>ける</u>
「ず」…あげ<u>ざる</u>，あらため<u>ざる</u>，つくさ<u>ず</u>
「む」…つくさ<u>ん</u>，ひろめ<u>ん</u>

　　　　動詞＋助詞
「て」…いで<u>て</u>，かえっ<u>て</u>
「ば」…いださ<u>ば</u> 5，いら<u>ば</u>

　　　　動詞＋助動詞＋助動詞／助詞
あらため<u>させん</u>，み<u>させん</u>，いれ<u>られん</u> 2，こめ<u>られたる</u>，つか<u>れし</u>，つか<u>れたる</u> 5
いだ<u>されて</u>，いる<u>れば</u> 2

　　　　補助動詞（たまふ）＋助動詞
「り」…たまえ<u>り</u> 3，たま<u>える</u>
「き」…たまい<u>し</u>，たまえ<u>し</u>(ママ)
「ず」…たまわ<u>ず</u>
「む」…たまわ<u>ん</u> 3

　　　　補助動詞（たまふ）＋助詞
「て」…たも－<u>て</u> 3
「ば」…たまえ<u>ば</u>，たまわら<u>ば</u>

498

助動詞＋助詞
「ば」…ければ 3

3-2 Ⅱ 複語尾の類との関わりに挙げた「けり」,「たり」についてはハイフンを用いるケースも見受けられる。一方，例えば「べし」は 'Kirish'to no umaru beki tokoro wa izuku naru ya.'（2.4.）と分かち書きを行っている（1章5節）。「a. 連続表記」する付属語，「b. ハイフン」を用いる付属語，「c. 分かち書き」する複語尾のそれぞれにおける意味上の異なりなども考慮していく必要がある。


## 5 まとめ

3 抽出例の傾向に示したように，全157語の内訳は，Ⅰ 語基との関わりが113語，Ⅱ 複語尾の類との関わりが44語となる。中でもⅠ 語基との関わり A 単語の「動詞」に関わるものが62語，Ⅱ 複語尾の類との関わり B 動詞＋補助動詞が28語，Ⅱ 複語尾の類との関わり A 動詞＋助動詞が16語と，直接・間接に動詞と関わるものがきわめて多く，動詞，補助動詞，助動詞といった活用語について集中している。「c. 分かち書き」よりも，「b. ハイフン」によって連接することで連続性が高くなることが一つの要因であろう。

「a. 連続表記」してひとまとめにするか，「b. ハイフン」で連接を示しながら一つの単位とするか，「c. 分かち書き」によって二つの単位とするかは，それぞれに事情が異なるはずである。ハイフンを用いるということは，連続表記して一息でまとめることと，用いないで分かち書きすることとの中間に位置する。三つの表記方法を検討することで，宣教師の語構成意識ないしは分節意識（呼吸のようなもの）を探る手だてになり得ると考える。

例えば，助動詞の相互承接から「す・さす」,「る・らる」,「けり，たり」，「べし」の扱いの異なりなどから一つの傾向が見い出せそうである（〔表1〕）。また，共起する可能性からコロケーションといった視点を持つことで，どのような認識がなされていたのかということを確認することができるかもしれ

ない（1章5節）。

　ハイフンが用いられている全例（〔表2〕）の平均は9.68字である（ハイフンは除く）。そのために，文字列の長さといった書記上の問題（加えて読み進める際の利便性）を含めなければならない（柴田（1968），Sibata（2001））。例えば，ken-i（4字）や kan-aku（6字）など字数は少ないのであるが，読み誤りを避けるために使用されている。一方，yosowase-tamayeba（16字）といった **4　付属語の連接**で挙げた動詞・補助動詞・助動詞・助詞が関わるもの，wakare-bumi（10字）といった複合語，また tamō を後接させるものは軒並み字数が長くなるため，分かち書きとまではいかない区切りを示すために用いられている。

〔表1〕　動詞＋助動詞の表記形態

|  | a. 連続表記 | b. ハイフン | c. 分かち書き |
|---|---|---|---|
| す・さす・る・らる・む・ず・き・り | ● | | |
| けり，たり | ● | ● | |
| べし | | | ● |

　今後は，『和英語林集成』やローマ字翻訳聖書をはじめとした宣教師による様々なローマ字資料を視野に入れ，ハイフンのみならず連続表記と分かち書きとの関わりについて，総合的に検証を行っていくことが必要である。それによって語の単位のとらえ方が明らかになると考える。

3 ローマ字分かち書きによる語の意識―'Matai den fuku-in sho.' を資料として―

[表2] ハイフンを持つ抽出例

I 語基との関わり　A 単語

| 章 | 節 | ローマ字表記 | 漢字仮名交じり |
|---|---|---|---|
| 12 | 39 | kan-aku | 姦惡 |
| 7 | 29 | ken-i | 權威 |
| 0 | 0 | fuku-in | 福音 |
| 3 | 2 | ten-koku | 天國 |
| 12 | 1 | mugi-batake | 禾畑 |
| 2 | 2 | Yudaya-bito | ユダヤ人 |
| 2 | 23 | Nazare-bito | ナザレ人 |
| 10 | 5 | Samaria-bito | サマリア人 |
| 8 | 14 | netsu-biyō | 熱病 |
| 9 | 17 | kawa-bukuro | 革袋 |
| 10 | 10 | tabi-bukuro | 旅ぶくろ |
| 3 | 4 | no-mitsu | 野蜜 |
| 10 | 2 | tsukai-bito | つかひびと |
| 5 | 31 | wakare-bumi | わかれぶみ |
| 8 | 4 | sonaye-mono | そなへもの |
| 5 | 25 | shirabe-yaku | しらべやく |
| 8 | 2 | mi-gokoro | みごころ |
| 7 | 28 | odoroki-ayeri | おどろきあへり |
| 12 | 11 | tori-agezaru | とりあげざる |
| 3 | 8 | kui-aratamuru | 悔ひあらたむる |
| 3 | 11 | kui-aratamu(-)ru | 悔ひあらたむる |
| 3 | 2 | kui-aratame | 悔ひあらため |
| 9 | 13 | kui-aratame-sa(-)sen | 悔ひあらためさせん |
| 11 | 20 | kui-aratamezaru | 悔ひあらためざる |
| 12 | 41 | kui-aratametari | 悔ひあらためたり |
| 5 | 23 | omoi-idasaba | おもひいださば |
| 8 | 31 | oi-idasaba | おひいださば |
| 12 | 26 | oi-idasaba | おひいださば |
| 12 | 27 | oi-idasaba | おひいださば |
| 12 | 28 | oi-idasaba | おひいださば |
| 9 | 33 | oi-idasarete | おひいだされて |
| 8 | 16 | oi-idashi | おひいだし |
| 10 | 1 | oi-idashi | おひいだし |
| 12 | 24 | oi-idasu | おひいだす |
| 12 | 27 | oi-idasu | おひいだす |
| 10 | 8 | oi-idase | おひいだせ |
| 9 | 34 | oi-ida(-)seri | おひいだせり |
| 2 | 15 | yobi-idaseri | よびいだせり |
| 11 | 7 | ii-idekeru | いひいでける |
| 9 | 17 | nagare-idete | ながれいでて |
| 11 | 14 | uke-iruru | うけいる、 |
| 12 | 29 | oshi-iru | おしいる |
| 12 | 11 | ochi-iraba | おちいらば |
| 5 | 29 | otoshi-irureba | おとしいるれば |
| 5 | 30 | otoshi-irureba | おとしいるれば |
| 9 | 38 | kari-ire | かりいれ |
| 3 | 10 | nage-ireraruru | なげいれらる、 |
| 7 | 20 | nage-ireraru | なげいれらる |
| 6 | 30 | nage-ireraru | なげいれらる、 |
| 5 | 29 | nage-ireraren | なげいれられん |
| 5 | 30 | nege-ireraren | なげいれられん |
| 8 | 17 | hiki-uke | ひきうけ |
| 4 | 6 | nage-otose | なげおとせ |
| 10 | 8 | iki-kayerashi | いきかへらし |
| 7 | 6 | furi-kayette | ふりかへつて |
| 12 | 21 | kiye-kakarishi | きえかかりし |
| 6 | 6 | toji-komeraretaru | とじこめられたる |
| 11 | 18 | tori-tsukareshi | とりつかれし |
| 4 | 24 | tori-tsukaretaru | とりつかれたる |
| 8 | 33 | tori-tsukare(-)taru | とりつかれたる |

501

| | | | | | | | | |
|---|---|---|---|---|---|---|---|---|
| 9 | 32 | tori-tsukaretaru | とりつかれたる | | 9 | 36 | chiri-giri | ちり〴〵 |
| 12 | 22 | tari-tsukaretaru | とりつかれたる | | 3 | 7 | h'to-bito | 人々 |
| 8 | 28 | tori-tsukaretaru | とりつかれたる | | 12 | 46 | h'to-bito | 人々 |
| 10 | 3 | mitugi-tori | みつぎとり | | 10 | 23 | mura-mura | むら〴〵 |
| 11 | 19 | mi(-)tsugi-toru | みつぎとる | | 11 | 1 | mura-mura | むら〴〵 |
| 11 | 1 | oshiye-hiromen | をしへひろめん | | 11 | 20 | mura-mura | むら〴〵 |
| 5 | 48 | mashi-masu | まします | | 2 | 6 | mura-mura | むら〴〵 |
| 6 | 26 | omoi-mi | おもひみ | | | | | |
| 6 | 26 | omoi-mi | おもひみ | | Ⅰ 語基との関わり C 数詞 | | | |
| 5 | 40 | sase-muke | させむけ | | 10 | 1 | jū-ni | 十二 |
| 6 | 24 | kane-tsukōru | かねつかふる | | 10 | 2 | jū-ni | 十二 |
| 12 | 14 | ai-hakareri | あひはかれり | | 12 | 0 | jū-ni | 十二 |
| 8 | 6 | uchi-fushi | うちふし | | 13 | 0 | jū-san | 十三 |
| 5 | 24 | ai-yawaragi | あひやはらぎ | | 1 | 17 | jū-yo | 十四 |
| 1 | 18 | ii-nazukesh'taru | 許嫁したる | | 1 | 17 | jū-yo | 十四 |
| 6 | 13 | michi-biki | みちびき | | | | | |
| 4 | 1 | kokoro-misasen | こころみさせん | | Ⅰ 語基との関わり D 数詞＋助数詞 | | | |
| 4 | 3 | kokoro-miru | こころみる | | 8 | 0 | has-shō | 八章 |
| 4 | 7 | kokoro-miru | こころみる | | 10 | 0 | jis-shō | 十章 |
| 5 | 19 | ōi-naru | おほひなる | | 11 | 0 | jūis-shō | 十一章 |
| 5 | 22 | oroka-naru | おろかなる | | | | | |
| 2 | 16 | koto-gotoku | ことごとく | | Ⅰ 語基との関わり E その他 | | | |
| 2 | 16 | oi-ni | おほいに | | 12 | 22 | mono-ii | ものいひ |
| 3 | 7 | masa-ni | まさに | | 6 | 7 | kuri-kayeshi-goto | くりかへしごと |
| 1 | 18 | arawa-ni | あらはに | | 5 | 18 | nashi-tsukusazu | なしつくさず |
| 1 | 23 | tomo-ni | ともに | | 5 | 17 | nashi-tsukusan | なしつくさん |
| 1 | 25 | tomo-ni | ともに | | 6 | 16 | suru-toki | するとき |
| 1 | 19 | hisoka-ni | ひそかに | | 9 | 9 | mitugi-dokoro | みつぎどころ |
| | | | | | 2 | 13 | oki-yo | おきよ |

Ⅰ 語基との関わり B 畳語

| | | | |
|---|---|---|---|
| 9 | 14 | ori-ori | をり〴〵 |
| 9 | 35 | sama-zama | 様々 |

## 3 ローマ字分かち書きによる語の意識—'Matai den fuku-in sho.'を資料として—

### II 複語尾の類との関わり
#### A 動詞+助動詞

| | | | |
|---|---|---|---|
| 12 | 10 | ari-kereba | ありければ |
| 11 | 4 | ii-keru | いひける |
| 11 | 20 | ii-keru | いひける |
| 11 | 25 | ii-keru | いひける |
| 12 | 11 | ii-keru | いひける |
| 12 | 24 | ii-keru | いひける |
| 12 | 25 | ii-keru | いひける |
| 12 | 38 | ii-keru | いひける |
| 12 | 39 | ii-keru | いひける |
| 12 | 47 | ii-keru | いひける |
| 12 | 48 | ii-keru | いひける |
| 12 | 49 | ii-keru | いひける |
| 12 | 13 | ii-kereba | いひければ |
| 9 | 28 | kitari-kereba | きたりければ |
| 12 | 10 | toi-keru | とひける |
| 9 | 2 | kaki-taru | 昇きたる |

| | | | |
|---|---|---|---|
| 10 | 2 | sazuke-tamō | さづけたまふ |
| 8 | 3 | shi-tamawan | したまはん |
| 6 | 32 | shiri-ta(-)mayeri | しりたまへり |
| 8 | 26 | sukuye-tamaye | すくへたまへ |
| 6 | 13 | tamochi-tamayeru | たもちたまへる |
| 9 | 19 | tsuke-tamawaraba | つけたまはらば |
| 6 | 10 | nasashime-tamaye | なさしめたまへ |
| 11 | 20 | nashi-tamayeshi | なしたまへし |
| 4 | 17 | hirome-tamōte | ひろめたまふて |
| 4 | 21 | mi-tamai | みたまひ |
| 6 | 4 | mukui-tamō | むくひたまふ |
| 4 | 6 | meiji-tamōte | 命じたまふて |
| 6 | 26 | yashinaye-tamo | やしなへたまふ |
| 6 | 12 | yurushi-tamaye | ゆるしたまへ |
| 6 | 15 | yurushi-tamawazu | ゆるしたまはず |
| 6 | 14 | yurushi-tama(-)wan | ゆるしたまはん |
| 6 | 30 | yosowase-tamayeba | よそはせたまへば |

※ 改行のために付されたハイフンは(-)とする。

### II 複語尾の類との関わり
#### B 動詞+補助動詞

| | | | |
|---|---|---|---|
| 6 | 11 | ataye-tamaye | あたへたまへ |
| 11 | 25 | arawashi-tamō | あらはしたまふ |
| 6 | 13 | idashi-tamaye | いだしたまへ |
| 8 | 8 | iri-tamō | いりたまふ |
| 2 | 1 | umare-ta(-)maeri | うまれたまへり |
| 1 | 18 | umare-tamō | うまれたまふ |
| 7 | 29 | oshiye-tamōte | をしへたまひて |
| 7 | 28 | owari-tamō | をはりたまふ |
| 3 | 13 | kitari-tamayeri | きたりたまへり |
| 6 | 33 | kuwaye-tamawan | くはへたまはん |
| 5 | 1 | zashi-tamaishi | 坐したまひし |

## 注

（1） 未刊行の手書き資料であるために‘ ’で囲う。また，ハイフンや文字の大小は記載状態に基づく。
（2） 1.20. kangōru, Iwazurōtaru といった長音符号も検討の余地がある。
（3） ローマ字翻字聖書の必要性は主に日本語習得中の宣教師のためであろう。
（4） 「聖書と日本文化」展実行委員会（立教学院（1999））にその存在が見える。
（5） 再版に「銭」の見出し語が収録される。
（6） ただし，二つのハイフンを用いる kui-aratame-sa(-)sen といったものもある。
（7） 「おもいみ」(omoi-mi)，「いひいでける」(ii-idekeru)，「おどろきあへり」(odoroki-ayeri) などのように，1語と考えるべきか判断に迷うものもある。そこで，終止形（「おもいみる」，「いいいづ（いいでる・参考：いいだす）」，「おどろきあう」）が『日本国語大辞典』第2版に見出し語として収録されている場合はⅠ 語基との関わりとした。その他の判断についても同書によった。
（8） Ⅰ 語基との関わりとⅡ 複語尾の類との関わりの両方の性格を持つなど，判断しかねるものをここに含めた。
（9） 16字からなるものは，kui-aratame-sa(-)sen, toji-komeraretaru, kuri-kayeshi-goto を含めた4語である。

## 参考文献一覧

秋山憲兄解説（2000）『ギュツラフ訳「約翰福音之伝・約翰上中下書」覆刻版』新教出版社
浅野敏彦（1998）『国語史のなかの漢語』和泉書院
荒井献他編（1986）『キリスト教人名辞典』日本基督教団出版局
荒井保男（2004）『ドクトル・シモンズ―横浜医学の源流を求めて―』有隣堂
荒尾禎秀（1979）「『雑字類編』の文言的性格」「國學院雑誌」80-7
荒尾禎秀（1982）「唐語辞書の語彙」『講座日本語学5 現代語彙との史的対照』明治書院
荒尾禎秀（1987）「白話小説翻訳本の漢字とことば」『漢字講座7 近世の漢字とことば』明治書院
荒尾禎秀（1993）「『通俗赤縄奇縁』の熟字―原典との比較を通して―」「東京学芸大学紀要 第2部門」44
荒尾禎秀（1994）「『通俗赤縄奇縁』の熟字（承前）―原典に拠らない熟字の性格―」「東京学芸大学紀要 第2部門」45
荒尾禎秀（2013）「『雑字類編』と「納日」」「学芸 国語国文学」45
荒川清秀（1997）『近代日中学術用語の形成と伝播―地理学用語を中心に―』白帝社
アーンズ，レイン著 福田文子監訳 梁取和紘訳（2002）『幕末・明治・大正・昭和 長崎居留地の西洋人』長崎文献社
安藤正次（1907-1908）「國語學上における歐米人の貢獻1～6」「國學院雑誌」13-6，9～12，14-2
李漢燮（1986）「『和英語林集成』の「和英の部」の増補をめぐって」『論集日本語研究（2）歴史編』明治書院
李漢燮（1993）「『和英語林集成』初版・再版・三版の子見出しについて―「和英の部」を中心に―」『国語語彙史の研究』13 和泉書院
李漢燮（2010）『近代漢語研究文献目録』東京堂出版
飯田晴巳（2002）『明治を生きる群像―近代日本語の成立―』おうふう
伊川公司（2005）『横浜・ハマことば辞典』暁印書館
池上岑夫訳（1993）『ロドリゲス 日本語小文典』上・下 岩波書店
石川潔（1999）『ドクトル・ヘボン関連年表―ヘボンの誕生から葬儀・追悼会の日まで―』私家版
石崎又造（1940）『近世日本に於ける支那俗語文學史』弘文堂書房
石塚修（2009）「西鶴作品の茶の湯知識の基層―俳諧辞書『類船集』を中心に―」「文藝言語研究 文藝篇」55
磯貝俊枝（1964）「明治初期における漢語の研究―『和英語林集成』を通してみた漢語の推移―」「東京女子大学日本文学」22〔森岡健二（1969）『近代語の成立―明治期語彙編―』明治書院〕
市井外喜子・根岸亜紀（2007）『天草版平家物語研究』おうふう
稲村松雄（1984）『青表紙の奇蹟―ウェブスター大辞典の誕生と歴史―』桐原書店
伊波和正（1991）「ベッテルハイムの琉球語表記―カタカナ表記とローマ字表記 比較対照―」「沖縄国際大学文学部紀要 英文学科篇」13-1
今泉忠義解題（1968）『日仏辞書』白帝社

参考文献一覧

今栄国晴（1960）「日本語のdigramの相対頻度とその特性」「心理学評論」4-1
岩堀行宏（1995）『英和・和英辞典の誕生―日欧言語文化交流史―』図書出版社
岩下哲典（2006）『江戸の海外情報ネットワーク』歴史文化ライブラリー207　吉川弘文館
岩下哲典編（2011）『江戸時代来日外国人人名辞典』東京堂出版
岩淵匡（1975）「日本語における基本字種―古代前期の文献資料から―」「学術研究　国語・国文学編」24
印刷史研究会編（2000）『本と活字の歴史事典』柏書房
上田万年講述・新村出筆録・古田東朔校訂（1984）『上田万年　国語学史　附　新村出編『上田万年先生年譜』』教育出版
上野利三（1992・1994）「＜資料＞竹口信義『横浜の記』（一）・（下）―ドクトル・ヘボン（一八一五～一九一一）との交遊記―」「松阪大学松阪政経研究」11，12
上野利三・三ッ村健吉（1999）「＜資料＞竹口喜左衛門信義日記　稿Ⅸ」「松阪大学地域社会研究所報」11
上原袈裟美（1975-1980）「明治初期の聖書翻訳1～6」「四国学院大学創立二十五周年記念論文集」他
宇野義方（1990）「永代節用無尽蔵について」『近代語研究』8　近代語学会編　武蔵野書院
江崎裕子（1991）「『和英語林集成』（和英の部）と『東海道中膝栗毛』」「ICU Language Bulletin 語学研究」6-1
江崎裕子（1994）「『和英語林集成』「和英の部」の用例と『南総里見八犬伝』」「ICU日本語教育研究センター紀要」3
海老澤有道（1964）『日本の聖書―聖書和訳の歴史―』日本基督教団出版部　〔（1989）講談社学術文庫〕
海老澤有道・大内三郎（1970）『日本キリスト教史』日本基督教団出版局
遠藤智夫（2009）『『英和対訳袖珍辞書』と近代語の成立―中日語彙交流の視点から―』港の人
大江満（2000）『宣教師ウィリアムズの伝道と生涯―幕末・明治米国聖公会の軌跡―』刀水書房
大久保恵子（1999）『チェンバレン『日本語口語入門』第2版翻訳』笠間書院
大阪女子大学附属図書館編（1962）『大阪女子大学蔵　日本英学資料解題』
大阪女子大学附属図書館編（1991）『大阪女子大学蔵　蘭学英学資料選』
大島智夫（1996）「ヘボン『和英語林集成』の背景」「MICSオケイジョナル・ペーパー」1
大塚高信訳（1957）『コリャード日本文典　改訳版』風間書房
大塚光信・小島幸枝編（1985）『コリャード自筆　西日辞書』臨川書店
大塚光信（1998）『エヴォラ本日葡辞書』清文堂出版
大妻女子大学　草稿・テキスト研究所（2013）「大妻女子大学　草稿・テキスト研究所　研究年報」6
大西晴樹（2014）『NHKカルチャーラジオ　歴史再発見　ヘボンさんと日本の開化』NHK出版
大野晋（1980）『日本語の世界1　日本語の成立』中央公論社
大野寿子編（2013）『超域する異界』勉誠出版
岡墻裕剛編著（2008）『B. H. チェンバレン『文字のしるべ』影印・研究』勉誠出版

岡田袈裟男（2006）『江戸異言語接触―蘭語・唐話と近代日本語―』笠間書院
岡部一興編・高谷道男・有地美子訳（2009）『ヘボン在日書簡全集』教文館
岡本勲（1973）「『和英語林集成』に於ける動詞の標記」「国語国文」42-12
岡本勲（1973・1974）「『和英語林集成』と『日葡辞書』（研究篇）・（資料編）」「文学部紀要」8-1，3
岡本勲（1974）「『和英語林集成』に於るハ行四段活用動詞の終止連体形」「文学部紀要」9-1
沖森卓也・倉島節尚・加藤知己・牧野武則編（1996）『日本辞書辞典』おうふう
沖森卓也編・木村一・木村義之・山本真吾・陳力衛執筆（2008）『図説 日本の辞書』おうふう
沖森卓也（2011）『日本の漢字―1600年の歴史―』ベレ出版
奥村佳代子（2007）『江戸時代の唐話に関する基礎研究』関西大学出版部
小澤三郎（1964）『日本プロテスタント史研究』東海大学出版会
小田切文洋［代表］（2004）「明清白話（口語体）小説の近世日本における翻訳を通した近世中国語の用例と受容の研究」平成14年度～平成15年度科学研究費補助金 基盤研究（C）（2）研究成果報告書
小田切文洋（2008）『江戸明治唐話用例辞典』笠間書院
小田勝（2013）「テーマ解説 助動詞相互承説」『日本語文法史研究』1　ひつじ書房
小野澤隆（2005）「蘭英和対話集 *Winkelgesprekken in het Hollandish, Engrerisch en Japansch*（1861年）解題と様相」「浜松大学研究論集」18-2
小野正弘（1998）「本のはなし第20回唐話辞書」「新日本古典文学大系月報」84　岩波書店
カーター，ジョン著　横山千晶訳（1994）『西洋書誌学入門』図書出版社
春日和男（1950）「聖書和訳の一資料―S. R. ブラオン訳の馬太伝―」「西南学院大学論集」1-1
片子澤千代松校註解題（1952）『ヘボン譯新約聖書』ナツメ社
加藤大鶴（2009）「日本語ではどんな音からはじまる言葉が多いか」『みんなの日本語事典』（中山緑朗・飯田晴巳・陳力衛・木村義之・木村一編）　明治書院
加藤知己・倉島節尚編著（1998）『幕末の日本語研究 S. R. ブラウン 会話日本語―複製と翻訳・研究―』三省堂
加藤知己・倉島節尚編著（2000）『幕末の日本語研究 W. H. メドハースト 英和・和英語彙―複製と研究・索引―』三省堂
門脇清・大柴恒（1983）『門脇文庫 日本語聖書翻訳史』新教出版社
神奈川県百科事典刊行会編（1983）『神奈川県百科事典』大和書房
金子弘（1995）「西欧人の日本語研究書における動詞活用型の分類」『日本近代語研究』2　近代語研究会編　ひつじ書房
金子弘（1999）「リギンズのローマ字転写法と三つ仮名表記」「日本語日本文学」9
金子弘（2000）「ウィリアムズのローマ字表記」「日本語日本文学」10
鎌田廣夫（1987）「天草本平家物語の分かち書きについて」『二松学舎創立百十周年記念論文集』二松学舎
上西俊雄（2013）「假名の轉寫に就きて―アーネスト・サトウ―」「国語国字」199
亀井孝解題（1970）『J. C. ヘボン著 和英語林集成〔再版〕復刻版』東洋文庫
亀井秀雄（2014）『日本人の「翻訳」―言語資本の形成をめぐって―』岩波書店

参考文献一覧

亀田次郎著・雨宮尚治編（1973）『西洋人の日本語研究―亀田次郎先生の遺稿―』風間書房
川澄哲夫（1978-1998）『資料日本英学史』1上・下，2　大修館書店
川田久長（1949）『活版印刷史』印刷学会出版部
河元由美子（2003）「メドハーストの『英和和英語彙集』―その利用のされ方―」「英学史研究」36
菊地悟（1983）「『和英語林集成』「英和の部」の性格」「文芸研究」103
菊地悟（1983）「『和英語林集成』第三版「英和の部」の増補訳語」「国語学研究」23
菊地悟（1984）「『和英語林集成』第三版「英和の部」における漢語の増補―初版・再版・三版「和英の部」および初版・再版「英和の部」の語彙との関係―」「国語学研究」24
菊地悟（1988）「『和英語林集成』第三版「英和の部」新出語彙の典拠について」「生活学園短期大学紀要」11
菊地悟（1991）「『和英語林集成』初版「英和の部」の「和英の部」非収録語彙」「国語学研究」31
菊地悟（1992）「見出しの一致度から見た英和対訳辞書の系統―数量化理論第Ⅳ類による分析―」「岩手大学教育学部研究年報」52-1
菊地悟（1993）「見出し語の異同による英和対訳辞書分類の試み―数量化理論第Ⅲ類による分析から―」「岩手大学教育学部研究年報」53-3
菊地悟（1994）「「和英語林集成」初版「和英の部」の同義語」「文芸研究」136
菊地悟（2004）「『和英語林集成』」「日本語学」9月臨時増刊
岸田吟香（1932）「呉淞日記（上）―第五之冊―」「社会及国家」
貴田庄（2000）『西洋の書物工房―ロゼッタ・ストーンからモロッコ革の本まで―』芳賀書店
木村秀次（1998）「日本と中国の常用字」「明海日本語」4
木村秀次（2013）『近代文明と漢語』おうふう
木村一（1998）「『和英語林集成』の漢語研究―「和英の部」における呉音と漢音の交替について―」「東洋大学大学院紀要」34
木村一（1999）「『和英語林集成』（一版）の折丁記号―その他の美華書院の印刷物―」「ぐんしょ（季刊）」再刊45
木村一（2000a）「『和英語林集成』「英和の部」の見出し語―各版における削除語―」「文学論藻」74
木村一（2000b）「『和英語林集成』「和英の部」の見出し語―動詞に関わる統合について―」『国語国文学論考』小久保崇明編　笠間書院
木村一（2001）「『和英語林集成』「英和の部」の漢語の見出し語―誤表記を中心として―」「文学論藻」75
木村一（2003）「『和英語林集成』「英和の部」（1版）の見出し語　一斑―「英華字典」に収録されないもの―」「文学論藻」77
木村一（2005）「『和英語林集成』「原稿」が依拠した一書―『雅俗幼学新書』との関わり―」「日本語の研究」1-2
木村一（2006a）「『和英語林集成』「原稿」から初版への漢字表記」『近代語研究』13　近代語学会編　武蔵野書院
木村一（2006b）「『和英語林集成』初版・再版・三版における漢字表記」『日本辞書学の構築』倉島節尚編　おうふう

木村一（2007a）「『和英語林集成』の PREFACE・INTRODUCTION などの異同一覧―再版・三版を中心として―」「カルチュール」4
木村一（2007b）「『雅俗幼学新書』の周辺と，収録される三字以上の漢字表記一斑」『日本語日本文学論集』小久保崇明編　笠間書院
木村一（2008a）「ヘボンの漢字表記―『和英語林集成』「原稿」を資料として―」『国語語彙史の研究』27　国語語彙史研究会編　和泉書院
木村一（2008b）「『和英語林集成』「手稿」のローマ字綴りとその位置」『近代語研究』14　近代語学会編　武蔵野書院
木村一（2009a）「C. M. ウィリアムズの日本語研究資料」「英学史研究」42
木村一（2009b）「ローマ字資料におけるハイフンの意味的役割と文法的役割―'Matai den fuku-in sho' を資料として―」「日本英学史学会東日本支部紀要 東日本英学史研究」8
木村一（2010a）「『日葡辞書』と『日仏辞書』のヘボンの参看の可能性をめぐって」『近代語研究』15　近代語学会編　武蔵野書院
木村一（2010b）「語頭文字別分布―幕末期の辞書との比較を通して―」「東洋通信」47-7
木村一（2011）「『訳通類略』について―対訳辞書にみることばの消長―」『言語変化の分析と理論』坂詰力治編　おうふう
木村一（2012a）「ローマ字による活用語の表示方法」『近代語研究』16　近代語学会編　武蔵野書院
木村一（2012b）「第2回研究集会記録（平成23年12月17日実施）　特集テーマ「19世紀における〈知〉の移動と文化変容」について　「19世紀 日本ミッションにおける日本語研究資料の草稿について」」「大妻女子大学　草稿・テキスト研究所　研究年報」5
木村一（2012c）「漢和辞典と国語辞典の接点―両辞典の展開を通して―」「日本語学」10月
木村一（2012d）「『和英語林集成』の二つの初版―横浜版とロンドン版―」「明治学院大学キリスト教研究所紀要」45
木村一解題（2013）『美國 平文先生編譯『和英語林集成』復刻版』明治学院刊行・雄松堂発行
木村一・鈴木進編（2013）『J. C. ヘボン 和英語林集成 手稿 翻字・索引・解題』三省堂
木村一（2014a）「『和英語林集成』における増補見出し語の性格」「東洋通信」51-3
木村一（2014b）「ヘボンの漢字意識―『平文氏著 語林集成 漢字索引』を例として―」『環流する東アジアの近代新語訳語』関西大学アジア文化研究センター　沈国威・内田慶市編　ユニシス
木村義之（2005）「あて字」『朝倉漢字講座1　漢字と日本語』朝倉書店
金水敏（2006）「古代・中世日本語用例のローマ字表記について」『文法と音声』V　音声文法研究会　くろしお出版
楠家重敏（2009）『アーネスト・サトウの読書ノート―イギリス外交官の見た明治維新の舞台裏―』雄松堂出版
久米晶文・中村司（2007）「＜溶解＞する言葉と文化①〜最終回」「歴史読本」1〜12月
倉島節尚編（2006）『日本語辞書学の構築』おうふう
倉島節尚（2008）『日本語辞書学への序章』大正大学出版会
倉島節尚（2011）「和英語林集成の漢語―2版・3版の増補項目を中心に―」「国文学踏査」23
グリフィス，W. E. 著・高谷道男監修・佐々木晃訳（1991）『ヘボン―同時代の人の見た―』

参考文献一覧

　　教文館（W. E. グリフィスによる *Hepburn of Japan*（1913）の日本語訳）
小池清治（2003）『日本語は悪魔の言語か？―ことばに関する十の話―』角川書店
小泉保（1978）『日本語の正書法』大修館書店
小久保崇明編（2000）『国語国文学論考』笠間書院
小久保崇明編（2007）『日本語日本文学論集』笠間書院
古典研究会編（1969-1976）『唐話辞書類集』汲古書院
小松寿雄（1985）『国語学叢書7　江戸時代の国語　江戸語―その形成と階層―』東京堂出版
小松英雄（1981）『日本語の世界7　日本語の音韻』中央公論社
小宮山博史（2009）『日本語活字ものがたり―草創期の人と書体―』誠文堂新光社
小宮山博史・府川充男企画編集（2009）『活字印刷の文化史―きりしたん版・古活字版から新常用漢字表まで―』勉誠出版
権田益美（2008）「神奈川・横浜におけるヘボン式宣教活動の特徴―医療活動と『和英語林集成』を中心に―」「KGU比較文化論集」1
権田益美（2010）「横浜と神戸の居留地における外国人商人―ウォルシュ・ホール商会を通してみるそのビジネス―」「港湾経済研究」49
権田益美（2014）「『呉淞日記』にみる岸田吟香とヘボン―『和英語林集成』の編纂と使節団との交流を中心に―」「KGU比較文化論集」6
今野真二（2005）「「こもの」攷」「清泉女子大学人文科学研究所紀要」26
今野真二（2013）『『言海』と明治の日本語』港の人
齋藤静（1967）『日本語に及ぼしたオランダ語の影響』篠崎書林
斎藤文俊（1995）「明治初期における聖書の翻訳と漢文訓読」『国語学論集』汲古書院
齋藤希史（2005）『漢文脈の近代―清末＝明治の文学圏―』名古屋大学出版会
坂詰力治（1987）「国字」『漢字講座3　漢字と日本語』明治書院
坂詰力治［代表］・木村一［研究分担者／研究の協力者］（2006）「『雅俗幼学新書』のデータベース化及び唐話辞書・対訳辞書等との比較研究」平成14年度～平成17年度科学研究費補助金　基盤研究（C）（2）研究成果報告書
坂詰力治編（2011）『言語変化の分析と理論』おうふう
櫻井豪人（2009-2013）「アーネスト・サトウ『会話篇』PartⅡ訳注稿（1）～（7）・（補遺）」『茨城大学人文学部紀要　人文コミュニケーション学科論集』7～14
櫻井豪人（2014）『開成所単語集Ⅰ　英吉利単語編・法朗西単語編・英仏単語篇注解・対照表・索引』港の人
佐々木晃（1998・1999）「ヘボンの中国伝道」上・下　「明治学院大学キリスト教研究所紀要」30・31
笹原宏之（2007）『国字の位相と展開』三省堂
サトウ，アーネスト著　坂田精一訳（1960）『一外交官の見た明治維新』上・下　岩波書店
佐藤喜代治（1971）『国語語彙の歴史的研究』明治書院
佐藤喜代治（1979）『日本の漢語―その源流と変遷―』角川書店
佐藤喜代治編（1987）『漢字講座7　近世の漢字とことば』明治書院
佐藤貴裕（1998）「近世節用集版権問題通覧―嘉永・明治初年間―」「岐阜大学教育学部研究報告　人文科学」47-1
佐藤貴裕（2005）「一九世紀近世節用集における大型化傾向」『国語語彙史の研究』24　国語語彙史研究会編　和泉書院

佐藤亨（1980）『近世語彙の歴史的研究』桜楓社
佐藤亨（2007）『現代に生きる幕末・明治初期漢語辞典』明治書院
佐藤稔（2005）「国字」『朝倉漢字講座1 漢字と日本語』朝倉書店
真田治子（2002）『近代日本語における学術用語の成立と定着』絢文社
佐野摩美（1991）「『和英語林集成』が『言海』の語義分類に与えた影響」『日本近代語研究』1 近代語研究会編 ひつじ書房
山東功（2013）『日本語の観察者たち―宣教師からお雇い外国人まで―（そうだったんだ！日本語）』岩波書店
塩澤和子（1981）「和英語林集成・英和の部の訳語」『国文学論集』14〔森岡健二（1991）『改訂 近代語の成立―語彙編―』明治書院〕
塩山正純（2003）「S. W. Williams の『漢英韻府』について」「文明21」10
重久篤太郎（1941）『日本近世英学史』教育図書株式会社
柴田武（1968）「分かち書き」「言語生活」81
Sibata Takesi（2001）*Wakatigaki no Naze* Nippon-no Rômazi-Sya
渋沢輝次郎（1981）『海舟とホイットニー―ある外国人宣教師の記録―』ティービーエス・ブリタニカ
清水康行（2013）『黒船来航 日本語が動く（そうだったんだ！日本語）』岩波書店
朱京偉（2003）『近代日中新語の創出と交流―人文科学と自然科学の専門語を中心に―』白帝社
昭和女子大学近代文学研究室（1959）『近代文学研究叢書』12
城生佰太郎（2012）『日本語教育の音声』勉誠出版
白戸満喜子（2008）「道化師の帽子（フールスキャップ）―西洋の手漉き紙―」「日本古書通信」7月
沈国威（1994）『近代日中語彙交流史―新漢語の生成と受容―』
沈国威編（2011）『関西大学東西学術研究所資料集刊31 近代英華華英辞典解題』関西大学出版部
進藤咲子（1981）『明治時代語の研究―語彙と文章―』明治書院
新村出（1972）「欧州に伝はつた『和訓栞』」『新村出全集』7 筑摩書房
新山茂樹（1973）「『和英語林集成』に見える漢語表記について―初版・三版における異同事例の一考察―」『今泉博士古稀記念國語學論叢』桜楓社
杉浦正（1996）『岸田吟香―資料から見たその一生―』汲古書院
杉本つとむ（1970-1971）『日本語歴史文典試論』上・中・下 早稲田大学出版部
杉本つとむ（1985a）『日本英語文化史の研究』八坂書房
杉本つとむ（1985b）『日本英語文化史資料』八坂書房
杉本つとむ（1989）『西洋人の日本語発見―外国人の日本語研究史1549～1868―』創拓社
杉本つとむ（1998-1999）『杉本つとむ著作選集』（全10巻） 八坂書房
鈴木重幸（2008）「文法論における単語の問題―単語中心主義に対する疑問にこたえて―」「国語と国文学」85-1
鈴木進（2007）「J. C. ヘボン訳．ローマ字．*Matei den fuku-in sho* 草稿」「湘南国際女子短期大学紀要」15
鈴木進（2009）「J. C. ヘボン訳ローマ字 *Matai den fuku-in sho* 草稿」「MICS オケイジョナル・ペーパー」10

参考文献一覧

鈴木進(2014)「『和英語林集成』の成立過程—「ヘボン自筆ノート」から初版出版へ—」横浜プロテスタント史研究会 2014年2月例会(354回)発表資料
鈴木泰(1999)『古代日本語動詞のテンス・アスペクト—源氏物語の分析—』改訂版 ひつじ書房
鈴木丹士郎(1982)「近世語彙の概説」『講座日本語の語彙5 近世の語彙』明治書院
鈴木丹士郎(1987)「読本の漢字」『漢字講座7 近世の漢字とことば』明治書院
鈴木丹士郎(1996)「研究ノート『和英語林集成』3版の増補語彙の古語」「専修国文」59
鈴木丹士郎(2003)『近世文語の研究』東京堂出版
鈴木範久(2006)『聖書の日本語—翻訳の歴史—』岩波書店
鈴木功眞(2006)「古辞書研究のパラダイム」『日本語日本文学の新たな視座』全国大学国語国文学会編 おうふう
鈴木英夫・福井靖子(2000-2006)「明治初期の聖書翻訳について」「白百合女子大学キリスト教文化研究論集」1～7
鈴木英夫(2002)「ヘボンと辞書と聖書和訳」「国語と国文学」79-8
鈴木広光(1996)「中国プロテスタント活版印刷史料稿」上・下 「印刷史研究」2,3
鈴木雄雅監修 北根豊編(2000)『日本初期新聞全集』別巻 ぺりかん社
「聖書と日本文化」展実行委員会(1999)『聖書と日本文化—立教学院125周年記念—』立教学院
惣郷正明(1970)『図説日本の洋学』築地書館 丸善
惣郷正明(1974)「和英語林集成(ヘボン)と英和対訳袖珍辞書(堀 達之介)」「明治村通信」46
惣郷正明・飛田良文(1986)『明治のことば辞典』東京堂出版
惣郷正明(1990)『日本英学のあけぼの—幕末・明治の英語学—』創拓社
孫建軍(2005)「西洋人宣教師の造った新漢語と造語の限界—19世紀中頃までの漢訳洋書を中心に—」「日本研究」30
高梨信博(1998-2010)『改編・早引万代節用集』1～5 私家版
高梨信博(2004)「『和漢音釈書言字考節用集』」「日本語学」9月臨時増刊
高田智和(2005)「文字番号および部首番号の起源と応用—『大字典』と英華辞典とRose-Innes—」『日本学・敦煌学・漢文訓読の新展開』石塚晴通教授退職記念会編 汲古書院
高野彰(1995)『増補版 洋書の話』丸善株式会社
高野彰(2000)「幕末の洋書印刷物 活字による見分け方」『本と活字の歴史事典』柏書房
高野繁男(2004)『近代漢語の研究—日本語の造語法・訳語法—』明治書院
高谷道男(1954)『ドクトル・ヘボン』牧野書店
高谷道男(1955)*The Letters of Dr. J. C. Hepburn* 東信書房
高谷道男編訳(1959)『ヘボン書簡集』岩波書店
高谷道男(1961)『人物叢書61 ヘボン』日本歴史学会編集 吉川弘文館
高谷道男・吉田寅編(1962)『ヘボン博士資料 Jamas Curtis Hepburn 1815-1911』明治学院大学図書館
高谷道男編訳(1965)『S. R. ブラウン書簡集—幕末明治初期宣教記録—』日本基督教団出版局
高谷道男編訳(1976)『ヘボンの手紙』有隣堂
高谷道男編訳(1978)『フルベッキ書簡集』新教出版社

高谷道男・太田愛人（1981）『横浜バンド史話』築地書館
高谷道男（1992）「近代日本の開眼者ヘボン―平文先生とわたくし―」『よこはま かながわ 心の旅路』有隣堂
竹中龍範（1999）「もうひとつのヘボン字書―A Pocket Edition of Japanese Equivalent for the Most Common English Words をめぐって―」『英学史論叢』2
武部良明（1979）『日本語の表記』角川書店
竹村鍛（1898）「辞書編纂業の進歩及び吾が國現時の辞書」「帝國文學」4-10
田島優（1998）『近代漢字表記語の研究』和泉書院
タッカー，B. D. ・赤井勝哉訳（1999）『日本聖公会の創設者―C. M. ウィリアムズ主教小伝―』聖公会出版
田中章夫（1965）「近代語成立過程にみられるいわゆる分析的傾向について」『近代語研究』1　近代語学会編　武蔵野書院
田中彰校注（1977-1982）『特命 全権大使 米欧回覧実記』1～5　岩波書店
竹口作兵衛（1967）『ちくま小史』ちくま味噌
谷口松軒編著・杉本つとむ解説（1994）『魁本大字類苑―江戸時代を読むあて字大辞典―』雄山閣出版
谷口知子（2000）「「望遠鏡」の書誌について」「或問」1　近代東西言語文化接触研究会
樽本照雄（2012a）「アメリカ人宣教師の暦」「清末小説から」106
樽本照雄（2012b）「ヘプバーン，マティーア兄弟と美華書院」「清末小説」35
千葉謙悟（2010）『中国語における東西言語文化交流―近代翻訳語の創造と伝播―』三省堂
陳力衛（2001）『和製漢語の形成とその展開』汲古書院
陳力衛（2005）「近世漢語の重層性について―対訳資料「唐音和解」（1716）を中心に―」『国語語彙史の研究』24　和泉書院
陳力衛（2012a）「英華辞典と英和辞典との相互影響―20世紀以降の英和辞典による中国語への語彙浸透を中心に―」「JunCture 超域的日本文化研究」3
陳力衛（2012b）「日中の比較語史研究」「「近代語コーパス」報告書」国立国語研究所（http://www.ninjal.ac.jp/corpus_center/cmj/doc/16chen.pdf）
陳力衛（2014）「近代中国語辞書の苦悩―波寄せてくる日本新語にいかに対処すべきか―」『環流する東アジアの近代新語訳語』関西大学アジア文化センター　沈国威・内田慶市編　ユニシス
司忠編（1951）『丸善社史』丸善株式会社
土屋信一（2009）『江戸・東京語研究―共通語への道―』勉誠出版
手塚竜麿（1968）『英学史の周辺』吾妻書房
田力・宮澤眞一（2011）「ヘボン研究―中国における宣教師生涯の開始を中心として―」「埼玉女子短期大学紀要」24
土井忠生解題（1953）『日仏辞典』一誠堂書店
土井忠生・森田武・長南実編訳（1980）『邦訳日葡辞書』岩波書店
常盤智子（2004）「J・リギンズ『英和日用句集』の成立過程―『南山俗語考』との関連を中心に―」「国語と国文学」81-10
常盤智子（2006）「表記と音声の乖離―英学資料の音節「エ」の場合―」『近代語研究』13　近代語学会編　武蔵野書院
常盤智子（2009）「J. F. ラウダー著『日英会話書』の日本語―成立・構成・表記について―」

「国文白百合」40
豊田實（1939）『日本英学史の研究』岩波書店
鳥居久靖（1951）「留守希斎「語録訳義」について―近世日本中国語学史稿之一―」「天理学報」6（他（1954）16,（1955）17,（1957）23,（1962）38）
中井良宏・竹口作兵衛監修（1999）『伊勢商人 竹口家の研究』和泉書院
中川正之（2005）『漢語からみえる世界と世間（もっと知りたい！日本語）』岩波書店
中島耕二・辻直人・大西晴樹（2003）『長老・改革教会来日宣教師事典』新教出版社
永嶋大典（1970）『蘭和・英和辞書発達史』講談社
中山千代（1977）「竹口喜左衛門信義『横浜の記』の研究―ミシン初伝をめぐって―」「文教大学女子短期大学部 研究紀要」21
中山緑朗（1999）『動詞研究の系譜―研究と資料―』明治書院
那須雅之（1995）「W. Lobscheid 小伝―《英華字典》無序本とは何か―」「文学論叢」109
仁田義雄（2012）『日本語文法研究の歩みに導かれ』くろしお出版
野村剛史（2010）『話し言葉の日本史』吉川弘文館
野村剛史（2013）『日本語スタンダードの歴史―ミヤコ言葉から言文一致まで―』岩波書店
野村雅昭（1979）「同字異音―字音形態素の造語機能の観点から―」『中田祝夫博士功績記念国語学論集』勉誠社
野元菊雄（1977）「ベッテルハイムの「日本語」研究」「国語学」108
萩原延壽（1998-2001）『遠い崖』1～14 朝日新聞社
橋本郁雄（1996）「ドイツ語の辞書の歴史」『日本の辞書の歩み』辞典協会
橋本行洋（2008）「『大漢和辞典』編纂資料としての『新撰支那時文辞典』」「花園大学文学部研究紀要」40
服部四郎（1950）「付属語と付属形式」「言語研究」15
服部隆（2004）「言文一致論の歴史」『国語論究11 言文一致運動』明治書院
早川勇（2001）『辞書編纂のダイナミズム―ジョンソン，ウェブスターと日本―』辞游社
早川勇（2013）『啓蒙思想下のジョンソン辞書―知の集成を目指して―』春風社
林大監修 宮島達夫・野村雅昭・江川清・中野洋・真田真治・佐竹秀雄編（1982）『角川小辞典9 図説日本語―グラフで見ることばの姿―』角川書店
林哲郎（1978）『英学史論考』(こびあん書房)
原田淑人（1971）「中国に於ける眼鏡（靉靆）の起源について」「聖心女子大学論叢」37
原豊（2003）『ヘボン塾につらなる人々―高橋是清から藤原義江まで―』明治学院サービス
飛田良文（1964）「和英語林集成の「和英の部」について」「文化」27-4
飛田良文（1965）「和英語林集成の語彙の性格―江戸後期の節用集との比較から―」「文芸研究」50
飛田良文（1992）『東京語成立史の研究』東京堂出版
飛田良文・菊地悟編（1996）『和英語林集成 初版 訳語総索引』笠間書院
飛田良文・宮田和子（1997）「十九世紀の英華・華英辞典目録―翻訳語研究の資料として―」『国語論究6 近代語の研究』明治書院
飛田良文・李漢燮編（2000-2001）『ヘボン著和英語林集成 初版・再版・三版対照総索引』1～3 港の人
肥爪周二（2005）「唐音系字音」『朝倉日本語講座2 文字・表記』朝倉書店
平川祐弘（2006）『天ハ自ラ助クルモノヲ助ク―中村正直と『西国立志編』―』名古屋大学

出版会
福島邦道（1973）『キリシタン資料と国語研究』笠間書院
福島邦道解説（1974）『日仏辞書』勉誠社
福島邦道解説（1977）『キリシタン版 落葉集』勉誠社
福田安典（1996・1998）「『名物六帖』板本の部見出し語漢字索引―前半部〈ア〉～〈スン〉―・―後半部〈セ〉～〈終〉―」『国語文字史の研究』3，4　和泉書院
藤岡勝二（1896）「辞書編纂法並に日本辞書沿革」「帝國文學」2-1，2，6，10
藤森善貢（1965）『出版技術入門―本の知識と造本の技術―』日本印刷新聞社
古田東朔（1969）「大槻文彦伝4」「月刊文法」1-11
古田東朔（1971）「ホフマンとヘボンの相互影響」「蘭学資料研究会報告」252
古田東朔（1974）「アストンの敬語研究―一人称との関連について―」「国語学」96
古田東朔（1977）「ホフマンの『日蘭辞典』『日英辞典』」「国語学」108
古田東朔（1978a）「ホフマン『日本文典』の刊行年について」「国語国文論集」7
古田東朔（1978b）「アストンの日本文法研究」「国語と国文学」55-8
古田東朔著　鈴木泰・清水康行・山東功・古田啓編（2010-2013）『古田東朔　近代・現代日本語生成史コレクション』1～5　くろしお出版
プレッサー，ヘルムート著　轡田収訳（1973）『書物の本―西欧の書物と文化の歴史・書物の美学―』法政大学出版局
ヘボン，J. C. 訳（1996）『新約聖書馬太傳』『近代邦訳聖書集成』14　ゆまに書房
ホイトニー夫人・梶夫人（1930）『ドクトル・ホイトニーの思ひ出』基督教書類會社
ホイットニー，クララ著　一又民子・高野フミ・岩原明子・小林ひろみ訳（1996）『勝海舟の嫁―クララの明治日記―』上・下　中央公論社
堀孝彦・遠藤智夫（1999）『『英和対訳袖珍辞書』の遍歴―目で見る現存初版15本―』辞游社
堀孝彦（2011）『開国と英和辞書―評伝・堀達之助―』港の人
町田俊明訳（1969）「日本文法提要」（筆者注：再版の INTRODUCTION の翻訳）　私家版
松井栄一（1973）「辞書における品詞表示」『品詞別　日本文法講座10　品詞論の周辺』明治書院
松井栄一（1979）「『日本国語大辞典』収録項目分布表」「国語展望」臨時増刊
松井栄一（2004）『「のっぺら坊」と「てるてる坊主」―現代日本語の意外な事実―』小学館
松井栄一（2005）『国語辞典はこうして作る―理想の辞書をめざして―』港の人
松井栄一（2007）「『和英語林集成』の漢語から「雑談」「独立」に及ぶ話」『明治期漢語辞書大系』別巻3　大空社
松井利彦（1990）『近代漢語辞書の成立と展開』笠間書院
松岡良樹（2007）「ヘボンの『和英語林集成』から」「彷書月刊」4
松村明・飛田良文解説（1966）『J. C. HEPBURN 和英語林集成　復刻版』北辰
松村明（1970）『洋学資料と近代日本語の研究』東京堂出版
松村明解説（1974）『和英語林集成　第3版　復刻版』講談社〔（1980）講談社学術文庫〕
松村明（1977）『近代の国語―江戸から現代へ―』桜楓社
松村明（1998）『増補　江戸語東京語の研究』東京堂出版
松村明（1999）『近代日本語論考』東京堂出版

参考文献一覧

松本直枝（2001）「『和英語林集成』に見られる外来語」「洋学」9
三澤光博訳（1971）『クルチウス 日本語文典例証』明治書院
都田恒太郎（1974）『ロバート・モリソンとその周辺―中国語聖書翻訳史―』教文館
宮坂弥代生（1999）「美華書館六十年史」「印刷史研究」7（*A Mission Press Sexagenary: Giving a Brief Sketch of Sixty Years of the American Presbyterian Mission Press, Shanghai, China 1844-1904* の日本語訳）
宮坂弥代生（2009）「美華書館史考―開設と閉鎖・名称・所在地について―」『活字印刷の文化史―きりしたん版・古活字版から新常用漢字表まで―』小宮山博史・府川充男企画編集 勉誠出版
宮澤眞一（1997）「主として日英文化交流史から見た『薩摩辞書』」『復刻 薩摩辞書（明治二年初版『和譯英辞書』）』高城書房
宮澤眞一（2006）「伝道印刷者 S. W. ウィリアムズのマカオ生活―月刊誌 *Chinese Repository*（1832-51）の運営を中心とする一考察―」「埼玉女子短期大学紀要」17
宮田和子（2010）『英華辞典の総合的研究―19世紀を中心として―』白帝社
宮田幸一（1948）『日本語文法の輪郭―ローマ字による新体系打立ての試み―』三省堂
宮永孝（2003）『スミス 日本における十週間』新異国叢書 Ⅲ-7 雄松堂出版
向井晃（1995）「ケリー・ウォルシュ商会日本関係洋書目録」東海大学紀要5
村上文昭（2003）『ヘボン物語―明治文化の中のヘボン像―』教文堂
村上雅孝（2005）『近世漢字文化と日本語』おうふう
村山昌俊（2009）「サトウ・石橋編『英和口語辞典』（2版）の増補語彙について」「國學院大学紀要」47
村山昌俊（2011a）「サトウ・石橋編『英和口語辞典』（2版）における医学用語の増補について」「野洲國文学」84
村山昌俊（2011b）「国語学古典語 古典語研究の問題点と展開」「文学・語学」201
明治学院中学校（1961）「しろがね」創刊（吉田寅「中国伝道時代のヘボン博士資料」，吉岡立滋「1860年付書簡」）
明治学院歴史資料館（2006）「明治学院歴史資料館資料集 第3集―ヘボン資料集―」
望月洋子（1987）『ヘボンの生涯と日本語』新潮選書
森岡健二（1969/1991）『近代語の成立―明治期語彙編―』明治書院〔（1991）『改訂 近代語の成立―語彙編―』〕
森岡健二（1991）『近代語の成立―文体編―』明治書院
森啓（活版印刷技術調査団）（2002）「青梅市文化財総合調査報告 活版印刷技術調査報告書」青梅市教育委員会 青梅市郷土資料室
森田武編（1989）『邦訳日葡辞書索引』岩波書店
森田武（1993）『日葡辞書提要』清文堂出版
八耳俊文（2005）「入華プロテスタント宣教師と日本の書物・西洋の書物」「或問」9
屋名池誠（2003）『横書き登場―日本語表記の近代―』岩波書店
山口豊（1997a）「ヘボンの漢字用法の一側面―『和英語林集成第三版』に見られるあて字の連想関係による分類を中心に―」「西幡國語」27
山口豊（1997b）『和英語林集成 第三版 訳語総索引』武蔵野書院
山口豊（2010）『岸田吟香『呉淞日記』影印と翻刻』武蔵野書院
山田進（2007）「コロケーションの記述と名詞の意味分類」「日本語学」10月

山田忠雄(1959)「漢和辞典の成立」「国語学」39
山田忠雄(1981)『近代国語辞書の歩み―その模倣と創意と―』上・下　三省堂
山本真吾(2010)「翻刻・翻字の限界―日本語史研究の立場から―」「文学」11-5
湯浅茂雄(2002)「『訂正増補 和英英和語林集成』「和英の部」の増補と『和訓栞』『雅言集覧』『官版 語彙』」「国語学」53-1
開港資料館(2013)『宣教医ヘボン―ローマ字・和英辞書・翻訳聖書のパイオニア―』公益財団法人横浜市ふるさと歴史財団
横浜指路教会創立百周年記念事業実行委員会編(1974)『指路教会百年の歩み』日本基督教団横浜指路教会
横浜指路教会一二五年史編纂委員会編(2004)『横浜指路教会百二十五年史』通史篇・資料篇　日本基督教団横浜指路教会
横浜プロテスタント史研究会編(2008)『横浜開港と宣教師たち―伝道とミッション・スクール―』有隣堂
吉岡英幸(1995)「アストン『日本口語文典』のローマ字表記」「早稲田大学大学院文学研究科紀要 3」41
吉田寅(1997)『中国プロテスタント伝道史研究』汲古書院
米川明彦(1983)「『和英語林集成』再版英和の部の漢語」「日本語学」1月
ラックストン, イアン・C著　長岡祥三・関口英男訳(2003)『アーネスト・サトウの生涯―その日記と手紙より―』雄松堂出版
李長波編集・解説(2010-2011)『近代日本語教科書選集』1～14　クロスカルチャー出版
立教学院百二十五年史編纂委員会(2000)『立教学院百二十五年史 資料編』4, 5
林美秀(2006)「『日台大辞典』の方言語彙」「岡大国文論稿」34
鷲山弟三郎(1927)『明治学院五十年史』明治学院
渡邊修(1975)「アストンの日本口語文典初版―その書誌―」「大妻女子大学文学部紀要」7
渡邊修(1982)「＜資料紹介＞アストン「日本語口語文典」―初版影印―」「大妻女子大学文学部紀要」14
渡辺実(1968)「日本語の近代化に尽した人々 5 J・C・ヘボンの人と業績」「言語生活」200
藁科勝之(1981)『雑字類編―影印・研究・索引―』ひたく書房

張静廬(1953)『中国近代出版史料』初編　上雑出版社
元青主編(2011)『中国近代出版史稿』南開大学出版社
宋原放主編(2004)『中国出版史料 近代部分』1　湖北教育出版社・山東教育出版社
王雲五主編(1937)『索引本佩文韻府』台湾商務印書館
偉烈亜力(Wylie, A.)著　倪文君訳(2011)『1867年以来来華基督教伝教士列伝及著作目録』広西師範大学出版社

American Presbyterian Mission Press. (1871). *Catalogue of Books in the Depository of the American Presbyterian Mission Press at Shanghai*. Shanghai : American Presbyterian Mission Press.
Griffis, W. E. (1913). *Hepburn of Japan and His Wife and Helpmates*. Philadelphia : The

Westminster Press.

Hutton, C. (2001). The Search for a Total Dictionary of Chinese: Samuel Wells Williams' *Syllabic Dictionary* (1874). In Kingsley Bolton and Christopher Hutton (Ed.), *Western Linguists and Language of China* (Vol. 6). Tokyo: Edition Synapse.

Edited with an introduction by Kaiser, S. (1995). *The Western Rediscovery of the Japanese Language*. Richmond, Eng.: Curzon Press.

Kubler, Geo. A. (1927). *A Short History of Stereotyping*. New York: Brooklyn Eagle CPD.

Lepsius, C. R. (1863). *Standard Alphabet for Reducing Unwritten Languages and Foreign Graphic Systems to a Uniform Orthography in European Letters* ($2^{nd}$ ed.). London: The Church Missionary Society.

Matrin, W. A. P. (1896). *A Cycle of Cathay or China, South and North with Personal Reminiscences*. New York: F. H. Revell Co.

McIntosh, G. (1895). *The Mission Press in China: Being a Jubilee Retrospect of the American Presbyterian Mission Press, with Sketches of Other Mission Presses in China, as well as Accounts of the Bible and Tract Societies at Work in China*. Shanghai: American Presbyterian Mission Press.

Morton, R. & Ruxton, I. (2013). Notes and Comments. In *The Diaries of Sir Ernest Mason Satow 1861-1869.*, Kyoto: Eureka Press.

Notehelfer, F. G. (1992). *Japan through American Eyes: The Journal of Francis Hall, 1859-1866*. Princeton, NJ.: Princeton Univ. Press.

Reed, Christopher A. (2004). *Gutenberg in Shanghai: Chinese Print Capitalism, 1876-1937*. Vancouver, B.C., Canada: UBC Press.

Ruxton, I. C. (1998). *The Diaries and Letters of Sir Ernest Mason Satow (1843-1929), a Scholar-Diplomat in East Asia*. New York: Edwin Mellen Press.

Satow, E. M. (1879). On the Transliteration of the Japanese Syllabary. *The Asiatic Society of Japan*, 7, 234-273.

Satow, E. M. (1888). *The Jesuit Mission Press in Japan 1591-1610*. [Tokyo]: Privately Printed.

Satow, E. M. (1921). *A Diplomat in Japan: The Inner History of the Critical Years in the Evolution of Japan When the Ports were Opened and the Monarchy Restored*. London: Seeley, Service & Co.

Trübner's & Co. (1882). *Trübner's Catalogue of Dictionaries and Grammars of the Principal Languages and Dialects of the World. $2^{nd}$ ed., Considerably Enlarged and Revised, with an Alphabetical Index. A Guide for Students and Booksellers*. London: Trübner's & Co.

Williams, F. W. (1889). *The Life and Letters of Samuel Wells Williams, LL.D., Missionary, Diplomatist, Sinologue*. New York: G. P. Putnam's sons.

Wylie, A. (1867). *Memorials of Protestant Missionaries to the Chinese: Giving a List of Their Publications, and Obituary Notice of the Deceased. With Copious Indexes*. Shanghai: American Presbyterian Mission Press.

初出一覧

序章　日本語研究資料としての『和英語林集成』
　　1節　『和英語林集成』の概要と特徴　　　　　　　　　書きおろし
　　2節　研究目的と意義　　　　　　　　　　　　　　　　書きおろし
　　3節　研究対象資料とその背景　　　　　　　　　　　　書きおろし
1章　「手稿」―刊行に向けて
　　1節　「手稿」の内容と位置付け
　　　「『和英語林集成』「原稿」が依拠した一書―『雅俗幼学新書』との関わり―」
　　　「日本語の研究」1-2（「国語学」通巻221）　日本語学会　2005年4月
　　2節　「手稿」の漢字表記
　　　「ヘボンの漢字表記―『和英語林集成』「原稿」を資料として―」
　　　『国語語彙史の研究』27　国語語彙史研究会編　和泉書院　2008年3月
　　3節　ヘボン式ローマ字の祖形
　　　「『和英語林集成』「手稿」のローマ字綴りとその位置」
　　　『近代語研究』14　近代語学会編　武蔵野書院　2008年10月
　　4節　『日葡辞書』の影響
　　　「『日葡辞書』と『日仏辞書』のヘボンの参看の可能性をめぐって」
　　　『近代語研究』15　近代語学会編　武蔵野書院　2010年10月
　　5節　ローマ字による活用語の表示方法
　　　「ローマ字による活用語の表示方法」
　　　『近代語研究』16　近代語学会編　武蔵野書院　2012年3月
2章　「手稿」から初版へ
　　1節　収録語数の比較
　　　「語頭文字別分布―幕末期の辞書との比較を通して―」
　　　「東洋通信」47-7　東洋大学通信教育学部　2010年10月
　　2節　「手稿」から初版への漢字表記
　　　「『和英語林集成』「原稿」から初版への漢字表記」
　　　『近代語研究』13　近代語学会編　武蔵野書院　2006年12月
　　3節　英華辞典との関わり
　　　「『和英語林集成』「英和の部」（1版）の見出し語 一斑―「英華字典」に収録されないもの―」
　　　「文学論藻」77　東洋大学文学部日本文学文化学科研究室　2003年3月
　　4節　初版の刊行とAPMP（美華書院）
　　　「『和英語林集成』（一版）の折丁記号―その他の美華書院の印刷物―」
　　　「ぐんしょ（季刊）」再刊45（通巻82）　続群書類従完成会　1999年7月
　　5節　二つの初版
　　　「『和英語林集成』の二つの初版―横浜版とロンドン版―」
　　　「明治学院大学キリスト教研究所紀要」45　明治学院大学キリスト教研究所
　　　　　2012年12月
3章　初版，再版そして3版へ
　　1節　字音の交替

初出一覧

　　　　「『和英語林集成』の漢語研究―「和英の部」における呉音と漢音の交替について―」
　　　　「東洋大学大学院紀要」34　東洋大学大学院　1998年2月
　　2節　初版・再版・3版の漢字表記
　　　　「『和英語林集成』初版・再版・三版における漢字表記」
　　　　『日本語辞書学の構築』　倉島節尚編　おうふう　2006年5月
　　3節　漢語の見出し語の誤表記と同音異表記
　　　　「『和英語林集成』「和英の部」の漢語の見出し語―誤表記を中心として―」
　　　　「文学論藻」75　東洋大学文学部日本文学文化学科研究室　2001年3月
　　4節　見出し語の統合
　　　　「『和英語林集成』「和英の部」の見出し語―動詞に関わる統合について―」
　　　　『国語国文学論考』　小久保崇明編　笠間書院　2000年4月
　　5節　削除された見出し語
　　　　「『和英語林集成』「英和の部」の見出し語―各版における削除語―」
　　　　「文学論藻」74　東洋大学文学部国文学科研究室　2000年3月

4章　『和英語林集成』の周辺資料
　　1節　近世中国語をめぐって―『譯通類畧』を題材として―
　　　　「『訳通類略』について―対訳辞書にみることばの消長―」
　　　　『言語変化の分析と理論』　坂詰力治編　おうふう　2011年3月
　　2節　漢字表記辞書について―『雅俗幼学新書』，および『魁本大字類苑』との比較―
　　　　「『雅俗幼学新書』の周辺と，収録される三字以上の漢字表記一斑」
　　　　『日本語日本文学論集』　小久保崇明編　笠間書院　2007年7月
　　3節　漢字索引と康熙字典―『平文氏著 語林集成 漢字索引』について―
　　　　「ヘボンの漢字意識―『平文氏著 語林集成 漢字索引』を例として―」
　　　　『環流する東アジアの近代新語訳語』関西大学アジア文化研究センター
　　　　　沈国威・内田慶市編　ユニシス　2014年7月

終章　日本ミッションにおける日本語研究―ネットワーク形成と相互連携の一端―
　　　　「C. M. ウィリアムズの日本語研究資料」
　　　　「英学史研究」42　日本英学史学会　2009年10月

付
　　1　INTRODUCTION（「日本語序説」）の異同一覧
　　　　「『和英語林集成』のPREFACE・INTRODUCTIONなどの異同一覧―再版・三版を中心として―」
　　　　「カルチュール」4　明治学院大学教養教育センター付属研究所　2007年3月
　　2　改版における増補された見出し語の性格
　　　　「『和英語林集成』における増補見出し語の性格」
　　　　「東洋通信」51-3　東洋大学通信教育学部　2014年8月
　　3　ローマ字分かち書きによる語の意識―'Matai den fuku-in sho.'を資料として―
　　　　「ローマ字資料におけるハイフンの意味用法と文法的役割―'Matai den fuku-in sho'を資料として―」
　　　　「日本英学史学会東日本支部紀要 東日本英学史研究」8
　　　　　日本英学史学会東日本支部　2009年3月

## あ と が き

　本書は，2012年度に立教大学大学院文学研究科に提出した学位請求論文をもとにしている。主査の沖森卓也先生，副査の石川巧先生，陳力衛先生に，審査の過程で様々なお教えをたまわった。

　多くの方から教示を得たが，とりわけ学部生以来，根上剛士先生，坂詰力治先生に御指導をいただいており，今回，木村義之先生には草稿を，鈴木進先生には校正段階でお目通しの上，貴重なアドバイスを頂戴した。

　また，明治学院大学には，たえず図書館をはじめ，御配慮をいただいている。松岡良樹氏に今回も多大なるお力添えをいただいた。

　一体に，19世紀の宣教師による日本語研究は，互いの連繋，資料との関わりを持ちながら，それぞれが個々のフィルターを通してまとめられている。

　『和英語林集成』も同様で，日本語に寄り添いながら，広い視野のもとに客観的に，精密に，的確に当時の日本語の諸事象をとらえた集積である。

　倉島節尚先生の「辞書は文化史の記録」とするお考えをもとに，日本語学を中心軸としながら，『和英語林集成』と，誰が，また何が，いつ，どこで，どのように繋がり・関わりを持つのかを常に念頭に置きながら，歴史的，文化史的に関連する領域についても一歩踏み込むことに努めたつもりである。

　今後も検討すべき問題は多い。ヘボン式ローマ字の根源となるC. R. レプシウスの見解への解明，英語から照射した場合の『和英語林集成』の位置付けは当面の課題であり，「手稿」についての考察はまだ途に就いたばかりである。これらを含めて，19世紀の宣教師による日本語研究資料の調査に基づき，時間軸，空間軸を広げながら，日本語と日本語の置かれた状況を多角的，立体的に検討していきたいと考えている。

　本書は，独立行政法人日本学術振興会　平成26年度　科学研究費助成事業（科学研究費補助金（研究成果公開促進費）），および東洋大学　平成26年度　井上円了記念研究助成（刊行の助成）の交付を受けた。明治書院にはこの種の出版が厳しい中，本書の趣旨を汲んでいただき，刊行の機会を得ることができた。あわせてお礼申し上げる。

　　2015年1月23日

　　　　　　　　　　　　　　　　　　　　　　　　　　　木村　一

# 索　引

- 「事項・語彙索引」「書名索引」「人名索引」の3部に分け，それぞれ五十音順で排列した。
- 頻出し，きわめて出現回数の多いもの（例，『和英語林集成』，「手稿」，初版，再版，3版，ヘボン，「和英の部」，「英和の部」，『雅俗幼学新書』，『日葡辞書』，『日仏辞書』など）は省いた。
- 漢字は現在通行している字体に統一した（例，情・情→情，譯・訳→訳）。
- 引用箇所で，同内容を異なった示し方をしている場合（例，メドハースト・メダースト，羅馬字会・ローマ字会）は，より一般的なものに統一した。
- 「事項・語彙索引」では語彙に関するものを「　」で示した。
- 本書内では，外国語の書名は，原則として各節の初出時に原書名と日本語訳のものを併記したが，「書名索引」では日本語訳のものを示した。ただし，日本語訳の書名が通用していないため，本書内において，原書名で記さざるを得なかったものがある。それらは「書名索引」に収めず，「人名索引」からの検索で対応することとした。

## 事項・語彙索引

### 【あ行】

アクセント ……116, 117, 119, 120, 124, 126, 127
アクセント符号 ……29, 109, 117, 120, 126, 127, 129, 203
アルファベット ……128, 222, 225, 228〜230, 232, 265, 266
アルファベット順 ………3, 31, 91, 139, 146, 150, 169, 175, 177, 178, 187, 188, 214, 219, 220, 281, 289, 333, 468
1形標出方式 …………………………170
イロハ順……83, 139, 155, 175, 179, 183, 185, 187, 214, 392, 399, 403, 439, 443, 468
ウォルシュ・ホール商会 …19, 42, 60, 129, 253
英華辞典（※書名にもあり・含：英華辞書）…13, 189, 190, 202, 204, 219, 289, 293

オクタボ判 ………………………231, 477
オノマトペ ………………85, 105, 383
オランダ改革教会 ……19, 20, 23, 58, 59
折丁 ………………………136, 154, 225
折丁記号 ……222〜225, 227〜232, 236, 237, 240, 241, 251
音韻交替 ……………………333, 337
音便 ……35, 168, 170, 263, 265, 335, 337
音便化 …………………………330, 331
音便形（→非音便形）……159, 160, 162, 327, 333

### 【か行】

海外伝道局 ………………………22, 59
開・合拗音 ………………………182, 188
開成所（→洋書調所）…………226, 231
華英字典（※書名にもあり）…204, 426
ガ行鼻音 ………………………113, 123, 124
カ行変格活用 …………………163, 334
過去（Pret.）……159, 322, 323, 325, 327,

522

329〜333, 344
過去形 ………5, 35, 149, 155, 159〜163, 168〜170, 321, 327, 336, 353, 431
仮定（Sub.）…322〜324, 327, 328, 330, 332
仮定形 ……………………………………36
上一段活用 …………161〜163, 169, 468
上二段活用 ……………162, 467, 468
漢音から呉音への交替 ………259, 263, 264, 272, 275〜281
漢字表記率 ……………191, 199, 282
願望〔助動詞〕 ……………………167
完了（P.p.）（完了分詞）……322, 323, 325, 327, 329, 331〜333
完了〔助動詞〕……………………440, 442
「穿得好（キコナス）」…………290, 383
規則動詞 ……………………………163
強変化動詞 ……160〜162, 164, 335, 468
近世中国語 …14, 62, 78, 84, 86, 97, 100, 103, 106, 202, 203, 283, 293, 365, 366, 371, 372, 376, 377, 383, 384, 391, 395, 399, 449, 453
「訥々訥々（グドグド）」（含：「訥々」）
………………101, 103, 196, 372, 394, 397
現在形 ……5, 35, 149, 155, 159〜162, 168〜171, 321, 353, 431, 439
謙譲 ……………………………………171
口語 ……………………………167, 468
口語形 ………………323, 330, 332, 337
肯定形 …………………………………353
合拗音 ………34, 182, 188, 263, 266, 311
呉音から漢音への交替 ……259, 263〜266, 271, 277〜281
国字 …………………229, 420〜422, 426, 449
古語 ………47, 48, 60, 180, 266, 278, 280, 318, 322, 332, 482
語根（含：語根形）……5, 35, 149, 159〜164, 168, 169, 321, 322, 327, 333, 334, 337, 431, 439, 467, 468, 474
五十音順 …110, 175, 176, 178, 179, 187,

281, 297, 468
古代漢語 ……………………………202
国訓 ……………………………………420

【さ行】

サ行変格活用 ……160, 162, 163, 169, 334
3形標出方式 ………160, 168〜170, 431
子音語幹動詞 ……………………………160
使役（Caust.）…167, 322, 323, 325, 328, 331, 332
字音形態素 ……………266, 319, 377
歯茎 ……………………………………112
紙型 ……………………………………242
下一段活用 …………161, 163, 169, 468
下二段活用 …161, 163, 327, 331, 467, 468
弱変化動詞 ……………161, 162, 468
終止形（→連体（終止）形）…159, 169, 337, 494, 497, 504
終止・連体形 ………36, 155, 327, 331
熟字訓 ………………83, 289, 366, 449
受動（Pass.）…167, 322〜324, 327, 328, 331, 332
「没坐性（シリヤケザル）」（含：「没坐情」）………………376, 395, 397
心学道話 ……………………………453
新漢語 …………………39, 62, 106, 202
進行形 …………………………………353
新聞実歴談………………………………59
新約聖書翻訳委員会……………………21
ステロタイプ………40, 42, 63, 129, 225, 241〜243, 251〜253
清音 ………110, 139, 179, 188, 259, 262
聖公会 ………19, 20, 57, 59, 429, 430, 443
聖書翻訳常置委員会……………………21
正則表記 …82, 85, 96, 97, 192, 283〜285, 287, 288, 292
清濁 ………31, 76, 182, 259, 281, 409, 460
石膏版 ………………241〜243, 251, 253
促音 ………………31, 110, 115, 263, 265

尊敬 ……………………………167, 171

【た行】

態（助動詞） …………166, 167, 331
対訳辞書 …………54, 201, 365, 367, 375
濁音（含：濁音化） ……110, 112, 139, 163, 179, 188, 259, 262, 281
中国医療伝道会…………………94
中世漢語 ………………………294
長音 ……29, 31, 110, 116, 117, 120, 123, 124, 263, 265, 494
調音位置 …………………112, 125
長音化 …………162, 168, 170, 337
長音符号………116, 124, 459, 496, 504
調音法 ……………………………112
長老教会…19, 20, 22, 58, 59, 227, 452, 477
直音 ………114, 130, 263, 265, 266, 317
丁寧 ………………………………167
丁寧〔助動詞〕 …………………167
泥版 …………………………242, 243
唐話 …………………84, 96, 368, 391
唐話辞書 ……84, 96, 103, 201, 365〜367, 371, 375, 376, 383, 399, 401, 453
唐話辞書類…98〜104, 106, 203, 288, 289, 395〜399, 402
独和辞典 ……………………………61

【な行】

ナ行変格活用 …………………163
南京条約 ……………7, 22, 23, 157
２形標出方式 …………168〜171, 336
二重母音（→連母音）…………117
日仏修好通商条約 ………………154
日米修好通商条約 …7, 18, 22, 23, 57
日米和親条約……………………18, 19
日本語文法書 ………109, 133, 150, 153
日本ミッション ……10, 13〜16, 18, 19, 429, 447, 448, 450, 453

【は行】

「ハ」…………………………………451
廃語 …28, 47, 60, 266, 278, 280, 318, 322
白話小説 …………………………103
破擦音 ……………………………112
弾き音 ……………………………125
撥音 ……31, 110, 115, 122, 123, 126, 130, 131, 263, 265, 472
「発明」…………………………4, 33, 93
破裂音 ……………………………125
半濁音 ………………………139, 179, 188
鼻音 ……………………113, 114, 126
非го便形 …………………………162
美華書院（含：APMP）…14, 38, 44, 46, 47, 59, 135, 155, 219, 222, 226, 227, 229〜232, 236, 241〜243, 252, 254, 255, 445
比況〔助動詞〕 …………………167
否定（Neg.）…167, 322〜324, 327, 328, 332, 337
否定形 ……………………………353
「浪々蹌々（ヒョロヒョロ）」……101, 103, 107, 194, 372, 395, 397
品詞表示 ……4, 9, 33, 159, 165, 171, 180, 321, 322, 324, 326, 336, 343, 347, 348, 350, 355〜357, 362
フールスキャップ判 ……………89, 451
不規則動詞 ……………163, 164, 232
部首順 ………………………204, 416
「埠頭」……………96, 97, 197, 365, 366, 381
文語形 ………………323, 330, 332, 333, 337
「ヘイ」………………………………451
米国外国伝道局 ………18, 19, 106, 128
「私房銀（ヘソクリガネ）」…101, 103, 194, 392, 397
ヘボン式ローマ字（含：ヘボン式）…3, 13, 34, 48, 108, 120, 122, 127, 438
変則的表記……82〜86, 91, 96, 97, 191〜193, 197〜202, 266, 283〜289, 292〜294,

索　引

296, 372
母音語幹動詞 ……………………161

【ま行】

マクロン ……………………29, 126
摩擦音 ………………………………112
未然形 ……………36, 171, 323, 331
未来（Fut.）……322～324, 327, 328, 332
無声化 …………………………112, 120
命令（Imp.）……322, 323, 325, 327, 329, 331, 332
命令形 …………………36, 323, 332, 467
「覉覉（ネガネ）」 ………373～375, 382
モリソン記念学校……………………22
モリソン号 ……………………18, 106

【や行】

有声音 ………………………………125
拗音 ……31, 110, 114, 137, 139, 182, 187, 409, 490, 492
洋書調所（→開成所）………226, 231
拗長音 ……………………114, 115, 131
四/五段活用…161, 162, 169, 331, 335, 468
四段活用 …………327, 331, 337, 467, 468

【ら行】

両唇音 ………………………34, 115, 131
類義語 ……4, 29, 33, 47, 60, 93, 149, 213, 214, 298, 307, 352, 439, 478, 490
連体形 …………………………337, 473
連体（終止）形…5, 35, 149, 155, 159, 321～323, 327, 332, 333, 337, 431
連母音（→二重母音）……120, 162, 323
連用形 ……5, 35, 36, 149, 155, 159, 321～323, 327, 331, 333, 337, 431, 440, 442
羅馬字会 …………………34, 48, 108

【わ行】

和製漢語 ……………104, 202, 203, 485

書名索引

【あ行】

諳厄利亜語林大成 ………………365
伊京集 …………………………91, 374
井上英和大辞典……………………55
色葉字類抄 ……………91, 373, 488
ウィズダム英和辞典 …………189, 190
呉淞日記 ………46, 206, 230, 341, 361
運歩色葉集 ……………………374
英華韻府歴階 ……………………220
英華辞典（＊事項にもあり）……204～207, 218, 219, 290, 291
英華辞典（含：『メドハースト』）〔メドハースト〕……103, 155, 204～209, 212～219, 290, 291, 485
英華辞典（含：『ロブシャイド』）〔ロブシャイド〕…103, 189, 190, 201, 203, 205～208, 215～219, 290, 291, 381, 485
英華対訳語彙集 ………………420
英語箋 ……………………………156
英日日常語句集（含：『リギンズ』）……110, 112, 113, 115, 117, 121～125, 127～129, 131, 441, 448
英和口語辞典 ……48, 61, 188～190, 231
英和字彙 ……………………55, 201
英和対訳袖珍辞書 ……54～57, 61, 189, 190, 226, 250, 375
英和・和英語彙 ……3, 28, 30, 87, 109, 132, 134, 149, 250, 441, 472
易林本節用集……………………91, 374
江戸大節用海内蔵 ……91, 385, 387, 388
江戸現在広益諸家人名録 ………385, 387
応氏六帖 ……98, 102, 103, 367, 396
和蘭字彙………………………54, 375

【か行】

懐中漢語字引大全 ………………403

525

開天遺事 …………………………402
魁本大字類苑……14, 203, 291, 292, 294, 377, 381, 388, 391, 392, 395〜398, 402
会話日本語(含:『ブラウン』) …110〜113, 115, 117, 119〜124, 127, 131, 133, 137, 150〜152, 155, 163〜165, 226, 227, 259, 448〜450
華英字典〔メドハースト〕 ………204
華英字典(※事項にもあり)〔モリソン〕 ……………………………107, 485
学語編 ……99, 102, 203, 365, 376, 396
漢英韻府 ……90, 97, 229, 230, 366, 416, 418〜426
漢英対照いろは辞典 …………25, 484
漢字和訓 ……………98, 102, 367, 396
漢和大字典 ……………………………425
鳩翁道話 …………………………449, 453
旧約聖書 ……………………………21, 447
旧約全書 ……………………………447
怾里馬赤 …………99, 102, 103, 396, 398
言海 ……36, 91, 175, 180, 183〜186, 477, 481〜483, 485, 489
源氏物語 ……………………………30
康煕字典 ……14, 97, 107, 156, 204, 419〜423, 425
口語文語日本語入門綱要 …………17
合類節用集 ……………………………375
古今聖歌集 ……………………………451
古今類書纂要 ……………………………382
古今和歌集 ……………………………442
後撰和歌集 ……………………………442
五方通語 ……………………………441

【さ行】

西国立志編 …………………103, 107
塵嚢鈔 …………………………………374
雑字類編…78, 84, 91, 98〜100, 102〜104, 107, 289, 291, 294, 365, 367, 375, 377, 381, 382, 388, 391, 396〜398, 403

薩摩辞書 …………………………54, 55, 227
三語便覧 …………………………153, 365, 441
字海便覧 ……………………………98, 367
四庫全書 ……………………………382
四部叢刊 ……………………………382
事物異名類編 ……………………………403
事物異名録 ……………………………375, 403
出版月評 ……………………………46
授幼難字訓 ……………………98, 367, 396
詳解漢和大字典 ……………………………425
常字双千認字新法 …………………17, 445
小説字彙…84, 99, 102, 103, 203, 365, 368, 376, 377, 383, 390, 396, 398
真艸字引大成 ……………………………47
塵添壒嚢鈔 ……………………………374
新約聖書 ……………………………21, 109
新約聖書馬可伝 ……………………21, 492
新約聖書馬太伝 ……………………21, 491, 492
新約聖書約翰伝 ……………………21, 492
新約聖書路加伝 ……………………21
スペリング・ブック ……217, 221, 476, 477
舎密開宗 …………………385, 386, 388, 402
水滸伝 ……………………………368, 382
浅解英和辞林 ……………………37, 42
増訂華英通語 ……………………………291
増補新令字解 ……………………398, 411, 412
俗語解 …99, 102, 366, 368, 396〜398, 402
俗語辞海 ……………………………290〜292
俗語訳義 ……………………………402

【た行】

大言海 ……………………………366
大広益会玉篇 ……………………………382
大字典 ……………………………425
大辞典〔ウェブスター〕 ……217, 471, 475〜478
大全漢語字彙 ……………………………403
大日本永代節用無尽蔵 …73, 78, 81, 84,

86, 91, 319, 384, 388, 390
対訳漢和英辞彙 …………………… 255
中夏俗語藪 ……… 99, 102, 203, 365, 376, 383, 396, 397
中華大字典 …………………………… 420
忠義水滸抄訳 …………………………107
忠義水滸伝鈔訳 … 99, 102, 366, 396, 397, 402, 403
朝野新聞 …………………………… 226
通俗赤縄奇縁 ………………………… 105
締盟各国条約彙纂 …………………… 57
東海道中膝栗毛 …………………… 30, 319
東京日日新聞 ……………………… 44, 45, 61
唐話纂要 ……… 84, 98, 102, 367, 368, 373
唐話辞書類集 … 81, 97, 98, 105, 107, 294, 365〜368, 396, 397
唐話類纂 ……………………………… 98, 289
独和字典 ………………………… 229, 230
徒杠字彙 ……… 99, 102, 366, 396〜398

【な行】

南山俗語考（含：南山俗語）……17, 157, 381, 382, 450
南総里見八犬伝 ……………………… 30, 91
日英辞書〔ホフマン〕 …………………475
日蘭辞書〔ホフマン〕 ……………… 7, 475
日盛館版 ………………… 37, 43, 45, 70
日西辞書 ……………………………… 152
日本アジア協会紀要 ………………… 414
日本国語大辞典（含：『日国』）… 3, 84, 103, 175, 180, 181, 183〜186, 193, 198〜201, 262, 265, 286, 288, 289, 296, 307, 319, 365, 373, 374, 382, 481〜486, 490, 504
日本語文典〔コリャード〕…… 110, 127, 133
日本語文典〔ホフマン〕… 126, 164, 169, 261, 448, 471〜475
日本語文典（含：日本文典）〔ロドリゲス〕………………………… 110, 133, 156

日本語文典例証（含：日本語文典）〔クルティウス〕… 12, 110, 133, 135, 150, 447, 452
日本小文典 ……………………………151
日本大文典 …………… 115, 117, 126, 259, 337
日本図書目録抄〔ライデン大学〕… 385, 388, 389
日本文典〔オヤングレン〕 ………… 133

【は行】

佩文韻府 … 97〜102, 104, 107, 366, 374, 381, 426
早引節用集 ………………………… 388, 443
万国公法 ……………………………… 452
万国新聞紙 …………………………… 44
蛮語箋 ………………………………… 375
仏和辞典 ……………………………… 228
分間江戸大絵図 …………………… 385〜388
文藻行潦 ………………… 107, 375, 402
米欧回覧実記 …… 290, 291, 299, 301, 319
駢字類編 ……………………………… 97
李和袖珍字書 ……………………… 232
本朝辞源 …………………………… 154

【ま行】

マタイ伝 ……………… 74, 77, 491〜493
万代節用集 ……… 33, 155, 157, 443, 444, 449, 450, 452
万葉集 ………………… 30, 48, 187, 472
明治学院『和英語林集成』デジタルアーカイブス ………… 43, 63, 125, 154
明治期出版広告データーベース …… 44
名物六帖 … 84, 98, 99, 375, 391, 396〜398
明六雑誌 ……………………………… 7

【や行】

訳通類略 …… 14, 98, 102, 365〜368, 372, 373, 376〜378, 381〜383, 396, 397, 403
訳鍵 ………………………………… 375

倭節用集 ……………………91, 384
游歴日本図経 …………………426
游歴日本図経余紀 ……………485
約翰福音之伝 ………………18, 133, 153

【ら行】

羅葡日対訳辞書 ………………171, 375
蘭語訳撰 ………………………157, 365
俚言集覧 …………………………366, 381
類腋 ……………………403, 408, 410
聯邦志略 ……………………………106

【わ行】

和英商賈対話集 …………………253
和英通語捷径 ………………44, 228〜230
和漢音釈書言字考節用集 ……91, 106, 290, 375, 388
和漢雅俗いろは辞典 ……………25, 36
和漢三才図会 …………………375, 388
和訓栞 ……………………………388
和独対訳辞林 ………………………44
和訳英字彙 ………………………55
和訳英辞書 ……………54, 55, 59, 227〜229
和訳英辞林 ……………………126, 228, 229

## 人名索引

【あ行】

アストン, W. G. …20, 47, 61, 111, 153, 247, 468
石橋政方 ………………48, 189, 231
ウィリアムズ, C. M. ……6, 10〜12, 17, 19, 20, 59, 121, 123, 129, 157, 429〜431, 440, 443, 447, 448, 450〜453
ウィリアムズ, S. W. …6, 12, 13, 18, 19, 22, 58, 90, 97, 121, 123, 124, 127, 128, 151, 152, 155, 203, 218, 220, 229, 230, 252, 366, 416, 419, 439, 450, 452

ウェブスター, N. ……126, 180, 217, 219, 221, 471, 474〜477, 479
ウォルシュ, T. ……42, 60, 129, 231, 253, 361
ウッド, H. ……………………………19
エイドリアンス, C. ……………………59
オウグルビー, J. ………………………219
大鳥圭介 ………………………………226
オールコック, R. …20, 126, 231, 243, 247, 451〜453
奥野昌綱 ………………21, 25, 47, 492
オヤングレン, M. ……………………133

【か行】

カション, M. ……………………20, 154
勝海舟 ……………………………414
ガンブル, W. …129, 151, 155, 228, 231, 232, 452
岸田吟香 ……24, 31, 46, 59, 87, 89, 92, 155, 206, 221, 226, 230, 341
吉備大師 ……………………………8, 473
ギューリック, O. H. ………48, 413, 426
ギュツラフ, K. F. A. …18, 133, 153, 221
空海 ………………………………473
グリング, A. D. ……………………255
クルティウス, D. …12, 110, 127, 133, 134, 150, 156, 247, 447, 452
コリャード, D. …………………110, 127, 133

【さ行】

サイル, E. W. ……………………19, 58
サトウ, E. M. …16, 20, 47, 48, 59, 61, 91, 92, 110, 111, 126, 152, 156, 157, 189, 231, 247, 252, 449〜453
シーボルト, P. F. B. von. ……21, 153
シモンズ, D. B. ……………19, 20, 232
ジョンソン, S. …………………………475
セリュリエ, L. ………………………388

【た行】

高井蘭山 …………………………388, 402
高橋是清 ……………………………23, 43
高橋五郎 ……………………25, 48, 413, 426
タムソン, D. ……………………………25, 477
チェンバレン, B. H. ………………8, 20, 61
ツンベルク, C. P. ……………………………21

【な行】

ナットール, P. A. ……………………………219

【は行】

パーカー, P. ……………………………18
パークス, H. S. ……………………………239
パジェス, L. ……12, 135, 137, 152, 156, 250, 452
浜万次郎 ……………………………477
林董 ……………………………23
バラ, J. C. ……………………………477
福沢諭吉 ……………………………291, 477
プティジャン, B. T. ……………………………20
ブラウン, S. R. …6, 10～12, 17, 19～22, 24, 25, 30, 47, 58, 89, 109, 111, 121～124, 126, 127, 129, 133, 137, 150～154, 156, 157, 163, 221, 226, 227, 232, 243, 247, 259, 448～451, 453, 477, 492
ブリッジマン, E. C. ……58, 94, 243, 424
フルベッキ, G. H. F. ……11, 12, 19, 20, 58, 134, 150, 155, 156, 232, 430, 448, 450, 452, 453
ベッテルハイム, B. J. ……………………………19
ペリー, M. C. ……………………………13, 18
ホイットニー, W. N. ………42, 48, 253, 413, 414, 420, 423～426
ホール, F. ……………………………19, 60
ホフマン, J. J. ……7, 12, 47, 78, 91, 126, 128, 133, 150, 153, 156, 164, 165, 169, 231, 247, 253, 261, 448, 453, 471, 472, 475, 478
堀達之助 ……………………………54, 226

【ま行】

マーティン, W. A. P. …17, 243, 445, 452
松本孝助 ……………………………43
マティアー, A. H. ……………………………420
村上英俊 ……………………………156
メドハースト, W. H. …3, 21, 28, 30, 87, 103, 109, 132, 136, 137, 149, 155～157, 203～205, 208, 209, 215, 216, 218, 247, 250, 294, 419, 423, 424, 441, 472, 474, 490
モリソン, R. ……90, 106, 107, 203, 419, 423, 424, 485
森楓斎 ………77, 176, 384～388, 402, 411

【や行】

ヤゴロウ ……………………………24, 126
矢野隆山 ……………………………24

【ら行】

ラウダー, J. F. ………113, 126, 451, 453
ラウリー, W. M. ………22, 121, 220
ラウリー博士……16, 59～61, 76, 89, 91, 92, 109, 133, 134, 148, 151, 153, 157, 206, 225, 226, 230, 231, 253～255, 333, 341, 452
ランドレス, M. C. …125, 127, 133, 150, 151, 156
リギンズ, J. ……10, 11, 13, 17, 19, 20, 59, 110, 121～124, 126, 127, 129, 156, 157, 440, 448, 450～453
レッグ, J. ……………………154, 157, 450
レプシウス, C. R. …………121, 128, 450
ロドリゲス, I. …110, 115, 133, 151, 156, 259, 337
ロニー, L. ……8, 12, 21, 156, 247, 452
ロブシャイド, W. …103, 189, 201, 203, 205, 208, 215, 217, 221, 243, 294, 381, 424, 490

**著者略歴**

**木村 一**

1971年6月　東京都生まれ
1999年3月　東洋大学大学院文学研究科国文学専攻博士後期課程中途退学
1999年4月　東洋大学文学部助手（2003年3月まで）
2006年4月　明海大学外国語学部専任講師
2008年4月　東洋大学文学部専任講師
現在　　　東洋大学文学部准教授
　　　　　博士（文学）（立教大学）

［編著書］
『図説 日本の辞書』（共著　2008年　おうふう）
『みんなの日本語事典』（共編著　2009年　明治書院）
『日本語概説（日本語ライブラリー）』（共著　2010年　朝倉書店）
『語と語彙（日本語ライブラリー）』（共著　2012年　朝倉書店）
『美國 平文先生編譯『和英語林集成』復刻版』
　（「解題」執筆　2013年　明治学院・雄松堂）
『J. C. ヘボン 和英語林集成 手稿 翻字・索引・解題』
　（共編著　2013年　三省堂）

## 和英語林集成の研究

平成27年2月25日　初版発行

著　者　木村　一（きむら　はじめ）

発行者　株式会社明治書院
　　　　代表者　三樹　敏

印刷者　亜細亜印刷株式会社
　　　　代表者　藤森英夫

製本者　株式会社渋谷文泉閣
　　　　代表者　渋谷　鎮

発行所　株式会社明治書院
　　　　〒169-0072　東京都新宿区大久保1-1-7
　　　　電話　03-5292-0117　振替　00130-7-4991

Ⓒ Hajime Kimura 2015　Printed in Japan
ISBN 978-4-625-43452-5